S0-BRO-008

L'EXEMPLUM

DANS LA

LITTÉRATURE
RELIGIEUSE ET DIDACTIQUE
DU MOYEN AGE

AMS PRESS
NEW YORK

BIBLIOTHÈQUE D'HISTOIRE ECCLÉSIASTIQUE DE FRANCE
publiée par la Société d'histoire ecclésiastique de la France

L'EXEMPLUM

DANS LA

LITTÉRATURE RELIGIEUSE ET DIDACTIQUE

DU MOYEN AGE

PAR

J.-TH. WELTER
DOCTEUR ÈS LETTRES

PARIS (IXe)
6, passage Verdeau, 6

TOULOUSE
7, rue Ozenne, 7

OCCITANIA
Anciennes LIBRAIRIES MARQUESTE ET BOUQUET-MORAINVILLE réunies
E.-H. GUITARD, LIBRAIRE-ÉDITEUR

1927

Library of Congress Cataloging in Publication Data

Welter, Jean Thiébaut, 1877-
L'exemplum dans la littérature religieuse et didactique du Moyen âge.

Original ed. issued in series: Bibliothèque d'histoire ecclésiastique de France.
Originally presented as the author's thesis, Paris.
Bibliography: p.
1. Exempla. 2. Homiletical illustrations. 3. Religious literature--History and criticism. 4. Literature, Medieval--History and criticism. I. Title. II. Series: Bibliothèque de la Société d'histoire ecclésiastique de la France.

BV4224.W44 1973 251'.08 70-178558
ISBN 0-404-56688-X

Reprinted from an original copy in the collections of the University of Pennsylvania Library

Original trim size: 6 X 9 5/8
Trim size of AMS edition: 5 1/2 X 8 1/2

From the edition of 1927, Paris
First AMS edition published in 1973
Manufactured in the United States of America

AMS PRESS INC.
NEW YORK, N.Y. 10003

A

MM. CH.-V. LANGLOIS

ET

ANTOINE THOMAS

MEMBRES DE L'INSTITUT

Hommage reconnaissant.

J.-TH. W.

AVANT-PROPOS

Dans nos études sur la Littérature latine du Moyen Age, il nous a été donné de constater maintes fois que les maîtres de la pensée de cette époque, orateurs, moralistes, mystiques, professeurs, avaient l'habitude d'illustrer et d'agrémenter leurs enseignements de curieuses anecdotes et descriptions, qu'on appelait dans le langage du temps *exempla.*

Par le mot *exemplum,* on entendait, au sens large du terme, un récit ou une historiette, une fable ou une parabole, une moralité ou une description pouvant servir de preuve à l'appui d'un exposé doctrinal, religieux ou moral [1].

1. Chacun de ceux qui jusqu'ici se sont occupés de l'*exemplum* en a donné une définition. En voici quelques-unes à titre de renseignement. Paul MEYER, dans son introduction aux *contes moralisés* de Nicole Bozon (Paris, 1889), p. X, en donne en même temps que l'explication, la définition suivante : « Tous ces contes, quelle que soit leur nature, ont été compris au Moyen Age sous le nom latin d'*exempla,* terme général, par lequel on entendait ce qui était cité pour servir d'exemple. » Bozon emploie ce mot dans le sens le plus étendu. Il désigne par là toute espèce de récit, une pure fable, l'exposition morale d'une propriété naturelle. Mais fable a pour lui une signification plus restreinte. Il réserve cette dénomination aux récits venus en général de l'antiquité, dont les acteurs sont des animaux. Nous appellerons exemples les historiettes réelles ou fictives, qui ne sont pas à proprement parler des fables et que Bozon appelle parfois non plus exemples, mais « aventure, fait, conte ».

M. F. CRANE, dans l'introduction qui précède son édition des *exempla* de Jacques de Vitry (London, 1890), s'exprime à son sujet de la façon suivante, p. XVIII : « The word *exemplum* is employed by the ecclesiastical writers in two meanings, our *exempla* in a general sense, second, an illustrative story. This second meaning of the word is, I think, not earlier than the end of the twelfth or the beginning of the thirteenth century. » Et, plus loin, p. XLVII : « Sometimes

Celui-ci comprenait, d'après les compilateurs mêmes des recueils d'*exempla*, non seulement les historiettes et les légendes d'origine sacrée et profane, les anecdotes extraites de l'histoire de l'antiquité classique et du Moyen Age ou empruntées aux souvenirs de l'auteur, à la tradition et au génie populaire, mais encore les fables et les contes orientaux et occidentaux, les récits plaisants, les moralités ou les descriptions tirées des bestiaires ou des traités d'histoire naturelle, bref tout le fond narratif et descriptif du passé et du présent.

moral reflexions etc. are considered *exempla* and sometimes mere references to biographical or historical facts are so treated. »

M. A. Piaget, dans l'*Histoire de la Langue et de la Littérature française* de L. Petit de Julleville (Paris, 1914), t. II, p. 242, entend par *exempla* « toutes espèces de récits, de toutes provenances, empruntés à l'histoire ancienne ou contemporaine, profane ou sacrée, aux vies de saints, aux légendes populaires, aux bestiaires; des anecdotes ou « faits divers »; tout récit enfin qui, comme le mot l'indique, pouvait servir d'exemple à l'appui d'un enseignement moral ou religieux ».

Gaston Paris, dans sa *Littérature française au Moyen Age* (Paris, 1914), définit ainsi les *exempla :* « De courts récits, tantôt édifiants en eux-mêmes, tantôt ayant le caractère de paraboles ou même de récits plaisants, desquels le prédicateur extrayait ensuite une moralité. »

M. J. A. Mosher, dans son essai intitulé : *The exemplum in the early religious and didactic Literature of England* (New-York, 1911), se contente de donner la définition suivante, p. 1 : « The *exemplum* may be briefly and conveniently defined as a short narration used to illustrate or confirm a general statement. » Il prend néanmoins soin de la compléter par cette explication, p. 6 : « There is a strong probability, that in the great majority of cases the word « exempla » when used with reference to bestiary passages, figures of speech, moralizations and analogies, was used in the general sense of an illustration and not in the restricted sense of an exemplum. »

Enfin, M. G. Frenken, dans l'introduction qui précède son édition des *Exempla* de Jacques de Vitry (München, 1914), se place au point de vue homilétique en définissant l'*exemplum* en ces termes, p. 5 : « *Exemplum* im homiletischen Sinne ist jede kurze Erzählung, die geeignet ist und angewandt wird, im Zusammenhang einer Predigt die theologische oder moralische Deduktion durch den sie induktiv beweisenden Bericht eines Interesse erregenden Vorgangs abzulösen. »

Il n'entre pas dans notre vue de discuter chacune de ces définitions. Qu'il soit seulement dit ici que les grands compilateurs d'*exempla* comme Jacques de Vitry, Eudes de Cheriton, Etienne de Bourbon, Jean Gobi, Jean Bromyard, etc., ont fait entrer dans le domaine de l'*exemplum* tous les éléments que nous avons donnés dans notre définition.

Il devait renfermer trois éléments essentiels, à savoir : un récit ou une description, un enseignement moral ou religieux, une application de ce dernier à l'homme.

Aussi, en raison du rôle important qu'il a joué dans l'éducation et l'instruction religieuse et morale de nos ancêtres et de l'intérêt qu'il nous offre pour la connaissance de la vie, des mœurs et des conceptions du passé, nous nous sommes déterminé à lui consacrer une étude spéciale. Il est vrai que d'autres avant nous s'en sont occupés. Qu'il nous suffise de nommer Th. Wright, Gödke, Furnivall, Lecoy de la Marche, Paul Meyer, L. Delisle, A. Schönbach, Little, Piaget, Herbert, Cruel, Wesseleski, P. Hervieux, Crane, Klapper, G. Paris, Hauréau, Bourgain, Hilka, Mosher, Frenken. Les uns et les autres lui ont consacré des notices explicatives à l'occasion de leurs études sur la littérature médiévale ou de l'établissement de l'édition d'un recueil d'*exempla*. Personne cependant jusqu'ici — sauf Crane et Mosher, l'un en donnant un excellent aperçu général de l'*exemplum* dans certains sermonnaires, traités et recueils d'*exempla*, l'autre en étudiant exclusivement le rôle de l'*exemplum* dans la littérature religieuse et didactique en Angleterre — n'a porté ses investigations sur son évolution dans l'ensemble des productions parénétiques et didactiques de l'Occident chrétien au Moyen Age. Aussi, pour combler cette lacune, nous sommes-nous mis à l'étudier sous ses divers aspects depuis son apparition dans les enseignements chrétiens au début du christianisme jusqu'à la Réforme. Nous l'avons suivi dans les différentes phases de son existence, en nous attachant à faire ressortir les formes qu'il a successivement prises, les types qu'il a revêtus, le rôle qu'il a joué, soit dans les sermons, soit dans les traités d'instruction et de morale, soit surtout dans les recueils d'*exempla* proprement dits, sans négliger les sources, où il s'est alimenté et l'influence qu'il a exercée.

A cet effet, nous avons divisé notre travail en trois parties correspondant aux trois périodes d'existence de l'*exemplum*. Dans la première partie, nous nous sommes efforcé de déterminer sa place dans les enseignements chrétiens primitifs et patristiques et de suivre son développement dans la littérature parénétique et didactique jusqu'à la fin du XIIe siècle (période d'origine et de développement). Dans la seconde partie, après avoir préalablement déterminé le but, le mode d'emploi, les sources et les différents types de l'*exemplum*, nous avons cherché à faire ressortir son épanouissement non seulement dans ce même domaine qui n'a fait que s'élargir, mais surtout encore dans les recueils d'*exempla* qui se succèdent sans interruption au XIIIe et au XIVe siècle (période d'épanouissement). Dans la troisième partie nous nous sommes spécialement attaché à étudier son déclin, qui se fait sentir à la fois dans les recueils d'*exempla*, les sermonnaires, les traités d'instruction et de morale qui voient le jour au XVe siècle (période de déclin).

Pour remplir ce vaste cadre, il nous a fallu dresser l'inventaire de ce qui a été fait avant nous dans ce domaine et réunir les matériaux nouveaux destinés à l'achèvement de cette œuvre. Et comme ces derniers se trouvaient dispersés dans des manuscrits et imprimés des nombreuses bibliothèques de l'Europe occidentale, il nous a fallu les y chercher.

Ces voyages littéraires nous ont procuré bien des satisfactions grâce à l'extrême obligeance des bibliothécaires qui ont généreusement mis à notre disposition tout ce qui pouvait nous être utile dans nos investigations. Il serait trop long de les énumérer tous. Nous nous permettons cependant de faire exception pour M. Omont, conservateur au département des manuscrits de la Bibliothèque Nationale de Paris, et pour M. Herbert, conservateur adjoint au département des manuscrits du Musée britannique, qui ont toujours pris un vif intérêt à notre travail. Que tous reçoivent ici l'hommage de nos plus sincères remerciements.

Nous tenons également à exprimer notre profonde gratitude à M. Ch.-V. Langlois, notre vénéré maître, qui nous a indiqué le sujet et a guidé nos premiers pas dans ce genre de recherches, à M. A. Thomas, qui a bien voulu revoir cette étude et nous communiquer de précieux renseignements.

Sans doute la mise en œuvre de toutes ces recherches, interrompues par la guerre, nous a coûté bien des efforts. Le résultat néanmoins, auquel nous avons abouti, nous en a largement dédommagé. Nous sommes en effet convaincu que cette étude sur l'*exemplum* pourra rendre plus d'un service à ceux qui s'intéressent au passé.

Un *Thesaurus exemplorum,* comprenant l'édition des plus intéressants des recueils d'*exempla* ainsi qu'une esquisse sur la vie et la société au Moyen Age, en formeront comme le couronnement. Puisse-t-il nous être donné de vivre assez longtemps pour mener ces travaux à bonne fin !

J.-Th. WELTER.

ABRÉVIATIONS

Employées dans ce volume.

Ms. lat.	=	Manuscrits latins.
Ms. fr.	=	» français.
Ms. angl.	=	» anglais.
Ms. all.	=	» allemands.
Migne, P. G.	=	*Migne Patrologie grecque.*
» P. L.	=	» » *latine.*
B. N.	=	Bibliothèque Nationale.
B. M.	=	British Museum.
B. Univ.	=	Bibliothèque de l'Université.
B. V.	=	Bibliothèque municipale des villes.
Hist. Litt.	=	*Histoire Littéraire de France.*
Not. et Ext..	=	*Notices et Extraits des Manuscrits de la B. N.*
M. G. H.	=	*Monumenta Germaniae historica.*
M.GH. SS.	=	*Monum. German. hist. : Scriptores.*
Dict. of. Nat. Biog. . .	=	*Dictionary of National Biography.*
E. E. T. S.	=	*Early English Text Society.*

PREMIÈRE PARTIE

Période d'origine et de développement de l'Exemplum dans la littérature religieuse et didactique jusqu'à la fin du XIIe siècle.

Durant la période qui s'étend des origines du christianisme jusqu'à la fin du XIIe siècle, l'*exemplum* a suivi un développement progressif dans les enseignements chrétiens. Introduit par le Sauveur lui-même dans la prédication évangélique, il a peu à peu accru son rôle dans les œuvres homilétiques et didactiques des Pères de l'Eglise et des écrivains ecclésiastiques. Il s'est maintenu au temps des invasions barbares, malgré toutes sortes de vicissitudes, dans la chaire et dans l'enseignement et il y est même devenu d'une application de plus en plus courante jusqu'à la fin du XIe siècle. Il a acquis une importance toute nouvelle au cours du XIIe siècle, en occupant non seulement une place de plus en plus considérable dans le sermon, mais en envahissant encore sous les formes les plus diverses les traités des maîtres de la mystique et de l'enseignement pour y constituer les différents types, qui serviront de modèles aux compilateurs des sermonnaires et des recueils d'*exempla* des siècles suivants. C'est ce développement progressif de l'*exemplum* correspondant à deux phases distinctes — phase d'introduction et de persistance, phase d'élargissement — qui fera l'objet de notre étude dans les deux chapitres suivants.

CHAPITRE PREMIER.

L'Exemplum dans la prédication et dans les traités d'instruction et de morale jusqu'à la fin du XIe siècle.

L'emploi de l'*exemplum* dans l'exposé de la doctrine chrétienne remonte aux origines même du christianisme. Les évangiles sont en effet remplis de ces récits en action qui cachent sous la forme la plus naïve, les vérités morales les plus élevées. Si le Sauveur a fait un usage constant de ces paraboles, de ces exemples vivants empruntés aux règnes de la nature [1] dans sa prédication ambulante pour frapper l'imagination et émouvoir la sensibilité de ses auditeurs, afin de faire pénétrer en eux par ce moyen sa doctrine, il est vraisemblable que les disciples immédiats et médiats ne se sont pas écartés de la méthode suivie par le maître [2].

1. L'*exemplum* se présente dans les évangiles sous trois aspects différents. Dans la plupart des cas, c'est sous forme de paraboles que le Sauveur a exposé sa doctrine (v. l'enfant prodigue, Luc., xv, 11-32; le bon Samaritain, Luc., x, 30-37; le pharisien et le publicain, Luc., xviii, 9-14); parfois aussi il a eu recours aux comparaisons empruntées aux règnes de la nature (v. l'ivraie, Math., xiii, 24-30, 36-43; le grain de sénevé, Math., xiii, 32; Marc., iv, 30-32; l'arbre stérile, Luc., xiii, 6-9; la perle, Math., xiii, 45, 46); exceptionnellement il a fait usage de la prosopopée (v. Lazare et le mauvais riche, Luc., xvi, 19-31).

2. Cette méthode d'enseignement moral remonte du reste bien plus haut que la fondation du christianisme. Elle a été pour ainsi dire exclusivement en vigueur chez les anciens peuples orientaux sous la forme de parabole, de conte, de légende et de fable (v. le livre de Sindibad ou des sept sages, les fables de Bidpai (Kalilah et Dimnah), le Pantschantantra ou l'éducation des trois jeunes princes, le roman de Barlaam et de Josaphat). Elle a été également familière aux Grecs; la popularité dont jouissaient chez eux les fables d'Esope en témoigne assez. Les grands orateurs attiques n'ont pas dédaigné d'y recourir. Ainsi Démosthène, dans un de ses discours contre Philippe de Macédoine, a eu recours à la fable du loup et du chien (v. Plutarque, *Vit. orat.* x, 401). Les Romains, à leur tour, s'en sont largement inspirés en élargissant son application. Cependant, au lieu de s'en tenir à la parabole, à la légende, à la fable et au conte, comme

Un simple coup d'œil jeté sur l'ensemble de la littérature chrétienne primitive nous permet du reste de supposer légitimement que le genre narratif pieux était alors très en faveur auprès des fidèles des diverses communautés religieuses. Sans même vouloir mettre en ligne de compte les nombreux récits des livres historico-canoniques de l'ancien et du nouveau testament, qui faisaient l'objet de l'enseignement officiel de l'Eglise, nous nous contentons de mentionner les apocryphes, évangiles, actes des apôtres, apocalypses qui voient le jour au cours du second siècle et dans la suite les *Acta Martyrum,* pour nous faire une idée approximative de toutes ces productions dévotes, qui ont dû alimenter alors de leur contenu la piété des fidèles. Le fond même de ces productions n'est souvent qu'une série de récits édifiants les plus divers ou d'actes merveilleux détachés de la vie de celui qui en est le héros. Leur large diffu-

les peuples orientaux, ils ont emprunté de préférence leurs récits à l'histoire et à la mythologie et, notamment, aux faits et gestes, aux paroles des grands hommes comme s'adaptant mieux aux conceptions de leur génie positif. Ces récits ont obtenu chez eux un succès tel qu'on a fini par en former des recueils entiers comme ceux de Cornelius Nepos, de Valère Maxime, de Pomponius (perdu), d'Hygin (perdu), de Fronton et de Domitius Afer, et que des philosophes moralistes comme Cicéron et Sénèque en ont fait un certain usage dans leurs écrits. Le développement et le but de cette branche de la littérature romaine ont été d'ailleurs magistralement mis en lumière par M. Schanz dans sa *Geschichte der römischen Litteratur* (2*ter* Teil, 2e Hälfte, München, 1923), p. 527, en ces termes : « Die Geschichte ist eine Lehrmeisterin, die nach verschiedenen Seiten hin ihre Belehrung spenden kann. Was irgendwo bemerkenswert war, konnte hervorgehoben werden, mochten es Handlungen oder Aeussernungen sein; dadurch enstand ein neuer Litteraturzweig, exempla genannt. Solche Sammlungen konnten zu verschiedenen Zweken gebraucht werden. Sie leisteten gute Dienste den Antiquaren, den Philosophen, ganz besonders aber den Rednern, welche gern für ihre Ansichten historische Belege beibrachten. So bildeten sich typische Auseinandersetzungen über freiwilligen Tod, über Armut usw. Der ethische Gesichtspunkt und damit der allegemeine Character tritt in diesen Sammlungen natürlich stark hervor, doch konnten auch Sammlungen für einzelne Fachwissenschaften veranstaltet werden. » Ajoutons que ces recueils ont servi dans la suite de modèles et de sources d'inspiration aux Pères et aux écrivains ecclésiastiques et que plus spécialement ceux de Valère Maxime et de Fronton ont été fortement exploités à partir de la seconde moitié du XIIe siècle par les moralistes, les prédicateurs et surtout par les compilateurs de recueils d'exempla (v. *infra*).

sion ne peut, semble-t-il, s'expliquer que par le fait qu'ils ont dû être exposés sous forme d'allocutions, d'entretiens ou de lectures pieuses dans les assemblées ou réunions des fidèles [3].

Il faut cependant arriver à la période patristique pour vraiment constater à l'aide de textes précis, l'introduction définitive de l'*exemplum* dans le sermon proprement dit [4].

3. V. O. Bardenhewer, *Geschichte der altkirchlichen Litteratur* (Fribourg en Brisgau, 1902), t. I, p. 365-481 : Evangelien, Apostelgeschichten, Apostelbriefen und Apocalypsen. Il dit, p. 368 : « Die grössere Hälfte der erhaltenen oder irgendwie bekannten Apokryphen gehört dem zweiten Jahrhundert an... Nach und nach aber sind die apocryphen Erzählungen, dank der Anziehungskraft des Gegenstandes, in vielen Ländern die Erbaungs-und Unterhaltungslektüre, gewissermassen die geistliche Nahrung des Volkes geworden. » Les récits des apocryphes, après avoir servi pendant des siècles d'aliment d'édification dans les entretiens ou lectures faites aux religieux des monastères et incidemment dans les sermons prêchés aux fidèles, passeront définitivement, à partir du XIII siècle, dans les compilations d'*exempla* et les sermonnaires et auront une vogue considérable dans les masses populaires (v. *infra*).

4. Nous ne nous occuperons, au cours de notre travail, que de l'*exemplum* dans les enseignements de l'Eglise occidentale. En ce qui concerne son rôle dans la prédication de l'Eglise orientale, nous ajoutons seulement que la tradition des grands orateurs de l'antiquité classique grecque ne s'y est pas perdue. Les Pères grecs nourris de leurs écrits et formés dans les écoles des rhéteurs, n'ont pas dédaigné de recourir à l'*exemplum* dans leurs sermons. Qu'il nous suffise de mentionner à ce sujet saint Basile (+ 379) et saint Jean Chrysostome (+ 407).

Le premier, dans son discours adressé *Ad adolescentes de legendis libris gentilium* (Migne, P. G., t. XXX, col. 563-590), cite de nombreux exemples tirés de la légende et de l'histoire grecque profane (v. col. 570 : Ulysse et les Syrènes; col. 571 : Ulysse chez les Phéaciens; col. 574 : Hercule et le choix de la vertu ou du vice; col. 575 : Périclès injurié; col. 575 : Euclide de Mégare menacé de mort; col. 575 : Socrate souffleté; col. 578 : Alexandre et les filles de Darius; col. 578 : Clynias et le parjure. Dans ses *Homiliæ IX in Hexameron* (Migne, P. G., t. XXIX, col. 3-208), il fait appel aux *exempla* empruntés à l'histoire des animaux et tirés des naturalistes et des géographes grecs. Par contre, dans les 62 *Homiliæ in psalmos* (Migne, P. G., t. XXIX, col. 209-494), il se contente de faire une certaine part à l'exemplum biblique ainsi qu'à celui de l'histoire ecclésiastique.

Le second, dans ses homélies (Migne, P. G., t. XLIX, col. 15-418; t. L, col. 417-526), donne ses préférences aux *exempla* de l'ancien et du nouveau testament, de l'histoire naturelle, des *Acta Martyrum* et parfois aussi aux faits d'actualité (Migne, P. G., t. LII, col. 391-414, *Hom. sur la disgrâce d'Eutrope*), v. Bardenhewer, *op. cit.*, t. III (1912), p. 337-345.

Saint Ambroise (+ 397) semble avoir été le premier dans l'Eglise occidentale à recommander l'emploi de l'*exemplum* dans la prédication et à le mettre lui-même en pratique dans ses sermons en recourant plus spécialement à l'*exemplum* biblique. En raison des bons effets que celui-ci produit sur les auditeurs, il engage le prédicateur à en faire usage dans les allocutions, en ces termes : « Exempla subjicit, ut facilius suadeat, quia cui verba satis non faciunt, solent exempla suadere..... quoniam exempla facilius suadent quam verba, exempla commendat per quæ facilius assequantur » [5].

Saint Augustin (+ 431), un peu plus tard, recourt également à l'*exemplum* pour le développement de ses sermons. Il le place généralement après l'exposé doctrinal. Ses sources sont les livres historiques de la Bible, la vie et les miracles des martyrs, l'antiquité profane et son expérience personnelle. En ce qui concerne cette dernière, les sermons CCCLV et CCCVI, *De vita et moribus clericorum*, vrais sermons *ad status*, présentent un certain intérêt. L'auteur, en effet, y relate pour l'édification de ses auditeurs, des anecdotes curieuses relatives à des prêtres, des diacres et des clercs de l'église d'Hippone qu'il a personnellement connus. Non content de donner à chaque récit son développement complet, il y ajoute encore une conclusion de morale pratique, tout comme le feront les prédicateurs du XIIIe siècle [6].

5. Migne, P. L., t. XVII, col. 236, 254 (*Com. in epist. ad Cor. I.*); v. *ibid.*, col. 603-754, *Sermones de tempore et de sanctis;* t. XVI, col. 1386-1406, l'oraison funèbre de l'empereur Théodose.

6. Migne, P. L., t. XXXVIII-IX, col. 23-3354; t. XL, col. 1235-1358. — Pour les sermons CCCLV et CCCLVI, v. t. XXXIX, col. 1570-1571 (presbyter Januarius); col. 1575-1581 (vie des clercs d'Hippone). V. *ibid.*, le curieux sermon CCXCIV, et le CCXCV : *De ebrietate*, col. 2303, 2307 et sq., et t. XL, col. 1330, le récit *De visione cadaveris Cæsaris;* col. 1355, l'*exemplum cujusdam defuncti in Ægypto*. Voici, entre autres, deux de ses formules d'introduction du récit après l'exposé doctrinal : « Tamen scripturis diligentius perscrutatis, occurrit mihi unum exemplum, ubi video pium hominem et sanctum in temerariam jurationem recidisse... » (t. XXXIX, col. 1408). » Aliquid dicam, quod nunquam dixi charitati vestræ, in hoc populo, quod contigit in hac ecclesia. Fuit hic homo quidam simplex, bene fidelis a multis vestris id est Hipponensibus imo ab omnibus cognitus, Tutuslymeni vocatus... » (t. XXXIX, col. 1409-1410).

Dans la suite, le pape Léon le Grand (+ 462) invite les prédicateurs à utiliser l'*exemplum* hagiographique puisé aux *Acta Martyrum* : « Ad erudiendum Dei populum nullorum est utilior forma quam martyrum. Eloquentia sit facilis ad exorandum; sit ratio efficax ad suadendum, validiora tamen sunt exempla quam verba » (col. 438, *In natali s*[i] *Laurentii martyris*). Lui-même fait usage de ce type d'*exemplum* dans ses panégyriques de saints, cependant que dans les homélies des dimanches et des fêtes, il donne ses préférences à l'*exemplum* biblique, qu'il se contente généralement de présenter sous une forme à peine esquissée [7].

Vers la fin du VIe siècle, le pape Grégoire le Grand (+ 604) donne une importance toute nouvelle à l'emploi de l'*exemplum* dans le sermon. Reprenant à son propre compte les formules ambrosiennes, il le recommande tout spécialement dans ses homélies et ses dialogues, convaincu qu'il était de sa singulière efficacité sur l'esprit et le cœur des auditeurs [8].

C'est ainsi qu'il énonce ses bons effets par manière d'introduction à un récit dans une de ses homélies : « Sed quia nonnunquam mentes audientium plus exempla fidelium

7. Migne, P. L., t. LIV, col. 141-552. — Nous nous permettons de mentionner ici deux orateurs célèbres, saint Avit de Vienne (+ 518) et saint Césaire d'Arles (+ 543), qui semblent également avoir eu recours à la méthode narrative, l'un dans ses homélies (v. Migne, P. L., t. LIX, col. 290-322, 290-294, *Homelia de rogationibus*, où il fait l'historique des rogations, qui sera dans la suite fortement exploité par les prédicateurs; l'autre dans les *Sermones veteris et novi testamenti, de tempore, de sanctis* (Migne, P. L., t. LXVII, col. 1041-90), où il nous a transmis de nombreux traits de mœurs pris sur le vif.

8. Migne, P. L., t. LXXVI, col. 1077-1314, 40 *Homeliæ in evangelia* composées les vingt premières en 590-91 et les vingt dernières en 592-93; t. LXXVI, col. 126-204, t. LXXVII, col. 150-430, les *dialogues* écrits en 593. Ceux-ci comprennent quatre livres. Le premier (12 chapitres) embrasse la vie d'une douzaine de personnages avec un ou plusieurs *exempla* pour chacun; le second comprend la vie de saint Benoît (t. LXXVI, col. 126-204) en 38 chapitres (miracles et apparitions) ; le troisième se rapporte à trente-huit personnages italiens peu ou point connus (38 chapitres) ; le quatrième (60 chapitres), comprend un ensemble de quarante-quatre visions. Il semble bien que saint Grégoire ait cherché à imiter les *Vitæ Patrum* en entreprenant d'écrire une pareille collection pour les Pères de l'Occident (v. BARDENHEWER, *op. cit.*, p. 562-563).

quam docentium verba convertunt, volo vobis aliquid de proximo dicere, quod corda vestra tanto formidolosius audiant, quanto eis hoc de propinquo sonat » (t. LXXVI, col. 1290). Il y revient par deux fois au cours du développement du texte homilétique, comme s'il voulait justifier par là sa méthode, en ces termes : « Plus enim plerumque exempla quam ratiocinationis verba compungunt » (t. LXXVI, col. 1014). « Ad amorem Dei et proximi plerumque corda audientium plus exempla quam verba excitant » (t. LXXVI, col. 1300). Il répète les mêmes idées dans le prologue de ses dialogues à peu près sous la même forme : « Sunt nonnulli, quos ad amorem patriæ cœlestis plus exempla quam prædicamenta succendunt » (t. LXXVII, col 153). Il tente même une certaine systématisation des *exempla* dans ces mêmes dialogues. Ce traité divisé en quatre livres se compose d'une série de dialogues qui ont lieu entre lui et son diacre Pierre et où les points moraux traités sont souvent suivis par manière d'illustration d'un ou plusieurs récits, ayant trait à sa propre vie, à celle de gens qu'il a personnellement connus ou même à celle d'hommes illustres par leurs vertus. C'est cependant dans ses homélies sur l'évangile qu'il fait des applications pratiques des *exempla*. Sans vouloir mettre mettre en ligne de compte les allégories et les traits esquissés tirés des livres historiques de la Bible, nous y avons relevé seize récits, dont neuf ont été également insérés dans les dialogues [9].

Grégoire place généralement l'*exemplum* après l'exposé d'un ou de plusieurs points de la doctrine évangélique et parfois aussi lui fait jouer le rôle de conclusion de l'homélie. Pour mettre un récit en scène, il se sert d'une petite introduction afin de bien marquer le lien avec ce qui précède et il localise, s'il y a lieu, l'action dans le temps et dans l'espace, comme dans le cas suivant : « Rem, fratres caris-

9. Ce sont les récits : Migne, P. L., t. LXXVI, col. 1122 = dial. IV. c. 38 ; col. 1133-34 = dial. IV. c. 14 ; col. 1158-59 = dial. IV. c. 38 ; col. 1173, 1183, 1237-38, 1254, 1257, 1263, 1273 = dial. IV. c. 27 ; col. 1279 = dial. IV. c. 57 ; col. 1279 = dial. IV. c. 57 ; col. 1290-91 = dial. IV. c. 16 ; col. 1292 = dial. IV. c. 33 ; col. 1300, 1310 = dial. IV. c. 15.

simi, refero, quam si intente audire vult charitas vestra, ex consideratione illius vehementer instruetur. Quidam vir nobilis in Valeria provincia nomine Chrysaorius fuit, quem lingua rustica populus Chrysaorium vocabat; vir valde idoneus, sed tantum plenus viciis » (t. LXXVI, col 1122). Après quoi il développe son petit drame avec tous les détails circonstanciés en harmonie avec le ou les points doctrinaux ou moraux exposés précédemment. Enfin, il y ajoute une conclusion de morale pratique comme celle qui fait suite à ce même récit : « Nunc ergo fratres carissimi, nunc sollicite ista cogitemus, ne nobis in vacuum tempora pereant, et tunc queramus ad bene agendum vivere, cum jam compellimur de corpore exire » (*ibid.*) [10].

Les types d'*exempla,* utilisés soit dans les homélies, soit dans les dialogues, se réduisent à quatre, à savoir : l'*exemplum* pieux ayant trait à des actes de dévotion, l'*exemplum* hagiographique tiré des faits et gestes de saints personnages, l'*exemplum* prosopopée concernant des visions et des apparitions et l'*exemplum* personnel emprunté à l'expérience religieuse de l'auteur.

Malheureusement ces théories inaugurées par ce grand pape et appliquées par lui à la prédication qui devaient être si fécondes pendant la période de l'épanouissement de l'*exemplum,* ne semblent pas avoir eu de lendemain, si l'on en juge par ce qui subsiste de la littérature parénétique du VIIe siècle. Les invasions des Barbares et leur établissement dans l'ancien empire romain eurent comme résultat immédiat la décadence et la pénurie intellectuelle du clergé, recruté partiellement parmi ces mêmes Barbares. La prédication s'en ressentit fortement [11].

10. Le même récit se trouve sous une forme abrégée et sans conclusion morale dans les dialogues (v. Migne, P. L., t. LXXVII, Liv. IV. c. 38). La comparaison des deux récits permettrait de faire ressortir par la différence des détails, la différence du but, auquel ils étaient destinés dans la pensée de l'auteur.

11. Il serait sans doute intéressant de savoir quelle a été la méthode d'évangélisation pratiquée par les missionnaires au milieu des tribus germaniques et en particulier par ceux que Grégoire le Grand avait envoyés sous la direction du moine Augustin en 596 en Angleterre pour convertir les Anglo-Saxons. Il ne subsiste à ce sujet aucun document contemporain. Tout au plus peut-on présumer que les dialogues

Avec le VIIIe siècle on entre définitivement dans la période de l'éclosion des homiliaires, sortes de recueils d'instructions pieuses adressées aux fidèles. C'étaient à tout prendre des imitations simplifiées des homélies des Pères, auxquelles on se trouvait réduit par suite de la stagnation de l'éloquence de la chaire, conséquence de l'état intellectuel du clergé [12]. Tout prêtre ayant charge d'âmes devait être en

et les homélies ainsi que d'autres œuvres de ce pape, comme la *Cura pastoralis* (v. Migne, P. L., t. LXXVII, col. 12-128, 4 part. et *ibid.* l'*exemplum* biblique), ont passé avec eux sur le sol britannique pour leur servir, ainsi qu'à leurs successeurs, de modèles d'exposition dans leurs prédications.

Il y a bien un texte attribué à tort au vénérable Bède et cité par le dominicain Humbert de Romans dans le prologue de son recueil d'*exempla* intitulé *De habundancia exemplorum* ou *De dono timoris* (v. *infra,* de la seconde moitié du XIIIe siècle) où on lit (d'après le texte de la *B. N.*, ms. lat. 15953 f. 188) : « Refert Beda in hystoria quod quidam episcopus literatus et subtilis valde est missus de Scocia ab aliis episcopis ad conversionem Anglorum et utens subtilitate in predicacionibus nichil profuit. Missus est alius minoris literature sed carior et utens exemplis et parobolis in sermonibus suis fere totam Angliam convertit » (v. *idem* sous forme de récit au titre : *Exemplum* dans l'*Alphabetum Narracionum, B. N.*, ms. lat. 15913 f. 36 (1308). Ce texte n'existe pas dans l'*Histoire ecclés.* du vénérable Bède. On y trouve tout au plus le passage suivant, faisant allusion à la conversion des tribus du Northumberland sous l'influence du roi Oswald à la demande duquel le roi Aidam vint de l'île d'Yona pour les convertir, et où il est dit : « Missus fuit primo alius austerioris animi vir, qui cum aliquandiu genti Anglorum predicans nihil proficeret nec libenter a populo audiretur, redierat patriam » (v. édit. *Stevenson,* t. III, 5, p. 166 : Migne, P. L., t. XCV, col. 124). Or, il n'est nullement fait allusion ici à l'emploi de l'*exemplum* dans la prédication. Il y a lieu de faire remarquer ici aussi que, vers le même temps, dans les Gaules, la méthode narrative a tenu également une certaine place dans l'instruction des fidèles. C'est dans les vies de saints qui surgissent alors en grand nombre qu'on cherche les *exempla* à proposer à leur imitation. C'est ainsi que Grégoire de Tours (+ 594) encourage fortement leur emploi dans la prédication. Il dit notamment dans la Vita s^t^ Avidii : « Prædicanda miracula publicaverimus alacriter, de quibus multis brevissime credidimus pauca narrare » (Migne, P. L., t. LXXI, col. 1125 : *M. G. H. SS. Rer. merov.*, édit. *B. Krusch,* t. I (1896), p. 586)..... « Exempla quoque justorum avidius instruunt sequaces quam sermo prædicationis multorum » (col. 1125 : B. Krusch, p. 589).

12. Il ressort, en effet, des décisions de certains conciles provinciaux, qu'une partie du clergé avait désappris le latin. Ceux-ci sont réduits à faire traduire en roman ou en tudesque à l'usage de ce même clergé les homélies destinées à l'instruction du peuple chrétien. C'est ainsi qu'on lit au canon XVII du concile de Tours (813) : « Vi-

possession d'un de ces homiliaires, « omelias dominicis diebus et solemnitatibus dierum ad praedicandum canonem », comme le prescrit le capitulaire d'Aix-la-Chapelle de 802 [13].

Cependant, parallèlement à ces homiliaires portant exclusivement le cachet de l'imitation du passé, on en voit dans ce même siècle apparaître d'autres, où l'*exemplum* sous forme de récits pieux, extraits de la Bible ou des *Acta Sanctorum* reprend sa véritable place. Parmi ceux-ci, il faut mettre en première ligne celui pour les dimanches et les fêtes du vénérable Bède (+ 735). Si la première catégorie de ces entretiens ne renferme que des paraboles, des récits et des traits tirés de l'ancien et du nouveau testament et exceptionnellement des comparaisons empruntées à l'histoire naturelle (col. 130 : Tradunt enim naturalium scriptores), la seconde semble s'inspirer dans bien des cas de son célèbre martyrologe [14]. Puis viennent, quoique postérieurement, ceux de deux autres prédicateurs de renom, à savoir de Paul Diacre (+ 797) [15] et de l'abbé Smaragde de Saint-Mihiel (+ 819) [16] avec des *exempla* bibliques et hagiographiques.

sum est unanimitati nostræ, ut quilibet episcopus habeat homilias continentes necessarias admonitiones... et ut easdem homilias quisque aperte transferre studeat in rusticam romanam linguam aut theotiscam, quo facilius cuncti possint intelligere, quæ discuntur » (LABBE et GOSSARD, *Concilia,* t. VII, 1263). V. aussi *ibid.,* t. VIII, can xv, 1256 du concile de Reims (813) ; t. VIII, can. xxv, 1249 du concile de Mayence (813). Pour d'autres textes relatifs au *De officio prædicationis* à l'époque carolingienne, v. A. LINSENMAYER, *Geschichte der Predigt in Deutschland* (München, 1886), p. 7-12.

13. Migne, P. L., t. XCVII, 249; v. *ibid.,* la liste des livres qui devaient former la bibliothèque d'un pasteur des âmes; v. aussi A. LINSENMAYER, *op. cit.,* p. 11, au sujet du capitulaire de l'évêque Otto de Bâle (v. 820).

14. Migne, P. L., t. XCIV, col. 9-268, spécialement col. 226 (extrait de la vie de saint Benoît) ; col. 233 (sicut historia ecclesiastica narrat) ; col. 233 (Narrant historiæ, exil de saint Jean à Patmos) ; col. 242 (in ecclesiasticis historiis, translation du corps de saint Jean Baptiste) ; col. 248 (Antiochus et la statue de Jupiter au temple de Jérusalem).

15. Migne, P. L., t. XCV, col. 1159-1384, *Homiliæ de tempore et de sanctis;* LINSENMAYER, *op. cit.,* p. 42-45, place leur date de composition entre 782 et 786.

16. Migne, P. L., t. CII, col. 15-553, *Collationes in epistolas et evangelia.*

Au IXe siècle, divers prédicateurs, comme saint Benoît d'Aniane (+ 821) [17], Chrétien Druthmar, moine de Corbie (+ 851) [18], Haymon, évêque de Halberstadt (+ 953) [19], Raban Maur, archevêque de Mayence (+ 858) [20], Prudence, évêque de Troyes (+ 861) [21], Aimon, moine de Saint-Germain-des-Prés (+ 889) [22], Rémi d'Auxerre

17. Migne, P. L., t. CIII, col. 423-1380 (*Concordia regularium*) v. spécial. col. 563, 619, 621, 622, etc., *exempla* extraits des *Vitæ' Patrum*, des Dialogues de Grégoire; v. MANITIUS, *Geschichte der lateinischen Litteratur des Mittelalters* (München, 1911), p. 345.

18. Migne, P. L., t. CVI, col. 1261-1520 (*Expositio in Matheum, Lucam, Johannem*).

19. Migne, P. L., t. CXVIII, col. 11-816, *Homiliæ de tempore et de sanctis et in aliquot epistolas;* LINSENMAYER, *op. cit.*, p. 48-53.

20. Migne, P. L., t. CX, col. 9-468; v. 60-63, Homel. XXXII : *In revelatione s[t] Michaelis.* « Est autem locus in campaniæ finibus, ubi inter sinum adrianum et montem Garganum civitas Cepontus posita est... », col. 131-132, Homel. LXX : *Reversio sanctæ atque gloriosissimæ crucis Domini.* « Tempore illo postquam Constantino Augusto contra Maxentium tyrannem properante ad bellum signum sanctæ crucis cœlitus fuisset... » (Récit détaillé de l'invention de la croix); t. CXII, col. 1338-1398 : *Tractatus de vitiis et virtutibus* du même, où il utilise également l'*exemplum* (v. col. 1392-1394). On rencontre aussi dans des recueils d'*exempla* du XIVe siècle, certains récits attribués à Raban Maur, qui ne se trouvent pas dans l'édition de Migne. C'est ainsi qu'on lit dans le ms. lat. 5633 de la Bibl. Royale de Munich, f. 24v : « Sic refert Rabanus in quodam sermone super id verbum apostoli; Viri diligite uxores vestras : Erat quidam juvenis rusticus qui cum uxorem duxisset, eam odio habens et despexit... (miracle de Notre-Dame, reproduit dans les recueils d'*exempla*); de même, *ibid.*, ms. 23420, f. 131v : « De latrone per stolam decollato. Sacerdos quidam venerabilis, sicut Rabanus refert in libro de Sacramentis, sedens in equo... qui honorem debitum non impediunt ecclesiasticis sacramentis » (miracle eucharistique très répandu dans les recueils); f. 139v : « De vetula que fecit quod dyabolus non poterat facere. Vir quidam cum uxore sua tam laudabiliter tam sociabiliter vixit, ut nec unica quidem vice alter de alterius opere verbo vel signo turbaretur... hoc Rabanus in sermone de matrimonio qui sic incipit o domine quodam tempore » (Reproduit dans Et. de Bourbon, édit. Lecoy de la Marche, n° 245, p. 207-209). Le même auteur a également écrit une théorie de la prédication dans son *De clericorum institutione* (Migne, P. L., t. CVII, col. 406-420); il s'en tient aux généralités et n'y fait nulle part mention de l'*exemplum*. V. LINSENMAYER, *op. cit.*, p. 45-48; CRUEL (R.), *Geschichte der deutschen Predigt im Mittelalter* (Detmold, 1879), p. 59-66.

21. Migne, P. L., t. CXV, col. 1347-1376, *Sermo de vita et morte gloriosæ virginis Mauræ*, v. *Hist. Litt.*, t. IV, p. 216-284 : Etat des lettres dans les Gaules au IXe siècle; MANITIUS, *op. cit.*, p. 345.

22. Migne, P. L., t. CXXXIX, col. 851-870 : *Sermo in festivitatibus s[t] Patris Benedicti* (en partie en vers).

(+ 908) [23], utilisent dans leurs sermons les mêmes types d'*exempla* en y ajoutant parfois l'*exemplum* historique tiré de l'histoire ecclésiastique et même l'*exemplum* personnel. Il semble même que certains pasteurs aient pris alors l'habitude de raconter en chaire des historiettes profanes, si l'on se rapporte au texte d'une homélie adressée au clergé par le pape Léon IV (847-55) [24], où il dit : « Verbum Dei et non fabulas inanes ex corde vestro debetis populo anuntiare et predicare » (col. 670).

Dans les deux siècles suivants le fond narratif du sermon s'étend encore à des sources nouvelles et s'enrichit de nouvelles acquisitions. Ainsi, au Xe siècle, Eudes de Cluny (+ 942) se plait à illustrer ses sermons de faits et de récits empruntés aux circonstances du moment [25]. Rathier de Vérone (+ 974) dans les onze sermons qui subsistent de lui, sans délaisser l'*exemplum* biblique, recourt volontiers à la fable et à la parabole, ce qui semble indiquer que ces deux nouveaux types d'*exempla* trouvaient alors déjà leur emploi dans la chaire [26].

L'auteur anonyme des homélies pour les dimanches et les fêtes de *Blickling* (compilées en vieil anglais vers 971), y utilise non seulement des paraboles et des faits évangéliques, auxquels il donne une interprétation allégorique et l'*exemplum* biblique de l'ancien testament, mais encore des récits des apocryphes, des récits d'apparitions, des récits tirés de la vie de la Sainte-Vierge et des Saints (v. le récit de l'assomption de Marie, la lutte de saint Pierre contre Simon le magicien, l'apparition de saint Michel sur le mont Gargan et la légende de la mort de Gargan tué par sa propre flèche, les merveilles de la vie de saint André, la résurrection d'un mort par saint Martin, etc...) [27].

23. Migne, P. L., t. CXXXI, col. 865-932; *Homiliæ* XII; v. Manitius, *op. cit.*, p. 504-519 et spécialement p. 517.

24. Migne, P. L., t. CXV, col. 675-684.

25. Migne, P. L., t. CXXXIII, col. 709-752; v. *Sermo* IV : *De combustione basilicæ beati Martini* en 938 (col. 729-849).

26. Migne, P. L., t. CXXXVI, col. 689-758; v. col. 729, la fable du loup et de l'agneau; col. 729, la parabole du roi et de ses conseillers; col. 735, historique des litanies; on rencontre aussi, dans ces sermons, des citations d'auteurs classiques et des allusions à la vie de l'auteur.

27. Mosher, *op. cit.*, p. 25-29.

Un peu plus tard, Aelfric dans ses homélies (écrites également en vieil anglais entre 991-996), basées sur les écrits de saint Augustin, de saint Jérôme, de saint Grégoire, de Bède, de Smaragde et d'Haymon, adressées à différentes conditions sociales et par conséquent adaptées à la qualité des auditoires, fait aussi un certain usage de l'*exemplum*. Parmi les vingt-huit *exempla* repartis à travers le texte, douze sont extraits de la Bible (6 de l'ancien testament et 6 du nouveau testament) à côté d'autres références bibliques qui ont probablement dû aussi servir d'*exempla;* puis viennent neuf récits empruntés aux dialogues de Grégoire le Grand; enfin, les sept autres proviennent de l'histoire ecclésiastique de Bède (1), des *Vitæ Patrum* (4) et des miracles de Notre-Dame (2, légende de Théophile et du pacte diabolique, victoire de saint Basile sur Julien l'Apostat). L'auteur donne généralement à ses récits un développement complet avec toutes sortes de détails caractéristiques et les fait suivre d'une courte « moralisation » se rapportant à un point de doctrine ou de morale bien déterminé, en ayant soin de les placer dans les différentes parties de l'homélie d'après le même procédé que suivront les prédicateurs des siècles postérieurs [28].

Les fragments de sermonnaires du XIe siècle attestent également que l'emploi de l'*exemplum* restait en vigueur dans la prédication. Wulfstan, archevêque d'York (1002-23) dans ses cinquante-quatre homélies (dont une quinzaine cependant d'une authenticité très douteuse), donne ses préférences à l'*exemplum* biblique et cela sans doute pour

28. *Ibid.*, p. 29-37. Il y a lieu de noter ici que des traités latins, qui devaient servir de manuels de secours aux prédicateurs, avaient été traduits en vieil anglais déjà vers la fin du IXe siècle. C'est ainsi qu'on voit se succéder alors la traduction des *Dialogues* de Grégoire, faite par Werferth, évêque de Worcester (+ 900), celle de la *Cura pastoralis* du même pape (Migne, P. L., t. LXXVII, col. 14-126) et de la *Consolatio philosophiæ* de Boèce (Migne, P. L., t. LXIII, col. 578-862; t. LXIV, col. 1239-1246), faite par le roi Alfred (+ 901). Il n'est pas douteux que ces traités ont alimenté dans la suite la prédication, de leur contenu et plus particulièrement de leur fond narratif, comme il ressort de la recommandation que fait Aelfric de la traduction anglaise des dialogues, v. MOSHER, *op. cit.*, p. 31 et spécialement p. 20-24.

produire plus d'effet sur ses auditoires en se reférant aux textes sacrés. Parmi les vingt *exempla* qu'on rencontre au cours du texte, il n'y a en a pas moins de quatorze tirés de la Bible; les six autres se rapportent à des faits empruntés aux apocryphes (2) et à des apparitions et au diable (4). Les récits bibliques sont à peine esquissés, tandis que les autres, quoique dénués de tout art de composition, reçoivent leur entier développement [29]. Fulbert, évêque de Chartres (+ 1028), dans les neuf *Sermones ad populum,* qui subsistent, semble donner ses préférences aux miracles de Notre-Dame, dont certains recueils devaient alors déjà circuler parmi les prédicateurs [30]. Odilon de Cluny (+ 1049), par contre, dans son quinzième et dernier sermon intitulé *De sancta cruce,* recourt à des *exempla* historiques, qu'il cite d'après Raban Maur, pour compléter ses développements [31]. Anno, archevêque de Cologne (+ 1075) s'inspire dans ses sermons des dialogues de Grégoire le Grand [32]. Pierre Damien (+ 1072), dans ses soixante-quinze *Sermones de sanctis,* utilise en très grand nombre l'*exemplum* hagiographique ayant trait à la vie et aux miracles des saints, l'*exemplum* biblique ainsi que l'*exemplum* historique, qu'il extrait généralement de l'histoire profane ancienne (col. 658, Eutrop. Hist. roman. lib. II, in fine) [33]. Quant aux prédicateurs de la première croisade Pierre l'ermite et Urbain II (+ 1099), il semble bien d'après la teneur fragmentaire de leurs sermons que nous ont laissés les chroniqueurs, ils aient eu surtout recours aux faits d'actualité, aux récits d'apparitions dans le but de provoquer l'enthousiasme des foules pour la prise de la croix [34].

29. Mosher, *op. cit.,* p. 38-44.

30. Migne, P. L., t. CXLI, col. 317-340, col. 328, ex. de Theophilo et d'après le ms. lat. 23420 de la Bibl. Roy. de Munich, f. 27v, cet autre miracle intitulé « de pictore quem beata virgo tenuit ne caderet » sicut Fulbertus episcopus refert.

31. Migne, P. L., t. CXLII, col. 991-1036, 1031-1034 : *Sermo de sancta cruce.*

32. Cruel, *op. cit.,* p. 86.

33. Migne, P. L., t. CXLIV, col. 504-924.

34. Migne, P. L., t. CLI, col. 566-582, sermon au concile de Clermont en 1095, qui ne semble être dans sa teneur abrégée qu'une série de récits rapportés par les pèlerins des lieux saints, comme l'attestent

Si l'*exemplum* s'est introduit et a occupé une certaine place dans l'œuvre homilétique des Pères et s'est maintenu dans la suite dans la chaire chrétienne, il a également joué un certain rôle dans les traités de morale, d'édification, d'instruction et de polémique de ces mêmes Pères et des écrivains ecclésiastiques, qui leur ont succédé.

Le premier parmi les Pères qui s'en est servi pour compléter des développements moraux ou pour illustrer ses descriptions de la nature est saint Ambroise (+ 397) dans le *De virginibus ad Marcellinam sororem suam libri tres* (écrit en 377) [35] et dans l'*Hexameron* (écrit vers 389) [36]. L'auteur, dans les trois livres du premier traité, dérivé d'une série de sermons prêchés sur ce sujet, complète, en effet, ses arguments théologiques ou moraux destinés à prouver l'éminence de la virginité, par un certain nombre d'*exempla* empruntés à la mythologie, à la Bible, à l'histoire profane, à la vie des vierges martyres (sainte Thècle, sainte Pélagie,

les textes suivants : « Loca venerabilia facta sunt stabula jumentorum... rapiuntur eorum (christianorum) filii... in sanctuariis occiduntur sacerdotes et levitæ, coguntur virgines fornicari... » Pour Pierre l'ermite, v. sa prédication et le récit de sa vision à l'église de la resurrection dans le *Recueil des Historiens de la croisade : Guillaume de Tyr I*, p. 39-42. — Il y a lieu de se demander si les prédicateurs ambulants de ce temps, comme Raoul Ardent (+ 1101) et Robert d'Arbissel (+ 1117) n'ont pas eu recours à l'*exemplum* (conte pieux, légende de saints, vision) dans leurs prédications populaires. Les *Homiliæ de tempore et de sanctis* du premier (Migne, P. L., t. CLV, col. 1301-1626, 1627-2118) n'en renferment pas. Cependant Johann von WALTER, dans son travail, *Die ersten Wanderprediger Frankreichs* (Leipzig, 1903-1906), p. 117-144 (1903), semble l'admettre pour le second.

35. Migne, P. L., t. XVI, col. 187-232; *ibid.*, col. 335-364, le traité *Exhortatio virginitatis liber unus*, écrit en 393, où l'on rencontre également quelques *exempla* tirés de l'ancien testament, de l'Histoire romaine et de la vie des martyrs.

36. Migne, P. L., t. XIV, col. 133-174 (*Hexameron libri sex*). BARDENHEWER, *op. cit.*, t. III, p. 509, s'exprime ainsi au sujet de son contenu : « Zwanglose und behagliche Betrachtungen moralisiernder Tendenz gehen mit der Erklärung Hand in Hand. Schöne Naturschilderungen und reiche Erzählungen aus dem Leben der Tiere, darunter begreiflicherweise auch manche Fabeln. Die Tiere werden dem Meuschen als Muster vorgehalten » ; v. p. ex. col. 251, le récit de la fidélité du chien, qui reste auprès de son maître assassiné : « Antiochiae ferunt in remotiori parte urbis crepusculo necatum virum, qui canem sibi adjunctum habuit... »

sainte Sotheria) et à sa propre expérience. Dans le second traité, également dérivé de sermons prêchés sur la création, il nous offre, à côté d'agréables considérations à tendance moralisatrice, des récits tirés de la vie des animaux avec de curieuses fables, empruntées à Pline, Hippolyte, Origène, Apulée, Galien.

Puis c'est saint Jérôme (+ 420), qui use du même procédé dans son *Contra Jovinianum,* écrit de polémique en deux livres (composé en 393). Pour démontrer la prééminence de dignité et de mérite du célibat sur le mariage (1er livre) et réfuter les thèses de l'ex-moine Jovinien sur l'impeccabilité du baptisé, l'inutilité du jeûne, l'égalité de la récompense céleste pour tous les vrais chrétiens (2e livre), il fait appel non seulement aux *exempla ex scriptura* (col. 305), mais encore aux *exempla e seculi historiis* (col. 270), c'est-à-dire à la mythologie, à l'histoire de l'antiquité profane et exceptionnellement à l'histoire contemporaine (col. 295). Et dans ce but il exploite les auteurs grecs et latins, notamment Euripide, Aristote, Théophraste, Xénophon (Cyropédie), Diogène Laërte, Plutarque, Hippocrate, Cicéron, Virgile (Enéide), Horace, Sénèque et tire de leurs écrits des récits favorables à ses propres thèses. Dans certains cas, il fait suivre plusieurs récits bout à bout comme s'il voulait en faire un faisceau de preuves destinées à confirmer ses assertions avec plus d'autorité (col. 275, 279, 280, 295, 298, etc...). Quels que soient néanmoins ces *exempla,* ils ont généralement un développement écourté [37].

Quelque temps après, saint Augustin (+ 431) se sert du même procédé dans son traité. *De civitate Dei* composé à la

37. Migne, P. L., t. XXIII, col. 311-338 (*Adversus Jovinianum libri duo*); Bardenhewer, *op. cit.*, t. III, p. 631-632. — Voici, à titre de renseignement, quelques *exempla* qui illustrent bien la façon dont l'auteur entend leur développement : « Xenophon in Cyri majoris scribit infantia, occiso Abradote viro, quem Panthea uxor miro amore dilexerat, collocasse se juxta corpus lacerum et confosso pectore, sanguinem suum mariti infudisse vulneribus... Rhodogune filia Darii, post mortem viri, nutricem quæ secundas nuptias persuadebat, occidit. Alcestin fabulæ ferunt pro Admeto sponte defunctam et Penelopes pudicitia, Homeri carmen est. Laodamia quoque poetarum ore cantatur, occiso apud Trojam Protesilao, noluisse supervivere » (col. 270).

suite de la prise de Rome par Alaric (410), (entre 412-426) pour réfuter les assertions des païens accusant le christianisme d'avoir été pour la ville un ferment de décadence. L'auteur en effet, pour appuyer ses thèses, a inséré tant dans la partie polémique (Livre *I-X*) que dans la partie apologétique (Liv. *XI-XXII*), de très nombreux récits empruntés, soit aux écrits de l'antiquité sacrée et profane (livres historiques de la Bible) (Cicéron, Tite Live, Varron, Porphyre, etc...), soit à ceux du christianisme (Tertullien, Origène, chronique d'Eusèbe traduite par saint Jérôme, etc...). Les récits se distinguent ici comme dans le traité précédent par leur brièveté à l'exception de quelques-uns, qui sont longuement développés [38].

Entre temps paraissent, dans un but d'édification, les *Vitæ Patrum* (*Historia eremitica, Historia monachorum*), ou biographies de moines égyptiens, traduites du grec en latin par Rufin (+ 410) (entre 404 et 410) [39], l'*Historia Lausiaca,* écrite en 420 par Palladius (+ 431), [40], sorte d'histoire anecdotique des moines d'Egypte et de Palestine, basée sur Rufin et dédiée à Lausos, fonctionnaire impérial, d'où son nom, les *Collationes XXIV* de Cassien (+ 435) (achevées avant 429), [41], recueil d'entretiens qu'il a

38. Migne, P. L., t. XLI, col. 13-804; LABRIOLLE (P. de), *Histoire de la Littérature latine chrétienne* (Paris, 1920), p. 546-551.

39. Migne, P. L., t. XXI, col. 387-462; BARDENHEWER, *op. cit.*, t. III (1912), p. 555.

40. Migne, P. G., t. XXXIV, col. 995-1260; CUTH. BUTLER, *The Lausiac History of Palladius* (Cambridge, 1898-1904 (2 parties).

41. Migne, P. L., t. XLIX, col. 843-1328. On peut ajouter à ces écrits biographiques pour l'Occident, la *Vita s^t Martini,* écrit en 397, et les *Duo dialogi,* écrits en 404 par Sulpice Sévère (+ 420 (25 ?) (v. édition Paris, 1693) et pour la fin du Ve siècle, les *Libri octo miraculorum* (*I Liber in gloria martyrum, II Liber de passione et virtutibus sancti Juliani martyris, III-VI (I-IV) de virtutibus s^t Martini episcopi, VII Liber vitæ patrum, VIII Liber in gloria confessorum*) de Grégoire de Tours (+ 594) (v. B. KRUSCH, *op. cit.*, t. I, *Gregorii Turonensis opera,* 1885, p. 451-820), écrits entre 583-93. *Ibid.*, édit. M. BONNET, p. 821-846 : *Liber de miraculis beati Andreæ apostoli.* Comme nous le verrons plus loin, ces écrits biographiques ou hagiographiques, et plus particulièrement les *Vitæ Patrum,* seront à l'égal des dialogues de Grégoire le Grand, une des sources favorites, où les compilateurs d'*exempla* viendront puiser leurs récits ou bien s'en inspirer largement pour leurs propres imitations.

eus avec les solitaires d'Egypte avec de nombreux détails biographiques, où domine exclusivement le type du récit dévot.

Un siècle plus tard, Boèce (+ 525), dans son traité *De consolatione philosophiæ,* écrit en prison vers 525 sous forme de dialogue entremêlé de vers et divisé en cinq livres, a également recours aux *exempla* pour illustrer son texte. Ces derniers cependant — il y en a une quinzaine — qu'il met dans la bouche de la Philosophie, qui sous l'aspect d'une femme aux traits vénérables, vient tour à tour le consoler, l'encourager et lui apporter les remèdes à son délaissement et à ses souffrances, sont tous tirés de la mythologie (Orphée et Eurydice, Ulysse et Circé, etc...) et de l'histoire profane (mort de Sénèque, Papinien et Antoine, etc...) et à peine esquissés en deux ou trois lignes [42].

Les écrivains du Moyen Age appliquent le même procédé

42. Migne, P. L., t. LXIII, col. 581-862. Les *exempla* suivants que nous extrayons au hasard de son traité, nous montrent en effet nettement que Boèce tenait à les réduire au strict minimum pour rehausser la clarté de son exposé et pour donner par là même plus de valeur à leur emploi : « Nesciebas Crœsum regem Lydorum Cyro paulo ante formidabilem, mox deinde miserandum rogi flammis traditum, misso cœlitus imbre defensum. Num te præterit Paulum Perses regis a se capti calamitatibus pias impendisse lacrymas » (col. 667)... Fit, ut indignemur eas (honores) sæpe nequissimis hominibus contigisse : unde Catullus, licet in curuli Nonium sedentem, strumam tamen appellat » (col. 735-36)... Nero Senecam familiarem præceptoremque suum ad eligendæ mortis coegit arbitrium. Papinianum diu inter aulicos potentem, militum gladiis Antonius objecit. Atqui uterque potentiæ suæ renuntiare voluerunt, quorum Seneca opes etiam suas tradere Neroni seque in otium conferre conatus est » (col. 742). — Ce traité a joui d'une vogue considérable durant tout le Moyen Age. Il n'est guère d'écrivains qui ne s'en soient inspirés. Il survit dans de très nombreux manuscrits. La première traduction qui en ait été faite est celle du roi Alfred (+ 901) en vieil anglais (v. Mosher, *op. cit.,* p. 21-24). Il en subsiste aussi une traduction française avec commentaire, faite par Pierre de Paris, au début du XIVe siècle et adressée à Frère Simon le Rat, maréchal de l'ordre des Hospitaliers, commandeur de Chypre (1299-1310) (v. Art. de M. Ant. Thomas, dans *Not. et Ext. des mss. de la Bibl. Nat.,* t. XLI (1923), p. 29-90). Le traducteur a éprouvé le besoin de compléter son commentaire par des anecdotes et traits tirés de la mythologie, de l'antiquité profane, des penseurs et philosophes et même des *Vitæ Patrum.* — Pour une étude d'ensemble sur Boèce, v. Manitius, *op. cit.,* p. 32-35; Labriolle, *op. cit.,* p. 667-672.

dans leurs écrits que ceux de la période patristique. Le premier que nous rencontrons sur notre chemin est l'encyclopédiste Isidore de Séville (+ 636). Dans ses *Etymologiarum libri XX,* il émaille le texte à maint endroit comme pour le rendre moins aride, d'un certain nombre d'anecdotes, de traits mythologiques et historiques ainsi que de descriptions et de comparaisons empruntées aux trois règnes de la nature, qui finiront dans la suite par trouver leur place dans les compilations même d'*exempla* [43].

Vers la fin du VIIe siècle, Adhelme de Malmesbury (+ 709) dans son traité en prose *De laudibus virginitatis* (écrit avant 690) [44] dédié à l'abbesse Hildelitha de Barking, fait appel, pour démontrer la possibilité de la chasteté aux plus célèbres exemples d'hommes de l'ancien et du nouveau testament et des premiers siècles de l'ère chrétienne (v. chap. 20-39 et spécialement au chapitre 25, plusieurs anecdotes relatives à saint Sylvestre et aux moines du désert) ainsi qu'à ceux de femmes vierges et martyres de la nouvelle alliance (chap. 40-60) sous forme de récits, en général, brièvement caractérisés. En terminant (chap. 60, col. 160), l'auteur annonce son intention de chanter également la virginité en vers hexamètres, si le présent ouvrage trouve un accueil favorable. Il tient effectivement sa promesse, car peu après paraît le même sujet sous forme de vers avec les mêmes *exempla* que dans la prose, mais dédié cette fois à l'abbesse Maxima [45].

Au temps de Charlemagne, l'abbé Smaragde de Saint-Mihiel (+ 819) dans son traité de perfection des vertus monachales, intitulé *Diadema monachorum,* en cent cha-

43. Migne, P. L., t. LXXXII, col. 73-728; Manitius, *op. cit.*, p. 52-70.

44. Migne, P. L., t. LXXXIX, col. 103-162 (en 60 chapitres).

45. Migne, P. L., t. LXXXIX, col. 237-290 (comprend 2905 hexamètres). V. pour l'analyse minutieuse des deux traités v. Ebert (A.), *Allegemeine Geschichte der Litteratur des Mittelalters im Abendlande* (Leipzig, 1874), t. I, p. 586-90. Ce dernier dit en parlant des *exempla* du second traité, p. 589 : « Auch hier bilden das Gros des Buches, wie es hier der Dichter selbst ja im Vorwort als das eigentliche Thema bezeichnet, die Beispiele der Jungfräulichkeit, es sind mit geringen Abweichungen dieselben und in gleicher Weise vorgeführt : es wird auch geradezu auf diese Prosa einmal verwiesen. » V. également l'appréciation de Manitius, *op. cit.*, p. 138.

pitres, suit la même voie. Parallèlement à l'*exemplum* biblique et hagiographique, il utilise l'*exemplum* dévot qu'il extrait des sources jusque-là inexplorées des *Vitæ Patrum* et qu'il encadre ensuite en grand nombre par des citations des textes patristiques dans ses développements moraux et didactiques. En général, il conserve à l'*exemplum* la même physionomie qu'il avait dans le texte primitif et se contente de le faire précéder d'une petite formule d'introduction pour l'ajuster au texte qui le précède [45a].

Quelques décades plus tard, Raban Maur (+ 856) dans son *De universo* (*de rerum naturis*), sorte d'encyclopédie en vingt-deux livres composée vers 842 et renfermant des renseignements sur tout ce qu'on pouvait alors connaître, se plaît également à insérer de nombreux récits dans certaines parties de ce vaste travail, basé sur les *Libri Etymologiarum* et le *De natura rerum* d'Isidore de Séville ainsi que sur les œuvres des Pères de l'Eglise. On y rencontre, en effet, à côté de curieux traits et descriptions empruntés à l'histoire naturelle, des anecdotes tirées de la Bible, de

45*a*. Migne, P. L., t. CII, col. 593-690. MANITIUS, *op. cit.*, p. 463. Il semble bien, d'après le prologue même du traité, qu'on avait alors l'habitude, dans les monastères, de faire des lectures pieuses, tirées des *Vitæ Patrum* ou des *Collationes*. On y lit, en effet : « Et quia in regula beati Benedicti scriptum est : Mox ut surrexerint fratres a cœna, sedeant omnes in unum et legat unus collationes vel vitas Patrum aut certe aliquid quod ædificat audientes; ideo nos et de collationibus Patrum et de conversationibus et institutionibus eorum modicum et de diversis doctoribus in hoc libello congessimus plurimum et sic eum in centum capitulis consummavimus totum. » Ce traité a été traduit en italien au XIVe siècle par un camaldule der monastère des Anges (Florence). Nous avons eu occasion de voir à la *Biblioteca Nazionale centrale* de Florence, une copie manuscrite de cette traduction sous la cote D. 2. 384 ff. 18v-169v (XIVe s.), qui commence au chapitre VII par ces mots : « Fratregli mici come dice la scritura la corona dela sapientia e il timore di Dio..., et se termine au chapitre C par cet *explicit* : « Allaquale dio ci conduca tum per la sua piata ed misericordia amendeo gratias, finiti libro chessi chiama corona de monaci. » Le traducteur a intercalé dans le texte un certain nombre d'*exempla* tirés des recueils d'*exempla*, p. ex. f. 48v, ex. d'un chevalier français visitant les lieux saint et priant sur le mont des Oliviers (Leggesi duno chavaliere francioso), f. 73v : ex. d'Alexandre le Grand et du voleur (Leggesi d'Alexandro imperadore), etc.; v. aussi l'édit de *P. Casimiro Stolfi* (Prato, 1862).

l'histoire grecque et romaine, de la mythologie, de l'histoire ecclésiastique ainsi que des contes d'animaux que l'auteur a eu souvent soin de moraliser [46].

Vers la fin du IXe siècle, le moine Notker de Saint-Gall (+ 912) nous offre dans ses *De gestis Karoli magni* com-

46. Migne, P. L., t. CXI, col. 9-614. L'auteur expose son plan à caractère encyclopédique dans la première préface du traité dédié à Louis le Germanique, en ces termes : « Primo de ipso summo bono et vero conditore nostro... disserui. Postea vero de cœlestibus et terrestribus creaturis, non solum de natura, sed etiam de vi et effectibus earum sermonem habere institui ut lector diligens in hoc opere et natura proprietatum et spiritualem significationem juxta mysticum sensum simul posita inveniret. Et quia de sanctis hominibus qui in veteri et novo testamento commemorantur, eorumque actionibus mysticis necnon et de locis in quibus habitabant silere me non convenit... addidi quoque in presenti opusculo non pauca de fide catholica et religione christiana et e contraria de gentilium superstitione et hereticorum errore, de philosophis et magis atque falsis diis, de linguis gentium de regnis et militum civiumque vocabulis atque affinitatibus; de homine et partibus ejus et reliquis animantibus; de lapidibus, lignis et herbis, quae in terra gignuntur : de variis artibus atque artificiis et aliis multis. » Comme on le voit, ce sont les mêmes sujets traités que chez Isidore, mais avec un dispositif différent en partie et complétés dans certains livres par des explications allégoriques et symboliques. Dans une seconde préface, adressée à Haymon, évêque de Halberstadt, il s'explique sur le but et la raison d'être de son traité. Il y dit entre autres choses : « Postquam me divina providentia ab exteriorem negotiorum cura absolvit teque in pastoralis curæ officium sublimavit, cogitabam, quid Tuæ Sanctitati gratum et utile in scribendo conficere possem : quo haberes ob commemorationem in paucis breviter adnotatum quod ante in multorum codicum amplitudine et facunda oratorum locutione diserte copiose legisti. Neque enim mihi ignotum est qualem infestationem habeas, non solum a paganis qui tibi confines sunt, sed etiam a populorum turbis, quæ per insolentiam et improbitatem morum Tuæ Paternitati non parvam molestiam ingerunt et ob hoc frequenti orationi atque assiduæ lectioni te vaccare non permittunt. Hæc enim omnia mihi sollicite tractanti venit in mentem ut juxta morem antiquorum qui de rerum naturis et nominum atque verborum etymologiis plura conscripsere, ipse tibi aliquod opusculum conderem in quo haberes scriptum non solum de rerum naturis et verborum proprietatibus, sed etiam de mystica earundem rerum significatione, ut continatim positam invenires historicam et mysticam singularum expositionem » (col. 11-13). Ainsi donc ce traité, qu'il dédiait également au célèbre évêque missionnaire, par trop occupé à son ministère, devait servir à ce dernier de manuel de récapitulation et lui permettre de trouver rapidement ce qui se trouve dispersé dans de nombreux volumes sur la nature des choses et les étymologies des noms, ainsi que leur explication historique et mystique qu'il a eu soin d'y ajouter.

posés vers 884 et dont il subsiste deux livres, un recueil de récits, où voisinent à la fois les éléments profanes et religieux. Les soixante-sept anecdotes qui subsistent et qui ont trait à Charlemagne, à Louis le Débonnaire, aux mœurs et aux institutions de l'époque carolingienne, sont présentées sous une forme si agréable et avec une originalité si puissante qu'elles font songer aux *exempla* des grands recueils du XIIIe siècle [47].

Au Xe siècle, l'abbé Eudes de Cluny (+ 942) dans ces *Collationum libri tres* [48], élargit encore le domaine de l'*exemplum,* en puisant ses récits non seulement aux sources déjà connues, mais en recourant encore à des sources nouvelles. Dans ce traité, en effet, primitivement dédié sous forme de lettre de consolation et d'encouragement à *Turpio,* évêque de Limoges (+ 944) et transformé ensuite en une sorte de manuel d'instruction à l'usage des moines, mais qui n'est à vrai dire qu'un curieux exposé des mœurs laïques et cléricales ainsi que de la vie monastique de son temps [49], il fait entrer à l'appui de ses développements moraux un nombre assez considérable d'*exempla.* Il emprunte ces derniers tour à tour à la Bible, aux *Vitæ Patrum,* aux écrits des Pères — de saint Jérôme, de saint Ambroise, de saint Grégoire de Naziance, de saint Jean Chrysostome, de saint Augustin (*De civitate Dei*), de saint Grégoire le Grand (*Liber moralium, Dialogues*) — à Josèphe et à Hégésippe, à

47. Migne, P. L., t. XCVIII, col. 1370-1410; MANITIUS, *op. cit.,* p. 359, dit à leur sujet : « Von der hervorragensten Wichtigkeit aber sind die Gesta Karoli selbst. Sie sind von unvergänglichem Werte und gehören daher der Weltlitteratur an. »

48. Migne, P. L., t. CXXXIII, col. 517-638; SACKUR (E.), *Die Cluniacenser in ihrer kirchlichen und allgemeingeschichtlichen Wirksamkeit* (Halle, 1892-94, 2 vol.), t. I, p. 43 et sq.; t. II, p. 332-333 (COLLATIONES), p. 334-335 (SERMONES).

49. V. épitre dédicatoire, où l'auteur annonce la division de son sujet en ces termes : « De perversitate pravorum, qui semper succrescentes et ecclesiasticam censuram penitus contemnentes, quoslibet invalidos crudeliter affligunt. Postremo de his qui divinæ servituti mancipari debuerant, sese prorsus vanæ gloriæ dedicant ac divino cultui simulate desserviunt. De his igitur et hujusmodi, quos tunc, si bene commemini, lugebatis, computationis materiam scripsi » (col. 519).

Eusèbe (*Historia ecclesiastica*), à Cassiodore (*Historia tripartita*), à Grégoire de Tours (*Historia Francorum*), au vénérable Bède (*Historia gentis Anglorum*), aux vies de saints (saint Augustin, saint Benoît, saint Antoine, saint Jean l'aumônier, saint Martin de Tour, sainte Walburgis (+ 573), aux récits de visions de son temps et à son expérience personnelle. Ces sources diverses attestent une certaine variété dans l'emploi des types d'*exempla* au cours du traité. Ces types sont l'*exemplum* biblique, le récit dévot et hagiographique, l'*exemplum classique profane* (col. 557 : mort de Lucrèce), le récit d'apparitions (col. 604 : Quidam apud Senones Huebertus nomine duas sibi mulicres nocte vidit astantes; col. 606 : de visione quam Guido monachus de Solemniaco vidit...), et l'*exemplum* personnel (col. 574, 604, 605, 616 et pour l'ensemble col. 534, 535, 548, 562, 565, 570, 572, 573, 577, 579, 582, 585, 593, 595, 603, 605, 606, 612, 616, 623, 629, 631). Quel que soit cependant le type *d'exemplum,* il est en général présenté sous une forme écourtée et situé selon le cas dans le temps et dans l'espace. Parfois aussi plusieurs récits sont placés bout à bout comme s'ils devaient donner par là plus de poids à l'argumentation de l'auteur [50].

Au XIe siècle, ce goût pour l'historiette semble s'étendre encore davantage au domaine théologique et canonique.

50. La citation des *exempla* suivants placés bout à bout, montre nettement quel développement l'auteur entend leur donner : « Heduensis cœnobii præpositus quamcunque occasionem reperire poterat carnibus inhianter vescebatur. Quod scilicet vitium cum nullatenus fratres emendare possent, ipse cum quadam vice carnes comedere vellet, offa, qua os impleverat, strangulatus obiit. Alius quoque de cœnobio Durensi progressus ad quamdam villam, petiit ab hospite suo carnes. Cum ille respondisset : Ecce jam coquuntur : Accelera, inquit, in spito aliquid coquere citius. At ille parabat carnes in spito, sed monachus æstuans partem de spito præcidit et super carbones jactavit : quam videlicet torridam cineribus excussit et ori ingessit, sed mox cum præsenti voracitate vitam finivit. Quidam de Comarrino, quem ego et levitates ejus ipse noveram, cum lætissimus sero se cubitum collocasset, tempore nocturni officii defunctus repertus est. Quod et abbati Jammoni contigisse vel ipsi vos scitis. Sed et alius quidem sancti Martini canonicus domini Oberti archiclavis, camerarius scilicet, a dæmone arreptus tamdiu vexatus est quousque spiritum exhalavit » (col. 680).

Ainsi Pierre Damien (+ 1072) [51], dans ses nombreux petits traités — une soixantaine — où il expose et discute diverses questions de théologie pratique et de droit canonique, fait un emploi constant de différents types d'*exempla*, dont la réunion formerait un recueil d'environ cent cinquante récits des plus variés. On y rencontre notamment, à côté des *exempla bibliques* et pieux de toute sorte, des récits empruntés à l'histoire profane de l'antiquité grecque et latine (CXLV, col. 658, 816, 817, etc...), à l'histoire du Moyen Age (col. 712), à des faits contemporains (col. 712, 726, 817, etc...), à des visions (col. 574), à des prodiges (col. 656), à l'expérience personnelle (col. 653, 654, 699, 700) et même à des contes d'animaux extraits de l'histoire naturelle et dont il dit : « Omnes plane naturas animalium, quas supra perstrinximus, si quis elaboret solerter inspirare, utiliter poterit in humanæ conversionis exempla transferre, ut qualiter homo vivat ab ipsa quoque rationis ignora pecorum natura condiscat » (*Opusc. LII de bono religiosi status*) (col. 785). L'auteur, grand lettré et grand admirateur de l'antiquité classique puise ses modèles dans les écrits d'Hérodote, de Cicéron, de Valère Maxime, de Senèque, de Suétone, sans négliger les productions de la décadence comme ceux d'Eutrope, de saint Grégoire le Grand, de Paul Diacre ou même les chroniques du Moyen Age. Outre l'*exemplum* personnel, il affectionne tout particulièrement le récit de visions, car ce type est représenté plus que tout autre dans ses écrits. Il l'extrait généralement des faits

51. Migne, P. L., t. CXLV, col. 19-858. A y ajouter aussi ses huit livres de lettres, réunies au t. CXLIV, col. 205-502, où l'on trouve également un certain nombre d'*exempla*, p. ex. la fable de Phébus et de Borée (col. 236), la légende du clerc et du lait de la Vierge (col. 420), des récits bibliques et dévots tirés de la Bible, des *Vitæ Patrum* et de l'histoire ecclésiastique (col. 344, 351, 442, etc.), des *exempla* historiques extraits de Suétone, d'Eutrope, de Paul Diacre, de Jornandès (col. 249, 251, 252), des récits de visions (col. 420, 465), des contes d'animaux (col. 228, 232, 276, 278) et l'*exemplum personnel* (col. 280, 414, 420, 429, 459, 465, 467, 472, 483, 484, etc.). Grâce à l'emploi fréquent qu'en fait Pierre Damien dans ses écrits, ceux-ci ont été largement exploités dans la suite aussi bien par les chroniqueurs (v. *infra*, Hélinand) que par les prédicateurs, les moralistes et les compilateurs de recueils d'*exempla* (v. spécialement *B. N.*, ms. lat. 14657, f. 8 et sq.; *B. M.*, ms. Burney 351, ff. 39-40, XIIIe s., etc.).

contemporains ou l'invente de toute pièce en prenant comme modèles ceux des dialogues de Grégoire le Grand, dont il imite la façon d'introduire, de localiser et de développer le récit.

Ainsi donc d'après ce qui précède, l'*exemplum* introduit par le Sauveur lui-même dans les enseignements du christianisme, a trouvé sa place marquée dans l'œuvre homilétique et didactique des Pères de l'Eglise et des écrivains ecclésiastiques en y constituant peu à peu certains de ses types définitifs. Il s'est maintenu dans la suite, malgré les invasions des Barbares et quoique à un degré affaibli dans la chaire chrétienne. A partir de l'époque carolingienne, il s'est développé à nouveau sans arrêt en s'enrichissant d'une partie du legs des Pères et en y ajoutant successivement de nouveaux apports qu'il a trouvés dans le conte dévot sous la forme la plus diverse (biblique, hagiographique), dans le récit de visions, dans le récit profane et historique, dans le fait d'actualité, dans la fable, dans les contes d'animaux et les traits tirés de l'histoire naturelle, et même dans l'expérience propre de l'auteur. Grâce au legs du passé et aux apports nouveaux, il a fini par occuper une certaine place dans la littérature parénétique et didactique. Il sera prêt à y jouer un rôle élargi à partir du XIIe siècle, comme nous le verrons dans le chapitre suivant.

CHAPITRE II.

L'Exemplum dans le sermon et les traités d édification, d'instruction et de morale au XIIe siècle.

Au XIIe siècle, l'*exemplum* loin de s'arrêter dans la voie qu'il s'était tracée, reprend sa marche en avant en précisant son rôle et en s'étendant à des sources nouvelles. C'est une nouvelle phase qui commence pour lui. Son rôle, en effet, se précise à la fois dans le sermon et dans les traités didactiques divers. Son domaine s'élargit à un tel point qu'il finit par former une immense matière anecdotique et par constituer tous les types définitifs. Cette importance considérable qui lui est attribuée dans l'enseignement de la chaire et des écoles, il faut la chercher dans le goût de plus en plus prononcé des auditoires tant populaires que savants pour le côté anecdotique dans l'exposé de la doctrine et de la morale chrétienne. C'est pourquoi aussi, prédicateurs, professeurs et moralistes s'y adaptent sans peine et font désormais une plus large part à l'*exemplum*, soit dans le sermon, soit dans les traités d'édification, d'instruction et de morale pour attirer, captiver, instruire et moraliser leurs auditeurs.

Jusqu'au XIIe siècle, le sermon, qu'il s'agisse du panégyrique ou de l'homélie proprement dite, affectait plutôt une structure simple, où l'orateur avait l'habitude de développer son sujet à l'aide de textes de la Bible, de citations des Pères, de comparaisons, de descriptions et exceptionnellement de récits divers sans précisément observer les règles qui doivent présider à la bonne composition du discours. A partir de cette époque, un effort sérieux est fait, probablement sous l'influence des nouvelles méthodes d'enseignement des écoles théologiques ainsi que sous la pression des nécessités du moment, pour donner au sermon une forme organique, sans que pourtant cet effort ait été complètement couronné de succès [1]. Dès le début du siècle, le moine Guibert de Nogent (+ 1124), formule à ce sujet des règles précises dans un petit traité de prédication intitulé *Liber quo ordine sermo fieri debet,* qui servira pendant longtemps de guide aux prédicateurs. Il y conseille, entre autres, aux orateurs l'emploi de l'*exemplum* en ces termes : « Placere enim nonnullis comperimus simplices historias et veterum gesta sermoni inducere et his omnibus quasi ex diversis picturam coloribus adornare » (col. 25) [2].

1. Bourgain (L.), dans *La chaire française au XIIe siècle* (Paris, 1879), p. 263-264, conclut en effet son étude sur la prédication au XIIe siècle en ces termes : « Les prédicateurs ont connu les règles de l'éloquence sacrée; ils ont essayé de les pratiquer. Ils ont cultivé l'écriture sainte et les Pères de l'Eglise; ils se sont quelquefois inspirés aux sources profanes, ils se sont appliqués à flatter l'imagination par des comparaisons, à relever l'attention par des anecdotes; ils n'ont pas négligé l'art oratoire. Mais leurs efforts n'ont pas toujours été couronnés de succès; les raisonnements des théologiens leur ont trop fait oublier les peintures du moraliste, ils ont visé plus à instruire qu'à émouvoir; les mêmes Pères reviennent trop souvent avec les mêmes passages et les auteurs profanes cités sont assez mal choisis. On voudrait dans les comparaisons plus de naturel, dans le plan plus de solidité. En un mot, les vraies théories ont été connues, étudiées, mais malgré des mérites réels, la pratique est généralement restée médiocre, faute de goût. »

2. Migne, P. L., t. CLVI, col. 21-32. L'auteur a divisé le traité en trois parties. Dans une première partie, il parle des qualités que doit avoir le prédicateur et des défauts qu'il doit éviter (col. 21-23). Dans une seconde partie il explique les qualités du bon sermon. Sans s'appesantir sur les règles relatives à son développement, il s'occupe presque exclusivement des matières qui doivent entrer dans son cadre, à savoir les textes de l'Ecriture commentés, « historice, allegorice, tropologice, anagogice » (col. 25-26), les écrits des Pères et, parmi eux, spécialement « beati Gregorii moralibus et libro illo qui de institutis et collationibus Patrum a quodam Cassiano qui et Johannis dicitur scriptus, quorum lectio utilitatis immensæ studiosis lectoribus fructum præstat » (col. 27); les moralités « per considerationem illius rei de qua agitur aliquid allegorice vel moralitati conveniens invenitur, sicut de lapidibus, de gemmariis, de avibus, de bestiis, de quibus quidquid figurate dicitur, nonnisi propter naturarum significantiam profertur » (col. 29), témoin l'autorité de saint Grégoire de Nazianze qui « in quodam suo libro testatur se id habuisse consuetudinem, ut quidquid videret, ad instructionem mimi studeret » (col. 29-30). Enfin, dans une troisième partie, il indique les sujets que le prédicateur doit prêcher, à savoir : les vices et les vertus, le ciel et l'enfer (col. 30-31). Guibert a, du reste, utilisé l'*exemplum* dans ses autres traités, notamment dans le *Liber de laude sanctæ*

Il était donc bon, d'après ce théoricien, d'orner le sermon à la manière d'une peinture attrayante de ces simples récits, de ces faits et gestes des anciens, auxquels se complaisaient les auditoires. Aussi, désormais l'*exemplum*, puisé aux sources les plus diverses tant anciennes que modernes, s'établira solidement dans le sermon et y jouera un rôle autrement important que par le passé. Voici du reste comment L. Bourgain, l'historien de la prédication en France au XIIe siècle, s'exprime à son sujet : « Les noms qui reviennent le plus souvent [dans les récits extraits de l'antiquité profane] sont Alexandre, César, Pompée, Marius, Oreste et Pylade, Crésus, le philosophe Cratès..... On puise des miracles dans les actes des martyrs, dans les annales ecclésiastiques, dans les livres historiques et dans la vie des Pères du désert. Les origines des pèlerinages, des processions, sont rappelées avec détails..... On se complaît surtout à rapporter des histoires mystérieuses, des crimes énormes suivis d'une pénitence exemplaire. Le prédicateur a toujours été témoin de ce qu'il rapporte... Quelquefois on cite un petit apologue ingénieux.... la légende même s'introduit dans les sermons populaires; elle y tient une place considérable, elle est presque aussi longue qu'un sermon... » [3]. Dans ce but on met à contribution les multiples sources du passé et du présent, notamment les livres historiques de la Bible, les légendes des apocryphes, les *Vitæ Patrum*, les dialogues de Grégoire le Grand, les écrits des auteurs profanes de l'antiquité classique, les chroniques, les vies de saints, les récits de visions, les traités d'histoire naturelle ou les bestiaires, dont on allégorise ou moralise les traits et les descriptions. On cherche même à tirer profit de ses propres expériences religieuses pour les présenter sous forme de récits à l'édification des fidèles. Un coup d'œil jeté sur les

Mariæ (Migne, P. L., t. CLVI, col. 537-78) (miracles de Notre-Dame), dans l'*Opusculum de virginitate* (col. 579-608) (exempla tirés de l'antiquité profane, probablement par l'intermédiaire du *Contra Jovinianum* de saint Jérôme (v. col. 580, 586, 597) et de l'histoire naturelle (v. col. 605), dans le *De pignoribus sanctorum* (col. 607-680, miracles, visions, *exempla* eucharistiques).

3. Bourgain, *op. cit.*, p. 258-261.

sermonnaires de certains prédicateurs de l'Occident chrétien comme ceux de l'abbé Werner de Saint-Blaise (+ 1174)[4], d'Hildebert du Mans (+ 1133)[5], de Godfroy d'Admont (+ 1137)[6], d'Abélard (+ 1142)[7], d'Honorius d'Autun (?) (+ 1152)[8], de saint Bernard (+ 1153)[9], de Guerric, abbé d'Igny (+ 1157)[10], d'Alfric, abbé de Rièvaux en Angleterre (+ 1166)[11], des auteurs anonymes des « Old English Homelies »[12], d'Ecbert de Schöngau (+ 1184)[13], de Pierre de Celles (+ 1187)[14], de Pierre de Blois (+ 1200)[15], de Martin de Legio en Espagne (+ 1203)[16],

4. Migne, P. L., t. CLVII, col. 725-1256, avec le titre de *Deflorationes SS. PP.* Ce sont des homélies des dimanches avec des *exempla* bibliques et des textes patristiques en deux livres, dont le premier comprend 39 chapitres et le second 24 chapitres.

5. Migne, P. L., t. CLXXI, col. 343-964 : *Sermones de tempore de sanctis et de diversis;* v. surtout col. 577 : *Sermo de rogationibus.*

6. Migne, P. L., t. CLXXIV, col. 21-1134 : *Homiliæ dominicales festivales et in scripturam;* on lit col. 597 : « Sed et hujus rei exemplum ponamus, e multis unum ponamus, Pharao somnium vidit... » *Ibid.*, allusions nombreuses aux mœurs du temps.

7. Migne, P. L., t. CLXXVIII, col. 379-610 : *Sermones ad virgines paraclitenses* (col. 34).

8. Migne, P. L., t. CLXXII, col. 813-1104 : *Speculum Ecclesiæ.*

9. Migne, P. L., t. CLXXXIII, col. 35-1158 : *Sermones de tempore de sanctis et in Cantica.* Il ne fait appel dans ses sermons qu'aux traits d'histoire naturelle moralisés; v. cependant le panégyrique de saint Martin (col. 489-500) et l'oraison funèbre de frère Gérard (col. 903-912).

10. Migne, P. L., t. CLXXXV, col. 11-220 : *Sermones de tempore et de sanctis* (col. 64, Sulpice Sévère cité).

11. Migne, P. L., t. CXCV, col. 11-98 : *Sermones contra Catharos* (*exempla* historiques); v. aussi *id.* à Valenciennes, B. V., ms. 519, f. 109 et sq. (XIIIe s.).

12. MOSHER, *op. cit.*, p. 44-49.

13. Migne, P. L., t. CLXXXIV, col. 817-846 : *Sermones varii in quædam festa et dominicas anni;* t. CXCV, col. 209-500 : *Sermones de tempore et de sanctis.*

14. Migne, P. L., t. CCII, col. 637-926 : *Sermones de festis et de tempore;* col. 925, il dit : « Subjiciendæ ergo auctoritates, exiguntur forte et exempla, quatenus credibilius sit quod creditur. »

15. Migne, P. L., t. CCVII, col. 559-776 : *Sermones de tempore de sanctis et ad status.*

16. Migne, P. L., t. CCVIII, col. 27-1150 : *Sermones de tempore et de festis;* v. spécial. col. 523-526; t. CCIX, col. 9-134 : *Sermones de sanctis.*

de Maurice de Sully (+ 1196) [17], d'Absalon, abbé de Springkirsbach (+ 1203) [18], entre autres, permettent de constater que certains types d'*exempla* occupent dès lors une place de faveur dans les sermons.

Parmi ces prédicateurs, Abélard et Honorius d'Autun (?) méritent une mention spéciale, car plus que les autres, ils ont émaillé leurs sermons de récits divers.

Le premier, grand théologien en même temps que lettré fameux, a su merveilleusement se servir, pour les encadrer ensuite dans ses développements doctrinaux, de ses réminiscences classiques et des anecdotes empruntées aux écrivains profanes comme Valère Maxime, Sénèque (*De beneficiis*), Lucain, Macrobe, ainsi qu'aux auteurs chrétiens, comme Rufin (*Vitæ Patrum*), saint Jérôme (*Contra Jovinianum*), saint Augustin (*De civitate Dei*), et Grégoire le Grand (*Dialogues*), Grégoire de Tours (*Livres des miracles*), Eusèbe (*Histoire ecclésiastique*), Isidore de Séville (*Etymologiæ*), aux chroniqueurs sans cependant négliger celles provenant de sa propre expérience [19]. Il assigne comme place à l'*exemplum* les différentes parties du sermon. Il lui arrive même d'en utiliser plusieurs de suite (col. 581, 591) [20], tantôt sous une forme abrégée (col. 540), tantôt

17. *Romania*, t. XXXVIII, p. 245-268, les sermons français de Maurice de Sully; v. p. 250, la légende du moine et de l'oiseau; p. 255, la légende du petit juif de Bourges.

18. Migne, P. L., t. CCXI, col. 13-294 : *Sermones de tempore et de festis;* v. également, pour l'emploi de l'*exemplum* dans la prédication en Allemagne au XIIe siècle, certains sermonnaires cités par Cruel, *op. cit.*, p. 128-207.

19. Migne, P. L., t. CLXXVIII, col. 379-610. Pour l'antiquité profane et chrétienne, on peut relever surtout les *exempla* et traits suivants et cités d'après Lucain : l'orgueil d'Auguste (col. 412), Sénèque et Néron (col. 535); d'après Macrobe (*Sat. Lib. II*) : le mot d'Auguste : « Melius est Herodis porcum esse quam filium » (col. 609); d'après saint Jerôme : Vespasien et Titus (col. 457), Cratès qui jette l'or à la mer (col. 594); pour l'expérience personnelle de l'auteur : l'imposture d'un certain Norbert et de son collègue Farsit, au sujet de la résurrection des morts et de la guérison des malades (col. 605), curieux exemple sur la façon de guérir les gens avec des herbes (col. 605).

20. Migne, P. L., t. *id. : Sermo de s° Joh. Baptista* (col. 591 et sq.), où Abélard emploie cinq *exempla* placés bout à bout en se servant de la formule d'introduction suivante : « Ut autem nunc documenta sanctorum omittam, gentilium saltem philosophorum exempla nostræ

sous une forme allongée (col. 605), dans le but évident de faire mieux saisir à l'auditoire le point doctrinal précédemment exposé.

Le second dans son *Speculum Ecclesiæ,* où se rencontrent dans un ordre plus ou moins rigoureux des modèles et des esquisses de sermons pour les dimanches et les fêtes, semble avoir fait de l'*exemplum,* encore plus que le premier, une partie intégrante du sermon [21]. Lui aussi a eu

infidelitatis impudentiam reprimant... » Les cinq se rapportent à l'antiquité profane. Ce sont : Diogène et la coupe, Alexandre et Diogène (« ne obstes mihi juvenis a sole »), Socrate et les présents du roi Archélaüs, Alexandre et les bienfaits, Socrate et le roi Archélaüs; *ibid.* (col. 594) le même récit (Cratès qui jette l'or à la mer) est reproduit sous trois formes différentes d'après saint Jérôme (*Contra Jovinianum, Item ad Paulinum presbyterum, Idem ad Pammachiam de morte Paulinæ*). En voici la première forme : « Unde et philosophi gentium nequaquam virtutes cum divitiis retineri censuerunt, Quorum unus, ut veteres omittam, ille fuit, quem de contemptu mundi nobis exemplum prædicto Contra Jovinianum libro Hieronymus proponens ait : Crates ille Thebanus projecto in mare non parvo auri pendere : « Abite, inquit, pessimæ, malæ cupiditates. Ego vos mergam ne ipse mergar a vobis. »

21. Migne, P. L., t. CLXXII, col. 813-1104. — Le *Spec. Eccl.* comprend une soixantaine de sermons se rapportant aux fêtes de Notre-Seigneur (7) de la sainte Vierge (4), des saints (25), des dimanches (18) et à des sujets divers (6), dont un certain nombre sont présentés sous une forme fragmentaire (v. pour le supplément de texte imprimé d'après des mss. de la Bibl. Royale de Munich, l'article ci-dessous cité). Il est précédé d'un prologue sous la forme d'une réponse d'Honorius à ses confrères (col. 813-16) et suivi après le *Sermo de adventu* d'un épilogue (*Commendatio hujus operis,* col. 1085-1088), où l'auteur s'explique sur le but de sa compilation en ces termes : « Novam depinxi tabellam, ut quibus non vacat immensitati illorum egregii operis considerando diutius insistere, eos non pigeat saltem in festis diebus hujus tabellae aliquam formulam prospicere » (col. 814), ainsi que sur les sources et les enseignements du *Spec. Eccl.,* sans s'interdire de donner des avis au cours même du texte sur la vie que doit mener le prédicateur (col. 862, 873), sur l'attitude qu'il doit avoir pendant le sermon (col. 861), sur la nécessité qu'il y a à abréger parfois le sermon (col. 819, 855). — Au sujet de l'auteur, v. Joh. Kelle, *Untersuchungen über das Sp. Eccl. des Honorius und die Libri deflorationum des Abtes Werner* dans les *Sitzungsberichte der Wiener Akademie der Wissenschaften Philo-Hist. Klasse,* t 145 (1903), p. 1-45, qui conclut ainsi son article, p. 45 : « Das Speculum ecclesiae, bei dessen Bearbeitung Hugo de s. Victore benutzt worden konnte, muss vielmehr einen Honorius zum Verfasser haben, der nach dem Scolatisticus von Autun gelebt hat. » Il ajoute cependant, en note, *ibid.,* p. 45 : « Es wird dadurch wohl die Möglichkeit

recours pour ses récits à des sources variées comme la Bible, les *Vitæ Patrum,* les dialogues de Grégoire le Grand, les vies de saints, l'histoire ecclésiastique, les écrits du vénérable Bède, les miracles de Notre-Dame, les bestiaires, les visions et même la mythologie antique [22] et en a extrait plus d'une centaine. Cependant parmi les divers types d'*exempla* utilisés, il a donné ses préférences à celui provenant de l'histoire naturelle, car il n'y a pas moins d'une

nicht abgewiesen dass auch Honorius Augustodunensis Predigten unter dem nicht ungewöhnlichen Titel « Speculum ecclesiae » verfasst hat, wie in dem seinem Werke « De luminaribus ecclesiae » zugesetzten cap. XVII behauptet wird. s. oben s. 42. Wahrscheinlich aber ist es dass der Verfasser des cap. XVII das Speculum ecclesiae eines spätern in seiner Gegend wenig bekannten Honorius unter den Schriften des Honorius von Autun aufgezählt hat, weil er diesen bereits in weiten Kreisen bekannten fruchtbaren Schriftsteller für den Verfasser desselben hielt. » Il nous semble qu'une étude plus approfondie des sources, spécialement de celles des *exempla* — pour ne citer que ceux empruntés aux *Libri de miraculis* de Pierre de Cluny (✝ 1152) (col. 1185-1186) — permettrait d'arriver à des résultats plus précis quant au pays de l'auteur et à la date de composition du *Sp. Eccl.* D'après nos propres recherches, l'auteur nous paraît être un prédicateur français vivant dans la seconde moitié du XIIe siècle. L'utilisation, en effet, des sources de l'antiquité classique et spécialement de la poésie mythologique en vue de sa signification spirituelle, à côté des autres sources théologiques, indiquent chez lui une culture peu ordinaire, qu'il n'a pu recevoir que dans les écoles de France. La forme même des sermons du *Sp. Eccl.* ressemble de si près à celle du sermon du XIIIe siècle, que leur composition n'a pu avoir lieu qu'à l'époque qui précède immédiatement celle de l'éclosion des sermonnaires d'un J. de Vitry ou d'un Eudes de Chériton, c'est-à-dire vers la fin de la seconde moitié du XIIe siècle.

22. V. spécial. : *Dominic. XI. in Pentec.*, où les mythes de Fortune, d'Ixion, de Sisyphe, de Prométhée et de la Méduse, trouvent leur emploi (col. 1057-1058) et sur lesquels Linsenmayer, *op. cit.*, après avoir noté l'importance du côté narratif dans les sermons du *Sp. Eccl.*, s'explique en ces termes, p. 197 : « Ferner spielt bei ihm das erzählende Moment eine grosse Rolle, indem jede Predigt ein oder mehrere Exempel aufzuweisen hat, welche den verschiedensten Gebieten, besonders der Legende, den Sagen aus der Thierwelt, die er mit besonderer Vorliebe verwerthet, aber auch der antiken Mythologie entlehnt. In Bezug auf letzteren Punkt glaubt er bei seiner sonstigen, oben schon angedeuteten ablehnenden Stellung zur klassischen Literatur sich entschuldigen zu müssen, indem er in einem eigenem Exkurs die Verwerthung heidnischer Wissenschaft im Dienst der Kirche billigt, wofür die schon von den Vätern angezogene Erzählung, dass die Juden bei ihrem Auszuge aus Aegypten silberne und goldene Gefässe mitnahmen, das Hauptargument liefert. »

soixantaine de noms d'animaux différents cités au cours des sermons, dont les propriétés et actions sont généralement moralisés [23]. Comme Abélard, il a placé son récit dans les différentes parties du sermon, en ayant soin de le faire précéder d'une petite formule d'introduction. Il l'a présenté, tantôt sous une forme à peine esquissée (2 à 5 lignes), (col. 881) [24], tantôt avec son développement normal (10 à 20 lignes) (col. 1085-86). Le nombre des *exempla* utilisés dans un sermon varie de un à trois et ne va qu'exceptionnellement jusqu'à six et ceux-ci se suivent parfois immédiatement les uns les autres (col. 881-882, 1085-1086). Aussi grâce à ce rôle élargi, qu'Honorius a fait jouer à l'*exemplum* sous ses différents types dans le sermon, il est devenu le précurseur qualifié des grands prédicateurs populaires du XIIIe siècle qui, en suivant la même voie, achèveront de perfectionner sa méthode, comme nous le verrons dans les chapitres subséquents.

Quelque important cependant qu'ait été le rôle de l'*exemplum* dans le sermon du XIIe siècle, il semble, comme la suite nous le montrera, qu'une place encore plus considérable lui soit réservée dans les productions didactiques qui, sous forme de traités de mystique ou de dévotion, de chroniques, de traités d'instruction, voient le jour en ce même siècle.

23. Voici, entre autres, l'exemple du lion, qui nous montera comment Honorius développe ses « moralisations » : « Leo, fortissimus bestiarum, perlustrat nemora silvarum; cauda sua terram designat, quam designationem omnis bestia transire formidat. Deinde impetu facto rugiens in silvam irruit et terrore ejus pavefactas bestias lacerans discrumpit. Per leonem Antichristus intelligitur, cujus potentiæ fortitudo omnes reges supergreditur. Et sic leo silvam circuit, sic ille orbem terræ sua potestate circumcludit. Terram cauda signat, quam bestiæ transire trepidant, quia edicta promulgat quæ omnis homo transgredi formidat. In silvam impetum rugiens dat, bestias invadens lacerat, quia omnes gentes per terrorem sibi subjugat, cunctosque sibi resistentes crudeliter dilaniat » (col. 915).

24. Les trois *exempla* suivants, que nous citons à titre d'illustration, sont en effet à peine esquissés : « Paulus qui ecclesiam vexavit (*Act. IX*) dum se hoc fonte lavit, doctor ecclesiæ esse meruit. Cyprianus, qui magus extitit et multa atque horrenda crimina diu patravit, dum se hoc fonte emundavit, episcopus effectus, nobilis doctor, gloriosa vita fulsit ac insigne martyrium duxit. Theophilus, qui in scripto Deum abnegavit et in dominium se diaboli mancipavit, hoc fonte lotus, jus diaboli evasit » (col. 881).

Les grands maîtres de la mystique bénédictine et cistercienne, comme Pierre de Cluny (Pierre le Vénérable) (+ 1156), Herbert de Torrès (+ 1179), Conrad d'Eberbach (+ début du XIIIe siècle) l'accueillent avec une grande faveur et en font pour ainsi dire la base de leurs traités destinés à alimenter, sous forme de lectures spirituelles, la piété des religieux dans leurs très nombreux monastères. Les types d'*exempla* qui ont leurs préférences sont ceux qui s'adaptent le mieux aux conceptions religieuses de leurs confrères. Ce sont les mêmes qu'on voit déjà mis en œuvre dans les *Vitæ Patrum,* les vies de saints et, plus spécialement dans les célèbres dialogues de Grégoire le Grand, qu'ils prennent du reste comme modèles à imiter. Ils s'appliquent donc à en imiter le fond et la forme, en adoptant les mêmes cadres pour leurs récits et une matière narrative analogue, qu'ils cherchent dans la vie de personnages contemporains, dans les faits de l'histoire locale ou générale et même dans leurs propres expériences religieuses.

Ainsi, Pierre le Vénérable, abbé de Cluny dans son traité *De miraculis libri duo* (écrit après 1135) [25] s'inspire largement de Grégoire le Grand. Dans les soixante chapitres (dont 28 pour le premier et 32 pour le second livre), où il expose successivement pour stimuler le zèle religieux des moines, un certain nombre de sujets ayant trait au culte eucharistique, à la confession, à l'eau bénite, au culte des morts, « visionibus sive revelationibus defunctorum, quæ a diversis cognoscere potui » (col. 871), aux tentations et luttes des religieux contre le diable, à la manière de vivre de certains clercs et féodaux, à la vie et à l'activité de Mathieu, cardinal évêque d'Albano, « domini Mathæi episcopi Albanensis », pour terminer par certains faits particuliers et prodiges (miracle des cierges à Rome, résurrection d'un enfant, confession d'un frère), il emploie tour à tour l'*exemplum* dévot (hagiographique, eucharistique), le récit d'apparitions et exceptionnellement l'*exemplum* personnel, « de his quæ in Cluniaco et circa contigerint » (col. 871) avec tous les développements circonstanciés qu'ils comportent. Parmi

25. Migne, P. L., t. CLXXXIX, col. 851-954.

ceux-ci cependant, c'est au récit d'apparitions qu'il donne sa préférence, car la bonne moitié des soixante récits que renferme le traité, appartient à ce type d'*exemplum*.

Herbert, d'abord moine à Clairvaux, puis archevêque de Torrès, en Sardaigne, suit le même procédé dans son traité *De miraculis libri tres* (écrit en 1178 et remanié plus tard, dont 35 chapitres pour le premier, 44 chapitres pour le second et 39 chapitres pour le troisième livre [26]). Cet ouvrage composé dans un but d'édification et probablement en imitation du précédent et spécialement destiné aux Cisterciens, comprend à côté d'un certain nombre de récits tirés de la vie de saint Bernard (Liv. II), une série de récits de visions, de prodiges et de miracles (miracles eucharistiques et miracles de Notre-Dame), d'*exempla* dévots et de faits divers (Liv. I, III). L'auteur y traite toutes sortes de sujets concernant la vie monastique. Il cherche surtout à démontrer à l'aide de nombreux *exempla* que l'observation de la règle basée sur le culte de l'Eucharistie, de la Vierge Marie et des morts, doit être l'unique préoccupation du moine, car c'est par elle seule qu'il peut atteindre l'idéal monastique et lutter victorieusement contre l'ennemi du genre humain. Les sources de ces *exempla* sont la vie de saint Bernard, des chroniques (*In gestis Anglorum,* Eadmer (col. 1352, etc...), des recueils de récits de visions, qui devaient alors circuler dans les milieux cisterciens, l'expérience personnelle de l'écrivain. Comme l'auteur du traité précédent, Herbert réserve ses faveurs au récit d'apparitions auquel il donne souvent un long développement, ainsi qu'aux types de l'*exemplum* pieux, surtout de l'*exemplum* eucharistique, dont il nous a transmis une douzaine bien caractéristiques.

A ces deux grands maîtres, on peut ajouter Conrad d'Eberbach qui, bien que venu un peu plus tard, mérite d'entrer dans le même groupe et à qui est partiellement attribué un traité du même genre que les précédents, à savoir l'*Exordium magnum ordinis cisterciensis* [27]. Ce der-

26. Migne, P. L., t. CLXXXV, col. 1273-1384; v. *Hist. Litt.*, t. XIV, p. 554-555.

27. Migne, P. L., t. CLXXXV, col. 995-1198; v. *Hist. Litt.*, t. XVII, p. 363-370. V. aussi le traité anonyme d'origine cistercienne,à fond

nier est divisé en six distinctions. Les quatre premières écrites par un moine de Clairvaux après 1193 relatent l'histoire de la vie monastique depuis ses origines jusqu'à la fin du XIIe siècle en fournissant des détails biographiques sur les grands fondateurs ou réformateurs d'ordres comme saint Antoine, saint Benoît, saint Maur, Eudes de Cluny, en exposant la fondation et le développement de l'ordre cistercien sous la direction des grands abbés (dist.. I, 27 chap.), la vie et les miracles de saint Bernard (dist. II, 32 chap.), la vie de quelques frères et disciples de saint Bernard (dist. III, 33 chap.), les faits et gestes de quelques moines, « conversi et novicii » à Clairvaux (dist. IV, 35 chap.). Les deux dernières écrites par Conrad dans la deuxième décade du XIIIe siècle — avant 1221, date de son élection comme abbé d'Eberbach — concernent exclusivement la vie monastique l'une ayant trait au péril que font courir au moine le désir de la propriété, l'ambition des dignités ecclésiastiques, l'esprit d'insubordination et de discorde, l'excommunication et l'*acedia* (dist. V, 21 chap.), l'autre aux moyens propres à conserver pur l'idéal monachal, notamment le culte de la confession sincère, du sacrement de l'autél et des âmes du purgatoire (dist. VI, 9 chap.). Les développements de nombreux chapitres qui composent ce traité sont complétés par des *exempla* du même type que ceux des traités précédents et puisés somme toute à des sources dévotes ou hagiographiques ou dans la vie même de certaines personnalités cisterciennes. Cependant ici aussi le récit d'apparitions l'emporte sur les autres types d'*exempla,* car sur les cent trente *exempla* que renferme l'*Exordium,* un bon tiers se rapporte exclusivement à des visions, témoignage incontestable de la faveur spéciale dont jouissait ce type dans les milieux religieux.

En ce même XIIe siècle, l'*exemplum* occupe également une large place dans les chroniques. Des chroniqueurs, en effet, se plaisent à y insérer, à côté des faits historiques, diverses légendes et prodiges, les unes se rapportant à des

analogue à celui-ci, Troyes, *B. V.*, ms. 946, ff. 1-142 (XIIIe s.) : *Liber narracionum de diversis visionibus et miraculis in IV. partes distinctis.*

personnages historiques ou fictifs, les autres à des faits miraculeux, à la tératologie, aux phénomènes de la nature, et qu'on trouvera reproduits dans les compilations d'*exempla* des siècles suivants. Parmi ces chroniqueurs, trois surtout méritent d'être signalés, à savoir : Sigebert de Gembloux (+ 1112), Guillaume de Malmesbury (+ 1143) et Godefroi de Viterbe (+ 1191).

Le premier dans son *Chronicon* ou *Chronographia* publié en 1105 et continué jusqu'à 1111 par l'auteur [28], affectionne spécialement l'*exemplum* emprunté aux phénomènes du monde astral (apparition d'une comète (col. 199) ou de la nature (apparition d'une fontaine de sang à Gênes (col. 182), éruption de l'Etna, où sont châtiés les âmes des réprouvés (col. 197), à la légende (légende du pape Gerbert, col. 197), aux phénomènes religieux (effets de la communion sur une jeune fille de Toul (col. 157), agissements du diable à Mayence (col. 163), à la tératologie (porc à face humaine, col. 235).

Le second dans ses *De gestis regum Anglorum libri quinque* (achevés en 1140) [29], tout en donnant une certaine place aux *exempla* empruntés aux phénomènes de la nature, tremblements de terre, col. 1246), étoiles sous forme de flèches (col. 1283), à la tératologie (oiseaux transformés en chevaux et en ânes (col. 1144), fille à deux têtes et à quatre bras (col. 1192), s'attache davantage aux légendes et historiettes (légende du pape Gerbert, col. 1145), légende des danseurs de Saxe (col. 1195), légende de la sorcière de Berkeley (col. 1188), récit d'une invasion de souris (col. 1260-61) dans le but de stimuler par leur agrément les lecteurs à suivre la bonne voie et à éviter la mauvaise, comme il le dit expressément au prologue du deuxième livre : « Et multis quidam litteris impendi operam, sed aliis aliam... historiam præcipue, quæ jocunda quadam gestorum notitia mores condiens ad bona sequenda vel mala cavenda, legentes exemplis irritat » (col. 1053).

Le troisième dans son *Pantheon* (compilé entre 1186 et

28. Migne, P. L., t. CLX, col. 57-240.

29. Migne, P. L., t. CLXXIX, col. 957-1392; *id.* édit. Stubbs (Rolls Series, London, 1887-89).

1191) [30], sorte d'encyclopédie historique précédée d'une introduction sur la création des choses visibles et invisibles, réserve toutes ses faveurs aux légendes anciennes et médiévales ainsi qu'aux *exempla* historiques. Mentionnons seulement ici : la légende de la Sibylle (*Part. XIV*, 57), la légende d'Evilmerodach coupé en trois cents morceaux (*Part. XV*, 13), la légende d'Alexandre le Grand enfermé entre les monts Gog et Magog (*Part. XVII*, 5), les anecdotes relatives à la naissance du Christ (*Part. XXI*, 1-6), le pélerinage de Charlemagne à Jérusalem (*Part. XXIII*, 16), l'histoire d'Othon II et de son sénéchal (*Part. XXIII*, 29), l'histoire de Conrad II et du conte fugitif (*Part. XXIII*, 34), la légende de Merlin l'enchanteur (*Part. XXV*, 2), etc... [31].

Cependant c'est surtout dans le domaine de l'enseignement que l'*exemplum* joue un rôle jusqu'alors inconnu non seulement par la diversité des sources, où il s'alimente, mais encore par la faveur de plus en plus grande dont il jouit auprès de la jeunesse studieuse des écoles. Aussi les grands maîtres d'alors, conscients du parti qu'ils pouvaient tirer

30. *M.GH. SS.*, t. XXII, p. 103-307; Migne, P. L., t. CXCVIII, col. 875-1044.

31. Il y a lieu d'ajouter à ceux-ci le Pseudo-Turpin et le chroniqueur Geoffrei de Monmouth (+ 1154) à cause de la diffusion considérable qu'ont eue postérieurement certains de leurs récits, contes ou légendes dans les compilations d'*exempla*.

Le Pseudo Turpin ou la chronique de Turpin forme la quatrième et avant dernière partie du Livre de saint Jacques. Celui-ci, « très probablement d'origine clunisienne et sûrement française, sorte de livre officiel, lancé par les organisateurs attitrés des pélerinages », a été composé vers 1150 par des compilateurs anonymes, comme cela a été lumineusement exposé par M. Bédier dans les *Annales du Midi*, t. XXIII (1911), p. 425-450; t. XXIV (1912), p. 18-48. Il est basé sur des légendes biographiques et des chansons de gestes et de route. Il semble que, d'après les nombreux manuscrits qui en subsistent du XIIe siècle, il a eu une diffusion considérable dès son apparition. V. pour le texte, *B. N.*, ms. lat. 13775, ff. 1-82v (XIIIe s.) et Castets (F.), *Historia Karoli magni et Rotholandi* (Montpellier, 1888).

L'*Historia Britonum* de Geoffrei de Monmouth mérite surtout d'être mentionnée à cause des nombreuses légendes bretonnes qu'elle renferme et dont celles d'Arthur et de Merlin (prophéties) jouiront dans la suite d'une vogue considérable chez les prédicateurs, les moralistes et les compilateurs de recueils d'*exempla*. V. pour le texte, *Gofredi Monemutensis Historia Britonum*, édit. Giles (Caxton Society, London, 1844).

de ce nouveau courant, ne se font pas faute de l'exploiter et d'agrémenter leur enseignement de récits les plus divers et puisés aux sources les plus variées, comme il nous est donné de le constater dans leurs écrits, traités d'instruction et de morale, traités théologico-historiques, traités canoniques et didactiques.

Ainsi pour commencer par le premier en date, le « *Liber moralium dogmatis philosophorum* » de Guillaume de Conches (+ 1153-4) (écrit entre 1150-53) [32], sorte de petit manuel d'instruction et de morale divisé en cinq *quæstiones* : de honesto (I), de comparatione honestorum (II), de utili (III), de comparatione utilium (IV), de pugna utilitatis et honestatis (VI) à l'usage des princes et des grands, on constate que l'auteur se plaît à illustrer son exposé de citations, de dits de grands personnages et d'*exempla* tirés des auteurs de l'antiquité classique tels que Sénèque, Perse, Cicéron, Salluste, Térence, Horace, Lucain, Juvenal, et de l'antiquité chrétienne tels que saint Augustin, Boèce, Isidore de Séville. Les quinze *exempla* qu'il renferme sont tous du type classique profane et présentés sous une forme très écourtée. Les personnages qui en sont les héros appartiennent, soit à l'histoire, soit à la légende. Ce sont : Xercès, Thémistocle, Antigone, Périclès, Philippe, Alexandre, Diogène, Démétrius, Régulus, Gygès, Denis l'ancien (col. 1012, 1016, 1018, 1019, 1032, 1038, 1039 1048, 1050, 1053, 1054). V. spécialement « Antigone et le cynique qui lui demande un talent (col. 1016) et l'anneau de Gygès » (col. 1053).

La même tendance à utiliser en une large mesure l'*exem-*

32. Migne, P. L., t. CLXXI, col. 1007-56; *B. N.*, ms. lat. 2513, ff. 64vb-86vb, XIIIe s., avec cet *incipit :* « Incipit moralis philosophia de honesto et utili. Moralium dogma philosophorum per multa dispersum volumina tuo quidem instinctu vir optimeque liberalis R [ex] meditabar... », et cet *explicit :* « Si illa quidem non faciamus, sed rei magnitudo usum quoque exercitacionem desiderat. Explicit liber moralium » ; dans Migne, P. L., t. CLXXI, col. 1007-56, il est inséré sous le titre de *Moralis philosophia de honesto et utili,* dans les œuvres d'Hildebert de Lavardin. V. pour l'attribution de ce traité à différents auteurs, Hauréau (B.), *Not. et Ext. de qq. mss. lat. de la B. N.*, t. I (1890), pp. 99-109. Ce dernier a démontré à l'aide d'arguments tirés de l'*incipit* et de l'épitre liminaire, que c'est à Guillaume de Conches, précepteur du futur roi d'Angleterre Henri II (1154-1189) qu'il faut en attribuer la paternité.

plum profane se manifeste avec non moins de vigueur dans le traité de politique et de morale connu sous le nom de *Polycraticus sive de nugis curialium* de Jean de Salisbury (+ 1180), composé dans la septième décade du XIIe siècle et dédié à Thomas Becket (+ 1170) [33] L'auteur nous explique la raison d'être et le but de ce type spécial d'*exemplum* dans le prologue, en ces termes : « Exempla majorum, quæ sunt incitamenta et fomenta virtutis, nullum omnino corrigerent aut servarent nisi pia sollicitudo scriptorum et triumphatrix inertiæ diligentia ad posteros transmisisset. »

Parmi les cent quarante récits que renferment les huit livres de cette encyclopédie traitant de la nature des hommes et des choses, la plupart ont leur source dans l'antiquité classique comme la mythologie, l'histoire et la poésie des Grecs et des Latins et ont trait aux faits et gestes des grands personnages historiques ou légendaires comme Philippe, Alexandre, Annibal, César, Auguste, Tibère, Crésus, Xénophon, Aristote, Ulysse, Pénélope, Télémaque, Anchise, Enée, la Sibylle, etc..., extraits des œuvres littéraires du passé (Valère Maxime, Suétone, l'histoire d'Alexandre) et des chroniques universelles. Ce n'est qu'exceptionnellement qu'ils sont empruntés aux écrits de l'antiquité chrétienne comme la Bible, la chronique d'Eusèbe (425), les traités de saint Jérôme (col. 435), de Grégoire le Grand (col. 559, 560) et aux chroniques du Moyen Age. Et s'il s'agit de ces der-

33. Migne, P. L., t. CXCIX, col. 385-822. Les huit livres du Polycraticus traitent successivement : des études, des fonctions politiques, de la chasse, du jeu, de la magie (I) ; des signes et des songes (II) ; du salut universel, de la concupiscence, de la flatterie, des présents (III) ; des princes et des tyrans, du fondement de la loi, des qualités du souverain (IV) ; de la république ou des principes de gouvernement, du prince et des gouvernants, de la justice, du pouvoir législatif (V) ; du pouvoir exécutif, des nobles, de la discipline, des qualités et des défauts des nobles, des gouvernés (peuple), de l'unité de gouvernement (VI) ; de la philosophie, des différentes écoles dans l'antiquité, des vices et des vertus (arrogance, ambition, hypocrisie, envie, etc.) (VII) ; des sept péchés capitaux, de la frugalité, des princes et des tyrans (VIII). — Sur la vie et l'activité politique et religieuse de J. de Salisbury, v. art. dans *Dict. of. Nat. Biog.*, t. XXIX, p. 439-446, et pour la traduction qui a été faite du *Polycraticus* par Denis Foulechat pour Charles V, *l'an de grâce MCCCLXXII*, v. L. Delisle, dans *Cabinet des Manuscrits*, t. I (1868), p. 39-40.

nières, les récits se rapportent de préférence à des personnages anglo-saxons ou anglo-normands tels que le roi Edouard et Harold (col. 598), Robert, comte de Leicester (col. 626), Robert de Sicile (col. 682), Gilbert de Hereford (col. 703), Guillaume le Conquérant (col. 734), Henri II (col. 822). L'auteur se permet parfois aussi de faire appel à sa propre expérience (v. ex. d'un chanoine et d'un diacre se réfugiant dans un ordre régulier (col. 474), ex. de la façon d'agir d'Henri II (col. 613). Les *exempla* viennent s'ajouter tantôt par manière d'illustration à un développement historique, juridique ou moral, tantôt par manière d'explication à une observation sur le sujet traité. Ils sont dans certains cas très longuement développés, sans pourtant correspondre verbatim au texte de la source d'où ils sont tirés (v. ex. de Maria quæ urgente fame, comedit filium (col. 423-425); d'autrefois ils sont comme dans le traité précédent, brièvement esquissés et alors se suivent immédiatement les uns les autres ajoutés bout à bout [34].

Dans le traité similaire intitulé également *De nugis curialium* écrit par Walter Map. (+ vers 1216) (entre 1282-1289) [35], il est également fait une large part aux *exempla*

34. Voici entre autres quelques échantillons d'*exempla* brièvement développés : « C. Scipio, post res prospere in Hispania gestas, in summa paupertate decessit ne ea quidem relicta pecunia, quæ sufficeret in dotem filiarum; quas ob inopiam publice dotavit senatus. Idem præstiterunt Athenienses filiis Aristidis post amplissimarum rerum administrationem in summa paupertate defuncti. Hannibal de nocte surgere solitus non quiescebat ante noctem, crepusculo demum socios ad cænam vocabat neque amplius quam duobus lectis discumbebatur apud eum. Item cum sub Hasdrubale militaret imperatore, plerumque super nudam humum sagulo tectus, somnos capiebat. Æmilianum Scipionem traditur in itinere cum amicis ambulantem accepto pane vesci solitum... », etc. (col. 557).

35. Gualteri Mapes, *De nugis curialium*, édit. Th. Wright (Camden Society, London, 1850). Le texte, sans être précédé d'une introduction qui nous fasse connaître les intentions de l'auteur, comprend cinq distinctions, où sont traités au hasard divers sujets, qui n'ont souvent aucun lien les uns avec les autres. Ainsi la première traite de la vie et des mœurs de la cour, de l'origine des Templiers, des Hospitaliers et des Cisterciens, des sectes hérétiques, le tout entremêlé de critiques parfois violentes de l'auteur; la seconde commence par des récits concernant des pieux moines et ermites ainsi que leurs miracles et se termine par des récits propres au pays de Galles et des contes de fées; la troisième est entièrement occupée par quatre

dispersés à travers les cinq distinctions dont il se compose. Cependant tandis que dans le *Polycraticus* on a pour ainsi dire presque exclusivement affaire à l'*exemplum* classique profane, on rencontre ici, en outre, l'*exemplum* historique, le conte ou la légende, le récit dévot, le récit d'apparitions, le miracle ou le prodige et le fait d'actualité. Par leur origine, en effet, ces *exempla* n'ont pas seulement leur source dans la mythologie ou l'histoire de l'antiquité classique, mais encore dans les *Vitæ Patrum,* dans les chroniques, dans les miracles de Notre-Dame, dans les légendes anglo-saxonnes et galloises et dans l'observation personnelle de l'auteur. En général, ils sont insérés dans le texte pour appuyer un exposé ou un point doctrinal ou historique spécial et ils reçoivent alors un développement normal. Dans certains cas néanmoins — surtout quand il s'agit de ceux de la troisième distinction — ils sont très longuement développés et affectent plutôt la forme d'un conte. Il semble que l'auteur en « dilatant » à l'extrême les quatre récits ou légendes que comprend cette distinction (v. *de societate Sadii et Galonis, de contrarietate Parii et Lausi, de Ransone et ejus uxore, de Rolone et ejus uxore*) ait eu surtout comme but de faire montre de son talent de narrateur. Il faut avouer qu'il y a bien réussi et qu'il est devenu ainsi le digne prédécesseur des grands conteurs du XIVe et du XVe siècle.

Il n'est pas jusqu'aux traités théologico-canoniques, où l'*exemplum* ne se soit fortement infiltré, car là aussi des maîtres illustres éprouvent le besoin d'agrémenter leur enseignement d'*exempla* variés, afin de le rendre moins fastidieux, suivant en cela le courant du temps. Parmi ces traités, il faut placer en premier lieu le *Verbum Abbreviatum* et le *De Sacramentis legalibus* de Pierre le Chantre (+ 1197) écrits après la canonisation de Thomas Becket 1173, car ce

contes de fées de nature romanesque; la quatrième comprend la *Dissuasio Valerii ad Rufinum philosophum ne uxorem ducat* et un certain nombre de contes et de légendes à la fois populaires et historiques; la cinquième a trait à des traditions anglaises historiques complétées par une esquisse sur la cour d'Angleterre allant de Guillaume le Roux à Henri II. V. aussi, pour la vie de l'auteur, *Dict. of Nat. Biog.*, t. XXXVI, p. 109-112, et pour certains détails relatifs aux types d'*exempla* utilisés, Mosher, *op. cit.*, p. 55-58.

prélat y porte le qualificatif de « beatus » (Verb. Abb. col. 81, *De Sacramentis legalibus, B. N.*, ms. lat. 9593, f. 101vb) [36].

Le premier, une sorte de petite somme de droit canonique pratique, où se trouvent condensées les leçons professées par ce grand maître aux écoles théologiques de Paris, embrasse l'exposé d'un grand nombre de questions avec leurs solutions, ayant trait à la prédication, aux vertus chrétiennes, aux biens temporels du clergé, à la bigamie cléricale, à la simonie, aux vertus et aux qualités du bon prélat, aux népotisme, aux péchés de la langue, à la paresse, à la prodigalité, aux œuvres de miséricorde, aux vertus cardinales, à la sépulture des morts, à la confession et à la pénitence, aux peines et aux joies éternelles. à la propriété des moines. Le second est consacré exclusivement aux questions sacramentaires, où sont, tour à tour, discutés les nombreux points concernant l'administration des sacrements, soit par rapport au ministre, soit par rapport au fidèle. Pierre le Chantre y fait suivre ses raisonnements dévelop-

36. Migne, P. L., t. CCV, col. 23-570 (Verb. Abb.); *B. N.*, ms. lat. 9594, ff. 1va-206vb, XIIIe s., avec cet *incipit :* « *Incipit Summa magistri Petri Cantoris Parisiensis de Sacramentis legalibus.* Queritur de sacramentis legalibus que data sunt in signum perfectionis et jugum superborum et pedagogum infirmorum... », et cet *explicit :* « Occumbens moritur, victus succumbere fertur, concumbens violans, incumbans atque laborans, ut sine cultura non complent horrea rura, sic sine scriptura, non confers dicere plura. »

V. pour l'inventaire des mss. de ces deux traités et les *exempla* de P. le Chantre, l'étude de C. Miroux, intitulée : *Recueil d'exempla tirés des de Sacramentis legalibus et du Verbum abbreviatum de P. le Chantre* dans les *Positions de mémoires présentés pour le dipl. d'études supérieures d'hist. et de géog.* (Paris, 1905-1906), p. 109-111, et l'article de M. Ch.-V. Langlois dans le *Journal des Savants,* 1916, p. 307-317; v. pour la bio-bibliographie, Gutjahr (F.-S.), *Petrus Cantor Parisiensis* (Gratz, 1898); *Hist. Litt.,* t. XV, p. 283-310.

A ajouter que P. le Chantre a également utilisé l'*exemplum* dans d'autres traités. Ainsi dans sa Glossata *in* Job (*B. N.*, ms. lat. 15565, ff. 1-52vb (XIIIe s.), nous en avons relevé plusieurs (v. ff. 23, 25v, 26, 29, 29vb, 30rb, etc.), dont celui concernant Denis le tyran nous a paru le plus curieux et dont voici le texte, f. 25va : « Unde Dionisius cum quidam ejus vitam commendaret, fecit eum sedere in cathedra, fossa impleta prunis ardentibus subtus et folio tenuissimo dependente gladio cervici ejus, fecit adportari fercula multa et enim comedente pre anxietate timoris ait talem ego habeo vitam timens a subditis et potencioribus. »

pés à l'aide de textes patristiques et conciliaires, par manière d'explication ou d'illustration, de nombreux *exempla* — environ cent quarante pour le *Verbum Abbreviatum* et soixante-dix pour le *De Sacramentis legalibus* — extraits de la Bible, des écrits des Pères, des auteurs de l'antiquité classique, des *Vitæ Patrum,* des dialogues de Grégoire le Grand, de l'histoire ecclésiastique du vénérable Bède, des chroniques, des vies de saints ou empruntés aux faits d'actualité. Parmi les types d'*exempla* les plus utilisés au cours du texte, il faut surtout noter l'*exemplum* profane, l'*exemplum* hagiographique, le récit dévot et l'*exemplum* personnel. En ce qui concerne ce dernier, l'auteur semble avoir pour lui une prédilection particulière, car il prend plaisir à citer des récits relatifs à des personnages contemporains, qu'il a pu connaître *de visu* et *de auditu.* Qu'il nous suffise de mentionner parmi ceux-ci, les plus connus comme saint Bernard (col. 37, 68, 205, 257, 396, f. 62), Thomas Becket (col. 81, 132, 231, 405, f. 79, 92^{v}, 101^{v}), le pape Alexandre III (69, 199, 253, f. 132^{v}), l'abbé Guillaume de Clairvaux (40), l'abbé Etienne de Clairvaux (col. 144, 289, f. 124^{v}), Abelard (col. 146, 200), Hildebert de Lavardin (col. 283), maître Foulques, doyen de Reims (col. 106), Samson, archevêque de Reims (col. 229), Geoffroy de Péronne (col. 268), Robert, évêque d'Amiens (col. 220), maître Robert de Cambrai (f. 78^{v}, f. 85^{v}), Gilbert de Sempringham (f. 71^{v}), Etienne, sénéchal de France (col. 151), le comte de Thibaut de Champagne (col. 146, 236, 290, f. 111^{v}), Saladin (col. 338), etc...

Les *exempla* font suite au texte sans préambule spécial. Un certain nombre d'entre eux, sont assez longuement développés (dix à quinze lignes) (v. col. 116, 144, f. 150vb) [37].

37. En voici un tiré au hasard du *De Sacramentis legalibus,* f. 150vb: « Quidam excommunicatus mortuus est et sepultus extra cimiterium. Post multum temporis transitum fecit papa Eugenius per locum illum. Venerunt nobiles loci illius et rogaverunt eum ut absolveret mortuum illum et sepeliretur in cimiterio. Quesivit ille utrum in morte haberet aliqua signa penitencie. Mortuus fuit sacerdos qui fuerat ad mortem ejus. Sed venit diaconus illius sacerdotis qui jurabat se audisse a sacerdote suo s. quod excommunicatus ille cum moreretur tundebat pectus suum. Fecit Eugenius ad hoc tantillum testimonium effodi cadaver mortuum et inventum est ex toto integer cum per

La plupart cependant sont brièvement esquissés (trois à neuf lignes) [38]. Quelques-uns enfin sont uniquement indiqués par leur titre, sans doute parce que les auditeurs ou les lecteurs de Pierre le Chantre les connaissaient par ailleurs [39]. Dans quelques cas aussi plusieurs *exempla* se suivent immédiatement et cela probablement pour renforcer sous forme de preuves le point de doctrine canonique précédemment exposé.

A ajouter que bien de ces récits, surtout ceux représentés par l'*exemplum* personnel, grâce à la diffusion considérable de ces deux traités, seront repris par les prédicateurs et les moralistes et serviront pendant longtemps à alimenter les recueils d'*exempla* et traités divers.

Il y a lieu de placer à côté de l'œuvre de P. le Chantre, une autre petite somme de droit canonique intitulé *Gemma ecclesiastica* écrite entre 1196-1199 par Giraud de Barri (+ 1220) [40], son disciple, où encore plus que dans les traités

multos annos jacuisset in sepulcro. Absolvit eum Eugenius et statim corpus conversum est in pulverem. »

38. Voici, pour mémoire, trois de ces *exempla* écourtés extraits du *Verb. Abb.* : « Item exemplum magistri Petri Abailardi, qui a comite Theobaldo aliqua sociis distribuenda, nisi ex redditibus meris sumpta essent, noluit accipere, sed dixit se illa alias provenientia daturum canibus bestiis et avibus celi » (col. 146, *cap. XLVI, de acceptione munerum.* — « Quidam nescio quo animo, dixit Alexandro tercio : Domine, bonus papa es. Quidquid facis papale est. » Et respondit Alexander in vulgari suo dicens : « Si scirem bien jujar et bien predicar et penitense donar, je seroie boene pape. » Et ita his tribus expressit totum officium prælati (col. 199, *cap. LXV : Qualis esse debeat prædicatio*, ce trait cependant ne se trouve pas dans *B. N.*, mss. lat. 3487, f. 105v, 3487 : A., f. 46v). — Et illud de peregrino Anglico cui sine comite redeunti de partibus Yerosolymitanis, socio ejus divertente ad s. Jacobum, impositum est (a parentibus socii ejus per calumniam) quod eum in via occidisset. Unde et judicium aquæ subiens, periit, revertente socio ejus in Angliam in brevi post suspensionem ejus (col. 230, *cap. LXXVIII, contra peregrina judicia ferri candentis et aquæ frigidae vel bullientis*).

39. V. *Cap. LXVI : De officio prælati et contra acceptionem personarum :* Ad hujus vitii objurationem recole exemplum de magistro Garnerio, grammatico; exemplum de magistro Abælardo, exemplum etiam de prælato infulato colligente feneratorem ditissimum; exemplum etiam lenonis irridentis quosdam potentes et detegentis natos illos, quia assurgerent et venerarentur burgensem quendam divitem (col. 110).

40. V. Giraldus Cambrensis, *Gemma ecclesiastica*, t. VII, édit. Bre-

précédents le rôle de l'*exemplum* est mis en évidence.

Celle-ci, destinée au clergé du pays de Galles, *Walliae nostrae soli scripta sunt ista,* est divisée en deux distinctions, dont chacune est précédée d'un *proeminum,* où l'auteur indique brièvement sa méthode, ses sources et son but en ces termes: « In duobus igitur hæc doctrina consistit præceptis scilicet et exemplis. Longum enim iter est, ut ait Yeronimus, « per præcepta, commodum autem et compendiosum per exempla ». De sanctorum itaque legendis patrum, quarum apud vos minor est copia, ex aliis quoque tam antiquis quam et nostris temporis fideliter gestis, quædam vobis non inutilia exempli causa congessi et inter ipsa doctrinæ verba locis competentibus exempla subnexui, ut sicut ex illis eruditionem, sic et ex istis legendo consolationem et æmulam vitæ laudabilis imitationem possitis elicere (I, p. 6)... Super his etiam in fine tractatus atque salubris exhortationis quam per exempla pariter et majorum præcepta conpegimus, quæ potius vestræ saluti finaliter congruere novimus » (II, p. 168).

La première distinction divisée en cinquante-quatre chapitres, embrasse l'administration des sacrements, notamment les devoirs et les obligations du ministre et des fidèles par rapport à l'eucharistie, au baptême, à la confession, à la communion, à la messe, à l'extrême-onction ainsi que les vices (blasphème), l'ornementation des églises et autres sujets apparentés.

La seconde distinction divisée en trente-neuf chapitres s'occupe exclusivement de la vie cléricale et traite tour à tour de la continence, de la cohabitation des clercs avec les personnes du sexe, de l'ivrognerie, de la vénalité, de la simonie, de l'instruction du clergé et de l'état périlleux des prélats.

L'auteur, non content de faire des diverses questions

wer (J.-B.) (Rolls Series, London, 1862). A part le ms. utilisé par Brewer, nous n'avons rencontré que deux fragments de mss. de la Gemma, dans les bibliothèques anglaises, dont l'un à Worcester : Cathedral Lib, ms. F. 154, ff. 94v-96v, 121-125vb (XIVe s.) et l'autre à Cambridge, à Trinity College Lib., ms. 366, ff. 92-97 (XVe s.); v. aussi *Dict. of Nat. Biog.*, t. XXI, p. 389-393 et Mosher, *op. cit.*, p. 60-66, sur la nature de l'*exemplum* dans la *Gemma ecclesiastica.*

posées ou des sujets indiqués au cours du traité, un exposé sec et sans intérêt comme on peut le constater dans la plupart des écrits canoniques du XIIe siècle, cherche au contraire à le rendre vivant et varié en le complétant par des citations extraites des auteurs de l'antiquité profane et chrétienne (Cicéron (*De officiis*), Sénèque, Origène, saint Jérôme, saint Jean Chrysostome, saint Ambroise, saint Augustin, Eusèbe de Verceil, Grégoire le Grand), et du Moyen Age (Raban Maur, saint Bernard, Pierre le Chantre), des décisions conciliaires (conciles de Tolède, de Reims, de Carthage, etc...), des décisions papales (Gélase II, Alexandre III), du décret de Gratien et surtout par de très nombreux *exempla*. Et pour ce qui est de ces derniers, il ne les puise pas seulement aux sources devenues déjà communes, comme la Bible, les apocryphes, les vies des apôtres et des saints, les *Vitæ Patrum* (*Paradisus*), les dialogues de Grégoire le Grand, les écrits de Josèphe et de Théodoric (*De vita Alexandri*), l'histoire ecclésiastique de Bède, mais il s'adresse encore aux écrits contemporains comme ceux de Pierre le Chantre, dont il reproduit maint *exemplum* et fait surtout appel à l'observation personnelle. Il introduit son récit, soit en indiquant en tête sa provenance : « Legitur in libris Theodorici historiaci (*sic*) de Juliano apostata » (p. 100), soit en mettant en scène dès le début le nom du personnage principal : « Item de beato Benedicto » (p. 101), soit en le localisant dans le temps et dans l'espace : « Item exemplum de re quæ nostris apud Cantuarium accidit diebus de clerico quodam » (p. 106). En général, il donne à l'*exemplum* son développement normal. Dans certains cas cependant il le réduit à quelques lignes (de trois à cinq) ou encore lui donne un développement démesuré au point de lui faire occuper plusieurs pages de suite. Il lui arrive aussi de faire suivre son exposé d'un certain nombre d'*exempla* placés bout à bout (v. p. 32-35 : *De eucharistia*, p. 243-249 : *De continentia*, p. 341-348: *De excommunicatione*) ou même d'en remplir des chapitres entiers, comme le chapitre XXVII : *De majorum casibus sacerdotum* (p. 293-304), qui ne renferme que des *exempla* (au nombre de vingt-huit et de toutes les longueurs). Parmi les centaines d'*exempla* qui remplissent le traité et qui se réduisent au récit dévot et hagiographique, à l'*exemplum* historique, à l'*exemplum* prodige et au récit d'apparitions, il semble que l'auteur ait surtout réservé sa faveur à l'*exemplum* personnel. Ce dernier, en effet, y est pour un bon tiers. Il a généralement trait à des personnages contemporains, aux mœurs et à l'état d'instruction du clergé, aux superstitions et coutumes diverses. Il témoigne dans certains cas de l'extrême crédulité de l'auteur et se distingue parfois aussi par une sorte de réalisme qui ne laisse pas de nous surprendre encore aujourd'hui (v. cap. XXII, p. 278-79). Néanmoins, par la variété même des faits pris sur le vif, qu'il renferme, il nous donne une idée exacte de l'état de la société, surtout de la société cléricale du pays de Galles à la fin du XIIe siècle et devient par là une source précieuse que certains compilateurs anglais comme celui du « *Liber exemplorum* » de Durham ne manqueront pas d'exploiter dans la suite (v. *infra*).

En passant aux traités d'histoire naturelle, on constate que là aussi l'*exemplum* est utilisé pour expliquer ou illustrer les idées qu'on émettait sur les phénomènes de la nature ou sur les merveilles du monde. C'est ainsi qu'on le voit occuper une place considérable dans le traité *De natura rerum* d'Alexandre Nequam (+ 1217) [41] composé vers la fin du XIIe siècle.

Ce traité, écrit dans un but d'édification, comme l'auteur l'énonce expressément au début « materia tractatus ad morum ædificationem instituendi simplicibus verbis melius expedietur exclusis penitus ornatus rhetorici lenociniis » (p. 1), comprend deux livres, dont l'un avec quatre-vingts chapitres et l'autre avec cent quatre-vingt-onze chapitres et dont l'un et l'autre sont précédés d'un prologue. L'auteur y fait un exposé de toutes sortes de sujets concernant non seulement l'histoire naturelle, mais encore d'autres matières. Il y traite successivement de la création, de l'astronomie, des quatre éléments, des oiseaux (faucon, phénix, perroquet, coucou, pélican, aigle, roitelet, etc...) (1er livre), des

41. V. Alexander Nequam, *De naturis rerum*, édit. Th. Wright (Rolls Series, London, 1863) ; *Dict. of Nat. Biog.*, t. XL, p. 154-155 ; Mosher, *op. cit.*, p. 58-60

propriétés des fontaines, de la mer, des poissons, de la terre, des métaux, des plantes, des arbres, des pierres précieuses, de l'aimant, des animaux (crapaud, belette, singe, renard, ours, lion, etc...), des animaux domestiques (cheval, mulet, âne, bœuf) des abeilles, du ver à soie, des poules, des jardins, des vignes, des bâtiments, de l'étude des écrivains classiques, de la scolastique, de Virgile le magicien, des universités, des classes de la société, des jeux, pour terminer par la vie du courtisan et les vices de la cour (hypocrisie, flatterie) (2e livre). Pour remplir le cadre tant pour les citations que pour les descriptions et les récits, il a recours aux écrits du passé ou à des prédécesseurs qui se sont occupés du même domaine que lui, sans pourtant négliger l'observation personnelle. Ses sources, en effet, sont la Bible, Aristote, Pline, Solin, Virgile, Ovide, Lucain, Juvenal, Martial, saint Jérôme, saint Augustin, Boèce, Cassiodore, Isidore, Raban Maur, Bernard Silvestre, Hildebert de Lavardin, les chroniques, la mythologie, les superstitions contemporaines et ses propres expériences.

L'*exemplum* revêt chez lui un caractère presque exclusivement profane conformément au sujet qu'il traitait. Dans la majorité des cas, c'est le trait d'histoire naturelle ou l'*exemplum* « moralité » qui prédomine et qui est généralement moralisé (*adaptacio, moralis instructio* (v. I. *cap. XXIII :* aquila, *cap. LXXVII :* de pomis et piris). Puis viennent les contes d'animaux (v. II. *cap. XL :* l'étudiant et le poisson, *cap. CXX :* la belette, *cap. CXXIV :* le singe au château, le singe et le vieux jongleur : *cap. CLVI :* le chien jaloux, *cap. CXCI :* les grenouilles qui demandent un roi, le roitelet et l'aigle, *cap. CXXVI :* le renard et le corbeau, *cap. CXXIII :* la belette et le serpent, I. *cap. XXXVII :* le chevalier et le perroquet). Ensuite c'est la légende ou le conte (v. II. *cap. XXI, CLXXVI :* Alexandre le Grand et son coq, Alexandre le Grand et l'envie, I. *cap. XXIV :* légende d'un roi de Bretagne qui pendit son faucon pour avoir tué un aigle, II. *cap. CLXXIV :* Virgile le magicien et l'hirondelle d'or, Virgile et le boucher, etc..., *cap. CLVIII :* Ogier le Danois contre les Sarrasins au siège de Meaux, *cap. CLXXVII :* le comte de Pontoise et le crapaud, *cap. CXLVIII :* le chevalier au lion, *cap. CLVI :* le serviteur sage et son maître, *cap. CLXXVI :* le chevalier et ses trois fils). Et enfin il y a exceptionnellement l'*exemplum* historique (II. *cap. CLXXXIV:* le roi Louis le Gros fuyant devant le roi Henri d'Angleterre) [42]. L'*exemplum* moralité fait partie du corps même du texte. Quant aux autres types d'*exempla,* généralement de moyen développement, ils y sont ajoutés par manière de supplément pour expliquer la nature des animaux et les phénomènes naturels et cela non sans être suivis parfois aussi d'une moralisation.

L'*exemplum* tient également une large place dans un traité similaire intitulé *Otia imperialia* [43]. Ecrite par Gervais de Tilbury (+ 13 ?) aux environs de 1211 (on lit, en effet,

42. L'auteur cite cet *exemplum* dans le chapitre *De scaccis,* pour formuler cette règle, à savoir que dans le jeu des échecs, le roi ne doit jamais être pris. C'est le seul *exemplum* historique du traité. A cause de son importance, le voici *in extenso :* « Unde et rex Francorum Ludovicus Grossus, cum a rege Anglorum Henrico primo confectus esset, fugæ se committens patrocinio, milite quodam strenuo acerrime fugientem persequente, sed et habenas equi apprehendente et proclamante regem esse captum. « Fuge, inquit, indisciplinate miles et proterve, nec etiam regem scaccorum fas est capi. » Et gladium vibrans ictu fulmineo corpus militis in duas divisit portiones » (*cap. CLXXXIV*).

43. Consulté *B. N.*, ms. lat. 6488, ff. 1-118vb (XIIIe s.). Il commence par cet *incipit,* f. 1ra : « In nomine domini incipit liber a magistro Gervasio tilleberiensi editus et intitulatur ocia imperialia amen. Serenissimo domino suo Ottoni quarto Romanorum imperatori semper augusto Gervasius Tilleberiensis vestri dignacione marescallus regni Arelatensis humilis devotus et fidelis salutem et victoriam et pacem, interiorem et exteriorem... », et il se termine par l'*explicit* suivant, f 118vb : « De fonte qui nichil sordidum admittit. Apud narbonensem provinciam, episcopatu Uticensi, est fons, in quem si quid sordidum miseris, statim fons scaturiginem suam mutat et priorem locum deserit. Exitus operis. » Le traité est suivi, ff. 118vb-119vb, d'une lettre explicative : *Epistola ad magistrum Johannem Marcum secretarium domini imperatoris...* Nous avons complété le texte de ce manuscrit, généralement correct, mais où manquent la fin de la vingt-troisième *Particula* de la première partie et les cinq premières *Particule* de la seconde (f. 27vb) par celui du ms. lat. 6489, ff. 1-145rb (XIIIe s.) de la même bibliothèque qui est complet, mais rempli de nombreuses incorrections; v. aussi des extraits d'après divers manuscrits dans *M.GH. SS.*, t. XXVII, p. 363-394. Pour la vie de l'auteur, v. *Dict. of Nat. Biog.*, t. XXI, p. 241-242, et pour les traductions faites en français, à Jean d'Acre par Jean de Harenc avant 1287, et en France par Jean de Vignai, vers 1340, v. *Hist. Litt.*, t. XXXIII, p. 2 et sq.

à la fin du traité, *B. N.*, ms. lat. 6488, f. 109 : « Erat anno domini M°CC°XI° mense julii anno autem pontificatus domini Innocencii tercii decimo imperio autem vestri anno secundo »), pour l'instruction aussi bien que pour l'amusement et l'agrément de l'empereur Otton IV (1209-1215), cette curieuse compilation se présente sous la forme d'un traité de géographie. L'auteur, dans un long prologue dédicatoire, après avoir fait l'historique des relations du sacerdoce et de l'empire, expose les raisons qui lui ont fait entreprendre la composition des *Otia* après le *Liber faceciarum* et y indique brièvement ses sources en même temps que le plan qu'il a adopté pour le développement de son sujet, en ces termes : « Quia ergo optimum nature fatigate remedium est amare novitates et gaudere variis, nec decet tam sacras aures spiritu mimorum fallaci ventilari, dignum duxi aliquid auribus vestris ingerere quo humana operetur recuperacio. Quippe ex animi mei voto pridem fuerat, post librum faceciarum, quem ex mandato domini mei illustrissimi regis Anglorum, Henrici junioris, avunculi vestri, dictaveram, alium ad recensendam ejus benevolentiam libellum dictare, per tres decisiones distinctum, in quo tocius orbis descripcio saltem in summa contineretur provinciarumque divisio cum majoribus minoribusque sedibus et sic singularia cujusque provincie mirabilia subnectere, quo fuisse mirabile, audisse apud ignorantes deliciosasque aures delectabile foret. Nec jam, sicut fieri solet, optimates per mimorum aut ystrionum linguas mendaces percipiant Dei virtutes, sed per fidelem narracionem, quam vel ex veteribus auctorum libris aggessimus vel ex oculata fide firmavimus cui cotidiana subest probacio, si loca singularia fuerint per descriptas provincias perscrutata. » Il a donc divisé son sujet en trois parties. La première subdivisée en vingt-trois titres *Particule* comprend des généralités sur l'origine du monde, la création, le chaos, le soleil, la mer, le paradis, les faunes et les satyres, les fils d'Adam, l'invention de la musique, les fontaines, la création du corps et de l'âme, etc. La seconde également subdivisée en vingt-trois titres *Particule* embrasse la description des trois continents de l'Asie, de l'Afrique et de l'Europe avec leurs provinces et leurs villes, des mers, des empires des Romains, des Gaulois, des Bretons, des Francs, le catalogue des rois qui se sont succédé en Allemagne, en France et en Angleterre pour terminer par la description de la Terre Sainte et par l'exposé de l'origine des provinces et des cités et des six âges du monde. La troisième subdivisée en cent vint-neuf distinctions *Distinctiones* comprend les *mirabilia uniuscujusque provincie,* où l'auteur, en s'appuyant sur l'autorité du passé *vetustatis auctoritas* et l'expérience journalière *cotidiana conspectionis fides,* fait un curieux exposé sous forme de descriptions ou de récits des phénomènes de la nature et des prodiges divers qui ont frappé son imagination et ont par là même, mérité d'être consignés dans son traité [44]. Dans ce but, il s'est donc adressé aux écrits de ceux qui, avant lui, ont traité des sujets identiques ou analogues, tels qu'Aristote, Pline, Solin, Origène, saint Augustin, saint Ambroise, Isidore de Séville, Raban Maur, Fulgence, Walafrid Strabo, Bernard Silvestre, sans négliger d'autres sources, comme les apocryphes (*Gesta Salvatoris,* f. 86°), les écrits de Josèphe, d'Héségippe, d'Eusèbe, de Sulpice Sévère (*Dialogue*), de Paul Diacre, de Geoffroi de Monmouth (*Historia Britonum*), de Pierre le Mangeur (*Historia scolastica*), du Pseudo-Turpin (*In gestis ejus*), de Jean de Salisbury (*Polycraticus*), et la *Mappa* (f. 11va), pour ne mentionner que les principales, s'il s'agit de l'*exemplum* historique, de la légende, du récit d'apparitions et qu'on trouve citées dans les trois parties des *Otia* [45]. Cependant, par dessus tout, il fait appel à l'observation personnelle, car, à côté de l'*exemplum* tiré de l'histoire naturelle du passé, il y a également celui des

44. Voici à ce sujet le texte essentiel du petit prologue qui se trouve en tête de la troisième partie, f. 81ra : « Etenim vera non ex loquace ystrionum garrulitate ocium decet imperiale imbui, sed pocius abjectis importunis fabularum mendaciis, que vetustatis auctoritas comprobavit aut scripturarum firmavit auctoritas aut cotidiane conspeccionis fides oculata testatur ad ocium sacri auditus sunt ducenda. Et quoniam humane mentis aviditas ad audiendas ac hauriendas novitates semper acuitur, antiquissima commutari necesse erit in nova naturalia, in mirabilia, apud plerosque usitata in inaudita... »

45. V. pour l'indication des sources complètes, Liebrecht (F.), *Des Gervasius von Tilbury Otia Imperialia, in einer Auswahl neu herausgegeben* (Hannover, 1856).

mirabilia ou des prodiges, qui est le résultat de ses voyages et qui est localisé en Angleterre, en Ecosse, en Allemagne, en Espagne, en Italie, et plus spécialement en Provence *in regno arelatensi* (f. 94va), où il s'était établi. Ce type spécial d'*exemplum* est tantôt brièvement, tantôt normalement développé selon la nature même du sujet ou les intentions de l'auteur. Il aura une grande vogue auprès de certains compilateurs du XIVe siècle, amateurs du merveilleux qui l'exploiteront à leur tour pour l'instruction des fidèles.

Le XIIe siècle a donc été, d'après ce qui se dégage de nos investigations, une période décisive pour le développement de l'*exemplum* dans la littérature parénétique et didactique. Ce dernier n'a cessé de gagner en importance au cours de ce siècle, tant auprès de ceux qui, par leur fonction de prédicateurs, de professeurs et de moralistes, le propageaient par la parole et par l'écrit qu'auprès des clercs et des foules qui étaient de plus en plus avides de ce mode d'enseignement. Son emploi s'est, en effet, fortement élargi et généralisé. Outre les sources communes, où il a continué d'être puisé, d'autres sont venues s'ajouter à son domaine pour être exploitées à leur tour. Une large part a été faite aux sources profanes, aux récits tirés des événements contemporains, aux légendes et traditions, aux coutumes locales, à l'observation personnelle de l'auteur. Il en est résulté peu à peu l'établissement des divers types définitifs d'*exempla* ainsi que la formation d'une immense matière anecdotique qui sera prête à alimenter de son contenu les recueils d'*exempla,* les sermonnaires et les traités didactiques et moraux des siècles suivants.

DEUXIÈME PARTIE

Période d'épanouissement de l'Exemplum dans la littérature religieuse, morale et didactique du XIIIe et XIVe siècle.

Avec le XIIIe siècle, l'*exemplum* entre dans une période nouvelle qui sera à la fois celle de son épanouissement dans la littérature parénétique, morale et didactique et de la formation des recueils d'*exempla*. Comme nous venons de le voir dans le chapitre précédent, le terrain qui devait favoriser cet épanouissement avait été singulièrement bien préparé au XIIe siècle. Sous l'influence des théoriciens de l'éloquence, tels qu'Alain de Lille, Jacques de Vitry, saint Bonaventure, Humbert de Romans et d'autres, l'*exemplum* envahira encore plus que précédemment la chaire et l'enseignement et y élargira son rôle. Les prédicateurs lui donneront en effet dans le sermon, une importance plus grande que ne l'avaient fait ceux du passé, soit en en faisant une partie intégrante, soit en y introduisant non seulement des *exempla* tirés de sources nouvelles, mais en y ajoutant encore ceux de leur expérience personnelle. Les chroniqueurs, les moralistes, les maîtres des divers enseignements illustreront à leur tour leurs écrits de curieuses anecdotes. Il se trouvera même des compilateurs, en général des prédicateurs qui, convaincus de la faveur immense dont jouissait de plus en plus l'*exemplum* auprès des auditoires populaires ou autres, chercheront à le détacher du sermon et des nombreux écrits, où il se trouvait à l'état dispersé et où il constituait un fond narratif considérable, pour l'ordonner, d'après des cadres fournis par la théologie dogmatique et morale ou sous certaines rubriques, dans des recueils spéciaux, en y ajoutant l'*exemplum* personnel, le fait d'actualité, puisé dans leur expérience journalière. Ces recueils une fois formés se multiplieront dès le XIIIe siècle et trouveront leur plus grande diffusion au XIVe siècle. Nous allons donc étudier l'*exemplum* dans toutes ces productions qui se sont succédé sans discontinuer au XIIIe et au XIVe siècle dans l'Occident chrétien. Celui-ci s'y présente invariablement sous les mêmes aspects avec les mêmes sources et, par conséquent, avec les mêmes types de récits. Il en est de même du but poursuivi et de la méthode mise en œuvre dans son emploi par les différents auteurs. Aussi avant d'en venir à l'étude de l'*exemplum* dans la littérature parénétique morale et didactique, il nous a semblé bon, afin d'éviter des redites au cours de nos investigations, de lui consacrer une étude préliminaire.

A cet effet, nous avons divisé cette seconde partie en trois sections.

Dans une première section nous avons étudié l'*exemplum* considéré en lui-même, son but, son mode d'emploi, sa structure, ses sources, ses différents types.

Dans une seconde section nous nous sommes efforcé de faire ressortir son rôle et son importance dans les sermonnaires, les chroniques, les traités de dévotion et d'instruction.

Dans une troisième section enfin, nous l'avons examiné dans les recueils d'*exempla* les plus marquants, en en déterminant, si possible, l'auteur, le lieu et le temps de la composition d'une part et en faisant ressortir les procédés littéraires, les particularités propres à chaque recueil et l'influence exercée par lui d'autre part.

SECTION I

L'Exemplum considéré en lui-même.

Dans l'étude de l'*exemplum,* considéré en lui-même, nous nous sommes adressé à ceux-là même qui se sont spécialement occupés de lui : théoriciens de la prédication, auteurs de traités divers, compilateurs de recueils d'*exempla.* Les uns dans leurs *De arte predicatoria,* les autres dans les prologues qui précèdent ordinairement leurs traités ou même au cours du texte, ont pris soin, en effet, de nous livrer leurs idées sur le but, le mode d'emploi, le fond, la forme et les sources de l'*exemplum.* Dans un premier chapitre, nous nous sommes donc occupé du but qu'ils ont assigné à l'*exemplum,* du mode d'emploi qu'ils en ont fait, du fond et de la forme qu'ils ont mis en œuvre dans sa structure; dans un second chapitre nous avons porté nos efforts sur les sources qu'ils ont préconisées et plus spécialement sur celles qui ont eu la préférence des auteurs et compilateurs au cours même de leurs productions ainsi que sur les différents types d'*exempla,* qui en ont été la résultante.

CHAPITRE PREMIER.

But et mode d'emploi, fond et forme de l'Exemplum.

Les auteurs des manuels de prédication comme ceux des divers traités où l'*exemplum* a trouvé son emploi et plus particulièrement les grands compilateurs de recueils d'*exempla* du XIIIe et du XIVe siècle, n'ont pas manqué de nous instruire sur le rôle qu'ils assignaient à l'*exemplum* dans l'enseignement religieux et moral du peuple chrétien. Les uns, il est vrai, se sont contentés à ce sujet, de généralités. Les autres, au contraire, se sont efforcés d'exposer en détail le but que devait avoir dans le sermon le récit et la façon dont il devait être employé, sans négliger de fournir quelques indications sur son fond et sa forme.

Parmi les théoriciens de la prédication, c'est le célèbre Alain de Lille (+ 1202) [1] qui, vers la fin du XIIe siècle, for-

1. Migne, P. L., t. CCX, col. 111-198. Pour tout ce qui touche à ce prédicateur et à l'inventaire des manuscrits de ses sermons, v. Lecoy de la Marche, *op. cit.*, pp. 152-155, 496; Linsenmayer, *op. cit.*, *p.* 89-93. Le traité est précédé d'une préface où l'auteur énonce sa division : De prædicatione vera, qualis esse debeat et quorum et quibus proponenda sit et de quo et quomodo et quando et ubi. » Bien que trois chapitres soient occupés par la théorie, à savoir les chapitres I (Quid sit, qualis esse debeat), chap. XXXVIII (Quod prælatorum tantum debet esse prædicatio), chap. XXXIX (Quibus proponenda sit prædicatio), c'est surtout dans le premier qu'Alain explique le fond de ses idées sur la prédication. Selon lui, le sermon doit être « manifesta et publica instructio morum et fidei, informationi hominum deserviens ex rationum semita et auctoritatum fonte proveniens » (col. 112). Il ne doit pas renfermer les défauts suivants : « Non debet habere verba scurrilia vel puerilia vel rhythmorum melodias et consonantias metrorum, quæ potius fiunt ad aures demulcendas quam ad animum instruendum, quæ prædicatio theatralis est et mimica et ideo omnifarie contemnenda » (col. 112). Quant au prédicateur, il requiert de lui toutes sortes de qualités : « Debet captare benevolentiam auditorum a propria persona per humilitatem... debet etiam promittere se pauca dicturum et utilia; nec se trahi ad hoc nisi amore auditorum, neque etiam se loqui, quod majoris sit scientiæ et prudentiæ vel melioris vitæ... debet accedere ad auctoritatis propositæ expositionem et totam inflectere ad auditorum instructionem; nec auctori-

mule le premier, dans sa *Summa de arte prædicatoria,* les règles nouvelles qui vont servir de directives aux orateurs de la chaire pendant au moins une génération. Sur les quarante-huit chapitres qui composent le traité, il consacre trois à la composition du bon sermon, aux qualités de l'orateur et à l'attitude de l'auditoire (*cap. I, XXXVIII, XXXIX*), les quarante-cinq autres formant des esquisses sur des sujets divers (*cap. II-XXXVII*), ainsi que des modèles de *sermones ad status* (*cap. XL-XLVIII*), dont la vogue grandira surtout avec ceux de Jacques de Vitry venant un peu plus tard. C'est après avoir parlé des qualités de l'orateur et des autorités à citer « dicta gentilium » dans l'exposition du texte, qu'il lui enjoint de se servir d'*exempla* à la fin du sermon à l'appui de son exposé pour les proposer en imitation aux fidèles : « In fine vero debet uti exemplis ad probandum quod intendit, quia familiaris est doctrina exemplaris [verbi gratia leguntur exempla virorum forcium ut ad imitacionem provocentur animi infirmorum] [2]. Il répète la même recommandation à la fin du chapitre II : *De contemptu mundi :* « Prædicator concludat admonitionem suam in exemplari doctrina, ostendens quomodo antiqui patres contempserint mundum » (col. 116). Il est fort probable que lui-même a joint la pratique à la théorie dans ses tournées de prédication, tandis que dans les esquisses et les sermons imprimés qui subsistent de lui, on rencontre relativement peu d'*exempla* [3]. Et encore ces derniers sont-ils

tatem nimis obscuram vel difficilem proponat ne auditores eam fastidiant et ita minus attende audiant... poterit etiam ex occasione interserere dicta gentilium sicut et Paulus apostolus aliquando in epistolis suis philosophorum auctoritates interseruit. Verba etiam commotiva interserat, quæ mentes emolliant et lacrimas pariant... (col. 114). Les quarante-cinq autres chapitres comportent des modèles de sermons esquissés, dont les neuf derniers sont des *sermones ad status :* ad milites, ad advocatos, ad principes, ad claustrales, ad sacerdotes, ad conjugatos, ad viduas, ad virgines, ad somnolentos (XL-XLVIII, col. 186-198).

2. Le texte entre crochets ne se trouve que dans le ms. lat. 16514 de la *B. N.*, f. 5v.

3. Migne, P. L., t. CCX, col. 198-228 (IX + III sermones)v. *exemplum* de saint Nicolas (col. 228) ; dans les sermons de la *B. N.*, mss. lat. 14859 ff. 233-243vb, 18172 ff. 2-125v (XIIIe s.), il n'y a que des *exempla* bibliques à peine esquissés. Par contre, dans le *De planctu*

tirés, soit de la Bible (col. 131), soit des vies de saints (vies de saint Martin (col. 176), de saint Nicolas (col. 178), de saint Sébastien (col. 186), soit du « Liber creaturarum » (col. 181) et exceptionnellement de l'antiquité profane (v. la légende mythologique d'Adonis) (col. 138).

Après lui, c'est le cardinal Jacques de Vitry (+ 1240) [4], sur lequel nous reviendrons plus tard, qui se fait le théoricien de la prédication en général et de l'*exemplum* en particulier dans les différents prologues qui précèdent son œuvre oratoire. Ainsi dans le prologue des *Sermones de tempore,* il s'étend particulièrement sur le fond et la forme du vrai sermon, sur les qualités du prédicateur, sur la méthode à adapter une doctrine appropriée aux divers auditoires ou conditions sociales sans pourtant omettre d'y recommander l'emploi de certains types d'*exempla* tirés des *Vitæ Patrum* et de l'histoire naturelle : « Ex sanctorum patrum vitis et exemplis et racionibus et similitudinibus secundum naturas animarum et proprietates inanimatorum divinis sentenciis propter laicos et simplices adaptatis » [5].

Par contre, dans le prologue des *Sermones vulgares,* tout en y émettant brièvement les mêmes idées, il insiste avec force détails sur l'utilité et le rôle de l'*exemplum* dans le sermon, soit pour stimuler la piété des fidèles simples et frustes : « Ad edificacionem rudium et agrestium erudicionem, quibus quasi corporalia et palpabilia et talia que per experienciam norunt frequencius sunt proponenda, magis enim moventur exterioribus exemplis quam auctoritatibus vel profundis sentenciis », soit pour intéresser les auditeurs laïcs : « Plerique vulgaria exempla ad laicorum excitacionem et recreacionem sunt inserenda », soit aussi pour soutenir

naturæ ad Deum (Migne, P. L. t. CCX, col. 431-482), sorte de dialogue entre l'homme endormi et la nature, et écrit dans une prose entremêlée de vers, Alain recourt volontiers aux légendes mythologiques, aux anecdotes tirées de l'antiquité profane ainsi qu'à des descriptions empruntées aux lapidaires et aux bestiaires.

4. V. *infra,* au sujet de ce prédicateur.

5. *B. N.,* nouv. acq. lat., 1537 f. 1; dans le *Prologus in sermonibus cotidianis et communibus,* Bruxelles, *Bibl. Royale,* ms. 1929 (1122-1124) (1450) f. 1, il recommande également, à côté d'autres généralités, les *exempla sanctorum antiquorum.*

leur attention distraite et même réveiller ceux qui se sont laissés aller à la somnolence : « Per experienciam noverunt quantus fructus proveniet ex hujusmodi fabulosis exemplis laicis et simplicibus personis non solum ad edificacionem sed ad recreacionem maxime quando fatigati et tedio affecti incipiunt dormitare... experto credite, cum aliquando protraherem sermonem et viderem populi multitudinem affectam tedio et dormitantem, uno modico verbo, omnes invitati sunt et innovati ad audiendum, exempli gracia, aliquando memini me dixisse : « Ille qui in loco illo dormitat secreta mea vel concilium meum non revelabit ». Unusquisque autem pro se dictum credens oculos aperiebat et facto strepitu, postmodum in silencio utilia et seria verba attende audiebat. » Il invite en même temps les prédicateurs à écarter néanmoins les historiettes vaines et ineptes « infructuosas enim fabulas et curiosa poetarum carmina a sermonibus nostris debemus relegare », et à ne pas laisser échapper des paroles bouffonnes et obscènes « scurrilia tamen aut obscena verba vel turpis sermo ex ore predicatoris non procedant » [6].

A partir de la seconde moitié du XIIIe siècle et plus tard, ce sont surtout les membres des ordres mendiants, Dominicains et Franciscains, spécialement destinés par leur vocation à la prédication, qui s'en font les théoriciens. En raison de l'importance prise par l'*exemplum* dans la prédication populaire, ils lui consacrent encore plus que les théoriciens précédents, des détails explicatifs dans leurs traités de prédication.

Ainsi le dominicain Etienne de Bourbon (+ 1261) [7], dans le prologue qui précède son vaste répertoire d'*exempla* intitulé *Tractatus de diversis materiis predicabilibus,* s'explique amplement sur le but qu'il assigne à l'*exemplum* et énumère les raisons qui militent en faveur de son emploi dans le sermon, en s'appuyant sur l'autorité et la pratique de Jésus-Christ, de Grégoire le Grand et de saint Dominique. Se souvenant sans doute de l'efficacité de la méthode narra-

6. *B. N.*, ms. lat. 15909 f. 1r (prologue).
7. V. *infra*, au sujet de ce prédicateur.

tive, qu'il a lui-même appliquée durant sa longue carrière de prédicateur ambulant en France, il y démontre, en outre, que l'*exemplum* est le seul moyen pratique pour faire comprendre sous une forme palpable aux auditeurs des diverses classes sociales et particulièrement aux esprits frustes, les grandes vérités de la religion chrétienne et les graver à jamais dans leurs cœurs : « Ad hec su[gger]enda et ingerenda et imprimenda in humanis cordibus maxime valent exempla, que maxime erudiunt simplicium hominum ruditatem et faciliorem et longiorem ingerunt et imprimunt in memoria tenacitatem » [8]. Il termine par l'énumération des bons effets que produit cette morale en action qu'est l'*exemplum* sur la vie religieuse de l'homme, soit qu'il s'agisse de ramener les égarés au droit chemin et de prévenir leurs futures rechutes, soit qu'il s'agisse de maintenir les bons dans le devoir, de les consoler dans l'affliction et de les encourager dans l'acquisition des biens éternels [9].

A peu près vers le même temps, l'ex-maître général de l'ordre dominicain, Humbert de Romans (+ 1277) [10], formule également des règles relatives à l'emploi de l'*exemplum* dans le sermon dans deux traités spéciaux, dont l'un forme une *Summa de arte prædicandi* et l'autre un recueil d'*exempla*.

Le premier, intitulé *De eruditione prædicatorum* [11], comprend deux livres dont l'un traite en quarante-quatre chapitres de la théorie de la prédication *De prædicatorum*

8. *B. N.*, ms. lat. 15970 f. 137rb ou édition Lecoy de la Marche, p. 4.

9. *Ibid.*, f. 138rb ou édition Lecoy de la Marche, p. 13. L'auteur énumère les bons effets en ces termes : « Valent etiam exempla ad futurorum malorum evitacionem, ad viciorum detestacionem, ad desperatorum revocacionem ad spem et ad presumptuosorum humliacionem, ad perversorum conversionem et provocacionem ad penitenciam, ad penitencium erudicionem, ad conversorum promocionem, ad tentatorum communicacionem, ad tribulatorum et mestorum consolacionem, ad debilium corroboracionem, ad bonorum temporalium debitam dispensacionem, ad bonorum spiritualium adquisicionem, augmentacionem, conservacionem et debitam dispensacionem, et ad amoris Dei et proximi inflammacionem, ad bonorum eternorum pregustacionem, impetracionem et adepcionum. »

10. Au sujet de ce dominicain, v. *infra*.

11. *Maxima Bibliotheca Patrum* (édit. Lyon, 1677), t. XXV, p. 424-567.

munere et ad illud spectantibus formaque ac arte concionandi et dont le second divisé en deux sous-traités, de cent chapitres chacun, fournit des modèles de sermons pour toutes les classes d'auditeurs et pour toute espèce de circonstances : *De modo prompte cudendi sermones ad omne hominum et negotiorum genus* (cent sermons *ad status* et cent sermons de circonstances).

C'est dans le premier livre que l'auteur expose longuement les règles qui doivent présider à la bonne prédication, en s'étendant surtout sur les qualités du sermon et du prédicateur. En ce qui concerne l'*exemplum*, il recommande au chapitre VIII : *De scientia prædicatoris* l'emploi du trait d'histoire naturelle et les anecdotes historiques dans un but d'édification de la façon suivante : « Alia est scientia creaturarum. Effudit enim Deus sapientiam suam super omnia opera sua, propter quod beatus Antonius dixit creaturas esse librum. Et ex isto libro, qui sciunt ibi bene legere eliciunt multa, quæ multum valent ad aedificacionem. Hæc autem scientia utens Dominus (Math. VI) in prædicatione dicebat : Considerate volatilia cœli et iterum considerate lilia agri. Alia est scientia historiarum : sunt enim multæ, non solum apud fideles, sed etiam apud infideles quæ interdum multum valent in prædicatione ad ædificationem » (p. **433**). Mais, par contre, il exclut du sermon les *nugas et fabulas*, probablement à la suite des excès, auxquels certains prédicateurs populaires s'étaient laissés aller. Il dit à leur sujet, au chapitre XXXVIII : *Contra prædicatores qui in familiaribus locutionibus loquuntur vana ad modum sæcularium.* « Hoc requiretur ab eo qui est sacerdos et prædicator ut nugas vel fabulas ejus os non proferat » (p. 452) et il demande, par conséquent, au prédicateur de faire un choix judicieux dans les récits et les termes à employer dans ces sortes de sermons familiers : « In hujusmodi locutionibus quandoque dicenda sunt verba sancta, quandoque exempla sancta, quandoque etiam verba secularia referenda... Circa exempla vero attendendum est ut sint competentis aucthoritatis ne contemnantur et verisimilia ut credantur et aliquam utilitatem continentia, ne inutiliter proferantur » (*cap. XXXIX*, p. 453).

Cependant, non satisfait de ces généralités touchant l'*exemplum*, Humbert les reprend dans le second traité intitulé tantôt : *De habundancia exemplorum*, tantôt : *De dono timoris*[12] et s'attache à en donner des explications détaillées. Dans le prologue, en effet, qui précède ce recueil d'*exempla* et où l'on reconnaît aisément les traces de ceux de Jacques de Vitry et d'Etienne de Bourbon, il commence par décrire les bons effets résultant de l'emploi de l'*exemplum* dans les sermons et allocutions aux auditeurs des différentes classes sociales : « Quoniam plus exempla quam verba movent secundum Gregorium et facilius intellectu capiuntur et alcius memoria infiguntur necnon et libencius a multis audientur suique delectacione quadam pluros attrahunt ad sermones, expedit viros predicacionis officio deditos in hujusmodi habundare exemplis, quibus utantur modo in sermonibus communibus, modo in collacionibus ad personas Deum timentes, modo in facilibus collocucionibus sc. ad omne genus hominum et ad edificacionem omnium et salutem » (f. 188v). Et à titre de confirmation, il cite à leur appui Moïse, les prophètes, le Sauveur et surtout la pratique constante de l'enseignement de l'Eglise, en se référant spécialement à l'autorité de Grégoire le Grand, de saint Dominique, de Bède le Vénérable, de Jacques de Vitry, de Josaphat ? et de saint Augustin : « Patet ergo ex duobus primis quod illustres viri hiis exemplis usi sunt ad animarum salutem, patet ex duobus aliis sequentibus quantus fructus sequi potest ex hiis in predicacionibus communibus, patet eciam ex duobus ultimis quam fructuosa possunt esse hujusmodi exempla in familiaribus collocucionibus » (f. 188v). Puis il expose les sept règles sur le mode d'emploi de l'*exemplum* par rapport à l'orateur, aux auditeurs, à la répartition du récit dans le sermon, à ses annexes, à son choix, à sa véracité et à son autorité[13]. Ainsi, parmi les

12. V. *B. N.*, ms. lat. 15953 ff. 188-212 (XIIIe s.).

13. En raison de son importance, voici le texte dans toute sa teneur, *ibid.*, f. 188v : « Circa hujus modi docendi multiplex est adhibenda cautela. 1° Circa personam docentis. Sunt enim multi quibus data est major gracia loquendi per auctoritates, raciones vel interpretaciones vel aliis modis quam per exempla, circa que forte non habent

prédicateurs, celui-là seul, doit faire usage de l'*exemplum* qui possède vraiment le talent de narrer agréablement le récit. Pour ce qui est des auditeurs, il est bon qu'il sache s'il a à faire à des auditeurs cultivés ou non, afin de pouvoir leur proposer des *exempla* appropriés à leur degré d'instruction. Dans l'application même des *exempla* il doit procéder avec modération et en utiliser un ou deux au plus par sermon en manière de confirmation de son exposé. Il ne doit choisir parmi eux que ceux qui présentent une utilité évidente en en retranchant tout ce qui lui paraît super-

graciosam narracionem et non expedit istis relinquere modum [docendi], in quo habent graciam propter illum in quo non habent.

2° Circa illos qui docentur. Non enim viris alte sapiencie sunt hujusmodi exempla facile proponenda, nisi multum sint laudabilia religionisque digna, sed aliis minoris intelligencie quibus magis competunt sicut lac parvulis.

3° Circa temperamentum utendi. Non enim texendus est sermo totus de hujusmodi exemplis, sed moderate utendum est illis exemplis. Gregorius qui in uno sermone unum vel duo exempla interserebat sicut in conviviis magnatorum apportantur aliqua interfercula ad majus delectandum convivas.

4° Circa annexa vel concomitancia. Laborandum est enim quod semper aliqua auctoritas vel racio efficax vel utrumque adjungatur exemplo ad confirmacionem majorem.

5° Circa electionem. Eligenda enim sunt de multis exempla magis necessaria et utilitatem continencia evidentem et brevia et si fit longa narracio rescindenda sint inutilia vel minus utilia et solum quod facit ad rem est narrandum.

6° Circa veritatem. Nunquam enim narranda sunt incredibilia vel que probabilem non continent veritatem et si forte introducatur fabula aliqua multum edificatoria propter significacionem aliquam quod vel nunquam vel rarissime est faciendum, exponendum est quod ista res non sit vera, sed semper propter significacionem inducatur.

7° Circa auctoritatem. Nunquam enim est aliquid referendum quod non sit competentis auctoritatis. Potest autem in hujusmodi sufficiens auctoritas reputari cum narratur aliquid quod dixerunt viri famosi et magni ut magister in theologia vel episcopus vel cardinalis [vel eciam] hujusmodi; magis autem cum invenitur in antiquo libro, de illis quibus utitur ecclesia licet non sint auctentici ut sunt vite patrum et legende sanctorum et hujusmodi; magis autem cum inveniuntur in libris doctorum auctenticorum ut sunt Gregorius, Isidorus, Jeronimus et similes, magis autem cum inveniuntur in corpore biblie. Sunt eciam competencioris auctoritatis que in libris philosophorum nominatorum et in libro creaturarum inveniuntur et de talibus extracta sunt fere omnia que in isto inferuntur tractatu. Circa que tamen cavendum est ne minus certa pro cercioribus asserantur vel ne falcitas aliqua misceatur cum hiis que certa reputantur. »

flu dans le but à atteindre. Et, à cet effet, il doit écarter tout récit dénué de véracité et ne faire usage que de ceux qui s'appuient sur une autorité compétente. Et par autorité compétente il faut entendre les maîtres en théologie, évêques et archevêques, les Pères du désert et les saints, les grands docteurs de l'Eglise, la Bible, les grands philosophes et naturalistes. Encore ici il doit prendre garde de n'affirmer comme certain ce qui est moins certain de peur que l'erreur ne se mêle à la vérité.

Les Franciscains ont de leur côté, quoique à un degré moindre que les Frères-Prêcheurs, leurs théoriciens de la prédication et, par conséquent, aussi de l'*exemplum*. Le plus connu, qui ait composé à l'usage de ses confrères, un traité de prédication est saint Bonaventure (+ 1274) [14]. Celui-ci consacre spécialement son attention à l'*exemplum* dans la dernière partie de son « *Ars concionandi* » (traité divisé en trois parties : *divisiones, distinctiones, dilatationes*). Parmi les huit moyens de « dilater » le sermon, il en est un qui lui semble surtout propice, le troisième, qui consiste à produire devant les auditoires laïcs des *exempla*, notamment l'*exemplum* pieux et l'*exemplum* moralité tiré de la nature des choses : « Tertius modus est ratiocinari per exempla sive per exemplum, quod multum valet laïcis, qui similitudinibus gaudent externis... Conveniens est dialogum Gregorii, vitas patrum et vitas sanctorum, quorum festa celebrat ecclesia, cognoscere... » (p. 18). Et il ajoute, plus loin, dans le même sens : « Oportet ut multas rerum proprietates cognoscamus et eas sciamus ad ædificationem animae adaptare... juxta hunc modum dilatandi tentandum est accipere proprietates rei naturales primo modo vel

14. V. *S. Bonaventuræ opera omnia* (Quarracchi, 1901), t. IX, p. 8-21) : *Ars concionandi*. L'auteur dit à propos de la dilatation du sermon : « Octo sunt modi dilatandi sermonem; definiendo, dividendo, ratiocinando (syllogizando, per latentia enthymemata, per exemplum) per auctoritates concordantes, per ea quæ sunt ejusdam cognitionis et per varias verborum, compositiones, per metaphoras, thema diversimode exponendo (sunt autem quatuor modi exponendi : litteralis, allegoricus, tropologicus vel moralis, anagogicus), per causas et per effectus... » V. Lecoy de la Marche, *op. cit.*, p. 295-296, où il donne une analyse succincte du traité, mais l'attribue à un auteur anonyme.

secundo scilicet secundum consuetudinem et naturam, vocatur enim consuetudo alia natura..... » (p. 19).

Le compilateur anonyme du *Speculum Laicorum* (c. 1279-1292), également un franciscain, fait surtout ressortir l'utilité de l'*exemplum* comme la seule forme d'enseignement appropriée aux frustes intelligences du peuple. Il dit notámment à ce sujet dans le prologue qui se trouve en tête du recueil : « Lacte non cibo solido nutriendi sunt in sciencia debiles et in fide rudes, ne, dum duriora sumunt edentuli, prius intereant quam pascantur, ego de simplicium numero minimus ad honorem Dei erudicionemque rudium, de sanctorum Patrum et Doctorum legendis et scriptis temporumque preteritorum ac modernorum quibusdam eventibus exemplisque naturalibus, non margaritas, set siliquas collegi quasi pecoribus erogandas ut paradigmatibus saltem et parabolis foveantur et exemplis » [15].

D'autres se contentent de donner des conseils pratiques au cours même du texte sur le mode d'emploi de l'*exemplum*. Ainsi le mineur anonyme, compilateur du *Liber exemplorum de Durham* (c. 1275-79) [16], conseille à l'orateur de s'enquérir préalablement de la qualité de l'auditoire avant de se servir de tel ou tel récit et de transformer celui-ci, au besoin, afin d'éviter le scandale : « Quia tamen, si eodem modo quo scriptum est proferatur et religiosis erit in scandalum et non erit multum populo edificatorium, idcirco potest, salva veritate quandam brevem transformacionem suscipere, et tunc sine scandalo cujusquam poterit populum edificare » (n° 154, v. aussi n° 155), de n'employer que des termes courtois : « Caveat qui predicat ut verba curilia dicat, ut videlicet nominet lutum pro stercore, rem parvi valoris pro vili spermate » (n° 165), de tirer du récit une leçon morale adaptée aux circonstances (n° 125) et surtout de prendre garde à ne pas faire intervenir dans les récits les controverses politiques et les noms de certains grands personnages. C'est ainsi qu'en ce qui concerne ces derniers, il engage le prédicateur à ne nommer Edouard Ier (1272-

15. V. J.-Th. Welter, *Le Speculum Laicorum* (édit. Paris, 1914).
16. V. Little (A.-G.), Le *Liber Exemplorum* (Aberdeen, 1908).

1307) que par cette périphrase : « Sufficit enim quod dicatur quod diabolus nominavit quendam magnum principem tunc in Anglia existentem, dicens in proximo esse ut floreat Britannia sub illo sicut floruit sub Merlino » (n° 104).

En passant aux théoriciens de la prédication et aux compilateurs de recueils d'*exempla* du XIVe siècle, on constate que les uns dans leurs traités *De arte predicandi* et les autres dans les prologues qui précèdent ordinairement le texte des recueils, expriment les mêmes idées que leurs prédécesseurs sur le but et le mode d'emploi de l'*exemplum*.

Ainsi, le dominicain Arnold de Liège, dans le prologue de l'*Alphabetum Narracionum* (c. 1308) [17], recourt également à des arguments historiques et rappelle comme Etienne de Bourbon, la manière de faire du fondateur de l'ordre, pour justifier le but des *exempla*, car, selon lui, le récit est ainsi facilement compris et retenu et agréable à entendre. « Narraciones siquidem et exempla facilius in intellectu capiuntur et memorie firmius imprimuntur et a multis libencius audiuntur » (f. 1, prologue).

Jean Gobi le jeune, son confrère, insiste de même dans le prologue de la *Scala Celi* (c. 1323-1330) [18] par l'argument historique et met en avant le côté agréable des récits pour attirer l'esprit vers les choses célestes « Quia vero noster animus videtur ad celestia inhiare eo quod delectatur narracionibus et sanctorum exemplis » (p. 1, prologue).

Le franciscain anonyme, auteur du recueil du ms. addit. 33956 du *B. M.* (c. 1313-26) [19] cherche à en justifier dans le prologue le but et l'emploi en en appelant à la méthode suivie par le Christ et ses disciples ainsi qu'à l'expérience quotidienne qui démontre clairement que c'est grâce à l'*exemplum* que les prédicateurs peuvent amener les auditeurs à abandonner leurs vices et défauts et à faire, soit sous l'influence de la crainte, soit sous celle de l'amour,

17. *B. N.*, ms. lat. 15913 ff. 1-88v (XIVe s.) ; v. *infra* au sujet de ce compilateur et de l'étude du recueil.

18. V. édit. Lubeck, 1476, ou édit Ulm, 1480 ; v. *infra*, au sujet de l'auteur et de l'étude du recueil.

19. B. M., ms. addit. 33956 ff. 1-92v (XIVe s.) ; au sujet de l'auteur et de l'étude du recueil, v. *infra*.

de dignes fruits de pénitence : « Ut... cum devocione et efficaci virtute auditores aliquos feriant timoris malleo, alios autem alliciant amoris incendio secundum materiam exemplorum ad detestanda que deseranda (*sic*) sunt atque cunctos ad agendos dignos fructus penitencie » (f. 2, prologue).

Le dominicain Thomas Walleis (+ 1340) dans son traité *De modo componendi sermones cum documentis* [20], consacre un chapitre spécial *De modo narrativo pro exposicione thematis* au rôle de l'*exemplum* dans le sermon devant des auditoires populaires.

De même un auteur anonyme, probablement anglais aussi, dans son *Ars de modo predicandi* [21], recommande son emploi à la fois comme moyen d'édification et de distraction en ces termes : « Secundum erit aliquam dulcem exponere allegoriam et aliquid jocundum enarrare exemplum ut eruditos delectaret allegorie profunditas et simplices edificet exempli levitas et habeant utrique quod secum reportent. »

Un peu plus tard, un autre dominicain, Jean Bromyard tente également de justifier l'emploi de l'*exemplum* dans le prologue de sa *Summa Predicancium* (c. 1360-68) [22] en affirmant que les récits ayant trait aux mœurs des hommes et des animaux ou même à autre chose, par le fait même qu'ils sont plus connus et qu'ils présentent plus de crédibilité, sont un moyen efficace de persuasion pour tous ceux à qui il faut adresser la parole divine : « Sepius tamen per exempla ponuntur accepta de moribus hominum quam de animalibus vel de aliis rebus ignotis utpote hominibus quibus loquendum et predicandum est magis nota et credibiliora persuasionis... » (f. 10v, prologue).

20. V. Cambridge, *University Lib.*, ms. 1589, Gg. VI 20 f. 22-29v (XIVe s.) ou Mazarine, ms. lat. 569 ff. 80vb-86vb (XIVe s.). Item tractatus fratris Johannis Gallensis (?) f. 86ra : Item ut quadruplex thematis exposicio s. hystoriarum allegoria... (Attribué ici faussement à Jean de Galles). — Au sujet de ce personnage, v. *Dict. of Nat. Biog.*, t. LIX, p. 121-122; *Hist. Litt.*, t. XXXIV, p. 574 et sq.

21. V. Cambridge, *University Lib.*, ms. 1716, Ii 24 f. 333rb (XIVe s.).

22. *B. M.*, ms. Royal 7. E. IV ff. 2v-638rb (XIVe s.) ou édit. Nuremberg, 1485; v. *infra*, au sujet de cet auteur et de l'étude de la compilation.

A ajouter que tous ces compilateurs font aussi ressortir dans leurs prologues respectifs le but pratique de l'emploi de l'*exemplum* pour les prédicateurs. Ils y expliquent en détail le dispositif adopté au cours du texte, qui doit leur permettre de trouver rapidement la matière anecdotique pour les développements oratoires [23].

23. La chose est surtout vraie quand il s'agit de l'*exemplum* des recueils à dispositif alphabétique, où la matière se trouve spécialement bien disposée pour permettre à l'orateur de préparer rapidement son sujet. Celui-ci, s'il appartenait à l'ordre des moines mendiants, était muni dans sa prédication ambulante, d'une petite bibliothèque portative, comme le laisse entendre Mathieu de Paris dans sa *Historia Anglorum* à propos des Mineurs : « Libros continue suos, videlicet bibliothecas in forulis a collo dependentes bajulantes » (*M.GH. SS.*, t. XXVIII, p. 397) ou édit. Fred. Madden (Rolls Series, London, 1866, in-8°, t. II, p. 110 : *De ordine Minorum et eorum primitiva humilitate et paupertate sancta*). Celle-ci devait comprendre un recueil de sermons pour toutes les circonstances (v. p. ex. ceux d'un Jacques de Vitry ou d'un Guibert de Tournai), un manuel de distinctions (v. Lecoy de la Marche, *op. cit.*, p. 331-332), une *Summa auctoritatum,* sorte d'encyclopédie de textes tirés de l'Ecriture, des Pères, de la philosophie, de la théologie et de l'histoire naturelle (v. Mgr Douai, *Mémoire sur une Summa auctoritatum à l'Académie de Toulouse,* t. VII (1896), pp. 1227-1241), et un recueil d'*exempla.* Ces quatre volumes offraient, il est vrai, au prédicateur, tout ce qu'il fallait pour développer le sermon, plan, textes, idées, mais il semble bien que le recueil d'*exempla* primait par son importance les trois autres, car il lui permettait de par son contenu même de ne jamais rester à court, s'il se trouvait à bout d'inspiration et de se tirer toujours d'affaire en cas de controverses ou de discussions soulevées par les auditeurs, surtout dans les régions envahies par l'hérésie. Quoi alors de plus propre que l'arme de l'anecdote, où se trouvait condensée sous une forme imagée et par suite facilement compréhensible, l'explication ou la solution du point litigieux pour convaincre ou réfuter l'adversaire ou même par l'ironie et l'humour qu'elle renfermait, pour faire rire l'auditoire à ses dépens.

D'autre part, l'emploi de l'*exemplum* avait aussi comme but pratique, d'attirer les fidèles au sermon et d'empêcher de partir ceux qui y étaient. La fréquentation du sermon, à entendre les récriminations des moralistes religieux et laïcs de ce temps, laissait beaucoup à désirer. Certaines catégories sociales comme les chevaliers et les bourgeois semblent l'avoir particulièrement en horreur (V. Langlois (Ch.-V.), *La vie en France au Moyen Age* (Paris, 1908), p. 212; Lecoy de la Marche, *op. cit.*, p. 215). Quant au peuple, d'autres distractions, comme l'arrivée d'un jongleur dans la localité, l'éloignaient volontiers de tout office religieux. La tâche importante de l'orateur était alors d'intéresser la totalité de son auditoire et d'adresser à chaque catégorie sociale, un enseignement approprié, soit pour l'instruire, soit pour le distraire. Or, rien ne s'adaptait mieux à son tempé-

Il nous serait aisé d'allonger cette liste de noms d'autres théoriciens de l'*exemplum,* mais qui, à vrai dire, ne font que répéter les idées de leurs aînés [24]. Pour ce qui est des auteurs de traités de dévotion, de morale et d'enseignement dont on voit surgir un grand nombre au XIIIe et au XIVe siècle et qui sont farcis d'*exempla,* ils destinent le récit au même but que les prédicateurs, et ils l'emploient de la même manière qu'eux comme on peut le constater dans les avertissements qu'ils ont soin de mettre parfois en tête de leurs traités ou des explications qu'ils fournissent à ce sujet au cours du texte [25].

Il nous reste à compléter cet exposé du but et du mode d'emploi de l'*exemplum,* par un aperçu succinct sur le fond et la forme même de l'*exemplum,* sur sa structure, sur la façon dont il est introduit dans le texte, sur les conclusions qui, sous le nom de moralisations, y sont parfois ajoutées.

Le fond de l'*exemplum* embrasse, d'après la définition que nous en avons donnée, toute la matière narrative et descriptive du passé et du présent. Tantôt c'est l'élément narratif, tantôt l'élément descriptif qui l'emporte dans les recueils et les traités, tantôt les deux y sont réunis à dose égale. Cependant, quoiqu'il en soit, celle matière se répartit en deux classes : l'une comprenant la description de la nature, des phénomènes célestes et terrestres, des propriétés des pierres, des plantes et des animaux, l'autre comprenant celle de l'activité des êtres animés. Cette dernière se traduit par le conte des animaux et la fable pour les animaux ou par le récit ou l'anecdote proprement dite et ayant pour acteurs Dieu, la Vierge, l'homme et le diable. Et parmi ceux-ci, c'est l'homme qui est le plus représenté par les

rament que ces historiettes, ces anecdotes de toute sorte, surtout celles qui présentaient des faits d'actualité, que le prédicateur ambulant était seul à même de connaître. Il est plus que probable que celles-ci relatant tantôt un fait qui venait de se passer en Orient, tantôt un miracle opéré par quelque saint, tantôt un prodige quelconque, tantôt un trait de la chronique scandaleuse, ont dû avoir un grand succès auprès des auditoires crédules.

24. V. *infra,* le prologue du *Promptuarium exemplorum* et celui du *Speculum exemplorum.*

25. V. *infra,* le chapitre : *L'exemplum dans les chroniques et les traités d'édification, d'instruction et de morale.*

différents types sociaux et notamment par ceux que fournit le monde ecclésiastique : évêques, prêtres, moines, clercs, ermites.

En ce qui concerne la forme, il faut avouer qu'elle n'offre rien de compliqué dans la diversité des types qu'elle affecte et qui reviennent toujours les mêmes dans les sermonnaires, les recueils d'*exempla* et les traités. Chaque *exemplum* constitue un tout par lui-même et varie dans sa longueur d'après l'importance même du sujet. Parfois, il est à peine esquissé en trois ou quatre lignes, les détails de son développement étant laissés à l'initiative du prédicateur. D'autrefois, c'est un dit d'un personnage célèbre de l'antiquité profane ou du monde religieux et il embrasse tout au plus quatre à sept lignes. Le plus souvent, et c'est le cas de l'*exemplum* normalement développé, il varie entre huit et vingt lignes. Il arrive aussi qu'il affecte un développement qui varie entre vingt et quarante lignes et même au delà et alors on a affaire à une forme spéciale d'*exemplum*, où l'auteur, substituant le rôle de conteur à celui du moraliste, cherche plutôt à intéresser qu'à instruire et moraliser son auditoire ou ses lecteurs.

Quelle que soit néanmoins la forme de l'*exemplum*, celui-ci n'a sa raison d'être, avec ses parties constitutives, que pour servir de preuve à l'appui d'un exposé théologique, moral ou didactique. Et cela est surtout vrai de l'*exemplum* encadré dans le sermon ou dans un traité quelconque, où par sa structure même et par les différents détails qu'il renferme, il est en relation étroite avec l'exposé doctrinal qui précède et dont il soutient sous une forme palpable les différentes conclusions. Du reste, d'après la façon même dont il est introduit, on peut juger de la forme qu'il va affecter. Tantôt sa formule d'introduction se réduit tout au plus à une simple expression du genre de celles de *sic, igitur, ita...* alors le récit affecte une forme simple et il est destiné à faire ressortir un point de doctrine spécial ou général, sans pourtant que l'auteur ait l'intention d'y insister d'une façon particulière. Tantôt, au contraire, celle-ci présente une mise en scène spéciale. Il semble alors que l'auteur, prédicateur, moraliste ou professeur ait en vue d'impressionner les auditeurs ou les lecteurs et d'attirer ainsi leur attention dès le début sur le drame qu'il se propose de développer. Dans ce but, il se sert de formules d'introduction d'un genre particulier, dont, du reste, il a pu trouver des modèles dans les œuvres d'écrivains antérieurs, notamment dans celles des auteurs profanes de l'antiquité classique (Cicéron, Valère Maxime, Sénèque) ou des écrivains de la période patristique (*Vitæ Patrum*, dialogues de Grégoire le Grand) ou même des prédécesseurs immédiats. Parfois donc il commence son récit en le localisant, soit dans le temps, soit dans l'espace (à lieu et date fixes), soit dans les deux à la fois (v. spécialement Césaire de Heisterbach, Etienne de Bourbon). D'autrefois, il met en tête du récit le nom du personnage principal, dont il a souvent soin de désigner le rang social et de localiser également les faits et gestes. Dans bien des cas aussi il débute par l'indication de sa source d'information. Quand c'est une source étrangère, il s'efforce de la préciser avec plus ou moins de détails, ou bien il se contente de la formule générale de *fertur, legitur.* Quand, au contraire, lui-même a été le témoin oculaire ou auriculaire des faits qu'il rapporte, il se sert de formules telles que *sicut ego vidi, ut ego vidi, credo me audivisse, credo me vidisse,* etc... Si donc le récit débute par une formule d'introduction simple, il garde au cours de son développement cette simplicité de structure où l'auteur a surtout en vue un enseignement. Si, au contraire, il débute par une mise en scène d'un appareil oratoire circonstancié, comme dans le second cas, il reçoit au cours de son développement, toutes sortes de détails, par lesquels l'auteur cherche non seulement à fournir un enseignement, mais encore à produire une impression en modifiant, s'il le faut, certaines données de l'*exemplum* pour les adapter à son point de vue, à supposer que celui-ci provient d'une source étrangère. Rien alors n'est laissé au hasard, épithètes accolées aux substantifs, images, figures de rhétorique sont là pour produire l'effet voulu sur l'auditeur ou le lecteur en harmonie avec le sujet traité.

Il arrive aussi que l'*exemplum* est suivi de réflexions morales ou de ce qu'on était alors convenu d'appeler des moralisations. S'il s'agit de fables ou de traits tirés de l'histoire naturelle, la moralisation se réduit en général, soit à la citation d'une autorité, soit à une courte interprétation morale se rapportant à un point spécifié. S'il s'agit, au contraire, de certains autres types d'*exempla,* elle en affecte alors les différentes parties et on a affaire à des *exempla* moralisés proprement dits, dont la vogue sera surtout considérable à partir du XIVe siècle avec l'apparition des recueils d'*exempla* moralisés.

Telles sont brièvement exposées les idées sur le but et le mode d'emploi, sur le fond et la forme de l'*exemplum,* telles qu'elles ont été formulées par les théoriciens de la prédication et les compilateurs de recueils d'*exempla* et appliquées par eux dans les sermonnaires, les recueils d'*exempla* et les traités divers. Ainsi donc, d'après ce qui précède, l'*exemplum* avait un double but, soit par rapport au fidèle, soit par rapport au prédicateur. D'une part, il devait faire comprendre aux chrétiens sous une forme palpable les hautes vérités dogmatiques et morales, stimuler le zèle des bons et faciliter le retour des égarés au bon chemin ainsi que captiver l'attention des auditeurs jusqu'à la fin du sermon. D'autre part, il était destiné à faciliter la préparation du sermon, à former la grande ressource du prédicateur à bout d'inspiration et à lui permettre ainsi de se tirer habilement d'affaire en cas de controverses et de discussions soulevées par les auditeurs. Quant à son mode d'emploi, il était soumis à certaines règles, soit générales, soit particulières, qui devaient être observées par rapport à la qualité de l'auditoire, au choix de l'*exemplum,* à sa valeur intrinsèque et à son application pratique. Et pour ce qui est de son fond et sa forme, il devait embrasser toute la matière narrative et descriptive du passé et du présent et être adapté sous la forme simple dans la diversité de ses types à toutes sortes d'enseignements, afin de produire le maximum d'effet qui était, en dernier lieu, de ramener l'homme vers la pratique d'une vie plus religieuse et surtout plus morale.

CHAPITRE II.

Sources des exempla et types d'exempla.

Pour alimenter les sermons, les recueils d'*exempla,* les traités moraux et didactiques de récits variés, prédicateurs, compilateurs, moralistes et professeurs ont eu recours à toutes sortes de sources. Les uns, comme Etienne de Bourbon, Jean Gobi le jeune, ont dressé un inventaire détaillé dans les prologues qui précèdent leurs traités respectifs. les autres, comme l'auteur anonyme du *Speculum Laicorum,* Arnold de Liège dans l'*Alphabetum Narracionum* se sont contentés d'y donner des indications générales du genre de celle-ci *de sanctorum Patrum et Doctorum legendis et scriptis temporumque preteritorum ac modernorum quibusdam eventibus exemplisque naturalibus non margaritas set siliquas collegi* (v. prologue du *Speculum Laicorum*) ou encore *de diversis tamen libris diversa quedam prout mihi magis placuit extraxi* (v. prologue de l'*Alphabetum Narracionum*). Les uns et les autres cependant ont pris soin d'indiquer souvent au cours même du texte la provenance de leurs récits, soit qu'ils les aient extraits directement ou indirectement des écrits du passé ou du présent, soit qu'ils les aient empruntés à leur propre expérience ou à leurs souvenirs personnels. Nous allons donc dresser dès maintenant un inventaire aussi exact que possible de toutes les sources que nous avons rencontrées dans nos investigations, ce qui nous permettra de dégager ensuite, d'après leur classification même, les différents types d'*exempla.*

Quelles que soient les sources, elles peuvent se diviser de par leur origine en deux classes principales; l'une comprenant les monuments littéraires, soit sacrés comme la Bible, les apocryphes, les œuvres des Pères de l'Eglise et des écrivains ecclésiastiques, les productions hagiographiques, les traités de dévotion avec les récits d'apparitions, soit profanes comme les œuvres littéraires, historiques, poétiques et philosophiques de l'antiquité profane et du Moyen Age, les chroniques, les légendes, les fables, les contes d'animaux, les traités de géographie, les traités d'histoire naturelle (volucraires, bestiaires, lapidaires, herbiers), les fabliaux; l'autre comprenant les événements contemporains de l'auteur, ses souvenirs personnels et ceux de ses amis, c'est-à-dire les faits dont il a pu être le témoin oculaire et auriculaire, les coutumes et les traditions qui lui ont été transmises de vive voix [1].

Les monuments littéraires sacrés comprennent en premier lieu, les livres historiques de l'ancien et du nouveau testament. Les récits historiques ou légendaires de la Bible ont, en effet, exercé de tout temps un grand attrait sur les fidèles et ont, par suite, joui d'une vogue légitime parmi eux. Dès la seconde moitié du XIIe siècle, Pierre le Mangeur (Petrus Manducator), de Troyes (+ 1179), tout en y ajoutant des légendes profanes et des fables rabbiniques, les coordonne chronologiquement dans sa célèbre *Historia scolastica* [2] dont l'influence sera prodigieuse non seulement

1. *Cf.* la division adoptée par Lecoy de la Marche, dans son introduction au traité d'Et. de Bourbon, p. XIII, et correspondant substantiellement à la nôtre. Voici pour mémoire, celle qu'il a adoptée pour les sources des sermonnaires dans sa *Chaire française au XIIIe siècle*, p. 302-304 : « Les *exempla* employés par nos sermonnaires sont de quatre sortes. Les uns sont extraits de l'histoire ou des légendes, particulièrement des historiens de l'antiquité, des chroniques de France, des vies de saints, des livres historiques de la Bible. D'autres sont pris dans les événements contemporains, les anecdotes du domaine public ou les souvenirs de l'auteur... Les fables composent une troisième catégorie très intéressante au point de vue de l'histoire littéraire : elle embrasse presque tous les sujets traités par Esope, Phèdre et La Fontaine, beaucoup d'autres moins connus... La plupart sont empruntés uniquement au génie populaire, qui les avait enfantés et à la tradition, qui les avait consacrés; un petit nombre pourtant, semblent directement puisés chez des écrivains antiques... Le dernier genre d'exemples consiste en descriptions ou en moralités tirées de ces singuliers bestiaires si communs au Moyen Age... [comprenant] les habitudes, les qualités imaginaires ou réelles des animaux..., la nature végétale, le corps humain, les astres...

2. Migne, P. L., t. CXCVIII, col. 1054-1722. — Il existe, en effet, dans l'*Historia Scolastica,* des récits qui ne sont pas extraits des livres historiques de la Bible, mais empruntés à des légendes profanes ou même aux traditions rabbiniques, que Pierre Manducator ou Comestor a pu connaître par l'intermédiaire des rabbins troyens,

sur les prédicateurs, mais encore sur les lettres et les arts des siècles suivants. Ils auront à partir de la seconde moitié du XIIIe siècle, une vogue immense dans les masses populaires grâce au succès qu'obtiennent le *Liber de exemplis Sacre Scripture* de Nicolas de Hanapes[3] et les *Biblie pauperum*[4].

Les récits des apocryphes de l'ancien et du nouveau testament « formés du IIe au Ve siècle dans les communautés chrétiennes de l'Orient », n'ont peut-être pas exercé un attrait moindre sur l'imagination des foules[5]. Après avoir sommeillé plusieurs siècles dans les bibliothèques, ils entrent définitivement dans le domaine de la prédication avec les homélies de Blickling, comme nous l'avons vu plus haut. Ils atteignent leur plus grande diffusion dès le XIIIe siècle peut-être autant par les traductions en langues vulgaires que par les sermonnaires et les recueils d'*exempla*[6]. Ceux que nous a conservés la littérature parénétique, sont tirés du livre apocryphe d'Esdras, de l'évangile de l'enfance ou des Nazaréens, de l'évangile de Nicodème ou du *Liber in gestis Salvatoris,* des actes de Pilate, de l'*Itinerarium Clementis,* des épitres de saint Jean et saint Ignace à la Sainte Vierge, de l'épitre de la Sainte Vierge à saint Ignace, de l'épitre de saint Ignace à saint Jean, de la lettre du roi Abgar à Jésus et du rescrit de Jésus, de l'*Historia apocryphi Titi et Vespasiani.*

Puis ce sont, pour la période patristique, les œuvres des Pères et des écrivains ecclésiastiques, dont quelques-unes nous sont déjà connues par les études précédentes et dont voici la liste complète avec les noms d'auteur, à savoir : le Pseudo-Denis (*In quadam epistola*), Lactance (325) (*In libro institutionum*), Eusèbe de Césarée (338) (*Chronica,*

qui se trouvaient alors à la tête d'une importante communauté juive dans cette ville aux foires célèbres; v. à ce sujet P. Perdrizet, *Le Speculum humanæ Salvationis* (Paris, 1908), p. 89-90.

3. V. *infra,* l'étude consacrée à ce recueil d'*exempla.*

4. V. *Hist. Litt.,* t. XXXI, p. 218-246 : *Bibles historiées et allégorisées* (article de L. Delisle).

5. V. Bardenhewer (O.), *op. cit.,* t. I, p. 365-481.

6. V. Gaston Paris, *La Littérature française au Moyen Age* (Paris, 19145), p. 221-224.

Historia ecclesiastica), saint Athanase (373) (*Ecrits*), saint Basile (379) (*Hexameron*), saint Grégoire de Naziance (390) (*Apologétique* traduite par Rufin, *Lettres*), saint Ambroise (397) (*Hexameron, De obitu Valentiniani consolatio* (tractatus), *De virginibus ad Marcellinam sororem suam libri tres,* et peut-être la traduction du *De bello judaico* de Josèphe sous le nom d'Hégésippe, *De cladibus Judæorum*) [7], saint Jean Chrysostome (407) (*Homélies*), saint Jérôme (420) (*Contra Jovinianum, chronique traduite d'Eusèbe*), Heraclides (début du IVe siècle) (*Paradisus*), Rufin (410) (*Historia ecclesiastica* traduite d'Eusèbe, *Vitæ Patrum, Ad Valerium*), Palladius (420) (*Historia Lausiaca* dédiée à Lausos, gouverneur impérial), Cassien (429) (*De collationibus Patrum*), saint Augustin (430) (*Sermones, De pœnitentia, Contra Manichæos, De moribus Manichæorum, De heresibus, Super psalmos, In libro de symbolo, In libro de cura pro mortuis, De civitate Dei, Confessions*), Orose (418) (*Chronica*), Socrate (439) (*Historia ecclesiastica*), Sulpice Sévère (425 ?) (*Historia ecclesiastica, Vita sancti Martini, Dialogues*), Alexander monachus (540) (*De inventione sanctæ crucis*), Fulgence (550) (*Mythologiarum libri tres Virgiliana continentia*), Théopompe (*Ecrits*), saint Avit (518) (*Sermo de rogationibus*), Cassiodore (565) (*Historia tripartita* extraite de Socrate, Sozomène et Théodoret), Grégoire le Grand (604) (*Vie, Homélies, Dialogues, Registrum, Moralia, De cura pastorali, De cura animarum*). — Pour le Moyen Age : Isidore de Séville (636) (*De etymologiis, De summo bono, De natura rerum*), Aldhelme de Malmesbury (709) (*De laudibus virginitatis*), Bède (735) (*Homélies, Libellus de septem mirabilibus mundi ?*), Alcuin (804) (*Ecrits*), Smaragde (819) (*Homélies, Diadema monachorum*), Raban Maur (856) (*Sermons, Sermo de laude sanctæ crucis, De universo*), Eudes de Cluny (942) (*Collationum libri tres*), saint Pierre Damien (1072) (*Œuvres*), saint Anselme (1109) (*Liber de similitudinibus, In meditationibus*), Abélard (1142) (*Sermons*), Honorius d'Autun (1152) (*Speculum ecclesiae,*

7. V. W. Teuffel, *Histoire de la Littérature romaine* (Paris, 1883) (trad.), t. III, p. 193.

Imago mundi (ce dernier attribué parfois par erreur à saint Anselme), Hugues de Saint-Victor (1142) (*Didascalon, De sacramentis, De bestis et aliis rebus ?*), Richard de Saint-Victor (1173) (*Ecrits*), saint Bernard (1153) (*Sermons, Médidations, Lettres à Eugène III, à Henri de Cologne, Contre l'Eglise de Lyon*), Gilbert de la Porée (1154) (*Ecrits*), Jean de Salisbury (1180) (*Polycraticus*), Pierre Lombard (1160) (« *magister in sententiis* »), Pierre le Chantre (1197) (*Verbum abbreviatum, De sacramentis legalibus*), Maurice de Sully (1196) (*Sermons*), Jean Beleth (1198) (*Summa de divinis officiis* ou *Rationale divinorum officiorum*), Pierre de Blois (1202) (*Lettres*), Alain de Lille (1202) (*Anticlaudianus, Sermons*), Hugucio (1212) (*Summa*), Walter Map (1216) (*De nugis curialium*), Innocent III (1216) (*Decretales, De conditione humanæ miseriæ*), Alexandre Nequam (1217) (*In sermone, In scintillario poetarum, De naturis rerum*), Giraud de Barri (1220) (*Gemma ecclesiastica*), Nicolas de Flavigny (1235) (*Sermons*), Jean Algrin d'Abbeville (1237) (*Sermons*) Hélinand (1237) (*Sermons, Traités*), Jourdain de Saxe (1236) (*Sermons*), Jean de la Rochelle (1245) (*Sermons*), Alexandre de Halès (1245) (*Ecrits*), Guillaume d'Auvergne (1249) (*Sermons, De universo*), Robert Grossetête (1253) (*Ecrits*), Guibert de Tournai (1270) (*Sermons, Traités*), Albertano de Brescia (1270) (*Liber consolationis et concilii* (c. en 1246), *Melibée et Prudence*, traduit en français par Renaut de Louhans en 1336), Eudes de Chateauroux (1273) (*Sermons*), Guillaume Peraud (1275) (*Summa virtutum et vitiorum*), saint Thomas d'Aquin (1274) (*Ecrits*), Johannes Januensis de Balbis (1298) (*Catholicon*, c. vers 1286), Guillaume Durand (1295) (*Rationale divinorum officiorum*), Guillaume le Breton (1285) (*Ecrits*), Henri de Herford (1370) (*De rebus memoralibus*), Ludolphe le Chartreux (1378) (*Vita Jesu, Speculum humanæ Salvationis*), Jean de Bargo (1386) (*De pupilla oculi*, tiré en grande partie du traité *Oculus sacerdotis* de Guillaume de Pagula, 1350), Walter Hilton (1395) (*Ecrits*), Robert Waldeby (1398) (*Super symbolum*), Johannes Scoemhia prior in viridi valle (1431) (*Ecrits*), Philippe Repington (1434) (*Super evangelia*), Jacques de Juterbogh ou de Junterbock ou du Paradis, monastère en Pologne (1465-66) (*De peccatis mentalibus, De apparitionibus animarum*), Robert de Licio (1495) (*Quadragesimale*). — Auteurs non identifiés : Wynkelegh (*De descriptione et origine vitiorum*), Richillus de Aquila (*Ecrits*), Richard l'Archidiacre (*Sermons*), Alexander Andomenie (?) (*Postillae*), Notyngham (*Ecrits*), Gilles d'Assise (*In aureis verbis*), Zacharia (*Commentarium super apocalypsim*). — Traités anonymes : *Expositio super missam, In libro quodam artis magice, Liber de singularitate clericorum* (Pseudo-Cyprien) attribue parfois à saint Bernard, *Liber de institutione scripturarum, In quadam glossa hebrea, Liber de spiritu et anima, Liber de requie mentis.* — A tous ceux-ci, il y a lieu d'ajouter les nombreux traités qui feront l'objet de notre étude au cours du travail et qui, comme nous le verrons, sont devenus, à leur tour, les sources de traités postérieurs.

Viennent ensuite les productions hagiographiques ou les *Acta Sanctorum,* dont le domaine n'a cessé de s'étendre considérablement avec le temps et d'envahir même les différents genres littéraires. Elles comprennent non seulement les récits et les légendes tirées des écrits des premiers siècles et de la période patristique cités plus haut, mais encore ceux de l'époque mérovingienne et carolingienne et même d'une époque plus récente sous forme de vies de saints individuelles, de martyrologes, de passionnaires ou de légendiers [8].

8. V. D.-H. Quentin, *Les martyrologes historiques du Moyen Age* (Paris, 1908). — *Acta Sanctorum* (J. Bolland) (Anvers, 1643), t. I et sq. — A. Poncelet, *Introd. au légendier de Pierre Calo,* dans *Analecta Boll,* t. XXIX (1910), p. 5-39. — Parmi les vies de saints, dont de nombreux fragments sont reproduits dans les sermonnaires, les recueils d'*exempla* et les légendiers abrégés, qui voient le jour à partir du XIIIe siècle, nous nous contentons de mentionner celles qui ont trait aux personnages, dont les noms suivent, à savoir : les apôtres, les martyrs, les saints des *Vitæ Patrum* et des dialogues de Grégoire le Grand, et plus spécialement pour les saints orientaux : saint Jean l'aumônier et saint Nicolas; pour les saints occidentaux de l'époque mérovingienne: saint Brendan, saint Kentigern, saint Ouen, saint Prix, saint Audemar, saint Fursy, saint Germain de Paris, saint Germain d'Auxerre, saint Rémi, saint Martin, saint Godric, saint Laumer, saint Olaf, saint Oswald, saint Vaast, saint Génébald, saint Gangulfe et pour les saints plus récents : saint Guillaume, saint François,

On peut faire rentrer dans le même cadre les miracles de Notre-Dame, dont le culte n'a fait que se développer avec les siècles. Il est certain que, même abstraction faite des récits des apocryphes, les légendes ou miracles qui exaltent les grandeurs de Marie, remontent à une haute antiquité dans l'Occident chrétien [9].

Grégoire de Tours semble avoir été le premier à consigner par écrit ce genre de récits qui circulaient sans doute déjà avant lui dans les Gaules. Ses *Libri miraculum* en contiennent jusqu'à huit [10]. Après lui, on rencontre çà et là quelques miracles dans les œuvres des écrivains ecclésiastiques, comme dans les dialogues de Grégoire le Grand [11], dans les écrits d'Adammon, abbé de Yona (704) [12], d'Hatton, abbé de Reichenau (836) [13], de Paschase Radbert (865) [14], d'Aefric (996) [15], de Fulbert de Chartres (1028) [16], de Pierre Damien (1072) [17], de Radbod II, évêque de Soissons (1078) [18]. Dès le XIe siècle cependant et surtout à partir du XIIe siècle, il se forme des recueils de miracles à

saint Dominique, saint Edmond de Cantorbéry, sainte Marie d'Oignies, sainte Elisabeth de Hongrie, sainte Claire.

9. V. Ad. MUSSAFIA, *Studien zu den mittelalterischen Marienlegenden* dans les *Sitzungsberichte der k. k. Akademie der Wissenschaften zu Wien, Philo-Hist. Klasse*, t. 113 (1887), t. 115 (1888), t. 119 (1889), t. 123 (1891), t. 129 (1898); L.-D. WARD, *Catalogue of Romances* (London, 1893), t. II, p. 586 et sq.; *Analecta Bollandiana*, t. XXI (1902), p. 241-360 : *Index des Incipit miraculorum*, B. M. V. (article H. Poncelet); E. ALBE, *Les miracles de N.-D. de Rocamadour* (Paris, 1907); HERBERT, *Catalogue of Romances* (London, 1911), t. III; les éditions de recueils d'*exempla publiés;* G. PARIS, *op. cit.*, p. 225-229.

10. *SS. rer. merov.*, t. I (1883) édit. Krusch (B.) : Lib. I, cap. 8, p. 493; cap. 9, p. 494; cap. 10, p. 495; cap. 10a, p. 495; cap. 11, p. 495; cap. 18, p. 499; cap. 19, p. 500; cap. 22, p. 501.

11. Migne, P. L., t. LXXVII, col. 348, 382 (Lib. IV, cap. 17, 36).

12. Migne, P. L., t. LXXXVIII, col. 813 (Lib. III, cap. V, *De locis sanctis*).

13. Migne, P. L., t. CV, col. 771-80 (*Visio Wetini*).

14. Migne, P. L., t. CXX, col. 1298 (*Liber de corpore et sanguine Domini*).

15. MOSHER, *op. cit.*, p. 31.

16. Migne, P. L., t. CXLI, col. 328; v. *supra*.

17. Migne, P. L., t. CXLIV, col. 422 (Epist. Lib. VI, 30); t. CXLV, col. 564 (*De bono suffragiorum*, cap. 3); col. 586 (*De variis apparitionibus*, cap. 4).

18. Migne, P. L., t. CL, col. 1531 (*Sermo de annunciatione*).

caractère local ou général, en France (Coutances, Laon, Soissons, Rocamadour, Chartres, Saint-Pierre-sur-Dive) [19], en Angleterre (v. Guillaume de Malmesbury) [20], et en Allemagne (v. Pez) [21]. Peu à peu, ils se répandent partout, soit qu'on les transcrive simplement, soit qu'on y ajoute de nouvelles légendes.

Mussafia et Ward dans leurs études sur les miracles de la Vierge ont signalé et étudié la plupart des recueils du XIIe siècle en concluant que certains d'entre eux n'étaient en partie que des copies remaniées et amplifiées des recueils du siècle précédent.

La faveur dont ces récits jouissaient auprès du public dévot de ce temps et des siècles suivants est abondamment prouvée par leur diffusion même, par la place qu'ils occupent dans les récits des écrivains bénédictins, cisterciens et autres comme dans ceux de saint Anselme (1109) [22], de Sigebert de Gembloux (1112) [23], de Guibert de Nogent (1124) [24], de Gautier de Cluny (1141) [25], d'Honorius d'Autun (1152) [26], du Pseudo-Anselme [27], de Pierre le Vénérable de Cluny (1156) [28], d'Herbert de Torrès (1279) [29], de Conrad d'Eberbach (début du XIII siècle) [30], d'Hélinand (1220) [31], de Césaire de Heisterbach (1240) [32], et plus spécialement dans les recueils d'*exempla* ainsi que par la formation de

19. WARD, *op. cit.*, p. 589.
20. *Ibid.*, p. 592.
21. *Ibid.*, p. 589.
22. Migne, P. L., t. CLVIII, col. 946 (*Oratio XLIX*).
23. Migne, P. L., t. CLX, col. 145 (*Chronica*).
24. Migne, P. L., t. CLVI, col. 564 (*De laude sanctæ Mariæ,* cap. 10); col. 568 (*ibid.*, cap. 11); col. 573 (*ibid.*, cap. 11); col. 617 (*De pignoribus sanctorum,* Lib. I, cap. 2); col. 953 (*De vita sua,* Lib. III, cap. 18); col. 955 (*ibid.*, cap. 19).
25. Migne, P. L., t. CLXXIII, col. 1379-86 (*De miraculis B. M. V.* .
26. Migne, P. L., t. CLXXII, col. 852, 992, 1001 (*Spec. Eccl.*).
27. Migne, P. L., t. CLIX, col. 320-26 (*Tractatus et sermo de conceptione de B. M. V.*), col. 337.
28. Migne, P. L., t. CLXXXIX, col. 946-51.
29. Migne, P. L., t. CLXXXV, col. 1062, 1077, 1091, 1129, 1161.
30. Migne, P. L., t. CLXXXV, col. 1275, 1365.
31. Migne P. L., t. CCXII, col. 1009-1015 (miracles de N.-D. de Laon), col. 1030-1032 (miracles de N.-D. de Soissons), col. 1059 (miracles de N.-D. de Rocamadour).
32. V. *infra.*

nouvelles compilations comme du *Mariale Magnum* utilisé par Vincent de Beauvais (1264) dans son *Speculum Historiale* [33].

Si on y ajoute la quantité considérable des panégyriques de Marie, où presque toujours un ou plusieurs de ses hauts faits sont racontés ainsi que la traduction en langues vulgaires de récits isolés ou de recueils comme ceux de Salisbury (Adgar) [34], de Laon-Soissons [35], de Chartres [36], de Lyon [37], on peut se faire une idée approximative de l'immense popularité de ces miracles.

Il n'en est pas autrement des miracles eucharistiques qui, quoique à un degré moindre, ont eu le même processus de développement que ceux de la Vierge. Les premiers remontent aux *Vitæ Patrum* [38] et aux *Libri Miraculorum* [39] de Grégoire de Tours. Dans la suite, Paschase Radbert dans son *Liber de corpore et sanguine Christi* [40] et Pierre Damien dans ses opuscules [41] leur donnent une plus large extension. Au XIIe siècle, grâce à l'impulsion donnée par les monastères bénédictins et cisterciens au culte eucharistique, les mêmes écrivains que nous venons de voir exalter les prodiges de Marie [42], s'en font les grands propagateurs, en insérant dans leurs traités, nombre de nouveaux miracles eucharistiques qui, à leur tour, seront largement exploités, avec des apports nouveaux, par les prédicateurs, les moralistes

33. V. édit. Strasbourg, 1473. t. IV, Lib. VII, cap. 81-120.

34. Ward, *op. cit.*, p. 592.

35. V. Gautier de Coincy (1236), *Miracles de la Sainte Vierge* (édit. abbé Poquet, Paris, 1857).

36. V. G. Paris, *op. cit.*, p. 227-28, sur Jean le Marchand, le compilateur des miracles de Notre-Dame de Chartres (1262).

37. *Ibid.*, p. 228, avec bibliographie à l'appendice.

38. Migne, P. L., t. LXXIII, col. 301, 978, 991; t. LXXIV, col. 158, 162.

39. *SS. rer. merov.*, t. I, édit. cit., pp. 494, 545, 546.

40. Migne, P. L., t. CXX, col. 1267-1349.

41. Migne, P. L., t. CXLV, col. 712.

42. A savoir, Guibert de Nogent, v. Migne, P. L., t. CLVI, col. 616; Pierre le Vénérable, Migne, P. L., t. CLXXXIX, col. 865, etc.; Herbert de Torrès, Migne, P. L., t. CLXXXV, col. 1277, 1296, 1297, 1298, 1299, 1316, 1328, 1361, 1356, 1369, 1370, 1371, 1373, 1374; Conrad d'Eberbach, Migne, P. L., t. CLXXXV, col. 995; Césaire de Heisterbach, v. *infra.*

et les compilateurs de recueils d'*exempla* [43] des siècles suivants.

Une autre source qui fait également partie du domaine des récits dévots et qui a, pour ainsi dire, servi en tout temps à alimenter la parole sacrée et qui sera surtout mise à contribution dans les recueils d'*exempla*, est constituée par des récits de visions et de voyages dans l'autre monde. Ce procédé littéraire qui rappelle la prosopée des auteurs de l'antiquité classique a été, en effet, en honneur pendant tout le haut Moyen Age dans les œuvres des écrivains ecclésiastiques. Il n'existe pas moins d'une trentaine de récits curieux à ce sujet dans les traités, les chroniques et les vies de saints jusqu'au milieu du XIIe siècle [44]. Son emploi dans la chaire chrétienne remonte à saint Augustin [45] et Grégoire le Grand [46], qui en ont fait un certain usage dans les sermons et les homélies. Dans la suite, des prédicateurs, ainsi que nous l'avons vu précédemment, ne se sont pas fait faute de recourir à ce procédé favori pour étayer leurs exhortations [47]. A partir de la seconde moitié du XIIe siècle, ce dernier occupera une place prépondérante dans les grands traités d'édification et de mystique. Outre ceux déjà cités de Pierre le Vénérable, d'Herbert de Torrès; de Conrad d'Eberbach, il y a lieu de mentionner ici les *Visionum ac*

43. V. *infra*, ces traités et ces recueils.

44. V. Fritsche (C.), *Die lateinischen Visionen des Mittelalters bis zur Mitte des XII. Jahrhunderts, ein Beitrag zur Kulturgeschichte* (*des Mittelalters*) dans *Romanische Forschungen* (Erlangen, 1886-87), t. II, p. 247-279; t. III, p. 337-369. L'auteur conclut en ces termes, t. III, p. 369 : « Die Beliebtheit solcher Visionen war sehr gross. Dies bezeigt besonders ihre grosse Fülle, die von Jahrhundert zu Jahrhundert zunimmt. Der Eindruck derselben mag bei dem gläubigen Volke ein bedeutender gewesen sein. Besonders wird die Beschreibung der Höllenstrafen, deren sinnliche Ausmalung immer beliebter wurde, auf den gewöhnlichen Mann gewirkt haben. Die Visionem bilden daher eine ergiebige Quelle für dis Erkenntnisse des mittelalterischen Denkens und Glaubens. Sie bieten daher einen Einblick in einen höchst eigenthümlichen Gedankenkreis jener Zeiten und dürfen daher in einer Kulturgeschichte des Mittelalters nicht unbeachtet bleiben. »

45. Migne, P. L., t. XXXVIII, col. 1409-10.

46. Migne, P. L., t. LXXVI, col. 1022-23.

47. V. *supra*, p. ex. Eudes de Cluny, Migne, P. L., t. CXXXIII, col. 606; Honorius d'Autun, Migne, P. L., t. CLXXII, col. 867, 897.

revelationum libri tres [48] de sainte Hildegarde (1179), les *Miracula sancti Volquini* (1179) [49], le *Liber visionum Ascelinæ* (1195) [50], le *Liber visionis Othlonis monachi Sancti Emeranciani* [51] (1201), ainsi que certains longs récits prenant la forme de petits traités de visions devenus célèbres dans la suite, comme la vision du guerrier irlandais, Tungdal (1149) [52], la vision du chevalier Owen ou le purgatoire de saint Patrice (1153) [53], la vision du moine d'Eynsham (1196) [54], la vision de Thurkill (1206) [55], dont le fond se rattache à des légendes celtiques.

Il est à noter également que pendant la même période, des chroniqueurs, des hagiographes et divers écrivains, pour donner plus de relief et de coloris à leurs personnages ou à leurs exposés, n'ont pas trouvé mieux que de recourir au même procédé, tellement celui-ci s'était alors généralisé.

Quels que soient le fond et la forme de ces récits de visions ou de voyages dans l'autre monde, l'auteur y met en scène les représentants qualifiés des différentes conditions sociales et fait tenir à chacun le langage conforme à la position sociale qu'il a occupée sur terre, en cherchant à démontrer dans un but moralisateur que tous les méfaits commis ici-bas seront châtiés dans l'au-delà et qu'au contraire toutes les bonnes actions y recevront la juste récompense. Au XIIIe siècle, ce procédé se généralisera encore davantage dans la prédication. Les orateurs de la chaire et les compilateurs de recueils d'*exempla* puiseront non seulement quantité de leurs récits de visions et d'apparitions dans les écrits ci-dessus mentionnés, mais ils en imagineront encore d'autres, en y faisant entrer des personnages

48. Migne, P. L., t. CXCVII, col. 383-738.

49. Winter (F.), *Die Cisterzienser des nordöstlichen Deutschlands bis zum Auftreten der Bettlenorden* (Gotha, 1868-71, 3 vol.), t. I, p. 368-395.

50. Henriquez, *Lilia cisterci* (1633), t. II, p. 84-121.

51. Migne, P. L., t. CXLVI, col. 343-388 (32 visions et exempla).

52. Ward, *op. cit.*, p. 416-434.

53. *Ibid.*, p. 435-492.

54. *Ibid.*, p. 492-505.

55. *Ibid.*, p. 505-515.

historiques. Au XIVe et au XVe siècle on composera même de petits traités spéciaux sur ce sujet [56].

La littérature en langues vulgaires recourra elle-même de bonne heure au même procédé. Ce ne seront d'abord, il est vrai, que des traductions, des visions précédentes [57]. Mais dès le début du XIVe siècle, les visions, les songes ou les pèlerinages dans l'autre monde, comme la *Divina Comedia* de Dante (écrite après 1313) [58], les *Trois Pèlerinages* de Guillaume de Digulleville (composés en 1330-32 et 1358) [59] entreront sous une forme originale dans le domaine du genre didactique, alimenteront la chaire et resteront en faveur auprès du grand public bien au delà de l'époque de la Renaissance.

Les monuments littéraires profanes comprennent les œuvres historiques, poétiques et philosophiques de l'anti-

56. Qu'il nous suffise de mentionner ici : *Le Liber sermonum* (1301) dans *B. N.*, ms. lat. 2592 ff. 62-72v (XVe s.), analysé dans l'*Hist. Litt.*, t. XXX, p. 389-397; le *Tractatus de Spiritu Guidonis* (v. *infra*, notre chapitre sur la *Scala Celi* de Jean Gobi); les *Visiones fratris Johannis de Rupecissa ordinis fratrum Minorum* dans *B. N.*, ms. lat. 3598 ff. 1-44 (XVe s.), avec l'*explicit* suivant, f. 44 : « In romana curia in avinione in carcere domini pape Clementis VI° [1342-52] pontificatus sui anno octavo, qui carcer vocatur carcer soldani anno ab incarnacione domini nostri J. C. M°CCC°XLIX° in mense novembris in die sancti martini ad gloriam Dei amen » (*cf.* Ecole des chartes, Positions des thèses, 1925, p. 79-94 : Jean de Roquetaillade, moine franciscain du XIVe siècle, sa vie et ses œuvres, par Mlle Jeanne Odier); le *Tractatus de apparitionibus et receptaculis animarum exutarum corporibus* de Jacques de Cluse (d'Insterburg, de Juterbogh, de Junterbock) (1565-66) (édit. Cologne, 1496; *B. N.*, Inv. Rés. D. 8203), analysé par Hauréau (B.), dans les *Not. et Extr. de qq. mss. lat. de la B. N.*, t. II, p. 328-344; le *Tractatus de anime rationalis immortalitate et statu ejus post mortem variis sententiis philosophorum et doctorum theologorum et egregiis refertissimus contra diversos occurrentes scrupulos* de maître Guillaume Houppelande (1492) (même édition), etc.

57. Ward, *op. cit.*, t. II, pp. 516-57, 558-70, 571-79, 580-85; G. Paris, *op. cit.*, p. 236, 253.

58. Dante, *La divina comedia* (édit. Berthier (J.), Fribourg, 1892, 3 vol.).

59. Paris (G.), *op. cit.*, p. 253, avec la bibliographie à l'appendice. — La faveur dont ces visions et ces pèlerinages jouissaient auprès du grand public, est témoignée par les éditions imprimées, qui se sont succédé à partir du XVe jusqu'au XVIIIe siècle; v. à ce sujet le *Güldner Himmels-Schlüssel* (édit. Einsidlen, 1748), où sont reproduits en allemand le voyage de Brendan, la vision de Tungdal et le purgatoire de saint Patrice.

quité classique et du Moyen Age. Tantôt ils sont indiqués avec le nom de l'auteur et le titre, tantôt le nom de l'auteur seul est mentionné, tantôt aussi le titre seul est cité, et cela, parce qu'on les connaissait, soit directement, soit indirectement à travers les écrits patristiques ou autres.

Ceux de la première catégorie sont : Esope (*Fables*), Platon (*Timée*), Aristote, parfois avec le titre seul de *philosophus* (*In poetria, In libro de problematibus, In libro de animalibus, In libro de commixtione elementorum, Epistola ad Alexandrum ?*), Xenophon (*In Cyropedia*), Théophraste (*De parte sensitiva, De eventibus in natura, In breviario domini Aristotelis*), Satirus (*Illustrium virorum historia*), Cicéron (*Tullius*) (*De oratore, De legibus, De natura deorum, De officiis, Rhetorica, In prologo rhetoricæ, Verrines Tusculanes*), Horace (*Satires*), Tite Live (*Historia Romanorum*), Virgile (*Enéide, Georgiques*), Ovide (*Métamorphoses, De arte amandi, Epistola ex Ponte*), Trogue Pompée (*Historiæ Philippicæ*), Valère Maxime (*Factorum et dictorum memorabilium libri novem*), Velleius Paterculus (*Historia romana*), Quinte Curce (*Historia Alexandri*), Sénèque le rhéteur (*Controversiæ et Declamationes : Suasoriæ et Controversiæ*), Sénèque le philosophe (*De tranquillitate animi, De clementia principis, De constantia, De beneficiis, De elemosina, Epistolæ, Tragœdiæ, Questiones naturales, De quatuor virtutibus*, ce dernier traité est, en réalité, l'œuvre de Martin de Braga (580), citée souvent sous le titre de *Formula honestæ vitæ* ou *De quatuor virtutibus cardinalibus*), Pline l'ancien (*Historia naturalis*), Flavius (*Flaccus*) (*In gestis Grecorum*) ou Flaccianus (*De Gestis Grecorum*), probablement Valerius Flaccus (*Argonautica*), Vitruve (*De architectura*), Lucain (*Pharsale*), Juvenal (*Satires*), Martial (*Epigrammes*), Quintilien (*Institutio oratoria*), Justin (*Historia*, abrégé de l'histoire universelle), Suètone (*In vita XII Cæsarum*), Aulu-Gèle (*Agellius*) (*Noctes atticæ*), Pétrone (*Satiricon*), Sextus Julius Frontinus, parfois sous le nom de Sextus Francius ou de Julius Africanus (*Stratagemata*), Flavius Josèphe (*De bello judaico, Antiquitates judaicæ*), Hégésippe (*De cladibus Judæorum*), Solin (*De mirabilibus mundi*), Florus (*Historia romana*), Apulée (*De vita et mori-*

bus Platonis ou de dogmate Platonis), Fronton (*De bello parthico*), Diogène Laërte (*De clarorum philosophorum vitis*), Macrobe (*In sompnium Scipionis, Expositio in Saturnalibus*), Eutrope (*Breviarium ab urbe condita*), Végèce (*De re militari*), Julius Valerius (le faux Callisthène), Theodosius : Theodoricus (*De vita Alexandri*), Palladius (*De vita Bragmanorum*), Palladius (*Liber de proverbiis philosophorum*), Priodicéarque (*In libro de descripcione Grecie, In libro antiquitatum*), Ammien Marcellin (*Historia Romanorum*), Constantinus (*In libro quem fecit de oculo ?*), Ascolapius (*In libro de aliquibus virtutibus*), Philarète (*Tractatus de natura liquidorum*), Marcianus Capella (*De nupciis Mercurii et Philologie*), Boèce (*De consolatione Philosophiæ*), Alegius (*In libro documentorum*), Rémi d'Auxerre (*In libro de nupciis M. et Ph.* paraphrase du poème de M. Capella), Geoffroi de Winchester (*Liber proverbiorum*), Guillaume de Conches (*Liber moralium dogmatis philosophorum* ou *Liber de proverbiis* ou *Liber de proverbiis philosophorum*), Gautier de Chatillon (*Alexandreide*), Bernard Silvestre (*De megacosmo, de microcosmo metrice*), Johannes Hispalensis (*Secretum Secretorum*), Ricardus (*De excepcionibus*).

Les noms d'auteurs ou de soi-disant auteurs, plus spécialement mentionnés dans les traités moraux et didactiques, sont : Socrate, Hippocrate, Epicure, Euripide, Eubolus (Theobolus), Xenocrate, Viceanthus ?, Cerhemon ?, Pythagore, Diogène, Zénon, Démocrite, Antithène, Amphiloque, Appollonius, Heraclius, Crisantos, Héraclides, Palémon, Alexandre Thémistius, Leucippe, Calcidius, Archita Tharentinus (Architerentinus), Centobius, Anaximène, Anaximandre, Anaxagoras, Parmenide, Empedocle, Melissus, Ephenus, Loxus, Hermogène, Ptolémée, Zénon, Ebermenus, Eunodius, Amphitès, Dionysus, Eventius, Dioscorides, Thérémon, Proxidas, Eustracius, Salluste, Julius Celsus, Marcien, Symmaque, Lucius, Simplicius, Belinus, Antonius, Sextus Pythagoricus, Publius Celsus, Cecilius Balbus, Fontinus, Pandulphus, Apollonius, Tibulle, Théophile, Plutarque, Emilius Probus, Octavien, Marcien, Papias, Varron, Térence, Galien, Hermès Trismégiste, Priscien, Platearius.

Les titres des écrits anonymes sont : *Epistola Adriana, Historia troiana, Vita philosophi Secundi, Pamphile et Galatée.*

A cette liste on peut ajouter les noms des auteurs juifs et arabes, qu'on rencontre çà et là dans les traités, à savoir : Aaron, Avempice, Avicebron, Ibn Gabirol, Alphora, Rasis, Ishak, Gamaliel (*In historia*), Mesne, Moyses, Alkorah, Alkabitius, Alagazel, Avicenne (*In libro de animalibus*), Averroès (*De morte*) [60].

Puis ce sont les chroniques, tantôt avec nom d'auteur, tantôt anonymes, à savoir : Gildas (*In gestis Britonum : De excidio Britanniae liber querulus* (560-80), Grégoire le Tours (*Historia ou Gesta Francorum*), Bède (*In gestis Anglorum : Historia ecclesiastica gentis Anglorum*), Paul Diacre (800) (*Historia Longobardorum*), Adon, archevêque de Vienne (874) (*Chronica*), Réginon (915) (*Chronicon*), Dietmar (1019) (*Itinerarium*), Sigebert de Gembloux (*Chronicon: Chronographia*), Hugues de Fleury (1124) (*Historia Francorum*), Pseudo-Turpin (*Historia Karoli magni : Historia runcevallis,* suivie parfois des *Miracula Sancti Jacobi*), Hugues de Saint-Victor (1141) (*Chronica*), Guillaume de Malmesbury (1142) (*De Gestis Regum Anglorum*), Geoffrey de Monmouth (1154) (*Historia Britonum, prophetia Merlini*), Henri de Huntington (1155) (*Historia Anglorum*), Godefroi de Viterbe (1185) (*Pantheon, Chronica*), Giraud de Barri (*Gerardus*) (1220) (*Itinerarium Cambriæ*), Hélinand (1220) (*Chronica*), Olivier le scolastique (1227) (*Historia Damiatina*), Jacques de Vitry (1240) (*Historia transmarina*), Jean de Mailly (1250 ?) (*Chronica universalis*), Mathieu de Paris (1259) (*Chronica, Historia Anglorum*), Martin le Polonais (1278) (*Chronicon Pontificum et Imperatorum*), Ranulphe Higden (1363) (*Polychronicon*), Gobelinus (1358-14?) (*Chronica: Cosmodromium*), Guillaume d'Evange (?) (*Chronica*), Remigius (?) ou Romulus (?) (*In annalibus Judeorum*), Thimothée (?) (*historiographe*), Gerland, chanoine de Be-

60. Sur les écrivains arabes, v. F. WÜSTENFELD, *Die Uebersetzungen arabischer Werke*, dans *Abhandlungen der königlichen Gesellschaft der Wissenschaften zu Göttingen*, t. XXII (1877), in-4°, p. 1-138.

sançon (?) (*historiographe*), Lanfred (*historiographe*). — *Historia antiochena* ou *Historia captionis Antiochiæ, Gesta Godfridi regis Jerosolymitani* (probablement dérivés du *Liber christianæ expeditionis* d'Albert d'Aix-la-Chapelle), *Chronica priorum domus majoris carthusiæ* ou *Liber de ortu carthusiensi, Chronographus* ou *Chronographia regum Francorum, Chronica Brutini, Gesta Salium, Annales colonienses, Gesta episcoporum osnaburgensium, Speculum Saxonum, Annales bingenses, Ex chronicis Moguntii, In gestis abbatum monasterii Sancti Albani, Chronicæ breves, Historiæ antiquæ, Historia Grecorum, Historia Romanorum, Historia Persarum, Historiographus.*

A cette liste, on peut ajouter ici également les biographes qui, soit en imitant, soit en copiant les anciens biographes profanes ou chrétiens, ont écrit la vie des hommes illustres, notamment : Sigebert de Gembloux (*De viris illustribus*), Henri de Gand (1293) (*De viris illustribus*), Jean de Procida (1302) (*Dicta seu Castigationes Sedechie*), Jean de Galles (1302) (*Breviloquium de virtutibus antiquorum principum atque philosophorum*), Jean Colonna (XIVe s.) (*De viris illustribus*), Michel de Massa (1337) (*De quatuor virtutibus cardinalibus*), Walter Burley (1337) (*Liber de vita et moribus philosophorum*) (v. *infra*).

Enfin viennent les légendes empruntées aux chroniques, aux poèmes épiques ou même à des productions diverses, comme celles d'Homère, de Platon, d'Alexandre le Grand, de Virgile, d'Arthur, de Charlemagne, d'Olivier, de Rainouart au tinel, d'Ogier le Danois, de Lohengrin, du chevalier au lion, de Gui de Warwick, d'Amis et d'Amile, de Merlin, de Huon de Bordeaux, de la papesse Jeanne, de Gerbert (Silvestre II), etc...

D'autre part, on a également affaire à des catégories de récits qui ont l'Orient pour berceau et qui ont, peu à peu, pénétré en Occident, soit par Byzance, qui les tenait de la Syrie ou de la Perse et indirectement de l'Inde, soit par les Arabes et les Juifs, qui les transmettaient en Terre Sainte, en Syrie, en Sicile (Palerme) et en Espagne (Tolède), aux croisés et aux chrétiens.

Ce sont d'abord les paraboles bouddhiques du roman de

Barlaam et de Josaphat remanié en grec au VIe sècle et traduit en latin au Xe siècle, mais attribué communément au Moyen Age à saint Jean Damascène (760) [61]; les récits du roman indien des sept sages *Historia sèptem Sapientum Romæ,* composé en latin vers la fin du XIIe siècle, probablement d'après des versions plus anciennes recueillies par le moine cistercien Jean de Haute-Seille (près de Cirey-sur-Vezouse) et traduit peu après en vers français par le poète français Herbert sous le nom de *Dolopathos,* concurremment à un autre texte latin dont on trouve un abrégé dans la *Scala Celi* de Jean Gobi le jeune (v. *infra*) [62]; les contes arabes, au nombre de trente-quatre de la *Disciplina clericalis* [63] traduits en latin vers 1106 par le Juif espagnol converti, Pierre Alfonse, et formant un vrai traité d'enseignement moral qui eut dans la suite une vogue immense, témoins les nombreux manuscrits qui en subsistent, les traductions qui en ont été faites en langues vulgaires et dont la première en français, connue sous le nom de *Discipline de clergie* ou *Le chastiement d'un père à son fils,* fut une des sources favorites des moralistes de la chaire et des compilateurs [63]; certains récits à caractère moral, recueillis en Orient et transmis en Occident par les pélerins, les marchands, les croisés et les voyageurs.

Puis c'est la fable ésopique également d'origine orientale et renfermée dans les recueils latins connus sous le nom d'Avianus et de Romulus (Phèdre). Au milieu du XIIe siècle, un auteur dont le nom est incertain, peut-être Walter l'Anglais, mit en distingues latins cinquante-huit fables du Romulus. A la fin du siècle, Alexandre Nequam fit de même pour l'Avianus. Entre temps, Marie de France avait mis en vers français, d'après une version anglaise (perdue), le Romulus sous le nom d'Isopet (diminutif du nom d'Esope) [64].

61. Ward, *op. cit.,* t. II, p. 111-149, 734; G. Paris, *op. cit.,* p. 235; Jacques de Vitry a été le premier à faire entrer les récits de ce roman dans le sermon.

62. Ward, *op. cit.,* t. II, p. 199-234; G. Paris, *op. cit.,* pp. 87, 117.

63. Ward, *op. cit.,* t. II, p. 235-271; G. Paris, *op. cit.,* p. 253; pour le texte avec introduction, v. Hilka-Werner, *Die Disciplina clericalis des Petrus Alfonsi* (Heidelberg, 1911).

64. Ward, *op. cit.,* t. II, p. 272-367; G. Paris, *op. cit.,* p. 126-128;

Dans la suite, des fables nouvelles viendront enrichir ce fonds ancien et entreront, pour une large part, dans l'enseignement moral de la chaire et des écoles [65].

Indépendamment de ces productions d'origine exotique, il circulait également un grand nombre de contes d'animaux dans l'Occident chrétien et plus spécialement dans l'ancienne Lotharingie et dans les Flandres. Il subsiste un spécimen curieux de ce genre de récits, dès le Xe siècle, dans l'*Ecbasis captivi* [66], épopée des animaux composée entre 925 et 930, par un moine de Sainte-Evre près de Toul. Au XIIe siècle, exactement en 1147, un certain maître Nivard groupe ces créations disparates, sorties des milieux populaires dans son poème latin d'*Isengrinus* et esquisse ainsi les premiers linéaments du fameux roman du Renard. Ce dernier ne fera que se développer avec le temps, en s'enrichissant de contes nouveaux provenant de branches diverses. Il deviendra, à l'égal de la fable ésopique, par la variété de ses récits, surtout de ceux, où les défauts et travers des différentes classes animales pouvaient servir de satire contre la société féodale, bourgeoise ou populaire, un des thèmes préférés des moralistes religieux [67].

On peut rapprocher aussi des contes d'animaux, l'histoire naturelle, qui consistait alors surtout en descriptions des habitudes, des qualités imaginaires ou réelles des animaux, des propriétés des plantes, des pierres et des astres. Elle fournira aux moralistes et compilateurs de nombreux traits de mœurs comparés très instructifs et jouera un rôle im-

Hervieux (L.), *Les Fabulistes latins depuis le siècle d'Auguste jusqu'à la fin du Moyen Age* (Paris, 1893-1899).

65. Les prédicateurs et les moralistes en général ont fait un large usage de la fable au XIIIe siècle et après, dans les sermonnaires, les recueils d'*exempla*, les traités de morale et d'instruction. Non contents de s'en tenir à l'ancienne fable, ils en ont inventé des nouvelles et transformé les anciennes selon le besoin de la cause. Une étude suivie de la fable dans ces productions conduirait sans doute à des résultats nouveaux et appréciables.

66. V. Manitius, *op. cit.*, p. 616-619, avec une abondante bibliographie.

67. Sudre (L.), *Les sources du roman du Renard* (Paris, 1893); Foulet (L.), *Le Roman du Renard* (Paris, 1814); Ward, *op. cit.*, t. II p. 308-396; G. Paris, *op. cit.*, p. 127-132.

portant dans les recueils d'*exempla* moralisés (v. *infra*). Les traités qui la renferment sont faits de pièces et de morceaux empruntés aux auteurs anciens qui, comme Aristote, Pline, Solin, etc..., ont traité le même sujet ou encore pour les moralisations qui suivent les descriptions, aux écrits exégétiques et parénétiques des Pères et des écrivains ecclésiastiques et exceptionnellement à l'observation personnelle de l'auteur. Ce sont le *De natura rerum liber* (moralisé) d'Isidore de Séville, la traduction latine du *Physiologus*, le *Liber de natura rerum* de Bède, le *De universo* de Raban Maur, le *Liber de natura herbarum* (*B. N.*, ms. lat. 16702) de Macer Floridus (Xe s.), le *Liber de Gemmis* (De natura lapidum, Lapidarium) de Marbode (1123), le *Bestiaire* de Philippe de Thaon (1135) (en français), les *De bestiis et aliis rebus libri IV* de Hugues de Saint-Victor (?), le *De natura rerum* d'Alexandre Nequam, le *Liber* de l'*Experimentator* (XIIIe s.), le *De natura rerum* de Thomas de Cantimpré (c. 1240) (désigné parfois sous le nom de Wilhelmus, Julius, Josephus), démarqué par Vincent de Beauvais dans son *Speculum naturale* et par Albert le Grand dans son *De natura rerum* (de vegetabilibus, de animalibus, de mineralibus), le *De proprietalibus rerum* de Barthélemy l'Anglais (c. 1240) [68].

A y ajouter également une catégorie d'écrits qui revêtent partiellement le caractère de traités de géographie comme la *Cosmographia* d'Ethicus (VIe-VIIe s.), les *Otia Imperalia* de Gervais de Tilbury, l'*Historia transmarina* de Jacques de Vitry, ou tout simplement des manuels de géographie comme la *Mappa mundi* « (XIIe s.) (anonyme), la *Topographia Hiberniæ* de Giraud de Barri, l'*Image du monde* de Gautier de Metz (1246-48) (en français), le *Compendium mirabilium* d'Arnold de Liège (1310), le *De descriptione terræ* de Mandeville (1372), où l'on rencontre à côté des descriptions des choses et des traditions légendaires, de curieux récits de prodiges de toute sorte.

Enfin une source non moins intéressante que les précé-

68. V. *infra*, pour ces traités, au chapitre des recueils d'*exempla* moralisés.

dentes pour l'étude de l'*exemplum* est constituée par un genre spécial de récits, connu sous le nom de fabliaux. A entendre ceux qui les ont étudiés [69], il semble qu'ils aient, comme d'autres contes, l'Orient pour berceau. Il est à croire néanmoins, qu'à la date, où apparaissent les premiers fabliaux — celui de Richeut est de 1159 — on racontait en Occident, depuis des siècles, des contes plaisants. Les textes des Pères, des conciles, des homiliaires, des pénitentiels, des capitulaires et des écrivains ecclésiastiques ne laissent aucun doute à ce sujet. Ils attestent clairement, tout en les condamnant sévèrement, que les récits gais, même dans ce qu'ils ont de plus réaliste, ont toujours été en faveur dans les milieux cultivés ou autres [70].

69. BEDIER (J.), *Les Fabliaux, étude de littérature populaire et d'histoire littéraire du Moyen Age* (Paris, 1895²); G. PARIS, *op. cit.*, p. 118-125.

70. Dès la fin du IVe siècle, saint Ambroise se pose en adversaire des plaisanteries même honnêtes, comme on peut le lire dans un texte des *De officiis libri III* (écrits en 391) : « Nam licet interdum honesta joca ac suavia sint, tamen ab ecclesiastica abhorrent regula... cavenda enim etiam in fabulis, ne inflectant gravitatem severioris propositi... non solum profanos, sed omnes etiam jocos declinandos arbitror... », (Migne, P. L., t. XVI, col. 54). Au VIe siècle, Césaire d'Arles (542) demande à ses clercs de s'abstenir des « ociosis fabulis » (v E. SECKEL, *Neues Archiv*, t. XXV (1900), p. 184). Vers la fin du même siècle, le concile de Narbonne (589) défend aux clercs d'assister aux concours des foules, où se débitaient des contes : « Nullus clericus subdiaconus, diaconus vel presbyter in plateis resideat; certe ne in plateis stare et fabulis diversis commisceri » (Migne, P. L., t. LXXXV, col. 611). Au premier tiers du VIIIe siècle, le vénérable Bède, dans une de ses homélies, invite les fidèles anglo-saxons à exclure de leurs conversations les contes inutiles : « Nos et proximos nostros a fabulis supervacuis et male dulcoratis detractionum colloquiis castigare curremus » (Migne, P. L., t. XCIV, col. 67). Peu de temps après, le *Pénitentiel* d'Egbert (766), exhorte également les fidèles à répudier ces historiettes oiseuses, « fabulis otiosis studere » (LABBE et GOSSARD, *Concil.*, t. VI, 1604). Vers le même temps, un concile de Bavière (740-750), recommande aux fidèles de ne pas passer leur temps à l'église à se raconter de vaines historiettes : « In ecclesia non otiosis fabulis intendant, sed tantum orationi vaccent » (*M. G. H. Concilia*, t. II, p. 52). On trouve le même langage dans l'*Homiliaire* de Burckhard, évêque de Wurtzburg (752) : « Si se in ecclesia aut extra ecclesiam fabulis otiosis occupaverit » (CRUEL, *op. cit.*, p 34). Au siècle suivant, Benoît d'Aniane (821) invite également ses moines à s'en abstenir au chœur : « Qui in choro riserit fabulisque vacaverit » (Migne, P. L., t. CIII, col. 989 (*Concordia regularium*);

Au XIIIe siècle, ce genre se sera définitivement constitué et l'anonymat des auteurs aura disparu. Aux types familiers de ces petits drames se seront ajoutés d'autres encore, détachés des faits et gestes des représentants des divers types sociaux. Les clercs, les nobles, les bourgeois, les vilains avec leurs qualités et leurs défauts et travers y auront leur place marquée. Aussi les fabléaux, comme on les appelait alors, constitueront-ils la satire sociale la plus réaliste et la plus vraie à la fois. Grâce à ce caractère satirique, ils finiront par envahir la chaire principalement avec les prédicateurs des ordres mendiants [71].

ibid., col. 561, 562, 864, autres textes). Un concile de Paris (825) s'insurge contre les « otiosis fabulis » (E. Seckel, art. cit., p. 146). Jonas, évêque d'Orléans (844), dit également dans son traité *De institutione regia*, « quod in ecclesia Christi non sit otiosis turpibusque fabulis vacandum » (Migne, P. L., t. CVI, col. 303). De même, Benoît Levita (845) s'attaque également à ceux qui écoutent avec complaisance, au jour du Seigneur, dans les carrefours et sur les places publiques, les conteurs d'historiettes : « Ne in illo sancto die vanis fabulis aut locutionibus sive cantationibus vel saltationibus stando in biviis et plateis, ut solet, inserviant » (E. Seckel, art. cit., p. 165). Peu après, Hincmar (882), dans les *Capitularia ad presbyteros*, invite le clergé à s'abstenir de raconter ou de chanter des contes ineptes : « Fabulas inanes referre aut cantare presumat » (Migne, P. L., t. CXXV, col. 776). Au XIe siècle, Pierre Damien (1072) fait à ce sujet des reproches amers aux moines, quand il dit : « Nescio quod vestrum aniles nugas et otiosa deliramenta perpendit profundere et cum laicis scurriles jocos et ludibria vidit urbana miscere » (Migne, P. L., t. CXLIV, col. 422). Dans une lettre adressée à des cardinaux, il ne tient pas un langage différent : « Puerilis ludus abscedat, mordax eloquentia, urbana dicacitas evanescat, caveantur scurrilia verba, nec aliquando misceantur fabulosa colloquia » (Migne, P. L., t. CXLIV, col. 258). Ailleurs, il dit également en parlant des fidèles : « Quædam scurrilia proferrentes, risum audientibus violenter extorquent » (Migne, P. L., t. CXLIV, col. 341) (V. aussi, à ce sujet, le chap. XXVII : *De vaniloquii temeritate frenanda* du traité LII : *De bono religiosi statu*, Migne, P. L., t. CXLV, col. 786-787). Au XIIe siècle, Honorius d'Autun (1152), dans le *Speculum Ecclesiæ*, demande aux fidèles de s'abstenir de ce genre d'historiettes, surtout à l'église : « Fabulas et inania colloquia ubique, sed maxime in ecclesia declinare » (Migne, P. L., t. CLXXII, col. 886). Vers le même temps, saint Bernard (1153) s'insurge également contre ces contes, quand il écrit dans son traité *De ordine vitæ :* « Quid vobis cum fabulis, risu et joco. Nam licet interdum honesta joca suavia sint, tamen ab ecclesiastica aberrant regula » (Migne, P. L., t. CLXXXIV, col. 568).

71. V. *infra*, la *Compilatio singularis*, la *Scala celi*, etc.

La seconde classe des sources des *exempla* comprend les souvenirs personnels ou les événements contemporains de l'écrivain, prédicateur, moraliste ou compilateur, dont on ne saurait jamais trop apprécier les renseignements qu'il nous fournit sur la société, les mœurs, les usages et les coutumes, les traditions et les croyances. Celui-ci est, en effet, un homme qui, en raison de ses fonctions de prédicateur ambulant, a beaucoup voyagé. En outre, en qualité de confesseur attitré du peuple, il lui est donné de faire à loisir de nombreuses expériences religieuses du plus haut intérêt. Sa curiosité naturelle et son esprit d'investigatinn le poussent à s'enquérir de tout. Tantôt c'est dans son passage dans les différents pays qu'il apprend des gens telle superstition ou telle coutume locale, tel miracle ou tel prodige. Tantôt c'est de la bouche même de ses propres confrères, des voyageurs, des pélerins et des marchands qu'il tient ses informations sur les événements politiques, religieux et sociaux. Souvent lui-même ne craint pas d'interroger les gens du pays par où il passe au sujet de telle ou telle pratique, surtout quand il s'agit d'hérétiques. Aussi, dans bien des cas, il a soin de citer des témoins à l'appui de ses affirmations et de localiser les événements dans le temps et dans l'espace. C'est pourquoi les récits, de « visu et auditu » de ce genre d'informateurs sont une des meilleures sources, d'où l'on peut tirer des éléments de renseignements précieux pour l'histoire. Nombre de détails de mœurs, d'informations curieuses et instructives auraient infailliblement disparus, s'ils n'avaient pas été recueillis par eux et livrés à la postérité dans les sermonnaires, les traités et les compilations d'*exempla*. Sans doute il faut se défier parfois de leur imagination, capable elle aussi de créer pour le besoin de la cause, des historiettes de toute pièce ou du moins de les altérer dans ce qu'elles ont de vrai. Il appartient à l'historien de contrôler sévèrement par d'autres documents, s'il y a lieu, ce qu'il y a de vrai ou de faux, d'imaginé ou d'exagéré dans ces sortes de récits.

Tel est l'inventaire brièvement esquissé des sources des *exempla,* que nous rencontrerons sur notre chemin dans l'étude des sermonnaires, des traités moraux et didactiques et des recueils d'*exempla*. La classification même de ces sources, que nous avons établie au cours du chapitre, nous permet, dès maintenant, de dégager les différents types d'*exempla*, auxquels elles ont donné lieu.

La Bible et les apocryphes ont fourni le type de l'*exemplum biblique*, emprunté tantôt aux livres historiques de l'ancien et du nouveau testament, tantôt aux récits légendaires de l'histoire juive et aux écrits des premières générations chrétiennes.

Les écrits des Pères et des écrivains ecclésiastiques qui, dans leur variété, renferment un certain nombre de types d'*exempla* se distinguent surtout par celui qui, malgré les formes multiples qu'il revêt, peut être dénommé le type de l'*exemplum pieux*. Il est surtout représenté dans les *Vitæ* et *Collationes Patrum* ainsi que dans certains traités de dévotion et il embrasse dans son ensemble, les faits et les dits de pieux personnages, soit religieux, soit laïques et se confond dans bien des cas avec le type suivant.

Les *Acta Sanctorum* ont donné naissance au *type hagiographique* de beaucoup le plus répandu de tous les types dans la littérature médiévale religieuse. Ils embrassent, en effet, une infinité de vies de saints, existant isolément ou réunies en de vastes légendiers, soit locaux, soit universels, auxquelles on peut adjoindre les miracles de Notre-Dame et les miracles eucharistiques. Prédicateurs et compilateurs y puiseront à larges mains récits et miracles, tantôt en les copiant textuellement, tantôt en les abrégeant, tantôt en les allongeant même outre mesure.

Les récits de visions et d'apparitions ont peu à peu formé le type de l'*exemplum prosopopée*. Bien que ce dernier n'ait pas la variété du type précédent, il a néanmoins servi de procédé favori aux moralistes et aux prédicateurs pour exposer la doctrine chrétienne et pour moraliser les fidèles. Tantôt, en effet, le personnage principal du récit est sujet à une vision, à une extase et transporté dans l'autre monde, tantôt, au contraire, c'est un personnage de l'au-delà qui revient s'entretenir avec le ou les vivants. Quelle que soit la forme que revête le récit au cours de son développement, celui-ci est exclusivement destiné dans l'esprit de l'auteur à exposer un point doctrinal ou moral correspondant à l'état doctrinal ou moral du moment.

Les monuments littéraires profanes de l'antiquité ont fourni le type de l'*exemplum profane*. Nous entendons par celui-ci un type spécial caractérisé par un fond exclusivement profane et comprenant des récits tirés des faits et dits des hommes célèbres, des traditions consignées par les philosophes, moralistes et historiens, des apologues, des historiettes quelconques qui circulaient alors déjà un peu partout et dont nous trouvons la plus parfaite expression dans les écrits d'un Valère-Maxime, d'un Sénèque et d'un Diogène-Laërte. Ce type servira surtout à partir du XIVe siècle à alimenter les recueils d'*exempla* moralisés.

Les chroniques, à leur tour, ont été la mine féconde d'où prédicateurs et compilateurs ont extrait, dès le début, l'*exemplum* historique. Ce type a trait aux événements historiques passés ou contemporains, soit de l'histoire universelle, soit de l'histoire locale, à des épisodes de guerre, aux croyances et aux hérésies, aux faits d'hommes célèbres. Il est parfois complété par des aperçus nouveaux qu'y ajoute le compilateur.

Les légendes extraites de ces mêmes chroniques, des poèmes épiques et même de toutes sortes d'écrits ont formé le type de l'*exemplum légendaire*. Celui-ci, en effet, n'est pas seulement constitué d'épisodes détachés des grands faits des héros épiques du Moyen Age, mais encore de récits ayant leur source dans l'histoire fabuleuse de l'antiquité (mythologie, exploits d'Alexandre le Grand, etc...), dans les traditions celtiques (romans bretons, chansons de geste), dans les traditions populaires et religieuses.

La littérature orientale comme la littérature occidentale ont été exploitées sur une large échelle pour former les types de l'*exemplum conte* (contes proprement dits, contes d'animaux, paraboles, fabliaux) et de l'*exemplum fable*. Ceux-ci se présentent généralement sous la forme de petits drames normalement développés, où tantôt des personnages humains, tantôt des animaux, qui en sont les acteurs, viennent nous exposer leurs faits et gestes dans un but, soit moralisateur, soit satirique, soit d'agrément. Ils prendront surtout place dans la chaire avec Jacques de Vitry et Eudes de Cheriton et recevront une immense diffusion dans les milieux populaires par la bouche des prédicateurs dse ordres mendiants.

Les traités d'histoire naturelle et de géographie ont également contribué pour une large part à former avec leurs descriptions et leurs récits des merveilles les types de l'*exemplum moralité* et de l'*exemplum prodige*. Le premier sera exploité surtout à partir du XIVe siècle dans les recueils d'*exempla* moralisés en vue d'un enseignement allégorique, le second dans les traités d'apologétique, pour démontrer qu'il y a des secrets dans la nature, qu'on ne saurait expliquer naturellement.

Enfin, les souvenirs de l'auteur résultant de ses voyages, de son contact avec toutes les conditions sociales et de ses expériences religieuses ont donné naissance au type de l'*exemplum personnel*. Ce dernier se rapportant à des événements du jour, aux menus faits de la vie journalière et pouvant être dramatisé à loisir pour impressionner les auditoires, sera surtout en faveur auprès des prédicateurs populaires.

Ainsi donc, comme nous venons de le voir, les sources multiples auxquelles les prédicateurs, moralistes et compilateurs ont eu recours pour compléter et expliquer leur enseignement moral, religieux et didactique, forment une immense matière anecdotique. Tout ce qui, par son fond narratif et descriptif, pouvait servir à un exposé quelconque a été absorbé dans le domaine de la prédication et de l'enseignement. Nous avons cherché à en dresser un inventaire aussi exact que possible en classant chaque source sous le genre littéraire auquel elle appartenait de par son origine. Ce classement a eu comme résultat une douzaine de types d'*exempla*, à savoir : l'*exemplum* biblique, l'*exemplum* pieux, l'*exemplum* hagiographique, l'*exemplum* prosopopée, l'*exemplum* profane, l'*exemplum* historique, l'*exemplum* légendaire, l'*exemplum* conte, l'*exemplum* fable, l'*exemplum* moralité, l'*exemplum* prodige et l'*exemplum* personnel. Ces types, comme nos études précédentes nous l'ont montré, ont surgi peu à peu à commencer par l'*exem-*

plum biblique pour se terminer par l'*exemplum* personnel. Ils se retrouveront à partir du XIIIe siècle, tantôt à l'état isolé, tantôt par plusieurs à la fois, tantôt tous réunis, dans les productions de la littérature parénétique, didactique et morale et plus spécialement dans les recueils d'*exempla*, dont nous allons entreprendre l'étude dans une seconde et troisième section.

SECTION II

L'Exemplum dans la Littérature parénétique, didactique et morale du XIIIe et du XIVe siècle.

L'étude du développement de l'*exemplum* dans la première partie nous a montré que celui-ci n'a fait qu'étendre son domaine avec le temps et qu'il a fini au cours du XIIe siècle par constituer ses divers types. Dans les deux siècles qui vont suivre il élargira encore son rôle et sera encore plus fortement représenté dans ses éléments constitutifs par l'absorption de sources nouvelles. Dans le sermon il occupera une place toute particulière et en fera, pour ainsi dire, partie intégrante. Dans les traités de dévotion, de morale et d'enseignement, il sera ajouté en manière d'illustration ou de complément explicatif à l'exposé doctrinal ou didactique. Grâce à ses agents transmetteurs qui seront surtout les prédicateurs des ordres mendiants ainsi que les maîtres des divers enseignements, il aura dès lors une diffusion immense tant dans les milieux populaires que dans les milieux cultivés. Aussi, en raison du rôle considérable qui lui est dévolu dans l'instruction religieuse et morale du peuple chrétien de toutes les conditions sociales, nous allons l'étudier sous ses divers aspects d'abord dans les sermonnaires et ensuite dans les écrits de la littérature didactique et morale.

CHAPITRE PREMIER.

L'Exemplum dans les Sermonnaires du XIIIe et du XIVe siècle.

Les prédicateurs qui se succèdent sans discontinuer au XIIIe et au XIVe siècle, sous l'influence des théories sur la prédication qui font périodiquement leur apparition, s'efforcent en général de donner à leurs sermons la simplicité dans la structure et la clarté dans la forme, afin de rendre l'exposition du sujet aisément compréhensible aux auditoires des différentes catégories sociales qu'ils avaient devant eux. Mieux que leurs prédécesseurs du XIIe siècle, ils savent faire du sermon un tout logique dans un cadre déterminé qui comportait une exorde (thème, prothème), un développement du sujet en un ou plusieurs points (teneur) et une conclusion pratique (péroraison) [1]. En ce qui concerne spécialement son développement, ils tiennent un large compte des règles touchant la manière de dilater le sujet et notamment de celle relative à l'emploi de l'*exemplum*. Les œuvres oratoires qu'ils nous ont transmises, nous montreront, en effet, quel rôle ils ont assigné à l'*exemplum* dans le sermon, quelles sources et, par suite, quels types d'*exempla* ont eu leur préférence et enfin quelle influence ils ont exercé sur leurs contemporains et leurs successeurs.

Il appartenait aux fils de saint Bernard d'être les premiers en date pour élargir les cadres de l'*exemplum* et pour lui trouver une destination plus large parmi le grand public des foules. C'est ce qui arriva à la suite de l'application à la prédication des nouvelles théories établies par un des leurs, le célèbre Alain de Lille (+ 1202) dans sa *Summa de arte prædicatoria,* qui, outre qu'elles allaient servir de directive aux orateurs de la chaire du premier tiers du XIIIe siècle, avaient surtout pour but de mettre la parole divine au niveau des exigences nouvelles des audi-

1. V. Lecoy de la Marche, *op. cit.*, p. 289-305.

toires populaires avides de satisfaire leurs besoins religieux [2].

Parmi les prédicateurs cisterciens qui ont spécialement tenu compte de ces théories et de leur application à l'*exemplum* dans le sermon, il y a surtout lieu de mentionner Hélinand de Froidmont (1170-1220) et Césaire de Heisterbach (1180 ?-1240).

Hélinand de Froidmont fait, en effet, une très large part au côté anecdotique dans les trente-trois sermons qui subsistent de lui [3]. Les citations et les récits de toute sorte, dont son œuvre oratoire est émaillée, supposent chez lui une forte culture littéraire. Les textes et maximes tirés de Zénon, de Virgile, de Cicéron, de Salluste, d'Horace, d'Ovide, de Térence, de Plaute, de Sénèque, de Lucain, de Perse, de Juvenal, de Quintilien, de Claudien, de Plutarque « philosophe et instituteur », de Trajan, de Macrobe, des Pères de l'Eglise et de saint Bernard reviennent fréquemment sous sa plume. Les *exempla* sont, tour à tour, extraits de la Bible et des apocryphes (évangile des Nazaréens, f. 21), de l'histoire grecque et romaine (col. 519, 521, 566, 575, 596, 649, 713, 721, 731, 745), des écrits patristiques (f. 10vb, f. 23vb), des *Vitæ Patrum* (col. 620, 668, 684, 692, f. 21^{v}), des dialogues de Grégoire le Grand (col. 684, f. 23vb), de l'historique des rogations (f. 35vb), de sa propre chronique (col. 548, 552, 570, 603, 609, 618), des vies de saints comme de celle de sainte Geneviève (691), de saint Hugues de Cluny

2. V. *ut supra.*

3. V. Lecoy de la Marche, *op. cit.*, p. 157-159. Sur les 33 sermons, 28 sont édités dans Migne, P. L., t. CCXII, col. 481-720, et 5 inédits dans *B. N.*, ms. lat. 14591 ff. 1-49vb (XIIIe s.), à savoir : f. 8ra, Sermo in synodo apud Tolosam in ecclesia [b^{i} Jacobi] ; f. 12ra, Dilectus a Deo et hominibus paucis expressus est bonus et beatus vir (panégyrique de saint Benoît adressé à des prêtres) ; f. 17rb, Sermo fr. Elynandi in purificatione b^{e} Marie ; f. 35vb, In rogacionibus apud Tolosam in ecclesia b^{i} Jacobi ; f. 37va, Sermo fratris Elynandi de omnibus sanctis ; v. également dans Migne, P. L., t. CCXII, deux discours : *De cognitione sui* (col. 721-736) ; *De bono regimine principis* (col. 745-760) ; une lettre, *Epistola* (col. 745-760) ; le *Chronicon* (col. 771-1082) ; v. aussi *B. N.*, ms. lat. 2134 (f. 90-107v (XIIIe s.), *Flores helinandi,* extraits de ses écrits avec des *exempla,* par Vincent de Beauvais et reproduits dans le *Speculum historiale* (édit. Douai, 1624), Liv. XXIX, cap. 108-148.

(col. 618, f. 21vb), de saint Bernard (f. 5), de saint Dunstan (618), de saint Thomas Becket (col. 681), des traités des conteurs bénédictins et cisterciens comme les *Libri miraculorum* de Pierre le Vénérable (col. 548, 552, 570, 608, 618, 734) et l'*Exordium magnum* de Conrad d'Eberbach (col. 618, f. 21vb) ou même empruntés à ses souvenirs personnels. C'est avec lui qu'entrent définitivement dans les sermonnaires la fable de Phébus et de Borée (col. 519) certains récits de visions relatives aux Hellequins et à l'archidiacre Burchard (col. 731), à l'archevêque de Reims (col. 733), à un comte de Nevers (col. 734), les aventures romanesques de deux clercs de Nantes (f. 21va, tirées de Guillaume de Malmesbury (Migne, P. L., t. CLXXIX, col. 1221) et la double version de la lettre de Satan adressée aux princes de l'Eglise (f. 21vb) répétée dans la suite par Jacques de Vitry. Lui-même n'oublie pas d'y mentionner l'histoire émouvante de sa propre conversion (col. 748).

Hélinand introduit l'*exemplum* sans préambule spécial dans ses développements oratoires. C'est tout au plus s'il en indique en tête sa provenance. Il le place dans les différentes parties du sermon et y fait varier son nombre de un à trois. Ce n'est qu'exceptionnellement qu'il utilise jusqu'à huit récits, comme dans le sermon *De nativitate be Marie* (f. 17vb), où plusieurs se suivent immédiatement. Tantôt il lui consacre un court développement, tantôt, au contraire, il semble prendre plaisir à le « dilater » longuement, voulant sans doute par là non seulement instruire, mais encore tenir sous sa parole captivante de conteur ses auditeurs. Ceux qui sont de son propre cru, offrent à ce point de vue, un charme tout particulier. Quant aux autres, il réussit également à leur imprimer son propre cachet, en ajoutant certains détails curieux sur les personnages qu'il met en scène [4]. D'après les sources ci-dessus indiquées, il a eu

4. Voici, à titre d'illustration, la reproduction du texte de la fable de Phébus et de Borée et de celui de la seconde lettre de Satan, qui fait suite au récit relatif aux deux clercs de Nantes : « Hujus rei pulcherrimum nobis præbet exemplum moralis illa fabula de Borea et Sole, qui pignore inter se posito, contendere ceperunt, uter eorum auferret pallium viatoris. In illo certamine violentia Borealis flatus

recours à plusieurs types d'*exempla*, notamment aux types bibliques, hagiographiques, pieux, profanes et personnels, cependant que ses préférences semblent aller à l'*exemplum* prosopopée et en cela il reste dans la pure tradition cistercienne. Quels que soient les récits mis en œuvre dans ses sermons, il faut croire qu'ils ont exercé comme ceux de sa chronique, que nous verrons plus loin, une certaine attraction sur les prédicateurs et les compilateurs, puisque ceux-ci ne se sont pas fait faute de les utiliser à leur tour et de leur donner ainsi la plus large diffusion.

Césaire de Heisterbach [5] fait également un très fréquent emploi de l'*exemplum* dans son œuvre homilitique. L'activité littéraire de ce maître cistercien a été, du reste, considérable, si l'on en juge par l'inventaire critique de ses écrits

solari cessit benevolentiæ, significans imperium mansuetudinis multo esse potentius imperio terroris... » (Migne, P. L., t. CCXII, col. 519) ; « Similes littere nuper invente sunt in territorio belvacensi a pastoribus greges suos pascentibus, in quibus demones prelatis ecclesiasticis similia mandabant, gracias eis magnas agentes de taciturnitate sua in corripiendi et predicandi in curia, ex qua maximum proveniebat inferno perdicionis lucrum; hoc insuper adjicientes quod si eis rogantibus in incepto persisterent, scirent procul dubio tartareorum potestatem auxilia semper in complendis eorum voluptatibus affectura. Hec duo exempla que jam alibi retuleram idcirco hic replicavi propter eos qui tunc non affuerunt ut ex illis pateat quam perniciosum sit ubi justicia periclitatur silencium ex quo tanta provenit perdicio animarum » (*B. N.*, ms. lat., 14591 f. 21vb-22ra).

5. Kaufmann (A.), *Cæsarius von Heisterbach* (Köln, 1862) ; pour le texte : Strange (J.), *Dialogus miraculorum* (Köln, 1851, 2 vol.) ; *Fasciculus moralitasis Cæsarii Heisterbacensis monachi* (Coloniæ, 1615) ; il comprend les *Homiliæ de infantia* (18), les *Homiliæ dominicales* (25), *festivæ* (39), *De sanctis* (33), la *Passionis D. N. J. C. quadripartita prædicatio;* les *Fragmenta* découverts en 1855 par Marx, imprimés en partie par Kaufmann, *op. cit.*, p. 163-196, et réimprimés avec des additions par A. Meister sous le titre : *Die Fragmenta der Libri VIII miraculorum des Cæsarius von Heisterbach* (*Römische Quartalschrift für christliche Altertumskunde Supplementheft*, t. XIII, 1901). Aux mss. indiqués par A. Meister, nous ajoutons les suivants : Oxford, Bodl. ms. Laud misc. 540 ff. 101-124vb (XVe s.) ; Bâle, Bibl. Univ., ms. A. IV. 14. ff. 131-156 (1439) ; Herbert (A.), *Catal. of Rom.*, t. III (1910), p. 348-369. Pour tout ce qui touche à l'inventaire des mss. incunables et imprimés, nous renvoyons à Herbert, Meister et surtout à A. Schönbach, *Ueber Cæsarius von Heisterbach*, dans les *Sitzungsberichte der k. k. Akademie der Wissenschaften in Wien, Philo-Hist. Klasse*, t. 144 (1902), p. 1-93; t. 159 (1908), p. 1-51; t. 163 (1909), p. 1-90.

dressé par A. Schönbach. Pour le but que nous poursuivons, trois seulement parmi eux nous intéressent, à savoir : le *Dialogus miraculorum* (composé en partie en 1223 et achevé en 1224), les *Fragmenta des Libri VIII miraculorum* (composés entre 1225 et 1237), les *Homiliæ,* en quatre parties, dont la première *De infantia* (écrite en 1222-23), la seconde, les *Homiliæ dominicales* (écrites en 1224-25) et dans leur forme achevée après 1230 (v. Hom. Domin. XVIe post Pentec. où l'on rencontre la date « sub annum 1230 »), la troisième, les *Homiliæ festivales,* et la quatrième, le *Quadragesimale* (écrite en 1228-29) [6].

A considérer dans leur ensemble ces trois écrits, il est aisé de constater que Césaire est à la fois le continuateur des pieux conteurs cisterciens du XIIe siècle et le prédicateur qui s'inspire largement des préceptes d'un Alain de Lille. Son but final est évidemment de fournir à l'orateur une matière anecdotique considérable par le *Dialogus* et les *Fragmenta* ainsi que des modèles d'application pratique dans ses homélies, comme cela résulte des ordres qu'il a

6. Le *Dialogus miraculorum* est un traité de lecture spirituelle dialogué, où l'auteur met en scène deux personnages, un novice et un moine (dans l'espèce Césaire lui-même, v. prolog., p. 2 du *Dialogus*), qu'il fait discourir sur divers sujets embrassant la vie militante du chrétien et les moyens efficaces pour lutter contre l'ennemi du genre humain. Il est divisé par ordre de matières en douze distinctions *duodecim sportellas,* à savoir : « De conversione, De contritione, De confessione, De tentatione, De demonibus, De simplicitate, De sancta Maria, De diversis visionibus, De sacramento corporis et sanguinis Christi, De miraculis, De morientibus, De præmio mortuorum », où se trouvent insérés 746 récits divers. Chaque distinction se compose d'un court exposé du sujet à traiter suivi de sa discussion et agrémenté en manière de preuve ou d'illustration d'un nombre variable d'*exempla* ou de *miracula,* auxquels sont ajoutées assez souvent des réflexions morales écourtées. — Les trois livres des *Fragmenta* forment également, à l'état de simple ébauche, un traité de dévotion, qui renferme dans sa teneur actuelle, une série de 191 récits relatifs à l'eucharistie, à la confession et au culte de la Sainte Vierge. Il est probable qu'à leur achèvement ils eussent affecté la forme dialoguée du traité précédent. — Les Homélies forment une série assez complète de sermons pour les dimanches et les fêtes, *per circulum anni,* qui nous renseignent sur la façon dont Césaire a utilisé les récits dans le cadre de ses développements. — Pour la date de composition de ces écrits, v. SCHÖNBACH, *art. cit.,* t. 144 (1902), p. 26, 56, et MEISTER, *op. cit.,* Introd., p. XXXVI-XXXVII.

reçus de son abbé « abbate meo præcipiente » (Homil. dominic. II, p. 71).

A cet effet, il s'est adressé à toutes sortes de sources qu'il n'a pas craint de consulter directement. Pour ce qui est de celles du passé, il s'en tient pour ainsi dire exclusivement aux *Collationes et vitas patrum necnon et passiones sanctorum* ainsi qu'aux dialogues de Grégoire le Grand. Quant à celles du présent, il donne surtout ses préférences aux informations de première main « nonnulla etiam quæ nostris temporibus sunt gesta et a viris religiosis mihi recitata » (Homel. de infantia prol., p. 2), « plurima etiam inserui, quæ extra ordinem contigerunt eo quod essent ædificatoria et a viris religiosis sicut reliqua mihi recitata ». (Dial., prol., p. 2), sans pour cela négliger les vies des grands saints cisterciens (saint Bernard, saint Malachie, saint David), les chroniques (*Historia Damiatina* d'Olivier le Scolastique, l'*Historia regum Terræ Sanctæ*), les traités (le *Verbum Abbreviatum* de Pierre le Chantre), les miracles de Notre-Dame, les miracles eucharistiques, les récits de visions (les *Libri miraculorum* de Pierrè le Vénérable, l'*Exordium magnum* de Conrad d'Eberbach, le *Liber visionum Ascelinæ*, etc...), et même l'histoire naturelle.

Une fois l'*exemplum* trouvé dans les lectures ou appris de vive voix (*retulit recitavit mihi, audivi*), notre cistercien le consigne par écrit et le classe sous une rubrique spéciale qui, selon la matière à laquelle il appartenait, lui permettait de l'encadrer aisément, soit dans les distinctions, soit dans les homélies, soit dans les deux à la fois [6a].

Est-ce à dire qu'il se contente de le transcrire, tel qu'il

6a. A. SCHÖNBACH, art. cit., t. 144 (1902), p. 29, dit : « Cæsarius hat jede Geschichte sobald er sie erfuhr auf eine Schedula notiert und sich bei verschiedenon beachtungswerten Stücken die Jahreszahl angemerkt... », t. 163 (1909), p. 4 : « Cæsarius... schrieb die Vorfälle die ihm mitgeteilt wurden sofort nieder; aus diesen Aufzeichnungen schöpften dann später sowohl die Homilien als der Dialogus und dieses Verhältniss macht die wechselnden Bezüge zwischen beiden Werken begreiflich. Dasselbe « Tagebuch von Erzählungen » bildete dauernd fortgesetzt, auch später für Cæsarius die Quelle, aus welcher er die Berichte seiner Libri Visionum oder Libri VIII miraculorum schöpfte »; v. *ibid.*, les variations de détail des récits des Homélies d'avec ceux du *Dialogus*.

l'a lu dans le texte ou entendu de personnes dignes de foi ? Il semble que non, car quelle que soit en effet son origine latine, germanique ou orientale et quelles que soient les formes diverses qu'il ait revêtues dans ses migrations multiples avant de franchir le seuil du monastère de Heisterbach, Césaire lui imprime le cachet de sa propre originalité en l'habillant dans sa dernière forme et en y ajoutant des détails curieux sur les mœurs, les usages, les traditions et la vie de son temps. Et dans ce but il prend en effet soin, si cela lui est possible, de les localiser dans le temps et dans l'espace, à date et lieu fixes, non seulement dans les pays rhénans, où il vivait, mais encore dans d'autres régions de l'empire germanique, dans les Pays-Bas, en France, en Angleterre, en Italie et en Orient. Quant aux personnages qu'il met en scène, il les emprunte à toutes les conditions sociales, religieuses et laïques et fait tenir à chacun le langage de son rang et de sa position.

Cette localisation des faits dans le temps et dans l'espace et cette désignation des personnages par leur rang social lui servent généralement de formules d'introduction au récit qu'il développe ensuite selon l'importance du sujet. Dans bien des cas, il le fait avec une telle abondance de détails circonstanciés, que celui-ci semble prendre plutôt la forme d'un conte pieux, destiné peut-être autant à distraire qu'à instruire l'auditoire. D'autre fois, au contraire, il supprime préalablement tout cet appareil du début et alors le récit est réduit dans son développement aux formes les plus simples et destiné à appuyer l'explication d'un point de morale ou de discipline [7].

7. A. Schönbach, art. cit., t. 163 (1909), p. 32, s'exprime à ce sujet de la façon suivante : « Waltet das stoffliche Interesse vor, dann werden die Geschichten mit Angaben über Ort, Zeit ùnd Personen vorgetragen (wie häufig im Dialog) ; überwiegt eine Tendeuz dervorgetragen Moral ou Disciplin, dann werden die Details beseitigt oder es wird auf sie verzichtet und der historische Vorfall erhält den Character eines typischen belehrenden Beispiels. Dabei erscheint mir vornehmlich eines beachtungswert : mit den bestimmten Details, die Eingangs der Erzählung sich auf einen einzelnen wirklich vorgekommenen Fall beziehen, steht im Zusammenhang die Vortragsweise des Berichtes überhaupt. Finden sich im Anfange die historischen Einzelheiten Daten u. s. w. angegeben, dann wird auch im folgenden eine Menge

Pour en avoir une application pratique, il suffit de se référer aux homélies. C'est dans ces pieux entretiens qui ont parfois plutôt l'aspect de pieuses méditations, qu'on trouve appliqué l'*exemplum* à un exposé doctrinal ou moral. Césaire, en effet, y fait tantôt subir à son récit des modifications de fond et de forme ou tantôt le conserve intégralement selon le but auquel il les destinait [8]. Il le place généralement dans la seconde et la troisième partie de l'homélie et en fait varier le nombre de un à cinq [9] (d'une longueur variable de trois à trente lignes et plus), sans s'interdire pourtant de le placer occasionnellement au début afin d'attirer, sans doute, l'attention des auditeurs sur l'importance du sujet à traiter. Il le fait suivre souvent aussi d'une petite réflexion morale qui lui sert, à la fois, de conclusion de ce même récit et du point du sujet exposé.

Aussi l'œuvre homilitique de Césaire obtiendra-t-elle à cause de son fond narratif considérable un succès immense. Comprenant dans son ensemble près d'un millier d'*exempla* où la plupart des types et surtout ceux de l'*exemplum* dévot et personnel sont représentés et où se reflètent comme dans un miroir fidèle les conceptions religieuses et morales, la vie et l'activité des diverses classes sociales de l'époque, elle sera pendant des siècles une des sources favorites où prédicateurs, moralistes et compilateurs viendront puiser leurs récits. Les nombreuses copies manuscrites, les éditions incunables et imprimées qui en subsistent sont, du reste, la preuve incontestable de l'influence continue qu'elle

nährerer Umstände mitgeteilt, die ebenso der Belebung als der Bewährung dienen und einheitlich wirken. Fehlen die geschichtlichen Details am Beginn und hat damit die Anekdote den Character eines Exempels angenommen, dann behält die Darstellung diese Art aberauch noch des weiteren bei und sichert sich damit ihren lehrhaften Effekt. »

8. Sur les 150 *exempla* que renferment les Homélies, 84 sont extraits du *Dialogus;* parmi ceux-ci, 30 concordent textuellement avec ceux du *Dialogus,* 16 avec une certaine différence de forme, 25 avec des différences de fond et 13 avec des différences essentielles de fond et de forme (v. A. Schönbach, art. cit., t. 163 (1909), p. 4-31).

9. Ainsi, dans le *Sermo die S. Paschæ,* p. 81-89, il y a jusqu'à cinq récits (de silentio Xenocratis, de sancto viro in superbiam elevato, p. 82; de quodam celebrante indigne, de bona confessione facta, p. 84; de Arsenio et quodam sacerdote eum visitante, p. 88).

a exercée sur la prédication, en Allemagne et même ailleurs, jusque dans les temps modernes.

En même temps que Césaire de Heisterbach, mais indépendamment de lui, le chanoine augustinien Jacques de Vitry, devenu dans la suite cardinal (1180 ?-1240) [10] donne à l'*exemplum* un rôle non moins considérable dans ses tournées de prédication en France. Sa place, comme orateur, est au tout premier rang parmi les prédicateurs de son temps. On a dit de lui qu'il remua par sa parole la France, comme jamais de mémoire d'homme, prédicateur ne l'avait remuée : « Utens exemplis in sermonibus suis adeo totam commovit Franciam quod non exstat memoria aliquem ante vel post sic commovisse [11].

Son œuvre oratoire comprend : les *Sermones de tempore* (*dominicales et festivales*) [12], divisés en cinq séries de ser-

10. Lecoy de la Marche, *op. cit.*, p. 53-59; Pitra (cardinal), *Analecta novissima Spicilegii solesmensis altera continuatio* (Paris, 1888), t. II, p. 344-461; Crane, *op. cit.*, Introd., p. xxii-liii; Herbert (A.), *op. cit.*, t. III, p. 1-4; Funk (P.), *Jacob von Vitry*, Heft 9, *Beiträge zùr Kulturgeschichte des Mittelalters de W. Götz* (Leipzig, 1909) (v. *Anal. Boll.*, t. XXIX, p. 502-503); Frenken (G.), *Die Exempla von Jacob von Vitry* (München, 1914).

11. *B. N.*, ms. lat. 15953, f. 188 (prologue du *De habundancia exemplorum*).

12. Les *Sermones de tempore* (*B. N.*, nouv. acq. lat. 1517 f. 1-233vb, XIIIe s.), portent le titre inexact de *Tripartiti sermones* au lieu de *Sexpartiti sermones* (v. Lecoy de la Marche, *op. cit.*, p. 55-56). En parcourant ce ms., nous avons été frappé de l'absence complète des *exempla*, à l'exception des récits bibliques à peine esquissés. L'auteur probablement les réservait, d'après son plan établi, aux *Sermones vulgares et communes*. Aussi Crane a-t-il eu raison d'écrire, *op. cit.*, Introd., p. xxxix : « Although the sermones dominicales belong to the class of sermons intended for the laity, they are very disappointing, so far as materials for the history of the culture of the people is concerned, exempla of all kinds (including historical anecdotes) being entirely wanting. This is probably due to the fact that the author has already determined to write the sermones vulgares [et communes], for which he wished to reserve such material. » Il subsiste un certain nombre de manuscrits renfermant totalement ou partiellement les *Sermones de tempore* à la Bibl. Royale de Bruxelles, à savoir : Mss. 1924 (5470) ff. 1-208, XIIIe s. (*Sermones dominicales*), 1925 (85-86) ff. 1-295, XVe s. (*Sermones tripartiti*), 1926 (307) ff. 1-292, XVe s. (*Serm. dominic.*), 1927 (362) ff. 1-260, XVe s. (1477) (*Sermones tripartiti*, 2a pars), 1928 (508) ff. 1-242 (1474) (*Sermones tripartiti*, 1a pars), 1933 (10283) ff. 1-266v (1454) (*Sermones trip.*, 3a pars). —

mons correspondant aux cinq parties de l'année liturgique, suivis d'une sixième, les *Sermones vulgares* ou exhortations appropriées aux différentes classes de la société ainsi que d'un certain nombre de *Sermones communes omni die* ou sermons pour chaque jour de la semaine, le tout composé après son retour d'Orient (1227-28) [13].

Les *Sermones de tempore, vulgares et communes* sont précédés chacun d'un prologue plus ou moins étendu, où l'auteur esquisse brièvement ses idées sur la prédication ou fournit quelques renseignements sur l'emploi de l'*exemplum* et sur ses sources [14]. Cependant ce n'est que dans les

V. *infra*, pour l'inventaire des mss. renfermant les *Sermones vulgares et communes*.

13. Lecoy de la Marche, *op. cit.*, p. 55, et Baroux (M.), dans les *Positions des thèses de l'Ecole des Chartes*, 1885, p. 23-27, placent la date de composition après 1226, tandis que P. Meyer, dans son introduction aux *Contes moralisés* de Nicole Bozon, p. xii, la place au contraire avant 1217, sans donner des raisons plausibles. Il semble pourtant que Jacques n'ait écrit ses sermons qu'après son retour d'Orient même, si l'on se réfère au contenu même des sermons. Certains, en effet, reflètent des idées et des descriptions renfermées dans la partie géographique de son *Historia transmarina*, écrite en Orient (ff. 230rb-240vb, cap. LXXXI-LXXXIX) (v. *B. N.*, ms. lat. 3284 ff. 201-245vb, XIVe s.). D'autres, comme les *Sermones ad crucesignatos, ad peregrinos* (v. *B. N.*, ms. lat. 17509 ff. 94vb-97rb, 97rb-100, XIIIe s.), fournissent des détails tels sur les mœurs et la vie des croisés et des pèlerins sur mer et en Terre Sainte qu'un homme seul, qui a vu les choses sur place, peut donner. Or il a été de retour en Europe en 1227-28, époque où il résigne son évêché d'Acre pour être nommé cardinal, évêque de Tusculum. Ce n'est donc qu'après ces dates qu'il a composé ses sermons.

14. Voici, à titre documentaire, le texte essentiel du prologue des *Sermones de tempore*, où l'auteur expose brièvement ses idées sur la prédication, renseigne sur ses sources et établit le plan général des sermons, d'après le ms. *B. N.*, nouv. acq. lat. 1537 ff. 1v-2v: « Incipit: de exercicio antiquorum et studio eorum et diversis scripturis, multi cibi in novalibus patrum, qui non sibi solis laboraverunt, sed et nobis... sermonem nostrum a lectione simplicium fratrum alienum non facere procuravimus. Simplici et humili stilo ad edificacionem parvulorum..scribentes non verborum phaleris nec sermonibus imperitis sentencias involventes, malentes instruere simplices et infirmos quam declarare curiosos. Scimus enim quod egroti medicos eloquentes non querunt, sed prudentes benignos et curare scientes. Verbum enim veritatis non a fabrica procedit, sed a natura, verba celestis philosophie non ornatum querunt, sed profectum. Musica enim in luctu importuna narracio. Econtra verba sapiencie secularia velut meretrix ornata et improba non sibi sufficiunt nisi coloribus adulterinis depin-

deux dernières catégories de sermons qu'il a joint la pratique à la théorie, en les émaillant de nombreux *exempla* (314 pour les 74 *Sermones vulgares* et 102 pour les 22 *Sermones communes*).

guntur. Nos autem ita simplicibus et mediocriter litteratis condescendimus quod ydiotas, quibus predicare non expedit sermones nostros aliquantum signando et claudendo non admissimus. Melior est enim humilis auditor quam imperitus predicator et quam dulcis est bonorum commixtio et erit salus ubi multa concilia... sed prout potuimus, studuimus conficere sc. ex auctoritatibus (f. 2) scripturarum novi et veteris testamenti, ex sanctorum doctorum et expositorum variis et moralibus sentenciis, ex sanctorum patrum et exemplis et racionibus et similitudinibus secundum naturas animalium et proprietates inanimatorum divinis sentenciis propter laicos et simplices adaptatis. Ex hiis autem ferculis quantum satis est, cum omni sobrietate manducari oportet... Quando vero in conventu et congregacione sapiencium latino ydiomate loquimur, tunc plura dicere possumus eo quod ad singularia non oportet descendere. Laicis autem oportet quasi ad oculum et sensibiliter omnia demonstrare ut sit verbum predicatoris apertum et lucidum velut gemmula carbunculi... Distinximus autem presens opus secundum distinctionem ecclesiastici officii quod dividitur in quinque partes, quarum prima pertinet ad tempus revocacionis... secunda pars ad tempus deviacionis... tercia pars ad tempus reconciliacionis... quarta pars ad tempus peregrinacionis... quinta pars ad sanctorum solemnitates, qui nobis sunt exempla justicie... sextam in sermonibus nostris addidimus partem secundum diversitatem personarum a se invicem diversis officiis et moribus differencium, proprios et speciales sermones subjungendo : ad prelatos, ad sacerdotes in synodo, ad monachos et moniales et alias regulares personas, ad scolares, ad peregrinos et crucesignatos, ad milites, ad mercatores, ad agricolas et mercenarios, ad servos et ancillas, ad. virgines et viduas et conjugatas. Secundum enim varietatem personarum oportet non solum variare sermones, sed eciam sentencias et plerumque loquendi modum et scribendi stylum. Non enim competit omnibus morbis unum emplastrum et quum identitas generat fastidium et aliqua placent uni et alia alii in officio cujuslibet dominice, tria themata ponentes et tercium plerumque prolixius exponentes diversis generibus hominum satisfacere procuravimus, parvos mediocres et majores contexendo sermones, ut ad imitacionem mense domini non solum ex cratis potum parcius ministremus, sed insuper ex filialis latioris predicacionis poculum largius propinemus... (f. 2v) Non te pretereat narracio seniorum, ipsi enim didicerunt a patribus suis, a pluribus magistris et sapientibus audivi et multorum expositorum volumina revolvi que ad utilitatem legentur ad fidei scilicet instructionem et morum informacionem in unam redegi seriem voluminis ut predicacio erudicionis ignoranciam in auditoribus illuminet, marcencia excitet, timida domet... » — Pour le prologue des *Sermones vulgares*, v. *B. N.*, ms. lat. 17509 ff. 1-2ra, reproduit dans l'édition de Crane (London, 1890), et pour celui des *Sermones com-*

Ces derniers sont introduits dans le texte tantôt à l'aide de formules générales (*legimus, dicitur, unde, ut, exemplum*), tantôt à l'aide de l'indication de la source ou du principal personnage ou du lieu où se passe la scène du récit (*in vitis Patrum, in partibus transmarinis, de quodam joculatore*), tantôt aussi à l'aide de formules d'information directe (*novi, audivi, vidi, memini*).

Le nombre des *exempla* varie en moyenne de un à quatre par sermon et ce n'est qu'exceptionnellement qu'il dépasse ce chiffre comme dans le *Sermo ad hospitalarios* [15]. Ceux-ci sont échelonnés dans les trois parties du sermon, plus rarement cependant dans la première. Il arrive également que plusieurs *exempla* se suivent immédiatement comme dans le *Sermo ad dolentes* (f. 90v) [16].

La longueur des *exempla* varie selon l'importance du sujet même. Quand ils sont extraits d'une source écrite, ils sont généralement présentés sous une forme abrégée. Au contraire, quand ils sont empruntés à la tradition orale, ils sont soumis au cours du développement à des transformations de détail qui s'écartent assez sensiblement parfois des autres versions contemporaines du même sujet. Parfois aussi on n'a affaire qu'à de simples incidents, tirés des bestiaires comprenant tout au plus trois ou quatre lignes; d'autres fois ce sont des récits de longueur moyenne de dix à quinze lignes, comme ceux qui appartiennent au type de l'*exemplum* personnel; quelquefois ce sont des récits plus longs allant jusqu'à quarante lignes, et exceptionnellement

munes, v. Bibl. Royale de Bruxelles, mss. 1929 (1122-1124) f. 1, 1932 (9682-9699) f. 2, reproduit dans celle de Frenken.

15. Dans le *Sermo ad hospitalarios et fratres et sorores et religiosos custodes infirmorum*, il y a jusqu'à huit *exempla*, notamment [*B. N.*, ms. lat. 17509] f. 76va : de sancto Martino et tunica, de nobili quadam muliere et pelliceo dato, f. 77ra : de Theobaldo comite Campanie et sotularibus, de Theobaldo comite Campanie et leprosis, de quadam nobili domina et leprosis, f. 77rb : de Paulino episcopo captivo (dial.), de b° Antonio et leonibus obsequentibus, f. 77va : de episcopo predicante : centuplum accipietis.

16. [*B. N.*, ms. lat. 17509] f. 90v : exemplum de milito qui tempore Karoli magni retinuit equum cognati sui; exemplum de scolari parisius qui tardavit dare culcitram pro anima socii sui; exemplum de juvene qui dixit patri ut malam consuetudinum removeret de patria sua (V. appendice I, pour l'emploi de l'*exemplum* dans le texte).

jusqu'à soixante et quatre-vingts lignes. Dans ce dernier cas, l'*exemplum* affecte plutôt la forme d'un récit d'agrément.

Si l'*exemplum* n'est jamais localisé dans le temps, il l'est parfois dans l'espace. C'est celui qui a pour théâtre l'Orient *in partibus transmarinis*, Saint-Jean d'Acre, Antioche ou la France *in partibus gallicanis*, Paris, Chartres, Laon, Poitiers, Huy, le Brabant, les Flandres ou même l'Italie et l'Espagne. A ajouter aussi que, par les différents détails qu'il renferme, il est en relation étroite avec l'exposé doctrinal qui précède, dont il soutient sous une forme palpable les conclusions théologiques. Quant aux réflexions morales qui l'accompagnent — car ce n'est qu'exceptionnellement qu'il est moralisé c'est-à-dire soumis à une interprétation morale détaillée comme nous le verrons plus loin dans l'étude des recueils d'*exempla* moralisés — elles se réduisent la plupart du temps à la citation d'un texte d'autorité tiré de la Bible ou des Pères, qui achève de donner toute sa portée morale au récit [17].

L'examen détaillé des sources nous a permis de constater que tous les types d'*exempla* sont représentés dans ce répertoire varié de plus de quatre cents récits, que Jacques de Vitry semble avoir eu à sa disposition pour la rédaction définitive des sermons [18]. Les plus employés parmi eux sont le récit pieux sous ses diverses formes, l'*exemplum* historique, l'*exemplum* moralité, le conte (fabliau), la fable

17. Ces moralisations sont unies au texte par les formules de *sic, ita, igitur, hujusmodi* et comprennent de une à six lignes; v. cependant, comme spécimen d'*exempla* moralisés, celui du [*B. N.*, ms. lat. 15907] f. 73va : « De quodam equum rufum ascendente et fugiente a tyranno », où sur quarante-deux lignes de texte, dix-neuf sont occupées par la moralisation.

18. Il serait intéressant de savoir si J. de Vitry a eu préalablement à la composition des *Sermones vulgares et communes*, à sa disposition un répertoire d'*exempla* sous forme de fiches. La façon dont les exempla sont disposés et se suivent dans les sermons sans être répétés le laisse supposer. En tout cas, ce répertoire n'a pas été conservé. Les extraits de récits qui nous sont parvenus et dont nous donnons ci-dessous l'inventaire sont incomplets — le plus complet est celui d'Arras, avec 235 *exempla* tirés des *Sermones vulgares* et 4 *exempla* tirés des *Sermones communes*. Ils ont été évidemment recueillis par des prédicateurs postérieurs pour leur propre usage.

et l'*exemplum* personnel [19]. Les *exempla* cependant les plus nombreux et les plus instructifs appartiennent à ce dernier type. Ils sont fournis par l'expérience même de l'auteur qui, dans ses incessantes pérégrinations, se trouvait en contact avec toutes sortes de gens et de choses pour recueillir une ample moisson d'informations prises sur le vif, dont il pouvait ensuite faire profiter les diverses classes sociales dans ses *Sermones ad status*.

Cette variété de types d'*exempla* et surtout le type de l'*exemplum* personnel peuvent aider à comprendre et à expliquer le succès de la méthode narrative obtenu par Jacques de Vitry lui-même. Cette méthode, du reste, a fait école dans la suite parmi les prédicateurs populaires. L'*exemplum* de Jacques de Vitry a servi de modèle et de copie pour ainsi dire à tous ceux qui se sont occupés de prédication. Des compilateurs comme Etienne de Bourbon, Arnold de Liège, Jean Bromyard, Jean Herolt, pour ne nommer que ceux-là, s'en sont largement inspirés dans leurs vastes compilations. Des prédicateurs l'ont reproduit pendant des siècles dans leurs sermonnaires. Les nombreux manuscrits, dont ci-jointe la liste [19a], qui renferment, soit l'œuvre oratoire, soit seulement les *exempla* sous forme

19. Les sources mises à contribution par J. de Vitry sont les suivantes : pour l'antiquité : Esope (21 fables), Phèdre (21 fables), l'Avianus (*Romulus*, 24 fables), Eusèbe (*Historia ecclesiastica*), saint Ambroise (Hexaméron), les *Vitæ Patrum*, Grégoire le Grand (*Dialogues*), saint Jean Damascène (*Barlaam et Josaphat*) ; pour le Moyen Age : le vénérable Bède (*Historia ecclesiastica gentis Anglorum*), Pierre le Chantre (*Verbum Abbreviatum*), les vies de saints (saint Cerbonius, saint Philipert, saint Martin, saint Bernard), les miracles de Notre-Dame (de Gautier de Coincy et de Gautier de Cluny), le Roman des sept Sages, le Roman du Renard, Pierre Alfonse (*Disciplina clericalis*), le Pseudo-Boèce (*De disciplina scolarium*), l'*Historia transmarina*. — Pour les sources des *Sermones communes* (sources orientales et tradition populaire orale), v. FRENKEN, *op. cit.*, Introd., p. 61-67.

19a. En voici la liste : A. Manuscrits des *Sermones vulgares* et des extraits divers d'*exempla*. France : Paris : *B. N.*, mss. lat. 2042 ff. 165-182 (XIVe s.) ; 3283 ff. 182-202v (XIVe s.) (précédé ff. 1-130v des *Sermones dominicales* et ff. 131-180v des *Sermones de sanctis*), 3284 ff. 1-199rb (XIVe s.) (*Ser. vulg.*), 3747 ff. 307-334 (XIIIe s.), 13472 ff. 1-32va (XIIIe s.) (Tous les *exempla* et comparaisons commencent par « Item » : ils sont reproduits dans le ms. 1400 de la *B. V.* de Reims, v. *infra*), 15661 ff. 129-162vb (XIIIe s.), 15971 ff. 3-16vb, 45-47 (XIIIe s.), 15972

d'extraits, sont, du reste, le témoignage éclatant du souvenir ineffaçable que ce grand remueur des foules a laissé parmi les prédicateurs de l'Occident chrétien jusqu'à la fin du Moyen Age.

Au moment où le génie oratoire de Jacques de Vitry était en plein épanouissement, florissait en Angleterre un prédicateur dont l'éloquence mérite également d'être prise en considération, à savoir Eudes de Cheriton (1160-1247), ancien gradué des écoles théologiques de Paris et prébendé de l'église de « Cyrinton » (Kent)[20].

Son œuvre oratoire comprend, à côté d'un recueil de cent-sept fables morales (écrit après 1219), un sermonnaire de

ff. 22-39vb (XIIIe s.), 16515 ff. 66-91 (XIIIe s.), 16529 ff. 137-161 (XIIIe s.), 17509 ff. 1-153vb (XIIIe s.) (*Ser. vulg.*), 18134 ff. 173va-246ra (XIIIe s.); Arsenal, mss. lat. 530 ff. 174-191v (XIVe s.), 540 ff. 1-190 (XVe s.) (*Ser. vulg.*), 1100 ff. 68-97 (XVe s.) (porte f. 67v le titre fautif : *Exempla quedam ex libris Petri Alfonsi,* alors qu'au f. 68r, on lit : *Incipiunt exempla que narrat J. Vitriacensis in sermonibus suis;* une trentaine d'*exempla* sont extraits des *Sermones communes* (v. édit. Frenken); Mazarine, ms. lat. 742 ff. 120-168 (XIIIe s.); Sainte-Geneviève, ms. lat. 1420 ff. 1-250 (XIIIe s.) (*Ser. vulg.*); Arras : *B. V.*, ms. 1019 ff. 35-75 (XIIIe s.) (faussement attribué à Alain de Lille); Avignon : *B. V.*, ms. 36 ff. 1-17 (XIIIe s.); Cambrai : *B. V.*, ms. 534 ff. 1-243va (XIVe s.); Douai . *B. V.*, ms. 503 ff. 1-440 (XIVe s.) (*Ser. vulg.*); Evreux : *B. V.*, mss. 21 ff. 110-118 (XIIIe s.), 36 ff. 1-48 (XIVe s.); Reims : *B. V.*, ms. 1400 ff. 34-40 (XIVe s.); Rouen : *B. V.*, ms. 641 ff. 9-196 (XIIIe s.) (*Ser. vulg.*); Troyes : *B. V.*, mss. 1529 ff. 66v-69v (XIVe s.), 1750 ff. 1-121 (XIIIe s.); Metz : *B. V.*, ms. 479 (non fol.) (XIVe s.). — Allemagne : Cues-s.-Moselle : Bibl. Hôpital ms. 123 ff. 377-399 (XIVe s.). — Angleterre : Londres : *B. M.*, ms. addit. 26770 ff. 75-80 (XIVe s.), ms. Harley 463 ff. 1-24v (XIVe s.) (v. HERBERT, *op. cit.*, t. III, p. 1-30); Oxford: *Bodl.*, ms. Digby 16 ff. 165-207 (XIVe s.), ms. Laud, misc. 527 ff. 178-188vb (XIIIe s.); ms. Tanner 110 ff. 213-220vb (XIIIe s.). — Belgique : Bruges : *B. V.*, ms. 281 ff. 1-245 (XIVe s.) (*Conciones de omnibus statibus*); Bruxelles : Bibl. Royale, mss. 1930 (3530-31) ff. 1-199 (XVe s.) (*Ser. vulg.*), 1931 (3772) ff. 1-233 (1516) (*Ser. vulg.*); Liège : *B. Univ.*, ms. 416 ff. 1-226 (XVe s.) (*Ser. vulg.*). — Italie : Rome : Bibl. Vaticane, ms. lat. 9352 ff. 1-88 (XIVe s.) (édité par le cardinal Pitra). — Suisse : Bâle : *B. Univ.*, ms. A. X. 120 ff. 143-146 (XIVe s.).

B. Manuscrits des *Sermones communes.* — Belgique : Bruges : *B. V.*, ms. 268 ff. 1-152 (XIIIe-XIVe s.); Bruxelles : Bibl. Royale, mss. lat. 1929 (1122-24) ff. 1-80 (XVe s.), 1932 (9682-99) ff. 2-104 (1457); Liège : *B. Univ.*, ms. 415 ff. 1-153 (XIVe s.).

20. V. HERVIEUX (L.), *Les Fabulistes latins* (Paris, 1896), t. IV, p. 1-31; HERBERT, *op. cit.*, p. 31-34; *id. Dict. of Nat. Biog.*, t. XLI (1895), p. 429-43; MOSHER, *op. cit.*, p. 66-72.

soixante-neuf homélies *De tempore* (avec deux cents *exempla* environ) et vingt-six homélies *De sanctis* (écrit d'après la date fournie par certains manuscrits, en 1219, et probablement dans sa forme achevée en 1247) [21].

Comme Jacques de Vitry, Eudes de Cheriton reconnaît la grande utilité de l'*exemplum* dans le sermon et les avantages de son emploi devant les auditoires populaires, d'après ce qui ressort du prologue mis en tête des fables [22]. Comme lui, il a émaillé ses entretiens d'un certain nombre d'*exempla* et plus particulièrement de fables, dont il nous a transmis un curieux recueil.

Ces *exempla* placés dans les différentes parties du sermon et se suivant parfois immédiatement, sont présentés d'habitude sous une forme concise. Quelquefois même ils sont à peine esquissés, comme s'ils devaient être développés davantage oralement [23]. Ils varient dans leur longueur de

21. La première rédaction des sermons remonte à 1219 d'après l'*explicit* de quelques manuscrits, v. p. ex. *B. N.*, ms. lat. 698 f. 104 : « Anno incarnacionis M°CC°XIX° hoc opus completum est a magistro Odone ad laudem ejus qui est alpha et omega » ; *ibid.*, ms. lat. 16506 f. 218; Londres : *B. M.*, ms. Egerton 2850 f. 168vb : « Currente anno CCXIX A. », et f. 253rb (d'une main postérieure) : « Completum est hoc opus anno 1219 », etc. (v. HERVIEUX, *op. cit.*, pp. 24-27, 46-51). La rédaction définitive, cependant, représentée par le texte du ms. Arundel 231. II. du *B. M.*, n'a pu avoir lieu avant 1247. Dans un récit, en effet, f. 30r, l'épithète de « sanctus » est accolée au nom d'Edmond, archevêque de Cantorbéry. Or ce prélat a été canonisé en 1246. Ce n'est donc qu'après cette date, c'est-à-dire en 1247, année de la mort d'Eudes qu'elle a eu lieu. — Quant à la date de composition du recueil des fables, Hervieux la place en 1219 et 1221, en s'appuyant sur une allusion faite dans une fable (v. ms. Arundel, 292 f. 12), à Guillaume de Nemours, évêque de Meaux (+ 1221) (v. HERVIEUX, *op. cit.*, pp. 24-27, 46, 51). M. Herbert la place également après 1219 : « Probably after 1219, when the Sermons of the Sunday Gospels were completed », mais il a soin d'ajouter : « The only certain *terminus ad quem* is 1247 the date of Odo's death » (v. *op. cit.*, p. 34).

22. En voici le texte d'après le ms. Harley 5235 f. 127v (HERVIEUX, *op. cit.*, p. 175) : « Et quoniam, ut ait Gregorius, plus quandoque compungunt exempla quam verba, aperiam parabolis os meum et similitudines et exempla, que libencius audiuntur, memorie firmius quam verba commendantur, proponam, quibus intellectis, sapiens sapiencior erit. Qui habet aures audiendi audiat, qui oculos scripta respiciat, qui spiritum annunciat ut totis (*sic*) cedat ad instructionem morum et com[m]odum animarum. »

23. Voici, à titre de spécimens, des récits à peine esquissés. *B. N.*, ms. lat. 16506 f. 150 : « Quidam monachus, ut dicitur, basiliscum

trois à quatorze lignes, ce qui permettait de les faire retenir aisément par les auditeurs. Aussi c'est en vain qu'on y chercherait une mise en scène compliquée. Dans la plupart des cas, c'est par des formules ordinaires (*comparacio, similiter, hujusmodi, ita, unde, sic*) que les récits sont introduits. Parfois ils le sont aussi à l'aide de leur localisation dans l'espace (*apud parisius, in vivarensi diocesi, in lumbardia, in majori britannia*) ou de l'indication de leurs sources (*in vitas patrum, in libro dialogorum*) et cela probablement pour donner plus de poids au contenu. Leur développement est présenté sous les formes les plus simples et les plus claires en vue de la conclusion morale qui y est toujours ajoutée. Eudes, en effet, en vrai prédicateur qui a exclusivement comme but l'édification et l'amélioration morale de ses auditeurs, fait suivre son récit ou sa description (propriété d'un animal, d'une plante ou d'une pierre), de réflexions morales. Celles-ci se présentent sous deux formes bien distinctes; ou bien elles ne sont qu'une explication allégorique, une figure de langage, un texte emprunté généralement aux livres sacrés, aux Pères, aux poètes latins anciens et du Moyen Age, alors elles se réduisent dans ce qu'elles ont d'indéterminé, à une conclusion générale d'un ou de plusieurs points de la morale chrétienne, ou bien elles font suite à l'*exemplum* à l'aide de formules de *sic, igitur, similiter, ita, hujusmodi,* comme c'est le cas pour les fables, alors elles en forment la conclusion logique et se rapportent à tel vice ou défaut bien spécifié. Elles varient dans leur longueur d'une à cinq lignes.

Pour composer son œuvre oratoire, Eudes a puisé à toutes sortes de sources. Outre les citations extraites de Virgile, d'Horace, d'Ovide, de Sénèque, de Claudien, de Boèce, des

nutrivit et tandem ipsum monachum interfecit... » f. 158 : « Sicut quidam pectus quasi veniam postulando, una manu percuciebat, alia vero vestimenta altaris furtim tollebat; ore quidam sacerdoti confitebatur et cultellum ejus occulte furabatur, ecce regnum in se divisum. Item predicator quidam solvit asinum quem solebat equitare et dimisit extra et intrans ecclesiam oravit... » f. 145va : « Prelatus ergo qui virtutibus vallatus fuerit servum suum id est carnem viliter domaverit sanitatem pueri exemplo centurionis impetrabit. Sicut quidam sacerdos laborans in vinea, vocatus est ad quendam egrotum... » (V. appendice II, pour l'emploi de l'*exemplum* dans le texte).

Pères de l'Eglise et des écrivains ecclésiastiques dont il fait grand cas dans ses développements et qui témoignent chez lui des connaissances assez étendues pour tout ce qui touche au passé, il a eu recours pour les *exempla* non seulement à l'histoire de l'antiquité sacrée et profane, aux écrits patristiques et hagiographiques, et à la fable ésopique, mais encore aux écrivains contemporains et à sa propre expérience [24]. Il en a tiré plus de trois cents qui ne laissent rien à désirer au point de vue de la variété des types — presque tous les types et plus spécialement le récit dévot et la fable y sont représentés — et de l'intérêt qu'ils avaient pour les auditoires populaires. Eudes connaissait à merveille l'état d'âme et les besoins religieux et moraux de ceux qu'il avait devant lui. Il savait dans quel langage il devait se mettre à la portée de tous pour leur exposer les grandes vérités de la doctrine évangélique. C'est pourquoi son œuvre homilitique, émaillée de récits et descriptions multiples, d'expressions imagées et réalistes, ainsi que son recueil de fables moralisées ont survécu à sa mort. Leur survivance dans de nombreuses copies manuscrites et les nombreux emprunts qu'y ont faits les prédicateurs et les compilateurs, surtout ceux des ordres mendiants, permettent en effet de juger de la vogue dont ils ont joui pendant des siècles non seulement en Angleterre, mais encore dans les autres pays de l'Occident chrétien [25].

24. On peut classer en cinq catégories les sources. La première comprend l'histoire de l'antiquité profane et sacrée (livres historiques ou apocryphes de la Bible, l'histoire juive (Josèphe : de bello judaico). La seconde embrasse les écrits patristiques et hagiographiques, tels que les *Vitæ Patrum*, les *Collationes* de Cassien, la vie et les dialogues de Grégoire le Grand, les vies de saints (saint André, saint Cyprien, saint Laurent, saint Hilaire, sant Grégoire de Nazianze, saint Martin, saint Laumer, saint Bernard, saint Thomas Becket, saint François d'Assise, saint Edmond de Cantorbéry), le roman de Barlaan et de Josaphat, des récits de visions (voyage de Brendan), les miracles de Notre-Dame, les écrits de Pierre de Blois et de Pierre le Chantre, les chroniques. La troisième renferme la fable ésopique. La quatrième comprend les bestiaires et le Roman du Renard et la cinquième les écrits de ses contemporains français et anglais (Alexandre Nequam, Alain de Lille) et sa propre expérience (sermons entendus lors de son séjour en France et traits pris sur le vif dans la vie quotidienne).

25. L'influence d'Eudes s'est fait fortement sentir chez des compi-

Le succès qu'avaient obtenu auprès des foules les prédicateurs cisterciens, Jacques de Vitry et Eudes de Cheriton, en employant en une large mesure la méthode narrative

lateurs anglais, tels que l'auteur anonyme du *Speculum Laicorum*, Nicole Bozon, Jean Bromyard (v. *infra*, Jean de Sheppey (+ 1360), dont les fables, d'après le ms. d'Oxford, Merton College Library 248 ff. 25v-29v (XIVe s.) portent le titre : *Ex fabulis sapientis viri moralis quas transtulit Romulus quidam in latinum* (v. Hervieux, *op. cit.*, pp. 161-170, 417-450). La faveur dont jouissaient les fables comme les sermons (*Parabolæ*) est attestée par le nombre considérable des manuscrits qui les renferment et dont voici la liste : A. *Manuscrits des fables*. France : Paris : Mazarine, ms. lat. 986 ff. 39-47 (XVe s.); Arras : *B. V.*, ms. 184 ff. 181-190 (XIVe s.); Clermont-Ferrand : *B. V.*, ms. 47 (44) ff. 1-10 (XVe s.); Tours : *B. V.*, ms. 468 ff. 85-95 (XVe s.). — Allemagne : Berlin : Bibl. Royale, ms. theol. l. 4° 10 ff. 144-145 (XIIIe s.), ms. Meermann 147 ff. 117-144 (XIIIe s.); Breslau : *B. Univ.*, ms. IV. 126 n° 25 (non fol.) (XVe s.); Münich : Bibl. Royale, mss. lat. 2800 ff. 276-281 (XVe s.), 8356 ff. 217-234 (XVe s.), 8947 ff. 109-113 (XVe s.), 14749 ff. 190-213 (XVe s.), 16195 ff. 237-240 (XVe s.), 16602 ff. 136-269 (XVe s.); Wolfenbüttel : Bibl. Ducale, ms. Gude, l. 200 ff. 187-194v (XVe s.). — Angleterre : Londres : *B. M.*, ms. Royal 7. C. I. ff. 121v-130v (XVe s.), ms. Harley 219 ff. 1-37 (XVe s.), ms. Harley 5235 ff. 127v-129v (XIVe s.), ms. Arundel 275 ff. 66v-81v, ms. Arundel 292 ff. 12-24v (XIVe s.), ms. addit. 11579 ff. 95-116v (XIVe s.); Cambridge : Corpus Christi College Lib., mss. 441 ff. 479-520 (XIVe s.), 481 ff. 437-457 (XIIIe s.); Durham : Cathedral Lib., ms. B. IV. 30 (non fol.) (XIIIe s.) avec le titre : *Exempla de animalibus compilata a magistro O*[*done de Ceritona*]; Oxford : Bodl., mss. Douce 88 n°s 8-15 ff. 34-48 (XVe s.), 101 ff. 82-89v (XVe s.), 169 ff. 22-50v (XVe s.), Rawlingson. ms. C. 288 ff. 103-108 (XVe s.). — Italie : Ivrée : *B. V.*, ms. 15 (non fol.) (XIVe s.). — Suisse : Berne : *B. Univ.*, ms. 679 ff. 80-96v (XIIIe s.).

B. *Manuscrits des sermons* (*Parabolæ*). France : Paris : *B. N.*, mss. lat. 698 ff. 1-108v (XIIIe s.), 2459 ff. 1-190v (XIIIe s.), 2593 ff. 1-166v (XIVe s.), 12418 ff. 8-51 (XIIIe s.), 16506 ff. 123-218 (XIIIe s.); Bordeaux: *B. V.*, ms. 284 ff. 1-204v (XIIIe s.). — Allemagne : Berlin : Bibl. Royale ms. lat. 147 ff. 117-144 (XIIIe s.); Munich : Bibl. Royale, ms. lat. 2637 ff. 1-153v (XIIIe s.); Bamberg : Bibl. Royale, ms. 143. E. III. 7. ff. 124-148 (XIIIe s.). — Angleterre : Londres : *B. M.*, mss. Arundel 231. I. ff. 1-243, 231. II. ff. 1-229 (XIVe s.), ms. Egerton 2850 ff. 1-253rb (XIIIe s.), ms. Egerton 2890 ff. 1-253rb (XIIIe s.); Cambridge : Peterhouse Lib., ms. 109 ff. 1-249 (XIIIe s.), Trinity College Lib., mss. 8. B. 1. 9 ff. 79-183 (XIIIe s.), 358. B. 15. 22 ff. 15-207rb (XIIIe s.), University Lib., ms. 1945. Kk. I. 11 ff. 13rb-174vb (XIVe s.); Eton College Lib., ms. 24. Bk. 2. 11 ff. 79-236v (1455); Oxford : Balliol College Lib., ms. 38 ff. 83-217 (XIIIe s.). — Autriche : Heiligenkreuz : Stiftsbibl., ms. 134 ff. 1-111rb (XIIIe s.) (*Sermones Odonis per circulum anni*), suivis ff. 111-119vb de la *Summa confessionis* du même auteur; Melk : Stiftsbibl., ms. 249 ff. 20-113vb (XIIIe s.) (*Incipiunt sermones magistri Odonis optimi*), précédés ff. 1-19 de la même somme sous le titre de *Summa de penitencia;* Vienne : Hofbibl., mss. 1579 ff. 1-192 (XIIIe s.),

dans l'enseignement parénétique, devait encourager les membres du clergé séculier ainsi que ceux des ordres mendiants, nouveaux venus sur la scène de l'Eglise, à faire de même.

Nous voyons, en effet, dès la première moitié du XIIIe siècle, d'après le témoignage d'Etienne de Bourbon, des prélats français, comme Nicolas de Flavigny, archevêque de Besançon (+ 1235)[26], son successeur au même siège, Jean Algrin d'Abbeville (+ 1237)[27], Guiard de Laon, évêque de Cambrai (+ 1247)[28], Guillaume d'Auvergne, évêque de Paris (+ 1249)[29], pratiquer la même méthode dans leurs allocutions au peuple.

Dans la seconde moitié du même siècle, de simples représentants du clergé français, comme Robert de Sorbon (+ 1274) et Pierre de Limoges (+ 1306), dont l'activité religieuse s'est surtout exercée parmi la jeunesse des écoles de Paris, suivent la même voie dans cet ordre d'enseignement.

Le premier nous a légué dans quatre petits traités (*De tribus dietis, De consciencia, De confessione, De conditionibus matrimonii*), qui forment autant de sermons et sur lesquels nous reviendrons dans le chapitre suivant, ainsi que dans de nombreuses homélies dispersées dans plusieurs manuscrits et recueillis par son collègue Pierre de Limoges,

2164 ff. 46-196v (XIIIe s.), 14749 ff. 190-213 (XIVe s.). — Espagne : Escurial : Bibl. Royale, ms. O. II. 7 ff. 1-236 (XIIIe s.). — Pour les éditions imprimées des paraboles, v. celle de 1520, sans indication du lieu (HERVIEUX, *op. cit.*, p. 142-145), et des fables (*ibid.*, p. 78-84), ainsi que leur traduction en français, espagnol, italien, etc. (*ibid.*, p. 83-106).

26. *B. N.*, ms. lat. 15790 n°s 154 (28) f. 161vb, 211 (43) f. 171ra, 779 (161) f. 243vb, 863 (182) f. 260ra, 1493 (298) f. 369va, 2089 (414) f. 474va, 2121 (422) f. 479va. Les numéros libres sont ceux de notre propre inventaire, quant à ceux entre parenthèses, ils correspondent aux numéros de l'édition de Lecoy de la Marche.

27. *Ibid.*, n° 74 f. 150vb. Les manuscrits des sermons de ce prélat ne renferment cependant pas d'*exempla;* v. à ce sujet notre édition du *Speculum Laicorum*, p. 142-143.

28. *Ibid.*, n° 1822 (375) f. 421ra; v. aussi *B. N.*, ms. lat. 16482 f. 142ra au mot : *Patiencia* (d'après Pierre de Limoges).

29. *Ibid.*, n°s 2201 (444) f. 493rb, 2242 (450) f. 503va; Tours : *B. V.*, ms. 468 f. 72 et sq.; v. aussi Noël VALOIS, *Guillaume d'Auvergne, évêque de Paris, sa vie et ses ouvrages* (Paris, 1880), p. 210 et sq.; LECOY DE LA MARCHE, *op. cit.*, p. 69-70.

de nombreux traits de mœurs, des *exempla* de toute sorte se rapportant à la vie, aux mœurs et aux travaux des étudiants, à la cour, à la bourgeoisie, au peuple, de la fin du règne de Louis IX [30].

De même le second, dans son œuvre disparate comprenant un choix d'*exempla,* un recueil de distinctions et des sermonnaires auxquels on peut adjoindre le traité *De oculo morali,* dont nous aurons à parler au chapitre suivant, a fait grand cas de l'*exemplum* [31]. Quoiqu'il n'ait fait souvent

30. Lecoy de la Marche, *op. cit.,* p. 97-105. Les sermons ou collations sur les différentes fêtes, pour le carême, en synode, aux écoliers, prononcés dans les années 1260 et 1263 et parvenus jusqu'à nous, se trouvent dispersés dans les manuscrits suivants de la *B. N.,* à savoir : les mss. lat. 15971 ff. 68rb-232va (XIIIe s.), *Sermones magistri Roberti de Sorbona,* « à l'exception d'une vingtaine de sermons marqués à la marge comme appartenant à d'autres auteurs », 16482 ff. 309-312, 318, 331 (XIIIe s.) (Distinctions de Pierre de Limoges); 16505 ff. 146v, 147ra, 166va, 217rb et sq. (XIIIe s.), 16530 ff. 176ra-177ra (XIIIe s.). — Robert de Sorbon introduit d'ordinaire ses *exempla* sans préambule spécial. Il leur donne en général une forme abrégée et ce n'est qu'exceptionnellement qu'il les allonge outre mesure. Voici quelques spécimens de ses récits d'après le ms. lat. 16505 f. 146 : « Exemplum de ceco et contracto qui nolebant sanari propter lucrum et fugientes adventum beati Martini cecus portavit contractum; beatus Martinus hoc sciens in spiritu sanavit utrumque » (panégyrique de saint Martin); tous les *exempla* de ce sermon se rapportant à la vie de ce saint sont du reste à peine esquissés; *ibid.,* f. 166va : « Exemplum de nobili juvene qui ante natale ivit ad confessionem quia debebat fieri miles ob hoc solum ut majorem auctoritatem haberet alios trahendi ad bonum et a rege francie quia illum meliorem ceteris credebat »; d'après le ms. lat. 16482 f. 143ra : « La prudefeme, quando habet saccum suum ad tergendum sotulares suos, si unus ribaldus veniat et tergat inde sotulares suos vel pedes suos vel ponat subtus pedes suos, non facit magnam vim, sed si acciperet mantellum suum de quarlato et vellet ponere subtus pedes suos et tergere inde pedes suos vi amoveret et hoc impediret quantum posset. »

31. Son œuvre oratoire se trouve dispersée dans trois manuscrits de la *B. N.,* à savoir les mss. lat. 15971 ff. 1-232va (XIIIe s.), 16482 ff. 1-284vb (XIIIe s.), 16481 ff. 3-340rb (XIIIe s.); v. Lecoy de la Marche, *op. cit.,* p. 105-110 et, pour l'inventaire des manuscrits légués à la Sorbonne, L. Delisle, *Cabinet des manuscrits* (Paris, t. II, (1874), p. 167-169.

Le premier (ms. lat. 15971), compilé entre 1260-1262, renferme, outre des moralités tirées de l'histoire naturelle (ff. 17-18rb : *Lapidarius,* ff. 33-44va : *Liber moralis de animalibus*), un petit traité de morale (ff. 18va-26vb), et certains récits de la *Disciplina clericalis* de Pierre Alfonse (ff. 57va-67vb), trois petits recueils d'*exempla* extraits

que figure de compilateur et de copiste de sermons d'autres prédicateurs, il a néanmoins montré, soit dans les sermons qui sont de lui, soit dans ceux des autres reproduits tantôt

en général des *Sermones vulgares et communes* de Jacques de Vitry. Le premier comprend 54 exempla (ff. 3-16vb), le second 67 (ff. 27-32), le troisième 152 (ff. 45-57), le tout suivi des sermons de Robert de Sorbon (ff. 68-232va).

C'est en tête du premier de ces recueils que le compilateur a mis un petit prologue explicatif et dont voici le texte, f. 3 : « Exemplorum congeries ista contexitur ut predicator habundet hinc exemplis ad proposita clarius offerenda, talia quoque magis accendunt simplices, qui doctrinas juxta ponunt alciores, auditorum mentes illuminant, illos ad bonum commovent, a malo retrahunt et elongant, illos letificant et delectant. Unde si quis non predicet sibi, tamen trahitur ad studium quo fastidium removet et sumit utile documentum. Festa nostra celebrando non celebrant, a quibusdam operibus suis cessant, sed se ludis vanis et noxiis et multis aliis que deo displicent, mente visu, verbo et opere deshonestant. Quantum esset perutile hiis exemplis tunc studium adhibere ociique fastidium utili studio sic auferre et si unusquisque non satisfaciat exemplorum cuncta (*sic*) que diximus, quidam tamen magis, qui[dam]minus secundum mensuram et naturam participant hos effectus. » — Les *exempla* sont tantôt la copie textuelle, tantôt la copie abrégée de ceux de Jacques de Vitry; ils se suivent sans ordre apparent, entremêlés de citations et de comparaisons tirées des bestiaires, du moins en ce qui concerne le premier recueil. Parfois aussi le compilateur recourt, pour ses récits, à d'autres recueils, tels que les dialogues de Grégoire le Grand (ff. 27-28), les miracles de Notre-Dame (ff. 31-32), voire même à des recueils anonymes, comme l'indiquent les titres des *exempla* suivants : « De pictoribus male vite predicatoribus (f. 11), de burgensibus ville s[t] Johannis (f. 56), de imperatore Frederico submerso (f. 56v), de rustico, filio et asino (f. 56vb). »

Le second (ms. lat. 16482), connu sous le nom de *Distinctiones*, forme une espèce de répertoire alphabétique, où se trouvent rangés par ordre de sujets, mais un peu arbitrairement, des pensées, des matériaux, des sermons entiers (dont celui de la passion en français) et des *exempla*. Il a été achevé après la mort de Louis IX (+ 1270) ; on lit, f. 16v : « Magnum festum fecit rex Ludovicus, quem Deus absolvat, quando apportavit benedictam crucem in Francia et ille qui apportavit istam crucem non habuit pudorem de apportando eam. » Il commence sans préambule, f. 1, au mot : ***Abraham*** et se termine, f. 284vb, au mot : *Vinea,* comprenant 230 rubriques, dont plusieurs sont répétées et même subdivisées. Il est en outre suivi (ff. 350-355vb), d'un supplément de 64 rubriques allant du mot : *Animus* à celui de : *Hospitalitas.* L'*exemplum* fait parfois directement suite à la rubrique; d'autrefois il est placé après un texte développé. Tantôt il est réduit au simple titre « exemplum de cato et igni (f. 59vb), exemplum de mustella (f. 161va), exemplum de pica que fert nucem in altum (f. 284) » ; tantôt il est à peine esquissé : « Audivi dici quod apud Cremonem fuit unus camelus qui in tantum fuit instructus,

en entier, tantôt par extraits, comment il entendait l'application de l'*exemplum*. Parfois, en effet, il lui donne un développement normal, d'autrefois au contraire il l'esquisse à peine, comme si le développement ultérieur était laissé au libre choix de l'orateur. Il recourt indistinctement presqu'à tous les types d'*exempla*, parmi lesquels il donne néanmoins ses préférences aux *exempla* bibliques et personnels, aux fables et aux moralités, ces derniers types étant toujours suivis de moralisations plus ou moins longuement développés. S'il n'a pas exercé une influence considérable sur les générations suivantes par la diffusion de son œuvre, il a du moins contribué à nous laisser une idée assez nette de l'état de la prédication en général et du rôle de l'*exem-*

quod bene sciebat scribere alphabetum (f. 74va) »; assez souvent, cependant, il reçoit son développement naturel comme dans le récit suivant : « Audivi de quodam sacerdote quod dum mandatus esset a quadam bona vetula sue parochie que erat in lecto infirma. Dum inter cetera fieret mencio de suo legato, quesivit sacerdos quod ei legaret. Ego lego vobis gallinam meam et in crastinum sacerdos misit pro gallina et eam comedit. Illa de infirmitate evasit et hoc audiens quod sic fecisset sacerdos, incepit eum increpare dicens : Domine non dederam vobis gallinam meam, sed legaveram i. in legato post mortem meam reliqueram et vos ita fecistis, certe vos estis pejor ipso diabolo vel quam sit diabolus de inferno, quia intonciens gallinam meam quando mihi tedium faciebat eam dabam diabolo dicens vade ad diabolum. Attamen diabolus nunquam eam perdavit et vos eam perdavistis, cui nunquam eam dedi, sed solum legavi. Ergo vos estis peior ipso diabolo. Caveant sibi tales gulosi ne contingat eis quod contingit principibus pharaonis » (f. 49rb) (pour d'autres *exempla* développés, v. *ibid.*, ff. 42, 55rb, 82va). Le nombre des *exempla* renfermés dans les Distinctions s'élève à 300 environ, dont une quarantaine nous ont paru originaux. Plus de 200 sont tirés de la Bible. Les autres sont empruntés aux *Vitæ Patrum*, aux dialogues de Grégoire le Grand, aux miracles de Notre-Dame, aux miracles eucharistiques, aux miracles de saint Jacques, aux vies de saints (saint Laurent, sainte Cécile, saint Antoine, saint Martin, sainte Geneviève, sainte Elisabeth, etc.), à Pierre le Mangeur *Magister in historiis*, à des prédicateurs, aux bestiaires, aux recueils de fables et à ses propres souvenirs.

Le troisième (ms. lat. 16481) comprend une collection de 216 sermons prêchés « entre le 1er novembre 1272 et le 18 novembre 1273 » à Paris, par divers orateurs et par lui-même (et à laquelle il y a lieu d'adjoindre une série de sermons faisant suite aux Distinctions du ms. lat. 16482 (ff. 285-349vb), où l'on peut constater le mieux l'application pratique qu'il a faite lui-même de l'*exemplum*).

plum dans les sermons prêchés dans les églises de Paris au troisième quart du XIIIe siècle.

L'*exemplum* devait surtout trouver un terrain favorable à son développement dans la prédication des membres des deux ordres mendiants, fondés au début du XIIIe siècle sous la haute direction de la papauté elle-même. Les Mineurs comme les Dominicains en qualité de prédicateurs attitrés des masses populaires, sauront en effet perfectionner cet instrument de la parole, au moyen duquel leurs contemporains tant réguliers que séculiers avaient obtenu de grands succès et l'adapter aux exigences des auditoires. Admirables connaisseurs des foules, au milieu desquelles ils vivaient, ils sauront également donner à cette morale en action qu'est l'anecdote, une place encore plus importante que celle qu'elle occupait jusqu'alors dans la littérature parénétique, se conformant en cela à la manière de faire de leurs fondateurs respectifs saint François (+ 1226) et saint Dominique (+ 1221). Ils auront à leur tour des théoriciens comme saint Bonaventure (+ 1274) et Humbert de Romans (+ 1277), qui formuleront dans des traités *De arte predicandi* de nouvelles règles sur la façon de prêcher, adaptées aux nécessités du moment et à l'esprit du temps. Non contents de composer de vastes sermonnaires destinés à alimenter la piété populaire, ils se mettront même à compiler des recueils d'*exempla* sous diverses formes comme compléments nécessaires à l'explication de la doctrine et de la morale chrétiennes.

Les Franciscains étant destinés de par la pensée même de leur fondateur à l'évangélisation des masses populaires *ad eruditionem rudium,* leur prédication devait, par conséquent, avoir comme but la moralisation et l'édification du peuple, d'après ce qui ressort de la règle de saint François de 1223, où il est dit au chapitre IX : « Annunciando eis vitia et virtutes, pænam et gloriam cum brevitate sermonis » [32]. L'*exemplum* qui concrétisait sous les formes les

32. *Opuscula s[t] Patris Francisci* (Quaracchi, 1904), p. 71 : « Moneo quoque et exhortor eosdem fratres, ut in predicatione quam faciunt, sint examinata et casta eorum eloquia, ad utilitatem et ædificationem

plus diverses l'enseignement dogmatique et moral, allait être pour eux un excellent moyen pour le rendre compréhensible et attrayant aux foules, auxquelles ils s'adressaient dans leurs tournées de prédication ambulante. Il semble, du reste, que le fondateur en ait fait lui-même un certain usage dans ses allocutions et improvisations. Thomas de Celano dans la *Vita secunda* de 1246-47 [33], nous a laissé quelques rares extraits qui caractérisent bien la façon de prêcher de saint François. Ainsi ce dernier cite dans un de ses sermons l'histoire de deux messagers envoyés par le roi à la reine, dont l'un rapporte les paroles de la reine sans rien ajouter, tandis que l'autre se répand, en outre, sur la beauté de celle-ci, voulant par là attirer l'attention des auditeurs sur la modestie des yeux (n° 113 : Solebat autem non castos oculos ænigmate tali configere). Dans un autre sermon il cite également la parabole curieuse de deux prédicateurs, dont l'un était un lettré, l'autre un ignorant, pour démontrer l'unité de l'esprit et du cœur qui doit exister parmi les membres de son ordre (n° 191 : Moralem parabolam semel proposuit instructionem non modicam continentem). Mais par-dessus tout il aime à employer des comparaisons et des images tirées de la nature (n° 152 : l'obéissance comparée à un cadavre « sub figura corporis mortui », n° 22, lui-même dans un sermon devant le pape, se compare à une poule et dans un autre sermon, également devant le pape, à une reine) [34].

Les disciples ont suivi la méthode du fondateur. Il suffit de se référer à la chronique de Fra Salimbene [35] et spécialement au livre *De prelato,* où plusieurs fragments de sermons ont été conservés [36]. Le chroniqueur dit même à propos d'un certain frère Hugues Paucapalea : « Erat totus

populi annuntiando eis vitia et virtutes, pænam et gloriam cum brevitate sermonis, quia verbum abbreviatum fecit Deus super terram. »

33. V. édit. Edouard D'ALENÇON (Rome, 1906).

34. V., pour cette dernière comparaison, *Legenda major s[t] Bonaventuræ* (Quaracchi, 1898), n° 10; pour d'autres comparaisons et récits, v. aussi Etienne DE BOURBON, *B. N.*, ms. lat. 15970, n°s 1283 (254) f. 333, 2346 (473) f. 526rb, sermon devant des prélats).

35. V. édit. HOLDER-EGGER (Hanovre, 1905-1913).

36. *Ibid.*, pp. 75, 76, 80, 113 et 141.

plenus proverbiis fabulis et exemplis et optime sonabant in corde suo, quia hæc omnia reducebat ad mores et habebat linguam disertam et graciosam et libenter audiebatur a populo » [37].

Ceux de la seconde génération et même après ont également adopté la manière de faire de saint François.

Les uns, comme Berthold de Ratisbonne (+ 1272) [38] et Conrad de Saxe (+ 1279) [39], s'en sont surtout tenus dans leurs sermons aux *exempla* bibliques, aux traits et comparaisons tirés de l'histoire naturelle.

Les autres au contraire, soit dans leurs sermons, soit dans leurs recueils d'*exempla* se sont adressés à tous les types d'*exempla* pour compléter leur enseignement parénétique. Ainsi, le mineur Guibert de Tournai (+ 1270) [40] dans

37. *Ibid.*, p. 163 (l'année 1238). Il est même probable que certains mineurs aient abusé de l'emploi de l'*exemplum* dans le sermon, si l'on en juge par les paroles que leur adresse saint Antoine de Padoue (+ 1231) dans le *Sermo 2. de apostolis,* disant que le fond du sermon doit être l'Ecriture Sainte et non pas l'historiette : « Item sonus campanæ dum de aquis resultat dulcior efficitur, sic cum de aquis sacræ scripturæ prædicatio accipitur, non de fabulis dulcis est in auribus Dei » (v. *Francisci sancti opera omnia* (Paris, 1641), p. 421).

38. V. *Sitzungsb. der Wiener Akad. der Wissenschaften, Philo-Hist. Klasse,* t. 149 (1904), p. 1-150; Linsenmayer, *op. cit.*, p. 333-354; il dit, p 338 : « Von den sonst sich breitmachenden Heiligenlegenden und Exempeln ist bei Berthold wenig zu finden... »; p. 339 : « Er macht von der Erzählung biblischer Begebenheiten, besonders aus dem altem Testamente häufig Gebrauch... Die verschiedenen Gebiete des Wissens werden von ihm gestreift, besonders die Naturwissenschaften... »

39. V. Franz (A.), *Drei deutsche Minoritenprediger aus dem XIII. und XIV. Jahrhundert* (Fribourg en Brisgau, 1907). Il dit, au sujet de l'*exemplum,* p. 33 : « So reich die Predigten des Frater Konrad an Hinweisen auf biblische Tatsachen sind, so arm erscheinen sie an Beispielen aus der Profangeschichte und aus den Heiligenlegenden. Nur in dem Zyklus de Sanctis kommt die Legende naturgemäss zur Geltung, aber in keineswegs vordringlicher Weise; dagegen fehlen im Zyklus de tempore die « Exempla » aus der Profangeschichte und aus der Legende vollständig, wiewohl sie sich zur Zeit Konrads bereits das Heimatsrecht in den Predigten erworben hatten. Dagegen kommen wiederholt Gleichnisse aus der Natur vor. Der Adler ereuert seine Kraft durch den Flug gegen die Sonne hin; so soll der Christ sich innerlich erneuern durch das geistige Hinaufsteigen zu Christus... » V. *ibid.*, également p. 49-103 : « Die Predigten des Frater Ludovicus », où la même tendance se fait jour.

40. V. *Hist. Litt.*, t. XIX, p. 138-142; Lecoy de la Marche, *op. cit.*,

ses *Sermones ad status,* imités de ceux de Jacques de Vitry, a inséré des *exempla* et des traits curieux de toute sorte. Ces sermons faisant suite aux *Sermones dominicales et festivales* et rédigés après la mort d'Alexandre IV (+ 1261) [41] à l'adresse de trente-cinq auditoires différents, en renferment en effet plus de deux cents. Les procédés de composition et surtout la façon dont l'*exemplum* est encadré dans le texte, rappellent de très près les méthodes de Jacques de Vitry, dont notre auteur s'est largement inspiré. Il en est de même des citations d'autorités et des sources des *exempla* [42], où celles de l'antiquité profane voisinent sans

p. 149-150. Texte consulté : *B. N.*, mss. lat. 15941 ff. 1-182rb (*Sermones dominicales et festivales*), ff. 183-372 (*Sermones ad status*) (XIIIe s.); 15943 ff. 5-219vb (*Sermones ad status*) (XIIIe s.) (le meilleur texte). Le grand nombre de copies manuscrites qui subsistent dans les différentes bibliothèques de l'Europe, ainsi que les éditions incunables et imprimées semblent indiquer que leur vogue a été immense jusqu'à la fin du Moyen Age et à l'approche des temps modernes. Nous avons laissé de côté, à dessein, les *Sermones dominicales et festivales,* car à l'exception de l'*exemplum* biblique (N. T.) à peine esquissé et du récit hagiographique également écourté, ils ne renferment pas d'*exempla*.

41. On lit en effet dans le prologue du ms. lat. 15943 f. 5 : « Quoniam de dominicalibus et sanctorum festivitatibus ad pie memorie papam Alexandrum quartum scribentes ejus imperio et precepto expedivimus, ideo de iis que pertinent ad diversa statuum et officiorum genera, prout dominus dederit subjungamus... » Ces sermons s'adressent à trente-cinq conditions sociales différentes : « Status autem vel officia XXXV nobis occurrunt, que per viam divisionis haberi possunt » (*ibid.*). Ils comprennent outre ceux signalés déjà par Jacques de Vitry, certains autres adressés à des solitaires ou ermites, à des bourgeois dirigeant les affaires publiques, aux bourgeois organisés en communes, à ceux qui instruisent les enfants dans les écoles : « Ad contemplativos et solitudinem diligentes, ad burgenses reipublice vacantes, ad cives communiter viventes, ad eos qui addiscunt in scolis pueros. »

42. On y rencontre en effet des citations extraites des écrits de Sénèque, de Cicéron (Tullius), d'Horace, de Quintilien, de saint Cyprien, de saint Jean Chrysostome, de saint Ambroise, de saint Jérôme, de saint Augustin, de Boèce, d'Isidore, de Cassiodore, de Gilbert de la Porée, etc. Quant aux sources des *exempla,* elles sont fournies par les fables d'Esope et de Phèdre (15), les écrits de Tite Live, de Sénèque (tragédies), d'Hegésippe, d'Eusèbe, de saint Ambroise (*Liber de virginitate*), de saint Jérôme, de Rufin (trad. de l'*Historia ecclesiastica*), de Boèce, de saint Grégoire le Grand, par les *Acta Martyrum,* par les *Vitæ Patrum,* les vies de saints, pour l'antiquité; par l'*Historia Britonum* de Geoffrei de Monmouth, le Roman du Renard, le *Liber de*

difficulté avec celles de la période patristique et du Moyen Age, complétées parfois aussi par des proverbes français. Et en ce qui conrerne les *exempla,* Guibert en emploie tour à tour les différents types puisés aux sources communes et développés selon les procédés ordinaires [43]. Ses préférences semblent néanmoins aller à l'*exemplum* profane, à l'*exemplum* moralité et à l'*exemplum* personnel, ce dernier fournissant les récits et les traits les plus intéressants.

L'*exemplum* a également joué un rôle important dans l'évangélisation des masses populaires par les Frères-Prêcheurs. Son emploi dans le sermon dominicain remonte à l'origine même de l'ordre. Saint Dominique, au dire de ses biographes, a pratiqué la méthode narrative dans ses tournées de prédication. « Ubicumque conversabatur beatus Dominicus sive in via cum sociis aut in domo cum hospite reliquaque familia aut inter magnates et principes vel prelatos, semper effluebat edificatoriis sermonibus habundabat

singularitate clericorum; les bestiaires (20 animaux cités), l'*Historia scolastica* de Pierre le Mangeur, les vies de saint Bernard et de saint François, et surtout par les *Sermones vulgares* de Jacques de Vitry (fortement démarqués) pour le Moyen Age.

43. Voici, au hasard, des récits empruntés aux contes des animaux, qui montrent à merveille comment Guibert entend le développement du récit. *B. N.*, ms. lat. 15943 f. 135va : « Exemplum de leone, qui cum haberet spinam in pede, pedem pastori (vb) porrexit, qui spinam extraxit. Cum postmodum leo esset in curia imperatoris et pastor ille nescio quo demerito suo offeretur leoni ad devorandum, leo pastorem recognoscens ei vicem reddidit et a ceteris animalibus eum defendit et imperator utrumque liberum abire permisit. » f. 183rb : « Hec est sepe confessio renardi, qui cum debuisset suspendi et Grimbertus taxus duceret eum ad curiam leonis, facta confessione de omnibus peccatis eadem die vidit gallinam juxta domum cujusdam hominis et taxo ait : « Illa est via qua incedere debemus juxta illam domum quam videmus. » Cui taxus : « Miser, hodie fecisti confessionem de omnibus peccatis tuis (va) et confessus es quod multas gallinas devorasti et eciam in manu mea promisisti quod de cetero abstineres. » Et renardus : « Verum est sed ego dederam oblivioni. » Sic pueri confitentur et penitencias injunctas non faciunt. Si vastaverunt segetes aut tulerunt racemos de vineis aut poma de arboribus frangendo pomeria non abstinent ab eis post confessionem nec dampnum restituunt, immo inventum est quod quidam puer dum absolveretur ante sacerdotem una manu pectus tundebat et alia bursam sacerdotis plenam denariis abscindebat. »

exemplis, quibus ad amorem Christi seculive contemptum audiencium animos incitabat... »[44].

Les premiers disciples ont imité la manière de faire du fondateur d'après ce qu'il ressort des citations d'*exempla* faites par Etienne de Bourbon et provenant des sermons d'un Mathieu de France (+ 1226)[45] et d'un Henri de Cologne (+ 1234)[46].

Ceux de la seconde génération composeront parallèlement à des recueils d'*exempla*, des sermonnaires où l'*exemplum* aura également une large place. Parmi eux, il y a surtout lieu de signaler Humbert de Romans (+ 1277), Martin le Polonais (+ 1279), Etienne de Salagnac (+ 1290).

Humbert de Romans[47], dans la seconde partie de son traité *De eruditione prædicatorum*[48], nous a laissé des modèles de sermons divisés en deux sections, de cent chapitres chacune, intitulées : 1° *Sermones ad omne hominum genus* ou des sermons pour toutes les classes d'auditeurs (p. 458-506) ; 2° *De modo prompte cudendi sermones ad omne negotiorum genus* ou de l'art de composer promptement des sermons pour toutes espèces de circonstances (p. 506-567)[49],

44. *B. N.*, ms. lat. 15970 f. 2rb prologue (Lecoy de la Marche, p. 13).

45. *Ibid.*, n°s 20 (8) f. 140rb, 1363 (268) f. 347ra.

46. *Ibid.*, n° 2271 (453) f. 508ra, etc.

47. Lecoy de la Marche, *op. cit.*, p. 131-134; Mortier (D.-A.), *Histoire des maîtres généraux de l'ordre des Frères-Prêcheurs*, t. I (Paris, 1903), p. 415-664.

48. *Maxima Bibliotheca Patrum* (édit. Lyon, 1677), t. XXV, p. 424-567.

49. Lecoy de la Marche dit, à leur sujet, p. 132 : « Chaque chapitre contient une esquisse, un canevas, n'ayant rien du style oratoire, pas même le discours direct. Souvent même on n'y trouve que des titres et des divisions, avec cette finale singulière : « Ad cujus materiam habendam notandum est ut supra »... La forme est donc peu attrayante. Mais le fond, comme dans Jacques de Vitry, est enrichi de curieuses peintures de mœurs; et la dernière partie ajoute beaucoup à l'ouvrage du célèbre cardinal, qui s'était borné à envisager les variétés d'auditoires. » [En note] : « Outre les diverses classes d'individus, auxquelles s'adressent les sermons de Jacques de Vitry, Humbert s'occupe des suivantes : chanoines réguliers de Prémontré et du Val-des-Ecoliers; religieux du Sac, de Grammont, de la Trinité; chartreux; dominicains; convers des différents ordres; chevaliers de l'ordre teutonique; filles élevées dans les monastères; béguines; magistrats des cités; courtisans; voyageurs sur mer; femmes perdues. »

où il a appliqué les théories relatives à l'*exemplum* exposées dans la première partie. Il semble, d'après les types représentés dans ces sermons, avoir eu une prédilection spéciale pour l'*exemplum* biblique et l'*exemplum* dévot tiré des *Vitæ* et *Collationes Patrum*, des dialogues de Grégoire le Grand, des vies de saints (sainte Cécile, sainte Agnès, sainte Catherine, saint Ambroise, saint Augustin, saint Martin, saint Germain, sainte Cunégonde, saint Thomas de Cantorbéry, etc..., des miracles de saint Jacques (Calixte II), sans pourtant s'interdire l'emploi de l'*exemplum* profane tiré *De vitis quibusdam illustribus antiquis* (*Lib. II, I, Ser. 64*, p. 488)[50], de l'*exemplum* prosopopée, (*Lib. II, II, Ser. 99*, p. 566, Pseudo-Turpin), de la fable (*Lib. II, II, Ser. 8*, p. 513 de alauda in fabula) et des traits d'histoire naturelle *Scientia creaturarum* (*Lib. I*, p. 433). A ajouter aussi qu'il a utilisé les *exempla* d'une façon modérée (d'un à trois) dans les différentes parties du sermon, en se servant généralement de la formule *item* pour introduire le récit.

Martin le Polonais[51], également connu par sa célèbre *Chronica Summorum Pontificum et Imperatorum* (v. édit. Rome, 1476) et son *Promptuarium exemplorum* (v. *infra*), s'est employé, comme le précédent, à utiliser l'*exemplum* dans ses *Sermones de tempore et de sanctis*[52]. Il se sert pour l'introduire de formules usuelles (*accidit, refert, dicit, legitur, audivit*) et le place d'ordinaire dans la deuxième et la troisième partie du sermon. Celui-ci est tantôt entièrement développé, tantôt à peine esquissé ou indiqué avec renvoi au *Promptuarium*[53] sur lequel nous reviendrons plus

50. *Ibid., II. I. Ser. 30*, p. 526 : In historiis gentilium (de virginibus Vestæ deæ servientibus, quæ si inveniebantur in stupro, comburebantur) ; *Ser. 86*, p. 560 : Exemplum de Menelao ; *Ser. 98*, p. 566 : Exemplum de Alexandro.

51. Quétif et Echard, *Scriptores Ordinis Praedicatorum*, t. I (1719), p. 361-370.

52. V. édit. Strasbourg, 1483 (*B. N.*, Inv. Rés., D. 694).

53. V. p. ex. : *Sermo XXX* : Majus pene malum est pena purgatorii, excedit enim omnem penam temporalem, ut dicit Augustinus : exemplum de heremita qui potius eligeret duobus diebus esse in purgatorio quam malum sustinere temporale per aliquot annos, quere eciam de hoc exemplum in promptuario cap. III. A. — *Sermo XXXV* :

tard. Il est représenté par un certain nombre de types, tous empruntés, à l'exception du récit hagiographique, au traité d'Etienne de Bourbon, dont le *Promptuarium* n'est qu'une imitation très abrégée.

Etienne de Salagnac, prieur du couvent dominicain de Limoges (+ 1290), dont malheureusement les sermons n'ont pas été conservés, a été célèbre par l'emploi fréquent qu'il a fait de l'*exemplum* dans ses adresses au peuple. Il joignait, au témoignage de Bernard Gui, son confrère plus jeune, à ses qualités d'orateur, celle de conteur d'anecdotes empruntées tant aux sources profanes que chrétiennes pour l'édification de ses auditeurs : « Gratia facundiæ genere et opinione præclarus, verbo etiam ædificationis semper et ubique effluens, gesta quoque sanctorum et virorum illustrium et antiquitates memorabiles gerens in pectore et promens in tempore suo » [54].

Au XIVe siècle, les prédicateurs tant séculiers que réguliers continuent à user du même procédé dans leurs sermons avec une tendance plus accentuée à exploiter l'*exemplum* moralité et à ajouter des moralisations aux divers autres types d'*exempla*.

Ainsi, en France, Jacques Duèze, pape sous le nom de Jean XXII (1316-1334) [55] dans les trente-deux sermons qui subsistent de lui, donne ses préférences aux traits d'histoire naturelle pour illustrer ses développement oratoires.

Sic accidiosi leviter et tepide vivunt, ponunt enim manum sub axella : exemplum cap. II. B. De magistro quodam festum singulis annis sancti Bartholomei faciente. — *Sermo XXXVII :* Pro malis bona rependit : exemplum in prompt. cap. IX. A. De quodam milite adulterum in camera cum muliere inveniente », etc.

54. Quétif et Echard, *op. cit.*, t. I, p. 259; *ibid.*, p. 415, il est dit également de lui : « Gesta quoque notabilia, historias notabiles, memorabilia facta, exempla servorum Dei quam plurimum novit et ubicumque expediens esse vidit, in promptu habuit ad narrandum. »

55. V. *Hist. Litt.*, t. XXXIV, p. 536-551 (Article de Noël Valois) ; pour le texte, v. *B. N.*, ms. lat. 3290 ff. 1-112v (XIVe s.). Les 32 sermons se répartissent ainsi : 7 pour l'assomption (ff. 1-25), 5 pour la nativité de la Vierge, dont 2 ff. 25v-29 et 3 ff. 76-80, 3 pour la Toussaint ff. 33-43, 9 pour l'annonciation ff. 43-76, 8 pour la purification ff. 81v-112v.

« Ses comparaisons, ses exemples, comme le dit excellemment Noël Valois, sont empruntés tantôt aux lois de la physique, tantôt aux mœurs des oiseaux ou aux particularites de la botanique » [56]. Ils sont toujours suivis d'une moralisation appropriée. Leurs sources immédiates doivent être cherchées dans les traités *De natura rerum* qui se trouvaient à la bibliothèque du palais d'Avignon. Quant aux récits proprement dits insérés çà et là dans les sermons, ils appartiennent généralement au type dévot extrait des *Vitæ Patrum*, des *Vitæ Sanctorum* et des miracles de Notre-Dame et, exceptionnellement, au type de l'*exemplum* personnel [57].

La mème tendance se manifeste aussi chez le dominicain Jacques de Lausanne (+ 1321) [58]. Ce prédicateur dans ses *Sermones dominicales et festivales* recourt en effet, constamment, aux traits tirés de l'histoire naturelle (bestiaires, volucraires, lapidaires, herbiers) [59] qu'il a soin de moraliser

56. *Ibid.*, p. 540.

57. Voici, pour illustrer le procédé de Jean XXII, deux *exempla*, dont l'un appartient au type de l'*exemplum* moralité et l'autre au type de l'*exemplum* conte; f. 49ra : « Dicitur enim si alauda videat aquilam super se volare in tantum timet quod de illa die non est ausa cantare aut volare. Si leo eciam rugiat, omnia animalia que audiunt sic terrentur et timent eum quod stant in eodem loco et non audent se movere. Nos ergo multo magis istum dominum qui est potentissimus, cujus virtus attingit ubique debemus timere maxime si consideremus quod omnia sunt sibi manifesta et aperta... » f. 49rb : « Dicitur eciam quod quidam barbitonsor furatus fuit quendam porcellum. Dominus autem nolens eum perire intravit domum ejus quasi vellet pilos deponere de capite suo. Barbitonsor autem, dum ipsum rasisset a parte anteriori et vellet eum a parte posteriori capitis radere, vidit ibi duos oculos et admiratus quam plurimum, interrogavit quid hoc esset. Cum istis oculis ait dominus vidi quando furatus fuisti porcellum. Et evanuit. Tunc ille tremefactus et compunctus furtum restituit. Sic ergo timor domini eciam servilis quandoquoque peccatorem ad bonum inducit. » V. aussi f. 50ra : procédé des jongleurs pour aveugler les ours.

58. V. *Hist. Litt.*, t. XXXIII, p. 459-479; J.-Th. WELTER, *Positions des mémoires pour le diplôme d'études supérieures d'histoire* (Paris, 1907 : Jacques de Lausanne, p. 263-265); pour le texte, v. *B. N.*, ms. lat. 18181 ff. 1-231va (XIVe s.); édit. Paris, 1530 (*B. N.*, Inv. Rés., D. 80022).

59. Nous nous contentons de citer deux de ces traits, celui de l'éléphant pourchassé par les chasseurs, comparé à l'homme tenté par le diable et celui du Christ né d'une vierge, comparé au rhinocéros

comme ceux de ses autres traités (v. *infra*). Il se plaît également à faire un usage discret des récits extraits de la Bible, des *Vitæ Patrum*, des dialogues de Grégoire le Grand, des fables, des écrits de Thomas de Cantimpré, de la Légende dorée de Jacques de Voragine, ou encore d'*exempla* provenant de sa propre expérience. Tantôt il indique l'*exemplum* exclusivement par son titre ou son *incipit* (v. édit. f. 95 : nota exemplum de Deum blasphemantibus, nota exemplum de cane qui dixit domino suo quod mulier, nota historiam per Joseph discipulum Christi, etc...), sans doute parce qu'il lui était familier, tantôt il l'esquisse brièvement (v. édit., f. 91v : de quodam sacerdote lausanneo in austeritate vivente, f. 114v de quadam beguina remensi post mortem loquente), tantôt aussi il lui donne son développement complet (v. édit., f. 113v : de piscatore quodam in provincia narbonensi et pisce corpus domini in ore portante), comme s'il tenait surtout à impressionner son auditoire. Il est à noter aussi qu'il place son récit à la suite de ses développements oratoires, où l'on rencontre nombre de proverbes et d'expressions françaises qui donnent à l'ensemble une certaine saveur originale propre à plaire aux gens du peuple.

Son confrère Armand de Belvézer [60], originaire de Bel-

capturé par une vierge, v. édit. f. 41v : « Dicitur de elephante quia tunc venit unus venator qui pungit eum, verberat et affligat, sed alius superveniens venatorem repellit et fugat et dat cibum scil. ordeum elephanti, quia cum fecerit ter vel quater, elephans eum diligere incipit et domesticatur ita quod postea sibi libenter obedit. Sic spiritualiter totum genus humanum propter peccatum primorum parentum inciderat in foveam peccati in qua diabolus venator animarum ipsum multis punctionibus temptationum et tribulationum pungebat et affligebat, sed Christus salvator mundi istum venatorem repulit, prostravit et fugavit... » f. 17v : « Sicut de rinocheronte quod est animal ferum habens cornu in fronte, ita quod quidquid attingit perforat occidit et non potest capi per violentiam, sed per artem. Sic quia in via sua ponitur virgo mundissima, in cujus gremio capitur omni ferocitate deposita. Sic captus fuit Dei filius descendendo in uterum virginis nude, tunc fuit arcus refugiens jugiter. »

60. V. *Hist. Litt.*, t. XXXVI, I, p. 265-295, étude de M. Ant. Thomas, d'après les mss. 90 ff. 1-220 (1391) 18013 ff. 1-202 (XIVe s.) de la Bibl. Royale de Munich, le ms. 143 ff. 1-187 (XIVe s.) de la Bibl. des Cisterciens de Heiligenkreuz et les édit. de Lyon (1525) et de Brescia (1610) (*B. N.*, Inv. Rés., D. 25631, D. 6500).

vézet de Saint-Léons (arrondissement de Millau, Tarn) (+ 1333 ?) dans ses *Collationes Psalterii et sermons divers*, achevés vraisemblablement en 1328 et dédiés au cardinal de Saint-Eusèbe, Raymond de Mostuéjuols (p. 279-294) fait également une certaine part à l'*exemplum* moralité, tiré des bestiaires et des lapidaires, surtout à celui qui a trait aux poissons (saumon, brochet, truite). Pour ce qui est des autres types d'*exempla*, il donne ses préférences à l'*exemplum* prosopopée, au conte (la mort et le mourant), à l'*exemplum* personnel (le récit du bourgeois de Millau, le sacristain des Franciscains de Narbonne et l'armoire, le voleur pendu à Avignon, l'histoire du corbeau et du bréviaire) et au récit dévot et hagiographique, (v. COLL. 72 : *De beato Thoma de Aquino,* pp. 118-121v édit., Lyon, 1525), tous, en général, assez brièvement développés. Par ailleurs, il fournit des détails intéressants sur l'état de la civilisation du Midi de la France, sur le provençal par les proverbes et les vers qu'il cite au cours du texte dans cette langue ainsi que sur les luttes politiques en Italie entre Guelfes et Gibelins.

En Allemagne, la prédication présente, à tout prendre, les mêmes aspects que celle de France. Les prédicateurs recourent dans les sermons aux mêmes types d'*exempla* que leurs confrères français et leur font jouer le même rôle. Les grands mystiques comme maître Eckart (+ 1327-1329) [61], Jean Tauler (+ 1361) [62], Henri

61. LINSENMAYER, *op. cit.*, p. 398 : « Mit Erzählungen ist Eckhart sehr sparsam und hält sich dabei etwas kurz; wir finden 13,25 den Tod des Archimedes, 260,4 Selbsterlebtes, 275,34 ein kleines Bild aus dem Leben des hl. Franciscus, 363,27 die Busse des Kaisers Theodosius... » P. 399 : « Eckhart liebt es besonders seine speculativen Ideen durch Gleichnisse, die teils dem alltäglichen, teils und zwar mit Vorliebe, der Naturwelt entnommen sind, dem Verständnisse seiner Zuhörer näher zu drücken... » V. aussi H. BÜTTNER, *Meister Eckehards Schriften u. Predigten,* Jena, 1909.

62. *Ibid.*, p. 422 : « Bei dem sichtlichen Bemühen Taulers, seinen Zuhörern verständlich zu werden, musste ihm die Allegorie und das Gleichniss als willkommene Stütze dienen... » P. 425 : Zu Gleichnissen dienen Tauler meistens Vorgänge in der äussern Natur, wie z. B. wenn er die Tugend der Demuth mit den Wurzeln eines Baumes ver-

Suso (+ 1365) [63] en font, il est vrai, un usage plutôt discret, cependant que leurs préférences vont aux descriptions tirées de l'histoire naturelle, aux paraboles, qui sont, tour à tour, moralisées. Les prédicateurs populaires suivent également le courant du moment et font dans leurs sermons, à la fois, une certaine part aux *exempla* et aux moralisations. Ainsi le dominicain connu sous le nom de « Frater Peregrinus » (+ 1322) [64] dans ses *Sermones notabiles et compendiosi... de tempore* (62) *et de sanctis* (68)... », recourt surtout comme le titre même l'indique, aux fables, figures et moralités diverses, sans exclure d'autres types d'*exempla*, dont les plus employés sont les

gleicht, die sich in die Erde senken müssen oder in der Ameise zeigt wie man sich selbst überwinden müsse (f. 171 b) ; auch aus dem Treiben der Menschen werden manche Dinge zur Veranschaulichung herbeigezogen, so die Jagd (f. 28 b), wo unter diesem Bilde, die Versuchungen ausführlich dargestellt werden, oder die Schiffahrt (f. 41b). Wer von der Liebe verwundet ist, heisst es an letzterer Stelle, der thut wie ein Kaufmann, der sein Schiff um Gewinn führen will... » Auch die Thierfabel kommt zur Vervendung (f. 73a, 51a...). P. 426 : « In der Regel sind die Gleichnisse gut gewählt und nur ausnahmsweise verfallen sie in das Triviale (f. 18b, vom Pferdemist, f. 29b u. d.). Da und dort findet sich auch ein Exempel eingestreut, meistens den Erfahrungen des Ordenslebens entnommen (z. B. f. 26a, f. 74b) oder der Legende der Heiligen (z. B. f. 18b, 94b...). Tauler liebt auch seinem populärem Zuge gemäss, Sprichwörter und volksthümliche Redensarten... » V. *Sermones*, édit. Leipzig, 1498 (*B. N.*, Inv. Rés., D. 80033).

63. *Ibid.*, p. 436 : « Von Schriftstellen macht Suso in seinen Reden nur einen sparsamen Gebrauch, wie auch sonst Citate nur wenig werwendet werden. Dafür liebt er kurze Erzählungen, wohl aus dem Kreise mysticher Erfahrungen entnommen, auch eine Vision, die ihm selbst zu Theil geworden, erwähnt er an einer Stelle (S. 415). » V. *Opera* (trad. lat.), édit. Cologne, 1615.

64. V. Quétif et Echard, *op. cit.*, t. I, p. 554-552; Linsenmayer, *op. cit.*, p. 372-376; Cruel, *op. cit.*, p. 336-346. Consulté l'édit. 1481 sans indic. du lieu (*B. N.*, Inv. Rés., D. 9212), avec ce titre explicatif : *Fratris Peregrini sacre theologie professoris celeberrimi sermones notabiles et compendiosi faciliter mox et sine magno laboris conamine in memorie thesaurum reponibiles cum pulcris figurarum exemplorumque scematibus aures auditorum demulcentibus de tempore et sanctis feliciter incipiunt;* Cruel, p. 336, place, d'après un manuscrit de Leipzig, la date de composition de ces sermons en 1305.

exempla bibliques, pieux et hagiographiques[65], qu'il se plaît parfois aussi à moraliser[66].

Jean de Werden[67], dans son *Dormi secure*[68], écrit vers 1330 et comprenant un ensemble de soixante-onze sermons, suit la même méthode que le précédent. Lui aussi dans ses esquisses de sermons, donne ses préférences aux figures et moralités tirées de l'histoire naturelle qu'il se plaît également à moraliser (*legimus figuram, ita spiritualiter, ita moraliter*)[69]. Il ne néglige cependant non plus d'autres types d'*exempla* empruntés aux sources ordinaires — une cinquantaine environ — dont le type prédominant est le récit dévot (Légende dorée), parfois aussi moralisé[70].

65. LINSENMAYER dit à leur sujet, *op. cit.*, p. 372 : « Die Reden sind mehr als blosse Entwürfe mit sorgfältig ausgearbeiteten Dispositionen zu betrachten, welche allerdings noch durch verschiedene Exempel und Autoritäten bereichert werden... » P. 375 : « In den Heiligenpredigten, welche übrigens vielfach der Legenda aurea entnommen sind, waltet das legendenhafte Moment vor, wofür er auch die « Historia lombardica » als Quelle nennt (in der Pred. auf den hl. Sebastian). Auch sonst liebt er es, durch kleine Geschichten seine Darstellung zu beleben... Aesopische Fabeln werden in der Predigt auf den dritten Avent Sonntag mit Geschick verwerthet. Auch sonst liebt Peregrinus Beispiele aus der Thierwelt... » CRUEL, *op. cit.*, p. 340, s'exprime de la même façon : « Was nun diesen Predigten trotz ihrer einfachen und gleichartigen Form ein so frisches Gepräge gibt und das Interesse des Lesers wacht hält, ist der abwechselnde Gebrauch, den der Verfasser von verschiedenen Hülfsmitteln populärer Kanzelberedsamkeit macht. Hier gehört hauptsächlich die Veranschaulichung seiner Lehren durch eingestreute Erzählungen (Figuren, Exempel, Fabeln und Moralitäten). »

66. V. p. ex *Serm. 3. adv. :* de aquila et testudine, de salamandra et musca; *Serm. 15. dom. in quinquagesima :* de rege infirmo et duobus militibus ei vinum propinantibus; *Serm. 46. dom. nona post oct. pent :* de Alexandro moriente, de rege annuali, etc.

67. V. *Hist. Litt.*, t. XXIV, p. 74-84; t. XXV, p. 81; t. XXIX, p. 614-615, où HAURÉAU (B.), essaie de fixer la date de composition du *Dormi secure;* CRANE, *op. cit.* Introd., p. LXI-LIV; CRUEL, *op. cit.*, p. 478-480.

68. Consulté l'édit. sans date ni lieu (*B. N.*, Inv. Rés., D. 620), avec titre explicatif : *Sermones dominicales cum expositionibus evangeliorum per annum satis notabiles et utiles omnibus sacerdotibus et capellanis, qui alio nomine dormi secure vel dormi sine cura sunt nuncupati eo quod absque magno studio faciliter possunt incorporari et populo predicari.*

69. CRUEL, *op. cit.*, p. 479 : « Die Ausführung wird belebt durch selterne Exempel, aber sehr häufig ungewandte Figuren und naturgeschichtliche Moralitäten. »

70. V. *Serm. 1 :* De quadam virgine in sole sedente; *Serm. 7 :* in

Le mineur anonyme, auteur des *Sermones dominicales et de sanctis*[71], connus sous les titres de *Greculus, Piper, Florus Apostolorum*, et écrits vers 1325 (?), semble tenir la balance égale entre l'*exemplum* moralisé et les autres types d'*exempla*. De même qu'il recourt souvent aux traits d'histoire naturelle, de même aussi il s'attache à confirmer ses conclusions doctrinales par de nombreux récits tirés directement ou de seconde main de sources diverses : *Vitæ Patrum,* Grégoire le Grand, Pierre le Mangeur, Césaire de Heisterbach, Thomas de Cantimpré, Etienne de Bourbon, Jacques de Voragine, des traités *De natura rerum,* des fables (Avianus), des sermons de Berthold de Ratisbonne, de Conrad de Saxe, du Frater Peregrinus, du mineur Albert de Prusse, évêque de Posnanie (1259-1288). Ces *exempla,* aux types variés, parmi lesquels prédomine cependant la récit dévot au sens large du terme, ont trait au culte du Christ et de Notre-Dame, au culte eucharistique, aux sacrements, aux œuvres de miséricorde, aux vices et vertus, aux joies célestes, à la mort, au diable et à l'enfer[72].

La même tendance prévaut dans les *Sermones parati de tempore* (157) *et de sanctis* (81)[73], composés par quelque prédicateur anonyme en Allemagne au cours du XIVe siècle. Bien qu'on n'ait affaire qu'à des esquisses de sermons soigneusement divisés en trois et parfois en quatre parties, on y rencontre, comme dans le sermonnaire précédent, pour ainsi dire tous les types d'*exempla*[74]. Certains sermons renferment cinq *exempla* (v. *Serm. dom., 60 et 62*), d'autres

gestis Grecorum, de quodam imperatore et ejus filia rapta; *Serm. 71 :* in gestis Romanorum, de quadam virgine et fonte in Judea.

71. V. Franz (A.), *op. cit,* p. 107-157.

72. *Ibid.*, p. 126-145, où l'auteur énumère brièvement de nombreux *exempla.*

73. Cruel, *op. cit.*, p. 474-478; consulté l'édit. de Strasbourg, 1487, (*B. N.*, Inv. Rés., H. 190) : *Sermones parati de tempore et de sanctis, Tabula sermonum parati de tempore et de sanctis secundum anni cursum continens dies initia et numerum eorundem sermonum et in hoc libro contentorum incipit feliciter.*

74. Cruel, *op. cit.*, p. 475 : « Die Ausführung aber erhält eine grosse Popularität durch den häufigen Gebrauch von Exempeln, indem ein solches gewöhnlich am Schuss, oft aber auch bei jedem Teile erzählt wird... » P. 477 : « Die Stelle der Exempel vertreten wohl Figuren und naturgeschichtliche Moralitäten... »

deux, d'autres un, quelques-uns même n'en ont pas. Les *exempla* sont en général brièvement développés et placés dans les différentes parties du sermon. Ils sont tirés des répertoires d'*exempla* ordinaires, tels que les *Vitæ Patrum*, les dialogues de Grégoire le Grand, le recueil d'Etienne de Bourbon, la Légende dorée et probablement aussi des chroniques [75], que l'auteur pouvait avoir sous les yeux, sans excepter la Bible et même des recueils d'un genre particulier, comme le *De ludo scaccorum* de Jacques de Cessoles (v. *Serm. dom. 60 : exemplum* du vieillard et du coffret rempli de clous) et les *Gesta Romanorum*. Les traits et comparaisons tirées de l'histoire naturelle sont généralement moralisés. Il en est de même d'un certain nombre d'autres *exempla*, auxquels l'auteur se plaît à ajouter une interprétation allégorique ou symbolique qui occupe une place aussi longue que le texte lui-même [76].

Si nous passons en Angleterre, nous constatons que là aussi les prédicateurs font grand cas de l'*exemplum* dans les sermons. L'auteur anonyme de la *North English Homely Collection* [77] écrite en vers anglais au premier quart du XIVe siècle et comprenant des homélies sur les évangiles des dimanches et des principales fêtes s'ingénie à illustrer son exposé de récits longuement développés (un par homélie). Cependant parmi les cinquante-quatre *exempla* que renferme l'homiliaire, il donne la prédominance aux types d'*exempla* pieux et hagiographiques (Bible, *Vitæ Patrum*, Dialogues, Légende dorée), sans exclure d'autres types comme l'*exemplum* prosopopée, le conte, le récit profane, extraits des compilations d'Etienne de Bourbon ou d'Arnold de Liège.

De même, vers la fin du siècle, Jean Mirk (+ 1403 ?) [78]

75. V. *Serm. 124 dom. non. post Trinit. :* De quodam milite turpiter adamante uxorem alterius militis, etc.

76. V. *Serm. dom. 66 :* De rege et ejus servo leproso; *Serm. dom. 68:* De quodam paupere et ejus avicula, etc.

77. V. Gerould (G. H.), *The North-English Homily Collection, a study of the manuscript relations and the sources of the tales* (Lancaster, U. St. A., 1902); Mosher, *op. cit.*, p. 94-100; Herbert, *op. cit.*, t III, p. 320-336, 714-717.

78. V. *Dict. of Nat. Biog.*, t. XXXVIII, p. 50-51 (avec l'indication de

manifeste aussi un goût prononcé pour l'emploi de l'*exemplum* dans son *Festial* écrit en prose anglaise. Ce sermonnaire qui comprend soixante-quatorze sermons *de tempore* (40) et *de sanctis* (34) ne renferme pas moins de cent-six *exempla* proprement dits ainsi que de nombreux traits tirés de l'histoire naturelle et moralisés. Les *exempla* sont généralement placés à la fin du développement de la seconde et de la troisième partie du sermon. Ils sont parfois à peine esquissés; souvent aussi ils sont développés avec force détails au point même d'empiéter sur l'exposé doctrinal. Leur nombre varie de un à quatre par homélie; certaines homélies cependant n'en ont point. Leurs sources directes sont des recueils d'*exempla* antérieurs et la Légende dorée par l'intermédiaire desquels sont cités des récits provenant de la Bible, des *Vitæ* et *Collationes Patrum,* des écrits de Josèphe et de Mélitus, des Dialogues de Grégoire, des vies de saints anglais et autres, des écrits du vénérable Bède, de Pierre le Mangeur *the mayster of stories,* d'Alexandre Nequam, de Jean Beleth, du Polychronicon de Ranuphe Higden, des *Gestes* de France, des *Gestes* des Romains. Pour un certain nombre de récits l'indication de la source est supprimée et remplacée par les formules *I rede, I finde.* A côté de ces récits dépourvus de toute originalité, il y en a d'autres que Mirk a empruntés à la tradition orale, à sa propre expérience, à des faits localisés en Angleterre ou ayant trait à des grands personnages anglais, à des coutumes et à des croyances [79]. Il est fort probable que c'est grâce à cette variété d'*exempla,* où la plupart des types, y compris surtout le type de l'*exemplum* personnel, sont représentés ainsi qu'au talent de *conteur* dont Mirk a fait preuve, que

plusieurs manuscrits, surtout de celui du *B. M.*, ms. Cott. Claud. A. II. ff. 1-123 (XVe s.) ; Festial, édit. Erbe, *E. E. T. S.*, Ext. Ser. (London, 1905), n° 96 (d'après 6 manuscrits) ; HERBERT, *op. cit.*, t. III, p. 706-7. A ajouter aux manuscrits signalés ci-dessus celui de Cambridge, Fitzwilliam Museum, n° 128 ff. 1-43 (XVe s.) ; MOSHER, *op. cit.*, p. 107-113.

79. *Ibid.*, p. 111-112, exempla relatifs à Thomas Becket et Henri II (Fest. I, 39-40), à Robert Grossetête (Fest. I, 78) ou localisés en Angleterre à Norwich, à Axbridge (Exebridge), situé sur la limite du Devonshire et le Sommerset (v. HERBERT, p. 706), à Shrewsbury, à Northampton, à Shaftesbury, etc.

le Festial a obtenu un grand succès au XVe et même au début du XVIe siècle, où il a été maintes fois imprimé.

Telle est succinctement exposée l'importance qu'a prise l'*exemplum* dans les principaux sermonnaires du XIIIe et du XIVe siècle. Nous aurions pu, il est vrai, étendre nos investigations à d'autres encore de moindre valeur. Ceux du moins que nous avons choisis comme objet de notre étude, nous ont abondamment montré que leurs auteurs, membres du clergé séculier et régulier ou prédicateurs appartenant aux ordres mendiants, n'ont cessé d'ajouter à son rôle dans la prédication. Avec eux, en effet, l'*exemplum,* d'accessoire qu'il était dans le sermon de la période précédente, y est devenu partie intégrante. Sous l'influence du goût de plus en plus prononcé des auditoires pour la partie narrative et descriptive du sermon et grâce aussi à la recommandation faite en faveur de son emploi dans n'importe quel genre de sermons par les théoriciens de la prédication, l'*exemplum* avec ses types divers, puisés aux sources les plus variées, a effectivement fini par y occuper une place capitale.

Il est difficile, il est vrai, d'affirmer quels ont été les types d'*exempla* les plus en faveur auprès du public des différentes conditions sociales. A considérer la répétition fréquente des mêmes types de récits dans les divers sermonnaires, il semble bien que l'*exemplum* dévot, dans la large acception du terme (*exemplum* biblique, récit hagiographique et conte pieux) l'ait emporté de beaucoup sur les autres et qu'à côté de lui, à partir du XIVe siècle l'*exemplum* moralité et l'*exemplum* moralisé aient joui d'une vogue de plus en plus grande. Quel qu'ait été cependant le type d'*exemplum,* il a joué parallèlement à celui des recueils d'*exempla* de la même période, un rôle prépondérant dans l'éducation religieuse du peuple chrétien par l'enseignement de la chaire. Son rôle sera également important pour la même période dans la littérature didactique dévote et morale, dont nous allons présentement nous occuper.

CHAPITRE II.

L'Exemplum dans les chroniques et les traités d'édification, d'instruction et de morale du XIIIe et du XIVe siècle.

Les chroniqueurs, les mystiques, les professeurs et les moralistes de la période qui nous occupe éprouvent, comme leurs prédécesseurs de la seconde moitié du XIIe siècle, le besoin d'étayer leurs écrits de curieuses anecdotes en manière d'illustration de leur enseignement. En lisant les chroniques, les traités de dévotion, les manuels de pédagogie, d'instruction et de morale, bref, les écrits qui touchent de près ou de loin à un enseignement quelconque, on est à peu près sûr d'y rencontrer à une dose plus ou moins forte l'*exemplum* sous ses diverses formes, tellement le besoin d'instruire ou d'intéresser l'auditeur ou le lecteur par la méthode narrative s'était généralisé. Pour l'objet de notre étude cependant, nous avons choisi parmi ces écrits ceux-là seulement qui nous ont semblé offrir le plus d'intérêt[1].

1. Il n'est pas jusqu'aux poètes, qui n'aient inséré dans leurs poésies certaines légendes et récits anecdotiques. Ainsi, l'auteur inconnu du *Donoi des amanz,* poème amoureux composé en Angleterre à la fin du XIIe siècle (publié par G. Paris dans la *Romania,* t. XXV (1896), p. 496-541 d'après le ms. fr. 3713 de Cheltenham, avec renseignements complémentaires, *ibid.,* t. XXXVII (1908), p. 218), se plaît à entremêler ses développements poétiques de récits tirés de l'antiquité profane, de Pierre Alfonse et des fables (v. spécialement p. 534-541). De même Thomasin von Zerclăre (+ 1238) dans son poème didactique *Der welsche Gast,* fait d'extraits de traités de courtoisie, des vices et des vertus et écrit en 1215 (v. édit. Rückert, Quedlinbourg, 1852), complète ses développements par des anecdotes historiques et classiques, tirées de l'histoire contemporaine et de la prose classique, ainsi que par des fables. Un peu plus tard, les auteurs du Roman de la Rose, Guillaume de Lorris (pour la première partie composée vers 1237) et Jean de Meung (pour la deuxième partie écrite vers 1277) ont recours au même procédé (v. E. Langlois, *Origine et source du Roman de la Rose* (Paris, 1890). Ils font appel pour leurs récits, non seulement à l'antiquité profane, mais encore aux écrivains contemporains (v. *ibid.,* pp. 69-90, 103-169) et aux événements d'ac-

En parcourant certaines chroniques du XIIIe et du XIVe siècle, on constate que leurs compilateurs, pour donner un peu de vie aux faits chronologiquement exposés et mettre un peu de variété et d'intérêt au milieu de l'aridité du sujet, ont inséré çà et là des anecdotes curieuses et souvent intéressantes.

La première en date, pour la France, où ce procédé est appliqué, est la chronique universelle d'Hélinand, en quarante-neuf livres, allant des origines jusqu'à l'an 1204 [2]. L'auteur a entremêlé aux faits exposés chronologiquement, de nombreuses historiettes, récits, prodiges, visions, légendes, miracles, extraits d'écrits antérieurs [3] ou emprun-

tualité (s'il s'agit du second) (v. deuxième partie vers 6655-6922 : mort de Mainfroi, de Conradin, captivité de Henri frère du roi d'Espagne, châtiment infligé aux Marseillais par Charles de Sicile).

2. Il en subsiste 21 livres. Les seize premiers livres allant d'Adam à Notus et Archelaüs, se trouvent au *B. M.*, ms. Cott. Claud. B. IX ff. 1-263 (XVe s.) avec une lacune à la fin du Liv. XI et au début du Liv. XII, entre les ff. 185-6; les cinq derniers allant de 634 à 1204, se trouvent imprimés dans Migne, P. L., t. CCXII, col. 771-1082 (Liv. 45-49.) L'original de la chronique, en partie perdue par Guérin, évêque de Senlis (+ 1227), auquel l'avait prêté Hélinand, a été consulté par Vincent de Beauvais. Léopold Delisle en a retrouvé une partie dans un manuscrit du séminaire de Beauvais. Ce manuscrit fragmentaire comprend 109 feuillets répartis entre 14 cahiers, alors que le manuscrit entier comprenait 84 cahiers. Ces 14 cahiers renferment non seulement la dernière partie de la chronique (an. 877-1204) (cah. 1-6), mais encore des matériaux se rapportant à l'histoire de l'antiquité sacrée ou profane, à la géographie et à la cosmographie (cah. 7-8), des extraits de saint Augustin (cah. 9), une collection de sermons (cah. 10), des sermons isolés (cah. 11), des gloses du lévitique (cah. 11), des textes bibliques et des sermons (cah. 13), des extraits de sermons de saint Bernard (cah. 14). V. BIBL. DE L'ECOLE DES CHARTES, t. XLVI, p. 198-200).

3. Ces historiettes sont généralement précédées de l'indication de leurs sources, qui sont : l' « Historia Amelii et Amici » (col. 857), la légende du Saint-Graal (col. 814), la vision de Wettin (col. 842), les sermons du vénérable Bède (col. 791), les écrits d'Hugues de Cluny (col. 943) et de Pierre Damien (col. 966, 975, etc.), les chroniques de Sigebert de Gembloux (col. 945), de Guillaume de Malmesbury (col. 917, 939, 940, 945 : de annulo statuæ commendato), d'Hugues de Saint-Victor (col. 954), le Pseudo-Turpin (col. 838 et sq.), les miracles de saint Jacques (Calixte II ?) (col. 1019 et sq.), les miracles de Notre-Dame de Laon (15) (col. 1009-1017), de Soissons (Hugues Farsit) (col. 1030-1031), de Rocamadour (col. 1059), les Gesta Romanorum Pontificum, la Vita Alberonis trevirensis archiepiscopi (+ 1152) de Baldericus, le Polycraticus de Jean de Salisbury (col. 958),

tés à ses propres souvenirs sous le titre d'*auctor* ou à l'aide de formules comme la suivante : « Memini me audisse Petrum cantorem parisiensem » (col. 2004). La plupart de ces anecdotes aux types variés — nous y avons relevé plus d'une centaine — ont été utilisées dans la suite par les prédicateurs et les compilateurs de recueils d'*exempla*. Lui-même s'est servi de certains de ces récits pour en faire état dans ses sermons(v. *ut supra*).

Puis vient le ***Speculum historiale*** de Vincent de Beauvais (+ 1264) [4], achevé en 1244 (première édition) et complété en 1250 (deuxième édition), qui n'est somme toute qu'un immense anecdotier divisé en 32 livres renfermant des extraits d'une quantité considérable de chroniques et d'écrits divers dans leur suite chronologique (de la création jusqu'à son temps) [5]. Le compilateur a eu soin d'indiquer en tête les sources de ses informations, en faisant également précéder du mot *author* les passages, traits, anecdotes qui lui sont personnels. On y rencontre, à côté des descriptions d'événements de toute sorte, de très nombreux *exempla* qui étaient sans doute destinés dans la pensée de Vincent à un enseignement religieux et moral, comme il semble l'affirmer dans la préface, où il dit entre autres : « Accedit ad hec et utilitas alia doctoribus et predicatoribus cunctis, que scripturarum sacrarum expositoribus minime contempnenda... apologia de natura rerum et hystoria temporum. » Aussi prédicateurs et moralistes ne se sont-ils pas fait faute dans la suite d'y puiser à larges mains

la vie de saint Bernard (col. 1018), de Pierre Monocule, abbé de Clairvaux (+ 1186) (col. 1070), d'Hugues, abbé de Bonnevaux (+ 1194) (col. 1178-1181) (dioc. de Vienne), la vision de Tundale (col. 1038), quædam chronica (col. 858), la vie de Saladin (Saladin et le linceul) (col. 1082).

4. V. édit. Nuremberg, 1483 (*B. N.*, Inv. Rés., G. 538). Le *Sp. H.* a été traduit en français vers 1330 par frère Jean de Vignai, hospitalier de Saint-Jacques-du-Hautpas, à la requête de Jeanne de Bourgogne, femme de Philippe VI de Valois, morte en 1338.

5. Il serait trop long de faire ici l'énumération de leurs sources. Nous renvoyons, à leur sujet, à l'article d'A. Boutaric : *Vincent de Beauvais et la connaissance de l'antiquité classique au XIIIe siècle* dans la *Revue des questions historiques,* t XXXIII (1875), p. 1-55.

des récits et traits variés destinés à illustrer l'exposé de leur doctrine ou à compléter le sujet qu'ils traitaient.

Il y a lieu de citer ensuite, quoique écrits dans un but différent, les *Récits d'un menestrel de Reims* (vers 1260) [6]. L'auteur veut avant tout amuser et distraire ses auditeurs et dans ce but il raconte des anecdotes tirées de l'histoire universelle, des apologues, des légendes, des récits d'aventures [7] et rapporte sous forme de traits parfois satiriques certains bruits qui couraient sur les personnages de son temps.

On peut mentionner aussi pour le même temps les chroniques anglaises, la *Chronica majora* et l'*Historia Anglorum* de Mathieu de Paris (+ 1259) [8], où se rencontrent certaines anecdotes curieuses mises à profit, dans la suite, par les moralistes et les prédicateurs anglais [9].

Cependant c'est à la *Chronica* de Fra Salimbene (1221-1287?) [10] qu'il faut en venir pour voir l'*exemplum* vraiment à l'honneur. Cette chronique curieuse s'étendant jusqu'à 1287 et formant une sorte de mémoire personnel et d'histoire de l'ordre des Mineurs en renferme un grand nombre de toute provenance. Les uns sont brièvement esquissés, les autres, au contraire, normalement développés. Un certain nombre de récits proviennent du compilateur lui-même et sont le fruit de sa vaste information et de ses voyages à travers l'Italie et la France [11]; d'autres, au contraire, sont tout

6. V. édit. de Natalis de Wailly, Société de l'Hist. de France (Paris, 1876).

7. V. *ibid.*, n° 198, p. 104 : Saladin et le linceul; n° 212, p. 111 : le baptême de Saladin; n° 404, p. 207 : apologue du loup et de la chèvre; n°s 461-465, p. 231-39 : apologue de la mésange et du paysan (également dans la *Disciplina clericalis* de Pierre Alfonse et dans Barlaam et Josaphat); n°s 7-10, p. 4-6 : Eléonore d'Aquitaine et Saladin.

8. V. édit. H.-R. Luard (Rolls Series), 7 vol. (London, 1872-1885) (Chronica majora), et édit. Madden (Rolls Series), 3 vol. (London, 1866-1869) (Historia Anglorum).

9. V. p. ex. édit. Luard, t. V, p. 429, 471, la vision où le pape Innocent IV et Robert de Lincoln (1235-1253) sont cités devant le tribunal du Christ.

10. V. édit. Holder-Egger (Hanovre, 1905-1913).

11. V. p. 76 : de trufatoribus et illusoribus [florentinis] qui tempore Alleluie fuerunt; p. 220 et sq. : anecdotes relatives à Louis IX;

simplement extraits des sermonnaires contemporains [12].

En passant aux chroniques du XIVe siècle, on constate également que l'*exemplum* y tient une certaine place et semble être là aussi pour agrémenter l'aridité de l'exposé des faits historiques.

Pour ce qui concerne la France et la Belgique, la *Chronographia regum Francorum* [13] et les *Annales* de Gilles Le Muisit, abbé de Saint-Martin de Tournai (1272-1352 [14]) (avec la continuation de la chronique latine de Guillaume de Nangis) [15] ne renferment, il est vrai, qu'un certain nombre de récits historiques, qu'on retrouve ensuite reproduits dans des recueils d'*exempla*.

Par contre, pour l'Angleterre, le *Polychronicon* du moine Ranulphe Higden (+ 1363) [16] présente à ce sujet un contraste frappant avec les précédentes. Cette vaste compilation, en sept livres, qui comprend l'histoire universelle depuis la création jusqu'au milieu du XIVe siècle « ab initio macrocosmi usque ad nostram ætatem » (I, p. 8), contient à côté de l'exposé des faits, des centaines d'*exempla* extraits d'autres chroniques, d'écrits divers [17], ou empruntés à l'ex-

p. 390 : de corvo domini Gregorii de Monte Longo, qui loquebatur; p. 644 : exemplum becariorum de Cremona, etc.

12. V. p. 49 : Exemplum cujusdam regis qui elemosinam faciebat; p. 62, 63, 64, 67 : récits divers; p. 73 : récits d'apparitions; p. 76 : miracle de Notre-Dame; dans le *Liber de prelato,* p. 96-163, voici entre autres, p. 142 : de priore quodam electo in episcopum tornacensem (Geoffroy de Péronne) ; p. 145 : de dialogis : exemplum de Cassio narniensi episcopo; p. 156 : de Tiberio qui raro procuratores mutabat, etc.; le suivant, que nous citons *in extenso,* nous montrera la façon de procéder et d'exposer du compilateur; *ibid.,* p. 113 : « De curialitate habes exemplum cujusdam regis Anglie, qui cum esset in nemore cum militibus juxta fontem et cenare deberet, allatum est ei vasculum vini, quod illi de Tuscia flasconem dicunt, Lombardi vero botacium. Cumque quesisset, utrum plus de vino adesset et responsum ei fuisset quod non, dixit : Sufficienter habemus pro omnibus. Et quod in vasculo erat effudit in fontem, dicens, omnes communiter bibant. Et magna fuit curialitas reputata. »

13. V. édit. H. Moranvillé, Société de l'Hist. de France, 3 vol. (Paris, 1897).

14. V. édit. H. Lemaître, Société de l'Hist. de France (Paris, 1906).

15. V. édit. H. Gérard, Société de l'Hist. de France (Paris, 1844).

16. V. édit. Babington (Rolls Series), 2 vol. (London, 1885) et édit. Lumby (Rolls Series), 7 vol. (London, 1865-86).

17. Pour les sources — une quarantaine d'auteurs — v. Introd., t. I, p. 20-26.

périence quotidienne de l'auteur. « nonnulla vero, quæ in libris auctorum minime reperi, ex usu quotidiano et rerum experiencia, quasi de quadam morum historia excerpsi » (I, p. 14) et se rapportant non seulement à des personnages et des événements de l'antiquité classique et chrétienne, mais encore à ceux du Moyen Age et surtout anglais.

En Allemagne, le *Liber de rebus memorabilibus* (écrit vers 1355) de Henri de Herford (+ 1370) [18], présente également un curieux spécimen de chronique, où des récits légendaires voisinent avec des récits d'apparitions et des anecdotes concernant certains personnages ecclésiastiques et laïques, ainsi qu'avec des prodiges et des miracles.

En Italie, la *Chronica ordinis Prædicatorum* du frère prêcheur F. Galvano Fiamma (1283-1344) [19] accentue encore cette tendance au merveilleux. Les récits y sont normalement développés et se rapportent à des faits miraculeux qui se sont passés aux premiers temps de l'existence de l'ordre ou à la vie publique et privée des Dominicains, rappelant par là les curieuses anecdotes des *Vitæ Fratrum Prædicatorum* de Géraud de Frachet (v. *infra*). Ils sont précédés parfois du mot *exemplum,* qui leur sert en quelque sorte de formule d'introduction. A ne considérer que certaines parties de cette chronique, où le récit occupe une place prépondérante, on serait volontiers tenté de la prendre pour une compilation d'*exempla,* faite d'extraits de recueils antérieurs et contemporains [20].

Il en est de même de la *Chronica XXIV generalium ordinis Minorum* (allant jusqu'à 1374) du frère Arnaud de Serano (+ 1374) [21], où les visions, les prodiges, les menus faits et gestes se succèdent comme dans un recueil d'*exempla.* Le chroniqueur a pris soin de nous en annoncer brièvement le but et les sources dans sa préface en ces termes : « Quoniam præteritorum narratio utilis est ad eruditionem præ-

18. V. édit. A. Potthast (Göttingen, 1859).
19. V. édit. Reichert (Rome, 1897) ; MORTIER, *op. cit.*, t. I, p. 654-55.
20. Il semble bien que les récits de cette chronique aient servi à leur tour à alimenter des recueils d'*exempla.* Nous avons trouvé, en effet, certains récits reproduits dans un recueil de Munich, Bibl. Royale, ms. lat. 26937 ff. 1-30 (XIVᵉ s.).
21. V. édit. Quaracchi, 1897.

sentium et futurorum cautelam, hinc est quod notabilia bona et mala, quæ variis temporibus sub diversis ministeriis generalibus in aliquibus legendis tractatibus processibus et chronicis dispersæ reperi in sacro fratrum Minorum ordine contigisse necnon de vitis sanctorum fratrum, inspecta quantum potui veritate in sequenti volumine collegi. » Il a donc eu recours pour composer cette curieuse chronique, à toutes sortes de légendes, traités, procès et vies des Frères sans exclure des recueils d'*exempla* [22], dont il a chronologiquement placé les extraits sous le généralat de chacun des vingt-quatre maîtres généraux qui se sont succédé depuis le début jusqu'à 1374. Il faut avouer que les récits se suivent souvent au hasard et affectent toutes les longueurs. Un certain nombre d'eux sont localisés dans le temps et dans l'espace, principalement en Italie, en France et en Espagne. Tous avaient sans doute comme premier but de servir de thème d'instruction pour les membres de l'ordre. Il est cependant fort probable qu'ils étaient également destinés en dernier lieu à être utilisés pour l'édification des fidèles dans la prédication franciscaine.

La tendance à employer l'*exemplum* pour élucider, expliquer ou compléter par manière d'illustration certains points doctrinaux d'ordre dogmatique, moral, mystique et liturgique se manifeste également dans les traités de dévotion qui virent alors le jour et se répandirent rapidement. Le *De contemptu mundi sive de miseria conditionis humanæ libri tres* d'Innocent III (+ 1216) [23], le guide de dévotion intitulé *Ancren Riwle,* en huit livres, écrit vers 1226 par Richard le Poore, évêque de Salisbury (+ 1237) [24], les traités

22. V., pour les sources, l'Introd., p. IX-X. Le chroniqueur a également utilisé des recueils d'*exempla* qu'il avait sous la main, entre autres, celui du ms. lat. 3555 de la *B. N.*, dont certains *exempla* concordent avec ceux de la *Chronica* (v. *infra*).

23. Migne, P. L., t. CCXVII, col. 701-746; v. spécialement col. 716 : de quadam matre infantem manducante; col. 725 : de quodam abbate ebriato et benedictione; col. 725 : de sacerdotibus indignis mane filium virginis in altari offerentibus; col. 731 : de quodam philosopho et rege; col. 733 : de quodam philosopho in habitu contemptili ad curiam regis veniente; col. 740 : de apparitione cujusdam disciputi et questionibus apud inferos.

24. V. édit. Morton (Camden Society, London, 1853); MOSHER, *op. cit*., p. 87-89.

formés chacun de la réunion de plusieurs sermons sur les conditions du mariage, la pénitence et la confession et portant le titre de *Honorabile conjugium, De tribus dietis, De consciencia, De confessione* de Robert de Sorbon (+ 1274) [25], les *Expositiones super regulam bⁱ Augustini episcopi*, sortes de petites allocutions adressées à des religieux et religieuses, de Humbert de Romans (+ 1277) [26] ainsi que le traité *De predicacione crucis* du même auteur [27] sont signi-

25. Pour l'*Honorabile conjugium* portant aussi le titre de *De conditionibus matrimonii*, v. *B. N.*, ms. lat. 3218 ff. 176-180rb (XIIIe s.), publié par B. Hauréau dans les *Not. et Ext. de qq. mss. lat. de la B. N.*, t. I (1890), p. 87-103; quant aux trois autres traités : *De tribus dietis, De consciencia, De confessione*, v. édit. F. Chambon (Paris, 1903); on y rencontre un certain nombre d'*exempla* et de traits se rapportant surtout à la vie et aux études de la jeunesse studieuse à Paris.

26. V. *Max. Bibl. Patrum* (édit. Lyon, 1677), t. XXV, p. 567-653 (en 10 parties). L'auteur emprunte ses récits à des sources diverses tant profanes que religieuses, tels que les écrits de Valère-Maxime, de Sénèque, la Bible, les *Vitæ Patrum*, les *Collationes* de Cassien, l'*Historia tripartita* de Cassiodore, le roman de Barlaam et de Josaphat, la vie de saint Bernard, de saint Dominique, les bestiaires (*naturales*), les vies de saints, les fables, l'*Historia scolastica* de Pierre le Mangeur, le *Speculum universale* de Vincent de Beauvais, etc., mais il fait également appel à ses propres souvenirs, qui nous fournissent les plus intéressants. C'est ainsi qu'il rapporte des anecdotes ayant trait à la vie des étudiants et des bourgeois de Paris (pp. 594, 604, 626, 632, 633), à Guillaume d'Auvergne, évêque de Paris (p. 587), à Louis IX. Voici, *in extenso*, celles concernant ce dernier, p. 585 : « Ludowicus eciam rex Francorum in vase in quo bibebat dicitur habuisse signum usque ad quod ministrabat ei vinum et residuum erat aqua et erat fere in eadem quantitate cum vino »; p. 631 : « Dicitur quod rex Francie Ludowicus cum quidam religiosi ostenderent ei libros pulcherrimos dixit : Bonum esset quod essent magis deturpati, notans quod parum legerent in eis »; p. 634 : « Rex Francie quibusdam monachis dixit : Miseri monachi eatis legere psalmum vestrum, quid habetis vos intromittere de negociis que sunt inter nos reges. Erat enim guerra inter regem Anglie et Francie de qua illi disputabant. »

27. Ce traité, comme son titre l'indique, était évidemment destiné à servir d'aide-mémoire aux prédicateurs de la croisade. Nous l'avons rencontré sous forme de manuscrit à Bâle, *B. Univ.*, ms. A. IX. 15; à Munich, Bibl. Royale, mss. 449, 26810, et à Vienne, Hofbibl. mss. 4239, 4663. Il existe également sous forme d'incunable à la Bibl. Mazarine (n° 263) et au *B. M.*, sans indication de date ni de lieu. QUÉTIF et ECHARD, *op. cit.*, t. I, p. 146, le signalent comme imprimé en 1610, à Anvers. Cet opuscule, en même temps qu'il renferme un certain nombre d'anecdotes et de traits se rapportant à la croisade, indique à merveille l'état de l'opinion publique au sujet des croisades à la fin

ficatifs à ce sujet. Sans doute l'*exemplum* le plus répandu dans ce genre de traités, est celui du type dévot (biblique, hagiographique), mais il y a nombre d'*exempla* qui appartiennent à d'autres types comme à ceux du conte profane, de la fable, de l'*exemplum* classique et historique ou sont empruntés à des faits et des circonstances du moment et du milieu et mériteraient par là même d'être relevés et de figurer dans quelque anthologie d'*exempla*.

Dans ce même domaine de la dévotion on en vint jusqu'à composer des recueils entiers de récits pieux.

Ce n'étaient, il est vrai, que des légendiers abrégés, par opposition aux légendiers locaux ou universels qui, depuis des siècles, circulaient en Occident. Leur fond se composait d'extraits anecdotiques tirés de compilations antérieures ou de vies de saints isolées, présentés sous une forme écourtée et disposés dans le cadre de l'année liturgique. Leur but était de procurer à la dévotion privée des lectures pieuses ou encore de servir de manuel de secours aux prédicateurs et curés de paroisse qui n'en possédaient pas ou à qui la consultation des vastes légendiers était d'un accès par trop difficile, sinon impossible, comme cela ressort du texte des prologues mis en tête de ces légendiers [28].

La première tentative faite dans cet ordre d'idées semble avoir été celle de Jean Beleth (+ 1198) [29] dans son *Rationale divinorum officiorum* ou *Summa de divinis officiis*. Outre

du règne de Louis IX; v., pour son analyse, l'article de Lecoy de la Marche dans la *Revue des questions historiques*, t. XLVIII (1890), p. 1-29.

28. Pour tout ce qui touche aux légendiers locaux ou universels antérieurs au XIIIe siècle, v. l'article de A. Poncelet, *Le légendier de Pierre Calo* dans les *Analecta Bollandiana*, t. XXIX (1910). Introduction, p. 1-15.

29. Migne, P. L., t. CCII, col. 13-166; v. spécialement cap. 75, 82, 83, 125-129, 136-156, 162-164. Ce manuel renferme, à côté des *exempla* bibliques et hagiographiques, des récits liturgiques (v. col. 86, la fête de la chandeleur à Rome; col. 122, la coutume de bénir le pain; col. 128, l'historique des litanies; col. 131, l'historique de l'invention de la croix; col. 140, l'institution du cierge pascal; col. 144, l'historique du pèlerinage de Saint-Jacques-de-Compostelle; col. 148, l'historique de l'assomption de la Vierge; col. 154, l'historique de l'apparition de saint Michel au mont Gargan, etc.; v. aussi Lecoy de la Marche, *op. cit.*, p. 273-75.

l'historique sous forme de récits des principales fêtes du Christ et de la Vierge, et des aperçus sur des usages liturgiques locaux ou universels, ce manuel renferme une trentaine de chapitres relatifs aux fêtes des saints et à leurs légendes abrégées, mais il ne reste à tout prendre qu'un manuel de liturgie historique à l'usage du clergé pour l'explication des offices divins au peuple chrétien.

Cependant, ce n'est qu'après l'apparition sur le champ de l'évangélisation populaire des membres des Ordres mendiants que les légendiers abrégés voient le jour. Nous nous contentons d'en signaler les trois plus importants pour le XIIIe siècle. Ils ont pour auteurs des Frères-Prêcheurs.

Ainsi le premier en date a été composé par le dominicain Jean de Mailly entre 1235 et 1240 avec le titre de *De sanctorum festivitalibus tocius anni* à l'usage des prédicateurs, en particulier des prêtres chargés du service paroissial, comme il est dit dans la préface : « Cum plurimi sacerdotes sanctorum passiones et vitas non habeant et ex officio suo eas nec ignorare nec tacere debeant ad excitandam fidelium devocionem in sanctos, eorum maxime vitas qui in Kalendariis annotantur, succincte perstringimus, ut et libelli brevitas fastidium non generet et parochiales presbyteros liberorum inopia non excuset. Si quis autem vitam sui patroni non hic inveniat, non sit ei grave, si illam alibi totam querat »[30].

Le second, portant le titre de *Liber epilogorum in gestis sanctorum edita* (*sic*), a été écrit également vers le même temps par un dominicain. Son auteur, Barthélemy de Trente (+ 1240) l'a destiné au même but que le précédent comme cela ressort clairement du texte même de la préface:

30. *B. N.*, ms. lat. 5639 f. 1-181 (XIVe s.); v. PONCELET, art. cit., p. 20-24; Jean de Mailly l'a composé entre 1235-1240, d'après des extraits faits du Speculum Historiale de Vincent de Beauvais, qui n'était alors pas encore achevé (son achèvement date de 1244, première édition). A considérer le nombre des manuscrits qui renferment ce légendier, il semble que son succès ait été considérable. Pour la France seule, il y a lieu d'en signaler cinq, à savoir : *B. N., ut supra;* Mazarine, ms. lat. 1731 ff. 1-161 (XIIIe s.); Arsenal, ms. lat. 937 ff. 4-106v (XIIIe s.); Besançon, *B. V.*, ms. lat. 816 ff. 1-167 (XIVe s.); Auxerre, *B. V.*, ms. lat. 124 ff. 1-122 (XIIIe s.); pour les onze autres, v. PONCELET, art. cit., p. 21-22.

« Habeantque predicatores necnon et alii, qui sine fictione discere et sine invidia hec aliis communicare desiderant pre manibus quid de sanctis ad Dei laudem et proximorum hedificaciones audientibus proponant. » Il a donc réuni à cet effet, dans un seul ouvrage, ce qu'il a trouvé dispersé dans diverses compilations au sujet des fêtes de Notre-Seigneur, de la Vierge, de la vie des saints et spécialement des saints de l'ordre des Frères-Prêcheurs et du pays de Trente, « et sub compendio de festis Domini et matris ejus vitas mores et actus sanctorum, per diversa sparsa volumina et prudentum eloquiis luculentis diffusa in unum redigere necessariis sic exceptis ut sufficiant et relictis reliquiis (reliquis) ut appetantur » [31].

Quant au troisième, connu sous le nom de *Legenda aurea,* compilé entre les années 1244 et 1264 par le dominicain Jacques de Voraggio (+ 1298) [32], il eut la même destination que les précédents, si l'on en juge par l'exploitation qu'en ont faite dès son apparition et dans la suite les prédicateurs et les compilateurs de recueils d'*exempla* (v. *infra*). En flattant le goût du temps par le fond merveilleux de beaucoup de ses récits, il eut le succès le plus prodigieux et finit même avec le temps par supplanter les deux autres légendiers dans les différents pays de l'Occident.

31. V. Poncelet, art. cit., p. 15-19, avec indication des mss.

32. V. édit. Strasbourg, 1487 (*B. N.*, Inv. Rés., H. 190); en ce qui concerne la date de composition de la légende dorée, v. l'article de P. E. Baumgartner, *Eine Quellenstudie zur Franciscuslegende des Jakobus de Veragine,* dans l'*Archivum franciscanum historicum,* t. II (1909), p. 17-31. D'après l'utilisation des différentes sources faite par J. de Voragine pour composer sa légende dorée, celle-ci n'a pu être écrite qu'entre les années 1244 (année de l'entrée de J. de Voragine chez les Frères Prêcheurs) et 1264 (terminus ad quem, de la date de l'achèvement); v. la légende de saint François qui se trouve vers la fin du texte de la légende dorée (4 octobre). Aussi l'auteur conclut-il son article en ses termes : Wir haben oben die Daten für die Entstehungszeit der Legenda Sanctorum in die Jahre 1244 bis 1264 verlegt. Für die Franciscuslegende wird aber das Datum näher hin vom Jahre 1244 auf mindestens 1263 bestimmt, da Jakob die Legende major des hl Bonaventura als Quelle benützt, die auf dem Generalkapitel zu Pisa am 20. mai 1263 approbiert wurde. Zur Abschrift dieser Legende werden zudem einige Monate gebraucht worden sein und so wird Jakob seine Fransciskuslegende Ende 1263 oder Anfang 1264 verfasst haben. »

Au XIVe siècle, la composition de ce genre de légendiers se poursuit d'après le même plan, soit pour satisfaire la dévotion privée, soit pour faciliter le travail des prédicateurs, soit probablement aussi pour combler en quelque sorte les lacunes des légendiers précédents. Qu'il nous suffise de les mentionner dans l'ordre chronologique. Ce sont : les *Legende Sanctorum abbrevitate anno domini MCCCIV* d'un anonyme [33]; le *Speculum sanctorale* de Bernard Gui (+ 1331) [34], écrit entre les années 1312 et 1329, le *Légendier* de Pierre Calo (+ 1348) [35], compilé vers 1330, le *Sanctilogium sive Speculum Legendarum* en quatorze livres du bénédictin Guy de Chartres (+ 1350) [36], le *Sanctilogium* de Jean de Tinmouth (+ 1366) [37], le *Catalogus Sanctorum et gestorum eorum ex diversis et multis voluminibus collectis* de Pierre Natal (+ 1400) [38], pléban de l'église des Apôtres de Venise, écrit vers 1370 « ad exercitium legentium et predicatorum et ad salutem et proficuum animarum », la quatrième partie du *Kalendarium* du bénédictin Guillaume de Cahors (écrite entre 1372-82) [39].

33. V. PONCELET, art. cit., p. 25-26. Celui-ci a retrouvé le texte de ce légendier dans la bibliothèque Barberini de Rome, ms. lat. 2318 ff. XVIII-190 (XIVe-XVe s.). Ce dernier devait être destiné aux prédicateurs, d'après la teneur même du prologue : « In nomine et ad honorem sanctissime trinitatis incipiens tria consideravi scilicet quorundam paupertatem qui librum magni pretii habere non possunt — predicandi facultatem quam consequitur predicator si pauca notabilia de sancto accipiat et dicat primo, postea moralem distinctionem faciat de materia que magis expedit populo — tertio populi consolationem et utilitatem, qui de sancto brevia et pauca audire desiderat. Propterque quarundam legendarum notabilia et brevia de sanctis, de quibus sollempnizat ecclesia in hoc opusculo compilavi. »

34. *Ibid.*, p. 26-28; v. aussi *Hist. Litt.*, t. XXXV, p. 139-232 (Bernard Gui, frère prêcheur), l'article de M. Ant. Thomas qui place le *terminus a quo* de la date de composition du *Sp. S.* entre 1312 et 1318 et le *terminus ad quem* en 1329 (p. 167); pour les mss., v. *ibid.*, p. 167-168.

35. V. PONCELET, art. cit., pp. 30-34, 48-116.

36. *Ibid.*, p. 28-30, d'après le ms. lat. 1732 ff. 1-365 (XVe s.) de la Mazarine.

37. V.Oxford, Bibl. Bodl., ms. 240 (non fol.) (XIVe s.); Londres. Lambeth Palace Library, mss. 10, 11, 12 (non fol.) (XIVe s.) et Cambridge, C.C.C. Lib., mss. B. 1. 5 ff. 1-285, B. 2. 6 ff. 1-299 (XVe s.); *Dict. of Nat. Biog.*, t. LVI, p. 408.

38. V. PONCELET, art. cit., p. 34-36.

39. *Ibid.*, p. 36-38.

Il existe, à côté de ceux-ci, un nombre considérable d'autres légendiers de moindre importance en latin et en langues vulgaires dans les différentes bibliothèques de l'Europe occidentale [40] qui ont vu le jour au XIVe et au XVe siècle, dont le dépouillement n'a pas encore été fait et qui, comme le petit recueil de contes pieux en vers compilé par un chartreux anonyme à La Fontaine-Notre-Dame en Valois (auj. Bourgfontaine, Aisne) [41], ont dû servir au même but que les compilations précédentes.

Les membres des ordres mendiants s'employèrent également à trouver des récits dévots nouveaux dans leurs propres milieux pour entretenir la ferveur primitive chez les « frères » et chez tous ceux qui, de près ou de loin, leur étaient attachés. Ils les trouvèrent effectivement dans les faits et gestes accomplis par les fondateurs ou les frères illustres par leur science, leurs vertus et leurs prodiges.

C'est ainsi que chez les Dominicains, sur l'invitation de Humbert de Romans, alors cinquième maître général de l'ordre (1254-63), le frère Géraud de Frachet (+ 1271 à Limoges) composa, vers 1256, les *Vitæ Fratrum ordinis Prædicatorum* [42]. Ce traité, divisé en cinq livres, renferme à côté de considérations d'ordre religieux et moral, une quantité considérable d'*exempla* se rapportant à la vie de saint Dominique, de Jourdain de Saxe, de Pierre le Martyr, etc., à la vie religieuse, à l'activité apostolique et même aux

40. *Ibid.*, p. 38-44. Les légendes des saints ont du reste fini par occuper une place tellement importante dans certains recueils d'*exempla* du XIVe siècle, comme dans l'*Alphabetum Narracionum*, l'*Excerpta* et le *Lacteus Liquor* (v. *infra*) qu'on pourrait placer ces derniers dans la catégorie des légendiers abrégés.

41. V. *B. V.*, d'Avranches, ms. fr. 244 ff. 3-115 (1423). Il comprend 33 contes analysés dans le 2e vol., p. 337-397 de l'*Hist. du Mont Saint-Michel*, par l'abbé Desroches, v. *Cat. général des mss. des B. de Fr.*, t. X, p. 122-123, et *Hist. Litt.*, t. XXXVI, p. 226-227.

42. V. édit. Reichert (Rome, 1907). Le traité comprend cinq livres à savoir : I. La fondation de l'ordre (7 chap.) ; II. La vie de saint Dominique (40 chap.) ; III. La vie du frère Jourdain (42 chap.) ; IV. Les progrès de l'ordre (24 chap.) ; V. La mort des frères (10 chap.). V. aussi à propos de l'interpolation d'un récit présentant Géraud de Frachet comme prieur d'un couvent de Lisbonne en 1241 (Liv. III, cap. 17), *Hist. litt.*, t. XXXV, p. 198-199 (art. sur Bernard Gui, de M. Ant. Thomas).

mœurs privées des frères, conformément au programme que l'auteur s'était tracé dans la préface où il dit : « Colligemus ergo in unum volumen ad utilitatem legentium omnia exempla et illustria facta fratrum nostrorum. » Bien que servant primitivement de manuel de lectures spirituelles dans les milieux dominicains, il finit en peu de temps par devenir un quasi-recueil d'*exempla* destiné à entretenir la piété populaire et par être dans la suite une des sources abondantes où des compilateurs viendront puiser de nombreux récits [43].

Les Frères Mineurs firent de même. A la différence des Dominicains, ils consacrèrent plus spécialement leurs efforts à recueillir les « illustria facta » du fondateur, sans en exclure cependant ceux de ses compagnons et des saints frères qui vécurent dans la suite. C'est ainsi que parurent successivement la *Vita prima* (1227) et la *Vita secunda* (1246-47) de Thomas de Celano [44], la *Legenda major* (vers 1266) de saint Bonaventure [45], le *Liber de laudibus* de Bernard de Besse (vers 1282) [46], la *Legenda trium sociorum* (fin XIIIe siècle) [47], le *Speculum perfectionis* (fin XIIIe siècle ou début du XIVe siècle) [48] et les *Fioretti S. Francisci* (vers la même époque) [49].

43. V. *infra* la *Compilatio singularis*, ms. Berne 679 ff. 71-77, la *Scala celi*, le *Speculum exemplorum*, etc.

44. V. édit. Edouard d'Alençon (Rome, 1908).

45. V. *S. Bonaventuræ opera omnia* (Quaracchi, 1898), t. VIII, p. 504-564.

46. V. *Analecta Franciscana* (Quaracchi, 1897), t. III, p. 666-692.

47. V. *Miscellana francescana* (Foligno, Ombrie), t. VII (1898), p. 84-107 et d'après un ms. de Louvain, édité dans les *Acta Sanctorum* IV. octobre, t. II, p. 723-742.

48. V. édit. P. Sabatier (Paris, 1898).

49. V. édit. P. Sabatier (Paris, 1902). Pour ce qui est des « illustria facta », d'autres frères, v. le *Dialogus de gestis sanctorum fratrum minorum* par Thomas de Pavie (+ 1280-84), édit. Ferd. Marie Delorme dans la *Bibliotheca franciscana ascetica medii evi* (Quaracchi, 1923). Ce traité, composé entre 1244-46 (préface, p. XVI) sous forme de dialogue (entre le Narrator et l'Auditor) et divisé en cinq parties, n'est en réalité qu'une série d'anecdotes se rapportant à la vie et aux miracles de saint Antoine de Padoue (1), du frère Benevenuto (2), du frère Ambrosio (3), de quelques autres frères (4), aux visions des frères (5) et de récits tirés exceptionnellement des écrits de saint Augustin et de saint Ambroise, des dialogues de Grégoire le Grand,

Tous les récits renfermés dans ces vies et opuscules avaient évidemment la même destination que ceux des Frères-Prêcheurs. Eux aussi finirent par trouver place dans les panégyriques consacrés à saint François ainsi que dans les recueils d'*exempla* pour l'édification des masses populaires [50].

A la suite de ces *Vitæ* qui, somme toute, portent la marque d'un caractère spécial qui est celui des biographies anecdotiques, il surgit des traités au cours du XIVᵉ siècle, écrits dans le même but, mais d'un caractère général. La tendance à illustrer les faits exposés d'un nombre variable d'*exempla* s'y maintient comme par le passé. Ainsi le *Cursor mundi*, ou l'histoire des sept âges du monde [51], écrit en vers anglais, vers 1320, pour stimuler la piété populaire et entretenir dans le peuple le culte du Christ, de la Vierge et des saints, renferme toutes sortes de contes dévots et de légendes pieuses extraites de sources communes [52].

Il en est de même du *Speculum humanæ salvationis*, traité relatant sous forme de prose rimée l'histoire de la chute et de la rédemption de l'homme, écrit par le chartreux Ludolphe de Saxe (+ 1378) à Strasbourg, entre 1324 et 1347 [53]. L'auteur, qui l'a composé à l'usage des pauvres

des écrits de Pierre Lombard et de Guillaume d'Auxerre, des vies de saints (de saint Nicolas, de saint Jean, de sainte Catherine, etc.).

50. V. *infra*, la *Tabula Exemplorum*, le *Speculum Laicorum* l'*Alphabetum Narracionum*, le recueil du ms. lat. 3555 de la *B. N.*, le recueil du ms. addit. 33956 du *B. M.*, etc.

51. V. édit. R. Morris, *E. E. T. S.* (London, 1874), nᵒˢ 58, 59, 62, 66-68, 69.

52. Ces sources sont la Vulgate, les évangiles apocryphes (évangile de l'enfance et de Nicodème), le traité *De vita et morte sanctorum* d'Isidore, le roman de Josaphat et de Barlaam, l'historique de la fête de la conception de la Sainte Vierge par Wace, l'historique de la fête de l'assomption, l'*Historia scolastica* de Pierre le Mangeur, le château d'amour de R. Grossetête et surtout la Légende dorée.

53. V. édit. lat-all. s. l. ni d. (*B. N.*, Inv. Rés., A. 1240). Le traité se compose de 42 chapitres à 100 lignes chacun et de plus de trois opuscules additionnels (de 624 lignes), du prologue (100 lignes) et du prohemium (300 lignes), ce qui fait en tout 5.224 lignes. M. Paul Perdrizet, dans son *Etude sur le Sp. H. S.* (Paris, 1908), place le *terminus a quo* de la date de composition en 1324 d'après la date fournie par le ms. lat. de la *B. N.*, 9584 f. 1ra-19rb (XIVᵉ s.) f. 1ra : « Sub anno MCCC24° » et le *terminus ad quem* en 1347 d'après l'allusion faite à

prédicateurs « propter pauperes predicatores, qui si forte nequiverint totum librum comparare quod sciant historias, possint ex ipso prohemio predicare » (prohemium), en même temps qu'en vue d'un livre à images *ad eruditionem rudium* « rudes autem erudiri debent in libro laïcorum id est in picturis », y a appliqué dans ce but à chacun des chapitres la méthode typologique des commentateurs de la Bible (v. Biblia pauperum) [54], déjà mise en pratique dans certains sermonnaires et cela sous forme d'exposition du fait évangélique et des trois préfigures de ce fait. Il y a inséré, par manière d'illustration, des *exempla* bibliques et profanes. Quant à ces derniers, au nombre d'une vingtaine, ils sont simplement empruntés à l'*Alphabetum Narracionum* et se réduisent au point de vue des sources aux *Facta memorabilia* de Valère Maxime, à l'*Historia scolastica* de Pierre le Mangeur et à la Légende dorée.

Il n'est pas jusqu'aux traités de mystique, où l'*exemplum* n'ait fini par occuper une certaine place. C'est ainsi que nous le voyons utilisé, modérément, il est vrai, et sous la forme du récit dévot, par le grand mystique anglais Richard Rolle de Hampole (+ 1349) dans certains de ses traités et particulièrement dans son *Pricke of conscience* [55]. Ses sources sont la Bible, les *Vitæ Patrum*, les dialogues de Grégoire le Grand, les vies de saint Augustin et de saint Richard, l'un ou l'autre recueil d'*exempla*. Les récits sont parfois à peine esquissés, tandis qu'ils reçoivent d'autres fois leur développement normal.

Les traités de morale de la période dont nous nous occupons n'ont pas plus échappé que les traités de dévotion à l'emploi de l'*exemplum*. Ecrits dans le cadre commode des vices et des vertus, ils fournissent chacun un certain nom-

l' « alapa militaris » (c. XXIX, 35-39), dont la pratique se répandait en ce moment là seulement en Allemagne (v. *ibid.*, p. 37).

54. V. *Hist. Litt.*, t. XXXI, p. 213-285 : Bibles historiées et allégorisées, livres d'images destinés à l'instruction religieuse et aux exercices de piété des laïques au XIIIe et XIVe siècle (art. de L. Delisle).

55. V. édit. R. Morris (Berlin, 1863) et pour une étude d'ensemble sur ce mystique, C. Horstmann, *Richard Rolle of Hampole and his followers* (2 vol., London, 1895-1896), t. I, pp. 12-13, 139, 140-141, 143, 152, 192-193, 333.

bre de récits qui montrent combien l'habitude d'illustrer tout exposé s'était également généralisée parmi les moralistes.

Ce sont d'abord les traités *De virtutibus, De moribus* et *De vitiis et peccatis* (ff. 52-97, 97v-133vb, 133vb-150vb), de Guillaume d'Auvergne (+ 1249) [56]. L'antiquité sacrée et profane, les vies de saints, les chroniques, les légendes épiques, les *De natura rerum* et l'expérience personnelle y sont mises à profit pour illustrer ou compléter certains exposés ou développements [57].

Puis c'est la *Summa de viciis et virtutibus* compilée par Guillaume Peraud, de l'ordre des Frères-Prêcheurs, archevêque de Lyon (+ 1261 ?) [58], vers la fin de la première moitié du XIIIe siècle — elle est citée comme une des sources dans le prologue du traité d'Etienne de Bourbon, dont le terminus a quo de la date de composition remonte à 1250 — (v. *infra*).

Elle comprend deux traités comme le titre l'indique.

Le premier (*Summa de viciis*) est divisé en neuf parties, où, après la division préliminaire du sujet, sont tour à tour discutés et exposés les vices en général, les sept péchés capitaux (la gourmandise, la luxure, l'envie, la colère, l'avarice, la paresse, l'orgueil) qui, avec leurs subdivisions, embrassent un ensemble de quarante et un vices ainsi que les péchés de la langue.

56. V. *Operum summa* (Paris, 1516) (*B. N.*, Inv. Rés., D. 93).

57. V. entre autres f. 99 : la légende d'Ogier le Danois; f. 113 : l'histoire de la femme qui cache l'hostie consacrée; f. 115v : Diogène en colère; f. 122rb : humilité de Platon; f. 125va : Ptolemée le Sage; f. 126va : Simon de Calunna, etc.

58. V. Quétif et Echard, *op. cit.*, t. I, p. 131-136; *Hist. Litt.*, t. XIX p. 397-416; Crane, *op. cit.*, Introd., p. xcvii-xcviii; pour le texte de la S. de viciis, *B. N.*, ms. lat. 3515 ff. 1-191 (XIIIe s.) et pour celui de la S. de virtutibus, *B. N.*, ms. lat. 16426 ff. 1-361 (XIIIe s.) ou l'édition incunable de Cologne, 1479, 2 vol. (*B. N.*, Inv. Rés., D. 2241, 2242). A ajouter que l'*explicit* de l'édition de Cologne ne concorde pas avec celui des manuscrits et, en outre, qu'il y a certains récits, qui ne trouvent pas dans les manuscrits, p. ex. f. 67 : saint Fursy et l'usurier; f. 202 : l'étudiant de Paris qui a honte de son père; f. 213 : Alain de Lille à Montpellier, etc., pour la S. de viciis; f. 218 : les Cathares et l'usurier; f. 253 : le moine et le diable qui garde seul une ville, etc. pour la S. de virtutibus.

Le second (*Summa de virtutibus*) est divisé en cinq sections qui, avec leurs subdivisions comprennent une quarantaine de vertus. Le texte est précédé de la division du sujet et d'un prologue, où l'auteur fournit quelques indications générales sur ses sources et son plan en ces termes : « Ego minimus fratrum predicatorum desideravi colligere aliqua que diffuse in scripturis de virtutibus inveniuntur... nec de solis scripturis sacris testimonia volui assumere in opere isto, sed eciam de scripturis philosophorum juxta verbum Senece in aliena castra non tanquam transfuga, sed tanquam explorator... In principio vero operis de virtute in communi aliqua tangere volui, secundo prosequens de tribus virtutibus theologicis, tercio de quatuor cardinalibus, quarto de donis, quinto de beatitudinibus... » (f. 5v).

Ces deux traités dont la méthode de composition rappelle de près celle des compilations théologiques de l'époque, sont étayés au cours des développements des divers sujets, de nombreux traits de mœurs, de citations [59] et d'*exempla* multiples. Ces derniers, au nombre de deux cents environ — cent vingt pour la *Summa de viciis* et quatre-vingts pour la *Summa de virtutibus* — sont utilisés par l'auteur pour faire suite en manière de preuve complémentaire à l'exposé doctrinal. Ils sont, en général, brièvement esquissés sans être précédés d'une formule spéciale d'introduction ni suivis de moralisation [60]. Leurs sources, qui sont parfois indi-

59. La Bible, Socrate, Cicéron (Tullius), Sénèque le philosophe (Aristote), saint Ambroise, saint Jérôme, saint Cyprien, saint Jean Chrysostome, saint Augustin, Boèce, saint Grégoire, saint Bernard, Hugues de Saint-Victor, Gilbert de la Porée.

60. En voici trois à titre de spécimens, dont deux tirés de la *S. de viciis* du ms. lat. 3515 f. 70v : *De peccato lusorum :* « Quinto facit ad detestacionem hujus peccati hoc quod dominus eciam in presenti vindictam interdum accipit de lusoribus. Quandoque enim dum ipsi blasphemant, preposterantur eis facies. Cuidam eciam militi dum occasione ludi per oculos Dei juraret, proprius oculus a capite exiliit et in alearium cecidit. Quidam etiam sagittarius cum valde iratus esset ex hoc quod in ludo perdidisset, sagittam direxit versus celum quasi vellet se vindicare de Deo. Sequenti vera die cum idem sagittarius eadem hora sederet ad ludum, rediit sagitta et super alearium cecidit sanguinolenta... » Et le troisième de la *S. de virtutibus* du ms. lat. 16426 f. 254ra : « Quidam religiosi habentes abbatem tortorem crudelissimum inexpertum discipline, quam in alios volebat

quées, sont les écrits de l'antiquité sacrée et profane, ceux du Moyen Age, la propre expérience de l'auteur et présentent par cela même une certaine variété [61]. Cependant, malgré cette variété, il n'y a que trois types d'*exempla* prédominants à savoir le récit dévot, l'*exemplum* profane et l'*exemplum* personnel. Ce dernier, semble-t-il, à cause des nombreuses allusions à la vie des diverses conditions sociales, mériterait d'être relevé et de figurer dans quelque tableau des mœurs de ce temps [62].

Aussi la Summa de Peraud a-t-elle joui d'une vogue considérable grâce à son exposé méthodique et clair et à son fond doctrinal nourri de citations de choix et de récits variés. Elle s'est répandue rapidement et est devenue une source d'inspiration pour les prédicateurs, compilateurs d'*exempla* et moralistes contemporains et postérieurs.

Les traités de morale qui voient le jour après la *Summa* lui sont redevables, pour une large part, de leur fond doctrinal et procèdent des mêmes méthodes littéraires. Ainsi, dans la deuxième partie du *Livre du Trésor* écrit en français, vers 1266, par Brunet Latino (+ 1294) [63] lors de son exil

exercere, cogerunt eum sedere per mensem inter fratres et gerere se tanquam simplicem fratrem; quem cotidie proclamantes et egregie (rb) verberantes, tandem restituerunt eum sedi sue dicentes : ecce per mensem fecisti in scolis discipline et non solum audisti discipline doctrinam, sed eciam sensisti. »

61. Ce sont, pour l'antiquité profane : Platon (Timée), les lettres apocryphes d'Alexandre le Grand, Cicéron (*In libro de senectute*), la vie du philosophe Secundus, Macrobe, Aulu-Gèle; pour l'antiquité sacrée : la Bible, les *Vitæ Patrum* (54 *exempla*), les dialogues et homélies de Grégoire le Grand, les vies de saints (de saint Jean, de saint Jacques, de saint Marc, de saint Irénée, de saint Jérôme, de saint Basile, de saint Benoît, de saint Martin, de saint Germain, de saint Grégoire le Grand); pour le Moyen Age : le roman de Barlaam et de Josaphat de saint Jean Damascène, les miracles de N.-D., les bestiaires (*In libro de animalibus*), le *Verbum Abbreviatum* de Pierre le Chantre, les *Sermones vulgares* de J. de Vitry (25 *exempla*), les vies des saints (de saint Bernard, de saint Thomas Becket), les propres souvenirs de l'auteur.

62. V. spécialement *S. de viciis*, f. 23rb et sq. : De luxuria, de choreis, etc.; f. 46rb et sq. : De multiplici iniquitate avaricie, de usuris; f. 126va : De superbia ornatus, etc.

63. V. P. Chabaille, *Li livres dou Tresor...* (édit. Paris, 1863); pour les sources directes et indirectes, Th. Sundby, *Della vita et delle opere di Brunetto Latini* (Florence, 1884), p. 120 et sq.; pour la biobiblio-

en France, la *Summa* est mise à contribution non seulement pour les définitions, les divisions et les idées, mais encore pour les *exempla* et les traits divers.

La *Somme-le-Roi* appelée aussi *Somme Lorens, Li livres royaux des vices et des vertus* [64], compilée en français par « Frere Lorens », d'Orléans, un dominicain, en 1279 (d'après l'*explicit* du ms. français 938 de la *B. N.*) et dédiée au roi Philippe le Hardi (1270-85), renferme de larges emprunts faits à la *Summa,* à côté d'extraits faits de traités latins antérieurs. Elle revêt la forme d'une petite encyclopédie religieuse à l'usage des gens du monde, spécialement de ceux de la haute société. Elle est divisée en une dizaine chapitres qui portent les titres suivants « les dix commandements de Dieu, les douze articles de la foy, les sept péchés mortels, une instruction pour apprendre à bien vivre et mourir, l'explication du pater noster, les sept dons du Saint-

graphie, la courte et substantielle introduction au Livre du Trésor de M. Ch.-V. Langlois, dans le livre : *La connaissance de la nature et du monde au Moyen Age* (Paris, 1911), p. 328-337.

64. V. Quétif et Echard, *op. cit.*, t. I, p. 386-387; *Hist. Litt.*, t. XIX, p. 397-405; G. Paris, *op. cit.*, p. 253-254. — Il subsiste un certain nombre de manuscrits de cette somme, dont les *incipit* et les *explicit* ne concordent pas toujours. D'après le ms. fr. 938 f. 1-150v (fin XIIIe s.), de la *B. N.*, qui nous a paru présenter le meilleur texte, la somme commence par ces termes : « Li premiers commandemanz que dex commanda est telx tu nauras pas divers dex cest a dire tu nauras deu fors moi ne avureras ne serviras... », et se termine ainsi : « Qui nous moint en sa compaignie laon est perdurable vie amen. Cest livre copila et perfit uns frere de lordre des prescheors a la renqueste dou roy de France phelipe en lan de lincarnacion Jehucrist mil deus cenz sexante dex et neuf Deo gracias. Et fut escripz de perinz de falons clerc ou mois doctambre que le meliaires nostre corroit mil IIC IIII vinz et XIII. » V. aussi pour certains mss., *Bulletin de la Société des anciens textes français,* t. XVIII (1892), p. 69-85, art. de P. Meyer, et sur l'origine orléanaise de Frère Laurens, *Revue des Langues romanes,* t. LVI (1913), p. 20-23, art. du P. Mandonnet, et *Romania,* t. XXXI, p. 610. Le texte édité par Félix Chavannes sous le titre : *Le mireour du monde* (Lausanne, 1846), d'après un ms. découvert à La Sarra (Suisse), en 1835 (XIVe s.) s'arrête après l'explication du *Pater noster.* Les *exempla* qu'il renferme, à l'exception d'un curieux conte (p. 175), concordent avec ceux du ms. fr. 938 (v. pp. 34, 71, 73, 84, 125, 128, 130, 183, etc.). — La somme a été traduite en anglais par Dom Michel de Northgate (Kent) en 1340 sous le titre d'*Agenbite of Inwyt* ou remord de conscience (v. édit. R. Morris, *E. E. T. S.* (London, 1866), n° 23; Mosher, *op. cit.*, p. 122-124).

Esprit, des vertus de ceux qui méprisent le monde, de la vie active et contemplative, de la confession, des bonnes œuvres ». Les mêmes procédés littéraires que dans la *Summa* y sont mis en œuvre. Quant aux *exempla,* ils viennent toujours se placer après l'exposé d'un point doctrinal ou moral et sont indifféremment empruntés comme les citations aux auteurs profanes ou chrétiens, aux écrivains du Moyen Age et aux bestiaires et généralement représentés par le type du récit dévot [65].

Le *Manuel des péchés* écrit en français, en vers octosyllabiques à la fin du XIIIe siècle par le prêtre anglais William de Wadington [66] porte également la forte empreinte de la *Summa.* L'auteur expose dans un curieux prologue son plan qui, par certains côtés, ressemble à celui de la *Somme le Roi* [67] ainsi que son but qui est la transformation morale du chrétien. En même temps il y déclare aussi qu'il a cherché à rendre sa doctrine agréable au lecteur en y mêlant de délicieux récits : « Ki plus en lisant seit delituz cuntes vus mettrum nus aucuns, sicum les seinz nus unt cunte

65. V. ff. 42v, 45, 55v, 66v, 75, 95, 99, 109v, 110, 112, 115, 117, 128v, 131, 149v et spécialement f. 42v : le philosophe et le souverain bien; f. 110 : la vache du pauvre et le centuple de l'évangile; f. 112 : le roi et son henap; f. 117 : la cigogne qui nourrit père et mère; f. 128v : le quémandeur devant la chambre du roi; f. 149v : le paon.

66. V. pour l'étude générale, *Hist. Litt.*, t. XXVIII, p. 179-207 (G. PARIS); pour la liste des mss. avec des notices explicatives, P. MEYER, dans *Romania,* t. VIII, p. 332-334; t. XV, pp. 312-313, 348-349, 351; t. XXIX, pp. 5-9, 47-53; HERBERT, *op. cit.*, t. III, p. 272-303; pour le texte imprimé, l'édit. F.-J. FURNIVALL, *Roberd of Brunne, Handlyng Synne with the French treatise on which it was founded, Le Manuel des Pechiez by William of Wadington,* Roxburghe Club 1862, et la nouvelle édition par le même dans l'*E. E. T. S.* (London, 1901), n°s 119-123; MOSHER, *op. cit.*, p. 119-120.

67. Le manuel comprend neuf livres, correspondant à la division des matières énoncée dans le prologue, à savoir : Liv. I : les douze articles de la foi ou le symbole des apôtres; Liv. II : les dix commandements de Dieu; Liv. III : les sept péchés mortels; Liv. IV : le sacrilège; Liv. V : les sept sacrements; Liv. VI : Sermon sur la crainte et l'amour de Dieu; Liv. VII : la confession; Liv. VIII : la prière; Liv. IX : des prières au Christ et à la Vierge. Chaque livre reçoit un développement conforme à l'importance du sujet traité. Le tout est suivi d'un épilogue où l'auteur fait connaître son nom : « William de Windindoune ».

pur plus fere hayr pechie. » Ces récits, au nombre de soixante-quatre, parfois longuement développés, appartiennent au sens large du terme au genre des récits dévots. Ils sont extraits de la Bible, des *Vitæ Patrum,* des dialogues de Grégoire le Grand, à l'exception d'un certain nombre provenant de recueils d'*exempla* (comme de celui du ms. Royal 7, D. I, v. *infra*), et par leur intermédiaire, des vies de saints, des chroniques anglaises (Bède, Guillaume de Malmesbury) et du traité *De natura rerum* d'Alexandre Nequam.

Dans la traduction du manuel qu'a faite, en anglais, en couplets rythmés, peu après son apparition (vers 1303) le chanoine Gilbertin Robert de Brunne (+ 1337)[68] sous le titre de *Handlyng Sinne,* il est pris une certaine liberté avec le texte original. De nombreuses additions ou omissions y marquent des différences sensibles — il y a trois mille lignes de plus que dans le manuel — et pour ce qui est des *exempla* qui sont au nombre de soixante-sept, le traducteur ne s'est pas seulement contenté de reproduire la plupart de ceux de l'original, mais il a encore tenu à y mettre son propre cachet en les transformant et en les dilatant à loisir et à y ajouter une douzaine de son propre cru et à caractère local très prononcé[69], ce qui semble indiquer que la traduction avait comme but de divertir autant que d'instruire et d'édifier le lecteur ou l'auditeur.

68. Sur cet auteur, v. *Dict. of Nat. Biog.*, t. XXXVI, p. 81-81; HERBERT, *op. cit.*, t. III, p. 303-313; pour le texte imprimé, v. l'édit. nouvelle de F.-J. FURNIVALL, *E. E. T. S.* (London, 1901), ci-dessus citée. — Le texte est précédé, comme dans le manuel, d'un prologue, où l'auteur prend soin d'énoncer la division de son sujet. Il ne comprend cependant lui-même que la traduction de cinq livres, celle des Livres I, VI, VII et IX étant omise.

69. V. p. ex. (édit. *E. E. T. S.*), p. 158 : l'*exemplum* relatif à « synt » Robert Grosseteste, évêque de Lincoln (1235-53), amateur de musique de harpe; p. 200 : récit curieux de la mort misérable d'un curé avare dans le comté de Cambridge; p. 206 : le récit des derniers instants de deux mauvais exécuteurs testamentaires à Kesteven dans le comté de Lincoln; p. 273 : l'*exemplum* relatif à un chevalier réprimandé par un serf pour avoir laissé son bétail souiller le cimetière; p. 324 : le récit d'apparitions ayant trait à un homme de Sudbury dans le comté de Suffolk remerciant sa veuve des deux messes chantées pour sa délivrance du purgatoire, etc.

De même la *Summa de viciis et virtutibus* du mineur Jean de Galles (+ 1302) [70] a subi l'influence de celle de Peraud pour son fond doctrinal. Traitant successivement en quatre parties des vices et des vertus, des peines et des récompenses éternelles, elle semble avoir été spécialement écrite d'après ce qui ressort du prologue à l'usage des prédicateurs populaires [71] qui n'ont pas le loisir de consulter de multiples volumes, dans le but de leur fournir une ample matière pour l'exposition de la morale chrétienne. La méthode de l'auteur consiste à définir et à diviser d'abord l'objet de son étude, puis à étayer la partie explicative de nombreuses citations de textes profanes et chrétiens et enfin à la compléter par l'emploi en manière d'illustration et de preuve de l'*exemplum* à caractère presque exclusivement profane et emprunté indifféremment aux écrits des auteurs païens (Valère Maxime, Sénèque, Diogène Laërte) et chrétiens (Pères de l'Eglise). Ce dernier est généralement présenté sous une forme squelettique et précédé de l'indication de la source d'où il est tiré ou des formules ordinaires d'introduction.

Il existe, à côté de ces traités qui présentent une certaine

70. V., pour l'étude générale, *Hist. Litt.*, t. XXV, p. 186-187; pour le texte, *B. N.*, ms. lat. 6776 ff. 55va-252vb (XIVe s.); les ff. 1-54v sont occupés par le *Breviloquium de virtutibus antiquorum principum* du même auteur. La *Summa* se compose d'un long prologue (ff. 55vb-59ra), qui forme une sorte d'esquisse *De arte predicandi*, traitant des qualités, des obligations, de la voix et des gestes du prédicateur, ainsi que du texte comprenant quatre parties, comme le prologue l'indique, f. 55v « Hujus collectionis, sunt quatuor partes : prima est de VII viciis principalibus et de illis que nascuntur de illis; secunda pars de virtutibus oppositis predictis viciis; tercia pars de penis eternis que infliguntur viciosis impenitentibus; quarta est de premiis que retribuuntur virtuosis persevrantibus. » Chaque partie est à son tour divisée en chapitres et paragraphes. La première partie cependant est de beaucoup la plus développée. Elle occupe les quatre cinquièmes du traité (ff. 59-204). Les trois autres parties n'occupent respectivement que les ff. 204-229r, 229-243v, 243v-252v.

71. « Quamvis autem de predictis quatuor annunciandis sive predicandis sic sufficienter determinatum in sacra scriptura necnon et in libris originalibus sanctorum et in tractatibus magistralibus diversis, in hac collectione sunt hec collecta breviter, ut habeantur aliqua in promptu de predictis, quando non vaccat predicatori studere diffusius in aliis » (Prol. f. 55v).

envergure, quelques autres petits traités du même genre, où un rôle analogue est dévolu à l'*exemplum.*

C'est, en premier lieu, le *Libellus septem peccatorum mortalium venena eorumque remedia describens, qui dicitur venenum Malachiæ* [72]. L'auteur, un franciscain irlandais du nom de Malachie (+ 1310), en décrivant en seize chapitres les sept péchés capitaux et les remèdes à y apporter, comme le titre l'indique, complète son exposé en l'illustrant d'une vingtaine d'*exempla,* tirés principalement des écrits de l'antiquité profane et exceptionnellement de ceux du Moyen Age [73].

Puis c'est le traité *Lo specchio di vera penitenza* du dominicain Fra Jacopo Passavanti (+ 1357) [74], dont le texte est émaillé d'une cinquantaine d'*exempla,* principalement extraits d'Hélinand et d'Etienne de Bourbon [75] et représentés par le récit dévot, l'*exemplum* hagiographique et le récit d'apparitions.

Enfin, c'est le traité anonyme intitulé *Fiore di virtu* (écrit vers le milieu du XIVe siècle [76], d'un intérêt non moindre

72. V. édit. Paris, 1518 (*B. N.*, Inv. Rés., D. 5640).

73. Ce sont Esope (de serpente, lacte et rustico), Virgile (de laude musce), Historia Alexandri (de regina Indie et puella missa Alexandro), Valère-Maxime, le physiologus (de syrene, de elephante), Alexander Nequam (de adulterio ciconie), les *Vitæ sanctorum,* Orose (*Historia*), les propres souvenirs de l'auteur (de ballivis et officialibus, de judice militem necatorem morti tradente).

74. V. édit. Florence, 1682 (*B. N.*, Inv., D. 4852).

75. V., pour l'élucidation des sources et des dérivés, l'article de M. A. MONTEVERDI dans le *Giornale Storico della Letteratura italiana,* t. LXI (1913), p. 266 et sq.; t. LXII (1914), p. 240 et sq. — On peut également ajouter à ce traité ceux du dominicain Cavalca (+ 1342), portant le titre de *Lo specchio di Croce* (v. édit. Milan, 1837), *Lo specchio di peccati* (v. édit. Milan, 1838), *Il pungilingua* (v. édit. Milan, 1837), où d'intervalle à intervalle des *exempla* du type dévot, agrémentent l'aridité de l'exposé; de même, le petit traité intitulé *Gli Assempri di Fra Filippo da Siena,* ermite de saint Augustin (+ 1322), compilé en 1397 avec 62 *exempla* provenant en partie des recueils de J. de Vitry, d'Et. de Bourbon et des miracles de Notre-Dame, en partie de l'expérience de l'auteur, ces derniers tous localisés en Italie (v. édit. C. C. F. Carpellini Sienne, 1864, d'après le ms. T. IV. 9 de la *B. V.* de Sienne et la traduction : *Les exemples d'un ermite siennois,* par M. Alexandre MASSERON (Paris, 1924).

76. V. édit. Venise, 1474 (*B. N.*, Inv. Rés., D. 7649).

que les précédents. Les quarante chapitres dont il se compose, et qui renferment un exposé suivi sur la nature et les effets des vices et des vertus, sont illustrés d'une centaine de récits, de fables, de dits moraux des philosophes, d'*exempla* moralités, tirés des sources les plus diverses [77], sans préjudice des citations d'auteurs profanes et chrétiens de l'antiquité et du Moyen Age — le plus récent auteur cité est Thomas d'Aquin avec le qualificatif de saint (chap. I, p. 4) —.

Parallèlement à ces sommes ou traités de morale, il existe certaines productions de théologie dogmatique et morale ou d'apologétique à caractère didactique qui, en raison du rôle qu'y joue l'*exemplum,* méritent une mention spéciale. Ce sont le *Bonum universale de apibus* de Thomas de Cantimpré, le *Tractatus de oculo morali* de Pierre de Limoges et la *Summa de exemplis contra curiosos* du mineur Servasanctus.

Le *Bonum universale de apibus* a été écrit sous le généralat de Humbert de Romans (1256-1263), probablement à Paris, par le dominicain Thomas de Cantimpré (+ 1270-1272) [78]. Dans l'épitre dédicatoire adressée au maître général, l'auteur nous explique comment, sur l'invitation de ses familiers, il s'est mis à écrire ce traité de morale pratique sur les obligations des prélats et de leurs subordonnés, en leur appliquant, en les moralisant, les propriétés des abeilles extraites de son autre traité, le *De natura rerum,* et qu'il fait suivre par manière d'illustration et d'adaptation, de toutes sortes de récits tirés des faits et événements contemporains ou antérieurs [79].

77. Ce sont : la Bible, les écrits des Pères, les *Vitæ Patrum,* les *Vitæ sanctorum,* l'*Historia Alexandri,* les écrits de Platon, d'Aristote, d'Ovide, de Sénèque, de Martial, les fables d'Esope, les *Castigationes Sedechie* de Jean de Procida, l'Histoire romaine, la vie du frère Gilles de l'ordre de saint François.

78. Pour l'étude générale, v. Quétif et Echard, *op. cit.*, t. I, p. 250-252; *Hist. Litt.*, t. XIX, p. 177-184; pour le texte, *B. N.*, ms. lat. 3309 f. 1ra-113va (XIVe s.); en ce qui concerne l'élucidation de la date de composition du traité, v. E. Berger, *Th. Cantipratensis Bonum universale de apibus quid illustrandis seculi decimi tertii moribus conferat* (Paris, 1895), p. 15-16.

79. « Reverendo in Christo patri Humberto magistro ordinis pre-

Son but est évidemment d'écrire à l'usage de ses confrères un de ces manuels de théologie pratique, où ils pouvaient puiser une abondante doctrine et des récits appropriés, pour les proposer ensuite aux diverses conditions sociales, soit dans les directions privées, soit dans les prédications, comme cela ressort de la suite de la lettre [80].

Le texte comprend deux livres dont l'un traite *De prelatis* avec vingt-cinq chapitres et cinquante *exempla,* et l'autre *De subditis,* avec cinquante-sept chapitres et deux cent soixante *exempla* environ. Chaque chapitre est pourvu d'un titre et divisé en paragraphes numérotés « eorundem librorum cuncta capitula sub rubricarum brevitate signata, particulatim distincta, numeraliter et ordinate colligantur » (f. 1v). Son développement comprend l'explication ou l'interprétation allégorique d'une des propriétés des abeilles appliquée à l'aide de citations bibliques et autres aux prélats et à leurs subordonnés et suivie la plupart du temps d'*exempla* qui n'ont souvent, avec ce qui précède, qu'un lien assez lâche. La manière dont ces derniers sont rattachés au texte rappelle celle de Jacques de Vitry dans ses *Sermones vulgares et communes,* soit qu'il s'agisse de l'indication de leur source (*in dialogis, in historia ecclesiastica, vidi, audi, accidit*), soit qu'il s'agisse de la localisation des récits dans le temps et dans l'espace (*in Gallia, in Brabancia, anno presente M° scil CC°LVIII° prope civitatem Colonie*).

dicatorum, quem ad presens non urget necessitas nominari. Instantissime rogatus a quibusdam familiaribus meis librum de prelatis et subditis multa sollicitudine et labore conscripsi. Revolvi autem librum illum de natura rerum, quem ipse multo labore per annos quindecim de diversis auctoribus utilissime compilavi, in quo capitulum... de apibus cum magna consideracione conspexi. Cujus serie omnis status hominum maxime in prelatis et subditis necnon specialissime modus vivendi claustralium poterit comprehendi. Hoc ergo capitulum exponere simpliciter et moralizare presumens primum librum de prelatis, secundum de subditis sub diversis et intitulatis capitulis consummavi. Quibus eciam capitulis secundum materiam exempla aptata et appropriata conjunxi, que nostris temporibus vel propre nostra tempora contigerunt » (f. 1r).

80. « Unusquisque rationi capax videat omni statui, omni condicioni hominum per diversificatas ipsius textus sentencias et diversa rerum narrata gestarum jocunde nimis et gratissime convenire » (f. 1v).

Les *exempla* sont, en général, normalement développés, parfois cependant dilatés outre mesure et ornés de toutes sortes de détails circonstanciés. Leurs sources sont relativement peu nombreuses. Ce sont, à côté des citations extraites des écrits de l'antiquité sacrée et profane et du Moyen Age (les *Dicta philosophorum* de Guillaume de Conches, l'*Alexandreide* de Gautier de Chatillon, les traités d'histoire naturelle de Vincent de Beauvais et d'Albert le Grand, son propre traité *De natura rerum*), les dialogues de Grégoire le Grand, l'histoire ecclésiastique du vénérable Bède, les vies de saints, dont la plus récemment citée est celle de sainte Lutgarde (+ 1246), la vie de personnages illustres de l'ordre dominicain (saint Dominique, Jourdain, Henri le Teutonique, Humbert de Romans, Thomas d'Aquin) ou du temps (Louis IX, Philippe de Grève, etc.), les événements contemporains « que nostris temporibus vel prope nostra tempora contigerunt » et surtout les souvenirs même de l'auteur, au sujet desquels il a ajouté cependant le correctif suivant : « ego quidem in pluribus hoc vitavi, ne terras, civitates vel opida nominatim ponerem, in quibus rerum gesta patrata sunt eo quod personis adhuc viventibus et hunc favorem glorie fugientibus verecundiam facere formidarem ». D'après ces indications, quatre types d'*exempla* prédominent dans le traité, à savoir, l'*exemplum* moralité, le récit d'apparitions, la récit dévot et l'*exemplum* personnel. Pris en eux-mêmes, ceux-ci présentent une grande variété où figurent tour à tour dans leur activité multiple les représentants des diverses conditions sociales à savoir, clercs et laïcs, pontifes, cardinaux et prélats, prêtres et clercs séculiers, frères prêcheurs et frères mineurs, cisterciens et bénédictins, béguins et béguines, rois, grands seigneurs, femmes nobles, bourgeois, paysans et artisans, juifs et hérétiques, et offrent, malgré la crédulité extrême dont fait preuve l'auteur, un tableau instructif des croyances et des mœurs du temps. C'est à eux qu'est sans doute dû le succès considérable qu'a eu le *Bonum universale* pendant des siècles et jusqu'aux temps modernes auprès des prédicateurs et des moralistes [81].

81. Il en subsiste encore un certain nombre de copies manuscrites

Le traité *De oculo morali* de Pierre de Limoges [82], dont le succès n'a pas été moindre, forme une série d'exhortations morales, où la méthode de moralisation est appliquée non pas aux propriétés d'un animal comme chez Thomas de Cantimpré, mais aux propriétés d'un organe spécial qui est l'œil de l'homme, en raison de son importance capitale au point de vue moral.

Il a été successivement attribué par erreur à Robert Grossetête, évêque de Lincoln (+ 1253) sous le nom de *Lincolniensis*, à Jean Peckam, archevêque de Cantorbéry (+ 1292), au mineur Jean de Galles (+ 1302), au mineur Duns Scot (+ 1308), à Raymond Jordan (+ 1381). Son véritable auteur est Pierre de Limoges (+ 1306) d'après l'*explicit* même des plus anciens manuscrits, où ce nom est cité, ainsi que d'après certains passages du texte qui montrent que l'auteur était très familiarisé avec la vie des étudiants de Paris, ce qui était bien le cas de Pierre de Limoges (v. spécialement cap. XI : *De informacione scolarium ex septem condicionibus que requiruntur ad visum*) [83].

dans les différentes bibliothèques de l'Europe occidentale. Les compilateurs des recueils d'*exempla* (v. *infra*), les prédicateurs et les moralistes l'ont exploité pendant des siècles. Tour à tour imprimé au XVe et au XVIe siècle (v. édit. Deventer, 1478; de Paris, sans date; de Douai, 1597), il a prolongé sa vogue jusqu'en plein XVIIe siècle, où il a eu deux éditions (v. édit. Douai, 1605 et 1627; *B. N.*, Inv., D. 16035).

82. V. *Hist. Litt.*, t. XXV, p. 194-196; t. XXVI, p. 460-467. Pour le texte, v. *B. N.*, ms. lat. 3234 ff. 1-56 (XIVe s.) : « Incipit tractatus de oculo morali. Si diligenter voluerimus in lege domini meditari... in solio collocat perpetuum et illuc eriguntur. Ad illud regnum nos perducat, qui sine fine vivit et regnat Amen. Explicit tractatus de oculo morali. »

83. Ainsi, d'après des manuscrits qui datent de la seconde moitié du XIVe ou du XVe siècle, il a été attribué à ces différents auteurs, notamment d'après les mss. Royal 7. C. I. f. 3, Cott. Vit. C. XIV. f. 31, addit. 16177 f. 105 du *B. M.*, à Robert Grossetête, sous le nom de « Lincolniensis »; d'après le ms. 2798 f. 1 de la *B. Univ.* de Prague et le ms. 30 de la série V de la Bibl. Paul. de Leipzig, à Jean Peckam, sous le titre de « Johannis Pitsani liber de oculo »; d'après les mss. 442 f. 1 et 599 f. 1 de la *B. V.* d'Assise, à Jean de Galles, sous le titre « De oculo morali secundum Johannem Gallensem »; d'après le ms. 574 f. 1 de la *B. V.* de Trèves, à Duns Scot, sous le titre « Liber Johannis Scoti doctoris subtilis de oculo morali fratris ordinis »; enfin, d'après l'*Hist. Litt.*, t. XXV, p. 195; t. XXVI, p. 461, à Raymond

Quant à sa date de composition, il est difficile de l'établir d'une façon précise. Nulle part, au cours du traité, il n'est fait allusion à un personnage contemporain — le plus récemment cité est Edmond Rich, archevêque de Cantorbéry, canonisé en 1246 (f. 44vb) — ni à l'œuvre oratoire de l'auteur qui s'échelonne entre les années 1260 et 1273 (v. *ut supra*). Tout au plus peut-on présumer que le traité est le fruit d'une longue expérience et qu'il n'a pu être écrit que pendant la vieillesse de l'auteur, c'est-à-dire vers la fin du XIIIe siècle [84].

Jordan (+ 1381). Cependant, d'après l'*explicit* des plus anciens mss. qui datent de la première moitié du XIVe siècle, la paternité du traité doit être attribuée à Pierre de Limoges. On lit en effet dans les mss. lat. 3496 de la *B. N.*, f. 99rb : « Explicit liber de oculo morali editus a magistro P. Layssipeyra gravissimo philosopho necnon sacre theologie magistro de prope civitatis lemovicensis oriundo in ulteriore gallia que versus plagam respicit occidentalem », 16490 f. 195rb : « Explicit tractatus moralis de oculo (d'une main un peu postérieure) : magistri petri lemovicensis socii domus Sorbone amen » ; dans le ms. Ba. 12 f. 40 de la Bibl. Theodor. de Paderborn : « Oculus moralis de Petro de Ciperia » ; dans le ms. 555 f. 64 de la *B. V.* de Trèves : « Explicit liber de oculo morali tractatus a magistro Petro la Cepyra, cujus animam dominus diligat in eternum amen : anno domini M.CCC decimo scriptus per manus Guillermi de Bernhia presbyteri » ; dans le ms. 167 (non fol.) de la *B. V.* de Bruges : « Explicit tractatus de oculo morali quem compilavit ut dicitur petrus de limoges » (plus bas d'une autre main) : « Secundum quosdam petrus de cyperia lemovicensis diocesis » ; dans le ms. 628 de la *B. Univ.* de Prague : « Lib. magistri de Cyperia lemov. dioc. » En outre, les éditions de Venise de 1496 et 1503 (en italien), ainsi que celles du XVIIe siècle, portent également le titre de : « P. Lacepiera liber de oculo morali » (v. *Hist. Litt.*, t. XXV, p. 196).

Le *De oculo morali* a comme pendant un traité analogue, dérivé de la neuvième partie de la *Summa de viciis* de Guillaume Peraud et intitulé : *De lingua hominis* de la seconde moitié du XIIIe siècle. Il commence par cet *incipit :* « Lingua congruit in duo opera nomine in gustu alimentorum... », et se termine par l'*explicit* suivant : « Aliis relinquit ulterius pertractandis. Explicit tercia pars tractatus de lingua. » Les *exempla* qu'on y rencontre sont presque exclusivement tirés de l'histoire naturelle. Il subsiste de ce traité quelques rares copies manuscrites dans les bibliothèques anglaises, à savoir : au *B. M.*, ms. Arundel 200 ff. 9-150rb (XVe s.) ; à Cambridge, Pembroke Coll. Lib., ms. 246 ff. 5-247 (XVe s.) ; à Worcester, Cathedral Lib., ms. Q. 72 ff. 42-144 (XVe s.).

84. En voici le texte, f. 1ra : « Si diligenter voluerimus in lege domini meditari facilime perpendemus ea que pertinent ad visionem et oculum pre ceteris frequencius in sacris eloquiis recitari, ex quo

Le texte est précédé d'un prologue où sont brièvement exposés le but et la méthode de l'auteur ainsi que la division du sujet en quinze chapitres.

Il se compose d'une série d'exhortations très inégalement développées, les unes brièvement esquissées, les autres d'une longueur hors proportion avec le sujet traité (v. cap. VII° : *De instructione morali secundum XII proprietates repertas in oculo corporali* qui occupe la sixième partie du texte, ff. 12va-21rb). Celles-ci comportent chacune un exposé spécial ayant trait à la description des différentes parties de l'œil, à leur action et à leurs effets (*sciencialiter*), qui sont, tour à tour, moralisés, c'est-à-dire renferment une application morale à la vie du chrétien et plus spécialement à celle de l'étudiant. Chaque exposé est appuyé par de nombreuses citations de textes sacrés et profanes et par des *exempla*.

Ces derniers, au nombre de quatre-vingts environ — défalcation faite des nombreux *exempla* bibliques — sont, pour la plupart empruntés aux sources communes de l'antiquité sacrée et profane et du Moyen Age [85], parmi lesquel-

patet consideracionem de oculo et de hiis que ad eum spectant esse perutilem ad habendam divine sapiencie noticiam pleniorem. Dicturus ergo aliqua de oculo prout ibi continetur animarum edificacio, primo de ipso sciencialiter secundo post hoc moraliter, brevem volo sermonem facere prout ille qui finxit oculum, eujus oculi respiciunt in pauperem racionis mee cecucientem oculum, dignabitur illustrare. Presens autem opusculum in capitulorum quindenarium est distinctum. Ium capitulum tractat de numero parcium oculum componencium, IIum de parcium ordine in oculi disposicione, IIIum de visionis numero, IVum de visionis modo, Vum de visionis organo completivo, VIum de XIII mirabilibus circa oculi ordinem moralem, VIIum de informacione morali secundum XII proprietates, VIIIum de VII differenciis oculorum juxta differenciam VII visionum capitalium, IXum de sumptuositate oculi respectu ceterarum parcium corporis humani, Xum de corporalium oculorum carencia equanimiter sufferenda, XIum de informacione scolarium ex septem condicionibus que requiruntur ad visum, XIIum de instructione prelatorum ex septem proprietatibus oculorum, XIIIum de IV rebus quas spirituales oculi debent jugiter contemplari, XIVum de III visibilibus oculum delectantibus, XVum de oculo septemplici intuitus divini.

85. Ces sources consultées, soit directement, soit de seconde main, sont pour l'antiquité profane : Aristote (philosophus, *in libro de animalibus, in libro de commixtione elementorum*), Théophraste, Solinus, Valère Maxime, Sénèque, Lucius, Julius Sextus (Francius), Macrobe,

les il y a lieu de relever le *Liber de secreto secretorum* et le *Commentator super librum de animalibus* (f. 16^{v}, f. 42vb). Un certain nombre pourtant proviennent des souvenirs personnels de l'auteur [86]. Quant à ceux qui sont extraits de l'Histoire naturelle, ils sont toujours suivis de moralisations (*mistice, spiritualiter loquendo, sicut*) [87].

Aussi le *De oculo morali*, où les principes religieux et moraux sont exposés d'une façon si particulière, a-t-il joui, pendant des siècles d'une vogue considérable. Prédicateurs, théologiens, moralistes s'en sont largement inspirés. Le traité lui-même a survécu dans de nombreux manuscrits et a même eu les honneurs de l'impression [88].

Claudien, Symmaque, Constantinus (*In libro quem fecit de oculo*), Historia Romanorum; pour l'antiquité sacrée : la Bible, les *Vitæ Patrum*, Eusèbe (*In chronicis*), Grégoire de Naziance, saint Augustin (*De civitate Dei*), saint Grégoire (*Vie et Dialogues*), Boèce, Orose, Cassiodore, Fulgence; pour le Moyen Age : Isidore (*De etymologiis*), saint Jean Damascène (Barlaam et Josaphat), Bède le Vénérable, saint Anselme (*In libro de similitudinibus*), Hugues de Saint-Victor (*In historiis, Didascalon*), Bernard Silvestre (*De microcosmo metrice*), P. Damien, le Physiologus, les bestiaires, Jean de Salisbury (*Polycraticus*), Sigebert de Gembloux, Hélinand (*In chronicis*), saint Edmond (*Vie*), le *Commentator super librum de animalibus*, Johannes Hispalensis (*Liber de secreto secretorum*), Alain de Lille (*Anticlaudianus*).

86. Ms. cit., f. 35va : « Quidam scolaris socio suo qui, studio derelicto, commessacionibus intendebat, ita scripsit : Tu qui disciplinali milicie et libris omnia post (va) posueras, nunc codices ad calices transtulisti et scribere in bibere convertisti, nunc predicaris egregius predicator, qui prius fueras nominatissimus disputator, plus studes in calicibus quam in codicibus, plus vacas in commessacionibus quam lectionibus, plus in salmone quam in salomone studes. Non est hec mutacio dextere excelsi... » f. 36rb : « Cum semel quidam de numero talium fatuorum rediret ad patriam cum numerositate librorum, casu contigit quod summerarius ejus libros portans in aquam cecidit et sic totum amisit. Quod attendens scolaris quidam post eum peditans, pauper libris, dives autem sciencia, qui quod in scolis audierat, non libris, sed memorie commendaverat, hos versus composuit : Corde non cartis tradas, que noveris arte, ut si carta cadat, tecum sapiencia vadat... » V. aussi f. 38va : « De scolaribus marmosetis similibus »; f. 39vb : « De scolaribus parisius studentibus... »

87. V. f. 29vb : la fable d'Argus aux cent yeux; f. 42vb : les grues; f. 43vb : le paon; f. 55vb : l'oiseau Caladrius.

88. Voici la liste des manuscrits. France : Paris : *B. N.*, mss.lat. 3234 ff. 1-54vb (XIVe s.), 3496 ff. 1-99rb (XIVe s.), 15942 ff. 228-260vb (XIVe s.), 16395 ff. 1-94vb (XIIIe s.), 16396 ff. 3-46v (XIIIe s.), 16435 ff. 146v-175v (XIVe s.), 16490 ff. 168rb-195rb (XIVe s.); Mazarine, mss. lat. 888 ff. 84-118 (XIVe s.), 1733 ff. 335-379 (XIVe s.); Chartres, *B. V.*,

La *Summa de exemplis contra curiosos* [89] forme une sorte de traité d'apologétique chrétienne. Son existence et la nationalité de l'auteur ont été signalées pour la première

ms. 253 ff. 184v-231v (XIVe s.); Saint-Omer, *B. V.*, ms. 283 n° 8 (XVe s.); Sélestadt, *B. V.*, ms. 83, n° 3 (1460); Troyes, *B. V.*, mss. 1601 (non fol.) (XVe s.), 1848 ff. 1-44 (XIVe s.), 1938 ff. 1-108 (XVe s.); Verdun, *B. V.*, ms. 79 (non fol.) (XIIIe s.). — Allemagne : Giessen : *B. Univ.*, ms. 795 ff. 2-37 (XVe s.); Leipzig : Bibl. Paul, Series V, n° 23 (XVe s.); Munich, Bibl. Royale, mss. 17477 ff. 206-256 (1490), 18412 ff. 75-127 (XVe s.); Münster, Bibl. Paul., ms. 714 ff. 120-148 (XIVe s.); Erlangen, *B. Univ.*, ms. 422 ff. 1-46 (1310); Paderborn, Bibl. Theodor., ms. Ba. 12 ff. 40-80 (XVe s.); Trèves, *B. V.*, mss. 555 f. 1-64 (1310), 574 ff. 1-123 (XVe s.). — Angleterre : Londres, *B. M.*, mss. Royal 7. C. I. ff. 3-82 (XIVe s.), Cott. Vit. C. XIV. ff. 7-31 (XVe s.), addit. 16167 ff. 85-105 (XVe s.); Cambridge : S. John's Coll. Lib., mss. 16 (non fol.) (XVe s.), 91 ff. 1-25 (XIVe s.), Peterhouse Lib. ms. 279 ff. 1-25 (XIVe s.), University Coll. Lib. ms. 2144 Ll. I. 15 ff. 30-61 (XIVe s.); Manchester : John Rylands Lib., ms. 181 ff. 1-51 (XVe s.); Oxford : Bodl., ms. Digby 77 ff. 109-150 (XIVe s.), Balliol Coll. Lib. ms. 274 ff. 166-204 (1409), Merton Coll. Lib. mss. 82 ff. 64-95 (XIVe s.), 216 ff. 203-229 (XIVe s.), Magd. Coll. Lib. mss. VI ff. 1-60 (XIVe s.), 27 ff. 60-111 (XIVe s.), 202 ff. 163-233 XVe s.), Oriel Coll. Lib. ms. XX ff. 271-309 (XVe s.); Worcester : Cath. Lib., mss. Q. 14 ff. 115-183 (XVe s.), P. 115 ff. 149-211 (XVe s.), Q. 72 ff. 125-160 (XVe s.). — Autriche : Vienne : Hofbibl., mss. 1367 ff. 141-200 (XIIIe s.), 4343 (non fol.) (XIVe s.); Wilhering : Stifts-bibl., ms. 102 ff. 1-165 (XVe s.); Lilienfeld : Stiftsbibl., ms. 70 ff. 120-145 (XIVe s.). — Belgique : Bruxelles : Bibl. Royale, mss. 2086 (1727-29) ff. 1-33 (XIVe s.), 2087 (9525-30) ff. 1-44 (XIVe s.), 2088 (II. 2210) ff. 3-68 (XIVe s.); Bruges : B. V., ms. 167 (non fol.) (XIVe s.); Liège : *B. Univ.*, ms. 378 ff. 1-56 (XVe s.). — Hollande : Leyde : *B. Univ.*, Scal. ms. 68 ff. 1-73 (XIVe s.). — Irlande : Dublin : Trinity Coll. Lib., ms. 115 (non fol.) (XIVe s.). — Italie : Assise : *B. V.*, mss. 442 ff. 1-55 (XIVe s.), 599 ff. 1-36 (XVe s.); Subiaco : Monastère, ms. 226 ff. 1-61 (XIVe s.); Florence : Bibl. Leop. Laurenz. Plut. XXXI cod. VIII. ff. 171-210 (XIVe s.); Gaddian, ms. 200 ff. 1-42 (XIVe s.); Turin : Bibl. Royale, ms. 163. e. IV. 28 ff. 156-183 (XIIIe s.). — Tchécoslovaquie : Prague : *B. Univ.*, mss. 71 ff. 55v-92 (XIVe s.), 628 ff. 124-160 (XIVe s.), 852 ff. 180-209v (XIVe s.), 2032 ff. 75-122v (XVe s.), 2798 ff. 1-32 (XIVe s.). Le *De oculo morali* a eu également plusieurs éditions. Nous signalons les suivantes, à savoir: les édit. de Venise 1496 (et *ibid.*, la traduction en italien, 1496), de Lyon 1641, de Paris 1654, de Rome 1655 (v. *Hist. Litt.*, t. XXV, p. 194-195).

89. V. ms. 127 ff. 1-159 (XIVe s.) de la *B. V.* de Carpentras, dont nous avons pris le texte comme base de notre étude. Celui-ci débute par la table des matières, f. 1 : « Incipit tabula super librum de exemplis naturalibus contra curiosos, qui quidem dividitur in tres partes, in quarum prima agitur de articulis fidei, in secunda deducitur de sacramentis, in tercia de virtutibus sive donis et viciis aliis... », puis continue par le prologue, f. 3 : « Incipit prologus in libro de exemplis contra curiosos. Cum solus in cella sederem et

fois au début du XVIIIe siecle par Quétif et Echard [90]. Un siècle plus tard, J H. Sbaralea a complété ces indications en déterminant le nom de l'auteur qui est le frère mineur Servasanctus (Servodei) [91].

Celui-ci est Italien, probablement originaire de l'Etrurie ou de la Romagne d'après l'indication fournie par la localisation de certains récits du traité dans l'une ou l'autre de ces provinces, à savoir, à Vicence (f. 41vb), à Plaisance (f. 83va), à Ferrare (f. 67va, 67vb, 100vb), à Faenza (f. 26va), à Florence (f. 83vb, 83vb, 84va, 128vb), à Romaniola (province de Romagne) (f. 84), où il a sans doute aussi exercé son activité apostolique et dont il semble connaître les mœurs et les institutions.

En ce qui concerne la date de composition du traité, il ressort des récits relatifs aux plus récents grands personnages cités, comme Frédéric II (+ 1250) (f. 34va, 64vb), Conrad IV (+ 1254) (f. 80va), Ezzelino IV di Romano, potestat de Vicence (+ 1259) (f. 41vb : Fuit in partibus nostris Hençilinus qui tante crudelitatis fuit), le pape

aliquod de fide catholica mente revolverem... viciis illis contrariis sicut legendi patebit... », et se poursuit (ff. 4-159va) : « Incipit libellus primus de articulis fidei... Occurrit itaque primo discutere utrum sit necessaria... si credatur quodam stimulo me cogente hoc opusculum aggressus[sum]. Explicit Summa de exemplis contra curiosos Deo gracias amen. »

90. V. *op. cit.,* t. I, p. 733-734 : « F. anonymus. Etruscus et conventus S. Mariae Novellæ Florentiæ alumnus seculo XIV° clarus scripsit opus hoc titulo : Tractatus de exemplis contra curiosos. Pr : Meditante me... »

91. V. *Suppl. des SS. ord. B. Francisci* (Rome, 1806), p. 658, où J. H. Sbaralea l'attribue à un frère mineur du nom de Servasanctus, dont il connaissait deux autres traités, une *Summa de vitiis et virtutibus* et une *Summa de pænitencia,* qui mentionnent à plusieurs reprises la *Summa de exemplis* comme étant du même auteur. Sbaralea cependant, qui ne l'a pas vu, ajoute « forte periit » et présume qu'elle doit se trouver à Séville dans la « Bibliotheca Hispalensis Ecclesiæ sub numero 83 », en se reférant à Jean a S. Antonio. Puis il conclut en ces termes : « Servasanctus, provinciæ Tusciæ alumnus, sed ignotus cujus civitatis vel conventus, sæculo XIV° scripsit » ; v. aussi Grabmann (M.), *Der Liber de exemplis naturalibus des Franziskanertheologen Servasanctus* dans les *Franciskanische Studien,* Münster en Westphalie, 1920, Heft. 2, p. 85-117, où il traite longuement de l'activité littéraire de ce mineur et annonce une étude approfondie sur le fond théologique du traité et la méthode de l'auteur.

Alexandre IV (1254-1261) (f. 63va : Sic ad finem currit vita humana : de papa Alexandro subito mortuo), que Servasanctus a été leur contemporain et qu'il a composé la *Summa* dans les années qui ont suivi leur mort, c'est-à-dire dans la septième décade du XIIIe siècle.

Le traité lui-même se compose d'un long prologue explicatif et du texte en trois livres, dont chacun est précédé ou suivi, selon les manuscrits, d'une table des titres de chapitres.

C'est dans le prologue que l'auteur fait connaître le plan, le but et la méthode de la *Summa,* sinon les sources qu'il a consultées.

Pour ce qui concerne son plan, il a divisé le sujet à traiter qui comprend la synthèse de la théologie dogmatique et morale, en trois parties, à savoir: la foi (vingt-deux chapitres) (f. 3-32va), les sacrements (dix-neuf chapitres) (ff. 32vb-61va), la morale chrétienne (vertus et vices, quatre-vingt-quatorze chapitres) (ff. 62vb-159), précédées chacune également d'un prologue explicatif.

Son but est de répondre par des arguments qualifiés aux adversaires de la religion chrétienne, aux esprits forts du temps qui cherchaient à saper les bases de l'édifice théologique, comme il le déclare expressément : « Ad hoc solum tendit hujus libri sentencia falsa inimicorum fidei confutare commenta et per sua scripta que fantur esse autentica eorum vana refellere argumenta et per consequens approbare fidei nostre dogma » (f. 2va) [92].

La méthode suivie par Servasanctus est dans les grandes lignes celle de la scolastique. Celui-ci cependant au lieu de s'en tenir aux arguments traditionnels tirés de l'Ecriture et des Pères, les puise sur la recommandation de saint Jérôme, au cours de ses développements, presque exclusive-

92. Le traité devait par ailleurs également servir de manuel de secours à ses confrères engagés dans l'œuvre de la prédication, comme il l'affirme incidemment au cours du texte : « Omnia hec extra possunt predicari ubi esset sermo de gratitudine, de amore sive de dono amicicie » (cap. de fide, f. 84va) ; « Sed cui non placent hec puerilia, assignat alia meliora, sed ego dico ideo hec levia, quia mihi videntur predicabilia » (cap. de virtutibus, f. 77 *bis*).

ment dans les écrits des philosophes païens, conformément à la façon de faire d'un saint Cyprien, d'un Origène et de tous autres saints antiques « et omnes antiqui sancti, qui libros contra paganos philosophos conscripserunt, philosophorum sentenciis nisi sunt » et à cette occasion il approuve aussi les prédicateurs qui font de même : « Predicatores divini verbi non sunt ex hoc arguendi si pro loco et tempore philosophorum fuerint verbis usi » (f. 2vb). Et par philosophes il faut entendre les penseurs, écrivains, médecins et naturalistes de l'antiquité grecque et latine [93] et même les Juifs et les Arabes comme rabbi Moyses (f. 8vb) et P. Alfonse (f. 59vb), Algazel (f. 4vb) et Avicenne (f. 95vb), dont les écrits traduits en latin avaient alors trouvé place dans le haut enseignement de l'Occident chrétien.

Il ajoute, en outre, par manière de preuves, soit pour compléter son argumentation, soit pour répondre aux objections (*si dicas, si queris v. cap. III de sacramento eucharistie*), de très nombreux *exempla,* qu'il emprunte surtout à l'histoire naturelle et à l'histoire de l'antiquité profane, plus rarement aux écrivains religieux du passé [94]. Il semble avoir une préférence particulière pour les *Dicta moralia philosophorum* de Guillaume de Conches, le *Liber de nupciis* de Rémi d'Auxerre (paraphrase de celui de M. Capella), le *Liber consolacionis et concilii* d'Albertano de Brescia, le *De proprietatibus rerum* de Barthelémy l'Anglais, son confrère et ses propres souvenirs.

Le nombre de ce qu'il entend par *exempla,* c'est-à-dire

93. Ce sont : Socrate, Platon, Aristote (le philosophe, *in physica et metaphysica,* lettres à Alexandre ?), Théophraste, Epicure, Euripide, Eubolos, Xenocrate, Craton, Antisthène, Viceanthus (*sic*), Hippocrate, Priodicéarque (*In libro de descripcione Grecie*), Satirus (*Illustrium virorum historia*), Xenophon (Cyropédie), Certhemon (*sic*), Cicéron, Horace, Sénèque, Pline, Josèphe, Aulu-Gèle, Macrobe, Galien, Ascolapius (*In libro de aliquibus virtutibus*), Constantinus, Virgile, Nevius poeta, Boèce.

94. A savoir, pour les auteurs profanes : Quinte Curce (*Historia Alexandri*), Valere Maxime, Horace, Pline, Solinus et pour les auteurs chrétiens : l'Evangile de l'enfance du Sauveur, l'*Hist. ecclesiastica* d'Eusèbe, les *Vitæ Patrum,* les écrits de saint Jérôme, de saint Basile (*Hexameron*), de Cassiodore, d'Orose, d'Isidore, de saint Jean Damascène (Barlaam et Josaphat), du vénérable Bède (*Historia ecclesiastica*), les vies de saints.

des anecdotes des récits, des dits, des descriptions des pierres, plantes, animaux et phénomènes divers de la nature, s'élève à six cents environ [95]

Les deux tiers en sont occupés par l'*exemplum* « de naturalibus » tirés des bestiaires — il n'y a pas moins de quatre-vingts noms d'animaux cités — des volucraires, des lapidaires, des traités de géographie ou empruntés à sa propre expérience [96]. Puis suivent, par ordre d'importance, l'*exemplum* profane et historique, l'*exemplum* prodige, le récit dévot, la fable [97] et l'*exemplum* personnel [98].

Servasanctus suit, pour l'emploi de l'*exemplum*, la même méthode que ses contemporains. Il se contente générale-

95. V. l'inventaire dans la table des matières du ms. lat. 3642 B. ff. 193v-198v de la *B. N.*

96. En voici plusieurs à titre d'échantillons; f. 26ra : « Supra Faventiam est quedam cavea in intimo montis posita et metallis preciocissimis plena a demone custodita ubi est carbunculus tanti luminis ut locum totum illuminet instar solis... »; f. 67rb : « Exemplum de mari adriatico quod dum in Syciliam et Apuleam terram fregit, innumerabiles civitates villas et castra subvertit... »; f. 67va : « Nam Padus si potest aliquod foramenculum in ripis circumstantibus invenire facit, dum caput immittere incipit, cito totum corpus immergit et maximas ex hoc ruinas terrarum circa Ferrariam sepe facit ut quod unus in principio facile clausisset vix ab omni populo postea claudi possit... »; f. 128rb : « Leena est Florencie, que dum esset a quodam nostro fratre sepe visitata, visa et pasta, non fuit ingrata, sed ei multa amicicia est conjuncta. Cumque Florenciam fuisset portata et frater post plures dies illuc advenisset et ad eam videndam illuc accessisset, illa, ut eum vidit, mox eum cognovit et assurrexit eumque amplexans cum magna leticia cum eo stetit. Cumque ab ea recedere vellet illa cum pannis tenebat nec abire sinebat. Tandem ab ea recessit et illa quamdiu potuit eum recedentem respexit. Set cum videre desiit in tantam tristiciam venit quod illa die comedere noluit... »

97. V. cap. XLIII : *De paupertate et de diviciis;* f. 118rb : la fable du savetier et du financier; f. 124v : la fable de l'agneau et du chien.

98. Il y en a une quinzaine, qui mériteraient d'être relevés. Ils ont trait à ses confrères (f. 13ra fr. minor Reynaldus, f. 63ra fr. Jacobus de contis senensis), à ses propres souvenirs se rapportant soit à des phénomènes de la nature, soit à des animaux (f. 26ra, f. 34va, f. 67rb, f. 67va, f. 83va, f. 83vb, f. 84ra, f. 84va, f. 91rb, f. 97ra, f. 98vb, f. 100vb, f. 128rb, f. 145va), à des personnages qu'il a connus de *visu* et *auditu* (ff. 38ra, 64rb Frédéric II, f. 64ra Johannes de Luto, f. 41rb, f. 81va Encillinus, f. 80va Conrad IV, f. 63ra le pape AlexandreIV). En voici trois qui se rapportent à des personnages contemporains, f. 41rb : « Fuit in partibus nostris Hençelinus homo, qui tante crudelitatis

ment de reproduire les *exempla* empruntés dans leur teneur primitive et de donner à ceux qui proviennent de lui-même un développement conforme à leur importance en les localisant s'il y a lieu dans l'espace. Parfois, il en ajoute même plusieurs bout à bout, comme s'il voulait donner plus de poids à son argumentation (v. cap. : *De vita eterna, de fide et fidelitate, de humilitate,* etc...). Cependant tous doivent contribuer dans son esprit, comme preuves de raison, à la défense de la doctrine chrétienne.

Aussi la *Summa de exemplis,* où l'exposé théologique et moral est à la fois appuyé sur la méthode scolastique et sur l'expérience et présenté sous un jour nouveau, n'est-elle pas restée confinée à l'Italie. A considérer les copies manuscrites qui subsistent, on constate sans peine qu'elle a pris rapidement le chemin de la France, de l'Allemagne, de l'Angleterre, où elle a joui d'une vogue justifiée au XIVe et XVe siècle [99].

fuit quod de se tantum cunctis timorem incussit, ut ipso solum imminente filius patrem occideret et pater filium jugularet... » f. 81va : « De Encillino qui licet crudelissimus esset, tamen in hoc fidelis, erat quod si quid promittebat, fixum erat, quia nullo modo frangebat » (Il s'agit d'Ezzelino IV di Romano, podestat de Vicence, fait prisonnier à Casano et mort de faim en 1259)... f. 80va : « Rex Corradus, ut dicitur, cum lectum intrasset et quidam proditores ejus lectum invaderent ut eum occiderent, servus qui aderat, dominum sub lecto abscondit et loco ejus in lecto se posuit et se totum incidi permisit. Quo mor[vb]tuo, rex evasit » (Il s'agit de l'empereur Conrad IV (1250-54).

99. Voici la liste des manuscrits. France: Paris: *B. N.*, n. a. lat. 259 ff. 1-159 (XIV[e] s.), mss. lat. 2338 ff. 20-78v (XV[e] s.), 3642 B. ff. 1-198v (XV[e] s.), 10642 ff. 1-102v (XIV[e] s.), ici l'auteur porte le nom de *Servodei* (f. 1 : Incipit tabula super librum naturalium rerum editum a fratre Servodei ordinis fratrum minorum); Carpentras : *B. V.*, ms. 127 ff. 1-159va (XIVe s.); Rouen : *B. V.*, mss. 674 ff. 1-234 (XIVe s. (incomplet), 675 ff. 1-185 (XIVe s.). — Allemagne : Munich : Bibl. Royale, mss. 14749 ff. 213-248v (XIVe s.), 8439 ff. 1-83 (XVe s.); Bibl. privée, ms. J. Rosenthal 2439 ff. 1-101v (XVe s.). — Angleterre : Londres, *B. M.*, ms. Arundel 198 ff. 68-104, 117-124v (XIVe s.); Cambridge : Univ. Lib., ms. 1753. Ii. ii. 20 ff. 1-76 (XVe s.). — Autriche : Vienne : Hofbibl., mss. 1589 ff. 1-112 (XIVe s.), 10642 ff. 1-102v (XIVe s.). — Italie : Florence : Bibl. Nazionale, ms. D. 2. 695 ff. 1ra-86v (XIVe s.). Plusieurs de ces mss. ont été signalés et brièvement décrits par GRABMANN, art. cit. — Il subsiste un autre traité de Servasanctus intitulé *Antidotarius anime,* sous forme d'incunable imprimé à Louvain en 1485 ?, dont il y a exemplaire à Londres au *B. M.*, portant la cote

Dans les traités d'instruction, d'éducation et d'enseignement moral général, l'*exemplum* a également occupé une certaine place, et son rôle n'a pas été inférieur à celui des productions précédentes.

I. B. 4224, et correspondant à la *Summa de pænitencia,* mentionnée par Sbaralea et signalée également par GRABMANN, art. cit., et surtout L. Oliger, Servasantò da Faenza..., O. F. M., e il suo « Liber de virtutibus et viciis » (Roma, 1924) (Estratto dalla *Miscellanea* Fr. Ehrlé. I.). Il comprend une table alphabétique, un prologue et le texte. En tête du prologue on lit : « Incipit liber aureus qui antidotarius animarum dictus est. Non modo doctoribus aut predicatoribus, verum etiam cunctis Xristifidelibus perutilissimus ac summe necessarius, quia in eo de preservatione et reparatione anime tractatur, quemquidem ita emendatum impressi ut quicquid hoc in libro dicitur sacris auctoritatibus rationibus naturalibus pulcherrimisque approbatur atque corroboratur exemplis. » Le prologue lui-même est divisé en quatre parties, comprenant un exposé des devoirs du prédicateur, ce qui indique évidemment que le traité était plus spécialement destiné aux prédicateurs. Le texte est réparti en 17 sections comprenant chacune un certain nombre de chapitres, où il est tour à tour traité de la théologie, de la chute de l'homme et des moyens de salut, notamment de la création, de l'homme pécheur, de la tentation et de ses remèdes, de la pénitence, de la prière, de la patience, des exemples à imiter. Le traité se termine par l'*explicit* suivant, f. 276vb : « Liber quem Antidotarium anime vocant predicatoribus ac eciam contemplacioni insistere volentibus perutilissime correctus et sollicite emendatus impressusque in alma universitate lovanensi in domo Johannis de Westphalia 1485. »

Sa date de composition doit également être placée après 1261, car le personnage le plus récemment cité (f. 84v) est Alexandre IV, mort à cette date. La méthode suivie par l'auteur pour le développement du sujet et l'emploi de l'*exemplum* est en tous points identique à celle de la *Summa de exemplis.* Et pour ce qui est des *exempla,* Servasanctus fait également grand cas de l'*exemplum* « de naturalibus », dont il y a plusieurs centaines et de la fable (v. f. 31v : de corvo et vulpe, f. 31rb : de mure et rana, f. 51vb : de lupo et cane, f. 81ra : de lupo agno et cane, de lupo et pastoribus, f. 186vb : de leone et mure). Il emploie également l'*exemplum* profane (v. Valère Maxime, Caton (*Distiques*), Sénèque (*In libro de naturalibus*), Suétone, Végèce (*De re militari*), la vie du philosophe Secundus, Boèce), le récit dévot (v. *Vitæ Patrum,* les dialogues de Grégoire le Grand), le conte oriental (v. Barlaam et Josaphat de Jean Damascène et la *Disciplina clericalis* de P. Alfonse), le récit hagiographique (v. vie de saint Jérôme, de saint Augustin, de saint Bernard, de saint Thomas de Cantorbéry et surtout de saint François, « beati fratris nostri Francisci » (f. 185va), dont il rappelle à chaque instant la puissance d'intercession par les miracles qu'il opère (v. ff. 46va, 128rb, 129va, 148ra, 164ra, 164rb, 166ra, 169rb, 170ra, 183ra, 183rb, 184va, 185va, 186va, 188ra, 188rb, 188va, 219rb, 262rb). Enfin, il donne une attention particulière à l'*exemplum*

C'est, en premier lieu, le petit traité intitulé *De disciplina scolarium* [100], dans lequel l'auteur, sous le pseudonyme de Boèce [101], qu'on a confondu dans la suite avec celui du phi-

personnel, dont il n'y a pas moins d'une trentaine de récits, soit qu'il en cite les acteurs, à savoir certains frères qu'il a pu connaître personnellement, comme fr. Raymond Richard (f. 91rb), fr. Déodat (f. 153va), fr. Claire (f. 145va), fr. Michel (du Po) de Bologne (f. 212), fr. Jacques de Faenza (f. 235ra), soit qu'il les localise en Italie comme en Romagne (ff. 51rb, 234ra, 235ra), à Faenza (ff. 46vb, 225rb), à Massa (f. 188va), à Florence (ff. 74rb, 145va, 222va, 237va), à Bologne (f. 74va), à Sienne (ff. 75vb, 76va, 91vb), à Patromolo (f. 147ra), à Rome (f. 75ra), à Anagni (f. 182rb), en Lombardie (f. 147vb), en Toscane (f. 153va), en Apulie (f. 130rb), en Sardaigne (f. 75ra) et exceptionnellement en France (ff. 47rb, 126ra, 146va), en Gascogne (ff. 91vb, 211rb), à Montpellier (f. 211vb) et à Bouvines, dont il rappelle la bataille de 1214 (f. 253rb). V. aussi *infra*, l'influence de ce traité sur le recueil *El libro de los exenplos*.

100. Migne, P. L., t. LXIV, col. 1223-1238, où le traité a été inséré dans les œuvres de Boèce. En ce qui concerne la date de composition, il semble, d'après l'*exemplum* relatif au fils mordant le nez de son père, dont on ne trouve nulle trace chez les auteurs du XIIe siècle et qui est pour la première fois cité dans les *Serm. vulg.* de J. de Vitry (v. édit. Crane, n° 287) (écrits entre 1227-28 - 1240) et dans les Paraboles d'Eudes de Chériton (v. édit. L. Hervieux, *Parabola CXXII*) (écrits entre 1219-1247, v. *ut supra*), que le *De disciplina scolarium*, auquel le récit semble avoir été emprunté, ait été composé dans le premier tiers du XIIIe siècle.

101. D'après l'étude substantielle, intitulée : *Le « de disciplina scolarium », traité du XIIIe siècle faussement attribué à Boèce* (thèse présentée à l'Ecole des Chartes, nov. 1920), que M. J. Porcher, son auteur, a eu l'extrême obligeance de nous communiquer, l'auteur du « de disciplina » est un magister artium d'origine anglaise. Il y est en effet fait mention des « flavi Britones » (col(1227) et des « quæstiones cratonicæ » (col. 1229), dont la première origine paraît être anglaise. En outre, la première mention d'une copie manuscrite du traité, qui nous soit parvenue, est celle que renferme le catalogue de Glastonbury de 1247 (v. Manitius, *op. cit.*, t. I, p. 36) et les premiers commentaires, ceux de Guillaume Whetley et de Nicolas Trivet du premier tiers du XIVe siècle, sont également anglais. De plus, l'allusion faite dans le prologue au vénérable Bède ne peut être comprise que de la part d'un Anglais. Enfin, une note placée en tête du ms. de la Bodl. d'Oxford Auct. F. V. 28 ff. 145-153 (XIIIe s.) — qui est du XIVe siècle — attribue l'ouvrage au chroniqueur Elias de Trikingham (+ 1270), ce qui ne veut pas dire qu'il en est l'auteur, mais qu'il a pu l'être. Aussi M. Porcher ajoute : « Le simple témoignage du ms. de la Bodl. ne saurait nous suffire et nous nous garderons de décider. Ce ne serait, dans l'état actuel des recherches, qu'ajouter une hypothèse à tant d'autres. »

Quant à la date de composition, d'après M. Porcher, le *terminus a quo* doit être placé vers 1230 en raison du contenu même du traité,

losophe Boèce (+ 525), expose en cinq chapitres ses idées pédagogiques qu'il se complaît à étayer d'un certain nombre d'*exempla* — exactement dix-huit — à l'adresse des maîtres et des étudiants. Ces *exempla,* tous brièvement esquissés, sont empruntés à l'antiquité classique (v. ex. de Virgile, de Croton, du fils de Lucrèce, de Trébatius, de Timothée et de la lèpre, de Ganymède, fils de Pyrrhus) et aux souvenirs de l'auteur avec des allusions à la manière de vivre et d'enseigner des maîtres, et à la vie des étudiants, qui mériteraient d'être élucidées, soit qu'il s'agisse des noms mis en avant, soit qu'il s'agisse des fameux « studia cratonica ».

Puis ce sont les traités d'instruction des princes proprement dits de Vincent de Beauvais (+ 1264), de Guibert de Tournai (+ 1270), de Gilles de Rome (+ 1310) et de Robert Gervais, évêque de Senez (+ 1389).

Le premier, connu sous les titres de *De puerorum nobilium erudicione* ou *De erudicione puerorum regalium* [102], écrit par Vincent de Beauvais (après avril 1245) [103] et adressé par lui à Marguerite de Provence, femme de Louis IX, se compose d'un prologue dédicatoire et explicatif et d'une série de cinquante-deux chapitres, où sont traités sous une forme condensée divers sujets se rapportant à l'éducation morale et à l'instruction des fils du roi. L'auteur y agrémente ses enseignements de nombreuses citations, « ex sanctorum ac prudencium virorum sentenciis » et plus spécialement d'un certain nombre d'*exempla* brièvement

car « on peut y relever la trace de théories, qui remontent au plus tôt à l'extrême fin du XIIe siècle et de préoccupations qui ne paraissent pas antérieures en Occident, au début du deuxième tiers du XIIIe siècle. », et le *terminus ad quem* doit être porté vers 1240 d'après la citation que font du traité Vincent de Beauvais dans son *Speculum doctrinale* (II. c. 30, 37, 38) et *historiale* (XXI. c. 15) (c. vers 1244, v. *ut supra*) et dans son *De erudicione puerorum regalium* (c. II) (c. après avril 1245) et Guibert de Tournai, précepteur des fils de Louis IX dans son *Libellus de modo addiscendi* (v. *B. N.*, ms. lat. 15431 f. 227 (XIIIe s.), écrit vers le même temps. Ce serait donc entre 1230 et 1240 que le traité a été composé.

102. Consulté : *B. N.*, ms. lat. 16606 ff. 1-111v (XIIIe s.); édit. Bâle, 1481 (*B. N.*, Inv. Rés., D. 3482).

103. D'après Quétif et Echard, *op. cit.*, t. I, p. 214, il n'aurait été écrit que vers 1262-3.

développés et à caractère presque exclusivement profane [104].

Le second, qui porte le titre de *Erudicio regum et principum* [105], a été écrit sous forme de trois lettres par Guibert de Tournai, à l'adresse de Louis IX, en 1259 [106], dans le but de l'instruire sur les qualités requises chez un roi. Ces qualités sont d'après l'*incipit* même du traité : « Reverencia Dei, diligencia sui, disciplina debita potestatum et officialium, affectus et protectio subditorum. » Les deux premières correspondent aux deux parties de la première lettre, la troisième et la quatrième font respectivement l'objet des deux lettres suivantes, le tout comprenant une quarantaine de chapitres. Le texte est fortement étayé de citations des Pères et des auteurs, prosateurs et poètes, philosophes et historiens, naturalistes et médecins, de proverbes et de dictons populaires, provenant en grande partie du *Speculum doctrinale* de Vincent de Beauvais et parsemé d'*exempla* pour la plupart empruntés aux auteurs de l'antiquité profane et parfois à sa propre expérience [107], mais d'ordinaire brièvement esquissés comme ceux de ses sermons [108].

Le troisième, intitulé *De regimine principum* [109], écrit par

104. Les sources sont en effet surtout : Valère Maxime, l'*Historia Greca*, la lettre de Trajan à Plutarque, saint Jérôme (*Contra Jovinianum*) et exceptionnellement la Bible.

105. Consulté : *B. N.*, ms. lat. n. a. lat. 480 ff. 37v-89v (XIVe s.) et l'édit. de M. A. de Poorter (Louvain, 1914).

106. On lit en effet ms. cit. f. 89v : « Actum parisius apud fratres minores anno gracie M°CC° quinquagesimo nono mense octobri in die octava beati Francisci... Explicit. »

107. V. M. A. de Poorter, *op. cit.*, Introd.; parmi les *exempla*, il y a lieu de signaler surtout l'histoire d'Alexandre et de la jeune fille vénimeuse (*Epit. II, Ia pars, cap. 12*) et celle de Zaleucus et du fils adultère (*Epit. II, IIa pars. cap. 9*), comme faisant pour la première fois leur apparition dans ce genre de traités.

108. Guibert a également écrit un *Tractatus de modo addiscendi* (v. *B. N.*, ms. lat. 15451 ff. 85ra-143vb (XIVe s.) avec cet *incipit* : « Tractatus iste qui dicitur rudimentum doctrine vel erudimentum quatuor habet partes de doctrina exequentes, prima de causa finali doctrine, secunda de efficiente, tercia de formali et modo discendi, quarta de materiali »), où il utilise les mêmes types d'*exempla* (v. spécialement ff. 129ra-130ra : « De felicitationis per exempla sensibilia specificacione »). V. pour sa date de composition *ut supra* n° 101.

109. V. édit. Venise, s. d. (*B. N.*, Inv. Rés., *E. 101) ; *Hist. Litt.*,

Gilles de Rome (+ 1316) vers 1284 et adressé par lui à Philippe le Bel, alors prince royal, porte la même marque que les deux traités précédents. Il est divisé en trois livres, où l'auteur étudie successivement comment l'homme doit se régir lui-même (par la morale), comment il doit gouverner sa famille (par l'économique) et comment il doit présider à un Etat (par la politique). Les longs développements auxquels l'auteur se livre pour exposer ses idées, sont illustrés de temps à autre par des *exempla*, dont presque tous, à l'exception de l'*exemplum* moralité, appartiennent au type de l'*exemplum* profane, qu'il semble spécialement affectionner[110].

Le quatrième, qui porte le titre de *Speculum morale*, qu'il ne faut pas confondre avec celui attribué faussement à Vincent de Beauvais, a été écrit un siècle plus tard par le dominicain Robert Gervais, évêque de Senez (1369-1390), et offert par lui au jeune roi Charles VI (1380-1422)[111]. Il se compose d'une table des matières et d'une série de neuf chapitres inégalement repartis et parfois subdivisés

t. XXX, p. 517-534 (analyse du traité); *ibid.*, p. 534-539 (édit. et traductions).

110. Les sources des *exempla* sont : Valère Maxime, Végèce, Hugues de Fleury, Jean de Salisbury et Vincent de Beauvais.

111. V., pour l'auteur, Quétif et Echard, *op. cit.*, t. I, pp. 688-89, 906; L. Delisle, *Recherches sur la librairie de Charles V* (Paris, 1907), partie I, p. 127; pour le texte, les mss. lat. 3490 ff. I-VI, ff. 1-179v (XIVe s.), 6485 ff. 1-104 (XIVe s.) de la *B. N.* Le premier ms., le seul complet, commence par la table des matières ff. I-VI : « Hec est tabula super speculo morali regio facto ad honorem domini regis Francorum, Karoli moderni per fratrem Robbertum episcopum senecensem magistrum in theologia ordinis predicatorum... », puis suit le texte ff. 1-179v, débutant par une sorte de dédicace : « Metuentissimo ac illustrissimo domino Karolo moderno divina providencia regi Francorum, frater Robbertus... », et se terminant par cet *explicit :* « Post hujus felicem exitum et egressum quod ipse prestare dignetur, cujus regnum et imperium sine fine permanet in secula seculorum amen. Explicit speculum morale regium utile ad speculandum. » — Les sources des *exempla* sont, pour l'antiquité sacrée et profane : la Bible, Homère, Aristote, Valère Maxime, Végèce, Macrobe, Sénèque, Florus, Plutarque, Archita Tarentinus, Josèphe, saint Jérôme, saint Augustin, Cassiodore; pour le Moyen Age : le Pseudo-Turpin, Guillaume de Conches, Hugues de Saint-Victor, Jean de Salisbury, Helinand, *Gesta regum Francorum, Flores Chronicorum, Gesta Romanorum*, Vincent de Beauvais (*Spec. Hist.*).

en parties, dont le premier forme une sorte de dédicace et d'exposé du sujet. L'auteur y développe les douze qualités ou vertus nécessaires au jeune souverain pour bien gouverner le pays et mettre fin aux maux provenant de la guerre, en recourant pour l'exposé de ses arguments à l'histoire des faits et gestes des rois de l'antiquité et de France, ainsi qu'à l'enseignement des docteurs catholiques et en l'appuyant par manière de preuves de très nombreuses anecdotes à caractère presque exclusivement profane.

Si ces traités étaient spécialement destinés dans l'esprit de leurs auteurs à des princes royaux, il en est d'autres qui voient alors également le jour sous forme de traités de sagesse chrétienne et de morale sociale et politique, écrits à l'usage de personnages princiers ou de qualité et fortement illustrés, selon l'habitude de l'époque, de nombreux *exempla*.

C'est, d'une part, le traité intitulé *Speculum dominarum* [112], écrit au début du XIVe siècle, par le franciscain

112. V. *Hist. Litt.*, t. XXX, p. 302-333; pour le texte : *B. N.*, ms. lat. 6784 ff. 1-208v (1459). Il est précédé d'un prologue, f. 1 : « Incipit prologus in speculum dominarum. Ad honorem et gloriam summi regis et regine gloriose virginis... ad eterni regni gloriam sublimari. » Le texte commence par cet *incipit,* f. 1v : « Continet autem hic libellus, qui dicitur speculum dominarum, tres tractatus principales, quorum primus est de condicionibus mulierum... », et se termine par cet *explicit :* « Ad illam domum beatitudinis nos perducat Deus omnipotens, cui sit laus honor et gloria per infinita secula seculorum amen », suivi de cet autre d'une écriture postérieure : « Hic finit liber speculum dominarum qui pertinet patri reverendo ac domino metuendissimo domino Johanni de Stampis episcopo Nivernensi divina miseracione bene merito anno domini millesimo IIII.LIX° die vero XVIII° octobris. » C'est la seule copie manuscrite en latin qui subsiste à notre connaissance. Les autres copies ne sont que des traductions libres en français. Ce sont, pour la *B. N.*, le ms. fr. 610 ff. 1-158vb (XIVe s.) avec cet *incipit :* « Cy commence le prologue sur le livre qui est appellé le miroire des dames que fist ung frere de lordre saint françois par la peticion et demande de noble dame Jehanne Royne de France et de Navarre a la louenge de Dieu et au saalut de son ame. Selon ce que dit ung maistre qui est nomme Vegecius... », et avec cet *explicit :* « Que finablement nous puissions avecque luy en sa haute maison habiter amen explicit »; le ms. fr. 1189 ff. 2-108v (XVIe s.), écrit en français rajeuni de 1526 à 1531 par un certain « maystre Isamberd de sainct Leger, presbre » et dédié « a

Durand de Champagne (+ 1340), à l'adresse de la reine Jeanne de Navarre (+ 1305), femme de Philippe le Bel (1285-1314). Il forme une sorte de manuel de morale chrétienne destiné à l'édification et à l'instruction de cette princesse et des femmes de qualité en général, d'après les paroles mêmes de l'auteur dans le prologue : « Aliqua verba et exempla salubria de scripturis sacris et libris sanctorum in hoc libello compendiose studui compilare ad edificacionem et erudicionem excellentissime domine Johanne, Dei gracia illustrissime regine Francie et Navarre necnon ad utilitatem omnium dominarum, ut sciant qualiter ad Deum et ad ea que Dei sunt debeant ordinari, qualiter in regimine sui et suorum habere se debeant utiliter et prudenter, qualiter eas deceat cum omnibus irreprehensibiliter conversari, tandem quibus meritis mereantur ad eterni regni gloriam sublimari » (f. 1^{rv}).

A cet effet l'auteur a divisé son sujet en trois livres. Le premier a pour titre : *De condicionibus mulierum*, et comporte trois parties d'inégale longueur : « quid sit mulier ex conditione nature » (ff. $2\text{-}12^{v}$, 15 chapitres) ; « quid sit ex condicione fortune » (ff. $13\text{-}27^{v}$, 23 chapitres) ; « qualis debeat esse regina ex infusione gracie » sous quatre distinctions : « De gracia, de moribus, de passionibus et de virtutibus » (ff. $27^{v}\text{-}150^{v}$), dont chacune est divisée en un certain nombre de chapitres. Le second, *De sapiencia*, roule exclusivement sur les avantages de la sagesse (ff. $150^{v}\text{-}179^{v}$, 32 chapitres). Le troisième, *De domo multiplici quam edificare debet regina vel quelibet alia domina*,

tres excellente superillustre et tres clerc dame madame Marguerite de France, royne de Navarre, duchesse dalençon et de berry, comtesse darmagnac et seur germaine de tres crestien roy de France Francoys premier de ce nom, salut et felicite » ; (pour la *B. N.*, le prologue du ms. fr. 610 ff. 1ra-158vb (XIVe s.), a été imprimé par L. Delisle dans les *Not. et Ext.*, t. XXXI, I part. (1884), p. 27-28) ; et pour les autres bibliothèques, à savoir : B. Arsenal : ms. f. 2156 ff. 1-107 (XIVe s.) ; Valenciennes : *B. V.*, ms. 300 ff. 1-110 (XVe s.) ; Dijon : *B. V.*, ms. fr. 213 ff. 86-114 (1416) ; Bruxelles : Bibl. Royale, les mss. fr. 2304 (9555-58) ff. 1-148 (XIVe s.), 2395 (11203-4) ff. 1-23v (XIVe s.) ; Londres : *M. B.*, le ms. Royal 19. B. XVI ff. 1-164 (1428), le ms. addit. 29986 ff. 1-147 (XIVe s.) ; Cambridge : Christ Coll. Lib., le ms. 324 ff. 2v-294 (XIVe s.).

a pour objet les quatre demeures : la demeure extérieure, la conscience, l'enfer et le ciel (ff. 179v-208v, 4 parties).

Pour développer les nombreux points qui font l'objet de son traité, il a eu recours à la méthode commune en définissant, divisant et subdivisant chaque point particulier et en l'étayant de nombreuses citations extraites à la fois de la Bible et des auteurs sacrés et profanes (Cicéron, Sénèque, Macrobe, saint Ambroise, saint Augustin, saint Bernard, etc.), ainsi que de nombreux *exempla* empruntés, soit aux écrits de l'antiquité profane, soit à ceux du Moyen Age (Vincent de Beauvais, Jean de Galles), aux vies de saints et exceptionnellement à sa propre expérience [113] Parmi les *exempla* cependant, le récit biblique, quoique souvent à peine esquissé, est de beaucoup le plus représenté au cours du texte.

C'est, d'autre part, le traité de sagesse et de morale, à tendance encyclopédique, qui porte le titre de *Lectura seu Compilacio suprum librum Cathonis* [114]. Il a été compilé

113. V. f. 8v : la lépreuse, f. 122v : le fournisseur payé, f. 160 : les études à Paris.

114. Consulté *B. N.*, ms. lat. 14384 ff. 27-222va (fin XIVe siècle). Le traité est précédé (ff. 1ra-26vb) d'un manuel de distinctions avec prologue commençant par ces mots : « Incipit prologus in exposicionem Catonis cum moralitatibus et allegoriis compilatam per magne religionis et sciencie virum fratrem Philippum de Pergamo monasterii Sancte Marie de Veracio ordinis Sancti Benedicti paduane urbis priorem... Sive quodcumque facitis verbo vel opere omnia in nomine... », et se terminant par cet *explicit :* « Explicit tabula multum utilis ad lecturam infra scriptam edita seu compilata a circumspecto et magno sciencie viro religioso fratre Philippo de Pergamo, etc. » Puis suit le texte du traité (ff. 27ra-222va), en tête duquel se trouve l'avant-propos dédicatoire : « Completa prohemio sequitur epistola actoris ad dominum Franciscum de Cararia directa et oblata. Illustris industrie ac grandis begnivolencie speculo Francisco etc. Cum animadverterem quam plurimos homines errare in via morum... » Il se termine par cet *explicit,* f. 222va : « Miraris verbis nudis me scribere... qui singulariter beatus est, honor sit in seculorum secula amen Deo gracias. Explicit lectura seu compilacio super librum Catonis edita a circumspecto et religioso viro fratre Philippo de Pergamo etc. » Il subsiste un certain nombre de copies manuscrites de ce traité dans les différentes bibliothèques. Quant aux nombreuses éditions incunables et traductions en français, allemand, flamand et anglais, nous renvoyons à Hain (nos 4710-4754) et à Pellechet (nos 3420-3436). Les éditions que nous avons consultées (v. édit. s. d. ni l. *B. N.*, Inv. Rés.,

vers la huitième décade du XIVe siècle par Philippe de Bergame (+ av. 1380) [115], prieur bénédictin du monastère Santa Maria in Vanzo, à Padoue, et dédié à François II Novello, seigneur de Padoue (de 1395 à + 1406), fils de François Ier de Carrare, seigneur de Padoue (de 1355 à 1393 + à Come), d'après le texte même de l'avant-propos dédicatoire : « Illustris industrie ac grandis begnivolencie speculo Francisco Novello genito excelsi et magnifici domini mei singularissimi Francisci de Cararia Padue... incliti gubernatoris et ducis, devotus et fidelissimus vester frater Philippus de Pergamo monasterii sancte Marie de Voracio ordinis si Benedicti inter priores Padue civitatis minimus » (f. 27v).

Le traité est précédé d'un manuel de distinctions à arrangement alphabétique et comprend un avant-propos dédicatoire et le texte.

C'est dans l'avant-propos que l'auteur nous fournit quelques indications sur le plan, le but et les sources du traité. Il a pris comme plan de son texte les distiques de Caton, qui ont joué un rôle si considérable dans l'enseignement moral des écoles du Moyen Age. Et ceux-ci comprenant deux parties : l'une, la « pars prosaica », avec cinquante-six préceptes, et l'autre, les quatre « partes metrice », embrassant respectivement chacune quarante, trente-cinq, vingt-six et cinquante et un distiques, il a adopté pour son texte la même division et développé ses idées d'après leur contenu même [116].

D. 1411 et édit. s. l. de 1475, Inv. Rés., D. 1412) portent le titre de *Cato moralisatus seu speculum regiminis cum commentariis Philippi de Pergamo epistola fratris Roberti de Euremodio* (Envermeu, arrondissement de Dieppe, Seine-Inférieure) (+ 1480) *monasterii clarevallis ad Petrum de Salustris* (Solutré, Saône-et-Loire), et concordent pour le texte avec la copie manuscrite. Ici cependant le raité est dédié à Jean Galéas-Marie Sforza (1476-1494) : « Nullum invenio digniorem, cui presens opus inscribatur illustri et magnifico principe et meo domino Johanne Galeates vicecomite inclito, comite virtutum inclitarum urbium Mediolani Papie Pergami et multarum aliarum venerabilium urbium Ytalie, imperiali vicario et optato domino generali... »

115. V. Quétif et Echard, *op. cit.,* t. I, p. 743.

116. V., pour l'historique des distiques de Caton et de leur rôle dans les programmes d'enseignement au Moyen Age, M. O. Goldberg, *Die*

Son but étant d'écrire à l'usage de son élève et probablement aussi des gouvernants : « Regnantibus vel regentibus foret utilis » (f. 27vb), un traité de morale pratique, il a cherché à y harmoniser à la fois les principes de la sagesse antique et ceux du christianisme. A cet effet, il a exposé sur la base des préceptes et des distiques de Caton dans de longues dissertations ses théories morales sur les vices et les vertus, en s'attachant à analyser minutieusement tout acte humain et en faisant suivre chacun de ses développements d'une moralisation plus ou moins longue, qui est à son tour parfois suivie en manière d'illustration d'un *exemplum*.

Les sources des *exempla*, au nombre d'une centaine, se repartissent à la fois sur les écrits des auteurs de l'antiquité sacrée et profane comme sur ceux du Moyen Age [117]. Parmi les écrits de ces derniers utilisés au cours du texte, il y a lieu de relever le traité d'Etienne de Bourbon (« In libro pantheon » I, 47), le traité « De vita et moribus philosophorum » (a, 18) de Walter Burley et le « Liber de pomo » (a, 22) de Manfred. A cela on peut également ajouter les souvenirs de l'auteur, qui se plaît à orner le texte, à côté d'innombrables citations d'auteurs divers, de maints détails curieux sur les mœurs de son temps et particulièrement sur celles de l'Italie du Nord [118].

cathonischen Distichen während des Mittelalters (Leipzig, 1883), et Manitius, *op. cit.*, pp. 178, 185, 248, 346, 349, 406, 411, 423, 428, 433, 438, 439, 471, 472, 511, 574, 613, 662.

117. Ce sont, pour l'antiquité sacrée et profane : la Bible, Lactance (*In libro institutionum*), le *Physiologus*, saint Jérôme, saint Augustin, les *Vitæ Patrum*, Boèce, Cassiodore, saint Ambroise (*Hexameron*), Grégoire le Grand (*Dialogues*), Aristote, Cicéron (Tullius, *De natura Deorum*), Ovide (*De arte amandi*), Valère Maxime, Sénèque, Solin, Trogue Pompée, Quintilien, Végèce (*De re militari*), Macrobe, *Historia Alexandri;* pour le Moyen Age : Isidore, le vénérable Bède, saint Jean Damascène, Pierre Alfonse, Hugues de Cluny (*Vita*), saint Anselme, saint Bernard, le Pseudo-Turpin, Pierre le Mangeur, Jean de Salisbury (*Polycraticus*), Vincent de Beauvais, maître Gérard « cancellarius parisiensis » (a, 27), Barthelémy l'Anglais, J. de Voragine (*Sermones*), Et. de Bourbon, Walter Burley, Manfred, le *Liber de animalibus*, les miracles de Notre-Dame.

118. V. ms. cit., I, 26, allusion aux luttes intestines des Gibelins et des Guelfes, où l'auteur semble prendre parti pour ces derniers.

Parallèlement à ces traités d'instruction et de morale, on voit surgir un genre spécial d'écrits sous forme de biographies des hommes célèbres de l'antiquité profane, compilés également dans un but religieux, moral et éducatif [119]. Tantôt c'est la biographie sous la forme de récits anecdotiques avec les dits et les enseignements moraux d'une seule personnalité, qui nous est présentée. Tantôt c'est une série de biographies des penseurs, des philosophes et des sages de l'antiquité avec leurs enseignements, que nous voyons successivement défiler devant nous dans un traité séparé. Tantôt même la biographie avec les faits et gestes de ces mêmes personnages est exposée dans le cadre des quatre vertus cardinales. Quelle que soit cependant la forme de ce genre d'écrits, leurs auteurs semblent surtout préoccupés de compléter leurs enseignements par l'*exemplum* et le dit moral.

Ce sont pour la première catégorie la *Vita philosophi Secundi* et le *Liber de vita et morte Aristotelis,* de provenance grecque.

Le premier écrit renferme la vie anecdotique et les sentences du philosophe Secundus le Taciturne [120], qui est

119. Le fait d'écrire la biographie des grands hommes sous forme d'anecdotes remonte à l'antiquité classique profane. Qu'il nous suffise de nommer Cornelius Nepos, Valère Maxime, Suétone, Satirus, Plutarque, Diogène Laërte, Apulée, qui nous ont transmis à ce sujet de curieux modèles. A leur suite, les écrivains chrétiens ont également cherché à exalter les héros du christianisme, notamment pour la période patristique : saint Jérôme (*De viris illustribus,* Migne, P. L., t. XXIII, col. 602-726), Palladius (*Historia lausiaca,* Migne, P. L., t. LXXIII, col. 343-394), Gennade, prêtre de Marseille (vers 495) (*De viris illustribus,* Migne, P. L., t. LVIII, col. 1059-1120), Grégoire le Grand (*Dialogues,* 3ᵉ livre, saints d'Italie, Migne, P. L., t. LXXVII, col. 215-318) et pour le Moyen Age : Isidore de Séville (*De viris illustribus,* Migne, P. L., t. LXXXIII, col. 1081-1106), Sigebert de Gembloux (*De viris illustribus,* Migne, P. L., t. CLX, col. 547-592), Henri de Gand (+ 1293) (*De viris illustribus,* v. *B. N.*, n. a. lat. 314 ff. 73v-82 (XIVᵉ s.), Douai, *B. V.*, ms. 246 (non fol.) (XIVᵉ s.) (v. B. Hauréau, *Not. et Ext. de qq. mss. lat. de la B. N.*, t. VI, p. 162-173).

120. V. *B. N.*, ms. lat. 16490 ff. 233rb-236ra (XIVᵉ s.) : « Incipit Secundus philosophus — Secundus philosophus hoc philosophatus est, omni tempore silencium conservans et pythagoricam ducens vitam... » ; f. 236ra : « Igitur Adrianus imperator cum hec legisset et didicisset causam cur Secundus philosophus in silencio philosophatus

supposé avoir vécu à l'époque de l'empereur Adrien (117-138). Rédigé primitivement en langue grecque, il a trouvé une grande diffusion en Orient, où il a été même traduit en arabe et en éthiopien. Passé en Occident dans une traduction latine, il a été très rapidement répandu, peut-être grâce à Vincent de Beauvais qui le premier l'a inséré dans son *Speculum Historiale* (Lib. X, c. 71).

Le second, intitulé aussi *Liber de pomo* ou *Liber de morte Aristotelis*, relate des traits de vie et certains enseignements moraux du philosophe Aristote (+ 322 av. J.-C.) [121]. Comme le précédent il a été répandu en Orient après son apparition, à une date incertaine et traduit du grec en hébreu et ensuite de l'hébreu en latin par Manfred (+ 1266), fils naturel de Frédéric II, sous le règne de l'empereur Conrad IV (1250-1254), d'après le texte même du prologue : « De hebrea lingua in latinam transtulimus... nos Manfredus divi Augusti imperatoris Frederici filius Dei gracia princeps tharentinus honoris montis sancti angeli dominus et illustris regis Conradi servi in regno Sicilie bajulus generalis... » (f. 150).

Les traités de la seconde et de la troisième catégorie voient le jour à partir du troisième tiers du XIIIe siècle.

C'est d'abord le traité portant le titre de *Dicta* ou *Castigaciones Sedechie*, traduit du grec en latin par le médecin italien Jean de Procida (ou de Placida) (1225-1307) d'après

est, precipit libros ejus sacre bibliothece inseri et intitulari Secundi philosophi... » ; suivent les « altercaciones Adriani ». Ce petit écrit a dû être très répandu puisqu'à la *B. N.* seule il subsiste encore dans sept autres copies manuscrites, à savoir : mss. lat. 10359, 11120, 15829, 16110, 16499, 17387, n. a. lat. 1423; v. aussi Joh. BACHMANN, *Das Leben und die Sentenzen des philosophen Secundus des Schweigsamen nach dem Æthiopischen und Arabischen* (Inaugur. Diss. Halle, 1887) ; W. CHRIST, *op. cit.*, p. 698-699.

121. V. *B. N.*, ms. lat. 14717 ff. 149va-153va (fin XIIIe s.) : « Incipit prologus in librum de morte Aristotelis sive de pomo perypathetici philosophorum principis gloriosissimi... » « Cum homo creaturarum dignissima similitudo sit omnium ad ymaginem Dei factus... » ; f. 153va : « Ille qui recolligit philosophorum animas, tuam recolligat animam et reponat eam in thesauris suis sicut dignum est animam hominis directi et perfecti sicut tu es. Explicit liber de morte Aristotelis sive de pomo. » Il y a le même *incipit* et *explicit* dans l'édit. incunable s. d. ni l. (*B. N.*, Inv. Rés., R. 802).

l'indication fournie par l'en-tête du manuscrit de la *B. N.*[122], où l'on lit : « Incipit liber philosophorum moralium et primo dicta seu castigaciones Sedechie prout inferius continentur quem transtulit de greco in latinum magister Johannes de Procida. » Ces dicta que le compilateur primitif a tout simplement extraits des écrits des penseurs grecs et orientaux, et de ceux de Grégoire le Grand, se composent de sentences, de traits, de petits récits, parfois d'anecdotes biographiques, de lettres même, placés sous vingt-trois rubriques, qui sont les noms des personnages, auxquels ils sont attribués, à savoir : Sedechias, Hermès, Tat, Alquaquius, Homère, Zalon, Rabion, Hippocrate, Pythagore, Diogène, Socrate, Platon, Aristote, Alexandre (sous le nom duquel se trouvent une lettre écrite par ce roi au début du règne aux villes du royaume, une autre lettre à Darius et la réponse de celui-ci, une troisième lettre à sa mère, une quatrième à Porrus, roi de l'Inde, une cinquième encore à sa mère pour la réconforter), Ptolémée, Asseron, Legmon, Enesius, Macdargis, Thesilius, Gregorius, Galien, les Sages (Sapientum dicta).

Puis ce sont le *Compendiloquium* et le *Breviloquium de virtutibus principum atque philosophorum* du mineur Jean de Galles.

122. V. *B. N.*, ms. lat. 6069 v. ff. 139va-163ra (XIVe s.). Le texte de ce ms. a été édité par Salvatore de Renzi dans la *Collectio Salernitana*, t. III (1854), p. 69-150. Il subsiste encore d'autres copies manuscrites, à savoir: à la B. de l'Arsenal, ms. lat. 730 ff. 1-65v (XVe s.) ; à Oxford, Corpus. Ch. Coll. Lib., ms. 241 ff. 127-232 (XVe s.) ; à Utrecht, *B. Univ.*, ms. 389 ff. 59-113 (XVe s.) ; à Florence, Bibl. Laurenz. Plut. XXIV cod. VIII ff. 25-34v (XIVe s.) ; à Rome, Vaticane, ms. Palat. Lat. 398 ff. 1-51 (XVe s.). — Ce traité a été traduit en français au début du XVe siècle par Guillaume de Tignonville, chambellan du roi Charles VI et prévot de Paris (+ 1414) sous le titre de « Dits moraulz des philosophes », probablement à l'usage des gens du monde. Il en subsiste un certain nombre de copies dans les différentes bibliothèques. Celle, entre autres, de la *B. N.*, ms. fr. 19123 ff. 1-88 (initio XVe s.) commence par l'*incipit* suivant : « Cy commencent les dits moraulx des philosophes translatez de latin en fransezoizs par noble homme messere Guillaume de Tingnonvillier. Sedechias fut philosophe le premier par qui de la volunte de Dieu loay fut recepue et sapience emtendue... », et se termine par cet *explicit :* « Il respondit soy fier en celuy dont on a auteffoiz este deceu amen, amen. »

Le premier traité[123] forme une histoire abrégée en dix parties de la vie des philosophes et penseurs (orateurs) antiques plutôt que de la philosophie elle-même, alimentée de nombreuses et piquantes anecdotes. L'auteur fait en effet passer devant nos yeux la vie anecdotique et incidemment la doctrine (dicta) des philosophes grecs et latins, tels que Pythagore, Socrate, Platon, Aristote, Théophraste, Diogène, Zenon, Démocrite, Epicure, y compris les orateurs Isocrate et Démosthène, Caton, Cicéron, Lucrèce, Sénèque, Boèce, extraites des écrits des Pères, des auteurs du Moyen Age ou même peut-être du *De clarorum philosophorum vita,* de Diogène Laërte (IIIe s.) et destinées entre autres, d'après le texte du prologue, aux prédicateurs « collecta sunt dicta philosophorum illustria et predicabilia et exempla imitabilia » (f. 32^v^).

Le second forme une sorte de manuel politique[124], où dans le cadre des quatre vertus cardinales (justice, prudence, tempérance, courage) sont exposés sous forme de sentences et d'anecdotes — environ trois cents — les faits et gestes de certains princes, souverains, sages et philosophes de l'antiquité. Il semble en effet avoir été spécialement écrit en vue de l'instruction des hommes dirigeant les affaires publiques, d'après les paroles mêmes, énoncées par l'auteur dans le prologue : « De predictis virtutibus alique narraciones exemplares ac persuasorie ad instructionem presidencium in tronis subscribantur prout continentur in gestis potencium sive sapientum sive philosophorum mundi, nam exempla sanctorum sufficienter patent in gestis eorum et in scripturis sacris et in historiis ac aliis libris » (f. 89^v^). Aussi les *exempla,* dont il se sert pour confirmer ses assertions, sont-ils d'origine exclusivement profane et tirés des auteurs tant anciens que modernes[125].

123. V. *B. N.*, n. a. lat. 284 ff. 32-75 (XIVe s.) ou l'édit. Venise, 1496 (*B. N.*, Inv. Rés., D. 17238 ff. 167-232) ; v. aussi *Hist. Litt.*, t. XXV, p. 183-184.

124. V. *B. N.*, ms. lat. 3706 ff. 89^v^-120 (XIVe s.) ; édit. Venise 1496 (*B. N.*, Inv. Rés., D. 17238 ff. 233-259) ; v. aussi *Hist. Litt.*, t. XXV, p. 182-183.

125. A savoir : Valère Maxime, Quinte Curce, Suétone, Sénèque (*De*

Les trois traités, qui dans ce genre d'idées paraissent successivement au cours de la première moitié du XIVe siècle, s'inspirent des mêmes méthodes et partant aussi de sources identiques.

Le premier, avec le titre de *De quatuor virtutibus* ou *Liber communiloquiorum* de Michel de Massa, de l'ordre de Saint Augustin († 1337) [126], est du reste largement basé sur le *Breviloquium* de Jean de Galles. L'auteur, en effet, a adopté pour son sujet la même division (de justicia, de prudencia, de temperancia, de fortitudine), et en a par aillleurs fortement démarqué le texte, comme l'a déjà remarqué Sbaralea [127], sans pourtant omettre d'ajouter un certain nombre d'autres *exempla* d'origine profane et chrétienne [128], et même personnels [129].

ira, De constancia), Trogue Pompée, Florus, saint Ambroise, saint Augustin (*De civitate Dei*), Hugucio, Jean de Salisbury, Hélinand, l'auteur anonyme des *Gesta antiquorum*.

126. V. B. Mazarine, ms. lat. 727 (1255) ff. 52rb-69ra (XIVe s.) : « Frater Michael de Massa de 4 virtutibus ordinis St Augustini. Incipit liber communiloquium recitans gesta antiquorum plurium summe utilia sic et grata prohemium. Regna remota justicia non sunt nisi magna latrocinia sicut dicit Augustinus 4° libro de civitate Dei c. 4. introducens exemplum de Alexandro et Dyonide pirata... » ; f. 69ra : « Has autem virtutes docet nos sapiencia Dei patris eterna... ad quam videlicet sapientissimus aperte eam feliciter intuendo nos perducat ipsemet qui est principium et finis omnium virtutum, quia ipse est alpha et o. sc. principium et finis Deus unus et trinus qui vivat et regnat in secula seculorum amen » ; pour d'autres mss., v. Bamberg : Bibl. Royale, ms. 235 ff. 3-26 (XVe s.) ; Berlin : Bibl. Royale, ms. theol. lat. quart. 10 ff. 39-57 (XVe s.) ; Cues-s.-Moselle : B. Hôpital, ms. 91 ff. 168-187 (XVe s.) ; pour la biog. de cet auteur, v. Fabricius, *Bibl. lat.*, édit. Mansi, t. V (1754), p. 76.

127. V. *Script. ordinis minorum*, p. 429.

128. Les sources des *exempla* s'étendent en effet à des écrits d'auteurs divers, à savoir : Aristote, Esope (f. 55vb : la fable de la matronne d'Ephèse), Valère Maxime, Caton, Cicéron (*Tusculanes, De senectute*), Virgile, Sénèque, Solinus, Macrobe, Trogue Pompée, Papias, Végère, Galonus (*In libro Alexandri ?*), Amfulsus (*In tractatu suo*), Boèce, pour les auteurs profanes; Cassien, les *Vitæ Patrum*, saint Jérôme, saint Augustin, Sozomène, Grégoire le Grand, Cassiodore, Innocent III, Hélinand, J. de Salisbury, Guillaume de Conches, Vincent de Beauvais (*In speculo doctrinali*), *In gestis romanorum*, pour les auteurs chrétiens.

129. En voici un exemple *in extenso* de ce type, f. 63rb : « Fertur quod juxta parisius in Sancto-Dyonisio erat quidam canonicus tolosanus valde dives, sed avarus, qui cum quadam die suam contempla-

Le second intitulé *Liber de vita et moribus philosophorum* de Walter Burley, précepteur d'Edouard III (+ 1337)[130], de même destination que le précédent, est par contre fortement influencé par le *Compendiloquium* de Jean de Galles. Son auteur cependant a porté ses investigations sur d'autres sources, que celles indiquées dans le Compendiloquium, comme il le fait ressortir dans le prologue : « Multaque ab antiquis auctoribus in diversis libris de vita et moribus philosophorum veterum tractaturus multaque ab antiquis auctoribus in diversis libris de ipsorum gestis sparsim scripta repperi in unum colligere laboravi plurimaque eorum responsa notabilia et dicta elegancia huic libro inserui, que ad legencium consolacionem et morum informacionem conferre valebunt »[131]. Le traité lui-même comprend, sous forme d'*exempla* et de *dicta*, la vie et incidemment la doctrine de cent trente et un personnages, philosophes et penseurs (orateurs, poètes) de l'antiquité et se présente par là comme la première esquisse d'une histoire de la philosophie, telle que la concevait le Moyen Age. Aussi son succès a-t-il été immense, si l'on en juge par les nombreuses copies manuscrites qui en subsistent, les éditions incunables et imprimées qui se sont succédé jusqu'au XVIIe siècle et les traductions qui en ont été faites en espagnol, en italien et en allemand[132].

retur pecuniam, dimisit eam super lectum suum et cum oportunitate aliqua divertisset se ad aliam cameram et essent multi pauperes ad pedes hospicii, qui nullam ab eo elemosinam habere poterant, symia suamet totam pecuniam suam per fenestram projecit pauperibus, qui statim suscepta pecunia abierunt. Rediens autem canonicus et videns quod factum erat, dolore occubuit. Facias ergo tu libenter (vb) elemosinam pauperibus propter amorem Xristi. »

130. V., pour le texte : édit. Venise, 1488 (*B. N.*, Inv. Rés., R. 414), et pour la biographie de l'auteur : *Dict. of. Nat. Biog.*, t. VII, p. 374-376.

131. Les sources indiquées au cours du texte sont : Diogène Laërle (IIe siècle) (*In libro de vitis philosophorum*) (v. pour les sources W. CHRIST, *op. cit.*, p. 707-709), Valère Maxime, Ciceron, Sénèque, Troque Pompée, Solin, Justin, Rufin, Aulu-Gèle, Eusèbe, saint Jérôme, saint Augustin, Boèce, Isidore, Hélinand (v. pour les sources détaillées H. KNUST, *Gualteri Burlæi Liber de vita et moribus philosophorum mit einer spanischen Uebersetzung der Eskurialbibliothek* (Stuttgart, Litter. Verein), t. 177 (1886).

132. V. Hain-Coppinger 4112-4125, Pellechet 3082-3097 et H. KNUST, *op. cit.*, p. 412-416.

Le troisième, sous le titre de *Fratris Joannis de Columna romani ordinis predicatorum de viris illustribus libri duo,* porte également la trace du *Compendiloquium* et a été sans doute destiné au même but que le traité de Walter Burley. Son auteur, le dominicain Jean de Colonna (fl. vers 1350), également le compilateur d'un *Mare historiarum,* ne s'en tient pas seulement à la biographie sous formes d'anecdotes et de dits des philosophes, orateurs et poètes païens, mais il traite également de celle des penseurs chrétiens, d'après l'énoncé même du prologue, mis en tête du traité [133]. Dans ce but il a divisé son sujet en deux parties, dont l'une renferme les noms de cent quarante personnages païens et l'autre ceux de cent soixante-dix-neuf personnages

133. On lit en effet dans le prologue de ce curieux traité, dont il subsiste, à notre connaissance, une seule copie manuscrite à la Bibl. de Saint-Marc, à Venise, sous la cote Sect. XXII. ms. 87 ff. 1-81 (XIVe s.), f. 1r : « De vita et moribus virorum illustrium tam sanctorum quam aliorum philosophorum tractaturus, que in diversis libris de eisdem sparsim scripta repperi in unum colligere et laboravi ne ipsorum gloriosa exempla et dicta elegancia memoratu digna et que ab illustribus sunt auctoribus huic libello inserui et ut documenta virtutum summere volentibus longe inquisicionis labor absit, que eciam ad mores componendos corrigendamque vitam necnon et passiones frenandas atque domandas plurimum valebunt... Exempla majorum que sunt incitamenta et fomenta virtutum nullum omnino erigerent aut servarent nisi pia solicitudo scriptorum et eciam triumphatrix inercie diligencia eadem ad posteros transmisisset... » Le prologue est suivi du texte divisé en deux parties. La première, précédée d'un long exposé des systèmes philosophiques des anciens, a trait à 140 personnages (Anaximander-Zenon) (ff. 1vb-38vb) et se termine par ces mots : « Explicit liber de viribus illustribus infidelibus editus a fratre Johanne de Columpna ordinis fratrum predicatorum. » Suivent ff. 38va-49vb des feuillets vides. La seconde partie, précédée d'un petit prologue, a trait à 179 personnages (Aristides-Ypolitus) (ff. 50ra-81ra) et se termine en ces termes : « Explicit liber de viris illustribus christianis editus a fratre Johanne de Columpna romano ordinis fratrum predicatorum. » Le qualificatif de saint donné à Thomas d'Aquin, le personnage le plus récemment mentionné permet de fixer le *terminus a quo* de la date de composition du traité. Il est dit à son sujet, f. 80ra : « Hic autem sanctus doctor ascriptus est cathologo sanctorum a papa Johanne XXII anno incarnacionis dominice MCCCXXV (MCCCXXIII), in avinione civitate provincie. » V. sur J. de Colonna, Quétif et Echard, *op. cit.*, t. I, p. 413-420, qui le font mourir entre 1280 et 1290, et A. Molinier, *Les sources de l'Histoire de France* t. III (1903), p. 209, n° 2911 où, d'après Waitz, J. de Colonna, né en 1294, écrivait vers 1339-40.

chrétiens, en adoptant pour son développement le dispositif à arrangement alphabétique et en se servant des mêmes méthodes d'exposition que les auteurs précédents.

Enfin, les traités des moralistes laïques qui font définitivement leur entrée sur la scène littéraire dans la seconde moitié du XIVe siècle trahissent la même tendance que ceux des moralistes religieux, à absorber à dose plus ou moins forte l'*exemplum* sous ses différents types.

Le premier traité qui s'offre à notre étude, est le *Livre du chevalier de la Tour Landry,* écrit en français entre les années 1371 et 1374 [134].

Dans le prologue, l'auteur tout en y rappelant le passe temps de sa jeunesse, « il me va lors souvenir du temps que jeune estoye et que avecques les compaignons chevauchoie en Poitou et en autres lieux », indique brièvement les sources et le but de son livre. Il dit à ce propos qu'il a engagé deux prêtres et deux clercs comme copistes des *exempla* extraits « de la Bible, gestes des Roys et chroniques de France, de Grèce et d'Angleterre et de maintes autres étranges terres... et là où je trouvai bon exemple pour extraire, je fis prendre pour faire ce livre... et leur dis que je vouloye faire un livre et un exemplaire pour mes filles aprandre a roumancier et entendre comment elles se doyvent gouverner et le bien du mal dessevrer... affin que elles peussent aprandre et estudier et veoir et le bien et le mal qui passe est, pour elles garder de cellui temps qui a venir est... » [135].

Le texte lui-même est divisé en cent quarante-deux cha-

134. V. édit. A. de Montaiglon (Paris, 1854), d'après le ms. fr. 7403 (anc. 1190) ff. 1-128va (XVe s.) de la *B. N.*, et le ms. Royal 19, C. VII ff. 1-123r (XVe s.) du B. M.; *ibid.*, préf., p. XLIX, où toutes les indications de date sont données; v. aussi Th. WRIGHT, *The Book of the Knight of La Tour Landry* (édit. *E. E. T. S.*, London, 1868), n° 33; MOSHER, *op. cit.*, p. 134-135.

135. A cette occasion il nous fait également savoir qu'il avait déjà écrit un livre sur le même sujet pour ses fils : « Et pour ce... ay-je fait deux livres l'un pour mes fils et l'autre pour mes filles pour aprandre a roumancier et en aprenant ne sera pas que il ne retiengnent aucune bonne exemplaire ou pour fouir au mal ou pour retenir le bien. » Ce traité, auquel il fait allusion également aux chap. 89 et 91, n'a pu être retrouvé jusqu'ici. On peut cependant s'en faire une idée assez nette par celui qui subsiste.

pitres, où sont exposés les principes de bonne éducation et de courtoisie, suivis en manière d'illustration de cent cinquante *exempla*.

Chaque chapitre comprend donc un court commentaire sur quelque vice ou vertu, que l'auteur développe à sa façon et qu'il complète en y ajoutant un et exceptionnellement deux « profitable exemple ». Ces derniers sont tirés pour la bonne moitié de la Bible et se rapportent aux grands faits des femmes de l'ancien et du nouveau testament. Les autres sont empruntés à l'histoire antique et à des « chroniques de France et d'Angleterre et de maintes autres étranges terres », ou ont trait à des personnages nobles et à des faits contemporains de l'auteur et affectent par là même assez souvent un caractère profane parfois très réaliste (v. Chap. 35, 36). Certains d'entre eux sont développés à la façon d'un conte et se déroulent généralement dans le monde de la haute société noble et de la bourgeoisie [136].

A tout prendre, on a affaire ici à un traité à caractère semi-religieux, semi-profane, où perce la préoccupation constante de l'auteur dans le choix de ses récits, d'être utile en même temps qu'agréable à ses filles et à ses lecteurs ou lectrices [137]. Aussi ne faut-il pas s'étonner s'il a joui dès son apparition d'une vogue immense. Grâce à la vérité du fond et à la perfection de la forme des récits, dont maint pourrait rivaliser avec les meilleurs de certains conteurs laïques postérieurs, il a trouvé une rapide diffusion en France et à l'étranger, où il a été multiplié dans de nombreux exemplaires, traduit, et dans la suite, imprimé à diverses reprises [138].

Le second traité qui mérite notre attention est *Le Ména-*

136. V. chap. 6, 7, 9, 10, 13, 14, 15-27, 31-36, 48, 50-53, 73, 103-107, 113, 116-117, 120-121. A ajouter que la plupart des récits sont introduits à l'aide de cette formule uniforme : « Un autre exemple vous diroy. »

137. V. Préface, p. XXXIV.

138. V. Préface, p. XXXVII-XLII pour les mss. auxquels il y aurait lieu d'ajouter un certain nombre d'autres; p. XLV-XLVI pour les traductions en anglais, en allemand et pour les éditions.

gier de Paris, sorte de compilation de morale et d'économie domestique, écrit par un auteur anonyme en 1393 [139].

Ici, cependant, ce n'est plus un père qui s'adresse à ses filles, mais un mari à sa femme. « Son dessein en écrivant était, selon l'expression de l'éditeur, de former le cœur de sa jeune femme, qui n'était âgée que de quinze ans et de lui tracer un tableau des principaux devoirs de l'épouse et de la maîtresse de maison. » Dans ce but, l'auteur a divisé son traité en trois parties ou distinctions (v. prologue). La première toute morale indique les moyens d'acquérir « l'amour de Dieu, la salvacion de notre âme et l'amour de votre mari » (neuf articles); la seconde est consacrée aux menus détails de ménage (cinq articles); le troisième décrit « les jeux et esbattements honestes » (trois articles).

C'est dans la première partie, qu'il a inséré les *exempla* au nombre de vingt-huit pour agrémenter ses développements [140]. Leurs sources sont les écrits de l'antiquité profane et sacrée et du Moyen Age [141], ainsi que ses propres souvenirs [142]. Les *exempla,* si l'on excepte ceux de la Bible,

139. V. édit. M. Pichon (Paris, 1846), 2 vol.; AUBERTIN (Ch.), *Histoire de la Langue et de la Littérature française au Moyen Age* (Paris, 2 vol.), t. II (1878), p. 535-539; pour la date de composition, v. Introd., p. XXII. — Pichon a attribué par erreur ce traité à un certain Jean (Jacques) Bruyant, bourgeois de Paris, mais M. Arthur Långfors a péremptoirement démontré dans la *Romania,* t. XLV (1918-9), p. 72-73, que c'est l'œuvre d'un auteur anonyme et que le poème *Voie de povreté et de richesse,* qui y fait suite a été composé cinquante ans plutôt, en 1342, par Jacques Bruyant.

140. V. Art. 4, 5, 6, 8, 9.

141. A savoir : la Bible, les écrits de saint Jérôme, de saint Augustin, de saint Grégoire, de Josèphe, de Tite-Live, le songe de Scipion par Cicéron commenté par Macrobe, l'histoire scolastique de Pierre le Mangeur, le roman des sept Sages de Rome, le roman de la Rose, la légende dorée, de J. de Voragine, le *De ludo scaccorum* de Jacques de Cessoles, l'histoire de Grisilidis de Pétrarque, Melibée et Prudence d'Albertano de Brescia, traduit en français par Renaud de Loubans en 1336, Voie de pauvreté et de richesse de J. Bruyant; en outre des citations du décret de Gratien, du philosophe Cerxès, de Paul Diacre, du philosophe Bertran le vieil, du Catholicon de Jean de Gênes, et des extraits du Viandier de Paris par Tailboent, maître-queux de Charles V et du livre fort excellent de cuisine.

142. V. p. 92, l'anecdote du chien Maquaire; p. 93 : celle du chien

dont il y en a six, même ceux qui sont locaux et récents, revêtent généralement un caractère profane et prennent parfois la forme d'un conte ou même d'un petit roman normalement développé [143].

A ces traités d'un genre plutôt spécial, adressés dans un but éducatif à des femmes de la noblesse et de la bourgeoisie, on peut ajouter deux autres traités de morale à tendance générale écrits à l'usage des gens des différentes conditions sociales par le moraliste anglais Jean Gower (1320-1402), dont l'un en vers français avec le titre *Le Miroir de l'Omme* et l'autre en vers anglais, intitulé *Confessio Amantis* [144].

Dans le *Miroir de l'Omme* [145], achevé en 1381 [146], qui forme une sorte de somme des vices et des vertus, divisée en dix parties [147], l'auteur commence par faire un exposé des vices (1) et des vertus (2) et continue par nous présenter un curieux tableau des mœurs des différentes conditions sociales, notamment de la hiérarchie ecclésiastique (3), du monde religieux (4), des empereurs, des rois et des princes (5), de la noblesse (6), des juges et des baillis (7), des marchands, des artisans et des vitailleurs (8), des accusations de chacun contre le siècle (9), pour terminer par le culte de l'homme pour le Christ et la Vierge (10). Tous les

de Niort; p. 135 : celle d'une dame bourgeoise; p. 139 : celle du « bailly de Tournay »; p. 153: celle des maris de Bar-s.-Aube; p. 180: celle de la femme qui pond un œuf; p. 185 : celle d'un notable avocat; p. 70-75 : celle de Jehanne la Quent...

143. V. p. 70-75 : l'histoire de Lucrèce; p. 99-126 : le roman de Griselidis; p. 185-237 : le conte de Melibée et Prudence.

144. V. Macaulay (G. C.), *The complete works of John Gower* (Oxford, 1899-1902, 4 vol.); Fowler (Elfreda), Une source française des poèmes de Gower, thèse d'Université (Paris) (Macon, 1905); v. aussi *Romania*, t. XXXV, p. 632; Mosher, *op. cit.*, p. 124-127.

145. V. texte dans le vol. I, p. 1-334, d'après le ms. addit. 3055 ff. 5-162v (XIVe s.), de l'Univ. Lib. de Cambridge, où il en subsiste la copie unique (v. Introd., p. LXVIII).

146. V. vol. I, Introd., p. XLII.

147. V. *ibid.*, p. XXXV, le titre explicatif en latin de cette somme: *Primus liber Gallico sermone editus in decem partibus tractatus de viciis et virtutibus necnon et de variis hujus seculi gradibus viam qua peccator transgressus ad sui creatoris agnicionem redire debet recte tramite docere conatur titulusque libelli istius Speculum hominis (al. meditantis) nuncupatus est.*

développements sont étayés de nombreuses citations bibliques, d'*exempla* profanes et pieux, de traits tirés de l'histoire naturelle ou empruntés aux bestiaires et généralement moralisés [148].

Dans la *Confessio amantis,* achevée en 1393, J. Gower a sans doute cherché à compléter le premier traité en y développant des sujets nouveaux. Il lui a donc donné la forme du dialogue, où entre l'amant et son confesseur Genius, il est successivement traité des sept pêchés capitaux, des manquements à l'amour, des devoirs de l'amant avec des excursus sur la politique, l'astrologie et la physiologie, le tout parsemé de nombreux *exempla.* Ceux-ci, au nombre de cent douze, sont introduits dans les enseignements donnés par le confesseur pour illustrer ou confirmer ses assertions. Ils sont en général précédés du mot « ensample » et de l'indication de la source, parfois assez longuement développés et d'autres fois suivis de moralisations à côté de nombreuses allégories empruntées au roman de la Rose. Leurs sources sont à la fois profanes et chrétiennes comme dans le traité précédent, mais de préférence les écrits des écrivains du Moyen Age [149].

Il semble que J. Gower, tout en maintenant comme les deux moralistes français ses contemporains, l'*exemplum* biblique et pieux dans ses écrits, tienne à donner une large part à l'*exemplum* profane et surtout à en soigner la forme. Sous le moraliste perce le conteur dont le but est surtout d'intéresser son auditoire ou ses lecteurs. Et par là, il marque la transition entre les moralistes du passé, chez lesquels l'*exemplum* a conservé toute sa valeur religieuse et

148. Les sources, tant pour les citations que pour les *exempla,* sont : Cicéron, Ovide, Horace, Martial, Caton (distiques), Valère Maxime, la Bible, saint Cyprien, saint Jean Chrysostome, les *Vitæ Patrum,* Boèce, Cassiodore, Isidore, Fulgence, Bède le Vénérable, Haymon, Pierre Alfonse, Rémi [d'Auxerre], Albertus, Geoffroi de Winchester, Gilbert [de la Porée], Pamphile [et Galatée], Hélinand, la légende dorée de J. de Voragine, les traités *De natura rerum,* les bestiaires.

149. Ce sont, en effet, à côté de la Bible, des œuvres de Valère Maxime et de Stace, de l'*Historia Alexandri,* du roman de Barlaam et de Josaphat, les écrits de Benoît de Saint-Maur, de Geoffroi de Viterbe, de Gui de Colonna, de Brunet Latin, de Vincent de Beauvais, de Nicolas Trivet, le roman des Sept sages et les *Gesta Romanorum.*

morale et les conteurs du présent, dont les représentants qualifiés sont alors l'Italien Boccace (1313-1375) et son compatriote Chaucer (1340-14 ?), chez lesquels il en a été définitivement dépouillé au profit du conte profane.

Ainsi donc, d'après les chroniques, les traités d'édification d'enseignement et morale, qui ont successivement vu le jour dans une variété étonnante au XIIIe et au XIVe siècle, l'*exemplum* a continué, avec des apports nouveaux, à jouer un rôle identique, quoique élargi, à celui qu'il avait eu dans les productions du même genre du XIIe siècle. Il a revêtu les formes les plus variées. Il est représenté par tous les types, où souvent l'élément profane voisine en quantité égale avec l'élément religieux. Les sources où il s'est alimenté, se sont encore multipliées. Outre celles du passé, qui n'ont cessé de s'accroître par suite de la résurrection des œuvres de l'antiquité classique, des sources occidentales et orientales nouvelles, sont venues l'enrichir, les unes provenant des événements du temps, des faits et gestes de ceux qui en sont les héros, des traditions et des souvenirs personnels de l'auteur, les autres de cette littérature de l'Orient qui, sous l'influence des croisades, avait de plus en plus envahi l'Occident. Son mode d'emploi n'a pas sensiblement varié d'un traité à l'autre, même là où la moralisation est venue s'y ajouter. Son but est resté celui qu'il était dans le passé et qui consistait à servir d'illustration ou de complément à un enseignement moral et religieux. Ce n'est qu'exceptionnellement à partir du XIVe siècle qu'il dévie de ce but pour prendre parfois la forme d'un conte à divertir et à amuser. Cependant, quoi qu'il en soit, son succès n'a pas été moindre dans cette branche de littérature didactique et morale que dans la littérature parénétique, preuve incontestable de sa diffusion générale, de sa popularité immense en même temps que du besoin qu'éprouvaient les moralistes et les maîtres de cette époque, de compléter leurs enseignements par cette morale en action qu'était l'*exemplum* dans la multiplicité de ses formes et de ses types.

SECTION III

L'Exemplum dans les recueils d'Exempla.

Si l'*exemplum* a occupé une place importante dans les sermonnaires et les traités de la littérature didactique et morale, qui se sont succédé en Occident pendant le XIIIe et le XIVe siècle, il n'est cependant arrivé à trouver son complet épanouissement que dans les recueils d'*exempla,* qui voient le jour pendant la même période. Ces derniers ne commencent à faire leur apparition qu'au début de la seconde moitié du XIIIe siècle, car, si l'on excepte les *Fables* d'Eudes de Chériton et le *Dialogus miraculorum* de Césaire de Heisterbach, les *exempla* ne sont présentés antérieurement que dans le cadre bien déterminé des sermons, comme nous l'avons vu plus haut. Ils se multiplieront peu à peu sous la puissante impulsion donnée à la prédication populaire par les membres des ordres mendiants, qui en seront les principaux compilateurs. Ils auront chacun une physionomie propre provenant, malgré une parenté de fond et de forme, soit de la préférence donnée à certains types d'*exempla,* soit de l'emploi d'un dispositif spécial comme cadre des récits [1].

Quant à leur mode de formation, il semble bien, d'après les prologues explicatifs d'un certain nombre de recueils, que les compilateurs aient préalablement établi un plan plus ou moins rigoureux avec division et subdivision en chapi-

1. Il va sans dire que pour certains fragments de recueils faits d'extraits des autres recueils ou restés inachevés par suite de la mort du compilateur, on n'a affaire qu'à une enfilade d'historiettes sans ordre ni suite.

tres ou rubriques, sous lesquelles les *exempla* ont été groupés selon le sujet auquel ils se rapportaient plus ou moins par leur contenu. Parfois même ils ont procédé par additions successives de nouveaux récits au fond primitif, pour complèter le recueil avant de le livrer à la publicité. Pour remplir le cadre tracé, ils se sont adressés, soit directement, soit indirectement à toutes sortes d'écrivains du passé et du présent, aux faits d'actualité, dont ils ont été les témoins oculaires et auriculaires sans omettre les coutumes et les traditions orales [2].

Ces recueils, une fois achevés, ont formé des manuels de secours, qui devaient être entre les mains de tout prédicateur, au même titre que les sermonnaires proprement dits et les répertoires de distinctions (*Dictionnarius pauperum, Index dictionum, Autoritates Bibliorum*), dont Nicolas de Biard et Nicolas de Gorran nous ont laissé de curieux spécimens [3]. Ils se sont répandus avec le temps dans les divers pays de l'Occident chrétien, où ils ont servi de base à de nouvelles compilations, où souvent les anciens types favoris avec des variantes plus ou moins accentuées réapparaissent mêlés à des matériaux nouveaux.

Quels que soient ces recueils, ils peuvent se diviser en trois classes, à savoir : les recueils à ordre logique, les recueils à ordre alphabétique, les recueils d'*exempla* moralisés (avec ou sans nom d'auteur).

La première classe comprend les recueils, où l'exposé de la théologie dogmatique et morale, les vices et les vertus des différentes conditions sociales, les vies de saints selon leur ordre hiérarchique ou d'après le cycle de l'année liturgique servent de cadres aux *exempla*.

La seconde classe comprend les recueils, où des rubriques à arrangement alphabétique et se rapportant également aux obligations religieuses et morales du chrétien (dogme, morale, vices et vertus, culte de saints) forment les cadres, dans lesquels les *exempla* sont groupés.

La troisième classe qui, par le fond et la forme, participe

2. V. *ut supra*, le chapitre des sources des *exempla*.
3. V. Lecoy de la Marche, *op. cit.*, pp. 134-136, 523-524.

à la fois des deux premières, comprend les recueils d'*exempla* moralisés, dont l'éclosion n'aura lieu qu'au XIVe siècle [4].

C'est d'après cette triple division, que nous allons étudier l'*exemplum* dans les plus représentatifs des nombreux recueils, qui ont successivement vu le jour au XIIIe et au XIVe siècle dans les différents pays de l'Occident chrétien, notamment en France, en Angleterre, en Allemagne, en Autriche, en Italie, en Belgique et en Espagne, en faisant ressortir la valeur intrinsèque de chaque recueil et l'influence qu'il a exercée, après en avoir déterminé si possible l'auteur et la date de composition.

4. V. pour des divisions différentes : Crane, *op. cit.*, Introd., p. lxxi et sq.; Mosher, *op. cit.*, p. 7.

CHAPITRE PREMIER.

L'exemplum dans les recueils d'Exempla à ordre logique.

Les recueils d'*exempla* à ordre logique, qui se sont succédé sans interruption au XIIIe et au XIVe siècle et qui ont pour auteurs des membres du clergé séculier et régulier et plus spécialement ceux des ordres mendiants, subsistent encore très nombreux dans les différentes bibliothèques [1]. Pour l'étude de l'*exemplum* cependant, nous n'avons choisi que ceux des recueils, qui pouvaient nous offrir le plus d'intérêt. Ce sont pour le XIIIe siècle : les *Traités* d'Etienne de Bourbon, de Humbert de Romans, de Martin le Polonais et de Nicolas de Hanapes, *le Communiloquium* de Jean de Galles, la *Compilacio singularis exemplorum* de Tours-Berne, les *Recueils d'exempla* du ms. Royal 7. D. I. du *B. M.* de Londres, des mss. latins 3555 et 15912 de la *B. N.* de Paris, du ms. 1019 de la *B. V.* d'Arras et du ms. 1400 de la *B. V.* de Reims; pour le XIVe siècle : le *Doctorum doctorale* du ms. 860 (n. a. lat.) de la *B. N.* de Paris, le *Recueil des exempla exquisita de diversis materiis* du ms. 138 de la Bibliothèque cistercienne de Zwettl, le *Recueil* du ms. additionnel 33956 du *B. M.* de Londres, le *Liber ad status* du ms. lat. 6368 de la *B. N.* de Paris, l'*Excerpta aliquorum exemplorum de diversis libris* du ms. 23420 de la Bibl. Royale de Munich, le *Lacteus Liquor* du ms. 323 de la Bibliothèque cistercienne d'Heiligenkreuz, l'*Opusculum exemplorum* du ms. lat. 1589 de la Bibl. Impériale de Vienne, les *Recueils* des mss. additionnels 15833 et 11872 du *B. M.* de Londres.

1. V. *infra*, appendice III, l'inventaire des mss. renfermant des recueils ou des fragments de recueils d'*exempla*.

XIIIe SIÈCLE.

1. Le tractatus de diversis materiis predicabilibus d'Etienne de Bourbon de l'Ordre des Frères-Prêcheurs (+ 1261) [2].

Ce traité, le premier en date en même temps que le plus vaste et le plus important des recueils d'*exempla*, a été composé par le dominicain Etienne de Bourbon entre les années 1250 et 1261 [3]. Il embrasse dans son ensemble près de deux mille neuf cents *exempla*, défalcation faite des récits bibliques et des traits de l'histoire naturelle. Le texte est précédé d'un long prologue, où l'auteur a exposé le but et la raison d'être de l'emploi de l'*exemplum*, le plan de l'ouvrage et dressé l'inventaire des sources consultées par lui [4].

2. V. Quétif et Echard, *op. cit.*, t. I, p. 184-194; *Hist. Litt.*, t. XIX, p. 27-38; Lecoy de la Marche, *op. cit.*, p. 113-119; *id.*, *Anecdotes historiques, légendes et apologues tirés du recueil inédit d'Et. de Bourbon,* édit. Société de l'Hist. de France (Paris, 1877); *Journal des Savants,* 1881, p. 591-597, 739-744 (Art. de B. Hauréau); Herbert, *op. cit.*, t. III, p. 78-87; notre inventaire du ms. lat. 15970 de la *B. N.* de Paris, qui présente parmi les mss. le texte le plus complet et le plus correct. Ce dernier comprend 2857 *exempla;* les numéros des *exempla* imprimés d'après ce texte de l'édit de Lecoy de la Marche y sont placés entre parenthèse. Nous espérons pouvoir publier un jour cet inventaire (avec l'indication des sources et des dérivés des *exempla*), qui nous a permis d'éclairer d'un jour nouveau bien des récits que nous avons rencontrés dans les recueils d'*exempla* postérieurs.

3. Les derniers événements relatés portant une date (*terminus a quo*) sont la chute du mont Grenier en 1249, « anno domini M°CC°XLIX° » (n° 1044 (211) f. 291va) et la mort subite de deux enfants à Vergy-en-Bourgogne en 1250, « anno domini M°CC°L° » (n° 781 (162) f. 244ra). En outre, au cours du texte, Humbert de Romans est cité avec le titre de maître général de l'ordre dominicain, « magistro Humberto, magistro ordinis predicatorum » (n° 1995 (403) f. 457rb). Or Humbert a occupé ce poste de 1254 à 1263 (année de sa démission). C'est donc que la rédaction du traité se poursuivait sous le généralat d'Humbert, et probablement jusqu'à la mort de l'auteur, arrivée en 1260-61 (*terminus ad quem*). Le texte s'arrête du reste au milieu de la cinquième partie (don de conseil) et se termine par ces mots, f. 686va : « Bernardus super Cantic. XIII : Quid mihi est cum gloria, quam in prelio sui imprudentissime mihi arrogo vel gloria sine victoria vel victoria sine pugna etc. Explicit. »

4. V. Introd. de l'édit. Lecoy de la Marche, p. i-xxvii et pour le texte du prologue ms. lat. 15970 ff. 1-2vb ou édit., p. 2-13.

Nous ne reviendrons plus sur le but et la raison d'être de l'emploi de l'*exemplum* dans le sermon. Ils ont été suffisamment indiqués dans le premier chapitre de la seconde section. Quant au plan de l'ouvrage, Etienne ayant à repartir ses récits, qui devaient embrasser tout le domaine dogmatique et moral *ad usum rudium* dans un ordre rationnel, a choisi celui que lui offraient les sept dons du Saint-Esprit « que perficiunt hominem viatorem in presenti et bene regunt quantum ad ea que predicta sunt, quantum ad declinacionem mali et appetitum et adepcionem et operacionem boni, quantum ad activam et contemplativam [vitam], quantum ad Deum et proximum, quantum ad regimen sui et aliorum, quantum ad amorem Dei et proximi » (prologue). Il a donc distribué son sujet en sept parties, mais la rédaction est restée inachevée. « L'auteur, selon toute vraisemblance, comme le dit Lecoy de la Marche dans son Introduction, a été interrompu par la mort, vers le milieu de la cinquième partie; nous n'avons donc que ce qui regarde les dons de Crainte, de Pitié, de Science, de Force et une moitié environ du don de Conseil; il nous manque les dons de l'Intelligence et de Sagesse, lesquels devaient embrasser des matières très importantes, d'après l'annonce qui en est faite dans le prologue. Les derniers chapitres qui aient été écrits sont plus négligés et pour le fond et pour la forme; ils semblent trahir déjà un esprit fatigué ou un corps malade » [5].

Chacune des parties rédigées est partagée soigneusement pour la commodité des recherches en *tituli*, puis en *capitula* et enfin en paragraphes, répondant aux sept premières lettres de l'alphabet : « Distinguimus autem materias per titulos, titulos per capitula, capitula per septem partes secundum septem priores litteras alphabeti a, b, c, d, e, f, g » [6].

Le compilateur, avant d'introduire ses récits dans le cadre qu'il s'est tracé, indique préalablement en tête de chaque sujet, sous forme de *versus colorati*, les principaux points qu'il va traiter, « ponemus aliquos versus continentes

5. V. *op. cit.*, Introd., p. xx.

6. V. ms. lat. 15970 f. 137vb.

summam totam sub brevi compendio, eorum de quibus agitur, qui colorati sunt ut melius et cicius memorie imprimantur » [7]. Puis il les fait suivre d'explications théologiques ou de considérations morales qu'il allonge parfois au-delà de toute mesure [8] ou qu'il réduit d'autres fois à de simples citations de l'Ecriture, des Pères, des penseurs de l'antiquité et des écrivains du Moyen Age à peine suffisantes pour établir un lien entre ce qui précède et l'*exemplum* qui fait suite.

Quant aux formules d'introduction des récits, elles varient selon que l'*exemplum* est puisé à des sources étrangères ou suivant qu'il provient de l'auteur lui-même. Dans le premier cas, celui-ci a soin de mettre en tête du récit sa source d'information, dont il reproduit parfois le texte abrégé, sans lui faire subir des variations essentielles ou dont il modifie d'autres fois les données en les adaptant pour bien des détails au but qu'il poursuivait et cela surtout s'il s'agit des récits des grands conteurs cisterciens, des miracles de Notre-Dame ou d'*exempla* provenant de Jacques de Vitry ou d'Eudes de Chériton [9]. Dans le second cas c'est-à-dire quand lui-même a été le témoin oculaire ou auriculaire du fait qu'il rapporte, il le fait souvent débuter par l'indication du lieu, de la date ou du personnage principal et se sert de formules, qui témoignent dans quelle mesure il faut y croire. S'il est sûr de son fait, il se sert de formules telles que celles-ci : « Sicut ego vidi, ut ego audivi. » Si, au contraire, il éprouve certains scrupules au sujet de sa véracité, il fait des réserves du genre de celles-ci : « Sic credo me vidisse, me audivisse, credo me interfuisse, hoc tamen non recolo si, hoc audivi a multis antiquis qui asserebant se vidisse et novisse dictum propositum ».

7. *Ibid.*, f. 137vb.

8. Parfois en effet ce sont de vrais fragments de sermons qu'il nous présente; v. à ce sujet celui de la passion en français, ms. cit., ff. 201vb-202r.

9. V. Schönbach, art. cit., t. 163 (1909), p. 33-89. Tout dépendait du but auquel il destinait le récit. Il lui arrive en effet de répéter le même récit au cours du traité. Chaque fois il lui fait subir certaines variations, ce qui semble bien indiquer qu'il l'adopte au point spécial de la doctrine exposée selon les exigences du moment.

La longueur moyenne de l'*exemplum* varie en général entre douze et vingt lignes. Dans bien des cas cependant, quand il s'agit de dits d'hommes célèbres de l'antiquité profane et chrétienne ou de traits tirés des bestiaires ou même de certains autres types d'*exempla,* elle se réduit à trois ou quatre lignes. Ce n'est qu'exceptionnellement qu'elle dépasse quarante lignes.

Quelle que soit la forme de l'*exemplum,* son développement se déroule dans un langage simple et dépouillé de tout artifice entremêlé de locutions vulgaires, qui mettent à la fois en relief les qualités comme les défauts du compilateur.En effet, comme le dit justement Lecoy de la Marche, « non seulement les mots, mais les tournures, les constructions employées par Etienne sont essentiellement françaises : c'est la phrase courte et hachée des dialectes modernes. Les répétitions, les locutions triviales abondent sous sa plume; il confond souvent les temps et les verbes. Tous ces défauts extérieurs ont une explication naturelle : c'est qu'il ne songeait point à faire un livre bien écrit, mais à réunir de simples canevas pour les orateurs sacrés ».

Le récit est parfois suivi d'une moralisation comme dans celui des *Sermones vulgares* de Jacques de Vitry. Alors il y a lieu de distinguer si l'*exemplum* appartient aux types représentés par la fable et les traits et descriptions tirées de l'histoire naturelle ou à d'autres types. Dans le premier cas, celle-ci est généralement écourtée et se traduit par la citation d'un texte ou d'une réflexion morale formant en quelque sorte la conclusion logique du récit. Dans le second cas elle en affecte les différentes parties auxquelles elle donne un sens allégorique ou symbolique.

Les sources des *exempla,* dont l'inventaire a été dressé pour la plupart par le compilateur dans le prologue lui-même, sont très nombreuses et très diverses : « Utilia collegi exempla diversa de diversis libris et de diversis materiis et sub diversis titulis et a diversis probis et doctis viris, a quibus plura eorum audivi » [10]. Elles se repartis-

10. V. ms. cit., f. 137rb; v. *ibid.*, ff. 137rb-138ra pour l'inventaire, et celui de Lecoy de la Marche, plus complet, dans son Introd., *op. cit.*,

sent donc en deux classes, selon qu'elles appartiennent aux témoignages du passé ou à ceux du présent. La première se compose des écrits du passé, tels que les livres

p. XIII-XVI, et que voici, rectifié et complété par endroits. Ces sources se répartissent d'une part sur les écrits de l'antiquité sacrée et profane et du Moyen Age antérieurs à l'auteur, et d'autre part sur ceux contemporains de l'auteur. Ce sont, pour l'antiquité profane : Cicéron (*De legibus, De officiis, Rhetorica*), Valère Maxime (*Facta et dicta memorabilium*), Ovide (*Epistolæ ex Ponto*), Solin (*De mirabilibus mundi, Lucain* (*Pharsale*), Sénèque le philosophe (Epistolæ, *Questiones naturales, tragédie*), Pline l'Ancien (cité d'après Pierre le Mangeur), Macrobe, Galien médecin, Theodoricus, Julius Valerius (le faux Callisthène) (*Historia Alexandri*), Palladius (*De consuetudine et vita Bragmanorum*); pour l'antiquité sacrée : la Bible (livres historiques), le livre apocryphe d'Esdras, les évangiles apocryphes des Nazaréens et de Nicodème, *Itinerarium Clementis*, Josèphe (*Antiquitates judaicæ, De bello judaico*), Hégésippe (*De cladibus Judeorum*), Eusèbe de Césarée (*Historia ecclesiastica* traduite par Rufin, *Chronica* traduite par saint Jérôme), saint Jérôme (*Lettres*), saint Jean Chrysostome (*Homélies*), saint Grégoire de Naziance (*Lettres, Apologétique* traduite par Rufin), Rufin (*Vitæ Patrum*), Cassien (*Collationes Patrum*), saint Augustin (*De pœnitentia, Contra Manichæos, De moribus Manichæorum, De heresibus, De civitate Dei, Super psalmos*), Cassiodore (*Hist. tripartita*), Martin de Braga (*De quatuor virtutibus* attribué par erreur à Sénèque), Boèce (*Consolatio philosophiæ*), Grégoire le Grand (*Dialogues, Homélies, Registrum*), Orose (*Chronica*); pour le Moyen Age : vies de saints (*Legenda b*[1] *Johannis evangelistæ, passio b*[1] *Longini,* vita s[1] Martialis, vita s[1] Augustini, vita b[1] Hilarii Pictaviensis, vita Johannis Elemosinarii, vita s[1] Hugonis cluniacensis, vita s[1] Petri cluniacensis, vita s[1] Bernardi clarevallensis, vita b[1] Dominici par Constantin ou Jourdain de Saxe, Legenda nova b[1] Dominici), Isidore de Séville (*De etymologiis*), Jean Damascène (*Barlaam et Josaphat*), Bède (*Gesta Anglorum, Chronica, Calendrier*), Grégoire de Tours (*Historia Francorum*), Alcuin (*Ecrits*), Usuard (*Calendrier*), Réginon (*Chronique*), Adon archevêque de Vienne (*Chronique*), Raban Maur (*Sermo de inventione s*[e] *crucis*), Visio Pauli, Descriptio purgatorii s[1] Patricii, Fulbert de Chartres (*Sermons*), Pierre (de Cluny, le vénérable) (*Miraculorum libri II*), saint Hugues de Cluny (*Miracles de Notre-Dame*), Hugues Farsit (*Miracles de Notre-Dame*) (non cité), Calixte II (*Miracles de saint Jacques,* attribués ici à lui), Pierre Alfonse (*Disciplina clericalis*), Guillaume de Conches (non cité) (*Liber de proverbiis* ou *de parabolis philosophorum*), Pierre Damien (cardinal évêque d'Ostie) (*Traités et recueil de miracles*), saint Bernard (*Sermons, De consolatione, méditations, lettres* à Eugène III, à l'archevêque de Sens, *Contre l'église de Lyon,* etc.), le Pseudo-Turpin (*Historia Caroli Magni* ou *Historia Runcevallis*), Richard de Saint-Victor, Hugues de Saint-Victor (*Chronique, de sacramentis*), Geoffrey de Monmouth (*Historia Britonum, prophetia Merlini, Historia Arthuri*) (non cité), Honorius d'Autun (*De imagine mundi,* faussement attribué à saint Anselme), Historia antiochena (*Chanson d'Antioche*), Pierre de Tarentaise (*Mi-*

historiques sacrés ou profanes, les compilations théologiques ou hagiographiques, les légendes, contes, miracles, prodiges, poésies et fables. La seconde est composée d'écrits contemporains : chroniques, *libri naturales,* sermonnaires, recueils d'*exempla*[11] ou est empruntée aux événements du temps, aux souvenirs de l'auteur ou à ceux de ses amis, aux traditions qui lui ont été transmises de vive voix dans ses nombreuses pérégrinations.

Les récits provenant de la première classe, tout en nous renseignant sur les connaissances littéraires de l'auteur et en nous montrant jusqu'à quel point l'*exemplum* a absorbé en lui le fond narratif du passé, n'offrent somme toute qu'un intérêt secondaire. Il en est tout autrement de ceux provenant de la seconde classe, où prédomine le type de l'*exemplum* personnel, soit que le compilateur ait été le témoin direct des faits qu'il rapporte, soit qu'il les ait entendus de la bouche même des contemporains. Quand il s'agit en effet de ces derniers, Etienne ne néglige aucun moyen d'investigation pour approcher de la vérité. Il ne

racles de Notre-Dame), Godefroi de Viterbe (*Pantheon, Chronique*), Gervais de Tilbury (*De solatiis imperialibus* ou *de mirabilibus terrarum*), Pierre le Mangeur (*Historia scolastica*), Jean Beleth (*Summa*), Conrad d'Eberbach (*Liber de initiis Cisterciensium*) (non cité), des anonymes comme des recueils de légendes en vers, de miracles eucharistiques, des traités intitulés *Expositio super missas, Liber de requie mentis, Liber artis magici, Libri naturales ou de natura rerum,* des fables, des contes orientaux, des chroniques de France. — Quant aux sources contemporaines de l'auteur, ce sont les *Sermons* d'Eudes de Cheriton, le *De universo* de Guillaume d'Auvergne, la *Summa virtutum et vitiorum* de Guill. Peraud, les *Chroniques* de Timothée, de Gerland, de Lanfred, de Jean de Mailly et du cardinal Romain, le *Speculum Historiale* de Vincent de Beauvais (non cité), les *Sermones vulgares et communes,* l'*Historia transmarina* et *la vie de Marie d'Oignies* de Jacques de Vitry, Barthélemy l'Anglais (*De proprietatibus rerum*) (non cité). Est-ce à dire qu'Etienne a consulté directement toutes les sources, dont il donne la liste dans le prologue. Nous ne le croyons pas. Il semble, par exemple, avoir opéré un démarquage remarquable pour des centaines de récits, avec l'indication de leurs sources, dans le *Speculum Historiale* de Vincent de Beauvais, qu'il ne cite jamais. Parfois son récit concorde pour ainsi dire textuellement avec celui de Vincent, d'autrefois il n'en est que l'abrégé.

11. Ils ne comprennent à vrai dire que les *exempla* extraits des *Sermones vulgares et communes* de Jacques de Vitry, réunis déjà en recueils au moment où Etienne compilait son traité.

craint pas de citer des témoins pour l'affirmation du fait qu'il cherche à localiser dans le temps et dans l'espace en désignant les personnages qui lui ont servi d'intermédiaire et qui sont les plus dignes de foi. « Il prend, en un mot, comme le dit excellemment Lecoy de la Marche, dans son Introduction, toutes les précautions compatibles avec sa position et son temps pour ne pas induire en erreur ses lecteurs. Cette préoccupation constante prête à ses narrations un caractère de bonne foi et de véracité incontestable. Une seule considération l'empêche quelquefois de désigner les personnages où les familles dont il parle. Quand il s'agit de faits scandaleux pouvant porter atteinte à l'intégrité d'un nom honoré ou léser quelque intérêt respectable, il observe une discrétion qui l'honore, mais qui ne peut enlever aucun crédit à sa parole... Au reste, il faut remarquer que, lorsqu'il cite des traits merveilleux ou même certains miracles, il semble souvent ne les donner qu'à titre d'apologues; il les reproduit pour en tirer une moralité, et non pour en garantir l'authenticité absolue... En outre, la plupart des renseignements fournis par Etienne de Bourbon sur les hommes et les choses de son temps son confirmés par ceux que nous possédons d'ailleurs, ou se trouvent d'accord avec eux. Ainsi parmi les auteurs du Moyen Age il n'en est guère qui, à priori, paraissent plus dignes de foi. »

Aussi ce type d'*exemplum,* qui prédomine parmi tous les autres types, donne-t-il une valeur inestimable à ce traité par les renseignements qu'il renferme sur les hommes et les choses de ce temps, sur les traditions locales et les légendes orales, et fait de lui une mine précieuse pour l'historien comme pour le folkloriste.

Une compilation d'une pareille envergure n'est pas restée sans trouver une grande diffusion ni sans servir à son tour de source à des recueils d'*exempla* contemporains et postérieurs. Elle subsiste partiellement, non seulement dans une grand nombre de manuscrits — nous n'avons pas rencontré moins de trente-cinq copies [12] — mais elle

12. En voici la liste. France : Paris : *B. N.*, mss. lat. 15970 ff. 137ra-

a encore donné naissance à des recueils dérivés comme le *De dono timoris* et le *Promptuarium exemplorum,* qui feront incessamment l'objet de notre étude. Elle a été

686ra (XIIIe s.) (copie directe de l'original et renfermant le meilleur texte), 14598 ff. 1-148rb (XIVe s.) (Ia et IIa pars), 14599 ff. 1-250vb (XIVe s.) IIIa et IVa pars), 14600 ff. 2-226vb (IVa pars), 14601 ff. 1-144 (XVe s.) (IIIa pars), 14961 ff. 12v-47v (XIVe s.), 16516 ff. 3-185 (XIIIe s.); Arras : *B. V.*, ms. 1019 ff. 1-34v (XIIIe s.) (Pantheon); Tours : *B. V.*, ms. 467 ff. 1-110v (XIVe s.) (avec le titre de « Pantheon »); Troyes : *B. V.*, mss. 529 *bis* ff. 1-165 (XIVe s.), 1891 ff. 1-237 (XIIIe s.). — Allemagne : Berlin : *B. Royale.*, ms. 852 ff. 391-399 (1458) (Pantheon); Erlangen : *B. Univ.*, ms. 170 ff. 1-185 (XIVe s.); Munich : Bibl. Royale, mss. lat. 14218 ff. 1-251v (XVe s.), 14817 ff. 1-86 (XIVe s.), 16055 ff. 1-127 (XIVe s.), 18218 ff. 1-132 (XVe s.), 22263 ff. 1-93v (XIVe s.) (Pantheon), 26652 ff. 81-224 (XVe s.); Münster : Bibl. Paulin, ms. 294 ff. 1-252 (XVe s.) (Pantheon). — Angleterre : Londres : *B. M.*, mss. addit. 28682 ff. 208rb-276v (XIVe s.), Arundel 107 ff. 1-30vb (XIVe s.) (Pantheon) (v. Herbert, *op. cit.*, t. III, p. 87-88); Worcester : Cathedral Lib., ms. Q. 85 ff. 1-122vb (XVe s.). — Autriche : Heiligenkreuz : Stiftsbibl., ms. 313 ff. 1-132va (XIVe s.) (avec le titre de « Summa donorum »); Hohenfurt : Stiftsbibl., ms. 89 ff. 1-118vb (XIVe s.) (Summa donorum); Reun : Stiftsbibl., mss. 10 ff. 1-118 (XIVe s.) (Summa donorum), 56 ff. 66-175vb (XIVe s.) (Pantheon); Vienne : Schottenkloster, Stiftsbibl., mss. 96 ff. 230-244v (XVe s.), 154 ff. 1-172 (XVe s.). — Espagne : Escurial : Bibl. Royale, ms. N. III. 15 ff. 2-137 (XIVe s.). — Italie : Florence : Bibl. Laurenz. Plut. VIII. sin. cod. 2 ff. 1r-100vb (Va pars) ff. 103ra-184rb (Ia, IIa pars) (XIVe s.); Padoue : *B. V.*, ms. 17 ff. 1-81 (XIVe s.) (Pantheon); Rome : Bibl. Vaticane, Vat. mss. lat. 622 (non fol.) (XIVe s.) (IIa pars), 655 (non fol.) (XIVe s.) (Ia pars) (Pantheon); Venise : Bibl. Saint-Marc, Sect. VIII. ms. 177 ff. 1-71 (XIVe s.) (Pantheon). — Suisse : Saint-Gall : Stiftibibl., ms. 637 p. 1-661 (XVe s.) (Excerptum). Nombre de ces manuscrits que nous avons eu l'occasion de parcourir, ne sont souvent que des copies fautives, réduites ou informes. Parfois, en effet, le copiste, par suite d'une lecture hâtive du texte ou par inexpérience, a laissé subsister de nombreuses incorrections; d'autrefois, il n'a reproduit qu'une partie de l'ensemble en faisant un choix parmi les anecdotes; quelquefois aussi il a glané à travers tout le recueil pour aboutir finalement à des réductions informes, dans lesquelles les noms de l'auteur et de certains personnages ou lieux, sont supprimés, le prologue et les *exempla* abrégés ou défigurés. Voici, pour mémoire, le texte du prologue de l'abrégé qui porte le titre de Pantheon d'après le ms. 56 f. 66ra de Reun : « Quoniam ordinare materias edificacioni utiles quam in hoc opere intendimus proponimus secundum VII. dona septiformis gracie spiritus sancti a quo est omnis ordo et hedificacio animarum. A timore domini qui est inicium sapiencie ut dicitur in psalmis, tanquam a fundamento incipiamus. Primus ergo liber de timore domini habet VIII. titulos diversos per capitula, quorum primus est de septem speciebus timoris. Secundus est de diversis effectibus ejus. Tercius de eterno supplicio timendo et meditando. Quartus de hiis que pertinent ad purgatorium

fortement démarquée par l'auteur anonyme du *Speculum morale* [13]. En outre, nombre de ses récits ont trouvé place dans la *Tabula Exemplorum*, le *Speculum Laicorum*, l'*Alphabetum Narracionum*, la *Scala Celi*, la *Summa Predicancium*, le *Speculum Exemplorum* et d'autres recueils encore (v. *infra*), dans les sermonnaires et les traités de morale et d'instruction, bref dans l'ensemble de cette littérature, qui embrasse le genre narratif jusqu'à la fin du Moyen Age. Aussi peut-on affirmer à bon droit que le traité d'Etienne de Bourbon restera la grande source, à laquelle il faudra toujours recourir, quand on voudra étudier l'*exemplum* chez les moralistes religieux et le conte chez les conteurs laïcs du XIVe et du XVe siècle.

timendum et de suffragiis mortuorum. Quintus de hiis que sunt consideranda circa metuendum futurum et generale judicium. Sextus de eis que sunt timenda et attendenda circa mortem et mortis exitum maxime malis. Septimus de eis que sunt timenda et attendenda circa primum. Octavus de eis que timenda et attendenda sunt circa multiplex presens in quo sumus periculum. — Incipiunt tituli primi libri pantheonis... » Le texte de cet abrégé s'arrête du reste au livre IV, au titre : *De tristicia, capit. XLII*, à l'*exemplum* relatant la mort violente de Pilate d'après Orose et saint Jérôme.

13. V. édit. Strasbourg, 1476 (*B. N.*, Inv. Rés. G. 187) ou édit. Douai, 1624 (*B. N.*, Inv. G. 790). Dans ces deux éditions il n'y a pas de préface. Le texte est précédé d'une table alphabétique des matières (*Abhominatio-Zelus*). Pour l'étude de ce traité (date et analyse), v. Gass, *Zur Geschichte von Vincenz von Beauvais und das Speculum morale*, dans *Zeitschrift für Kirchengeschichte*, Gotha, t. I (1877), p. 365-396; t. II (1878), pp. 332-265, 510-536. D'après lui, la date de composition du traité doit être placée en 1310 (t. II, p. 334) (Quétif et Echard, *op. cit.*, t. I, p. 215, la placent entre 1310 et 1325) ; l'auteur a fait de larges emprunts à la *Prima Secundæ* et à la *Secunda Secundæ* de la *Summa theologica* de saint Thomas d'Aquin, au *Commentarius in quatuor libros sententiarum* de Pierre de Tarentaise (Innocent V + 1276), aux *Questiones* de Richard de Middleton (de Mediavilla) (+ 1300) pour en faire le cadre théologique et au traité d'Etienne de Bourbon pour le compléter par des centaines d'*exempla*. Le traité lui-même est divisé en trois livres, subdivisé chacun à son tour en parties et celles-ci en un nombre variable de distinctions (L. I, P. 4, Dist. 33, 15, 104, 23; L. II, P. 4, Dist. 13, 9, 6, 4; L. III. P. 10, Dist. 9, 22, 32, 7, 14, 15, 19, 4, 9, 39). — Nous n'avons rencontré que deux mss. renfermant le *Sp. M.*, tous deux incomplets à la fin, dont l'un à la *B N.* de Paris sous la cote 6427 ff. 1r-331rb (XVe s.) et l'autre à la *B. Royale* de Berlin sous la cote 933 ff. 1-146 (XIVe s.).

2. Le Liber de dono timoris ou le Tractatus de habundancia Exemplorum de Humbert de Romans (+ 1277)[14].

Ce traité qui porte tantôt l'un, tantôt l'autre de ces titres, a été compilé par le cinquième maître général des Frères-Prêcheurs, Humbert de Romans, qui, après la résignation de son généralat, s'était retiré à Lyon (1263), où il mourut en 1277. C'est donc entre les années 1263 et 1277 qu'il faut placer sa date de composition[15].

14. V. Lecoy de la Marche, *op. cit.*, p. 131-135; Herbert, *op. cit.*, t. III, pp. 88-100, 713-714; notre édition d'après le ms. lat. 15953 de la *B. N.*, avec cet *incipit* : « Incipit tractatus de habundancia exemplorum ad omnem materiam in sermonibus. Quoniam plus exempla quam verba movent secundum Gregorium... » ; et cet *explicit*, cap. X : « De timore diaboli. Sequitur de timore diaboli... mirum est nisi valde timeat eos omnis homo. »

15. La paternité de ce traité a été attribuée à différents auteurs. Ainsi le copiste du ms. 258 de la *B. V.* de Bruges (fin XIIIe s.) l'attribue à Pierre Alfonse, l'auteur de la *Disciplina clericalis;* celui du ms. 1360 de la *B. V.* de Troyes (première moitié du XIVe s.), à Nicolas de Hanapes (+ 1291), sans doute parce que le traité fait suite dans le même manuscrit au *Liber de exemplis sacre scripture* de cet auteur (ff. 56vb-182va). Dans les mss. qui se trouvent à Melk, Stiftsbibl. n° 485 (fin XIVe s.) f. 49r, à Seitenstetten, Stiftsbibl. n° 274 (XVe s.) f. 68, à Vienne, Hofbibl. n° 3589 (XVe s. f. 41v, ainsi que dans les édit. incunables de Saint-Gall (Stiftsbibl.) et du *B. M.* (sans date ni lieu), il est attribué à Albert le Grand, évêque de Ratisbonne (+ 1280) avec le titre suivant : *Liber de abundancia exemplorum magistri Alberti ratisponensis episcopi ad omnem materiam*, attribution qui a été acceptée par des écrivains ecclésiastiques du XVIe siècle comme Jean Trithème dans son *Catalogus Scriptorum ecclesiasticorum* (Cologne, 1531) f. 88v et Antoine Flaminius dans son *De viris illustribus ordinis Prædicatorum* (Bologne, 1517) f. 144 sous le titre *De timore multiplici.* Au XVIIIe siècle cependant, Quétif et Echard, *op. cit.*, t. I, pp. 147, 186, 430, le mentionnent comme étant de Humbert de Romans. Au XIXe siècle, Daunou, dans l'*Hist. Litt.*, t. XIX (1838), p. 345-346, L. Delisle dans son *Mélange de paléographie* (Paris, 1880), p. 423-424, à l'occasion de la description du ms. 228 (n. a. lat.) de la *B. N.*, et Hauréau dans l'*Hist. Litt.*, t. XXIX (1885), p. 546-551, ainsi que dans ses *Not. et Ext. de qq. mss. lat. de la B. N.*, t. II (1891), p. 72-74, le signalent tour à tour sous son vrai nom, mais sans l'attribuer pourtant à un auteur déterminé. Bien plus, ce dernier s'est attaché à démontrer que le *De dono timoris*, quoique basé sur le traité d'Et. de Bourbon, n'en est pas un abrégé et que Humbert de Romans n'en est pas l'auteur. Récemment, M. Herbert, *op. cit.*, t. III, p. 88-92, étudiant à son tour ce traité, est arrivé à conclure au contraire que celui-ci

Il se compose d'un prologue et du texte.

Le prologue, qui forme une sorte de petit traité de prédication, est presque entièrement consacré à l'exposé du

est étroitement apparenté au traité d'Etienne, que son auteur est un certain maître Humbert et que ce Humbert n'est autre que Humbert de Romans. « On the whole, then, we may conclude that the author was a magister Humbertus, doubtless of the dominican order and with all deference to so sound a critic as Hauréau, it seems to us that the balance of arguments is decidedly in favour of identifying him with Humbert de Romans. » Nous nous rangeons entièrement de la conclusion de M. Herbert, dont nous nous permettons de compléter l'argumentation. D'abord dans le ms. A. x. 123 de la *B. Univ.* de Bâle (fin XIIIe s.), le traité est nettement attribué à Humbert de Romans. On y lit, en effet, en manière d'*explicit,* f. 47 : « Nisi timeat eos omnis homo. Et est venerabilis Humbertus quintus magister ordinis predicatorum. » Ce nom est également mentionné à la fin de deux récits sous les rubriques : *Abbas* et *Absolucio* sur les quarante-quatre *exempla,* qu'Arnold de Liège a empruntés au *De dono timoris,* dans son *Alphabetum Narracionum,* compilé en 1308 (v. *infra*). Il l'est de même sous la rubrique *De amore,* à propos d'un *exemplum* tiré entre autres du *De dono timoris* dans la *Scala celi,* composée par Jean Gobi (Junior), entre 1323 et 1330. C'est donc que ces deux compilateurs venant peu après la mort de Humbert, reconnaissaient ce dernier comme l'auteur du traité précité.

Dans la suite, des compilateurs de recueils d'*exempla* et de sermonnaires ont été du même avis au sujet de la paternité de ce traité. Ce dernier est en effet mentionné dans le *Promptuarium exemplorum* et les *Sermones de tempore* de Jean Herolt (fin de la première moitié du XVe siècle) sous le titre de *Tractatus de septuplici timore* ou de *Liber de dono timoris,* ayant comme auteur « Humbertus, Hubertus, magister Humbertus » (v. édit. Elers, Augsbourg, 1728, t. I, p. 207, n° 3; p. 829, n° 101; p. 873, n° 108; p. 932, n° 118; p. 1026, n° 134; p. 1067, n° 141). Dans le *Sermo,* t. II, p. 201, il est même fait mention d'un autre ouvrage de Humbert sous cette indication : *Magister Humbertus super regulam b[1] Augustini.* Or les *Expositiones Umberti generalis magistri ordinis PP. super regulam b[1] Augustini episcopi* (v. *ut supra*), ont toujours été regardées comme étant de Humbert de Romans. Dans le recueil anonyme intitulé *Manipulus exemplorum* du ms. 391 [154] de la *B. Univ.* de Liège (milieu du XVe s.), le nom d'Humbert est nommé conjointement avec le titre *Humbertus in libro de dono timoris* (v. f. 131v, 146r, 150r, 150v, 265r). Il en est de même dans le *Sermones* de Gottschalk Hollen (+ 1481) (v. édit. Haguenau, 1517, *pars hyemalis*), où dans le *Sermo XIII* l'auteur et le titre du traité sont à la fois cités : *Humbertus in septuplici timore.*

A toutes ces raisons on peut ajouter celle de la retraite de Humbert à Lyon, où celui-ci avait aisément accès à la compilation d'Etienne pour composer le traité en question à la suite de ses deux autres traités *De eruditione prædicatorum* et *De prædicacione crucis,* également écrits à l'usage des prédicateurs.

Quant à l'objection d'Hauréau que Humbert n'a pu s'occuper d'un

but de l'*exemplum* et des règles relatives à son emploi (v. *ut supra*) et se termine par l'énoncé du plan, qui concorde exactement avec celui de la première partie du traité d'Etienne de Bourbon, intitulée *De timore.*

Le texte suit le plan énoncé comme chez ce dernier. Il comprend dans ses dix chapitres les mêmes divisions et subdivisions avec cette différence cependant que le cadre des citations et des *exempla* y a subi une certaine restriction et semble pour ainsi dire n'être qu'un abrégé du premier.

Le compilateur expose donc dans un premier chapitre, en les définissant, les différentes espèces de crainte (de speciebus timoris). Dans les deux chapitres suivants il explique les effets et les causes de la crainte de Dieu (de effectibus timoris divini, de causis timendi Deum). Dans les sept autres chapitres il s'attache surtout à mettre en lumière les sujets de crainte pour l'homme (de timore inferni, purgatorii, divini judicii, mortis, peccati, periculi presentis, diaboli) en étayant le tout de citations tirées de l'Ecriture, des Pères, et des écrivains ecclésiastiques et en l'illustrant d'*exempla* divers.

Ces derniers, au nombre de deux cent vingt-huit, défalcation faite d'une cinquantaine d'*exempla* bibliques à peine esquissés, sont pour les quatre cinquièmes extraits du traité d'Etienne de Bourbon. Humbert se contente parfois de les reproduire pour ainsi dire littéralement. D'autres fois il les rapporte, en y supprimant les noms des personnages et les détails plus ou moins utiles au but qu'il poursuivait. Quelquefois même, non satisfait de la narration d'Etienne, il en change la forme et les détails de fond pour la rendre plus dramatique et obtenir l'effet visé, qui est l'émotion de l'auditoire. Il fait suivre parfois aussi l'*exemplum* d'une moralisation, surtout si celui-ci est une apologue, une fable ou un trait d'histoire naturelle. Mais

traité, où lui-même était cité, elle tombe par le fait même que son nom se trouve également mentionné dans plusieurs récits des *Vitæ Fratrum ordinis Prædicatorum* de Géraud de Frachet (v. *ut supra*), écrites entre 1256 et 1260, sous la direction et la surveillance de ce même Humbert alors maître général de l'ordre.

celle-ci est encore là de même provenance que l'*exemplum* lui-même.

Les récits se succèdent dans leur ensemble d'après le même ordre que dans la compilation d'Etienne. Quelques-uns pourtant sont insérés dans un chapitre différent de celui où ils se trouvaient primitivement. D'autres provenant des autres parties du grand traité ou même d'ailleurs, y ont également trouvé place.

Bien que Humbert soit redevable de presque tous les récits à son confrère Etienne, il ne le cite jamais. Par contre il a soin de mentionner les sources de celui-ci pour les *exempla* qu'il lui emprunte et qui se repartissent à la fois sur l'antiquité profane et sacrée et sur le Moyen Age [16]. Ses préférences vont surtout, à côté de l'*exemplum* moralité, du récit d'apparitions, de la fable et de l'apologue, aux récits bibliques et dévots.

Malgré cette absence de variété de types d'*exempla,* le *Liber de dono timoris* a néanmoins obtenu un grand succès dès son apparition. Son influence s'est fait immédiatement sentir dans la *Tabula Exemplorum,* dans le *Speculum Laicorum* et plus tard dans les grands recueils du XIVe et du XVe siècle, dans les sermonnaires et les traités de morale. Il subsiste lui-même encore aujourd'hui dans plus de quarante manuscrits, dans les bibliothèques des différents pays de l'Europe [17]. Il a même eu les honneurs

16. Ce sont pour l'antiquité profane : Esope, Phèdre, Sénèque; pour l'antiquité sacrée : la Bible, les *Vitæ Patrum,* saint Augustin, Grégoire le Grand (*Dialogues*) ; pour le Moyen Age : le Purgatoire de saint Patrice, Pierre Alfonse, Pierre de Cluny (le vénérable), Alexandre Nequam, Jacques de Vitry, Nicolas de Flavigny, le Roman du Renard, des chroniques, les bestiaires et les recueils de contes dévots.

17. Ce sont, pour les mss. portant le titre de *De dono timoris,* les suivants. France : Paris : *B. N.,* ms. lat. 15953 ff. 188-212 (XIIIe s.). — Allemagne : Berlin : Bibl. Royale, mss. 420 ff. 122-158 (XVe s.), 527 ff. 312-346 (XVe s.), 816 ff. 116-137 (XIVe s.) ; Giessen : *B. Univ.,* ms. 746 ff. 128-246 (XVe s.) ; Leipzig : *Bibl. Paul.,* series IV, 28 (non fol.) (XVe s.) ; Munich : Bibl. Royale, mss. 8953 ff. 56-78 (incomplet) (XVe s.), 12005 ff. 1-48 (XVe s.) ; Trèves : *B. V.,* ms. 770 ff. 246-308 (XVe s.). — Angleterre : Cambridge : Gonville-Caius College Lib., ms. 330 (716) ff. 177-216 (XIVe s.) ; Sidney-Sussex College Lib., ms. 85 ff. 191-223 (XIVe s.). — Autriche : Vienne : Hofbibl., ms. lat. 1648

de l'impression au XVe siècle, ce qui semble indiquer qu'il a dû jouir jusqu'à la fin du Moyen Age d'une grande vogue, due peut-être autant à son fond doctrinal qu'à son fond narratif, qui en appelle constamment à l'émotion du chrétien croyant.

3. Le Promptuarium Exemplorum de Martin le Polonais (+ 1279)[18].

Le petit recueil d'*exempla* connu sous le nom de *Promptuarium Exemplorum* forme comme le *Liber de dono timo-*

ff. 95-110 (XIVe s.) (avec le titre de *Summa timoris*). — Italie : Venise : Bibl. Saint-Marc, Sect. VII. ms. 21 ff. 180-198 (XIVe s.), III, ms. 73 ff. 185-223 (XIVe s.). — Hollande : Utrecht : *B. Univ.*, ms. 386 ff. 162-189 (XVe s.). — Suisse : Saint-Gall : Stiftsbibl., ms. 737 ff. 3-106 (XIIIe s.) (*Summa timoris*). Et pour ceux portant le titre de *De habundancia exemplorum*, les suivants. France : Paris : *B. N.*, mss. lat. 3706 ff. 121-173 (XIIIe s.) ; Mazarine : mss. lat. 1011 ff. 1-85 (XVe s.), 1030 ff. 127-150 (XIIIe s.) ; Bordeaux : *B. V.*, ms. 311 ff. 164-237 (XIIIe s.) ; Carpentras : *B. V.*, ms. 104 ff. 1-100 (XVe s.) ; Charleville : *B. V.*, ms. 87 (non fol.) (XIVe s.) ; Epinal : *B. V.*, ms. 75 (non fol.) (XIV s.) ; Saint-Omer : *B. V.*, ms. 294 (non fol.) (XIVe s.) ; Toulouse : *B. V.*, ms. 321 ff. 69-165 (XIIIe s.) ; Troyes : *B. V.*, mss. 1360 ff. 183-230va (XIVe s.), 1529 ff. 1-65 (XIVe s.). — Dantzig : *B. V.*, ms. 2012 ff. 112-147 (XVe s.). — Allemagne : Bamberg : Bibl. Royale, ms. 137 Q. VI, 2 ff. 240-26) (XVe s.) ; Munich : Bibl. Royale, ms. 14817 ff. 1-86va (XIIIe s.) ; Münster : Bibl. Paulin., ms. 339 ff. 72-121 (XVe s.) ; Wolfenbüttel : Bibl. Ducale, ms. 2726 ff. 59-92 (XVe s.). — Angleterre : Londres : *B. M.*, mss. Sloane 1613 ff. 83-166v (XIVe s.), 3102 ff. 1-99 (XIVe s.) ; Oxford : Bodl., ms. Canon. misc. 532 (S. C. 20008) ff. 130-150 (XVe s.). — Autriche : Melk : Stiftsbibl., ms. 485 ff. 49-140 (XIVe s.) ; Seitenstetten : Stiftsbibl., mss. 274 ff. 2v-68 (XVe s.), 284 ff. 1-41v (XVe s.) ; Vienne : Hofbibl., mss. lat. 3589 ff. 1-41v (XVe s.), 1667 ff. 203-219 (XIVe s.). — Belgique : Bruges : *B. V.*, ms. 258 ff. 1-65va (XIIIe s.). — Italie : Pavie : *B. Univ.*, ms. 399 (non fol.) (XIIIe s.) ; Rome : Bibl. Vaticane, Vat. ms. lat. 561 (non fol.) (XIVe s.). — Suisse : Bâle : *B. Univ.*, mss. A. X. 123 ff. 1-47 (XIIIe s), B. VIII. 22 ff. 1-45 (XIIIe s.). — Le ms. addit. 21144 ff. 1-147 (XIVe s.) du *B. M.*, qui porte le tire de *De habundancia exemplorum*, n'est qu'une *Summula distinctionum secundum ordinem alphabeti* et par conséquent n'a rien de commun avec notre traité.

18. V. CRANE, *op. cit.*, Introd., p. LIV-LV, LXXVI, et pour le texte l'édit. de Strasbourg, 1483 (*B. N.*, Inv. Rés., D. 604). Le recueil est intitulé : *Sermones Martini ordinis predicatorum penitentiarii domini pape de tempore et de sanctis super epistolas et evangelia cum promptuario exemplorum.* Pour les *Sermones*, v. *ut supra*. Quant au *Promptuarium*, il fait aussitôt suite aux sermons par cet *incipit : Incipit promptuarium exemplorum. Exempla de timore Dei capit. I...*, et se termine par l'*explicit* identique au titre du recueil.

ris un dérivé direct de la grande compilation d'Etienne de Bourbon. Son auteur est le chroniqueur dominicain Martin de Troppau, appelé plus communément Martin le Polonais. La date de sa composition, à défaut de renseignements plus précis, doit être placée entre les années 1261 (année de la mort d'Etienne) et 1279 (année de la mort de Martin), probablement pendant un des séjours que ce dernier a fait à Lyon, où il pouvait aisément consulter et compulser le traité de son confrère.

Il comprend dix-huit chapitres avec deux cent treize *exempla* alphabétiquement disposés, mais inégalement répartis dans chaque chapitre. Ces derniers sont principalement tirés des deux premières parties et exceptionnellement des autres parties du traité d'Etienne [19].

En ce qui concerne l'*exemplum,* il faut avouer que notre auteur ne le traite pas de façon différente de celle employée par Humbert dans le *De dono timoris.* Lui aussi le reproduit parfois textuellement, l'abrège ou l'allonge d'autres fois, en changeant les détails de fond et de forme selon les besoins de la cause. Lui aussi le complète parfois par une moralisation, qui est naturellement de même origine que l'*exemplum* lui-même. Il lui arrive de citer quelquefois les mêmes *exempla* que Humbert; néanmoins la plu-

19. Les 18 chapitres correspondent de la façon suivante aux parties et titres du traité d'Etienne : cap. I (de timore Dei), avec 14 *exempla* = I. pars., tit. III; cap. II (de penis inferni et tortoribus), avec 29 *ex.* = I. pars., tit. IV; cap. III (de judicio et accusatione sanctorum), avec 24 *ex.* = I. pars., tit. V; cap. IV (de morte), avec 19 *ex.* = I pars., tit. VI; cap. V (de morte), avec 20 *ex.* = I pars., tit. VII; cap. VI (de timore peccati), avec 10 *ex.* = I. pars., tit. VIII; cap. VII (de mala societate), avec 6 *ex.* = I. pars., tit. IX; cap. VIII (de verbo Dei), avec 18 *ex.* = II, pars., tit. I; cap. IX (de pietate Dei ad peccatores), avec 10 *ex.* = II. pars., tit. II; cap. X (de incarnatione Christi), avec 7 *ex.* = II. pars., tit. III; cap. XI (de passione Christi), avec 9 *ex.* = II. pars., tit. III; cap. XII (de signo crucis), avec 19 *ex.* = II. pars., tit. V; cap. XIII (de ba Virginis conceptione), avec 1 *ex.* = II. pars., tit. VI; cap. XIV (de nativitate b^{e} Virginis), avec 1 *ex.* = II. pars., tit. VI; cap. XV (de annunciacione), avec 8 *ex.* = III. pars., tit. X; cap. XVI (de gloria eterna), avec 5 *ex.* = cap. XVII (de virginibus), avec 7 *ex.*, et cap. XVIII (quod bonum sit missas audire), avec 6 *ex.*, sont tirés au hasard des différentes parties du traité, à l'exception du dernier (n° 213, la damnation de Philippe de Grève, chancelier de l'Université de Paris), qui est directement extrait du *Liber apum* de Thomas de Cantimpré.

part du temps il fait appel à d'autres récits du traité d'Etienne de Bourbon, provenant presque exclusivement d'écrits de l'antiquité sacrée et du Moyen Age et représentés avec une prédominance marquée par le récit d'apparitions et l'*exemplum* dévot sous différentes formes. Cependant, malgré l'absence complète d'originalité, le *Promptuarium*, sorte d'aide mémoire supplémentaire, a joui à l'égal des sermons de l'auteur, d'une certaine vogue, témoins les éditions incunables qui se sont succédé au XVe siècle[20], vogue qu'il faut surtout attribuer au dispositif matériel commode, qui permettait au prédicateur de s'y retrouver aisément.

4. Le Liber de Exemplis Sacre Scripture de Nicolas de Hanapes (+ 1291)[21].

Dans le recueil qui va suivre, nous n'avons affaire, comme le titre l'indique, qu'au type de l'*exemplum* biblique. Son auteur est Nicolas de Hanapes, patriarche de Jérusalem, mort au siège de Saint-Jean-d'Acre, en 1291.

La date de sa composition doit être placée entre les

20. V. Hain, n°s 10854-56, les éditions de Strasbourg de 1484, 1485, 1486.

21. V. *Hist. Litt.*, t. XX, p. 51-78; consulté pour le texte : *B. N.*, mss. lat. 15255 ff. 68rb-90vb (XIIe s.) et 6368 ff. 3-110 (XIIIe s.). Le premier ms. porte le titre suivant, f. 68rb : *Incipit liber de exemplis sacre scripture compositus a Nicolao de hanapis ordinis fratrum predicatorum patriarcha jherosolimitano.* Il est aussitôt suivi de l'index des 134 titres des chapitres du traité et ensuite du texte qui débute ainsi : « De miraculis divine potestatis factis. Dum lapidaretur Stephanus, beatus Stephanus... » et qui se termine par l'*explicit* suivant : « De preciosa morte justorum... qui cum patre et spiritu sancto vivit et regnat Deus per interminabilia secula amen. Explicit liber de exemplis sacre scripture compositus a fratre Nicolao de hanapis ordinis predicatorum patriarcha jherosolimitano. » Le second ms. ne porte pas de titre, mais débute, f. 3, par un prologue : « Tanta pollet excellencia predicacionis... in ipso libri capite prenotavi. » Le texte est identique dans les deux mss. Le second pourtant se termine par l'*explicit* suivant : « Explicit liber de exemplis sacre scripture compilatus a venerabili viro fratre Nicholao ordinis fratrum predicatorum socio domini latini hostiensis, postmodum vero patriarcha hierosolymitano. » Il est en outre suivi d'une table alphabétique des matières de 138 rubriques commençant par celle de : *De audiendo...*, et se terminant par celle de : *De zelo indiscreto.*

années 1260 et 1278 d'après les indications fournies par l'*explicit* du ms. lat. 6368 (f. 110), où Nicolas est présenté comme le compagnon d'un certain « domini Latini ». Or ce dernier n'est autre que Latinus Frangipani (Malebranca) envoyé en 1260 au couvent des Dominicains à Paris, où résidait Nicolas et qui lui a été attaché jusqu'au moment où celui-ci a été élevé au cardinalat, en 1278, avec le titre d'évêque d'Ostie (1278-1294). C'est donc entre ces deux dates, 1260 et 1278, que le recueil a été composé.

Le compilateur a eu soin de faire précéder le texte d'un prologue, où il a brièvement exposé ses idées sur le rôle du prédicateur et sur l'importance de l'*exemplum* biblique et indiqué le plan qu'il a adopté.

Il commence par faire ressortir l'excellence de la fonction du prédicateur de la parole divine et l'obligation qui lui incombe de bien remplir son rôle en ces termes : « Tanta pollet excellencia predicacionis officium quod salvator noster dominus Jesus Christus non confunditur asserrere se fuisse immissum ad id salubriter exercendum. Predicator ergo assumpto tante dignitatis opere totis studiis laborare tenetur ut illud sicut oportet et expedit, exequatur... » [22]. Puis il montre comment l'emploi rationel des *exempla* profanes et bibliques peuvent avoir un effet salutaire sur l'homme. Les premiers décemment introduits et encadrés dans le texte sacré et proposés au chrétien comme modèles à imiter, sont à même de l'édifier, de lui inspirer la crainte et de l'attirer vers l'amour divin. Les seconds cependant sont d'un poids et d'une valeur d'autant plus grands qu'ils s'appuient sur une autorité plus haute et sur une vérité plus certaine : « Manifestum est autem antiquorum exempla gestorum valde edificatoria esse, quando fuerunt decenter inducta et inter sacra verba congruenter inserta, siquidem et castum timorem incuciunt et sanctum alliciunt ad amorem, dum id quod homini factum fuisse narratur, hoc sibimet ipsi fieri... Exempla que hauriuntur in [sacra scriptura] eo majoris sunt ponderis et valoris, quo sublimiori auctoritate et cerciori veri-

22. D'après le ms. lat. 6368 f. 3r.

tate intuntur » (*Ibid.*). C'est pourquoi aussi en pesant le profit qu'on peut tirer de ces petits récits bibliques délaissés, pour la gloire de Dieu et l'édification du prochain, il en a fait un choix parmi les bons et les notables et cela autant que sa pauvreté lui permettait d'en extraire des différentes parties de la Bible : « Plurimas ergo utilitates de exemplorum in sacra pagina contemptorum narracione juridica provenire perpendens ad honorem Dei et aliqualem proximorum edificacionem exempla in variis locis scripture dispersa faciliter breviterque secundum quod tenuitas paupertatis mee valebat excerpere laboravi. Nullus autem me presumptuosum existimet ut putem hic cuncta ipsius scripture exempla narrabilia coartasse... mihi sufficiat quod de bonis notabilibus exemplis aliqua utilia sunt hic sub brevi facilitate descripta... » (*Ibid.*). Ensuite il s'explique sur la répétition au cours du traité de certains *exempla* également applicables à divers objets d'enseignement : « Rursus eciam quia nonnunquam unum valet induci ad diversas virtutum aut viciorum materias non minaretur aliquis vel turbetur si sub diversis titulis idem factum vel expletum invenitur collocatum... » (*Ibid.*). Enfin il conclut par l'énoncé du plan du traité et par des indications sur la manière de se servir de la table des rubriques mise en tête du texte : « Ut autem exempla possint promcius et cicius proposito predicatoris occurrere, titulos subsequentis opusculi in ipso libri capite prenotavi » (*Ibid.*).

Le traité est divisé en cent trente-quatre chapitres. C'est une sorte de *Summa virtutum et viciorum* sous forme d'*exempla* mise à la disposition des prédicateurs pour l'instruction des gens du peuple. L'auteur, en effet, y passe en revue toutes les obligations religieuses et morales du chrétin, en décrivant les différents vices et vertus (chap. 1-109), les scènes de la vie publique et privée (chap. 123-129) et termine par un curieux exposé sur la mort et ses effets (chap. 130-134).

Tous les développements doctrinaux et moraux, en général brièvement exposés, sont émaillés d'un millier d'*exempla* appartenant exclusivement aux livres canoniques. Parfois le titre seul de l'*exemplum* est indiqué; d'autres fois au contraire le récit reçoit son développement complet sans cependant concorder littéralement avec le texte original; la plupart du temps néanmoins il est présenté sous une forme abrégée [23]. Il arrive aussi que l'auteur le fait suivre de petites glosses ou réflexions qui semblent lui appartenir et exprimer ses idées personnelles sur le sujet qu'il traitait. Les rares autorités citées par lui sont Cicéron, Sénèque, saint Augustin, saint Grégoire.

Le succès de ce traité, qui rentre en quelque sorte dans la catégorie des *Biblia Pauperum* est attesté par les nombreuses copies manuscrites qui en subsistent, par les éditions incunables et imprimées, par les traductions en langues vulgaires (français et anglais), qui en ont été faites [24], succès qui peut s'expliquer seulement par la grande place qu'occupait l'*exemplum* biblique, cette morale en action des livres inspirés, dans l'enseignement religieux du Moyen Age finissant et du début des temps modernes.

5. Le Communiloquium ou la Summa Collacionum de Jean de Galles (+ 1302 [25].

Le traité qui va faire maintenant l'objet de notre étude est, à l'encontre du traité précédent, presque exclusive-

23. Voici quelques spécimens de récits condensés en peu de mots, ms. cit., f. 59v : *De fortitudine et strenuitate, cap. LXXVII :* « Audiens Abraham nepotem Loth esse captum ac sumptis vernaculis suis et aliis sociis ivit nocte super IIII reges qui ceperant illum et percussis hostibus reduxit Loth cum tota substancia et populo Sodomorum, Gen. XIIII. Securam et audacem fecit hominem puritas consciencie, hinc est quod Jacob timens cum jurgio ait ad Laban quem ob culpam meam et ob peccatum meum sic exarsisti propter me, Gen. XXX. Dixit angelus ad Jacob si contra Deum fortis fuisti, quanto magis contra homines prevalebis, Gen. XXXII. Audacter et constanter stetit Moyses coram Pharaone arguens eum quia non dimittebat populum Domini, Ex. V, etc.

24. V. *Hist. Litt.*, t. XX, p. 71-76. Pour les mss., il faudrait au moins tripler le nombre de ceux indiqués ici.

25. V. *Hist. Litt.*, t. XXV, p. 180-182 et les autres traités *ut supra;* texte consulté : *B. N.*, ms. lat. 3488 ff. 7ra-172vb (XIVe s.); les ff. 7ra-10vb sont occupés par la table des matières, les ff. 10vb-13ra par le prologue et par la division du traité en sept parties; les ff. 13rb-172vb par le texte, qui se termine par cet *explicit :* « Sic inspiciens processum hujus collectionis subtiliora et doctiora et utiliora Salva-

ment occupé par l'*exemplum* profane. Il a pour auteur le mineur Jean de Galles et forme en manière de complément de la ***Summa de viciis et virtutibus*** du même (v. *ut supra*), une sorte de manuel de secours à l'usage des prédicateurs où sont groupés dans le cadre des obligations des diverses conditions sociales de très nombreux *exempla,* d'après l'énoncé du prologue [26].

L'auteur, du reste, a eu soin de nous en donner la raison dans ce même prologue. Selon lui les hommes doivent être instruits d'après leur rang social et leurs obligations professionnelles. C'est pourquoi aussi il a divisé son sujet d'après les conditions sociales et les obligations inhérentes à chacune en sept parties [27].

Le texte fait aussitôt suite au prologue et correspond exactement à cette septuple division. Il comprend donc

toris gracia illuminante studeat adinvenire. Explicit summa collectionum fratris Johannis Gallensis ordinis fratrum minorum. »

26. Ms. cit., f. 12va : « Et quia non omnibus predicatoribus vacat inspicere et perscrutari multa volumina predicatorum doctorum, collegi in hoc tractatu sive collectione que potest dici Summa collectionum sive communiloquium quedam generalia ad instructionem hominum secundum varietatem statuum eorum et hoc non solum de libris divinorum doctorum sed ex libris gentilium philosophorum. »

27. *Ibid. :* « Et quia aliter sunt admonendi viri litterati, aliter illiterati, aliter scolares aliter religiosi... ideo secundum distinctionem graduum statuum et officiorum distingui potest hec collectio sive tractatus. Sunt enim scolares sive layci et sunt litterati sive clerici et sunt scolares sive philosophi et sunt religiosi sive monastici. Et quia ex premissis consistit res publica civilis, que est quasi quoddam corpus compaginatum ex membris quorum membrorum est connexio ad invicem multimoda, ideo hec collectio in VII particulas distinguitur. Prima pars est de constitucione reipublice et membris suis et de instructione et informacione personarum que sunt membra ejus singillatim et absolute sicut principis qui est ad modum capitis et sic de aliis. Secunda pars est de connexione dictorum membrorum scilicet principis ad subditos et econverso et sic de aliis et de eorum instructione ex propriis quibuslibet. Tercia pars est de admonicione hominum quantum ad ea que sunt communia omnibus, qualia sunt differencia etatis scilicet puericia, senectus, paupertas opulancia et sic de aliis et he tres partes sunt specialiter de admonicione laycorum. Quarta pars est de admonicione ecclesiasticorum secundum differenciam statuum et graduum. Quinta pars est de admoncione scolasticorum sive philosophancium. Sexta pars est de admoncione religiosorum sive monasticorum. Septima pars est de ammonicione communi et de morte sicut parati homines ad mortem et de partibus sibi spectantibus. »

sept parties; chaque partie est divisée en un nombre variable de distinctions et de chapitres [28]. On y voit tour à tour exposés les devoirs du chef de l'Etat et de ses ministres, les rapports du maître et de ses subordonnés, du père de famille, de la femme et des enfants; la diversité des obligations selon les âges; la constitution d'une république chrétienne et les obligations de chaque catégorie sociale; l'éducation des enfants, l'éducation particulière des religieux, l'art de bien mourir.

Jean de Galles suit ici, somme toute, la même méthode de composition que dans sa *Summa de viciis et virtutibus* (v. *ut supra*). Il commence par proposer, définir et diviser son sujet selon la méthode scolastique; puis il se met à le développer en l'appuyant de preuves rationnelles, de citations d'auteurs profanes et chrétiens et à l'étayer selon le cas de nombreux *exempla* — plus de six cents — empruntés à l'antiquité classique et chrétienne et au Moyen Age [29].

Ici, comme dans ses autres traités, c'est le type de l'*exemplum* profane qui prédomine de beaucoup sur les autres types (dévot, habiographique, historique, conte). C'est en vain qu'on y chercherait un récit original. L'auteur se contente de piller le passé et le présent et d'en reproduire le texte sous une forme abrégée.

Malgré cette absence d'originalité, le *Communiloquium* a été favorablement accueili à son apparition et dans la

28. Les sept parties se répartissent ainsi qu'il suit : Ia pars., avec X dist. et 78 cap.; IIa pars., avec IX dist. et 33 cap.; IIIa pars, avec VIII cap. et 26 dist.; IVa pars., avec V cap. et 39 dist.; Va pars., avec II cap. et 14 dist.; VIa pars., avec VI cap. et 26 dist.; VIIa pars., avec III cap. et 22 dist.

29. Les *exempla*, dont les sources sont généralement indiquées au début du récit, proviennent en effet des écrits de Cicéron, de Salluste, d'Horace, de Virgile, de Quinte Curce, de Valère Maxime, de Solin, de Sénèque (*De ira, In tragedia*), de Végèce, d'Aulu-Gèle, de Trogue-Pompée, de Macrobe, de Plutarque, de Marcellin (*Historia Romanorum*) pour l'antiquité profane; des *Vitæ Patrum*, d'Hégésippe, d'Eusèbe (*Hist. eccles.*), de saint Jérôme, de saint Ambroise, de saint Basile, de saint Jean Chrysostome, de saint Augustin, de Cassien, de Sulpice Sévère, de Sozomène, de Cassiodore (*Hist. trip.*), de saint Grégoire (*Dial.*), pour l'antiquité chrétienne; de saint Jean Damascène, du vénér. Bède, du Pseudo-Turpin, de P. Alfonse, de Hugues de Saint-Victor, de Jean de Salisbury et d'Alexandre Nequam, pour le Moyen Age.

suite, comme en témoignent les copies manuscrites qui en subsistent et les éditions incunables [30]. Prédicateurs et moralistes n'ont pas dédaigné de le consulter et de faire de lui, comme des autres écrits de notre mineur, une source favorite, pour en alimenter la chaire et l'enseignement jusqu'à la fin du Moyen Age.

6. La Compilacio Singularis Exemplorum de Tours-Berne [31].

Dans le recueil qui porte le titre de *Compilacio Singularis Exemplorum*, nous avons également affaire à des

30. V. *Hist. Litt.*, t. XXV, p. 180-181 et l'édit. Venise 1496 (*B. N.*, Inv. Rés., D. 17238).

31. Ce traité subsiste dans trois manuscrits, à savoir : à Tours : *B. V.*, ms. 468 ff. 1-195 (XVe s.), à Berne : *B. Univ.*, ms. 679 ff. 1-96 (XIIIe s.), à Upsal : *B. Univ.*, ms. C. 523 ff. 1-160 (XIVe s.) (ce dernier ms. ne nous étant connu que par la courte notice qu'en a donnée M. P. Högberg dans la *Zeitschrift für franz. Sprache u. Literatur*, t. XLV (1919), p. 464-465; t. XLVII (1921), p. 72). Il provient, d'après lui, de la région de Metz, et est divisé en neuf parties comme celui de Tours. Le ms. de Tours porte au dos le titre de *Compilacio singularis exemplorum*, et comprend 194 feuillets en papier du XVe siècle. Le premier qui s'en occupé, est Baluze (XVIIIe s.). Il nous a en effet transmis quelques rares extraits, qui se trouvent à présent dans la collection Baluze, *B. N.*, mss., t. LXXVII, ff. 169-184. Au dernier siècle, L. Delisle en a donné une description assez complète dans la *Bibliothèque de l'Ecole des chartes*, t. XXIX (1868), p. 597-607). A notre tour, nous l'avons consulté et en raison de son importance nous l'avons copié en 1908 à la *B. N.* Le ms. de Berne, que nous avons eu le loisir d'étudier à la *B. Univ.* de Bâle lors de notre séjour dans cette ville en 1909, comprend 96 feuillets en velin de la fin du XIIIe siècle (ff. 1-77 les *exempla* proprement dits, ff. 77-80 deux sermons, ff. 80-96, 89 fables d'Esope). Il renferme 659 récits (570 *exempla* + 89 fables d'Esope).

Ce recueil est incomplet au début. Il commence, f. 1 (par la fin du récit (n° 21) du ms. de Tours du chapitre : *De cleris* dont l'*incipit* est : « Clericus quidam ivit Romam visitare sororem suam ») par ces mots : « Viderant erui et sibi tradi... », et se termine, f. 77, par cet explicit : « Eum cautum reddiderat et suspensus est. » Pour les fables, ff. 80rb-96vb, v. Hervieux (L.), *op. cit.*, t. IV, p. 76-77.

Le dispositif des chapitres concorde avec celui du ms. de Tours. Le compilateur, cependant, a supprimé la neuvième partie et l'a remplacée par des récits se rapportant aux scènes et mœurs de la vie des Frères-Prêcheurs, spécialement à la vie de Jourdain de Saxe (+ 1237), aux bonnes œuvres et à des miracles eucharistiques.

Voici, pour complément de renseignements, l'inventaire des titres des chapitres avec le nombre correspondant des *exempla* des recueils

récits à élément profane prédominant, d'un genre particulier, et groupés pour la plupart d'après les personnages représentant les diverses conditions sociales.

de Tours et de Berne désignés respectivement par T. et B. Le ms. T. commence f. 1 par cet *incipit :* « Hic incipit conceptus et origo et vite be Marie Virginis cum multis aliis miraculis... », et le texte se poursuit par l'épitre de saint Ignace à la bienheureuse Vierge, par celle de saint Jean à la même, par l'épitre de Marie à saint Ignace et par celle de saint Ignace à saint Jean, et se termine par la lettre du roi Abgar à Jésus et par le rescrit de Jésus à celui-ci (ff. 1-7).

Les *exempla* commencent par les miracles de la Vierge : « De exemplis be Marie Virginis « (ff. 7v-44, 93 *exempla*) et continuent par les miracles eucharistiques : « Incipiunt argumenta probancia corporis Christi... » (ff. 44-51v, 29 *ex.*), par ceux concernant la prédication de la croix : « Hic incipiunt effectus predicacionis crucis Xristi inducentes crucesignatos fideles... » (ff. 52-68, 45 *ex.*), par ceux relatifs aux anges : « De exemplis angelis inducentibus homines ad bonum... » (ff. 68, 4 *ex.*), par les *exempla* se rapportant aux diverses conditions sociales, notamment aux papes : « Hic incipiunt exempla de papis... » (f. 69, 4 *ex.*), aux cardinaux et légats : « De cardinalibus et legatis » (ff. 70-71, 17 *ex.*), aux évêques archidiacres et prêtres : « Incipiunt exempla episcoporum [archidiaconorum et presbyterorum] » (ff. 71v-77v, 49 *ex.*), aux clercs : « Hic incipiunt exempla clericorum. » C'est ici que commence le ms. B. par la fin du récit 21 du ms. T. Nous allons donc mettre en juxtaposition les chapitres et les *exempla* des deux mss. (T., ff. 78-83v, 32 *ex.*; B., ff. 1rv, 6 *ex.*)..., relatifs aux philosophes : « De philosophis » (T., ff. 84-85, 11 *ex.;* B., ff. 1vb-2rb, 11 *ex.*)..., à Esope : « Fabule Isopi et de aliis » (T., ff. 85-94, 62 fables (v. Hervieux, *op. cit.*, t. IV, ne les connaît pas); B., 89 fables rejetées aux ff. 80rb-96vb)..., aux médecins : De phisicis » (T., 94-94v, 5 *ex.;* B., f. 2rv, 4 *ex.*)..., aux avocats : « De advocatis » (T., ff. 95-96, 13 *ex.;* B., ff. 3-4, 10 *ex.*)..., aux abbés et moines : « De personis religiosis et primo de abbatibus » (T., ff. 96v-101, 41 *ex.;* B., ff. 4-8, 40 *ex.*)..., aux ermites : « De eremitis » (T., ff. 101v-102, 6 *ex.;* B., ff. 8rb-9rb, 8 *ex.*)..., aux novices : « De noviciis » (T., ff. 102-104, 12 *ex.;* B., ff. 9rb-10vb, 8 *ex.*)..., aux convers : « Exempla conversorum » (T., ff. 104-105v, 11 *ex.;* B., ff. 10vb-11va, 8 *ex.*)..., aux abbesses : « De abbatissis » (T., ff. 196v-106, 4 *ex.;* B., f. 11vb, 3 *ex.*)..., aux religieuses : « De monialibus » (T., ff. 106-107, 13 *ex.;* B., ff. 11vb-12va, 9 *ex.*)..., aux béguines : « De beguinis (T., ff. 107-111, 13 *ex.;* B., ff. 12vb-15rb, 7 *ex.*)..., aux empereurs : « De imperatoribus » (T., ff. 111rv, 5 *ex.;* B., ff. 15v, 3 *ex.*)..., aux rois : « De regibus » (T., ff. 111v-114, 19 *ex.;* B., ff. 15rb, 18 *ex.*)..., au roi Alexandre : « De rege Alexandro » (T., ff. 114-119v, 21 *ex.;* B., ff. 18-23, 20 *ex.*)..., aux comtes : « De comitibus » (T., ff. 120-125, 35 *ex.;* B., ff. 23-27rb, 36 *ex.*)..., aux gens d'armes : « De armigeris » (T., ff. 125-126v, 9 *ex.;* B., ff. 27rb-28rb, 10 *ex.*)..., aux servants : « De servientibus » (T., ff. 126v-127, 5 *ex.;* B., ff. 28rb-28va, 5 *ex.*)..., aux juges : « De judicibus » (T., ff. 127v-128, 8 *ex.;* B., ff. 29rb, 5 *ex.*)..., aux bourgeois : « De burgensibus » (T., ff. 128-132, 25 *ex.;* B., ff. 29va-32va, 24 *ex.*)..., aux paysans : « De

Le compilateur est un dominicain. Les noms de ses confrères reviennent à de nombreuses reprises sous sa plume [32].

rusticis » (T., ff. 132-136, 10 *ex.;* B., ff. 32va-35va, 11 *ex.*)..., aux enfants : « De pueris » (T., ff. 136-138v, 23 *ex.;* B., ff. 35va-36vb, 19 *ex.*)..., aux exécuteurs testamentaires : « De executoribus » (T., ff. 138v-139, 6 *ex.;* B., ff. 37rb, 5 *ex.*)..., aux aveugles : « De cecis » (T., ff. 139-141, 9 *ex.;* B., 37va-39, 10 *ex.*)..., aux jongleurs : « De hystrionibus » (T., ff. 141-144v, 31 *ex.;* B., ff. 39-41va, 27 *ex.*)..., aux marchands d'indulgences : « De questuariis » (T., ff. 144v-145, 4 *ex.;* B., ff. 41va-42rb, 4 *ex.*)..., aux usuriers : « De usurariis » (T., ff. 145-149, 21 *ex.;* B., ff. 42rb-45rb, 26 *ex.*)..., aux voleurs : « De latronibus » (T., ff. 149-152, 18 *ex.;* B., ff. 45rb-47va, 21 *ex.*)..., aux lutteurs : « De pugilibus » (T., ff. 152-154, 8 *ex.;* B., ff. 47va-48vb, 8 *ex.*)..., aux fous : « De fatuis » (T., ff. 154-155, 10 *ex.;* B., ff. 48vb-49rb, 10 *ex.*)..., aux hérétiques : « De hereticis » (T., ff. 155-157, 10 *ex.;* B., ff. 49rb-50va, 10 *ex.*)..., aux diables : « De dyabolis » (T., ff. 157-160, 23 *ex.;* B., ff. 50va-53, 24 *ex.*)..., aux Juifs : « De Judeis » (T., ff. 160rv, 10 *ex.;* B. ff. 53rv, 4 *ex.*)..., aux païens: « De paganis » (T., ff. 161-162v, 15 *ex.;* B., ff. 53vb-55, 13 *ex.*)..., aux blasphémateurs : « De blasphematoribus » (T., ff. 162v-163, 7 *ex.;* B., ff. 55-55vb, 8 *ex.*)..., aux excommuniés : « De excommunicatis » (T., ff. 163v-164, 6 *ex.;* B., ff. 55vb-56, 4 *ex.*)..., aux reines : « De reginis » (T., ff. 164rv, 3 *ex.;* B., ff. 56rv, 4 *ex.*)..., aux comtesses : « De comitissis » (T., f. 164v, 2 *ex.;* B., ff. 56vb-57, 2 *ex.*)..., aux dames : « De dominabus » (T., ff. 165-167, 11 *ex.;* B., ff. 57-58rb, 12 *ex.*)..., aux demoiselles : « De domicellis » (T., ff. 167-168v, 12 *ex.;* B., ff. 58va-59va, 9 *ex.*)..., aux femmes : « De mulieribus » (T., ff. 169-170v, 7 *ex.;* B. f. 60rb)..., aux femmes du peuple : « De mulieribus ignobilibus » (T., ff. 171-174v, 30 *ex.;* B., ff. 60va-63, 26 *ex.*)..., aux entremetteuses : « De maquerellis » (T., ff. 175-176, 6 *ex.;* B., ff. 64-64va, 6 *ex.*)..., aux magiciennes et sorcières : « De carminatricibus et sortilegiis » (T., ff. 176v-178, 13 *ex.;* B., ff. 64va-66rb, 15 *ex.*). A partir d'ici, le ms. B. renferme certains chapitres indépendants se rapportant à des miracles eucharistiques (ff. 66rb-68va, 8 *ex.*), aux croisades (ff. 68vb-71br, 15 *ex.*), à la vie de Jourdain de Saxe (ff. 71va-72va, 5 *ex.*), aux bonnes œuvres et à des visions (ff. 72va-74, 12 *ex.*), à des scènes de vie dominicaine et à Jourdain de Saxe (ff. 74-77, 19 *ex.*); puis suivent deux esquisses de sermons (ff. 77vb-80vb) et enfin 89 fables d'Esope, dont quelques-unes sont moralisées (mistice, sic, item) (ff. 80rb-96vb).

Le ms. T renferme, par contre, dans sa neuvième et dernière partie, des proverbes, des vers du poète Primat, des « versus sepulturarum », des « versus solaciosi », ainsi que certains *exempla* (ff. 177-192), suivis de l' « ordinacio tractatus istius libri », c'est-à-dire de l'épilogue (ff. 192v-194) et d'une table alphabétique incomplète des matières : « Abbas, abbatissa..., Pueri, pugiles... », et se termine par cet *explicit* en vers :

« Il nest si saige ne si sain
qui saiche sil vivra demain. »

32. V. d'après le ms. T., ff. 15, 32, 33, 46, 46v, 49, 51v, 57v, 58, 59v, 67, 68, 70v, 71, 72, 73v, 106, 128 et d'après le ms. B., ff. 71va-72va, ff. 74-77.

Ceux-ci ont toujours un beau rôle dans les récits, tandis que les membres des anciens ordres et du clergé séculier y sont généralement malmenés. Lui-même semble avoir exercé son ministère religieux dans la Touraine, le Maine et l'Anjou d'après ce qui se dégage d'un certain nombre d'*exempla* localisés dans ces régions [33].

En ce qui concerne la date de composition du recueil, certains indices nous inclinent à la placer sous le règne de Philippe le Hardi (1270-1285) ou encore au début de celui de Philippe le Bel (1285-1314).

Dans le chapitre *De pugibilus,* le compilateur exalte notamment le rôle des combattants dans le duel judiciaire. Or on sait par les Etablissements de Louis IX († 1270) que ce roi avait prohibé ce genre de combats dans tous ses domaines par une ordonnance de 1260 [34]. Par conséquent ce n'est pas à la fin du règne de ce roi que notre dominicain se serait permis de faire le panégyrique de cette institution féodale dans un recueil destiné à la publicité et où l'on rencontre encore la date de 1267 à l'occasion d'un miracle qui eut lieu à Nogent-le-Rotrou [35].

Certains documents attestent, d'autre part, que Philippe le Hardi n'était nullement opposé aux duels, ces derniers ayant lieu sous son règne, comme si les Etablissements de saint Louis n'avaient plus force de loi [36]. Ceux-ci prirent même une telle extension sous Philippe le Bel que ce roi dût les prohiber en 1296 [37].

Donc le *terminus a quo* de la date de composition du recueil n'est pas antérieur à 1270 et le *terminus ad quem* n'est pas postérieur à 1296 ou à la rigueur à 1297, année de la canonisation de Louis IX, cité par deux fois dans le

33. V. ms. T., ff. 45v, 46, 59v, 72, 129, 129v, 137, 143, etc., et note *infra,* n° 43.

34. V. VIOLLET (P.), *Etablissements de saint Louis,* t. I (1881), p. 487-493.

35. V. ms. T., f. 15.

36. V. *Coutumes du Beauvaisis,* de BEAUMANOIR (édit. Salmon), t. I, chap. VI, nos 233, 234; D. BOUQUET, *Historiens des Gaules,* t. XXXI, année 1275, p. 786; année 1283, p. 97-98; année 1284, p. 784.

37. V. *Ordonnances des Roys de France,* t. I (1723), p. 328.

texte sans le qualificatif de saint [38]. Et en admettant que certains *exempla* ont été directement empruntés à la *Tabula exemplorum*, composé entre les années 1270 et 1277 [39], on peut, strictement parlant, placer la date de composition de la *Compilacio* entre 1270-77 et 1296-97.

Celle-ci se compose d'un épilogue et du texte comprenant exclusivement des *exempla* [40].

C'est dans l'épilogue, qui formait sans doute le prologue dans le texte original que l'auteur a exposé le but et le plan détaillé, sinon les sources du recueil [41].

38. V. ms. T., ff. 71v, 108v.

39. V. notre édition, nos 44, 110, 169, 178, 269, 283.

40. A savoir 776, d'après le ms. T., et 659 d'après le ms. B.

41. Il ne se trouve que dans le ms. T., f. 192v. A cause de son importance, le voici dans toute sa teneur : « Ordinacio tractatus istius libri. In isto libello exempla plurima sunt redacta super variis materiis, quarum quedam sunt ad edificacionem, quedam ad solacium et fuerunt conscripta prout in libellis exemplorum aliquorum exstiterunt inventa seu ab narrantibus sunt audita et qui predicta exempla alibi melius scripta invenerit vel diligencius audiverit ab aliquo edocente secundum datam sibi graciam poterit ulterius enarrare. Et dividitur tractatus iste in octo (sic pro novem) partes : Primo inseritur ibi conceptus et origo et vita beate virginis cum multis ejus miraculis et exemplis (f. 1).

« Secundo ponuntur ibi epistole beati Ygnacii ad beatam virginem et ad beatum Johannem et rescriptum beate virginis ad eumdem, epistola regis Abgari ad Christum et rescriptum Christi ad ipsum (f. 7).

« Tercio ponuntur ibi argumenta probancia veritatem domini corporis efficaciter et miracula plurima de eodem (f. 44).

« Quarto ponuntur ibi exempla plurima angelorum (f. 48).

« Quinto ponuntur ibi exempla et effectus predicabiles crucis transmarine (f. 52).

« Sexto inseruntur ibi exempla multa de personis ecclesiasticis secularibus videlicet de papis, de cardinalibus et legatis, de archiepiscopis, de episcopis, de archidiaconis, de presbyteris, de clericis examinatis, de philosophis, de Ysopo et fabulis ejus, de physicis, de advocatis (f. 69).

« Septimo ponuntur exempla multa de personis ecclesiasticis et religiosis tam viris quam mulieribus videlicet de abbatibus, de monachis, de heremitis, de noviciis, de conversis, sequitur de mulieribus religiosis et de abbatibus (sic pro abbatissis), de monialibus, de beguinis (f. 96v).

« Octavo ponuntur exempla de multiplici genere hominum [in] statu seculari existencium, primo de imperatoribus, de comitibus, de militibus, de armigeris, de judicibus, de burgensibus, de ruralibus, de pueris, de executoribus, de cecis, de hystrionibus, de questuariis,

Son but, en effet, n'est pas seulement d'édifier, mais encore d'amuser les auditeurs ou les lecteurs « quedam sunt ad edificacionem, quedam ad solacium ». Nombre d'anecdotes n'ont effectivement rien d'édifiant et présentent plutôt un caractère exclusivement profane.

Quant à son plan, il a réparti au préalable les diverses matières, en neuf chapitres généraux, dont les cinq premiers se rapportent au dogme et les quatre derniers à la morale. La partie dogmatique comprend la vie et les miracles de Notre-Dame, les lettres apocryphes de sainte Ignace, de la Sainte Vierge, du roi Abgar et de Jésus, les miracles eucharistiques, le culte des anges et le culte de la croix (croisades).

La partie morale embrasse une vaste série de récits ayant trait à la société ecclésiastique et laïque et classés d'après les représentants des diverses catégories sociales au nombre de cinquante-deux. Il est fort probable que l'auteur, pour établir ces cadres sociaux, s'est inspiré de ceux qu'avaient adoptés Jacques de Vitry, Humbert de Romans ou Guibert de Tournai dans leurs *Sermones ad status* et qu'il a lui-même complétés pour un bon tiers.

Avec un plan ainsi délimité, il ne lui restait plus pour le mettre à exécution, qu'à classer les *exempla* collectionnés et à les faire rentrer sous les rubriques appropriées.

Pour collectionner ses récits, il s'était adressé à une double source, l'une écrite, l'autre orale « prout in libellis exemplorum aliquorum exstiterunt inventa seu ab narrantibus sunt audita ». Sans doute s'il s'agit des récits de la partie dogmatique ou des *exempla* dévots, il n'y a aucune difficulté à les retrouver dans les recueils des miracles de Notre-Dame ou des miracles eucharistiques, dans les évangiles apocryphes, dans les compilations de Jacques de Vitry

de usurariis, de latronibus, de pugilibus, de fatuis, de hereticis, de dyabolis, de judeis, de paganis, de blasphemantibus, de perjuriis, de excommunicatis; sequitur postea de mulieribus, de reginis, de comitissis, de dominabus nobilibus, de domicellis, de mulieribus ignobilibus, de maquerellis, de carminatri[ci]bus (f. 111).

« Nono ponuntur versus de diversis materiis et primo versus proverbiorum, item versus Primati, item versus sepulturarum, item versus solaciosi. »

et d'Etienne de Bourbon. Il en est tout autrement s'il s'agit de ceux de la partie morale. Il est vrai qu'ici également Jacques de Vitry et Etienne de Bourbon ont été largement exploités. Mais le compilateur a eu en outre recours à des recueils anonymes qui, comme la *Tabula Exemplorum* (v. *infra*), circulaient en France et dont il nous a été impossible de retrouver la trace; de plus, il a fait une large part à la tradition orale, c'est-à-dire à ce genre de récits, qui se sont transmis de bouche en bouche et qu'il a été le premier à consigner par écrit.

Pour l'établissement de son texte, notre frère prêcheur ne s'embarrasse pas de préambules en tête des chapitres. Il se contente d'indiquer le titre général ou la rubrique, qu'il fait aussitôt suivre du groupe d'*exempla* qu'il lui a destinés, sans les unir les uns aux autres par des réflexions personnelles ou des citations de textes. Pour introduire ses récits, il se contente en général de mettre en tête le nom du personnage de la catégorie sociale, à laquelle celui-ci appartenait. Parfois il se sert aussi du nom de certains personnages historiques [42], ou des lieux [43] où les faits se passent pour la mise en scène des récits.

42. Le compilateur nous a transmis des traits de vie curieux relatifs à des personnages historiques, dont voici les noms d'après le ms. T. : Philippe Auguste (ff. 113v, 127v, 141v, 153v), le jongleur Hugues le Noir, le contemporain de celui-ci (ff. 140-142), Louis IX (f. 71), la reine Blanche (ff. 72, 78), la reine Marguerite (f. 71), la reine Bérengère (f. 164), Frédéric II (f. 78v), Saladin (ff. 161-162v), Jean de Beaumont (ff. 72, 120), le comte Raymond de Toulouse (ff. 21, 74v), le comte Simon de Montfort (f. 120v), le comte Thibaut de Champagne (f. 120), Guillaume d'Auvergne, évêque de Paris, (ff. 71-73), Eudes Rigaud, archevêque de Rouen (ff. 49, 70, 71, 105v), Foulques de Marseille, évêque de Toulouse (f. 157), Philippe de Grève, chancelier de l'Université de Paris (f. 82v), Jean de Melun, évêque de Poitiers (f. 74), Guillaume d'Etampes (f. 46), Jourdain de Saxe (f. 46) Ade de Laval (de Valle Guidonis) (f. 51), Geoffroi de Tombeville (f. 15), Thomas de Lentino (Bethlehemitanus) (f. 70v).

43. Il a également localisé nombre de récits en France et quelques-uns à l'étranger, à savoir : au Mont Saint-Michel (ff. 21, 27v), à Soissons (ff. 15v, 40v, 41), à Laon (ff. 19, 40, 41), à Dignécourt (Soissonnais) (f. 41), à Nogent-le-Rotrou (f. 15), à Déols près de Châteauroux (f. 29), à Arras (f. 42), au Mans (f. 45v), à Morenne près d'Angers (f. 45v), à Angers (ff. 46, 59v, 72, 129, 129v, 137, 143, 164), à Meaux (f. 62), à Marseille (f. 64), à Montpellier (f. 68), à Rouen (ff. 49, 71,

Ces derniers sont généralement présentés sous une forme écourtée et dépouillés de tout ornement superflu (de trois à douze lignes). Quelques uns cependant sont normalement développés (de treize à vingt lignes). Tandis que dans la partie dogmatique ils conservent un caractère exclusivement religieux, ils ne sont souvent dans la partie morale que des contes profanes à tendance réaliste prononcée (v. cap. *De domicellis, De mulieribus*) où l'esprit caustique du terroir (Touraine) a sa large part.

D'après le relevé que nous avons fait des *exempla* du recueil, nous avons pu constater qu'à l'exception de l'*exemplum* moralité, tous les types y sont représentés avec prédominance du récit profane, du conte et de l'*exemplum* personnel. Il semble même s'affirmer qu'avec le conte une nouvelle orientation se fasse jour chez notre frère prêcheur dans l'emploi de l'*exemplum*. La substitution partielle de l'élément profane à l'élément religieux, indique chez lui une tendance assez accentuée, non seulement à instruire et à moraliser, mais encore à égayer et à amuser les auditoires populaires. Sous le moraliste religieux pointe déjà le conteur d'historiettes, qui ne fera que gagner du terrain avec le temps, comme nous le verrons dans l'étude de certains traités des siècles suivants.

Est-ce à dire que la *Compilacio singularis* a obtenu un succès immédiat auprès des moralistes religieux. Le fait qu'elle subsiste encore dans trois copies manuscrites dispersées dans trois pays différents dénote une certaine diffusion. Il semble pourtant bien qu'elle ait joui d'une certaine vogue au XIVe siècle, du moins auprès des Domi-

153), à Chartres (ff. 10, 23, 75, 163v), à Poitiers (f. 75), à Tours (ff. 43v, 144v, 146), à La Rochelle (ff. 126v, 128), à Saint-Denis (f. 112v), à Paris (ff. 18v, 75, 77, 78, 79v, 80, 97v, 104, 105, 112v, 114, 126v, 128, 129, 175, *ibid.* à l'église de Saint-Benoît (ff. 48, 164), au couvent de Saint-Jacques (f. 72), au couvent de Saint-Victor (ff. 77, 100, 191), au couvent de Valence (f. 57v), à Toulouse (ff. 155v, 156), en Auvergne (f. 27), au Nivernais (f. 33v), au Gatinais (f. 112), en Normandie (f. 153v), en France (ff. 13, 142v, 162v), — en Angleterre (ff. 19, 26, 120v, 124, 140, 141v, 142v, 152, 155), — à Cologne (f. 44), — à Bologne (f. 78), à Milan (f. 136), à Rome (f. 82), — à Saint-Jacques de Compostelle (f. 152), — à Jérusalem (f. 115), à Saint-Jean-d'Acre (f. 61v).

nicains, puisque des compilateurs de cet ordre comme l'auteur de la *Scala celi* lui ont fait quelques emprunts (v. *infra*). Mais c'est surtout au XVe siècle que son influence s'est fait sentir, notamment sur les conteurs de nation germanique et spécialement sur l'auteur de la *Mensa philosophica* (v. *infra*).

Par ailleurs ce curieux recueil où se rencontrent à la fois la variété et l'originalité des récits, ne laisse pas d'être d'une importance capitale pour l'histoire de la civilisation et de la littérature populaire au XIIIe siècle. D'innombrables détails de mœurs aussi savoureux qu'instructifs y éclairent d'un jour nouveau ce grand siècle. Aussi restera-t-il pour l'historien comme pour le littérateur et le folkloriste un monument précieux, qu'il sera toujours indispensable de consulter.

7. Le Recueil du Ms. Royal 7 D. I. du Musée Britannique [43a].

Tandis que dans les recueils précédents l'élément profane a occupé une place prépondérante, dans ceux qui vont suivre ce sera l'élément dévot au sens large du terme, qui prédominera. Le premier de ces recueils, où entrera pour une large part cet élément, est celui du manuscrit Royal, 7 D. I. du Musée Britannique, dont il subsiste un texte incomplet et par endroits défectueux avec trois cents quinze *exempla*.

Le compilateur est un dominicain anglais, dont le nom est resté inconnu. Nombre de récits, en effet, se rapportent à la vie privée ainsi qu'à l'action religieuse des membres de l'ordre de saint Dominique [44].

43a. V. Herbert, *op. cit.*, t. III, p. 477-503 et notre édition fascicule IV du *Thesaurus exemplorum*, d'après le ms. 7. D. I. ff. 61-139v (XIIIe s.) du *B. M.*

44. V. notre édition nos 4, 31, 34, 45, 55, 58, 96, 97, 100, 106, 132, 133, 137, 139, 140, 184, 185, 200, 209, 211. Au cours des récits, on rencontre même les noms de quelques-uns de ses confrères, comme ceux des FF. Bernard (31), Guillaume de Theford (34), Gautier de Saint-Edouard (78), Barthélemy de Grimestone (185), Ade [de Laval] (184), Jourdain de Saxe, second maître général de l'ordre (+ 1237) (4, 100, 132, 193, 211), qu'il semble avoir personnellement connu d'après ce qui ressort du texte suivant : « Hoc autem narravit bone memorie frater Jordanus, magister ordinis predicatorum » (132).

Lui-même, en qualité de prédicateur ambulant, a exercé son ministère apostolique en Angleterre [45], dont un certain nombre de villes et localités sont citées au cours du texte [46], dans le pays de Galles [47], en Ecosse [48], et même en Irlande [49].

Ses tournées de mission l'ont mis en relation avec certains personnages connus d'alors, qu'il met en scène dans les récits, comme saint Edmond de Cantorbéry (+ 1240, canonisé en 1246) [50], le cardinal Robert de Courson [51], le cardinal légat Guillaume de Savoie [52], qu'il a entendu prêcher dans le cimetière des Dominicains de Cambridge en 1247.

Les nombreux *exempla* localisés à Paris [53] ou en France [54], semblent indiquer qu'il a séjourné dans cette ville ou du moins qu'il a passé un certain temps dans ce pays où il a entendu prêcher le cardinal Jacques de Vitry [55].

Quant à la date de composition du recueil, elle peut être placée entre les années 1270 et 1279, d'après les indications fournies par l'une des sources du recueil, la *Tabula Exemplorum*, compilée entre 1270 et 1277 [56] et par l'un de ses dérivés, le *Speculum Laicorum*, dont le *terminus a quo* de

45. V. n°s 224, 255, 287.

46. Ce sont : Cambridge (58, 96, 97, 185, 291, 292, 310), Bury-Saint-Edmond (39, 134, 224), Bath (227), Berwick (126), Leicester (231), Lincoln (34, 87), Londres (280), March (245), Norwich (93, 207, 210, 290, 315), Oxford (56, 218, 243, 303), Saint-Alban (307), Winchester (29), l'abbaye de Fontaine (diocèse d'York) (86).

47. V. n°s 106, 184 (Cardiff), 284.

48. V. n°s 137, 144, 289.

49. V. n°s 253, 259 (Dublin), 293.

50. V. n°s 18, 56, 66, 98, 117, 149, 218.

51. V. n°s 240, 266, 271, 296.

52. V. n°s 96, 97. — D'autres personnages du temps de moindre importance, sont également cités, à savoir : Henri de Saunford, évêque de Rochester (54), maître Walter de Londres (280), Robert de Burwelle (244).

53. V. n°s 8, 10, 15, 83, 165, 169, 180, 198, 222, 238, 306.

54. V. n°s 7, 256 (Toulouse), 42, 123 (Lagny), 169, 240.

55. V. n° 163 : « Narravit mihi magister Jacobus de Vitriaco. »

56. V. notre édition. Le compilateur lui a en effet emprunté environ une vingtaine d'*exempla* (les n°s 1, 17, 68, 91, 96, 119, 120, 136, 158, 163, 168, 233, 250, 256, 264, 265, 272, 274, 279, 280, parmi lesquels les n°s 1, 17, 68, 265, 274, 279, 280 paraissent en être directement extraits).

la date de composition est 1279 [57]. C'est donc entre 1270 et 1279 que le recueil a été compilé.

A considérer le dispositif ébauché comme cadre des *exempla*, on constate sans peine que notre dominicain a cherché à compiler son recueil d'après un plan établi, collectionnant historiette par historiette, soit dans ses tournées de prédication, soit dans des recueils d'*exempla* ou traités divers et qu'une cause ou une autre, probablement la mort, l'a sans doute empêché d'y mettre la dernière main et de lui donner sa forme définitive.

Le recueil se compose dans sa teneur actuelle d'une série de récits indépendants les uns des autres, qu'on peut diviser en deux parties, l'une dogmatique et l'autre morale. Dans la première, qui comprend cent quarante *exempla*, l'auteur traite successivement de la religion en général, des sacrements (eucharistie et confession), des commandements de Dieu (4ᵉ et 7ᵉ) et de l'Eglise (1ᵉʳ), ainsi que des bonnes œuvres (hospitalité, indulgences, croisades, pélerinages). Dans la seconde qui embrasse cent soixante-quinze *exempla*, il s'attaque aux défauts et vices de la société, notamment au favoritisme de certains dignitaires ecclésiastiques, à la tyrannie des puissants du jour, aux défauts de gourmandise et de vanité, à la médisance, à l'hypocrisie, au vol, à l'avarice, à l'ivrognerie, à l'adultère, au concubinage clérical, sans omettre de nous esquisser le portrait de certains personnages abhorrés comme les usuriers et les avocats. Toutes les transgressions des lois divines et humaines ont leur sanction dans l'autre monde, où les coupables seront impitoyablement châtiés, témoins les nombreux récits d'apparitions, où ceux-ci viennent par une permission spéciale de Dieu narrer leurs souffrances aux vivants.

En ce qui concerne l'*exemplum* lui-même, le compilateur le traite selon les procédés ordinaires et lui donne généralement un développement normal. Les personnages mis en scène sont bien caractérisés. Beaucoup de ces petits drames sont vivants et ne laissent pas d'émouvoir encore aujour-

57. V. notre édition. L'auteur du *Sp. L.* est redevable à son tour pour un cinquième des *exempla* à notre recueil.

d'hui par ce qu'ils ont de tragique dans leur dénouement. Certains *exempla,* comprenant des fables, sont exceptionnellement suivis d'une moralisation [58].

Pour ce qui est des sources mêmes des récits, il faut avouer qu'elles sont relativement peu nombreuses dans ce recueil, où les expériences religieuses de l'auteur tiennent une si large place [59].

La plupart des *exempla* proviennent du compilateur lui-même, soit qu'il en ait été le témoin oculaire (*novi et ego*), soit qu'il les ait entendus de gens dignes de foi (*didici, retulit mihi*) dans ses pérégrinations à travers la Grande Bretagne ou pendant son séjour en France. Dans son souci pour l'exactitude des faits, ce dernier, comme nous l'avons vu, plus haut, les a même localisés dans le temps et l'espace. Aussi le type d'*exemplum* le plus répandu dans le recueil est-il l'*exemplum* personnel qui, à cause de son fond religieux, se confond souvent avec le récit dévot également largement représenté. Parmi les rares autres types, il reste à signaler le récit d'apparitions, également en grande faveur auprès du compilateur, la fable et l'*exemplum* profane, ces derniers peu représentés.

Il semble que c'est surtout grâce à son fond original fait de récits dévots et d'expériences religieuses et sociales de l'auteur que le recueil a été fortement exploité comme une mine abondante et précieuse par les compilateurs contemporains et postérieurs. Qu'il nous suffise de nommer l'auteur

58. V. édit. n°s 67, 113, 116, 158, 251, 264, 308.

59. Ce sont, pour l'antiquité profane : Cicéron (*Tusculanes*) ; pour l'antiquité sacrée : les évangiles apocryphes, les *Vitæ Patrum,* les dialogues de Grégoire le Grand; pour le Moyen Age : les vies de saints (saint Kentigern, saint Brendan, saint Edmond le martyr, saint Edmond de Cantorbéry, saint Maurille), saint Jean Damascène (*Barlaam et Josaphat*), Marbode (*Liber de gemmis*), Pierre Alfonse (*Disciplina clericalis*), Guillaume de Malmesbury (*Gesta Regum*), Pierre de Cluny (*Libri miraculorum*), Herbert de Torrès (*De miraculis libri tres*), Césaire de Heisterbach (*Dialogus, Fragmenta, Homélies*), Giraud de Barri (*Gemma Ecclesiæ*), Eudes de Cheriton (*Paraboles, Homélies*), Jacques de Vitry (*Sermones vulgares et communes*), Géraud de Frachet (*Vitæ FF. PP.*), Thomas de Cantimpré (*Liber apum*), Humbert de Romans (*De dono timoris*), la *Tabula exemplorum,* la plupart probablement citées par l'intermédiaire de ces recueils d'*exempla* qui circulaient alors en Angleterre.

du *Speculum Laicorum* pour le XIIIe siècle. De même dans la suite Wilham de Waddington dans son *Manuel des pêchés* (v. *ut supra*), les compilateurs anonymes des recueils des mss. Harley 2316 et 2385 [60], et du ms. additionnel 33956 (v. *infra*) du Musée Britannique, Bromyard dans sa *Summa Predicancium* (v. *infra*), lui ont été redevables de maints *exempla.*

8. Le Recueil du Ms. lat. 3555 de la B. N. de Paris [61].

Ce recueil fragmentaire, qui pour le fond et la forme a beaucoup de ressemblance avec le précédent, est l'œuvre d'un membre de l'ordre de Saint-François, de la seconde moitié du XIIIe siècle, d'après les renseignements fournis par le texte même.

Beaucoup d'*exempla,* en effet, se rapportent exclusivement à la vie publique et privée des membres de cet ordre [62].

Le fondateur lui-même, saint François, y occupe une certaine place par les miracles qu'il opère en faveur de ceux qui l'invoquent [63].

Plusieurs personnalités de l'ordre alors bien connues, y jouent un certain rôle ou y sont du moins nommés [64].

Les Frères-Prêcheurs n'y sont mentionnés qu'incidem-

60. V. Herbert, *op. cit.,* t. III, pp. 573-581, 503-509.

61. Pour la description du ms. lat. 3555, où le recueil occupe les ff. 168va-212rb (fin XIIIe siècle), v. notre édition.

62. V. ff. 184rb, 186rb, 187vb, 188rb, 188va, 189vb, 190rb, 190va, 190vb, 192va, 192vb, 194vb, 195rb, 195va, 196ra, 198vb, 199rb, 199va, 199vb, 200ra, 200va (3), 200vb, 202ra, 202va, 203rb, 203va, 204rb, 205ra, 205va, 207va, 208ra, 208rb, 208va, 208vb.

63. V. ff. 188va, 190va, 207va, 207vb, 208va, 208vb.

64. A savoir : Saint Antoine (f. 206va), Berthold de Ratisbonne (f. 201vb, f. 202ra), Foulques de Marseille, évêque de Toulouse (f. 204va), Benoît, ancien évêque de Marseille (1229-1267), devenu frère mineur (f. 199rb), fr. Philippe, gardien du couvent de Clermont en Auvergne (f. 184rb), fr. Guillaume de Militona (f. 190va, 203ra), fr. Nicolas l'Anglais (f. 187vb), fr. l'Espagnol (Yspanus) (f. 188va), fr. Pelage (f. 190rb), le gardien du couvent de Saint-Papoul (f. 190va), fr. Mansuy (f. 196ra), le gardien d'un couvent de Toscane (f. 205va), fr. Jérôme de Valence (f. 208ra), le ministre de Provence (f. 208rb), fr. de Plaisance (f. 195rb), fr. Lucas (f. 195rb), le ministre d'Aragon (f. 204va), Jean de Galles (f. 208r, « narrante fratre Joh. Valensi didici... »).

ment par trois fois [65], et encore dans un des récits les concernant, l'ordre franciscain est présenté comme supérieur à tout autre ordre — il s'agit d'un *exemplum* relatif à un chevalier, que les Dominicains voulaient faire entrer dans leur ordre, mais qui à la suite d'un prodige entre dans celui de saint François — [66].

Le compilateur est sans aucun doute originaire du Midi de la France ou plus exactement de cette région, qui est occupée aujourd'hui par les trois départements du Gard, de l'Hérault et de l'Aude, ou du moins y a exercé les fonctions de prédicateur ambulant, car la plupart des localités où les *exempla* sont localisés se trouvent dans ces départements ou dans leur voisinage immédiat [67].

65. V. f. 198va, 207rb, 207va.

66. V. f. 207rb.

67. Ce sont : Montpellier (ff. 186ra, 189va, 194va, 205vb, 206vb, 207ra, 207va), Narbonne (ff. 189ra, 191va, 194vb), Béziers (f. 189rb, 191rb), Nîmes (f. 202rb), Soriech (commune de Lattes, près de Montpellier) (f. 185ra), Montagnac (près de Béziers) (f. 187rb), Roune (près de Nîmes) (f. 189ra), Ganges (Aganticum, arrondissement de Montpellier) (f. 89va, f. 200ra), Couise (Aude) (f. 186vb), Capestang (f. 200ra), Verune (Hérault) (f. 205rb), Fleucher (près de Montpellier) (f. 206ra), Vic (cant. de Frontignan, Hérault) (f. 187rb), La Montagnole (commune de Cuxac, Gard) (f. 206rb), Montferrier (près de Montpellier) (f. 207ra), Maguelonne (f. 187rb), le château de Clermont-Ferrand (près de Carcassonne) (f. 204rb) ; pour les régions avoisinantes ou autres parties de la France : Toulouse (f. 189rb, f. 190vb), Calman (« in diocesi vapicensi », près de Saint-Afrique, Aveyron) (f. 191rb), Arles (f. 206vb, f. 206vb), Cahors (f. 207rb), Agen (f. 207va), Aigues-Mortes (f. 203rb, f. 208rb), Clermont-Ferrand (f. 184rb, f. 191ra, f. 195rb), Riom (f. 191ra), Saint-Papoul (près de Castelnaudary) (f. 190va), Limoges (f. 194vb, f. 203vb), Mimet (arrond. d'Aix, Bouches-du-Rhône) (f. 196vb), Largentières (Ardèche) (f. 206va), Saintes (f. 205vb), Lodève (f 106vb), Fréjus (f. 208vb), Notre-Dame de Rocamadour (f. 204rb3), Lachaise-Dieu (Haute-Loire) (f. 189rb), Valence (f. 208ra), Avignon (f 205va), Vienne (f. 207ra), Barcelone (f. 208va), Saragosse (f. 186rb, f. 191ra), Lérida (f. 207vb), Paris (f. 186rb, f. 192va, f. 198vb, f. 207vb). Parfois aussi le théâtre des récits est placé dans des régions ou pays sans détermination précise du lieu comme en Provence (f. 192ra, 205rb), en Picardie (f. 187va), en Bourgogne (f. 196va, f. 208vb), en Catalogne (f. 186vb), en Espagne (f. 186vb), en Aragon (f. 208ra), en Castille (f. 205ra), en Allemagne (f. 199va, f. 201va, f. 201vb, f. 202ra), en Bohême (f. 185, f. 189vb), en Angleterre (f. 197rb, f. 201va), ce qui semble signifier que ces pays et régions n'étaient pas inconnus au compilateur et que celui-ci a eu peut-être l'occasion de visiter dans ses pérégrinations.

De par ses fonctions, comme cela ressort des récits, il a dû être prédicateur ambulant, exerçant son apostolat au milieu des populations urbaines et rurales, où il a eu l'occasion de faire de curieuses expériences religieuses et de recueillir de précieuses informations. Dans ses tournées de prédication il s'est trouvé aussi en contact avec des personnages en vue et dont les noms reviennent au cours des récits. Ce sont, outre ses confrères contemporains connus directement de lui, Raymond VII le jeune, comte de Toulouse (1222-1249) (f. 192va), Philippe, archevêque de Bourges (1236-1260) (f. 190va), Raymond V, évêque de Béziers (1247-1261) (f. 189va).

Quant à la date de composition du recueil, elle nous est fournie pour le *terminus a quo* par un récit daté de l'année 1272, « anno M°CC°LXXII° » (f. 185va) et pour le *terminus ad quem* par un autre récit, où il est fait mention de Louis IX, sans l'épithète de « sanctus » ou de « beatus », en ces termes « tempore quo Ludovicus rex Francie ivit Tunicium » (f. 203vb). Or ce roi a été canonisé en 1297. C'est donc entre les années 1272 et 1297 que le recueil a été compilé.

Le texte, incomplet au début et par endroits défectueux, renferme dans sa teneur actuelle deux cent trente-huit *exempla*. A en juger par la copie manuscrite, qui n'est à tout prendre, qu'un intermédiaire éloigné de l'original, le compilateur ne s'est pas embarrassé d'un plan bien défini. D'après les diverses rubriques mises en tête des *exempla,* il s'est surtout attaché à se conformer au programme de la prédication franciscaine, qui consistait surtout à relever la vie religieuse et morale du peuple. Dans ce but il a cherché avant tout à pénétrer son auditoire de la nécessité de l'observation des commandements de Dieu et de l'Eglise, du culte sacramentaire (pénitence et eucharistie) et des différentes dévotions comme celles de la passion, de la croix, du sang et de l'image du Christ, celles de Notre-Dame et de saint François, de la pratique des bonnes œuvres, des indulgences, de la prise de la croix — ce qui indique évidemment que l'idée de croisade n'était pas encore abandonnée à ce moment dans le Midi de la France — de la fuite des vices et des travers, comme l'orgueil, la vanité, l'ambition, la cupidité, la détraction, la luxure, l'adultère, le blasphème, le parjure, l'usure, la danse, sans oublier d'y ajouter les sanctions qui attendent le transgresseur de la loi divine, la misère et l'ex-communication ici bas et les châtiments de l'enfer dans l'autre monde.

L'*exemplum* placé en général sous la rubrique, à laquelle il se rapporte, est normalement développé. Le compilateur, pourtant, ne se défend pas parfois de le « dilater », outre mesure et même de le dramatiser, sans jamais cependant le faire suivre de réflexions morales, laissant sans doute ce soin aux prédicateurs eux-mêmes.

Ses sources sont peu nombreuses [68]. Le compilateur a surtout fait appel à ses souvenirs, aux faits recueillis en qualité de témoin au cours de ses voyages et de ses tournées de prédication. Aussi à côté du type de l'*exemplum* pieux également bien représenté, du conte (oriental) et du récit d'apparitions, c'est l'*exemplum* personnel qui prédomine dans le recueil. C'est grâce à ce dernier surtout, que celui-ci restera un monument intéressant de l'état de la prédication populaire et des mœurs dans le Midi de la France, au troisième tiers du XIIIe siècle [69].

9 **Le Recueil du Ms. lat. 15912 de la B. N. de Paris** [70].

Ce recueil qui comprend dans son ensemble environ huit cents *exempla* encadrés dans soixante-quatorze chapitres,

68. Ce sont : la Bible, les apocryphes, les *Vitæ Patrum*, les homélies et les dialogues de Grégoire le Grand (29 *exempla*), le roman de Barlaam et de Josaphat, les écrits P. Damien, les œuvres de saint Ambroise, les vies des saints (saint Fursy, saint Germain l'Auxerrois, saint Edmond de Cantorbéry), la *Disciplina clericalis* de P. Alfonse, les sermons de J. de Vitry.

69. Nous n'avons trouvé trace d'influence de notre recueil que dans la *Chronica XXIV Generalium ordinis Minorum*, achevée en 1349 (v. édit. Quaracchi, 1897). Le compilateur de la chronique (ou plutôt de la partie de la chronique où se trouvent les récits), semble lui avoir emprunté les quatre récits suivants, à savoir : f. 201vb : de defuncte contricione, édit., p. 238; f. 208ra : de fratre in sermone curioso, p. 288; f. 208rb : de fratre non baptizato, p. 310; f. 208va : de fratre verberato a dyabolo, p. 312.

70. Le texte occupe, dans le ms. lat. 15912 (fin XIIIe s.), les ff. 6ra-

est sorti de la main d'un moine cistercien français vers la fin du XIIIe siècle.

Le compilateur, en effet, au cours du texte, appelle l'ordre cistercien « noster ordo » (f. 41va) et consacre même un chapitre tout entier aux faits et gestes des membres illustres de cet ordre [71]. Par ailleurs, saint Bernard et saint Malachie les plus illustres entre tous, y ont leur place marquée, l'un pour quarante [72], l'autre pour huit *exempla* [73]. Et les écrits des grands conteurs cisterciens (Herbert de Torrès, Conrad d'Eberbach, Césaire de Heisterbach), y sont exploités comme des sources favorites [74].

Pour ce qui est de la date de composition du recueil, elle nous est approximativement fournie par l'ouvrage le plus récemment cité (f. 12vb), à savoir le *Pontificalis historia* de Martin le Polonais (+ 1279) et par l'âge même du manuscrit qui est de la fin du XIIIe siècle. C'est donc au dernier tiers de ce siècle que ce recueil a été compilé.

D'après les indications fournies à la fois par les titres de chapitres et le texte, le compilateur semble avoir composé le recueil à l'usage exclusif de ses confrères cisterciens. Ce qu'il a uniquement en vue, c'est leur perfectionnement relirieux et moral. Dans ce but il expose sous forme de récits toutes les obligations religieuses qui incombent au moine et traite de même jusque dans les moindres détails des vices et défauts de la solitude monastique, qui peuvent entraver son

124rb. Il porte en tête la table des matières, qui comprend 71 (en réalité 74) titres de chapitres (ff. 6ra-6va : *Capitula sequentis operis :* de superbia, de humilitate... de curiositate, de vicio lingue), débute, f. 7ra, par cet *incipit :* « *De superbia.* In cronicis, capitulum I. Domicianus primus se deum ac dominum appellari precepit tanteque fuit superbie ut aureas et argenteas statuas sibi in capitolo jussit collocari... », et se termine, f. 124rb, par cet *explicit:* « *De astucia diaboli:* Quidam cenomanensis nomine Christianus juvenis conversus... et gracias agens domino de tali signo reversus est ad fratres suos. »

71. V. chap. XXXII, ff. 59vb-62vb: *De dignitate ordinis cisterciensis.*

72. V. ms. f. 11va, f. 16va, f. 24ra.

73. V. ms. f. 20va, f. 39vb.

74. Le compilateur s'est même permis d'ajouter, par manière de complément au traité (ff. 124rb-174rb), de larges extraits du *De libro illustrium virorum ordinis cisterciensis* (*Exordium magnum*) de Conrad d'Eberbach, comme s'il avait voulu marquer par là l'importance qu'il attribuait aux récits pieux exclusivement cisterciens.

avancement spirituel, ainsi que des remèdes à y apporter [75].

Les *exempla* sont placés en nombre variable (de cinq à vingt-cinq), sous les titres de chapitres. Ils sont généralement précédés de l'indication de la source, introduits et développés selon les formules et les règles ordinaires. Le compilateur ne fait nulle part montre d'originalité. Il se contente d'extraire pour ainsi dire littéralement ses récits soit des recueils d'*exempla* courants, comme de ceux de Jacques de Vitry et d'Etienne de Bourbon, qu'il ne cite jamais, soit des traités, ouvrages et chroniques qui se trouvaient dans la bibliothèque de son monastère. Ces derniers, qu'il cite comme sources, appartiennent tous à l'antiquité chrétienne et au Moyen Age [76].

75. Voici l'énumération, sous la forme de titres de chapitres, tels qu'ils se suivent au cours du traité, des nombreux points de la vie religieuse et morale du moine, auxquels le compilateur s'est plu à toucher : « De superbia, de humilitate, de invidia, de caritate, de crudelitate, de mansuetudine, de ambicione, contra ambicionem, de paciencia, de impaciencia, de vicio gule, de abstinencia, de inobediencia, de virtute oracionis, de reverencia oracionis, de compunctione, de confessione, de impenitencia, de penitencia, de luxuria, de pudicicia, de cavenda mulierum visione, de pugna contra temptamenta, de silencio, de potencia lacrimarum, de flagellis domini, de ardore fidei, de diversis generibus martyrum, de observancia sacrorum dierum, de dignitate monachorum, de dignitate ordinis cisterciensis, quantum valeat oracio vel elemosyna pro defunctis, de pena animarum, de perseverancia, de ypocrisi, de vana gloria, de cupiditate, de symonia, de sodomitico vicio, quam grave sit res pauperum non pauperibus erogare, quod aliene res invente non debent retineri, de proprietate, de amore paupertatis, de transgressione voti, de gravitate, de disciplina, de veneracione virginis matris, de studio litterarum, cum quanta reverencia audiendum sit verbum Dei, de reverencia circa quelibet sacramenta, de officio prelatorum, de dignitate clericorum, de elemosina, de virtute nominis Christi, de contemptu, de zelo justicie, quam graviter solet Deus in hostes suos vindicare, quantus sit amor Xristi in suos, de virtute sanctorum, de virtute sancte crucis, de corpore Xristi, de discrecione, de accidia, de memoria mortis, de metu mortis, de timore domini, ne quis servum judicet alienum, de quiete, de curiositate, de vicio lingue, de humilitate, de virtute oracionis, de astucia diaboli » (les trois derniers titres ne se trouvent pas dans la table des matières).

76. Ce sont : les écrits de saint Jérôme, de saint Ambroise (*Tractatus de obitu Valentiniani junioris*), de saint Augustin, d'Eusèbe (*Historia ecclesiastica*), de Sulpice Sévère, de Cassiodore (*Historia tripartita*), de Grégoire le Grand (*Dialogues*), les *Vitæ Patrum*, pour l'antiquité chrétienne; ceux du vénér. Bède (*De ecclesiastica historia An*

Ses préférences vont spécialement au type de l'*exemplum* dévot et hagiographique extrait des *Vitæ Patrum* (deux cent soixante-dix *exempla*), des dialogues de Grégoire le Grand (quarante-cinq *exempla*), des vies de saints, des recueils des miracles eucharistiques et de Notre-Dame et représenté pour les deux tiers dans la compilation. Les deux autres types qui y figurent pour un tiers sont l'*exemplum* historique et le récit d'apparitions destinés également dans l'intention de l'auteur à l'édification de ses confrères.

Il ne semble pas que ce vaste recueil ait exercé quelque influence sur les compilateurs postérieurs. S'il en a eu une, elle s'est tout au plus limitée aux milieux cisterciens, où il a vu le jour.

10. **Le Recueil du Ms. 1019 de la Bibliothèque Municipale d'Arras** [77].

Ce curieux petit recueil, qui dans le manuscrit fait suite à deux autres fragments de recueils, dont l'un extrait du traité d'Etienne de Bourbon et l'autre des *Sermones vulgares et communes* de Jacques de Vitry, a pour auteur un membre de l'ordre des Sachets ou des Frères de la Pénitence.

Ceux-ci sont en effet mentionnés au cours du texte comme étant de son ordre *nostri, nostri ordinis, de nostro ordine* [78].

Lui-même a dû être originaire du Sud-Est de la France ou

glorum), d'Eudes de Cluny, de Hugues de Cluny, de Pierre le Vénérable, de saint Anselme, de P. Damien, de Guillaume de Malmesbury, de Geoffroi d'Auxerre, de maître Richard (*De excepcionibus*), de Pierre le Chantre (23 *ex.*), de Herbert de Torrès, de Conrad d'Eberbach, de Césaire de Heisterbach, de Martin le Polonais (*De pontificali historia*), la vision de Dagobert, le Pseudo-Turpin, les miracles de N.-D. de Rocamadour (f. 44vb), les miracles de N.-D. (11 *ex.*, ff. 82rb-85va), les miracles eucharistiques (25 *ex.*, ff. 109vb-123va), les vies de saints (sainte Blandine, saint Cyprien, saint Basile, saint Séverin, saint Alban, saint Oswald, sainte Asella, saint Anselme, saint Bernard, saint Malachie, saint Hugues), les chroniques, le *Liber defloracionum* (qui n'est pas celui de l'abbé Werner de Saint-Blaise (+ 1125) (Migne, P. L., t. CLVII, col. 727-1256), mais probablement quelque recueil d'*exempla* anonyme), pour le Moyen Age. Les *exempla* non précédés de leur source, portent en tête cette indication : « Syne titulo. »

77. V. notre édition dans les *Etudes franciscaines,* t. XXX (1913), p. 646-665; t. XXXI (1914), pp. 194-213, 312-320.

78. V. édit. n°s 21, 34, 144.

du moins y exercer son apostolat, car beaucoup de récits ont pour théâtre des localités de cette région [79].

Il est fort vraisemblable que c'est dans une de ces localités qu'il a composé le recueil.

Il est cependant difficile d'affirmer à quel moment précis cette composition a eu lieu. On sait que l'ordre des Sachets fondé par Hugues de Dignes, au château d'Hyères « castrum Arearum ubi Saccati sumpserunt inicium » [80] et approuvé par Innocent IV en 1251, a été supprimé par une décision du concile de Lyon [81].

Il a dû néanmoins prolonger son existence jusque vers la fin du siècle, puisque nous voyons encore en 1293 les Sachets procéder à la liquidation de leur maison à Paris [82], et les Frères-Prêcheurs de Lucques vendre le couvent des Frères de la Pénitence dans cette ville en 1295 [83].

C'est donc entre ces deux dates extrêmes, 1251 et 1295, qu'il y a lieu de placer la date de composition du recueil.

Le texte, qui a survenu dans plusieurs copies manuscrites plus ou moins éloignées de l'original, dont celle d'Arras, la plus complète et la plus correcte, comprend dans sa teneur actuelle deux cent cinquante-deux *exempla*, classés sous cent vingt-six rubriques. Il est probable que dans l'original, il a été précédé d'un prologue explicatif, où le compilateur a exposé son but et son plan. Tel qu'il subsiste, il est divisé en deux parties inégales, mais nettement distinctes. L'une avec vingt-quatre *exempla* a pour but d'exalter la gloire du Christ et de la Vierge Marie, l'autre comprenant deux cent vingt-huit *exempla*, se propose d'engager le fidèle à la pratique des vertus chrétiennes et à la fuite du vice.

79. A savoir : l'abbaye de Bonnevaux (144), Brignoles (230), l'abbaye de Celles (142), Draguignan (88), Forcalquier (205), Hyères (225), Marseille (21, 226), Montpellier (109, 207, 212, 223), Maguelonne (223), Manosque (205), Orange (177, 203), l'abbaye de Saint-Gilles (218), Nîmes (179), Tarascon (196), Toulon (143, 214).

80. V. Chronique de F. SALIMBENE, *Mon. Ger. H. SS.*, t. XXIII, p. 294.

81. V. *Registres de Nicolas IV*, édit. E. LANGLOIS (Paris, 1891), p. 49, n° 278.

82. V. LE NAIN DE TILLEMONT, *Vie de saint Louis*, édit. J. de Gaule, Soc. de l'Hist. de France (Paris, 1849), t. V, p. 301-302.

83. V. *Registres de Boniface VIII*, édit. Digard (Paris, 1884), p. 41, n° 101.

C'est dans la seconde partie, qu'il présente un réel intérêt, car c'est là que notre compilateur, comme tout prédicateur populaire, s'érige en moraliste sévère et s'attaque aux vices, défauts et travers des diverses catégories sociales, tant ecclésiastiques que laïques.

Il s'en prend donc volontiers aux prélats négligents, avares, incapables, aux clercs et religieux tièdes dans l'accomplissement de leurs obligations. Il critique aprement les méfaits des prévots, des juges, des avocats, des usuriers, des oppresseurs des pauvres, des riches avares, des légataires infidèles, des bouchers et voleurs. Il met tous en garde contre l'avarice, la luxure, l'hypocrisie, la fourberie, la colère, l'ingratitude, la présomption, la vanité, la flatterie, l'orgueil, l'impatience, la croyance aux présages et les superstitions diverses.

La famille elle-même n'échappe pas au regard scrutateur du moraliste, qui voudrait y voir plus d'harmonie et plus de fidélité entre époux. La femme surtout semble être l'objet de ses récriminations. Il recommande de fuir sa société et montre dans une série de récits comment, par sa façon d'agir, par l'appât même de ses défauts, elle cherche à circonvenir l'homme.

D'autre part, il cherche également à pénétrer l'homme de ses obligations religieuses et à lui recommander la résistance dans les tentations, la pureté, l'humilité, l'esprit de pénitence et de charité, le support de l'infortune et des maladies, et la persévérance dans le bien.

L'*exemplum* qui lui sert d'exposé à ce vaste programme réformateur, se déroule selon les procédés ordinaires de développement et se termine généralement par une citation biblique. Il est représenté par plusieurs types, notamment par l'*exemplum* biblique (18), le récit dévot (35), la fable (23), l'*exemplum* moralité, le récit d'apparitions et surtout l'*exemplum* personnel, dont il y a une soixantaine. Les sources sont à la fois les écrits sacrés et profanes du passé et présent [84], ainsi que l'expérience personnelle du compilateur (*vidi, audivi*).

84. Ce sont : la Bible, l'évangile de l'enfance, les *Vitæ Patrum*, les

Les récits originaux mis à part, le recueil de notre frère Sachet ne fait somme toute que répèter brièvement ce que les compilations d'un Jacques de Vitry et d'un Etienne de Bourbon nous avaient déjà dit plus longuement sur la vie et les mœurs de leur temps. Il faut néanmoins reconnaître que notre compilateur a su faire un choix judicieux parmi les récits qu'il a empruntés et que son esprit d'observation lui a permis d'en ajouter d'autres, qui non seulement nous font connaître des traits et des côtés nouveaux de personnages connus par ailleurs, mais encore nous initient à des coutumes locales du Midi de la France, disparues aujourd'hui [85].

Si le recueil n'a pas déteint sur les compilations postérieures, il a dû jouir néanmoins d'une certaine vogue en dehors de la France comme en Suisse, en Allemagne et en Autriche où il subsiste encore sous forme de copie manuscrite fragmentaire au milieu d'autres productions de la chaire chrétienne [86].

dialogues de Grégoire le Grand, le roman de Barlaam et Josaphat, les vies de saints (sainte Perpétue, saint Ambroise, saint Martin, saint Fursy, saint Guillaume, saint Bernard, saint Hugues de Bonnevaux (+ 1194), les miracles de Notre-Dame, les *Antique historie*, les *Libri naturales*, le Roman du Renard, le *De proprietatibus rerum* de Barthélemy l'Anglais, et plus spécialement des compilations d'*exempla* comme celles de Césaire de Heisterbach (8 *ex.*), d'Eudes de Cheriton (16 *ex.*), de J. de Vitry (80 *ex.*), d'Etienne de Bourbon (71 *ex.*).

85. V. édit. n°s 36 : le combat des aveugles et des taureaux à la cour du marquis de Montferrat; n° 88 : l'emploi de charmes superstitieux dans les épidémies, etc.

86. Il subsiste en effet en Suisse à la Stiftsbibl. d'Engelberg, ms. 161 ff. 33-72 (XIVe s.); en Allemagne, à la Bibl. Royale de Munich, ms. 23378 ff. 133-157vb (XIVe s.); en Autriche, à la Stiftsbibl. de Zwettl, ms. 333 ff. 220va-243vb (XIVe s.), ce dernier avec cet *incipit :* « Ad honorem Dei et be Virginis et saltem pariter animarum nostrarum et ad consolacionem venerabilis patris nostri fratris G. Incipiunt familiaria exempla que discretus et bonus lector et relator referat (*sic*) locis, personis et temporibus oportunis. »

11. Le Recueil du Ms. 1400 de la Bibliothèque Municipale de Reims [87].

Ce recueil, fait d'extraits d'autres compilations, a pour auteur un moine cistercien français vivant dans la seconde moitié du XIIIe siècle. Le compilateur, en effet, prend soin de se signaler lui-même comme membre faisant partie de la famille cistercienne dans le texte qui, sous forme de prière, termine les récits des miracles de Notre-Dame [88].

Il exalte par ailleurs l'ordre cistercien le plus redouté parmi tous les ordres par le diable [89].

Il fait en outre entrer dans le recueil de nombreux récits tirés de la vie de saint Bernard, le plus illustre des cisterciens et exploite dans une large mesure les écrits des conteurs pieux de l'ordre [90].

Certains *exempla,* localisés dans l'Est de la France, semblent indiquer que c'est dans quelque monastère situé dans cette région qu'il a composé le recueil [91].

Quant à la date de composition du recueil, elle nous est approximativement fournie par les récits extraits du traité d'Etienne de Bourbon (+ 1261) [92] et par l'âge du manuscrit, qui est de la fin du XIIIe siècle. C'est donc, largement parlant,

87. V. pour la description détaillée du recueil qui occupe dans le ms. 1400 les ff. 1ra-138 (XIIIe s.), le *Catalogue général des mss. des Bibliothèques publiques de France,* Reims, t. II.I, p. 553-569.

88. On lit notamment, f. 33vb : « O lector quicumque in hoc libro legeris suppliciter deprecor ut pro me peccatore apud ipsam digneris intercedere et post finem lectionis si placet Ave Marie dicere ut que in camera sua scil. in ordine cisterciensi nos agregare dignata est, in celo sub pallio suo dignetur collocare. »

89. V. f. 3vb : Quidam demoniacus cum a quodam abbate sancto inquireretur de omnibus ordinibus qui illi amplius displiceret, respondit quod ordo cisterciensis.

90. V. f. 1, f. 2rb, ff. 49-57, 57-74vb.

91. Ces récits sont localisés à Vendeuvre (f. 1ra), à Langres (f. 2ra), à Sermaise (f. 3ra, f. 134r), à Vitry-le-François (f. 3ra), à Verdun (f. 10ra), à l'abbaye d'Igny (Aisne) (f. 10rb), à l'abbaye de Longpont (Aisne) (f. 10vb).

92. V. entre autres, celui relatif à la mort d'un usurier à Dijon (*B. V.*, ms. lat. 15970, n° 246 (53) f. 177va), ms. f. 1rb, ou encore celui concernant un trait de charité de Jean de Montmirail, mort moine cistercien à l'abbaye de Longpont (+ 1217) (*ibid.,* n° 762 (156) (f. 241va), ms. f. 10vb).

au dernier tiers de ce siècle que le recueil a été composé.

Le compilateur ne semble pas avoir eu un plan suivi dans la compilation de son recueil fait de pièces et de morceaux. Il s'est en général contenté de piller les recueils d'*exempla* existants et traités divers, au fur et à mesure qu'ils s'offraient à lui et de nous présenter une enfilade d'environ neuf cents historiettes et traits inégalement distribués [93].

Cette vaste matière anecdotique embrasse tous les types d'*exempla,* même l'*exemplum* personnel [94]. Le type cependant le plus représenté est le récit dévot, qui y est pour la bonne moitié. Puis viennent par ordre d'importance le récit hagiographique, le récit d'apparitions, l'*exemplum* historique, le récit moral et l'*exemplum* moralité. Quels que soient cependant ces *exempla* empruntés, le compilateur s'est contenté de les transcrire littéralement et de les mettre

93. Cette distribution est faite de la manière suivante dans le ms. Ainsi, f. 1-12ra : ce sont des récits moraux et pieux extraits d'Helinand, de Jacques de Vitry, de Césaire de Heisterbach, d'Etienne de Bourbon, de Thomas de Cantimpré, de Cassien, de la vie de Jean de Montmirail et exceptionnellement de sa propre expérience (130 *exempla*); ff. 12va-14rb ; suivent des récits de la vie de la Sainte Vierge, tirés des apocryphes (20 *ex.*); ff. 14rb-33vb : une série de miracles de Notre-Dame en trois livres « ex mariali magno » (v. *Speculum historiale*) de Vincent de Beauvais (72 *ex.*); ff. 34ra-43vb : des *exempla* tirés des sermons et de l'*Historia orientalis* de Jacques de Vitry commençant tous par « Item » et terminant par une moralisation, évidemment copiés d'après le ms. lat. 13472 ff. 1ra-32ra (XIIIe s.) de la *B. N.* de Paris (225 *ex.*); ff. 44ra-46va : des récits extraits de la vie de Marie Madeleine et de saint Alban (4 *ex.*); ff. 46va-48vb : des fables d'Esope empruntées au IVe livre du *Speculum Historiale* de Vincent de Beauvais, plus deux récits tirés de la vie de Grégoire le Grand (49 *ex.*); ff. 49ra-57va : sont intercalés les *Gesta* de saint Bernard par Philippe de l'Aumône et par Geoffroi de Clairvaux; ff. 57ra-74vb : des récits tirés des *Libri de miraculis* d'Herbert de Torrès (68 récits); ff. 74vb-76vb : des *exempla* moraux (13 *ex.*); ff. 76vb-78rb : relation de l'Assomption de la Vierge, des *exempla* et des miracles de Notre-Dame (12 *ex.*); ff. 78va-132vb : *exempla* extraits de *Vitæ Patrum,* saint Jérôme, Rufin, Heraclides (*Paradisus*), de Sulpice Sévère, de Jean Cassien (314 *ex.*); f. 132vb : un miracle relatif aux « tituli » des châsses de saint Martin et de saint Germain d'Auxerre; ff. 131r-134r : 6 *exempla* moraux d'une autre écriture.

94. Ce type est en effet représenté par quelques rares *exempla;* v. p. ex. : ms. f. 3ra : l'aventure du paysan Warembert de Sermaise s'en allant à Vitry-le-François; f. 10ra : la manière d'agir d'une recluse à Verdun; f. 10rb : la dévotion d'un moine de l'abbaye d'Igny à saint Michel, etc.

bout à bout, sans jamais y ajouter une réflexion personnelle. Aussi, en raison même de l'absence de tout plan de composition et pour ainsi dire de toute originalité, le recueil ne pouvait être destiné tout au plus comme manuel de secours aux prédicateurs que dans le milieu où il a été compilé, c'est-à-dire dans l'un ou l'autre des monastères cisterciens.

XIVe SIÈCLE

12. **Le Doctorum Doctorale du Ms. 860 (n. a. lat.) de la B. N. de Paris** [95].

Le *Doctorum Doctorale* forme une petite compilation d'environ trois cent soixante-treize *exempla* et traits divers présentés dans le cadre de la théologie apologétique.

L'auteur est sans doute un dominicain, si l'on tient compte de la place et de l'importance données, au cours du texte, aux faits et gestes du fondateur de l'ordre saint Dominique et de ses disciples [96].

Certains faits localisés en Angleterre font supposer qu'il était d'origine anglaise [97].

Pour ce qui est de la date de composition du recueil, il paraît certain que celui-ci n'a pu être compilé avant l'apparition du *Compendium Mirabilium* d'Arnold de Liège (v. *infra*), qui lui a fourni plusieurs récits et comparaisons, dont l'une même avec le nom Arnoldus (f. 135r). Or le *Compendium* a été compilé entre 1308 et 1310. D'autre part, il y est également fait mention du roi de France Louis X (1314-1316) à propos d'un *exemplum* prodige [98].

95. V. pour la description du ms. : Narducci, *Catalogo di manoscritti ora posseduti da Da Baldassare Boncompagni* (Roma, 1862), et la nouvelle édit. de 1892; la notice de M. Omont dans la *Bibl. de l'Ecole des chartes*, t. LVI (1905), p. 269-276; pour le texte, le ms. n. a. lat. 860 ff. 1-292v (XIVe s.) de la *B. N.*

96. V. ms. ff. 172-173, 226, 281, 289, d'après les *Vitæ FF. PP.* de Géraud de Frachet.

97. V. ms. ff. 36v, 38v, 39, 159, 180, 183, 226.

98. V. ms. f. 77v : « Etate nostra allatum est animal regi Francie Ludowiro capite canino, cetera vero membra corporis habens ut homo.

C'est donc entre les années 1310 et 1316 (année de la mort de ce roi), que le recueil a été composé.

Ce dernier a été conçu et exécuté d'après un plan suivi, comme l'indique la division du texte en sept livres [99].

L'auteur, en effet, a adopté comme cadre pour les *exempla* celui que lui offrait l'apologétique chrétienne du temps. Et dans ce but, il a commencé son exposé par une esquisse de l'histoire des religions, où la religion chrétienne est présentée comme la seule vraie (Liv. I), et il a cherché à démontrer ensuite au cours du texte, que par voie de conséquence celle-ci est seule à même d'expliquer les phénomènes du monde extérieur, de détourner l'homme du vice et de l'amener à la pratique de la vertu grâce aux moyens de salut qu'elle tient à sa disposition (Liv. II-VII).

Pour développer son sujet, il a eu recours à la méthode traditionnelle qui était celle de la scolastique. Il a donc sérié les divers arguments (questions, réponses, objections), en les divisant et subdivisant selon leur ordre d'importance et les a expliqués à l'aide de définitions et de textes tirés de la Bible, des Pères et des écrivains profanes ou chrétiens et complétés en manière de preuves par de nombreux *exempla*, traits et descriptions.

Pour ce qui est de l'*exemplum*, il semble que le compilateur ait pris à tâche de le présenter sous les formes les plus

Erectus stabat et ut homo sedebat (f. 78r), coctis carnibus vescebatur et vinum libenter bibebat, cibum manibus capiebat et ori inferebat, puellis et feminis libentissime jungebatur; cumque pacatum erat hoc animal ut homo mitissime se gerebat; at vero furiis agitatum crudelissime movebatur et in homines seviebat. »

99. Il est fort probable que l'original devait renfermer un prologue explicatif pour nous renseigner sur la méthode et le plan de l'auteur. Dans l'unique copie manuscrite qui subsiste, il n'y a que le texte. Celui-ci, par endroits, plus ou moins correct, est divisé en sept livres, où il est successivement traité de la religion profane et chrétienne (ff. 1-52, Liv. I); de l'astronomie et de la météorologie (ff. 52-73, Liv. II); de l'homme et du règne animal (ff. 73-119, Liv. III); du règne végétal et minéral (ff. 119-138, Liv. IV); de la vie monastique, de l'Eglise et des sacrements (ff. 138-175, Liv. V); des vices (ff. 176-240, Liv. VI); des vertus (ff. 241-292v, Liv. VII). Chacun de ces livres comprend respectivement 12, 19, 92, 9, 8, 25 et 29 chapitres ou distinctions, qui se subdivisent à leur tour en paragraphes (v. *Catalogo*, cit., pour détails complémentaires).

simples, avec les formules d'introduction ordinaires, quitte à laisser au prédicateur le soin de le développer davantage. Son développement varie entre deux et dix lignes au plus. Il est parfois suivi d'une moralisation et encore celle-ci est de même provenance que l'*exemplum* lui-même, qui est généralement du type de l'*exemplum* moralité [99a], le plus représenté avec l'*exemplum* prodige parmi les types de récits, dont le recueil nous offre une variété étonnante. Ses sources directes sont relativement peu nombreuses. Ce sont, pour la description des phénomènes célestes et terrestres, des êtres vivants: quadrupèdes, volatiles, poissons, insectes (une centaine), des arbres exotiques (une soixantaine) et des pierres rares ou précieuses, le *Speculum Naturale* de Vincent de Beauvais et le *Compendium Mirabilium* d'Arnold de Liège (1re partie); et pour les récits proprement dits, le *Speculum Historiale* de ce même Vincent, le traité d'Etienne de Bourbon, les *Vitæ Fratrum Prædicatorum* de Géraud de Frachet, la *Tabula exemplorum* (130 récits, v. *infra*), l'*Alphabetum Narracionum* et le *Compendium Mirabilium* (2e partie) d'Arnold de Liège, par l'intermédiaire desquels les sources citées en marge du texte ne sont, à tout prendre, que celles déjà citées dans ces compilations [100].

Le *Doctorum Doctorale* ne semble pas avoir exercé une influence quelconque sur les compilations d'*exempla* postérieures, car nulle part on n'en trouve une trace quelconque.

99*a*. V. ms. ff. 9v-11r : la poule et les œufs, le pélican et ses petits, la mort du cerf comparée à celle du Christ, le phénix et ses cendres, le vol de l'aigle, la cigogne et ses petites.

100. Ce sont, pour l'antiquité profane : Platon, Aristote (le philosophe), Esope, Dioscorides, Mercure Trismégiste, Valère Maxime, Ovide, Sénèque, Suétone, Pline, Macrobe, Solin; pour l'antiquité sacrée : la Bible, Josèphe, saint Clément, Lactance, Palladius (*Vitæ Patrum*), Cassien (*Collaciones Patrum*), saint Jérôme, saint Basile, saint Augustin, Anastase, Boèce, Grégoire le Grand, Orose, le *Physiologus;* pour le Moyen Age : Isidore, Pierre Damien, Sigebert de Gembloux (*Gibertus*), Guillaume de Conches, Richard de Saint-Victor, Honorius d'Autun (*De imagine mundi*), Pierre le Mangeur, Eudes de Paris, Alexandre [Nequam] (*De natura rerum*), Jacques de Vitry, Etienne de Bourbon (*Stephanus*), *Ex gestis Lanfranci, Ex gestis b[1] Petri Tarentaciensis,* Humbert de Romans (*Umbertus*), Géraud de Frachet (*Vitæ Fratrum Prædicatorum*) (20 fois cité), Arnold de Liège (*Arnoldus*), Cronice.

Il ne reste pas moins un petit monument instructif qui témoigne de l'effort fait par un frère prêcheur pour condenser en un corps de doctrine. l'apologétique chrétienne « ad usum populi » sous la forme expressive des descriptions et des récits.

13. Le Recueil des Exempla Exquisita de diversis materiis du Ms. 138 de la Bibliothèque Cistercienne de Zwettl (Autriche [101].

Ce recueil curieux qui, par certains côtés, rappelle celui du frère Sachet précédemment étudié, embrasse une série de trois cent dix-sept *exempla*. Son compilateur est selon toute probabilité un frère prêcheur de nation germanique, dont la vie d'apostolat semble avoir eu pour théâtre l'Allemagne du Sud et l'Autriche. Plusieurs *exempla*, en effet, renferment des expressions et des phrases allemandes et relatent des détails de vie et des mœurs des Frères-Prêcheurs ainsi que certaines de leurs expériences religieuses, qu'un membre appartenant à l'ordre, a été seul à même de connaître [102].

Des frères prêcheurs y sont même expressément nommés [103].

Un certain nombre d'*exempla* sont localisés dans les villes et localités, où sans doute le compilateur a passé dans ses tournées de prédication [104].

Quant à la date de composition du recueil, elle nous est fournie du moins pour le *terminus a quo* par un récit où il

101. Il occupe, dans le ms. 138, les ff. 1-97v (XIVe s.) et porte le titre d'*Exempla exquisita de diversis materiis*. Sans prologue ni épilogue, il débute et se termine par des récits : f. 1r : « Quidam discipulus domini post assumpcionem Christi homines plus videre noluit... » ; f. 97v : « Quedam femina devota diu rogavit dominum ut ei secundum humanitatem appareret... dominus tecum der ist mein vater post hec puer evanuit. »

102. V. ms. ff. 17v, 18v, 19, 42v, 93, 84, 93v.

103. Ce sont : fr. Rudgerus de Enzersdorf (f. 19) ; fr. Lentivinus de Schönau (Chenawe) (f. 42v) ; fr. Arnoldus (f. 72) ; fr. Nycolaus ostiensis cardinalis (f. 83) ; fr. Wisicon (f. 83) ; fr. Jacobus (f. 95).

104. A savoir : à Mayence (f. 18, f. 73), à Lenau (f. 21v), à Mersebourg (f. 60), à Wurzbourg (f. 95v), à Erlangen (f. 95v), à Bâle (f. 94v), à Kremsmünster (f. 42v), à Vienne (f. 83), à Iglau en Bohême (f. 64v), à Luentz en Carinthie (f. 4v).

est fait mention de la légation de fr. Nicolas, cardinal évêque d'Ostie, à Vienne, l'année jubilaire 1300 [105]. Il s'agit de Nicolas Bocasinus de Tarvisio, que notre compilateur a pu personnellement connaître ou du moins voir à Vienne, cette année même. Et comme il est également mentionné dans le texte avec le titre de pape « post hoc papa » — il a été en effet élevé après la mort de Boniface VIII à la dignité de souverain pontife sous le nom de Benoît XI (22 oct. 1303-7 juil. 1304) — ce n'est donc qu'après cette dernière date qu'il y a lieu de placer la date de composition du recueil, c'est-à-dire au sens large du terme, au premier quart du XIVe siècle.

Pour ce qui est du texte lui-même, il faut avouer qu'il n'est pas présenté d'après un plan bien défini. Les récits comme les rubriques sous lesquelles ceux-ci sont placés, se suivent un peu au hasard, mais nous renseignent néanmoins sur l'objet de la prédication populaire des Dominicains à cette époque dans certains pays de langue germanique [106]. Ils sont en général normalement développés et puisés pour la plupart aux sources communes [107], par l'intermédiaire de

105. Ms. f. 83 : « Dominus Nycolaus hostiensis cardinalis et apostolice sedis legatus, post hoc papa anno domini M°CCC° fratribus predicatoribus in Wienna in octava b^i Martini chorum suum dedicavit et ipse de ordine fratrum fuit eorundem, ubi larga enim beneficia tam clericis quam laicis et omnibus penitentibus facta sunt amen. »

106. Les rubriques qui indiquent l'objet de cette prédication au cours du texte sont les suivantes : « De tabernariis, de judicibus, de executoribus, de oracione, de contricione, de penis inferni, de confessione, de devocione, de elemosina, de gaudiis eternis, de timore mortis, de virtute aque benedicte, de mulieribus que vadunt ad loca illicita, de malis viris, de superbia magnorum, de parcis hospitibus, de minoribus, de apostatis, de symoniacis, de infirmis, de animabus, de hiis qui odiunt cleros, de pecunia male aquisita, de hiis qui mercedem operariorum conservant, de modo inveniendi hereticos, de mendacibus, de malis mulieribus, de honestis mulieribus, de electione abbatum, de pythonicis, de custodibus, de griseis monachis, de minucione, de hiis qui fugiunt sermones, de malis procuratoribus. »

107. Les sources indiquées en tête même des *exempla* sont : la Bible, la *Passio domini,* les *Gesta Salvatoris,* les *Vitæ Patrum,* les *Acta Sanctorum,* le Roman de Barlaam et de Josaphat, le *Liber medicorum,* le *Liber apum* de Thomas de Cantimpré, les *Vitæ Fratrum Predicatorum* de Géraud de Frachet, le *Liber de naturis rerum* (« In naturis ») et les chroniques.

recueils d'*exempla* que le compilateur a probablement eus sous les yeux. Un certain nombre — une quarantaine environ — proviennent de l'auteur lui-même. Les types représentés dans le recueil sont le récit dévot (biblique et hagiographique), le récit d'apparitions, l'*exemplum* historique, l'*exemplum* moralité, l'*exemplum* fable [108] et surtout l'*exemplum* personnel.

Cependant, malgré cette variété de types et l'intérêt que présente l'*exemplum* personnel, fruit de l'expérience du compilateur, le recueil ne semble pas avoir eu une grande diffusion, si l'on en juge par la copie unique qui subsiste à notre connaissance dans la bibliothèque susnommée.

14. Le Recueil du Ms Additionnel 33956 du Musée Britannique [109].

Ce recueil compilé par un franciscain en partie en France, en partie en Angleterre au premier tiers du XIVe siècle, se compose d'un prologue, d'un ensemble de sept cent quatre-

108. V. ms. f. 70r : le bœuf et l'âne; f. 77v : les grenouilles qui demandent un roi; f. 82r : le lion, le renard et le loup.

109. V. Ward, *op. cit.*, t. II, p. 671-676 ; Herbert, *op. cit.*, t. III, p. 622-637; pour le texte, le ms. addit. 33956 ff. 2ra-90vb (XIVe s.), que nous avons édité. Le recueil commence, f. 2ra, par ce titre général (d'une écriture postérieure au texte) : *Incipit prima pars exemplorum in moralibus per narraciones*, etc. *Sequitur secunda pars exemplorum in moralibus naturalibus inferius prope finem*. Puis suit le prologue : « Incipit prohemium in exempla », et ensuite le texte : « De superbia et presumpcione et extollencia sui supra modum et humilitate et paciencia. Legitur in vitis Patrum... », se terminant, f. 90vb, par l'*explicit* suivant : « De relaxacione regularis discipline : dicitur quod post mortem b[i] Martini... ut semper viduate ecclesie defuncte superstite de ydoneo alio presule providerent. » Quod Broun. Il est suivi, f. 91ra, d'une table incomplète des matières : « De superbia et presumpcione... de diversis materiis diverse narraciones. Ce recueil est suivi, f. 92r, d'une autre compilation, qui commence par ces mots : « Terminata prima pars exemplorum in moralibus per narraciones et materias diversas sequitur secunda pars exemplorum in moralibus naturalibus et artificialibus secundum ordinem alphabeti prout in literis et vocalibus in concordanciis fieri solet et conscribi. » Ce n'est qu'une compilation à dispositif alphabétique, de citations et de traits tirés de la Bible, des Pères, des traités *De natura rerum*, commençant par la rubrique : *Abstinencia...*, et s'arrêtant à celle de *Mundus* » ; v., pour la description, Ingram (I. K.), *Proceedings of the Royal Irish Academy*, 2nd Ser., vol. II, 1879-88, p. 129-144.

vingt-un récits groupés sous quatre-vingts rubriques, ainsi que d'une table incomplète des matières.

Le compilateur est en effet un frère mineur qui paraît avoir successivement exercé son apostolat dans le Midi de la France (bassin de la Haute-Garonne) et en Angleterre. Tout ce qu'on peut savoir sur lui, d'après le contenu même du texte, c'est qu'il a dû appartenir au parti des Spirituels de cet ordre. Dans un des *exempla,* notamment, il se fait l'écho des accusations portées contre Boniface VIII (1294-1304), le grand adversaire des Spirituels et témoigne une hostilité ouverte à sa mémoire [110].

Par ailleurs, lors de son séjour dans le Midi de la France, il s'est trouvé en relation avec le cardinal Guillaume Testa et le légat Jean de Solières [111].

Ce qui atteste spécialement le caractère franciscain du recueil, ce sont les nombreux récits ayant trait à la vie privée comme à la vie d'apostolat des Frères-Mineurs [112]. La vie et les prodiges du fondateur de l'ordre saint François y sont particulièrement exaltés. Il n'y a pas moins de dix-huit *exempla* qui lui sont consacrés [113], alors que deux récits seulement se rapportent à la vie de saint Dominique [114].

En outre, deux autres grandes illustrations de l'ordre,

110. V. ms. n° 125 f. 14rb : « Fuit temporibus istis quidam romanus pontifex Bonifacius nomine, qui, ut refertur, intravit ut vulpes, regnavit ut leo et moriebatur ut canis, cum beneficia ecclesiastica a majori usque ad minimum vendebat, ut dicitur, symoniace, indignis et inter alia mala ad presens subdicenda, regulares pauperes opprimebat. Cujus cupiditas adeo in ejus visceribus ardescebat, ut vix posset ipsius animam tocius mundi machina, quanquam esset aurea, saciare. Cujus interitus ordinatus (texte : ordinate) divina justicia (va) ad instar canis rapidi fuit, prout a fidedignis audivi. Avari non implebuntur pecunia » (Eccles. V).

111. Ms. n° 775 f. 83vb.

112. Ms. n°s 216, 217 f. 23vb, 225, 226 f. 24vb, 255 f. 28rb, 277 f. 30va, 310 f. 34va, 313, 314, f. 35ra, 652 f. 69rb, 741 f. 83vb, etc.

113. V. spécialement ms. n° 206 f. 22vb : « De beato Francisco in sermone papam et cardinales usque ad lacrimas movente » ; n° 277 f. 30va : « De b° Francisco in sermone in villa Veneciarum super omnes sanctos exaltato. »

114. Ms. n°s 203 f. 22va, 350 f. 38vb.

saint Antoine de Padoue et sainte Claire y figurent l'un pour trois [115], l'autre pour deux récits [116].

Quant à la date de composition ou plutôt à celle de l'achèvement du recueil, on est réduit à s'en tenir à la mention faite dans un récit placé vers la fin d'un miracle eucharistique, qui a eu lieu à Caussens, dans l'Agenais, et qui a été rapporté au compilateur par le cardinal Guillaume Testa, de Condom, et confirmé à lui par Jean de Solières, « capellano domini pape... qui fuit ter nuncius pape in Hispania ». Or Guillaume Testa a été cardinal de 1312 à 1326 (année de sa mort) et Jean de Solières a rempli pour la dernière fois les fonctions de légat sous le pontificat de Clément V (1305-1314), en Espagne, en 1313 [117]. Ce n'est donc pas avant 1312-1313 que le miracle a pu avoir lieu. D'autre part, l'épithète de « bone memorie » n'est pas accolée au nom du cardinal, ce qui semble signifier qu'il vivait encore au moment de l'achèvement du recueil. Donc la date de l'achèvement du recueil peut être placée entre les années 1313 et 1326.

Quant au pays même, où le recueil a été compilé, du moins dans sa forme actuelle — nous n'avons affaire ici qu'à une copie dont l'original a été perdu — il semble

115. Ms. n°s 249 f. 27va, 409 f. 46ra, 675 f. 73rb.

116. Ms. n°s 228 f. 25rb, 380 f. 42rb.

117. Le compilateur termine de la façon suivante le récit de ce miracle, où les deux personnages en question sont signalés; ms. n° 775 f. 88vb : « Hanc narracionem audivi ab ore domini mei cardinalis de Condomio scilicet domini Willelmi de Testa, qui ut cercior essem de facto et circumstanciis, precepit michi ut super hoc inquirerem a magistro Johanne de Soleriis capellano domini pape, viro utique fidedigno, qui ter fuit nuncius domini pape in Hispania et in locis aliis quam plurimis, qui michi hoc seriose retulit, asserens se tunc temporis fuisse cum predicto episcopo et omnia se hec vidisse et clavem cophini in quo reposite erant predicte hostie se portasse. » D'après le *Catalogue of papal Registers, papal letters* (v. édit. W. H. Bliss) (London, 1895), t. II, p. 118, Jean de Solières a été chanoine d'Hereford depuis 1309 et bénéficiaire de l'église d'York (*ibid.*, p. 66, 82, 89, 134-135). Quant à Guillaume Testa, il semble avoir partagé son temps entre l'Angleterre et le Midi de la France. Nous le voyons en effet chargé de diverses missions, soit en France, soit en Angleterre, d'où il est rappelé pour résider définitivement à la cour pontificale d'Avignon, sous Jean XXII (1316-1334) (v. *ibid.*, pp. 31, 33, 48, 54, 58-60, 64-67, 69, 71, 72, 75, 77, 78, 90, 92, 93, 95, 107, 117 et 443).

certain que c'est en Angleterre que la rédaction définitive a eu lieu (v. *infra*), encore que le compilateur se soit servi d'un autre recueil qui circulait dans le Midi de la France ou de ses souvenirs personnels.

Le recueil se compose d'un prologue explicatif et du texte.

Le prologue, comme celui d'autres compilations contemporaines, fournit brièvement quelques éclaircissements sur le but, les sources et le dispositif adopté pour les *exempla,* ainsi que sur la manière de s'en servir [118].

Le texte, qui est pour ainsi dire exclusivement composé d'*exempla,* est divisé en deux parties inégales, dont l'une forme le fond même du recueil et l'autre une sorte de supplément.

Dans la première partie (ff. 1-81va), qui embrasse sept cent vingt-trois récits, le compilateur, en se conformant au

118. En raison de son importance le voici dans toute sa teneur, ms. f. 2ra : « Incipit prohemium in exempla. Quoniam exempla secundum Gregorium melius movent quam verba et cordibus auditorum profundius imprimuntur, experimentalisque quam specularis cercior est sciencia, ut philosophus ait, nam ex multis particularibus sciencia generatur; signa quoque viatores dirigunt ut absque errore veritatis incedant, presertim cum Christus ad turbam docens, ut suam doctrinam manduceret, facilius parabolis uteretur. Imitatus illum cujus secundum apostolum vestigia sequi debemus, ex multis et diversis voluminibus collegi exempla et ea que certa relacione cognovi non de verbo ad verbum interdum decursum prosequens ystorie, sed sensum summatim sub verborum compendio ad propositam materiam retorquendo, ut et proponere volentes in publico verbum Dei promcius referenda inveniant, referendoque cum devocione et efficaci virtute auditores aliquos feriant timoris malleo, alios autem alliciant amoris incendio secundum materiam exemplorum ad detestanda que deserenda (texte deseranda) sunt atque cunctos ad agendos dignos fructus penitencie. Ut autem occurrat facilius opertuna materia exemplorum, ad certos titulos deliberavi reducere, ut manifeste patere poterit perlegenti et si aliquando in diversis titulis multas materias exemplorum confuse perlegendo quispiam repererit, ad debitas concordias titulorum prudens lector reducat. Et quoniam inicium peccati fuit superbia et in ipsa sumpsit originale principium hominis perdicio, a superbia sumat exordium hec exemplorum collectio ac per audita sciant declinare gentes tumorem odibilis superbie, que ad yma confusionis captivitatisque babilonice dejicit elatum et per vallem humilitatis acceptabilis et itinera tuciora incedere ut ad alta sedilia superne civitatis Jerusalem valeant a captivitate liberati feliciter sublimari. Amen. »

programme d'apostolat des Mineurs a cherché à retracer les obligations morales (vices et défauts à éviter, vertus à pratiquer) et religieuses (observation des préceptes divins), qui incombent au vrai chrétien. C'est ainsi qu'il traite successivement de l'orgueil, de la présomption, de la discorde, de la cupidité, de l'envie, de la colère, de la vengeance, du mépris, du parjure, de l'ivrognerie, de l'adultère, des péchés de la chair, du vol, de la cruauté, de la vaine gloire, etc.; puis de la concorde, de la patience, de l'humilité, de l'obéissance, de la patience, du mépris des richesses, du renoncement au monde; ensuite de la fréquentation des sacrements, surtout de ceux de la pénitence et de l'eucharistie et enfin de la pratique des bonnes œuvres, à savoir de l'hospitalité, de l'aumône, de la visite des infirmes, des pélerinages (les croisades n'y figurent plus) et de certains cultes comme ceux du Crucifié et de Notre-Dame, des anges, des saints et des âmes du purgatoire, bref de tout ce qui est indispensable au vrai croyant pour mériter la miséricorde divine.

Dans la seconde partie (ff. 81va-90vb), qui porte le titre de *De diversis materiis narraciones diverse* et qui ne comprend que cinquante-huit *exempla,* il n'a fait que compléter la première par des récits localisés pour la plupart en Angleterre et ayant trait aux sujets les plus divers.

Comme cadre des *exempla,* notre frère mineur a choisi le plus commode, qui est celui des rubriques à dispositif non alphabétique. C'est donc sous quatre-vingt rubriques qui se suivent un peu au hasard qu'il a classé ses récits en nombre variable d'un à vingt-deux par rubrique. Il ne s'embarrasse pas de longues explications pour définir et diviser la rubrique. Après une brève indication du sujet à traiter il propose l'*exemplum* selon les formules ordinaires d'introduction. Dans bien des cas, il commence le récit par l'indication de la source de ce qu'il rapporte (*audivi referri, referro quod audivi, audivi fidedignis*). Dans le développement de l'*exemplum* emprunté, il semble prendre certaines libertés, comme il l'annonce du reste dans le prologue « non de verbo ad verbum interdum decursum prosequens ystorie, sed sensum summatim sub verborum compendio ad propositam materiam retorquendo », cherchant avant tout à l'adapter au sujet indiqué par la rubrique.

Quant à ses sources, il les a énoncées dans le prologue en des termes généraux que voici : « Ex multis et diversis voluminibus collegi exempla et ea que certa relacione cognovi. » A regarder cependant de près, il est aisé de constater que ces « multa et diversa volumina » se réduisent pratiquement à la Légende dorée ou à quelque légendier et à un certain nombre de recueils d'*exempla,* comme ceux d'Etienne de Bourbon, de Jacques de Vitry, du ms. Royal 7 D. I. du Musée Britannique (v. *ut supra*), du *Speculum Laicorum* (v. *infra*), et des miracles de Notre-Dame [119].

119. Voici l'énumération des écrits et des écrivains cités comme sources dans le recueil. Ce sont, pour l'antiquité profane : Aristote, Cicéron (*Tusculanes*), Valère Maxime, Solin, Pline, Sénèque (*De clemencia principis, De beneficiis, De constancia, De tranquillitate animi*), Aulu-Gèle, *Historia Alexandri, In gestis antiquis, In gestis Romanorum;* pour l'antiquité sacrée : la Bible, Félix (*Dialogue*), Eusèbe (*Historia ecclesiastica*), la *Vita Martyrum,* saint Augustin (*Vita, De confessione, De civitate Dei, In libro de cura pro mortuis, Sermones*), saint Jérôme, saint Grégoire de Naziance, les *Vitæ Patrum* (*Paradisus* 136 fois cité), Cassien (*Collaciones Patrum*), saint Grégoire le Grand (*Vie, Dialogues*), Cassiodore (*Tripartita Historia, In libro de institucione scripturarum*), Sulpice Sévère (*Dialogues*), Boèce; pour le Moyen Age : les vies de saints, provenant en partie de la Légende dorée de Jacques de Voragine (saint Michel, saint Jean Baptiste, saint Jacques le majeur, saint Jacques le mineur, saint André, saint Thomas, saints Simon et Jude, saint Paul, sainte Madeleine, saint Ignace, saint Laurent, saint Cyprien, saint Carpophore, saint Maurice, saints Cosme et Damien, sainte Lucie, saint Julien, saint Maximin, saint Séverin, saints Prote et Hyacinthe, saint Alexis, sainte Marguerite, sainte Agnès, sainte Cécile, sainte Catherine, saint Fronton, saint Martial, saint Silvestre, saint Nicolas, saint Benoît, saint Jean l'aumônier, saint Ambroise, saint Basile, saint Jérôme, saint Grégoire de Naziance, saint Donat, saint Bat, saint Martin, saint Robert, saint Germain, saint Rémi, saint Léon, saint Kentigern, saint Odilon de Cluny, saint Bernard, saint Thomas Becket, sainte Brigitte, saint François, saint Dominique, saint Antoine, sainte Claire, saint Edmond de Cantorbéry), saint Jean Damascène (*Barlaam et Josaphat*), Bède (*In Gestis Anglorum*), le Pseudo-Turpin (*Legenda Caroli Magni*), Algazel, Pierre Damien, Pierre Alfonse, saint Anselme (*Liber de similitudinibus*), Hugues de Cluny, Pierre de Cluny (le vénérable), Jean de Salisbury (*Policraticus*), Walter Map (*De nugis curialium*), Jean Beleth, Alexandre Nequam (*De naturis rerum*), Hélinand, Guillaume de Paris (d'Auvergne, *Tractatus de universo*), Jacques de Vitry, Vin-

En ce qui concerne les *exempla* « que certa relacione cognovi », ce sont ceux qui proviennent du compilateur lui-même, soit qu'ils se rapportent à des événements ou des faits localisés en France, en Angleterre ou ailleurs, soit qu'ils aient trait à des Mineurs ou à d'autres personnages connus ou inconnus [120].

cent de Beauvais, Etienne de Bourbon, ces derniers non cités, mais cependant fortement mis à contribution, le *Liber de animalibus*, les miracles de Notre-Dame (68 récits), le recueil du ms. Royal 7. D. I. ou plutôt un ancêtre de celui-ci représenté par une copie plus correcte, le *Speculum Laicorum*, un recueil anonyme qui a également servi de source à la *Chronica XXIV generalium ordinis minorum.*

120. Nombre d'*exempla*, en effet, ont pour théâtre des localités ou des régions de la France, comme : Port-Sainte-Marie près d'Agen (n° 36 f. 5ra), Condom (41 f. 5va), Lectoure (42 f. 5va), Clermont-Ferrand (44 f. 5va), Pamiers, Limoges, Foix (91 f. 10ra), Agen (96 f. 10va, 170 f. 19ra, 250 f. 27va, 300 f. 33rb, 775 f. 88rb), Paris (101 f. 11rb, 218 f. 24ra, 313 f. 35ra, 660 f. 71va), Cahors (122 f. 14ra, 216 f. 23vb, 250 f. 27va, 254 f. 28ra), Périgueux (124 f. 14rb), Auch (126 f. 14va, 254 f. 28ra, 782 f. 90rb), Toulouse (130 f. 15ra, 721 f. 80rb), Muret (220 f. 24rb, 319 f. 35vb), Pujols près de Villeneuve-sur-Lot (224 f. 24vb), Bordeaux (237 f. 26ra), Sos près de Nérac (247 f. 27ra), Bourges (251 f. 27va, 717 f. 79rb), Lectoure (298 f. 33ra), Boisville (299 f. 33rb), Tarbes (320 f. 35vb, 321 f. 35vb, 627 f. 45ra), Castres (382 f. 42va), Marseille (685 f. 74va), Anfreville-sur-Iton (718 f. 79rb), Verdelais (Gironde) (752 f. 84rb, Herbers (753 f. 85ra), la Picardie (215 f. 23vb), la France (218 f. 24ra), l'Aquitaine (387 f. 43ra), l'Auvergne (753 f. 85ra) ; de l'Angleterre, comme : Londres (716 f. 79rb), Faversham (726 f. 81rb), Lincoln (727, 728 f. 82ra, 731 f. 82va., Norwich (729 f. 82rb, 766 f. 86ra, 768 f. 86va, 770 f. 80vb), Lynn (730 f. 82rb), Derby (732 f. 82vb), Evesham (732 f. 82rb), Oxford (734 f. 82rb, 762 f. 85va), York (735 f. 83ra), Saint-Edmond-Bury (740 f. 83va), Greenwich (741 f. 83va), Winchester (744 f. 84ra), Cubberly (Gloucestershire) (744 f. 80ra), Bath (745 f. 84ra), Leicester (749 f. 84va), Beverley (750 f. 84va), Douvres (759 f. 85ra), Willmington (Kent) (759 f. 85va), Saint-Alban (763 f. 85vb), le comté d'Essex (754 f. 85ra), le Northumberland (756 f. 85rb) ; ou même des autres pays comme : l'Allemagne (219 f. 24ra), Liège « in Alemania » (195 f. 21vb), la Castille (255 f. 28rb), 674 f. 73ra) ; l'Italie : Venise (277 f. 30va), Pise (681 f. 74ra), Rome (671 f. 72vb, 677 f. 73ra), la Toscane (393 f. 43vb, 394 f. 143vb), la Campanie (297 f. 33ra), l'Apulie (748 f. 84ra), la Sicile (226 f. 25ra, 685 f. 74va). — Certains *exempla* se rapportent à des personnages de marque, comme à Alexandre Nequam (742 f. 83va), à Philippe Auguste (233 f. 25rb, 248 f. 27rb), à saint Edmond de Cantorbéry (769 f. 86va), au cardinal Robert de Courson (752 f. 84vb, 757 f. 85vb), à Guillaume de Donjeon, archevêque de Bourges (381 f. 42va), à Frédéric II (685 f. 74va), à Philippe de Grève (660 f. 71rb), à l'évêque Gérald ? (660 f. 71rb), à Boniface VIII (125 f. 14rb), au cardinal Guillaume Testa et à maître Jean de Solières (775 f. 88rb),

Ce sont aussi les plus intéressants, parce qu'ils relèvent du type de l'*exemplum* personnel. Et en cette qualité, ils nous font non seulement voir le talent exquis du narrateur, qui sait les orner de toutes sortes de détails d'agrément — du moins ceux qui proviennent directement de lui, — mais ils nous fournissent encore une foule de renseignements précieux sur la vie religieuse du passé. Et pour ce qui est des autres types, représentés tous dans le recueil, à l'exception de la fable et du conte, les récits pieux et hagiographiques y figurent pour un bon tiers, ce qui semble évidemment indiquer que le compilateur a fait intentionnellement une large place à ces types d'*exempla*.

Cependant malgré la variété des récits et les renseignements instructifs que renferme cette vaste compilation, il ne semble pas qu'elle ait influencé en quoi que ce soit des recueils et des sermonnaires postérieurs. Nous n'en avons trouvé trace nulle part. Il est vrai qu'elle ne subsiste elle-même que dans cette copie unique, qui, avant d'arriver au Musée Britannique, se trouvait à la bibliothèque de Derry, en Irlande, où elle a dû alimenter jadis la prédication franciscaine, dont elle nous donne du reste une idée assez nette en même temps que de l'état de l'instruction religieuse et morale des populations de ce pays.

15. **Le Liber ad Status du Ms. lat. 6368 de la B. N. de Paris** [121].

Le *Liber ad status* forme un petit recueil de cent quatre-vingt-sept *exempla*, compilé d'après ce qui ressort du texte même, par un religieux cistercien italien.

ou à des frères de l'ordre, comme fr. Ypofore (216 f. 23vb), fr. Angélique (313 f. 35ra), fr. Hugues (652 f. 69rb), fr. Bandellzinus Cubaud (728 f. 82ra), fr. Adam de Bethegore (741 f. 83va), ou même à des personnages inconnus comme : Helie Rudell (124 f. 14rb), Pierre Calery (228 f. 33ra), Raymond de Moreos (300 f. 33rb), Guillaume (319 f. 35rb), Jeanne de Chambrun, Guillaume Kokel, Jean Bover (723 f. 81rb), Maurice (729 f. 82vb), Guillaume Chansoner (753 f. 85ra), Robert Doye (759 f. 85va).

121. Ce recueil, qui occupe dans le ms. lat. 6368 de la *B. N.*, les ff. 103r-142r (XIVe s.) (écriture italienne), commence par ces mots : « Incipit liber sive opus ad status prelatorum clericorum religioso-

Un grand nombre de récits en effet sont consacrés à la vie monastique et parmi lesquels deux sont relatés comme provenant des entretiens spirituels de l'abbé du compilateur [122]. Lui-même mentionne les moines cisterciens comme ses confrères « ex nostris » [123] et semble avoir une certaine prédilection pour le grand cistercien Hélinand, dont il ne cite pas moins de onze fois des *exempla* et des traits personnels [124]. Il nous fait connaître aussi par l'*explicit* final son nom de famille et sa ville d'origine Bologne en ces termes : « Ego signore condam petroboni bentivegne de bononia hoc opus scripsi » [125].

Quant à la date de composition du recueil, elle nous est fournie par les noms de deux personnages contemporains cités au cours du texte. Il y a notamment deux *exempla,* dont l'un se rapporte à Bartholomé de la Scala, podestat de Vérone et à sa façon de châtier les traîtres et l'autre à Philippe V, roi de France et à sa manière de traiter les jongleurs [126].

rum et mulierum et ultimo ad statum omnium. Ut facilius occurrant ea que in subsequenti opusculo continentur... », et se termine par l'*explicit* suivant : « Ille rursus si apparens indicavit se fratrum oracionibus liberatum. Ad laudem et gloriam domini nostri Jesu Christi qui est benedictus per infinita secula seculorum amen. Ego signore condam petroboni bentivegne de bononia hoc opus scripsi. »

122. V. ms. f. 119r : « Sicut dicit abbas in collacione... Unde ipse recitat de se... » Il s'agit de deux récits ayant trait au jeûne monastique exagéré.

123. V. ms. f. 119r.

124. *Ibid.*, ff. 103v, 104v, 107ra, 108r, 110r, 113r, 114r, 119v, 121v, 124v, 139v, 140v (« Unde refert Helynandus »).

125. V. ms. f. 142r.

126. Voici *in extenso* le texte de ces deux curieux *exempla;* ms. f. 134v : « Tempore quoque domini Bartholomei de Scala, qui dominabatur (f. 135r) in civitate Verone, quidam ejus consiliarius volens ei similiter complacere maxime in proditorum punicione excogitans, fecit fieri vegeticulum ad mensuram hominis de lignis fortibus et grossis transfixum undique acutissimis clavis, in quo positus proditor nudus et inclusus sic cum vegeticulo de platea communis usque ad furcas ad caudam equi tractus se volveretur, ipsis videlicet acutis per totum corpus crudeliter configendus. Sed Deo permittente, primus qui (texte : quem) pertulit hoc supplicium, fuit filius dicti consiliarii. » — f. 105v : « Prelati enim non debent passim joculatoribus et hystrionibus munera conferre cum maxime adulatoribus deserviant. Unde legitur de Philippo quinto rege Francorum quod videns joculatores et hystriones dona et vestimenta propter adulaciones a

Or Bartholome de la Scala (+ 1304) a occupé cette fonction de 1301 à 1303 [127], et Philippe V a régné de 1315 à 1322, ce qui porte le *terminus a quo* de la date de composition après 1322. Et comme il est fort probable que notre compilateur a pu connaître le potestat et qu'il n'a compilé son recueil que dans un âge avancé d'après l'adverbe de temps « condam » cité dans l'*explicit*, il y a lieu de reporter le *terminus ad quem* de la date de composition à la fin du premier tiers du XIVe siècle.

Le recueil porte en tête un petit préambule, où le compilateur indique préalablement la division de son sujet [128]. Cette division comporte cinq parties. La première a trait à la vie publique et privée des prélats et des princes (avec XXXII chapitres et 33 *exempla*) ; la seconde concerne les qualités et les défauts de ceux qui étudient, y compris les avocats (avec XXXII chapitres et 36 *exempla*) ; la troisième se rapporte à la vie religieuse des moines (avec XLV chapitres et 53 *exempla*) ; la quatrième s'étend sur les vices et les défauts (sortilèges, dances, etc.) des femmes pour terminer par l'éloge de l'humilité et de la patience des saintes religieuses (avec XXIII chapitres et 25 *exempla*) ; la cinquième s'occupe des vices et travers des diverses catégories sociales (avec XL chapitres et 50 *exempla*).

Comme on peut le constater, il y a presque autant de

curia reportare, mente promptissima Deo promisit quod omnes vestes suas, quamdiu viveret, pauperibus erogaret, mallens ex ipsis Christum pauperum regem quam eas dare joculatoribus, quod est ymolare demonibus » (*exemplum* également rapporté de Philippe Auguste, v. RIGORD, *De gestis Philippi Augusti;* D. BOUQUET, *Recueil des Hist. des Gaules*, t. XVII, p. 21, et reproduit dans les recueils d'*exempla* comme l'*Alphabetum Narracionum* et la *Scala Celi* à la rubrique : *Histrio*).

127. V. MURATORI, *Rerum italicarum SS.*, t. VIII, p. 641, où l'on lit : « Bartholomæus de la Scala rexit duobus annis in maxima gratia populi (1301-1303). »

128. Ce préambule est ainsi conçu, f. 103 : « Incipit liber sive opus ad status prelatorum clericorum religiosorum et mulierum et ultimo ad statum omnium. Ut facilius occurrant ea que in subsequenti opusculo continentur in quinque particulas ipsum censui dividendum. In prima ponuntur ea que pertinent ad principes et prelatos. In secunda ponuntur ea que pertinent communiter ad clericos. In tercia que pertinent ad religiosos. In quarta que pertinent ad mulieres. In quinta que pertinent ad omnes generaliter. »

chapitres que *d'exempla*. Chaque chapitre est précédé d'un titre et comprend un petit texte explicatif et l'*exemplum* du genre de celui-ci : « De pueris non promovendis. Primo igitur quia jugum prelacionis est gravissimum, cavendum est ne pueris imbecillibus imponatur. Refert Helinandus quod Adrianus imperator, etc. » (f. 103r). L'*exemplum* est introduit selon les formules usuelles ou à l'aide de l'indication de sa source, dont il n'est souvent que la reproduction littérale, et suivi parfois du renvoi à d'autres titres.

En ce qui concerne les sources du recueil, il semble bien que l'auteur, à l'exception de quelques rares récits provenant de lui-même, se soit adressé à l'un et l'autre recueil *d'exempla* existant pour en extraire les récits qu'il destinait au but qu'il poursuivait [129], car à tout prendre on n'a affaire qu'à des sources communes. Néanmoins les *exempla* sont représentés par un certain nombre de types, tels que l'*exemplum* historique, le récit de visions, le conte [130], la fable [131] et surtout l'*exemplum* profane et le récit dévot au sens large du terme.

Cependant, en dépit de son peu d'originalité, le *Liber ad status* a joui d'une certaine diffusion, qu'il faut peut-être attribuer autant au dispositif commode du recueil qu'à la qualité du compilateur, qui était membre d'un ordre alors extrêmement répandu. Il subsiste encore dans quatre copies manuscrites, dont trois pour la France et une pour l'Italie [132].

129. Les écrivains et écrits cités au cours du texte sont, pour l'antiquité profane : Aristote (le philosophe), Hermès Trismégiste, Esope, Cicéron (Tullius), Valère Maxime (36 *exempla*), Sénèque, Suètoné, Aulu-Gèle (Agellius), Lucius; pour l'antiquité sacrée : Joèphe, Justin, Tertullien, Eusèbe (*In historia ecclesiastica*), saint Jérôme (14 *exempla*), saint Augustin, Cassien, les *Vitæ Patrum* (*Heraclides*) (35+11 *ex.*), Grégoire de Naziance (*In prohemio apologie*), Grégoire le Grand (*Dialogues*) (15 *ex.*), *In gestis Johannis elemosinarii*, Maxime Sévère (*Dialogues*), Rufin, Eutrope, Fulgence, Orose; pour le Moyen Age : Isidore, saint Jean Damascène (*In historia Josaphat*), P. Damien, le Pseudo-Turpin, Guillaume de Malmesbury, Hugues de Fleury, *In gestis sancti Anselmi*, Hélinand.

130. V. ms. f. 104v : « De pastore nomine Gyges et ejus anulo. »

131. *Ibid.*, f. 132v : « De equo ornato freno aureo et asino onusto »; f. 135v : « De lupo et agno. »

132. Ce sont : le ms. lat. 6368 de la *B. N.* (*ut supra*), le ms. 85 (non

16. L'Excerpta aliquorum Exemplornm de diversis libris du Ms. 23420 de la Bibliothèque Royale de Munich [133].

Ce recueil, dont la copie unique et par endroits défectueuse subsiste à la Bibliothèque Royale de Munich, affecte dans sa plus grande partie la forme d'un légendier abrégé et embrasse dans son ensemble six cent trente-six *exempla*.

Son auteur a gardé l'anonymat. Il semble cependant se confirmer, si l'on en juge par certaines attaques dirigées au cours des récits contre les anciens ordres monastiques (bénédictin et cistercien), et par le panégyrique qu'il y fait de saint Dominique et de saint François (ff.87-93), qu'il a dû appartenir aux ordres mendiants. Le fait qu'il est redevable de la bonne moitié des *exempla* à deux dominicains, à savoir à Martin le Polonais (+ 1279) (25 *exempla* extraits de sa chronique) et à Jacques de Voragine (+ 1298) (300 *exempla* tirés de la Légende dorée) nous incline à penser qu'il a dû appartenir plutôt à l'ordre des Frères-Prêcheurs.

Il est également difficile, en l'absence de tout fait précis, de fixer d'une façon approximative la date de composition du recueil. D'après l'âge même du manuscrit il y a lieu de la placer dans la première moitié du XIVe siècle.

De même quand il s'agit de déterminer la région où le

fol.) (XVe s.) de la *B. V.* de Charleville, le ms. 18 (18) ff. 1-60 (XIVe s.) de la *B. V.* de Semur, le ms. Plut. sin. cod. VII ff. 144r-170r (XIVe s.) (t. V, p. 268), de la Bibl. Laurenz (Sanctæ Crucis) de Florence. Dans les deux derniers mss., le préambule est divisé en six parties, « in sex particulas ». Cette sixième partie, qui n'a pas été développée, devait comprendre, d'après la teneur du préambule, des récits amusants : « In sexto vero ponuntur quedam historie diffusiores, que non solum attinent ad edificacionem, sed eciam ad honestatem temporis occupandi. »

133. Le texte occupe dans le ms. 23420, qui est du XIVe siècle, les ff. 1-182, commence par cet *incipit :* « De Sibilla et visione ejus. Octavianus, ut dicit Innocencius papa... », et se termine par cet *explicit :* « Et det vobis voluntatem et perseveranciam in bonis operibus amen. » V., pour la description du ms. et l'analyse du texte, les *Positions de Mémoires pour le diplôme d'études supérieures d'histoire* (Paris, 1907), J.-Th. WELTER; le *Recueil d'exempla* du ms. 23420 de la Bibliothèque Royale de Munich, p. 260-263.

recueil a été compilé, on est réduit à s'en tenir à des conjectures. On peut tout au plus se référer à la présence de nombreux récits tirés de la vie de sainte Elisabeth (+ 1231) (ff.104-110), de celle de saint Henri et de sainte Cunégonde (ff. 40v-41), dont le culte était très répandu dans l'Allemagne centrale et méridionale. C'est donc dans l'une ou l'autre de ces régions que le recueil a dû voir le jour.

Le texte, sans être précédé d'un prologue ni d'une table des matières, se compose de deux parties inégales, dont l'une en dix chapitres (avec 432 *exempla*) embrasse le cycle des fêtes ecclésiastiques, à savoir les fêtes du Sauveur et de la Sainte Vierge, les fêtes des Saints par ordre hiérarchique (apôtres, martyrs, confesseurs, évêques, moines et ermites), et des saintes (vierges, martyres, femmes), la fête de la Toussaint et des morts, pour se terminer par le culte sacramentaire (baptême, pénitence, eucharistie, ordre) et dont l'autre en un chapitre unique (avec 204 *exempla*) a trait aux vices et vertus des différentes conditions sociales [134].

Ainsi donc, d'après cette analyse sommaire, le plan que le compilateur s'était préalablement tracé pour y encadrer ses récits, est des plus simples. Pour le remplir il a eu exclusivement recours, comme le titre même l'indique, à quelques recueils, tels que ceux des *Vitæ Patrum,* des

134. La répartition du texte est faite de la manière suivante : le chapitre I, comprend les fêtes de Noël et de l'Epiphanie (ff. 1-4, 11 *exempla*) ; le chapitre II, les fêtes de la Passion (ff. 4-11, 15 *ex.*) ; le chapitre III, les fêtes de Pâques (ff. 11-16v, 12 *ex.*) ; le chapitre IV, les fêtes de la Sainte Vierge (ff. 17-29v, 32 *ex.*) ; le chapitre V, les fête des apôtres (ff. 30-42, 37 *ex.*) ; le chapitre VI, les fêtes des saints (martyrs et confesseurs) (ff. 42v-56v, 56 *ex.*) ; le chapitre VII, les fêtes des saints, évêques, moines et ermites (ff. 57-93, 146 *ex.*) ; le chapitre VIII, les fêtes des saintes (vierges, martyres, femmes) (ff. 94-112, 23 *ex.*) ; le chapitre IX, la fête de la Toussaint et la commémoration des morts (ff. 112v-123v, 46 *ex.*) ; le chapitre X, les sacrements (ff. 124-139, 54 *ex.*) ; le chapitre XI, les récits relatifs aux diverses conditions sociales (nobles, bourgeois, peuple, gens mariés, prélats, clercs, moines, religieuses) (ff. 139v-181v, 204 *ex.*). Ce texte est suivi du récit de la Passion sous forme de dialogue entre saint Anselme et la Sainte Vierge, ainsi que de deux plans de sermons inachevés (ff. 182-188v). Chaque chapitre est précédé généralement d'une liste incomplète des titres des *exempla.*

miracles de Notre-Dame, de Jacques de Vitry, d'Etienne de Bourbon et particulièrement à la Légende dorée de Jacques de Voragine et à la chronique de Martin le Polonais. C'est d'après ces *diversi libri,* qu'il a compilé son *Excerpta,* en ayant bien soin d'y copier pour ainsi dire textuellement le récit avec les mêmes formules d'introduction et la même indication des sources[135]. Il a fait appel, à exception du conte, du trait d'histoire naturelle et de l'*exemplum* personnel, à tous les autres types d'*exempla,* même à la fable[136]. Son type cependant le plus favori est le récit hagiographique, représenté par la bonne moitié des *exempla.*

Ce qui caractérise ce recueil, c'est l'absence complète d'originalité. Il semble que le compilateur, en adoptant

135. Les sources signalées au cours du texte sont, pour l'antiquité profane : Aristote (le philosophe), Cicéron, Sénèque, *Historia Grecorum, Historia Romanorum,* le faux Callisthène (*Historia Alexandri*); pour l'antiquité sacrée : la Bible (le livre d'Esdras, les livres des Machabées), l'évangile de Nicodème, Josèphe (*Antiquitates judaicæ, De bello judaico*), Hégésippe (*De cladibus Judeorum*), les *Acta Martyrum,* saint Jérôme (*De viris illustribus*), les *Vitæ Patrum,* Cassien (*Collationes Patrum*), saint Augustin (*Confessiones, Sermones, De civitate Dei*), les *Acta concilii chalcedonensis,* Maxime Sévère (*Dialogues*), Orose (*Chronique*), Grégoire le Grand (*Dialogues, Homélies, Vie*), Léon Ier pape (*Sermo*), Cassiodore (*Historia tripartita*), Paul Diacre (*Historia Longobardorum*) ; pour le Moyen Age : les vies de saints (*Legenda, passio, vita*) (la légende de saint Jean Baptiste, la passion de saint Longin, la vie de saint Augustin, de saint Benoît, de saint Jean l'aumônier, de saint Hilaire de Poitiers, de saint Rémi, de saint Hugues de Cluny, de saint Henri, de sainte Cunégonde, de saint Bernard, de saint Thomas de Cantorbéry, de saint Pierre de Tarentaise), saint Jean Damascène (*In Barlaam*), le vénérable Bède (*Gesta Anglorum*), Raban Maur (*In libro de sacramentis, Sermones*), Fulbert (évêque de Chartres) (*Sermons*), le Pseudo-Turpin (*Historia Caroli magni*), *Descriptio purgatorii s[t] Patricii,* Geoffrei de Monmouth (*Historia Britonum*), *Gesta Godfridi regis ierosolymitani,* Hugues de Saint-Victor (*Chronique, De sacramentis*), Pierre le vénérable (*Cluniacensis*), *Cantor parisiensis* (*Verbum abbreviatum*), Beleth (*Summa de divinis officiis*), Eudes de Chériton (*In Udone, In sermonibus*), Timothée, historiographe, Jean de la Rochelle (+ 1245) (*Sermones*), Martin le Polonais (*Chronica*), Jacques de Voragine (*Legenda aurea*), *Chronica quedam, In hystoria antiocena, In quadam historia, Annales colonienses, In libro visionum, Liber miraculorum b[e] Virginis, In quodam libro exemplorum.*

136. V., p. ex., celle de la corneille qui se pare des plumes des autres oiseaux (f. 161v) et celle du renard, du coq et du paysan (f. 164v).

comme cadre des récits les fêtes des saints par ordre hiérarchique et le culte sacramentaire pour la première partie et les diverses conditions sociales pour la seconde partie, ait visé surtout à combiner le légendier abrégé avec le recueil d'*exempla* et à faciliter par là même le labeur du prédicateur populaire. Cependant malgré les avantages matériels, que pouvait offrir un tel plan, l'*Excerpta* n'a pas connu le succès. Il a été rapidement supplanté par le *Lacteus Liquor,* dont nous allons présentement nous occuper.

17. Le Lacteus Liquor du Ms. 323 de la Bibliothèque Cistercienne d'Heiligenkreuz (Autriche) [137].

Le *Lacteus Liquor* forme comme l'alter ego ou plutôt comme l'édition corrigée de l'*Excerpta.* Compilé probablement peu de temps après celui-ci, il a pour auteur un moine cistercien, d'après le qualificatif donné à saint Bernard, qui est appelé au cours du texte *noster pater* [138].

Le texte de notre manuscrit comprend six cent soixante-quatorze *exempla* encadrés dans dix distinctions. Chaque distinction était primitivement précédée d'un prologue explicatif; cependant, actuellement ce dernier ne subsiste plus que dans la première, la huitième et la dixième distinction.

Le prologue qui précède la première distinction nous donne un bref aperçu sur le but, le plan et les sources du recueil. C'est là que le compilateur, après avoir dédié son travail au fils de la Vierge « filio virginis », l'a divisé en dix distinctions « in decem distinctionibus tanquam in decem urceolis », qui rappellent d'assez près celles du *Dialogus miraculorum* de Césaire de Heisterbach et en a

137. V. ms. 323 ff. I + 1-214v (XIVe s.). Il commence par ces mots : « Incipit prologus in librum qui vocatur lacteus liquor... », et se termine par cet *explicit :* « Magni Antyochi filius Seleucus misit Elyodorum in Jerusalem ad spoliandum commune errarium templi... adjutor et defensor est loci illius et venientes ad malefaciendum percutit ac disperdit. »

138. V. ms. f. 119vb : « Cum mater sanctissimi patris nostri Bernhardi adhuc ipsum gestaret in utero... »

destiné le contenu extrait « de diversis orthodoxorum patrum codicibus, de cronicis et tractatibus », aux petits fils de l'Eglise « parvulis ecclesie filiis » [139].

Quant au texte, il a adopté, à part quelques légères variations, le même plan pour encadrer les récits que le compilateur du recueil précédent [140].

Ce plan comporte deux parties inégales, dont l'une a trait aux fêtes ecclésiastiques selon l'ordre hiérarchique

139. Le voici dans toute sa teneur, f. 1ra : « Sicut veri solis ortus temporalis nostre exstitit reconciliacionis inicium, ita eciam nostre narracionis exordium esse debet. In sequenti igitur compilacione nulli omnino nisi virginis filio complacere cupimus, quia ipse est alpha et o, finis utique et inicium omnis boni. Rogo preterea eos qui librum hunc lecturi sunt ut fidem Jhesus adhibeant quia conditor omnium testis est; qualiter sicut veritatis eloquia amplectimur, ita profecto falsitatis dogmata detestamur et hoc attendentes qualiter scriptum est in Osee : Si seperaveris preciosum a vili quasi os meum eris. Vereor autem ne aut grandia minus digne locutus inveniar aut preclara a pluribus superflua videar recitasse juxta illud Job : verebar omnia opera mea. Set karitas, que omnibus prodesse desiderat, hoc opus quod parvitatem mei ingenialis eruperat, aggredi fecit (rb), quia vires impericia denegat, beato Gregorio attestante. Credo ergo, immo irrefragabiliter scio quod lacteus iste liquor miracula videlicet et exempla que in decem distinctionibus hujus operis tanquam in decem urceolis continentur, multum valeant parvulis ecclesie filiis, ideoque eis cum apostolo non cibo solidum sed lacteum propinamus, quem eciam de diversis orthodoxorum patrum codicibus, de cronicis et tractatibus tanquam de uberibus non sine labore expressimus ad Xristi solummodo laudem et ecclesie utilitatem et non ut mihi gloriam dari exigam vel favorem. »

140. Il a reparti les *exempla* en dix distinctions; la distinction I, comprend les miracles de la naissance et de l'enfance de Jésus et les miracles de la croix (ff. 1rb-22va, 52 *exempla* = les trois premiers chapitres de l'*excerpta*); la dist. II, les miracles de N.-D. (ff. 22vb-39rb, 39 *exempla* = la 4e de l'*excerpta*); la dist. III, les légendes des apôtres (ff. 39va-53rb, 43 *exempla* = la 5e de l'*excerpta*); la dist. IV, les légendes des martyrs (ff. 53rb-69rb, 41 *exempla* = la 5e de l'*excerpta*); la dist. V, les vies d'évêques illustres (ff. 69rb-104vb, 130 *exempla*, suivis du purgatoire de saint Patrice (ff. 104vb-106rb) = la 6e de l'*excerpta*); la dist. VI, les vies de moines illustres (ff. 106rb-135rb, 166 *exempla*, suivis de 12 *exempla* de diversis (ff. 135va-140va) = la 7e de l'*excerpta*); la dist. VII, les vies de saintes femmes et de vierges (ff. 140va-162va, 31 *exempla* = la 8e de l'*excerpta*); la dist. VIII, les *exempla* relatifs au culte des morts (ff. 162-va-180vb, 46 *exempla* = la 9e de l'*excerpta*); la dist. IX, des miracles relatifs aux sacrements, baptême, extrême-onction, confession, eucharistie, ordre (ff. 180rb-198rb, 54 *exempla* = la 10e de l'*excerpta*); la dist. X, des miracles et *exempla* divers (ff. 198rb-214rb, 60 *exempla* = la 11e de l'*excerpta*.

des personnages (avec 614 *exempla*) et dont l'autre se rapporte aux vices et aux vertus (avec 60 *exempla*), mais qui pour une cause ou une autre est restée inachevée [141].

Pour ce qui est du procédé de composition et des sources, le compilateur s'est fait tout simplement le copiste de l'*Excerpta*. C'est tout au plus s'il a ajouté çà et là quelques *exempla* empruntés, soit aux légendes des saints, soit à quelque recueil d'*exempla*, mais qui n'ajoutent rien de nouveau à ce que nous savons déjà d'ailleurs. Aussi les types d'*exempla* sont-ils les mêmes que dans le recueil précédent et comme là, le type hagiographique est représenté par plus de la moitié des récits.

Malgré l'absence de toute originalité, le *Lacteus Liquor* a joui d'une certaine vogue. Le fait qu'il subsiste encore aujourd'hui dans une dizaine de manuscrits des bibliothèques d'Autriche et de Bavière, semble même indiquer que par son fond fait de récits dévots et hagiographiques, il a été très en faveur auprès des prédicateurs populaires de ces pays [142].

141. Le prologue, en effet, qui précède cette seconde partie ou la dixième distinction, annonce toutes sortes de récits : « Exempla videlicet virtutum et viciorum, curialia dicta et facta theologorum et philosophorum » (f. 198rb), mais le texte ne comporte pratiquement que des *exempla* historiques tirés d'Eusèbe, d'Orose, de Cassiodore, de Paul Diacre et des chroniques.

142. Le recueil subsiste, en effet, dans une dizaine de manuscrits, à savoir, pour l'Autriche : Heiligenkreuz, Stiftsb., ms. 323 ff. 1-214vb (1re moitié du XIVe s.) ; Lilienfeld, Stifsb., ms. 95 ff. 1-145 (XIVe s.) (avec deux *exempla* supplémentaires relatifs à saint Udalric (Ulrich) f 139v : « Quomodo vicit tres demones » ; f. 142 : « Quomodo demonem equitavit ») ; Vienne, Hofbibl., ms. 3332 ff. 134ra-139ra (XVe s.) (formé d'extraits de la première et de la deuxième distinction) ; pour la Bavière : Munich : Bibl. Royale, mss. 5188 ff. 1-76 (XIVe s.), 7703 ff. 1-96v (XVe s.), 8969 ff. 118-164 (XVe s.) (extraits), 18877 ff. 272-292 (XVe s.) (extraits), 23371 ff. 141-157 (XIVe s.) (extraits), 24808 ff. 1-109 (XVe s.) (comprend la VIe, VIIe, VIIIe, IXe et Xe distinction) ; Bamberg : Bibl. Royale, ms. 157 Q. v. 68 ff. 175-239 (XVe s.) (extraits).

18. L'Opusculum Exemplorum du Ms. lat. 1589 de la Bibliothèque Impériale de Vienne (Autriche) [143].

Un recueil qui se rapproche des compilations précédentes, sinon par le plan, du moins par le contenu, est celui qui porte le titre d'*Opusculum Exemplorum.*

Compilé d'après l'âge même du manuscrit dans la première moitié du XIVe siècle par un certain frère Nicolas de Franqueville, « fratris Nycolai de Franquavilla », probablement d'origine française et appartenant à l'un ou l'autre ordre des mendiants, mais dont nous n'avons pu identifier le nom, il se compose d'un prologue explicatif et de cinq cent quarante-quatre *exempla* inégalement repartis dans vingt chapitres.

C'est dans le prologue que le compilateur a pris soin de nous énoncer son but, ses sources et son plan [144].

143. Le recueil occupe, dans le ms. lat. 1589 (1re moitié du XIVe s.), les ff. 224ra-296ra. Il y fait suite à la *Summa exemplorum contra curiosos de Servadei* (v. *ut supra*) (ff. 1ra-112ra) et au *Liber de exemplis Scripture Sacre de Nicolas de Hanapes* (v. *ut supra*) (ff. 115rb-222va). Il commence par le prologue en ces termes : « In presenti opusculo ordinantur in cunctis titulis ut patet in sequentibus... », continue par le texte avec cet *incipit :* « Incipit opusculum exemplorum ad predicacionem verbi necessaria et habet capitula viginti et primum capitulum est de miraculis beate virginis que habet tres divisiones. Erat in Tholetana urbe quidam archiepiscopus qui vocabatur Adefonsus... », et se termine par cet *explicit,* f. 291ra : « Item in eodem [dial. Greg.] narratur de quodam viro nobili Reparato nomine... quibus dum ab hoc concessum esset vivere hoc est a malis operibus emendare. Explicit. » Suivent, ff. 293va-296ra, 18 *exempla* supplémentaires empruntés aux mêmes sources que les précédents et se rapportant aux mêmes sujets. Après quoi il y a, ff. 296ra-303rb, une table des matières détaillée pour les 20 chapitres du traité : « Incipit tabula hujus operis... quia magnam utilitatem habet tabula ideo sciendum quod in hoc opusculo ordinantur in cunctis titulis ut patet in sequentibus quedam narraciones ad predicacionem verbi Dei necessarie... » Enfin, f. 303rb, on lit à la fin de cette table des matières : « Explicit tabula super opusculum exemplorum et est scriptum per manus fratris Nycolai de Franquavilla. Finis est opus, mercedem posco laboris. »

144. En voici le texte, f. 224ra : « In presenti opusculo ordinantur in cunctis titulis ut patet in sequentibus quedam narraciones ad predicatores verbum Dei necessarie et precipue illis qui delectantur

Il y dit notamment qu'en collectionnant ses historiettes, il a voulu faire avant tout œuvre utile aux prédica-

in exemplis sanctorum et propter hoc de loco hujus peregrinacionis tanquam per viam rectam tendunt ad regna celorum.

« Ordinantur autem in cunctis titulis distincte iste pretacte narraciones que videlicet sunt de miraculis operibus et conversacione sanctorum jam in celis exultancium.

« Excerpte vero sunt a libris per sanctos patres ab ecclesia catholica aprobatis videlicet a IV libris dyalogorum beati Gregorii et ab omeliis evangeliorum ab eodem composite et a libris b[1] Augustini et ab ecclesiastica hystoria et tripartita a beato Eusebio et beato Jeronimo (? *sic*) de statu primitive ecclesie compositis et ab ecclesiastica historia Anglorum secundum Bedam presbyterum et a libro qui dicitur X collaciones patrum et a libro qui dicitur paradisus qui de eadem materia loquitur et a libro Barlaam et de passionali scilicet de passione aliquorum martyrum vita et conversacione et fine ceterorum sanctorum. Narraciones vero a predictis libris excerpte ordinantur in XX capitulis principalibus, quorum primum est de miraculis b[e] M[e] Virginis, secundum de sancta cruce et ejus virtute, tercium de bonis angelis et de eorum ministerio contra genus humanum, quartum est de sanctis Dei in celo exultantibus et de sanctis dum fuerunt in terra peregrinacionis qualiter virtus Dei patet in terra per ipsos et quantum bonum est ipsos honorare et nullam eis injuriam inferre, quintum est de ecclesia catholica et ejus ornamentis cum ceteris sibi adjunctis et quam periculosum est ecclesie injuriari, sextum est de fide catholica cum adjunctis et de errore contra fidem catholicam, septimum est de septem sacramentis cum adjunctis, octavum est de X mandatis cum adjunctis, nonum est de virtutibus et septem capitalibus viciis oppositis, que sunt humilitas, obediencia, caritas, paciencia, compassio et misericordia, oracio, vita activa et contemplativa, jejunium et abstinencia, castitas et continencia, decimum est de predicatoribus et verbo Dei dicitur cum adjunctis, undecimum de prelatis ecclesie, duodecimum est de principibus et magnatibus et eorum ballivis, tercium decimum est de dominis et dominabus super alios habentibus (?) et de servis et ministris, XIIII est de voto et peregrinacione cum adjunctis, XV est de religione cum adjunctis, XVI est de pena purgatorii et pena inferni, XVII est de morte justorum, XVIII est de dyabolo et ejus temptacionibus, XIX est de septem criminalibus viciis cum adjunctis, XX de morte justorum et injustorum cum adjunctis. »

Les *exempla* sont repartis de la façon suivante dans les chapitres, à savoir : Cap. I, ff. 224ra-234ra, 60 *exempla;* cap. II, ff. 234ra-236ra, 16 *ex.;* cap. III, ff. 236ra-237va, 6 *ex.;* cap. IV, ff. 237va-244rb, 41 *ex.;* cap. V, ff. 244rb-246rb, 16 *ex.;* cap. VI, ff. 246rb-247vb, 15 *ex.;* cap. VII, ff. 247vb-252vb, 52 *ex..* cap. VIII, ff. 252vb-253va, 9 *ex.;* cap. IX, ff. 253va-269va, 146 *ex.;* cap. X, ff. 269va-271va, 16 *ex.;* cap. XI, ff. 271va-273ra, 10 *ex.;* cap. XII, ff. 272rb, 12 *ex.;* cap. XIII, ff. 272rb-274ra, 6 *ex.;* cap. XIV, ff. 274ra-274vb, 6 *ex.;* cap. XV, ff. 274vb-277rb, 22 *ex.;* cap. XVI, ff. 277rb-281rb, 29 *ex.;* cap. XVII, f. 281rv, 1 *ex.;* cap. XVIII, ff. 281va-285rb, 27 *ex.;* cap. XIX, ff. 285rb-291ra, 46 *ex.;* cap. XX, ff. 291ra-292va, 9 *ex.*

teurs amateurs d'*exempla* dévots « narraciones ad predicatores verbum Dei necessaria et precipue illis, qui delectantur in exemplis sanctorum ». Dans ce but il les a extraites « de miraculis operibus et conversacione sanctorum » à savoir des dialogues de Grégoire le Grand, des écrits de saint Augustin, de l'histoire ecclesiastique d'Eusèbe, de l'histoire tripartite de Cassiodore (et non de saint Jérôme comme il est dit dans le texte), de l'*Historia Anglorum* du vénérable Bède, des *Collaciones Patrum,* des *Vitæ Patrum* (*Paradisus*), du Roman de Barlaam et de Josaphat, d'un passionnel et probablement de quelque légendier abrégé et il les a distribuées en vingt chapitres « narraciones vero a predictis libris excerpte ordinantur in XX capitulis », qui comprennent le texte.

Ces chapitres, avec un nombre plus ou moins considérable d'*exempla,* ont trait au culte de la Sainte Vierge, de la croix, des anges et des saints, à l'Eglise, à la foi, aux sacrements, aux commandements de Dieu, aux vices et vertus, aux prédicateurs, aux prélats, aux princes et grands, aux maîtres et à leurs subordonnés, aux vœux et aux pèlerinages, à la religion en général, au purgatoire et à l'enfer, à la mort des justes, au diable et à ses tentations, aux sept péchés capitaux, à la mort des justes et des méchants, bref embrassent tout le programme que comportait la prédication qui s'adressait aux diverses conditions sociales. Certains chapitres même, en raison des matières qui y sont traitées, comme ceux « de sacramentis, de virtutibus, de criminalibus viciis » ont été subdivisés. Les *exempla* sont introduits selon les formules ordinaires et pour ainsi dire littéralement reproduits d'après les sources mêmes d'où ils étaient tirés. Parmi ces derniers il y a surtout à relever, à côté de l'*exemplum* historique, le récit dévot et l'*exemplum* hagiographique, comprenant les deux tiers du recueil et appliquables en tout temps et en tout lieu à toutes sortes de sujets. Aussi est-il étonnant que l'*Opusculum Exemplorum* n'ait pas trouvé une plus large diffusion et n'ait survécu que dans une seule copie manuscrite.

19. Le Libellus [Exemplorum] du Ms. Additionnel 15833 du Musée Britannique [145].

Le *Libellus* [*Exemplorum*], compilé d'après l'âge même du manuscrit au cours de la seconde moitié du XIVe siècle, forme un petit recueil de cent soixante-huit *exempla*.

Son auteur est un moine de l'ordre cistercien. Nombre d'*exempla*, en effet, se rapportent à la vie monastique des religieux de Citeaux [146].

En outre, certains récits et plus spécialement ceux qui se rapportent à des visions, sont empruntés aux grands conteurs cisterciens comme à Herbert de Torrès, à Conrad d'Eberbach et à Césaire de Heisterbach. Même dans un récit de visions, où sont mis en scène deux moines cisterciens, il est fait mention d'eux comme appartenant à l'ordre du compilateur « in ordine nostro » [147].

Lui-même est originaire d'une région de langue germanique. Plusieurs *exempla* renferment des expressions allemandes [148] et des noms de lieux et personnages allemands [149].

Le texte se compose d'une série de récits, disposés sans ordre apparent, et extraits au hasard de compilations antérieures, abstraction faite de ceux qui proviennent de l'auteur lui-même. Malgré cette absence d'ordre dans la suite des *exempla*, ceux-ci peuvent se diviser en deux catégories,

145. V. Herbert, *op. cit.*, t. III, p. 581-597, pour la description et le contenu du ms. addit. 15833 (XIVe s.). Le *Libellus* y occupe les ff. 81-176v, avec cet *incipit :* « Fuit quedam matrona in seculari habitu vitam quasi religiosam ducens, verumtamen in juventute quoddam flagicium commiserat... », et avec cet *explicit :* « Quidam sacerdos predicavit in ecclesia sua. Inter alia ait... et statim in cineres sunt redacte et salvate. »

146. V. ms. f. 118v, no 63; f. 120r, no 65; f. 127, no 75; f. 134, no 88; f. 167, nos 133, 134, etc.

147. V. ms. f. 87, no 12.

148. V. ms. f. 141v, no 96 (ein törper); f. 152, no 104 (von der porchirchen).

149. V. ms. f. 114, no 58 (Paulander); f. 114, no 58; f. 126v, no 66 (Mayence); f. 137, no 91 (Welez); f. 141v, no 96 (Trèves); f. 144, no 97 (Arnsburg dans le Wetterau).

dont l'une se rapporte au culte sacramentaire (confession et eucharistie), au culte de Notre-Dame, au culte des morts, à l'assistance aux offices divins et à des dédicaces d'églises, et l'autre aux bonnes œuvres, à savoir, aux pélerinages, aux vœux, à l'aumône (14 *exempla*), au respect dû aux parents, aux vices et travers, tels que le vol, l'ivrognerie, l'usure, la danse, etc.

Les sources de ces récits sont peu nombreuses [150] et appartiennent au passé et au présent. Parmi celles du présent il y a à noter le compilateur lui-même, qui a fourni près du tiers des *exempla* se rapportant généralement à des visions, des extases ou même à des sujets pieux divers.

Les *exempla* du passé sont reproduits tantôt littéralement tantôt sous une forme abrégée avec les mêmes formules d'introduction que celles qu'ils avaient dans le texte original. Ceux cependant qui proviennent de l'auteur lui-même sont parfois dilatés à l'extrême et ornés de toutes sortes de détails d'agrément. Deux seulement sont moralisés (v. f. 153^v, f. 159^v). Les types représentés dans le recueil se réduisent à trois, à savoir à l'*exemplum* dévot ou hagiographique, au récit d'apparitions et à l'*exemplum* personnel.

Il est probable que cette absence de variété de types d'*exempla* ait contribué à limiter le succès du *Libellus* à la région même où il a été compilé. Ce succès semble même avoir été assez restreint, puisqu'il ne subsiste plus du recueil qu'une seule copie manuscrite provenant du monastère des chanoines de Saint-Augustin de Waldhausen (Haute-Autriche) [151].

150. Ce sont les *Vitæ Patrum* (47 *exempla*), les homélies et les dialogues de Grégoire le Grand, les traités des conteurs cisterciens déjà cités, le recueil de J. de Vitry, les miracles de Notre-Dame, les vies de saints (saints Crépin et Crépinien, saint Brice, saint Othmar, saint Jean Valentinien, saint Rémi, saint Henri, saint Thomas de Cantorbéry), la *Summa de divinis officiis* de Jean Beleth.

151. V. ms. f. 75 : « Hic libellus attinet monasterio Walthusiensi. »

20. Le Recueil du Ms. Additionnel 11872 du Musée Britannique [152].

Ce recueil, qui ne porte pas de titre spécial, comprend un ensemble de deux cent dix *exempla*.

Son auteur est, selon toute apparence, un membre de l'ordre de saint Français. Le rôle joué dans un récit par la puissance d'intercession de saint François, le fondateur de l'ordre en faveur d'un archidiacre allemand [153] et certains détails curieux relatifs à la vie religieuse et apostolique des Frères Mineurs [154], inclinent, en effet, à penser qu'on a à faire à un franciscain engagé dans la prédication populaire. Ce dernier est Italien à en juger par le latin italianisé en maints endroits du recueil, par l'interchangement des sifflantes s et x et par la localisation de récits en Italie [155].

Pour ce qui est de la date de composition du recueil, il faut avouer qu'aucun texte ou écrit cité comme source ne permettent de la fixer d'une façon approximative. On peut, tout au plus la placer, d'après l'âge même du manuscrit vers la fin du XIVᵉ siècle.

Le texte du recueil se compose d'une série de récits, qui tantôt se suivent au hasard et tantôt sont placés au nombre d'un à trois sous des rubriques alphabétiques ou autres [156].

152. V. Herbert, *op. cit.*, t. III, p. 692-696, pour la description et le contenu du ms. addit. 12872 (fin XIVᵉ s.). Le recueil occupe, dans le ms., les ff. 48v-136v. Il commence par l'*incipit* suivant : « Incipit disputacio philosophi Secundi contra Adrianum imperatorem. Secundus philosophus hic omni tempore philosophatus silencium conservans et pitacoricam vitam ducens... », et se termine par cet *explicit :* « Fuit quidam miles in Francia qui sua largitate et expensis indiscretis depauperatus est et cepit egere... et sibi omni tempore temporalia bona sibi copiosa ministrari ordinavit. »

153. V. ms. f. 67v.

154. V. ms. f. 83v, 87, 114v.

155. V. ms. f. 84, f. 93v. A ajouter que le nom d'un des possesseurs postérieurs du recueil, également italien, se trouve en bas du recto du f. 111, où l'on lit : « Hic liber est meus Antonius Gelini, qui donavit mihi meum patrem » (*sic*) (écriture du XVIᵉ s.) et que le traité qui fait suite à notre texte sous le nom de *Liber computi magistri Boni de Lu*[*cc*]*i* (f. 137) est aussi d'un auteur italien.

156. Les *exempla* sont disposés de la manière suivante, dans le

Quels que soient les *exempla,* ils ont exclusivement trait d'après les indications fournies par les rubriques, aux obligations religieuses et morales du chrétien, c'est-à-dire aux commandements de Dieu et de l'Eglise, aux vertus à pratiquer et aux vices et défauts à éviter. Ils sont extraits, à l'exception de quelques rares récits personnels au compilateur, de certains recueils antérieurs, tels que ceux des *Vitæ Patrum,* de Jacques de Vitry, d'Etienne de Bourbon, de Humbert de Romans, de Jacques de Voragine et des miracles de Notre-Dame et, par leur intermédiaire, des écrits de l'antiquité profane et sacrée et du Moyen Age[157]. Ils ne représentent pas du reste une grande variété de types. Parallèle-

ms. : ff. 48v-55v, des *exempla* se suivant sans ordre et au hasard; ff. 56-93v, des *exempla* à dispositif alphabétique sous les rubriques suivantes : « De advocatis, de amicicia, de adulacione, de astrologis, de blasphemia, de baptismo, de continencia, de castitate, de confessione, de crudelitate, de cruce, de statu dominarum, de malo exemplo, de fraude, de familiaritate mundanorum, de gula, de humilitate, de hospitalitate, de infamia, de ingratitudine, de judicio temerario, de justicia, de irrisione, de luxuria, de largitate, de virtute misse, de ornatu mulierum, de morte, de contemptu mundi et pecunia, de virtute oracionis, de penitencia, de honore parentum, de pena inferni, de presumpcione, de prelatis malis, de predicacionis officio, de risu et incidiis diaboli, de superbia, de temptacionibus, de veritate, de usurariis, de Xristi corpore et virtute »; ff. 93v-136v, des *exempla* placés sous des rubriques diverses, à savoir : « De invocacione, de oracione, de simplicitate, de abstinencia, de temptacionibus, de elemosina, de oracione, de paciencia, de sollicitudine, de verecundia, de taciturnitate, de detractione, de obediencia, de paciencia, de caritate, de diversione, de visionibus patrum, de humilitate, de castitate, de officio misse, de prosperitate temporali, de raptoribus, de sancto Paulo eremita, contra avariciam, usurarios, de quodam rege. »

157. Les *exempla,* en effet, débutent, pour la plupart, par l'indication des sources déjà signalées dans les recueils antérieurs. Ce sont, pour l'antiquité profane : Valère Maxime, Sénèque (*In libro de beneficiis*), Quintilien, Macrobe, Végère, la *Vita Alexandri,* la légende du philosophe Secundus; pour l'antiquité sacrée : saint Jérôme, saint Augustin, les *Vitæ Patrum* (61 fois cités), Boèce, Grégoire le Grand (*Dialogues*) ; pour le Moyen Age : saint Jean Damascène, Bède le vénérable, les vies de saints (sainte Catherine, saint Ambroise, saint Jean l'aumônier, saint Hilaire, saint Martin, saint Cerbo, saint Fursy, saint Dunstan, sainte Brigitte, saint François), le Pseudo-Turpin (*In hystoria gallicana, In hystoria Karoli magni*), P. Damien, P. Alfonse, Sigebert de Gembloux, Hugues de Saint-Victor (*In cronicis*), Jean de Salisbury (*In libro de nugis philosophorum*), Albert le Grand (*De natura rerum*), *In gestis Romanorum.*

ment à l'*exemplum* profane et à l'*exemplum* personnel, ce sont les récits dévots et hagiographiques ainsi que les récits d'apparitions qui prédominent. Parmi eux, l'un ou l'autre est moralisé et cela sans doute parce qu'il l'était déjà dans les recueils, d'où il était tiré.

Il est probable que, par suite du peu d'originalité qu'il offrait, le recueil n'ait pas obtenu un large succès. Nous n'en avons trouvé nulle trace chez les grands prédicateurs italiens du XVe siècle (v. *infra*). La seule influence visible qu'il ait eue est celle qu'il a exercée sur un autre recueil également d'origine italienne, actuellement le ms. additionnel 27336 du Musée Britannique, où l'on peut nettement constater pour certains *exempla* l'interdépendance des deux compilations [158].

158. V. ms. ff. 56, 63, 82v, 83v, 90v, 120v, et HERBERT, *op. cit.*, t. III, pp. 692-696, 647-673, et 3e partie, v. *infra.*

CHAPITRE II.

L'Exemplum dans les recueils d'Exempla à ordre alphabétique.

Tandis que les recueils d'*exempla* à ordre logique se distinguent surtout, ainsi que nous l'avons vu, par le nombre et la variété, ceux à dispositif alphabétique, dont nous allons entreprendre l'étude, sont caractérisés par leur nombre restreint, qui s'élève à huit en tout. Les quatre premiers ont, pour auteurs, des frères mineurs et datent de la seconde moitié du XIIIe siècle. Ce sont : le *Liber Exemplorum* de Durham, la *Tabula Exemplorum*, le *Speculum Laicorum* et le *recueil* du ms. 35 de la *B. V.* d'Auxerre. Les quatre suivants ont pour auteurs trois frères prêcheurs et un religieux cistercien et s'échelonnent pour leur date respective dans les sept premières décades du XIVe siècle. Ce sont : l'*Alphabetum Narracionum*, la *Scala Celi*, le *Sertum Florum* du ms. lat. 13475 de la *B. N.* de Paris, et la *Summa Predicancium*. Le fond de ces recueils est le même que celui des recueils à ordre logique et embrasse dans sa vaste matière anecdotique le dogme, la morale et le culte chrétiens. Chacun d'eux néanmoins a sa physionomie propre, soit par le dispositif des rubriques alphabétiques, soit par le choix et les types particuliers des *exempla*.

XIII SIÈCLE.

1. Le Liber Exemplorum de Durham (Angleterre) [1].

Le premier recueil en date, où se trouve appliqué le dispositif à rubriques alphabétiques est le *Liber exemplorum*,

1. V. P. Meyer, *Not. et Ext. des mss. de la B. N.*, t. XXXIV, I, p. 399-437; Little (A. G.), *Liber exemplorum ad usum prædicantium* (Aberdeen, 1908); Mosher, *op. cit.*, p. 75-78.

dont il subsiste une copie fragmentaire à la bibliothèque de la cathédrale de Durham sous la cote B. W. 19.

Le compilateur est un frère mineur, d'après le titre de « custos meus » donné au cours du texte à Adam Habe, son supérieur, titre exclusivement en usage dans l'ordre franciscain [2] et d'après l'appellation de « *frater nostri ordinis* », dont est qualifié Thomas O'Quinn, évêque franciscain de Clonmacnois (Irlande) [3].

Tout ce qu'on sait sur lui, c'est qu'il était originaire du Warwickshire (Angleterre) [4], qu'il a exercé son ministère apostolique comme prédicateur populaire à Drogheda et à Dublin [5], qu'il est venu vers 1265 pour raison d'études à Paris [6] et qu'après son retour en Irlande il a été nommé lecteur au couvent de Cork [7], où il a dû sans doute compiler le recueil et terminer sa carrière religieuse.

La date de composition du recueil peut être approximativement fixée. Il est fait mention dans deux récits d'Eudes Rigaud et d'O'Quinn, de l'un comme ayant été archevêque de Rouen « tunc temporis archiepiscopi rothomagensis » et de l'autre comme vivant encore et occupant le siège de Clonmacnois « episcopus existens » [8]. Or le premier a occupé le siège de Rouen de 1248 à 1275 et le second celui de Clonmacnois de 1270 à 1279. C'est donc entre 1275 et 1279 que le recueil a été composé.

Ce dernier est divisé en deux parties, l'une traitant du dogme « de rebus superioribus » et l'autre de la morale « de rebus inferioribus » [9].

La partie dogmatique comprend soixante *exempla* et a

2. V. édit. Little, n° 85.
3. *Ibid.*, n° 142.
4. *Ibid.*, n° 22.
8. *Ibid.*, n°s 67, 142.
6. *Ibid.*, n° 38.
7. *Ibid.*, n° 62.
8. V. édit. Little, n°s 67, 142.
9. Le texte original devait être primitivement précédé d'un prologue d'après ce qui ressort de deux textes. Il en est fait notamment mention dans un *exemplum* (n° 10), à propos de Giraud de Barri : « Magistro Gerardo de Barry, cujus nomen in prologo prime [partis] scribitur », ainsi qu'au titre de la seconde partie où l'on lit (f. 44v) : « Secunda pars, ut supradictum est, de rebus dicitur inferioribus. »

trait au culte du Christ (enfance, passion, eucharistie, apparitions, croix, miséricorde), de Notre-Dame (conception, nativité, fêtes et miracles), des anges et de saint Jacques.

La partie morale traite exclusivement de sujets se rapportant à la vie religieuse et morale du chrétien, au décalogue et aux préceptes de l'Eglise, aux péchés capitaux, aux indulgences, au culte des morts, aux œuvres de miséricorde (aumône, hospitalité) ainsi qu'aux vices et défauts propres à certaines conditions sociales, comme à celles des bourgeois, des avocats, des exécuteurs testamentaires, des marchands, bref, au programme de la prédication franciscaine. Cette partie embrasse cent cinquante-trois *exempla* rangés sous trente-huit rubriques alphabétiques [10].

Pour introduire les récits, notre mineur se sert généralement d'un petit préambule explicatif suivi de la source d'information. S'il tient le récit de quelqu'un, il a soin de l'annoncer en ces termes *retulit mihi, narravit mihi frater,* etc... Si lui-même en a été le témoin oculaire et auriculaire, il le note sous cette forme *vidi, novi, audivi,* en localisant le fait, si possible dans le temps et dans l'espace, à savoir, en Angleterre, en France (Paris), et surtout en Irlande. Il donne aux *exempla* tout le développement qu'ils comportent. Toutefois, pour ce qui est des siens propres, il semble faire effort pour les dramatiser et dans le but d'émotionner l'auditoire. En terminant, il se sert parfois de la formule *explicit exemplum* sans cependant la faire suivre d'une réflexion morale ou d'une moralisation. Néanmoins, il lui arrive d'y ajouter exceptionnellement des conseils pratiques relatifs au prédicateur. C'est ainsi qu'il lui conseille de s'enquérir préalablement de la qualité de l'auditoire avant de se servir de tel ou tel récit de façon à ne pas scandaliser les auditeurs [11], de n'employer que des termes courtois « caveat qui predicat ut verba curialia dicat » [12], de

10. Ces rubriques s'arrêtent à la lettre M (commençant par *De accidia* et se terminant par *De mortis memoria*). Le reste, de N à Z, soit un tiers environ, fait défaut. Il nous a été impossible d'en retrouver trace dans les bibliothèques anglaises. Le recueil complet a probablement comporté un peu plus de 300 *exempla*.

11. V. édit. Little, n°s 154, 155.

12. *Ibid.*, n° 165.

tirer du récit une leçon morale adaptée aux circonstances [13] et surtout d'éviter de faire intervenir dans le sermon des controverses politiques du moment [14].

Ses sources — il n'y en a pas moins de quarante-trois citées au cours du texte — sont en grande partie les sources communes du passé, mais comprennent aussi dans une certaine mesure les écrits contemporains et ses souvenirs personnels [15]. Ces derniers surtout — au nombre de vingt-sept — en relatant des événements contemporains, des expériences religieuses et des faits de la vie privée du compilateur donnent au recueil toute sa valeur. Quels que soient les récits, ils sont représentés par une certaine variété de types, parmi lesquels prédominent le récit hagiographique et dévot, le récit d'apparitions et l'*exemplum* personnel [16].

13. *Ibid.*, n°s 125, 197.

14. *Ibid.*, n° 104.

15. Ce sont, pour l'antiquité chrétienne, outre la Bible, les écrits du Pseudo-Denis, de saint Athanase, de saint Jérôme, de saint Jean Chrysostome, de saint Augustin, les *Vitæ Patrum* (36 fois citées), de Grégoire le Grand (*Dialogues, Homélies*), de Cassiodore (*Historia tripartita*) ; pour le Moyen Age antérieur : le Roman de Barlaam et de Josaphat de saint Jean Damascène, l'Histoire ecclésiastique du vénérable Bède, le Pseudo-Turpin, les *Libri II de miraculis* de Pierre de Cluny (le vénérable), les écrits de Hugues de Saint-Victor, les miracles de Notre-Dame, les vies des saints (sainte Marthe, saint Jean l'aumônier, saint Brendan, saint Kentigern, saint Ouen, saint Prix, saint Bernard, saint Thomas de Cantorbéry, saint Edmond de Cantorbéry), l'*Historia scolastica* de Pierre le Mangeur, le *Rationale divinorum officiorum* de Jean Beleth, le traité *De naturis rerum* d'Alexandre Nequam, la *Gemma ecclesiastica* de Giraud de Barri (28 fois citée), les *Chronice breves;* pour l'époque contemporaine : la *Summa virtutum et vitiorum* de Guillaume Peraud (n°s 47, 80, 81 — 68, 69, 70, 71, 133, 143, 193), les sermons de Jourdain de Saxe (208), d'Alexandre Suerber, archevêque d'Armagh (146), de Richard Fishacre (31), du frère Wycumbe (206), des sermons anonymes (48, 49, 86, 121, 130, 137), des Postilles sur saint Jean (4), des recueils d'*exempla* contemporains comme le *Liber* de Jean de Kilkenny (136), le *Liber* d'un frère mineur anonyme (51), les *exempla communia* (9, 166, 157, 212), les *exempla Deodati* (98, 149, 207) — ce dernier cité dans le ms. 228 ff. 228-232rb de Balliol College Lib. (Oxford), sous le nom de « Frater de ordine minorum Deodatus nomine quondam minister Hybernie » — ce qui démontre bien qu'il circulait dans les îles britanniques des recueils dont il ne subsiste plus aucune trace; v., pour plus de détails, édit. LITTLE, Introd., p. IX-XII.

16. Il y a exceptionnellement une seule légende, la légende galloise du château disparu; v. édit. LITTLE, n° 112.

Cependant malgré l'intérêt qu'il présente, le *Liber exemplorum* ne semble pas avoir exercé une influence notable sur les compilateurs postérieurs. C'est à peine si l'on en trouve trace chez l'un ou chez l'autre. Il est plus que probable qu'il a été supplanté par des recueils mieux conçus tels que la *Tabula exemplorum* et le *Speculum Laicorum*, comme nous le verrons dans les pages suivantes.

2. La Tabula Exemplorum secundum ordinem alphabeti [17].

Le recueil connu sous le titre de *Tabula* [*Liber ou Tractatus*] *Exemplorum de habundancia adap*[*ta*]*cionum ad omnem materiam in sermonibus secundum ordinem alphabeti ordinata* est, comme le précédent, l'œuvre d'un frère mineur. Il comporte un ensemble de trois cents *exempla* groupés sous cent cinquante et une rubriques à arrangement alphabétique (*Accidia-Xristus*).

Le compilateur, en effet, est un membre de l'ordre de saint François. Le nom du fondateur, ses faits et gestes sont rappelés au cours du texte avec un accent de pieuse vénération [18], tandis qu'il n'est nulle part fait mention de saint Dominique. Si les Frères-Prêcheurs y sont nommés, c'est concurremment avec les Mineurs [19]; par contre, ces derniers ont leur place marquée dans un trait curieux attribué à Louis IX et que le compilateur a pu entendre de la bouche même du roi [20]. L'ordre des Mineurs y est du reste représenté comme l'ordre idéal, où tout homme qui veut atteindre à la perfection chrétienne, doit se réfugier [21].

Si l'on y ajoute les nombreux emprunts faits au traité *De proprietatibus rerum* de son confrère Barthélemy l'Anglais, ce caractère de réalisme qui circule à travers tout le

17. V. notre édition (Paris, 1926).
18. V. édit. nos 104, 133, 212, 240.
19. V. édit., n° 301.
20. V. édit., n° 141. Le voici : « Rex Francie dicebat quod fratres minores propterea bene cantant, quia vacui sunt et habent parum comedere. Si ergo vis canere et Deum laudare de intimo tuo, terram ejicias i. e. amorem terrenorum. »
21. V. édit., n° 83 : *Exemplum* d'un chevalier qui se fait mineur.

recueil, et cet appel constant aux comparaisons empruntées aux règnes de la nature, qui est encore plus propre, à la prédication franciscaine qu'à celle des Dominicains, on a épuisé les arguments qui militent en faveur de l'attribution de la *Tabula exemplorum* à un frère mineur.

Ce dernier est Français et vraisemblablement d'origine rurale. Il a, en effet, émaillé les diverses parties du recueil, d'expressions et de proverbes français, d'*exempla* curieux, où des personnages français historiques ou légendaires, spécialement ceux du XIIe et du XIIIe siècle, jouent un rôle avantageux [22] et localisé certains récits en France [23].

Les nombreuses citations d'animaux — une soixantaine environ — et les allusions faites à la vie des manants et aux travaux des champs, dénotent chez l'auteur une connaissance assez minutieuse du monde rural et mettent par là en évidence son origine campagnarde [24].

En ce qui concerne la date de composition du recueil, il semble, d'après certains indices, avoir été compilé sous le règne de Philippe le Hardi (1270-1285).

La part qui y est faite du duel judiciaire [25] fait en effet supposer que la rédaction du recueil n'a pas été faite sous Louis IX (+ 1270), puisque ce prince avait prohibé la pratique des combats singuliers dans ses domaines par une ordonnance datée de 1260, mais plutôt sous le règne de Philippe le Hardi, qui non seulement tolérait, mais encore encourageait ce genre de combats. En outre, les allusions non voilées faites aux troubles qui agitèrent l'Université de Paris entre 1270 et 1277 [26] militent en faveur d'une date qu'il y a lieu de placer aux environs de 1277. C'est donc, semble-t-il, vers 1277 que la *Tabula exemplorum* a été compilée.

En l'absence du prologue explicatif, qui fait défaut dans tous les manuscrits, nous sommes réduit à dégager le but et la méthode du compilateur, le plan et les sources du

22. V. édit., n°s 11a, 29, 33, 40, 49, 127, 141, 153, 200, 221, 224, 253, 255, 257, 267, 269, 309.
23. *Ibid.*, n°s 43, 54, 73, 169, 200, 256, 260, 276, 308.
24. *Ibid.* Introduction, p. IV-VII.
25. *Ibid.*, n°s 110, 181, 217a, 239.
26. *Ibid.*, n° 228, à la rubrique : *Panis eucharistie.*

recueil d'après le texte même qui subsiste. A considérer ce dernier, c'est évidemment un manuel de prédication populaire renfermant la synthèse de la théologie dogmatique et morale à l'usage de ses confrères, que notre mineur a voulu composer. A cet effet, il a eu recours pour concentrer tout son enseignement au système des rubriques à arrangement alphabétique au nombre de cent cinquante et une. Il a divisé chaque rubrique en deux parties, l'une explicative, l'autre anecdotique. La première comprend à la fois des explications théologiques, entremêlées de remarques personnelles du compilateur sur la vie et les mœurs de son temps, de traits empruntés à la nature végétale et animale, de comparaisons suivies le plus souvent de courtes moralisations, de définitions, de citations d'autorités de l'antiquité sacrée et profane et du Moyen Age, extraites surtout de la grande compilation d'Etienne de Bourbon. La seconde partie se compose exclusivement d'*exempla* puisés à la fois aux sources du passé et du présent [27] et de l'expérience personnelle de l'auteur, qui nous a transmis ainsi un certain nombre de traits originaux.

L'*exemplum* forme comme la conclusion logique du point doctrinal exposé dans la rubrique, sous laquelle il est placé. Il est introduit d'après les formules ordinaires et généralement présenté sous une forme abrégée. Même quand il est normalement développé, il ne renferme aucun détail superflu, qui prêterait à la dramatisation du sujet. Parfois, il est suivi aussi d'une moralisation, d'ordinaire empruntée à

27. Ce sont, pour l'antiquité profane : Valère Maxime, Sénèque (*De beneficiis, Epistole, Dialogi*), Pline (*Histoire naturelle*) ; pour l'antiquité sacrée : la Bible, Josèphe (*Antiq. Jud.*), saint Jérôme (*Ecrits*), Grégoire le Grand (*Dialogues*) ; pour le Moyen Age : les vies de saints (saint Jean l'évangéliste, saint Clément, saint Martial, saint Cyprien, saint Hippolyte, saint Christophore, saint Ambroise, saint Augustin, saint Benoît, saint Martin, saint Léon le Grand, saint Grégoire le Grand, saint Germain d'Auxerre, saint Grégoire VII, saint Bernard, saint François d'Assise), Adon (*Chronique*), P. Alfonse (*De disciplina clericali*), Guillaume de Malmesbury (*Gesta Regum*), Jean de Salisbury (*Polycraticus*), le Pseudo-Boèce (*De disciplina scolarium*), Barthelémy l'Anglais (*De proprietatibus rerum*), des recueils d'*exempla* comme ceux de J. de Vitry, d'Eudes de Chériton (32 *exempla*), d'Et. de Bourbon (135 *ex.*), de Humbert de Romans (42 *ex.*), sans doute directement consultés et par leur intermédiaire les écrits précédents.

la même source que le sujet lui-même. Il est représenté par tous les types même le plus profane, le fabliau. Il est à noter cependant qu'à côté du type hagiographique, l'*exemplum* moralité extrait des bestiaires ou des traités d'histoire naturelle, l'emporte de beaucoup par le nombre sur tous les autres.

Aussi ce traité qui mettait la doctrine chrétienne au niveau des intelligences les plus frustes et la rendait agréable aux âmes simples à cause de son enseignement terre à terre agrémenté d'une grande variété de récits a-t-il joui d'une vogue considérable. Il subsiste, en effet, dans une vingtaine de manuscrits [28] et a fait sentir son influence dans les recueils d'*exempla* contemporains et postérieurs, tels que le *Speculum Laicorum*, le recueil du ms. 35 d'Auxerre, l'*Alphabetum Narracionum*, la *Scala Celi*, le *Doctorum Doctorale*, la *Summa Predicancium*, la *Promptuarium Exemplorum* entre autres et même dans les traités de morale et les sermonnaires. Il restera, par ailleurs, un petit monument curieux et instructif à la fois de la prédication populaire des Mineurs en France au temps de Philippe le Hardi.

3. Le Speculum Laicorum [29].

Le premier recueil en date, où l'influence de la *Tabula exemplorum* se fait sentir est celui qui porte le titre de *Speculum Laicorum*. Il se compose d'un prologue, d'une table des matières et du texte avec cinq cent soixante-dix-neuf *exempla* distribués sous quatre-vingt-sept rubriques à arrangement alphabétique (*De abstinencia - De usurariis*).

Sa date de composition doit être placée entre les années 1279 et 1292 d'après le titre de « cantuariensis archiepiscopus » donné au début du chapitre LXIX au franciscain Jean Peckam. Or ce prélat a précisément occupé le siège de Cantorbéry pendant ce laps de temps.

28. Ceux-ci se repartissent de la façon suivante : Il y en a 6 pour la France, 2 pour l'Allemagne, 7 pour l'Angleterre, 6 pour l'Autriche et 1 pour l'Italie; v., pour leur description, notre édition, Introduction, p. XIV-XXV.

29. V. notre édition (Paris, 1914).

Le compilateur est, selon toute probabilité, un membre des ordres mendiants, ayant exercé le ministère apostolique en qualité de prédicateur ambulant dans les régions orientales de l'Angleterre. Nombre de scènes de vie et de mœurs ayant trait à l'activité religieuse de ces ordres au milieu du peuple et relatées au cours du texte sont, en effet, localisées dans ces régions. D'autre part, le fond doctrinal et moral du recueil, comme le culte sacramentaire, spécialement celui de la confession et de la communion, l'exposé des vices et défauts de la société cléricale et laïque, l'exaltation des principes évangéliques, surtout celui de la pauvreté indiquent nettement qu'on a affaire ici à un moine des ordres mendiants.

S'il s'agit cependant de déterminer l'ordre auquel il a appartenu, il semble que certains arguments d'une valeur non indiscutable militent en faveur de celui de saint François. Il n'y a, en effet dans le *Speculum Laicorum,* que quatre *exempla* où les Frères-Prêcheurs sont expressément nommés [30] et encore parmi ceux-ci, deux se rapportent à la vie de saint Dominique [31].

Par contre, sept récits ont trait à la vie de saint François [32]; deux autres récits se rapportant, l'un à un miracle eucharistique [33] et l'autre, à une extase [34], ont pour témoins des Frères-Mineurs. Les écrivains cités parmi les « auctoritates » sont les franciscains Barthélemy l'Anglais, Jean Peckam, archevêque de Cantorbéry et Robert Grossetête, évêque de Lincoln, grand protecteur de l'ordre.

L'auteur, en composant le *Speculum* a voulu écrire un manuel complet de prédication populaire « ad erudicionem rudium », à l'usage de ses confrères et plus spécialement d'un de ses condisciples « assumptus nuper ad animarum curam », comme il le dit expressément dans le prologue. Et dans ce but il a groupé tout l'enseignement, c'est-à-dire les obligations religieuses et morales du chrétien « per mo-

30. V. édit., nos 86, 148, 189, 569.
31. *Ibid.*, nos 148, 189.
32. *Ibid.*, nos 127, 193, 216, 237, 452, 531, 568.
33. *Ibid.*, no 32.
34. *Ibid.*, no 122.

dum alphabeli » autour de quatre-vingt-sept rubriques ou titres de chapitres. Chaque chapitre se compose de deux parties distinctes, à savoir d'une définition avec division, subdivision et d'un exposé du sujet, entremêlé de citations d'autorités et complété par des *exempla*. Les définitions et les citations sont exclusivement extraits des manuels de théologie ou de droit canonique courants, des *Dicta moralia philosophorum*, des traités *De natura rerum* ou encore des répertoires de distinctions, qui circulaient alors un peu partout [35]. Quant aux *exempla*, ils sont tirés de sources diverses, dont le compilateur nous fournit une indication générale dans ce même prologue en ces termes : « Ad honorem Dei erudicionunque rudium de sanctorum patrum legendis et scriptis temporunque preteritorum ac modernorum quibusdam eventibus exemplisque naturalibus non margaritas, set siliquas collegi », c'est-à-dire sont empruntés à des écrits antérieurs, comme les livres historiques sacrés ou profanes, aux vies de saints, à des compilations théologiques ou à des écrits récents, à des traités d'histoire naturelle et aux événements contemporains [36] et à ses propres souvenirs.

35. V. édit., Introd., p. xx, où sont mentionnés les noms des « autorités » profanes et chrétiennes.

36. Ce sont, pour l'antiquité profane : Sénèque (*Tragédies*), les *Gesta Alexandri Magni;* pour l'antiquité sacrée : la Bible, Eusèbe de Césarée (*Historia ecclesiastica*), saint Augustin (*De civitate Dei, Liber de cura animarum, Sermones*), les *Vitæ Patrum* (101 *ex.*), saint Jérôme (*Lettres*), saint Grégoire le Grand (*Homélies, Dialogues*), Cassiodore (*Hist. tripartita*) ; pour le Moyen Age : Grégoire de Tours (*Lib. miracul.*), Bède (*Hist. eccles. gentis Anglorum*), Pierre Damien (*Opuscules*), P. Alfonse (*De disciplina clericali*), Guillaume de Malmesbury (*Gesta Regum*), Pierre de Cluny (*Lib. miracul.*), Herbert de Torrès (*De miraculis libri III*), Jean de Salisbury (*Polycraticus*), Pierre le Chantre (*Verbum abbreviatum*), Pierre le Mangeur (*Historia scolastica*), le Purgatoire de saint Patrice, le *Physiologus*, les vies de saints (saint Alphège, saint Amand, saint Ambroise, saint André, saint Anselme, saint Augustin de Cantorbéry, saint Avit, saint Barlaam, saint Basile, saint Benoît, saint Bernard, saint Brendan, sainte Brigitte, sainte Christine, saint Cuthbert, saint Denis, saint Dominique, saint Edmond de Cantorbéry, sainte Edithe, saint Edouard, saint Gilles, saint Eloi, saint François, saint Fursy, saint Henri, saint George, saint Germain d'Auxerre, saint Germain de Paris, saint Jean le Patriarche, saint Jean l'abbé, saint Jérôme, saint Julien, saint Kentigern, saint Laumer (*Launomarus*), saint Laurent, saint Longin,

Ils font suite à l'exposé doctrinal, sont parfois placés bout à bout et se répartissent en général d'une façon très inégale sous les différentes rubriques. Ils sont introduits non seulement selon les formules ordinaires (fertur, legitur, etc.), mais encore à l'aide de l'indication de leur source ou de leur localisation dans le temps et dans l'espace. Ils sont d'habitude présentés sous une forme simple et abrégée. Certains d'entre eux, comme les fables et les traits tirés des bestiaires sont suivis d'une moralisation et encore celle-ci est-elle brièvement indiquée.

Quels que soient les *exempla,* ils représentent dans leur ensemble une grande variété de types, parmi lesquels prédominent l'*exemplum* dévot (hagiographique) (pour un bon tiers du recueil), la fable, l'*exemplum* moralité, le récit d'apparitions et l'*exemplum* personnel.

Aussi le *Speculum Laicorum,* où tant de côtés de la vie religieuse du peuple sont touchés, où toutes les conditions sociales avec leurs vices et leurs défauts sont passées au crible de la critique, où tant de personnages de marque et d'événements spécialement localisés en Angleterre sont signalés, a-t-il dû présenter un vif intérêt pour les auditoires. Sa grande vogue est attestée par les dix-neuf manuscrits, où il subsiste totalement ou partiellement [37]. Son influence s'est faite également sentir dans plusieurs recueils d'*exempla* postérieurs, tels que le recueil du ms. addition-

saint Macaire, sainte Marthe, saint Martial, saint Martin, saint Maurille, saint Nicolas, saint Olaf, saint Ostwald, saint Ouen, saint Paul, saint Paulin, saint Prix, saint Quentin, sainte Radégonde (Cunégonde), saint Rémi, saint Sébastien, saint Silvestre, saint Théodore, saint Thomas Becket, saint Vaast, avec 123 *exempla*), les miracles de Notre-Dame (26 *ex.*) ; pour le temps contemporain : des écrits et recueils comme le *Dialogus* de Césaire de Heisterbach, les compilations d'*exempla* de J. de Vitry, d'Eudes de Chériton, d'Et. de Bourbon, de Humbert de Romans, du ms. Royal 7. D. I, la *Tabula Exemplorum*, la Légende dorée de J. de Voragine, le traité *De proprietatibus rerum* de Barthélemy l'Anglais, le *Liber de natura bestiarum* (v. *B. M.*, ms. Harley 3244 ff. 33-72, XIIIe s.), que le compilateur a pu consulter directement ainsi que ses souvenirs personnels (pour tous ces écrits récents, v. *ut supra* et l'édit., Introd., p. XXIV-XXXIII).

37. V. édit., Introd., p. IX-XIX et p. 167, pour la description de 18 mss. auxquels nous ajoutons le suivant : Tolède : Bibl. Blas Hernando, ms. 489 (non fol.) (XVe s.).

nel 33956 du Musée Britannique (v. *ut supra*), les *Gesta Romanorum*, la *Summa Predicancium*, le *Speculum Spiritualium* (v. *infra*) et même dans les sermonnaires, tel que celui de Jean Felton (v. *infra*).

4. Le Recueil du Ms. 35 de la Bibliothèque Municipale d'Auxerre [38].

Ce recueil qui, par son *incipit* et son *explicit,* présente une ressemblance frappante avec la *Tabula Exemplorum* sans pourtant se confondre avec elle, comprend un ensemble de quatre cent quatorze *exempla* placés sous des rubriques alphabétiques (*Accidia - Xristus*).

Le compilateur est vraisemblablement un frère mineur d'origine anglaise. Certains récits nous fournissent en effet à ce sujet quelques éclaircissements. Le fait qu'il rapporte sur la pratique de la pauvreté par saint François [39], le beau rôle qu'il attribue aux prédicateurs populaires [40], les attaques qu'il dirige contre les vieux ordres et le clergé séculier sans même épargner l'épiscopat et la cour romaine [41] nous inclinent à penser que la compilation est selon toute apparence sortie de la plume d'un petit-fils du Poverello d'Assise appartenant à la tendance rigoriste des Spirituels.

38. V. *Catalogue des mss. de la Bibl. municipale d'Auxerre;* L. Delisle, *Cabinet historique,* t. XXII, p. 7-10, où il réfute l'attribution du traité à Pierre Alfonse par Buchon; l'introduction de notre édition de la *Tabula Exemplorum,* p. vi. Le recueil occupe, dans le ms. 35 les ff. 1-213 (XIVe s.). Il commence par cette rubrique alphabétique : « *Accidia.* Nota accidiosus est sicut canis famelicus... », et se termine par la suivante : « *Xristus :* Ascensio quandoque fit per timorem... id est corpore ejus verberato, cruce extenso elevati sunt maslardi id est peccatores. Explicit o Petre nunc siste. »

39. V. ms. f. 178rb : « Exemplum de beato Francisco, cujus socius adhuc novicius cum haberet adhuc bursam ad lumbare et quererent panem per vicum, nihil (f. 179ra) invenerunt. Tunc novicius revelavit hoc beato Francisco et statim sanctus dedit eam pauperibus cum pecunia et requisito pane, statim invenit. »

40. *Ibid.*, f. 206rb.

41. *Iibid.*, f. 111ra : « Nota pauperes in nomine Dei vel be Virginis pro justicia supplicantes repelluntur, sed divites in nomine sanctorum Albini et Ruphini in omnibus curiis exaudiuntur; unde quidem presulis Sterlingi seu martyris ossa Ruphini aurei Rome quisquis habet, vincere cuncta valet. »

D'autre part, son origine anglaise semble être attestée par la citation d'un certain nombre d'*exempla* à fond exclusivement anglais et qu'on chercherait en vain dans des recueils écrits par des Français [42]. Les trois grands personnages de la hiérarchie ecclésiastique, saint Thomas Becket, saint Edmond de Cantorbéry, Jean Peckam « dominus cantuariensis », qui ont leur place marquée dans le recueil, sont Anglais [43]. Il est même fait allusion au cours du texte à un proverbe anglais, que le copiste inexpérimenté a été incapable de reproduire [44].

Lui-même, d'après les noms de lieux et de personnages cités, semble avoir exercé son activité apostolique à Paris et dans ses environs [45].

Pour ce qui est de la date de composition du recueil, le *terminus a quo* nous est fourni par celle de la *Tabula Exem-*

42. V. ms. f. 108rb : « De quodam clero ebriato et equo » ; f. 114rb : « De quodam crucesignato in Angliam ordinem cisterciensem intrante et diabolo » ; f. 128rb : « De quodam patre tres filios probante de hereditate sua » (*cf.* WRIGHT, *Latin Stories*, p. 36, n° 34, et *Speculum Laicorum*, n° 536) ; f. 130vb : « De illo qui tria perjuria fecerat et ejus pena » (v. Worcester Cath. Lib., ms. F. 154 f. 279vb) ; f. 137vb : « De quodam monacho in Anglia nocte parasceves crucem adorante et ejus extasi » ; f. 175va : « De quodam rege Anglio a papa petente ut mitteret sibi corpus Christi » ; f. 255vb : « De quodam clerico in Hyspania in malis artibus edocto et redeunte in Angliam et diabolo invocato. »

43. V. mss. f. 237ra, f. 283ra, f. 78ra.

44. V. ms. f. 194rb : « Solet enim dici anglice [texte manque] hoc est quod trocarius habet trocarium et trocarius subtrocarium, tunc subtrocarius est omnium trocariorum infelicissimus. Sic homo peccator omnium. »

45. Le nom de cette ville avec les noms des personnages qui y ont joué un certain rôle religieux ou politique comme les évêques Eudes (f. 38rb) et Guillaume d'Auvergne (f. 174rb), Pierre le Chantre (f. 170ra), Pierre de Corbeil (f. 250vb), les chanoines de Saint-Victor (f. 100va), Louis le Gros (f. 26vb), Philippe Auguste (f. 107ra), Louis IX (f. 181rb), ou avec des scènes qui s'y sont passées, revient une quinzaine de fois dans les *exempla* (ff. 26vb, 31ra, 38vb, 100va, 107vb, 137va 141, 146, 152rb, 170, 174rb, 221rb, 232rb, 250rb, 282vb). Comme villes du voisinage où certains récits sont localisés, il y a lieu de mentionner Auxerre (f. 256va), Reims (f. 60ra), Noyon (f. 221rb), Corbeil f. 270rb), Saint-Quentin (f. 134). Occasionnellement, d'autres villes et régions plus éloignées sont également citées, à savoir : Langres (f. 177ra, f. 255vb), Toulouse (f. 223ra), Montpellier (f. 221rb), Rome (f. 43va, f. 175va), les Flandres (f. 16rb), l'Albigeois (f. 60ra) et l'Espagne (f. 255vb).

plorum (compilé aux environs de 1277), à laquelle l'auteur a directement emprunté le cadre des rubriques alphabétiques ainsi qu'une quinzaine d'*exempla,* et le *terminus ad quem* par deux récits, où Louis IX (canonisé en 1297) est cité sans le qualificatif de saint [46]. C'est donc entre les années 1277 et 1297 que le recueil a été compilé et si l'on admet que le « dominus cantuariensis » de Jean Peckam, également cité [47], qui a occupé le siège de Cantorbéry de 1279 à 1292, était encore vivant, plus exactement entre ces deux dernières dates.

Le texte, qui subsiste dans la copie manuscrite plus ou moins correcte d'Auxerre, affecte le même cadre à rubriques alphabétiques, comme nous l'avons dit, que celui de la *Tabula Exemplorum.* De même, chaque rubrique comprend deux parties distinctes, dont l'une embrasse brièvement les définitions, les citations d'autorités tant profanes que chrétiennes et des proverbes, et l'autre les *exempla* proprement dits au nombre de quatre cent quatorze. Ces derniers sont puisés dans les écrits du passé et du présent [48], ainsi que dans les souvenirs personnels du compilateur. Comme ceux de la *Tabula,* ils sont en général présentés sous une forme écourtée et renferment pour ainsi dire tous les types, parmi lesquels pourtant le récit pieux et l'*exemplum* personnel occupent la plus large place.

46. V. ms. f. 26va : « Anselmus camerarius regis Ludowici pinguis fuit... » ; f. 181rb : « Item nota rex Ludowicus cum semel egrotaret... »

47. *Ibid.*, f. 78ra : « Cuidam mulieri se peplanti dominus cantuariensis dixit... »

48. Ce sont, pour le passé profane et chrétien, ceux de Valère Maxime, de Sénèque, de saint Augustin, de saint Jérôme, de Rufin (*Vitæ Patrum*), d'Eusèbe, de saint Grégoire le Grand, Cassiodore (*Hist. tripartita*), le *Liber de gestis Salvatoris,* les vies de saints (saint André, saint Clément, saint Jacques, saint Martin) ; pour le Moyen Age : la vision de saint Paul, la *Disciplina clericalis* de P. Alfonse, les miracles de Notre-Dame, le Pseudo-Turpin (*Historia Karoli magni*), P. le Chantre (*Verb. Abbreviatum*), les miracles eucharistiques, les bestiaires, le Roman du Renard, les vies de Thomas Becket et d'Edmond de Cantorbéry; pour le présent : des recueils d'*exempla* comme ceux de J. de Vitry (80 *exempla*), d'Et. de Bourbon (150 *exempla*), la *Tabula Exemplorum* (v. édit., surtout n°s 223, 224, 225, 226, directement reproduits dans le recueil), l'expérience du compilateur, car bien des récits proviennent de lui ou par son intermédiaire, de recueils qu'il a pu consulter et qui n'existent plus.

Il est étonnant qu'un recueil, qui renferme tant d'*exempla* curieux, n'ait pas exercé une influence quelconque sur les compilations contemporaines et postérieures. Il est fort probable qu'il s'est trouvé supplanté par d'autres recueils plus appropriés aux circonstances du moment et trouvant par conséquent plus de faveur auprès des prédicateurs populaires, mais il ne reste pas moins vrai qu'il a dû rendre de grands services à ceux qui l'ont consulté et qu'il reste pour nous une source de renseignements précieux et comme l'alter ego de la *Tabula Exemplorum*.

XIVe SIÈCLE.

5 L'Alphabetum Narracionum du dominicain Arnold de Liège (+ 1345) [49].

Le succès qu'avaient obtenus auprès des prédicateurs populaires de la fin du XIIIe siècle, les recueils d'*exempla*

49. V., pour la bibliographie, HERBERT, *op. cit.*, t. III, p. 423-449. Nous avons spécialement consulté, pour notre étude, les mss. de Paris, de Londres, de Troyes et de Bâle. Le prologue commence invariablement dans tous les mss. par cet *incipit:* « Antiquorum patrum exemplo didici nonnullos ad virtutes fuisse inductos... », et le texte, par cette rubrique : « *Abbas.* Abbas non debet esse nimis rigidus... », pour se terminer par cette autre rubrique : « *Zelotipa.* Zelotipa est mulier de marito habita modica occasione... » Le tout est suivi dans un certain nombre de mss. de ce colophon : « Finis hic venit et ecce jam venit hujus alphabeti finis illi gracias qui est alpha et omega principium et finis. Quem qui hunc librum lecturi sunt orare devote dignentur ut horum compilator cujus nomen in prologo continetur eorum oracionibus adjutus finem legatum consequi mereatur. Quod ipsis prestare dignetur sancta trinitas unus Deus sine fine benedictus in secula seculorum amen. » Il y est ajouté parfois aussi une table alphabétique des matières, dont le nombre des rubriques varie selon les mss. Ainsi, dans le ms. lat. 15913 de la *B. N.*, ff. 88-89vb, il y en a 517; *ibid.*, dans le ms. n. a. lat. 730 ff. 195ra-197rb, il n'y en a que 435; au contraire, dans le ms. de la *B. V.* de Troyes 1364 ff. 111-113, il y en a 533, et dans les mss. de la *B. Univ.* de Bâle, B. x. 7 f. 172rv et A. vi. 1 ff. 172v-174r, il y en a 550 (« Summa omnium vocabulorum de quibus narraciones continentur in hoc volumine quingenta et quinquagenta »). De même, le nombre des *exempla* varie selon les recueils entre 802 et 818. Ainsi, dans le ms. Harley 268 du *B. M.*, il n'y en a que 802, tandis que dans le ms. n. a. lat. 730 de la

à arrangement alphabétique, non seulement à cause de leur fond doctrinal, mais encore surtout à cause de leur dispositif commode, encourageait d'autres compilateurs à continuer dans la même voie au XIVe siècle. Ces derniers, en effet, non contents de compiler des recueils comme ceux du passé, y perfectionneront encore le procédé et lui donneront une plus grande extension. Le XIVe siècle sera par excellence la période des grandes compilations à ordre alphabétique.

La première parmi celles-ci, qui s'offre chronologiquement à notre étude, est l'*Alphabetum Narracionum,* auquel le compilateur a adjoint sous forme de supplément le *Liber de mirabilibus mundi.*

Ce vaste recueil comprend un prologue et un ensemble d'environ huit cents *exempla* (entre 802 et 818) placés sous un nombre variable de rubriques à arrangement alphabétique (le plus élevé est de 550) (*Abbas-Zelotypa*).

Son auteur est un certain Arnold de Liège, de l'ordre des Frères-Prêcheurs [50].

B. N., il y en a 818. Exceptionnellement, un seul ms., celui de la *B. Univ.* de Bâle, B. IX. 12, renferme une rubrique supplémentaire sous le titre de *Terremotus,* avec trois *exempla,* dont les deux premiers extraits du *Dialogus miraculorum* de Césaire de Heisterbach et dont le troisième n'est autre que le récit du tremblement de Bâle en 1356. On y lit du reste, en manière *d'explicit,* f. 327rb : « Explicit liber qui intytulatur A. N. scriptus a fratre Cunrado de Waltenkoven ord. pred. et finitus anno d[i] M°CCC°LX° in octava sanctorum innocencium. » C'est sans doute ce copiste qui a ajouté la rubrique : *Terremotus* (v., au sujet de ce Conrad de Waldighofeu, *Beiträge zur vaterländischen Geschichte,* t. X, p. 257) ; v. aussi notre inventaire numéroté.

50. On a été fort longtemps dans l'incertitude au sujet de la paternité de ce recueil. Plusieurs auteurs de biographies ou écrivains d'histoire littéraire, tels que Laurent Pignon (+ 1449) (v. B. Hauréau, *Not. et Ext. de quelques mss. lat. de la B. N.* (Paris, 1891), t. II, p. 68-75), Léandre (Albert) (XVe s.) (*De viribus illustribus Ordinis Predicatorum,* Bologne, 1517, f. 39), Quétif et Echard (XVIIIe s.) (*op. cit.*, t. I (1719), p. 430), F. Lajard (XIXe s.) (*Hist. Litt.*, t. XX (1842), p. 271-274), l'ont tour à tour attribué à Etienne de Besançon, 8e maître général des Dominicains (+ 1294). B. Hauréau (*op. cit.*) a été le premier à discuter la question de l'auteur, en démontrant qu'Etienne de Besançon ne pouvait nullement en être l'auteur. Après lui, M Herbert a repris la discussion à son propre compte dans la revue

Lui-même, en effet, fait connaître son nom par les indications qu'il nous fournit à son sujet dans l'*explicit* final, dont le texte se trouve dans un certain nombre de manuscrits [51]. On y lit : *Finis huic venit et ecce nunc venit hujus alphabeti finis. Illi gracias qui est alpha et omega, principium et finis. Quem qui hunc librum lecturi sunt, orare devote dignentur, ut horum compilator, cujus nomen in prologo continetur, eorum oracionibus adjutus, finem legatum consequi mereatur.* C'est donc dans le prologue qu'il faut chercher le nom du compilateur. Il se trouve sous forme d'acrostiche dans les lettres initiales des phrases du prologue qui, d'après les meilleurs manuscrits, donnent le nom

The Library (janvier, 1905, p. 94-101) et l'a résumé dans le *Cat. of Rom.*, t. III, p. 423-428, en concluant que le dominicain Arnold de Liège était l'auteur de l'*A. N.*

L'attribution erronée du traité à Etienne de Besançon provient de Laurent Pignon. Celui-ci, en effet, en s'appuyant sur la mention suivante : « Hunc librum composuit R. magister ordinis VIII, magister Stephanus Bisuntinus, qui obiit MCCXCV et quievit in conventu Lucano », insérée en haut du recto du premier feuillet du ms. I. II. 15 de la Biblioteca Nazionale de Florence (qui se trouvait avant d'être versé dans ce nouveau dépôt à la Bibl. du couvent de Saint-Marc de la même ville), l'a attribué à cet auteur. Cette mention, du reste, n'est qu'une insertion postérieure à la copie et parmi les cinquante copies manuscrites qui subsistent, celle de Florence est la seule qui la renferme. Les biographes postérieurs en se réclamant de l'autorité de Laurent Pignon, ont continué à commettre la même erreur jusqu'à B. Hauréau et M. Herbert exclusivement.

Disons cependant, pour être juste envers Laurent Pignon et Quétif et Echard, que le nom d'Arnold ne leur était pas inconnu. L. Pignon le cite d'après un catalogue de livres dominicains : *F. Arnoldus leodiensis, qui scripsit librum qui dicitur narraconi... item librum de mirabilibus mundi* (*op. cit.*, n° 84). Quétif et Echard le mentionnent d'après cet auteur dans les mêmes termes (v. *op. cit.*, t. I, p. 721). Cependant, par suite de la lecture fautive du mot *narraconi,* faite par celui-ci, ces derniers n'ont pas été à même de l'identifier avec celui de *narracionum,* et de constater que l'un et l'autre n'étaient que le même titre du même traité du même auteur.

51. V. *B. N.*, ms. lat. 15913 f. 88v, n. a. lat. 730 f. 197; Sainte-Geneviève, ms. 546 f. 187v; Arsenal, ms. 365 f. 188v; Arras, *B. V.*, ms. 806 f. 202r; Cambrai, *B. V.*, ms. 584 f. 177r; Marseille, *B. V.*, ms. 390 f. 127r; Reims, *B. V.*, ms. 513 f. 229r; Oxford, Merton Coll. Lib., ms. 84 f. 79r; Saint-John's Coll. Lib., ms. 112 f. 222r; Vienne, Hofbibl., ms. lat. 5425 f. 210v; Milan, Ambrosienne, mss. T. 45 f. 112r, I. 216 f. 127rb, T. 118 f. 161va.

d'Arnuldus (*Antiquorum..., Refert..., Narraciones..., Utile..., Legimus..., De..., Usus..., Sic...*) [52].

Ce nom n'était d'ailleurs pas inconnu aux écrivains littéraires du temps. Un catalogue anonyme renfermant une liste d'écrivains dominicains du XIVe siècle le mentionne en ces termes: « Fr. Arnoldus Leodiensis scripsit librum qui dicitur narracio. Item librum de mirabilibus mundi », et le classe parmi les *magistri in theologia* de l'Université de Paris : *Frater Arnulphus Leodiensis licenciatus anno domini MCCCV* [53].

Léandre Albert le cite aussi comme un homme d'une rare intelligence : *vir acris ingenii,* et comme ayant appartenu à l'ordre des Frères-Prêcheurs : *ab anno MCCCV ad MCCCXLV* [54].

Le compilateur, du reste, malgré ce semblant d'anonymat qu'il a voulu garder, se permet de faire, au cours du texte, des allusions discrètes à sa personne et à son milieu d'origine.

D'abord son nom propre figure dans deux *exempla,* l'un se rapportant à son patron, saint Arnoul, évêque de Metz (+ 640) [55], et l'autre à l'empereur Arnoul (887-899) [56].

Puis dans huit *exempla* il se cite lui-même sous le nom de *narrator* comme la source originale de ce qu'il rapporte [57]. Sous la rubrique : *Demon,* il se nomme même *narrator leodiensis* et place à Liège la scène d'un de ses récits : *In civitate leodiensi demon quendam juvenem adamavit...*

52. L'emploi d'acrostiches était assez fréquent au Moyen Age. Ainsi, Césaire de Heisterbach, pour ne citer que cet auteur, s'est également servi de ce procédé pour son nom dans les huit lettres initiales de ses *Libri VIII miraculorum* (v. édit. A. Meister, *ut supra cit.*).

53. V. H. Denifle, *Archiv für Litteratur und Kirchengeschichte des Mittelalters : Quellen zur Gelehrtengeschichte des Predigerordens,* t. II (1886), pp. 233, 212.

54. V. *op. cit.,* f. 138v.

55. V. *A. N.,* à la rubrique : *Remissio* (683) : le récit de l'anneau retrouvé dans les entrailles du poisson.

56. V. *Compendium mirabilium, B. N.,* n. a. lat. 730 f. 233 : le récit de la maladie de l'empereur Arnoul.

57. V. *A. N.,* les rubriques : *Abbas* (5), *Ballivus* (100), *Demon* (256), *Fur* (331), *Legatum* (433), *Mors* (518), *Mulier* (529), *Verbum* (771).

Enfin, il semble se complaire à mentionner de préférence parmi ses sources, des écrivains qui ont vécu dans le voisinage de Liège, ou du moins, y ont joui d'une certaine vogue, comme Sigebert de Gembloux, Jacques de Vitry, Césaire de Heisterbach, le Chronographus [58].

A ajouter que les compilateurs contemporains et postérieurs ne se sont pas fait faute de citer comme une de leurs sources d'information, le titre de l'*Alphabetum Narracionum* ou le nom d'Arnold avec ou sans le titre des deux recueils [59].

58. Sigebert lui a fourni un appoint de trois récits dans l'*A. N.* (v. aux rubriques : *Hospitalitas* (304), *Loqui* (445), *Paupertas* (612) et une quarantaine dans la seconde partie du *Compendium Mirabilium;* J. de Vitry en est pour soixante-cinq, dont dix (v. aux rubriques : *Abstinencia* (21), *Castitas* (136), *Cibus* (144), *Demon* (245), *Lacrima* (425, 426), *Oracio* (590, 591), *Purgatorium* (663), *Virginitas* (782), sont extraits de sa vie de Marie d'Oignies (près de Tamines), célèbre par ses miracles dans toute la Wallonie et le Brabant (v. *Acta SS.*, 23 juin, p. 548 et sq.); Césaire de Heisterbach pour cent soixante récits, dont plusieurs ont pour théâtre la région de Liège et le *Chronographus* pour une cinquantaine de récits dans la seconde partie du *Compendium Mirabilium.*

59. C'est ainsi que son confrère et contemporain Jean Gobi le jeune cite l'*A. N.* dans le prologue de la *Scala Celi* comme une de ses sources favorites : *Ex alphabeto narracionum* (v. *infra*). Son autre confrère contemporain, le compilateur du *Doctorum Doctorale,* emprunte quelques récits à l'*A. N.* et quelques autres ainsi que des descriptions au *Compendium Mirabilium,* et mentionne le nom d'Arnold à l'occasion de la description de l'améthyste (v. *ut supra,* ms. cit. f. 136). Un troisième confrère, postérieur celui-là d'un siècle, Jean Herolt (+ 1468), dans son *Promptuarium Exemplorum* (v. édit. Ulm, 1480, *B. N.*, Inv. Rés., D. 1782_{1-4}), cite par onze fois le nom d'Arnold, sept fois seul (A. 13, A. 18, C. 23, E. 13, M. 6, P. 122, V. 43) et quatre fois avec l'*A. N. : Arnoldus in narratorio* (J. 40, M. 31, N. 43, C. 10). Sans doute ces *exempla* sont tirés de J. de Vitry ou de Césaire de Heisterbach, mais ils concordent pour ainsi dire *verbatim* avec le texte de l'*A. N.* L'un surtout (J. 40) relatif au juge Zaleucus, atteste un rapprochement frappant entre les deux textes. Dans l'*A. N.*, le récit se trouve sous la rubrique : *Judex,* avec cet *incipit :* « Valerius [Maximus] : Zaleucus cum filius suus adulterio dampnatus... » (Valère Maxime est la source, qui selon le procédé d'Arnold, est toujours mise en tête du récit). Celui d'Hérolt commence par l'*incipit* suivant : « Valerius Solentus cum filius suus adulterio dampnatus... », et se termine par la mention suivante : « Arnoldus in narratorio. » Valerius fait ici partie du texte par suite de l'utilisation par Herolt d'une copie mal ponctuée de l'*A. N.*, mais pour le reste, le récit est absolument identique à celui d'Arnold.

La date même de composition de l'*A. N.* peut être aisément fixée. Le *terminus a quo* nous est fourni par l'année de la canonisation de Louis IX, qui eut lieu en 1297. Ce roi est nommé avec le qualificatif de saint sous la rubrique *Mors,* à la fin d'un récit relatif à la modestie d'Olympias (538), où il est fait allusion à sa fille Isabelle, reine de Navarre (+ 1271) : *de regina Navarre Isabella filia sancti Ludovici regis Francie,* dont les derniers instants sont relatés dans un récit placé également sous la même rubrique (518: *Narrator: Isabella regine Navarre...*). Le *terminus ad quem,* c'est-à-dire de l'achèvement définitif du recueil, nous est clairement indiqué par l'*explicit* de certains manuscrits en ces termes : *Anno domini M°CCC°VIII° die martis ante festum S. Mauri abbatis mense januarii fuerunt complete iste pecie* [60].

C'est donc entre les années 1297 et 1308 que l'*A. N.* a été compilé.

Le compilateur a eu soin de faire précéder le texte d'un prologue, où il s'explique sur l'utilité de l'emploi de l'*exemplum* dans la prédication ainsi que sur le but, le dispositif et le mode d'emploi du recueil [61].

60. V. Chartres, *B. V.*, ms. 252 f. 242; Vendôme, *B. V.*, ms. 181 f. 147; Bruges, *B. V.*, ms. 556 f. 109v; Oxford, Saint-Johns Coll. Lib., ms. 112 f. 222, etc.

61. Le voici dans toute sa teneur, d'après le ms. lat. 15913 de la *B. N.*, f. 1r : « Antiquorum patrum exemplo didici nonnullos ad virtutes fuisse inductos narracionibus edificatoriis et exemplis. Refert enim de se ipso beatus Augustinus quod Ponciano vitam beati Antonii coram eo recitante ad imitandum statim exarsit. Narraciones siquidem et exempla facilius in intellectu capiuntur et memorie firmius inprimuntur et a multis libencius audiuntur. Utile ergo et expediencius nimis est viros predicacionis officio deditos proximorum salutem per terram discurrendo querentes exemplis talibus habundare quibus modo in predicacionibus omnibus modo in locucionibus familiaribus ad omne genus hominum salubrius utantur. Legimus enim devotum predicatorem predicatorum ordinis fundatorem beatum videlicet Dominicum hoc fecisse. De eo siquidem scribitur quod ubicumque conversabatur edificatoribus affluebat sermonibus, habundabat exemplis quibus ad amorem Christi seculive contemptum audiencium animus flecteretur. Usus insuper est hic exhortacionis modo beatus papa Gregorius in pluribus suis libris. Sed quia exempla ad dictum officium necessaria omnia retinere cordetenus est difficile multosque et magnos secum per longa terrarum spacia differre libros nimis grave, volui divina gracia assistente multa in hoc uno volumine

Il reprend, à cet effet, les théories sur l'*exemplum* de ses prédécesseurs Jacques de Vitry, Etienne de Bourbon et Humbert de Romans, et les résume brièvement à l'aide d'exemples dans la première partie du prologue. Dans la seconde partie il s'attache surtout à faire ressortir le but pratique qu'il a eu en vue en composant son recueil à l'usage des prédicateurs, qui devaient s'adresser dans leurs sermons ou dans leurs entretiens familiers aux gens de toutes conditions. C'est pourquoi, d'une part, il a fait un choix judicieux parmi les *exempla* dispersés dans divers traités et recueils et les a réunis en un volume destiné aux prédicateurs, qui ne peuvent retenir par cœur tous les récits et encore moins emporter de gros volumes dans leurs tournées de prédication. D'autre part, pour leur faciliter la tâche et leur permettre de trouver aisément le récit approprié au sujet de prédication, il a disposé le tout sous des rubriques alphabétiques, comme il l'avait déjà fait pour ses *Auctoritates Sanctorum*, dans son *Alphabetum Auctoritatum* [62], en ayant soin de leur fournir certaines indications

compilare de diversis tamen libris diversa quedam prout mihi magis placuit extraxi et ut querenti facilius occurant materias diversas cum exemplis sub ordine litterarum alphabeti parare satis ordinate curavi. Sic eciam jam dudum auctoritates sanctorum sub ordine alphabeti distinxi in libello quem alphabetum auctoritatum appellavi, eodem eciam modo hunc alphabetum narracionum appello. Recurrendum est ergo ad litteram illam per quam diccio illa incipit de qua placet exemplum haberi ut si placet de abbate vel abstinencia vel accidia recurrendum est ad literam A. Avertendum eciam quod interdum contingit quod exemplum quod uni materie vel diccioni assignatur eciam aliis vel alii potest non incongrue adaptari ut ad habendum exemplum abstinencie potest quandoque exemplum accidie vel pigricie convenire racione principii vel medii vel finis exempli. Inveniuntur autem hec in suis locis convenienter assignata, ne lectori displiceat prolixitas et multiplicitas narracionum quia nunc istam nunc illam referre poterit secundum condiciones audiencium ad eorum utilitatem et omnipotentis Dei laudem et honorem qui est benedictus in secula seculorum amen. »

62. Cet *Alphabetum auctoritatum* est un livre de références à arrangement alphabétique pour toutes sortes de sujets d'ordre théologique et moral. Chaque lettre comporte un certain nombre de rubriques alphabétiques suivies de textes se rapportant à ces rubriques et extraits, soit des Pères, soit des écrivains ecclésiastiques. Des deux copies manuscrites, que nous avons eu le loisir de parcourir, à savoir: celle de l'Ambrosienne de Milan (ms. D. 61 ff. 7ra-156vb (XIVe s.). et

sur la façon de s'en servir. Sous chaque lettre de l'alphabet, il a donc placé un nombre variable de rubriques alphabétiques. Chacune de celles-ci est suivie d'une brève explication, puis de l'indication de la source d'où l'*exemplum* est tiré et enfin, de l'*exemplum* lui-même [63].

celle de la *B. N.* de Paris (ms. lat. 3752 ff. 1-265vb (XIVe s.), la première seule présente un texte complet. Celui-ci est précédé d'un petit prologue (« Tempore quodam cum devocionis causa librum quendam inspicerem auctoritas quedam optulit cujus dulcedo suavissima non dubito legencium corda ridissima fecisset », etc.), où l'auteur s'explique sur l'utilité d'un pareil traité pour les prédicateurs et sur le dispositif adopté. Il débute par les rubriques suivantes : « De abusionibus seculi. Cyprianus de XII abusionibus seculi, de abstinencia generaliter, de abstinencia et elemosina, de abstinencia a licitis... », et se termine par celles de : « De Xristianis bonis, de Xristianis malis, de ypocritum simulacione, de zelo: Nota quod zelo bono et malo potest intelligi id quod dicitur de amore. » Il est suivi du colophon f. 156vb : « Conscripsi autem ipsum ingenti labore anno domini M°CC°L°XX°VI° ad honorem ineffabilem trinitatis et excellentissime virginis Marie et beati dominici patris mei ordinis ex quibus eternaliter vivere nobis concedat Dominus qui est trinus et unus. » Quant à la seconde copie, elle ne renferme pas de prologue et débute seulement par la rubrique : *De amore hominis ad deum et quod sit verus amor.* Puis suivent les « auctoritates » se rapportant à cette rubrique et tirées de saint Augustin, de saint Ambroise, de saint Grégoire le Grand, de saint Bernard, et ainsi de suite pour les différentes rubriques de chaque lettre de l'alphabet. Les rubriques se terminent, f. 261r, par celle de : *De zelo dei,* et par cet *explicit :* « ... Quod quilibet prava que viderit corrigere satagit, si nequit tolerat et gemit. Explicit, finito libro sit laus et gloria Xristo amen. » Il y est ajouté, ff. 261v-265va, une table des matières (« Incipiunt tituli, de amore hominis ad deum... de zelo dei. Expliciunt tituli »). Ce traité se trouve également à Troyes, *B. V.*, ms. 1922 ff. 1-86 (extr.) (XIVe s.); à Munich, Bibl. Royale, ms. 8954 ff. 50-110 (1394-5) sous le titre : « Auctoritates sanctorum secundum ordinem alphabeti », et à Munster, Bibl. Royale Paulin., ms. 514 ff. 1-131 (XIVe s.), où il fait suite à l'*Alphabetum Narracionum* (ms. 513).

63. V., p. ex., la rubrique : « *Cantus :* Cantus proprius multos decipit quia credunt bene cantare et pessime cantant. Jacobus de Vitriaco. Sacerdos quidam optime credebat cantare... », etc. Parfois, cependant, la rubrique seule avec le petit préambule est indiquée avec renvoi à l'*exemplum* approprié d'une autre rubrique, p. ex. : « *Captivitas :* Captivi aliquando miraculose liberantur. Infra de Maria II. CXVI », c'est-à-dire à l'*exemplum II* de la rubrique : Maria f. 116. En outre, comme l'*exemplum* développé s'applique également à d'autres rubriques, il est suivi de cette indication : « Hoc eciam valet... », p. ex. : v. la rubrique : *Sepeliri* (« De sepultura asinina usurariorum »), l'*exemplum* est suivi de cette indication : « Hoc eciam valet ad usurarium. »

Ce dernier est traité d'après les mêmes principes que celui de Jacques de Vitry, de Césaire de Heisterbach et de Humbert de Romans, dont du reste le compilateur n'est souvent que le simple plagiaire. Il n'est jamais suivi, sauf pour la fable, d'une moralisation ou d'un texte biblique ou d'une « autorité » quelconque.

Ses sources sont des plus variées, d'après l'affirmation énoncée par le compilateur dans le prologue « de diversis tamen libris diversa quedam prout mihi magis placuit extraxi ». Est-ce à dire que celui-ci les a directement consultées ? C'est vrai pour quelques-unes. Il est fort probable qu'il s'est tout simplement contenté de copier ses *exempla* dans certains recueils antérieurs où les sources étaient déjà indiquées, tels que le *Dialogus miraculorum* de Césaire de Heisterbach, le recueil de Jacques de Vitry (*Sermones vulgares et communes*), le traité d'Etienne de Bourbon (qu'il ne cite jamais), le *De dono timoris* de Humbert de Romans, la Légende dorée de Jacques de Voragine et quelque légendier abrégé ou de les emprunter exceptionnellement à sa propre expérience [64].

Il résulte de cette variété des sources, une variété considérable de récits, où toutes les conditions sociales sont

64. Voici, pour mémoire, les sources signalées au cours du texte. Ce sont, pour l'antiquité profane : Esope, Théophraste, l'*Historia Alexandri* (*Ex historia Bragmanorum, Ex gestis Alexandri*), Cicéron, Valère Maxime, Quinte Curce, Solin, Suétone, Sénèque (*De beneficiis, De tragedia*), l'*Historia Neronis*, l'*Historia apocriphi Titi et Vespasii*, Amphiloque, Macrobe, Aulu-Gèle, Hermès Trismégiste, les *Gesta Secundi philosophi*, Apollonius; pour l'antiquité sacrée : Josèphe, *Ex itinerario Clementis*, Justin, Eusèbe de Césarée, saint Augustin, saint Grégoire de Naziance, saint Jean Chrisostome, Rufin (*Vitæ Patrum, Ex vita Pauli heremita, sancti Antonii abbatis, Serapionis, Johannis elemosinarii, Johannis anachorete, Arsenii, Macarii, Pastoris*), Cassien (*Collationes Patrum*), Heraclides (*In libro paradisi*), Fulgence, Orose (*Chronique*), Cassiodore (*Historia tripartita*), Grégoire le Grand (*Vie, Dialogues*) ; pour le Moyen Age : les vies de saints (vitæ, legendæ, miracula, gesta) (ex vita b[i] Pauli apostoli, ex gestis b[i] Stephani protomartyris, b[i] Magdalene, Simonis et Jude, Petronille, ex miraculis Jacobi Majoris, ex gestis Alexii, Pancratii, ex miraculis b[i] Leonardi, ex vita b[e] Agnetis, Katherine, Dyonisii, Yacinthi, Eustachii, ex legenda VII Dormiencium, s[i] Jeronimi, s[i] Ambrosii, s[i] Hilarii, s[i] Nicolai, s[i] Basilii, s[i] Benedicti, s[i] Juliani confessoris, s[i] Lupi, s[i] Amandi, b[i] Martini, s[i] Fursei, b[i] Germani antisiordorensis, s[i] Ge-

largement représentées et où le dogme et la morale à l'usage du peuple sont admirablement illustrées. A l'exception de l'*exemplum* moralité et de *l'exemplum* prodige, sans doute intentionnellement réservés par le compilateur au *Compendium Mirabilium,* tous les types d'exempla, même la fable [65], y ont leur place marquée et, parmi eux, les récits hagiographiques et dévots sont pour un tiers des *exempla* du recueil.

Aussi cette variété des types et des récits, qui trouvent leur application dans tous les temps et dans tous les lieux, a-t-elle contribué, semble-t-il, pour le moins autant que les avantages matériels qu'offrait le recueil, grâce au dispositif alphabétique, à la diffusion rapide de l'*Alphabetum Narracionum.* Celui-ci subsiste encore dans plus d'une cinquantaine de copies manuscrites [66]. Du vivant même d'Arnold,

nebaldi, s[t] Gengulfi, s[t] Dunstani cantuariensis, in legenda s[t] Patricii, ex legenda Leonis papa, s[t] Silvestri, s[t] Thome martyris, ex vita s[t] Bernardi, ex legende s[t] Francisci, s[t] Dominici, s[t] Edmundi, s[t] Petri martyris), Isidore de Séville, saint Jean Damascène (*Refert Barlaam*), Bède (*In historia Anglorum*), le purgatoire de saint Patrice, le Pseudo-Turpin (*Ex Karolo Magno*), Fulbert de Chartres, Pierre Alfonse, saint Anselme, Hugues de Cluny, Pierre Damien, Pierre de Cluny (le vénérable), Pierre de Clairvaux, Hugues de Saint-Victor, Pierre le Mangeur (*Historia scolastica, Asseneth historia*), Pierre le Chantre, Hugues de Fleury, Sigebert de Gembloux, Guillaume de Malmesbury, *Ex gestis Francorum, Ex chronicis, Ex chronicis Moguntii,* le *Mariale Magnum,* la légende d'Amis et d'Amile, Nicolas de Flavigny (*Sermones*), magister Alexander (*Sermones*), Césaire de Heisterbach (160 fois cité), J. de Vitry (65 fois cité), Humbert de Romans (44 fois cité), Jacques de Voragine (40 fois cité). A cela on peut ajouter l'expérience personnelle du compilateur qui, sous le nom de *narrator,* se cite lui-même comme la source de quelques *exempla* (v. aux rubriques : *Abbas* (5), *Ballivus* (100), *Demon* (255), *Fur* (331), *Mors* (518), *Legatum* (433), *Mulier* (529), *Verbum* (771). C'est vrai pour quatre récits (n°s 5, 255, 331, 518), les quatre autres (n°s 100, 529, 433, 771), proviennent de sources connues.

65. Celle-ci y est représentée au nombre de quatre, notamment aux rubriques : *Verbum :* « De asino, patre et filio » (771) ; *Potencia :* « De agno et lupo » (635) ; *Gloriari :* « De equo ornato freno aureo » (339) ; *Adulator :* « De duobus hominibus, uno verace, altero mendace » (33).

66. En voici la liste : France : Paris : *B. N.*, mss. lat. 12402 ff. 1-96v (XIVe s.), 15255 ff. 36-66 (XIVe s.), 15913 ff. 1-88v (XIVe s.), n. a. lat. 730 ff. 1-197 (XIVe s.) ; Arsenal, ms. lat. 365 ff. 1-188v (XIVe s.) ; Sainte-Geneviève, ms. lat. 546 ff. 86-187v (1328) ; Arras : *B. V.*, ms. 806 ff. 133-202 (XIVe s.) ; Auxerre : *B. V.*, ms. 36 ff. 105-165 (attribué faussement

des confrères comme Jean Gobi le jeune et l'auteur anonyme du *Doctorum Doctorale* lui ont fait maints emprunts. Dans la suite, des compilateurs comme Jean Bromyard, Jean Herolt, Gottschalk Hollen, pour ne citer que ceux là, ainsi que des prédicateurs et des moralistes (v. *infra*), lui ont fait des emprunts considérables. Il n'est pas jus-

ici à Nicolas de Hanapes) ; Cambrai : *B. V.*, ms. 584 ff. 1-177 (XIVe s.) ; Chartres : *B. V.*, mss. 162 ff. 1-210 (XIVe s.), 252 ff. 1-242 (1308) ; Marseille : *B. V.*, ms. 390 ff. 1-127 (XIVe s.) ; Nîmes : *B. V.*, ms. 874 ff. 44-149 (XIVe s.) ; Reims, B. V., ms. 513 ff. 3-229 (XIVe s.) ; Strasbourg : *Bibl. Univ.*, 2 exemplaires détruits dans l'incendie de la Bibliothèque pendant le bombardement en août (24-25) 1870 (v. HÆNEL, *Catal. des mss.*, pp. 446, 453) ; Toulouse : *B. V.*, ms. 873 ff. 44-149 (XIVe s.) ; Troyes : *B. V.*, mss. 1364 ff. 1-109v (XIVe s.), 1781 ff. 1-181v (XIVe s.), 1914 ff. 1-154v (XIVe s.) ; Vendôme : *B. V.*, ms. 181 ff. 1-147 (XIVe s.). — Allemagne : Bamberg : Bibl. Royale, ms. 194, Q. v. 34 ff. 271-276 (XVe s.) (fragment) ; Carlsruhe : Bibl. Ducale, Fonds Reichenau Fr. 165 ff. 1-23 (XVe s.) (s'arrête à la lettre D.) ; Munich : Bibl. Royale, mss. 587 ff. 19-30 (XVe s.) (fragment), 7995 ff. 1-118v (XIVe s.), 14752 ff. 1-182v (XIVe s.) ; Munster : Bibl. Royale Paulin., ms. 513 (non fol.) (XIVe s.) ; Trèves : *B. V.*, ms. 726 ff. 201-309 (XIVe s.) ; Soest : *B. V.*, ms. 513 (non fol.) (XIVe s.). — Angleterre : Londres : *B. M.*, mss. Harley 268 ff. 45-201v (XVe s.), 665 ff. 171-211v (XVe s.) ; ms. Arundel, 378 ff. 1-117 (XVe s.) ; Cambridge : Pembroke Coll. Lib., ms. 202 ff. 75-130vb (XVe s.), Corp. Christ. Coll. Lib. ms. 95 ff. 138-196 (XIVe s.) ; Oxford : University Coll. Lib. ms. 67 ff. 1-122 (XIVe s.), Merton Coll. Lib. ms. 84 ff. 1-79 (XIVe s.), Balliol Coll. Lib. ms. 219 ff. 1-180 (XIVe s.), S. J. B. Coll. Lib., ms. 112 ff. 1-122 (1308) ; Worcester : Cath. Lib., mss. F. 115 ff. 86-128rb (XIVe s.), Q. 97 (non fol.) (XIVe s.). — Autriche : Heiligenkreuz : Stiftsb., ms. 265 ff. 1-121rb (XIVe s.) ; Vienne : Hofbibl., mss. lat. 5411 ff. 1-99rb (XVe s.), 5425 ff. 25-207rb (XVe s.), 1710 ff. 1-113 (incomplet, s'arrête à la lettre V. : *Visitacio*) (XIVe s.) (avec le titre *A. N. alias liquor lacteus*). — Belgique : Bruges : *B. V.*, ms. 555 ff. 1-109v (XIVe s.) ; Liège : *B. Univ.*, ms. 189 ff. 101-159 (XVe s.) (attribué faussement à J. de Vitry dans le catalogue). — Hollande : Utrecht : B. Univ., mss. 316 ff. 1-89 (XVe s.), 316a ff. 1-89 (XVe s.). — Hongrie : Budapest : *B. Univ.*, ms. 65 ff. 72-112 (1448). — Italie : Florence : Bibl. Nationale, mss. 1269 A. 7 ff. 242-360 (XIVe s.), I. 2. 15 (non fol.) (XVe s.) ; Bibl. Laurenz., Suppl., t. II, cod. Gadd. CXCVI ff. 1ra-242va (XVe s.) (incomplet) ; Milan : Bibl. Ambros., ms. T. 45 ff. 1-112 (XIVe s.), I. 216 ff. 1ra-127rb (XIVe s.), T. 118 ff. 1r-161va (XIVe s.) (v. *Archiv für das Studium der neueren Sprach. u. Litt.* Articles de Pietro Toldo, t. CXVII (1906), p. 68-85, 287-303 ; t. CXVIII (1907), pp. 69-81, 329-351 ; t. CXIX (1907), pp. 86-100, 361-371) ; Rome : Vaticane, Ottobon., ms. 862 ff. 95-117 (extraits) (XIVe s.). — Suisse : Bâle : *B. Univ.*, mss. A. VI. 1 ff. 186-314v (1442), B. IX. 12 ff. 1-327 (1360), B. X. 7 ff. 1-172 (1360) (dont le ms. A. VI. 1 n'est que la copie). — Tchécoslovaquie : Prague : *B. Univ.*, ms. 1257 ff. 1-85v (XVe s).

qu'aux traductions faites en anglais, en français et en espagnol au XVe siècle qui ne témoignent de son immense popularité vers le Moyen Age finissant [67].

Il nous reste à compléter notre étude sur l'activité littéraire d'Arnold par celle du *Compendium Mirabilium* qui, comme supplément de l'*Alphabetum Narracionum,* a naturellement sa place ici [68].

67. Il subsiste une traduction en anglais au *B. M.,* ms. addit. 25719 ff. 1-184 (XVe s.) (v. Herbert, *op. cit.,* t. III, p. 440), éditée sous le titre de *Alphabet of Tales,* par M. M. Banks (+), dans l'*E. E. T. S.,* 1904, 1905, 2 vol., comprenant exclusivement le texte. Il y a une traduction française sous forme d'extraits également au *B. M.,* ms. Royal 15 D. v. ff. 259v-354 (XVe s.), portant le titre suivant : *Cy apres sensuivent aucuns exemples moraulx en divers propos assiamblez et extraiz de plusieurs escriptures, qui moult peuent valoir pour les bonnes meurs* (v. Herbert, *op. cit.,* t. III, p. 441-449), correspondant aux mss. français de la Bibl. de l'Arsenal 2048 ff. 62v-214 : « Escriptes et fines le XVe jour de septembre par my Rogelet du Rieu lan de grace mil CCCC et LXIII », et de la *B. N.,* 435 ff. 25-67v (XVe s.), 911 ff. 95-220v (XVe s.) et 1834 ff. 1-107 (XVe s.). Le texte de ces *exemples moraulx* n'est à son tour qu'une copie partielle extraite du 3e volume des *Fleur des histoires,* compilation faite par Jehan Mansel pour Philippe le Bon, duc de Bourgogne (1419-67), dont il y a deux rédactions, l'une originale et représentée par les mss. fr. 302, 303, 304, ainsi que par les mss. fr. isolés 53, 54, 100 de la *B. N.* (v. P. Paris, *Les mss. français de la Bibliothèque du Roy* (Paris, 1836), t. I, p. 59-63; t. II, p. 322-323), et l'autre, sous forme réduite, par les mss. fr. 296, 297, 298, 299, et de qualité inférieure par les mss. fr. 55, 56, 57, 58 et 305 (v. P. Paris, *op. cit.,* t. I, p. 64-65; t. II, pp. 314-316, 317). En ce qui concerne notre texte, il se trouve à la fois dans les mss. de la première et de la seconde rédaction, comme cela ressort des mss. fr. 303 ff. 581va-594vb (XVe s.), 58 ff. 46vb-135vb (XVe s.), 299 ff. 48vb-182vb (XVe s.). Pour d'autres mss. des *Fleur des histoires,* v. Besançon (*B. V.*) et Bruxelles (*Bibl. Royale*). Il y a enfin une traduction faite en catalan sous le titre de *Recull de eximplis* (XVe s.), édité par A. Verdaguer (Barcelone, 1881 et 1888 ?) (v. *Romania,* t. X, p. 277-281 et Crane, *op. cit.,* Introd., p. cv-cvii).

68. Nous avons eu la bonne fortune de retrouver ce petit traité sous la cote 730 des n. a. lat. de la *B. N.* (v., sur sa provenance, M. H. Omont, *Catalogue des manuscrits Ashburnham-Barrois* (Paris, 1911), p. 19-20), ainsi que dans le ms. 252 de la *B. V.* de Chartres. Il fait suite, dans le ms. de Paris, à l'*A. N.* et y occupe les ff. 198r-241v (XIVe s.). Il débute (ff. 198-201v) par le prologue et la table alphabétique des matières, ff. 198r-199r pour le premier livre (*Achates-Yproborei*), ff. 199v-201v pour le second livre (*Abel-Zoroaster*), et continue par le texte du premier livre (f. 201) : « Incipit compendium mirabilium caput I... », qui se termine, f. 216v, par ces mots : « Ambrosii in exameron per totum. Explicit liber primus compendii

L'auteur, du reste, avait annoncé sous la rubrique : *Signum* de l'*Alphabetum Narracionum,* la composition de ce recueil en ces termes : *Signa plura et diversorum signorum narraciones invenies in libro de mirabilibus rebus et eventibus quem, Deo auxiliante, intendo compilare* et cela pour compléter le premier par l'*exemplum* moralité et l'*exemplum* prodige, qui n'y sont pas représentés. Il a dû réaliser cette intention peu après la composition de l'*Alphabetum,* c'est-à-dire entre les années 1308 et 1310.

Le *Compendium* affecte la forme d'un petit manuel d'histoire et de géographie plutôt qu'autre chose. Il comprend deux parties, l'une se rapportant aux connaissances géographiques (1er livre), et l'autre aux faits merveilleux et légendaires de l'histoire de l'humanité (2e livre).

La première partie est précédée d'un prologue où l'auteur expose brièvement les raisons qui l'ont déterminé à écrire le traité ainsi que le plan de son sujet [69].

mirabilium. » Le second livre fait aussitôt suite au premier : « Incipit liber secundus, ubi agitur de mirabilibus eventuum » (f. 216v), et se termine (f. 241v), par l'*explicit* suivant : « Post decem septimanas, prefata villa predicto regi est reddita salvis corporibus et rebus eorum qui ibidem fuerunt obsessi. » Il s'agit du siège et de la prise de la ville de Lille fin août 1297 par Philippe le Bel. La ville avait été défendue par Robert Guy de Dampierre, qui avait fait incendier les deux couvents dominicains situés dans les faubourgs, afin de pouvoir mieux se défendre contre les assaillants (v. A. Pirenne, *Histoire de Belgique* (Bruxelles, 1909, t. I, liv. III, p. 372-373). Le texte du *Compendium* du ms. 252 de la *B. V.* de Chartres fait suite dans le manuscrit à la Légende dorée (ff. 1-242va) et y occupe les ff. 244ra-265rb (XIVe s.). Ici cependant l'ordre des livres est interverti. Il commence par le second livre qui est suivi de sa table des matières (ff. 244ra-256ra) et se termine par le premier livre (qui, comme celui de Paris, est précédé d'un prologue) (ff. 258rb-265vb). Ce même traité se trouve également à la Bibl. Royale de Berlin, ms. 862 ff. 169-216 (XVe s.) avec le même dispositif que celui du ms. de Chartres.

69. En voici le texte d'après le ms. de la *B. N.* Prologus : « Mirabilium rerum et eventuum mirabilem ac multiplicem varietatem multi historiographi atque c[r]onographi multipliciter tractantes mirabilibus in universis libros plurimos diffusius impleverunt. Verum[tamen] quia non omnibus vaccat magna volumina perlegere vel perlecta memoriter retinere, proposui Dei gracia auxiliante, multa rerum et eventuum mirabilia sub quodam compendio perstringere eaque in hoc libro quem compendium mirabilium appello breviter annotare. Ut autem lectori facilius et cicius occurrat que querit, volumen hoc in duos libros censui dividendum, in quorum primo de rebus in se-

Il a donc cherché avant tout à être utile au lecteur ou au prédicateur en résumant brièvement ce que les historiographes et les chronographes ont écrit au sujet des choses et des événements merveilleux dans de grands in-folios, dont celui-ci n'a ni le temps de lire ni le moyen de retenir le contenu. Afin de lui permettre de s'y retrouver aisément, il l'a divisé en deux livres et chaque livre en un certain nombre de chapitres selon les exigences des matières.

Dans le premier livre, qui embrasse vingt-cinq chapitres, il traite successivement des continents, des pays, des provinces, des montagnes, des mœurs diverses, des différents peuples (chap. I-VI), des prodiges du monde, des races et des hommes (chap. VII-X) et décrit dans un ordre plus ou moins logique les pays, les climats, les quadrupèdes, les reptiles, les oiseaux, les plantes, les tremblements de terre, les fontaines, les fleuves, les cavernes, les volcans et les pierres, le tout alimenté de traits et d'anecdotes curieuses (chap. XI-XXV).

Dans le second livre, qui comprend quarante et un chapitres [70], il expose brièvement, dans l'ordre chronologique, la suite des événements ordinaires et merveilleux, depuis l'origine du monde jusqu'à l'année 1297, qu'il emprunte à l'histoire biblique, orientale, grecque et romaine ainsi qu'à celle du Moyen Age et exceptionnellement pour les derniers faits relatés à sa propre expérience.

C'est bien un manuel de descriptions et de récits merveilleux où, à côté des événements ordinaires et explicables, il y en a d'autres qui sont du domaine de la légende, de la démonologie et de la tératologie et qui étaient alors regardés comme des prodiges.

cundo de eventibus mirabilibus satis ordinate tractatur, qui eciam secundum materiarum exigenciam per plurima capitula distinguntur. Sicque qui legerit tot et tanta mirabilia que Deus fecit ipsius potenciam amplius timeat limpidius cognoscat bonitatem fervencius diligat qui mirabiliter est trinus et unus Deus benedictus in secula seculorum amen. »

70. Dans le ms. de Paris, il manque un tiers du dernier chapitre, par suite de la coupure faite de la moitié du feuillet 240rv. Nous l'avons complété par le texte de celui de Chartres, où il se trouve en entier.

La méthode suivie par Arnold dans la composition de ce traité, rappelle d'assez près celle de l'*Alphabetum Narracionum*. Comme dans ce recueil, il indique généralement en tête des descriptions ou des récits, la source qu'il est supposé avoir consultée. Une seule fois il se met lui-même en scène sous le nom de *Narrator* et encore ce récit n'a rien d'original [71].

Il cite généralement ses sources de seconde main [72], comme il l'a déjà fait pour l'*Alphabetum Narracionum,* car à vrai dire sa grande source directe est, à côté du *Chronographus,* le *Speculum historiale* et *naturale* de Vincent de Beauvais, qu'il ne mentionne jamais. Les descriptions tirées de l'histoire naturelle et de la géographie sont assez fidèlement reproduites. Quant aux récits extraits des chroniques et de l'histoire, ils sont parfois assez sensiblement écourtés. Les types d'*exempla* qui se rencontrent au cours du texte, se réduisent à l'*exemplum* moralité, à l'*exemplum* prodige et historique et exceptionnellement à l'*exemplum* personnel.

Il semble qu'en raison de la variété des descriptions, des événements et des faits merveilleux, le *Compendium* ait

71. V. Liv. II, cap. XIX. Il s'agit des prodiges qui ont eu lieu au moment de la mort du Christ. S'il lui arrive de répéter le récit, il ne fait que le signaler avec renvoi au premier; p. ex., la légende du pape Gerbert, Liv. II, cap. XXXI, est renvoyée au Liv. II, cap. XIX, où le récit se trouve *in extenso,* ou encore à l'*A. N.,* à la rubrique : *Ambicio* (50) ; de même, l'histoire des danseurs de Saxe du Liv. II, cap. XXXI, est renvoyée à l'*A. N.,* à la rubrique : *Corizare* (213) sous cette forme : « De hoc dixi plenius alibi », ou encore : « De hoc in A. N. plenius. »

72. Celles citées au premier livre sont : Valère Maxime, Solin, Pline, Jules Celse, Clément, Justin, saint Jérôme, saint Ambroise, Isidore de Séville, Pierre Damien et Hélinand, et celles du second livre sont, pour l'antiquité classique : l'histoire d'Alexandre le Grand (*Gesta, Epistola*), Cicéron, Valère Maxime, Suétone, Lucain, Aulu-Gèle, Marcien, Justin, Amphiloque, Crisantos, et pour l'antiquité sacrée et le Moyen Age : la Bible (*Livres historiques*), l'histoire évangélique, Josèphe, Eusèbe, saint Augustin, saint Ambroise, saint Jérôme, saint Jean Chrysostome, Orose, Cassiodore, Isidore, Pierre le Mangeur, Hugues de Fleury, Sigebert de Gembloux, Guillaume de Malmesbury, Innocent III, Hélinand, Jacques de Voragine, le chronographe, les chroniques (*Ex cronicis, Ex gestis Francorum*), l'*Alphabetum Narracionum.*

joui d'une certaine vogue, puisqu'il subsiste encore dans trois copies manuscrites et qu'il a été utilisé par le compilateur du *Doctorum Doctorale*. L'intérêt actuel qu'il présente, consiste uniquement à nous renseigner sur les conceptions simplistes que pouvait avoir le peuple sur la géographie et l'histoire, telles qu'elles lui étaient fragmentairement exposées dans les sermons par la bouche des prédicateurs.

6. **La Scala Celi du dominicain Jean Gobi (+ 1350)** [73].

Le recueil d'*exempla* qui fait chronologiquement suite à l'*Alphabetum Narracionum* est celui qui porte le titre de

73. V., au sujet de Jean Gobi appelé aussi « junior » et de son activité littéraire, Quétif et Echard, *op. cit.*, t. I, p. 633; Hauréau (B.), *Not. et Ext. de quelques mss. de la B. N.*, t. II, p. 335-341; *id.*, *Not. et Ext.*, t. XXXIII, I, p. 111-126; Huet (G.), *Bibl. de l'Ecole des chartes*, t. LXXVI (1915), p. 299-314; t. LXXXI (1920), p. 305-319; Langlois (Ch.-V.), *Hist. Litt.*, t. XXXV, p. 532-536. — Nous avons pris comme base de notre étude, le texte de l'édition d'Ulm 1480 (*B. N.*, Inv. Rés., D. 846), identique à celui de l'édition princeps de Lubeck 1476 (*B. N.*, Inv. Rés., D. 1875). Celui-ci est précédé d'une table alphabétique des matières (*Abstinencia-Usura*) et d'un prologue. Il commence par l'*incipit* suivant : « Abstinencia multa bona facit, primo enim saciat. Unde in vita Patrum legitur quod quidam heremita... », et se termine par cet *explicit :* « Usura est demonum amativa... qui statim illum portans ad patibulum ibi suspensus est. » Nous avons également consulté deux copies manuscrites de la *Scala Celi*, qui se trouvent à la *B. N.* L'une, le ms. lat. 3506 ff. 1-95 (1401), n'en est qu'une copie abrégée, avec 543 *exempla*, avec un prologue tronqué, dont une partie se trouve sous forme d'épilogue à la fin de la compilation avec la table alphabétique des matières. Le texte ne comprend que 119 rubriques (celles de *De bello, De contemplacione, De graciarum actione, De gula, De purgatorio, Socius,* y sont supprimées. Il a été copié, d'après une rédaction abrégée — la première d'après M. Huet — par un certain dominicain du nom de Guillaume de Mailly, comme on peut le lire, f. 94r : « Iste liber fuit scriptus et completus trecis per fratrem Guillermum de Mailliaco ordinis fratrum predicatorum antisiodorensis conventus anno domini millesimo CCCC (le premier C est presque effacé) primo in die beati Gregorii. » L'autre, le ms. lat. 17517 ff. 1-140v, avec la date de : « Die mensis junii 1458 » (f. 207), une rédaction intermédiaire entre la précédente et la rédaction définitive, d'après M. Huet, est une copie encore plus abrégée que la première, de plus, en maint endroit incorrecte et par conséquent de peu d'utilité pour l'établissement définitif du texte du traité.

Jean Gobi est également l'auteur d'un procès-verbal relatif à

Scala Celi et dont l'auteur est Jean Gobi le jeune, prieur dominicain du couvent d'Alais.

Il comprend, outre la table des matières et le prologue, un ensemble d'un millier *d'exempla* environ, placés sous cent vingt-cinq rubriques alphabétiques (*Abstinencia-Usura*).

Sa date de composition définitive — il est fort probable, comme l'a démontré M. Huet (*art. inf. cit.*), que l'auteur y a procédé par additions successives — peut être approximativement déterminée. En effet, au cours du texte on rencontre par deux fois le nom de Thomas d'Aquin avec le qualificatif de *sanctus,* notamment au titre : *Confessio,* où il est dit : « Quidam doctor mirabilis fuit parisius de ordine predicatorum, cujus nomen est sanctus Thomas de Aquino, qui cum infirmaretur... », ainsi qu'à celui de : *Corpus Christi,* où l'on lit : « Cum omnes doctores commisissent sancto Thome de Aquino ordinis predicatorum, ut ipse materiam de corpore Christi terminaret... » Or ce docteur (+ 1274) a été canonisé en 1323 (18 juillet) par Jean XXII. Ce n'est donc qu'après cette date que Jean a entrepris la compilation de son recueil. D'autre part, il l'a dédié dans le prologue à Hugues de Collobrières, « sancte aquensis ecclesie preposito ». Or ce personnage a été prévôt de la métropole d'Aix de 1323 à 1330, année de sa mort [74]. C'est donc entre les années 1323 (*terminus a quo*) et 1330 (*terminus ad quem*) que la *Scala Celi* a été compilée.

Comme ses prédécesseurs, Jean Gobi a exposé dans le

la double apparition d'un bourgeois d'Alais, nommé Guy du Tour et dont on ne connaissait jusqu'ici que la forme amplifiée sous le titre de *Disputacio inter quemdam priorem ordinis predicatorum et spiritum Guidonis* (v. *B. N.*, ms. lat. 13602 ff. 33v-56v (XVe s.) et l'édition de Cologne 1496 (*B. N.*, Inv. Rés., D. 8203). M. Langlois a eu la bonne fortune de retrouver quelques rares copies de ce procès-verbal, qu'il a minutieusement analysé en regard du texte amplifié, lequel forme un double interrogatoire (30 questions pour le premier et 8 pour le second), que Jean Gobi a fait subir à l'esprit de Gui le 17 décembre 1323 et le 5 janvier 1324 dans la maison de celui-ci (v. *Hist. Litt.*, t. XXXV, p. 538-556). L'auteur dit en manière de conclusion du remanieur du texte : « C'est un pédant anonyme, peut-être étranger, probablement novice (plusieurs indices le laissent supposer) et fort peu intelligent, qui a défiguré ainsi les interrogatoires. »

74. V. *Gallia christiana novissima,* t. I, p. 165.

prologue le but, le plan et indiqué les sources générales du recueil [75].

Il y affirme, en s'appuyant sur l'autorité du Christ, la nécessité de l'emploi de l'*exemplum* pour graver la doctrine évangélique dans le cœur du fidèle et pour porter avidement l'esprit humain vers les choses célestes : « Quia vero noster animus videtur ad celestia inhiare eo quod delectetur narracionibus et sanctorum exemplis... » Dans ce but, il a divisé son sujet en deux parties d'après les montants et les échelons de l'échelle; les montants comprenant

75. En voici le texte d'après l'édition d'Ulm : « Incipit prologus in scala celi. Venerabili ac karissimo in Christo patri Hugoni de Columbariis sancte aquensis ecclesie preposito, frater Johannes junior ordinis fratrum predicatorum, filius vester humilis seipsum cum recommendacione humili ac devota. Cum enim, reverende pater, impossibile sit nobis superlucere divinum radium nisi sub velamine similitudinis et figure, ut testatur in angelica hierarchia, hinc est quod mentis nostre racio in tam excellenti luce non figitur nisi eam accipiat per similitudines et exempla. Unde unigenitum Dei verbum ut sedentes in tenebris et in umbra mortis ad celestia elevaret, in exemplis et parabolis loquebatur eo quod forcius moveant avidius audiantur firmius retineantur et a terenis mentem erigant ad eterna, ut Augustinus adestatur. Quia vero noster animus videtur ad celestia inhiare eo quod delectetur narracionibus et sanctorum exemplis, idcirco ad gloriam et honorem omnipotentis Dei et beatissime virginis matris ejus, beati Dominici patris mei ac beatissime Marie Magdalene hanc scalam celi composui, ut per eam interdum, postposito alio studio terreno et curioso, ascendamus ad contemplanda aliqua de eternis. Latera autem hujus scale sunt duo videlicet cognicio supernorum et amor eorum, ex quibus excluduntur diversa peccata et fecundantur virtutes. Gradus hujus scale sunt diverse materie qui secundum alphabeti ordinem contexuntur. Que ne contempnantur a legentibus expono libros a quibus flores elegi secundum quod a Deo est mihi donatum, ex vitis patrum Yeronimi, ex libris dialogorum Gregorii, ex floribus sanctorum Jacobi de Voragine, ex historiis scolasticis, ex speculo exemplorum Jacobi de Vitriaco, ex glosa Yeronimi super bibliam, ex summa fratris Vincentii, ex libro magno de donis Spiritus sancti, ex mariali magno, ex libro de vita et perfectione fratrum predicatorum, ex alphabeto narracionum. Verum aliqua interdum inserui applicando ad mores vel recitando que ita conscripta non reperi, sed in predicacionibus aliorum audivi. Suscipiat ergo vestra benignitas meos labores et hanc recollectionem exemplorum brevem et supplico vobis et cuicumque legenti ut parceant mee ignorancie et me participem faciant in spiritualibus bonis ut attingere possim terminum eterne beatitudinis, ubi non in exemplis, sed in luce splendide contemplabimur infallibilem veritatem. Gradus vero hujus partis patebunt in processu. Explicit prologus. »

la « cognicio supernorum et amor eorum, ex quibus excluduntur diversa peccata et fecundantur virtutes », et les échelons les « diverse materie que secundum alphabeti ordinem contexuntur », c'est-à-dire les *exempla.* Puis il indique brièvement les grandes sources directes de ses récits, qui se réduisent à une douzaine, sans oublier sa propre expérience. Et enfin, il fait, en manière de conclusion, sa profession de foi en la vision béatifique, peut-être encore sous la préoccupation des discussions théologiques, qui mettaient alors certains Frères-Prêcheurs et Mineurs en opposition avec Jean XXII (1316-1334), en formulant le souhait : « Ut attingere possim terminum eterne beatitudinis, ubi non in exemplis, sed in luce splendida contemplabimur infallibilem veritatem. »

Jean Gobi fait suivre immédiatement le prologue du texte, qui sous cent vingt-cinq rubriques classées d'après les vingt lettres de l'alphabet, embrasse toute la théologie dogmatique et morale « ad usum populi », illustrée d'un millier d'*exempla* (exactement mille trois *exempla*). Chaque rubrique varie en longueur selon l'importance même du sujet qui y. est traité. Elle forme un tout pour elle-même, un vrai canevas de sermon divisé en un plus ou moins grand nombre de points (variant entre trois et dix-huit). Au début même, le sujet qui y est traité, est annoncé non pas par une définition, comme cela a lieu pour ceux du *Speculum Laicorum* ou d'autres traités, mais pas les effets qu'il produit (*facit, inducit, operatur, debet habere*) et chaque point comporte à son tour un préambule en quelques mots, qui est aussitôt suivi d'un ou de plusieurs *exempla* [76].

L'*exemplum* est introduit selon les formules ordinaires ou à l'aide de l'indication de sa source, ou de sa localisation dans l'espace. Pour ce qui est de son développement, le compilateur en prend à son aise avec lui. Parfois, il est vrai, il le reproduit littéralement, d'autrefois il l'abrège ou

76. Le compilateur procède pour toutes les rubriques de la même façon. Prenons, p. ex., la rubrique : *De communione.* Celle-ci débute par ses effets divisés en six parties, dont la première avec deux *exempla,* la seconde avec trois, la troisième avec un, la quatrième avec trois, la cinquième avec un, la sixième avec deux, etc.

l'allonge selon le but auquel il le destine; quelquefois même il lui fait subir certaines transformations pour le dramatiser comme c'est le cas pour le récit relatif à un jeune Bordelais et à la fille du Sultan : « Dicitur quod in Burdegala fuit quedam mulier habens unicum filium, quem cupiebat ditari... et pirate rapuerant filiam Soldani... » tiré de la chanson de geste de Huon de Bordeaux (v. au titre : *Elemosina*). Quand plusieurs *exempla* se font immédiatement suite, ils sont reliés entre eux par cette formule uniforme : *idem ad idem*.

A ajouter que Jean Gobi ne s'interdit pas non plus d'ajouter des moralisations à un certain nombre de ses *exempla*. C'est ainsi qu'on ne rencontre pas moins d'une centaine d'*exempla* moralisés dans la *Scala Celi*. La moralisation s'applique généralement aux personnages mis en scène dans les récits ou à des animaux si ce sont des fables (dont il y a une vingtaine) et où une portée mystique ou morale est attribuée à leurs faits et gestes. Elle est introduite par la formule de *loquendo spiritualiter* et ne dépasse jamais dans sa forme simple le cadre même du récit (trois à huit lignes).

Le compilateur a pris soin aussi d'indiquer dans le prologue, les sources des *exempla*, qu'il a directement consultées, en ces termes : « Expono libros quibus flores elegi... ex vitis patrum Yeronimi, ex libris dyalogorum Gregorii, ex floribus sanctorum Jacobi de Voragine, ex historiis scolasticis, ex speculo exemplorum Jacobi de Vitriaco, ex glosa Yeronimi super bibliam, ex summa fratris Vincentii, ex libro magno de donis spiritus sancti, ex mariali magno, ex libro de vita et perfectione fratrum predicatorum, ex alphabeto narracionum... » Cependant par l'intermédiaire de celles-ci, d'autres sont encore signalées au cours du texte et largement exploitées comme le *Roman des sept Sages*, le *Libellus exemplorum*, le *Speculum exemplorum*, les miracles eucharistiques, qui ne sont mentionnés qu'aux rubriques mêmes où ils figurent [77].

77. Voici, à titre de renseignement, les noms des écrivains et des écrits cités comme sources dans le texte de la *Scala Celi*. Ce sont

A cela il faut ajouter ses propres apports, qu'il a également mis en évidence dans le prologue en ces termes : « Verum aliqua interdum inserui applicando ad mores vel recitando, que ita conscripta non reperi, sed in predicacionibus aliorum audivi. » Ils forment une série de récits des plus instructifs et des plus intéressants.

Cette variété des sources indique avec évidence la variété des *exempla* et des types qui figurent dans le recueil. Ces derniers sont en effet tous plus ou moins fortement représentés, avec prédominance cependant du type de l'*exemplum* dévot. Il n'est pas jusqu'au conte propre-

pour l'antiquité profane : Esope (*Fables*), Cicéron, Ovide, Valère Maxime, Sénèque, Suétone, Macrobe, Aulu-Gèle, Mercure Trismégiste, *Historia Romanorum, Gesta Romanorum, Historia antiqua, Gesta philosophi Secundi, Epistola Adriani, Historia troiana;* pour l'antiquité sacrée : la Bible, Josèphe, Justin, Hégésippe, Eusèbe (*Hist. eccles.*), saint Jérôme, saint Augustin, Rufin (*Vitæ Patrum*), Cassien (*Collaciones Patrum*), Heraclides (*Paradisus*), Fulgence, Orose (*Chronique*), Cassiodore (*Hist. trip.*), Grégoire le Grand (*Vie, Dialogues*) ; pour le Moyen Age : Isidore de Séville, saint Jean Damascène, Bède le Vénérable (*Vita, Historia Anglorum*), Pierre Damien, saint Anselme (*De imagine mundi ?*), Pierre Alfonse, la légende du pape Silvestre II (*Gerbert, Robert*), le Pseudo-Turpin (*Historia Karoli magni*), l'*Historia antiochena,* Sigebert de Gembloux (*Gilibertus*), Guillaume de Malmesbury (*Gallus Malverus*), Hugues de Saint-Victor, Pierre de Cluny (le Vénérable), Pierre le Mangeur (*Historia canonica*), Hélinand, Johannes ?, *In Cronicis,* les vies de saints (légende de saint Jean Baptiste, vie de saint Paul, de saint Longin, de saint Clément, de saint Ignace, de saint Sébastien, de saint Cyprien, de saint Basile, de saint Gallican, de saint Quirin, de saint Jean l'aumônier, de saint Bernard, de saint Dominique, de saint Pierre le martyr (dominicain), de saint Thomas d'Aquin), Césaire de Heisterbach (70 fois cité), Géraud de Frachet (*Liber de vita et perfectione Fratrum Predicatorum*), Vincent de Beauvais (*Speculum historiale*), les *Gesta comitis montisfortis,* les *Gesta Summorum Pontificum,* l'*Historia regum Francie,* Jacques de Vitry (*Sermones vulgares et communes, Historia transmarina,* la *Vita de Marie d'Oignes,* 30 fois cité), Etienne de Bourbon (171 fois cité), Humbert de Romans (*Narrat Umbertus, De dono timoris,* d'après l'*A. N.*), Guillaume Peraud (*Summa de viciis et virtutibus*), l'*Historiographus,* le *Liber de septem sapientibus,* les *Miracula corporis Christi,* le *Mariale magnum,* les *miracula b*[e] *Virginis,* l'*Alphabetum Narracionum,* le *Libellus Exemplorum,* correspondant à la *Tabula Exemplorum* (v. *ut supra*), J. de Voragine (*Legenda aurea, Gesta Lumbardorum*), le *Speculum Exemplorum,* correspondant au recueil de Tours-Berne (v. spécialement les rubriques : *De principibus, regibus et comitibus, De religioso bono, De puero, De sacerdote, De sapiencia,* etc.).

ment dit qui n'y ait sa place. C'est ainsi qu'outre certains contes plaisants, les récits curieux du *Roman des sept Sages* se trouvent reproduits dans toute leur teneur (v. rubrique: *Femina*).

Il faut croire que cette variété des récits et des types a fait le succès prolongé de la *Scala Celi*, puisqu'elle subsiste encore dans une vingtaine de manuscrits et qu'après l'invention de l'imprimerie, elle a eu cinq éditions successives [78]. Par ailleurs, compilateurs, moralistes et prédicateurs s'en sont fortement inspirés (v. *infra*). En raison de son fond riche en informations sur la vie et les mœurs du passé, elle restera toujours un monument littéraire intéressant, que le folkloriste comme l'historien consulteront avec profit.

7. Le Sertum Florum Moralium du Ms. lat. 13475 de la B. N. de Paris [79].

Le *Sertum florum moralium* est, comme la *Scala Celi*, un recueil d'*exempla* à arrangement alphabétique comprenant cinq cent soixante-trois récits.

78. Voici la liste des mss. France : Paris : *B. N.*, mss. lat. 3506 ff. 1-95 (1401), 17517 ff. 1-140v (XVe s.) ; Lons-le-Saulnier : *B. V.*, ms. 2 ff. 120-176 (XVe s.) ; Marseille : *B. V.*, ms. 98 ff. 87-202 (XVe s.) ; Metz : *B. V.*, ms. 238 (non fol.) (XVe s.) ; Strasbourg : *B. Univ.*, ms. 32 ff. 108-200 (XVe s.) ; Troyes : *B. V.*, ms. 1345 ff. 1-140 (XIVe s.). — Allemagne : Göttingue : *B. Univ.*, ms. 140 ff. 84-215 (XVe s.) ; Munich : Bibl. Royale, mss. lat. 8365 ff. 50-81 (1428), 8947 ff. 127-206 (XVe s.), 8975 ff. 59-139 (XVe s.) ; Brunswick : *B. V.*, mss. 10 ff. 97-196 (XVe s.), 48 ff. 119-125 (frag.) (XVe s.) ; Münster : Bibl. Royale Paulin., mss. 184 ff. 1-84 (XVe s.), 454 (188) ff. 1-188 (XVe s.), Seminar. B^10^ 146 ff. 201-300 (XVe s.) ; Osnabrück : Bibl. Gymnase, ms. 31 [D. g. 75] ff. 201-300 (XVe s.). — Autriche : Vienne : Hofbibl., ms. 13538 ff. 5-160 (XVe s.). — Angleterre : Londres : *B. M.*, ms. Harley 330 ff. 1-52 (XVe s.). — Belgique : Bruges : *B. V.*, ms. 494 ff. 1-262 (XIVe s.) ; Bruxelles : Bibl. Royale, ms. lat. 2102 ff. 1-125 (XVe s.) ; Liège : *B. Univ.*, ms. 348 ff. 1-151 (XVe s.). — Italie : Florence : Bibl. Laurenz., ms. Palat. 167 ff. 1-142 (XVe s.). — Les éditions sont celles de Lubeck 1476, Ulm 1480, Strasbourg 1483, Louvain 1485, Séville 1496.

79. Le *Sertum florum* occupe dans le ms. lat. 13475 les ff. 2-120v (XIVe s.) ; le premier feuillet, où sans doute se trouvait le prologue, a disparu ; le texte commence au feuillet 2r par cette rubrique, écrite en marge, d'une écriture plus moderne : *De adulatoribus :* « Narrat philosophus de quadam ave, que vocatur scophiles, que in ore cro-

Il a été compilé par un moine cistercien, étudiant à Paris, dans le monastère de Saint-Bernard, l'année 1346 : « Per quendam monachum cisterciensis ordinis studentem parisius in domo s[1] Bernardi anno domini M°CCC°XLVI° » (v. *explicit*).

Celui-ci a adopté, dans la composition du recueil, le système à dispositif alphabétique d'après le même procédé que celui déjà employé dans l'*Alphabetum Narracionum* par Arnold de Liège, dont il s'est inspiré sans le citer. Il est fort probable qu'il a fait précéder le texte d'un prologue explicatif, quoique dans la copie manuscrite, par suite de la disparition du premier feuillet, le texte subsiste seul avec cent cinquante et une rubriques, sous lesquelles sont groupés les *exempla* (*De adulatore... Usurarius*).

Les rubriques, à l'exception de quelques-unes qui ne renferment que des renvois à d'autres rubriques, sont directement suivies d'un nombre plus ou moins considérable d'*exempla* numérotés, selon l'importance même du sujet [80].

Les *exempla* sont introduits à l'aide de formules usuelles (*narratur, dicitur, accidit, nota*), ou de l'indication de leurs sources, et généralement reproduits tels qu'ils étaient dans le texte antérieur [81].

codilli saltat... », et se termine, f. 120v, par celle de : *Usurarius* : « Nota exemplum de predicatore qui omnes artifices de quadam villa vocabat... Hoc valet ad avariciam, ad divicias, ad confessionem, ad gulam, ad rapinam, ad restitucionem. De hoc supra : avaricia x, II, XIII, crudelitas VI, dives II, mundus II, penitencia XI, rapina III, etc. Explicit sertum florum moralium distractorum per ordinem alphabeti, collectorum per quemdam monachum cisterciensis ordinis studentem parisius in domo s[1] Bernardi anno domini M°CCC°XLVI° deo gracias amen. » Il est suivi d'autres traités également utilisés comme manuels de secours par les prédicateurs, tels que le *Tractatus quidam moralis de naturis quarundam gemmarum* (ff. 121-130v), les *Declamaciones Senece reducte ad moralitatem* (ff. 130v-143v), le *Tractatus de vita et moribus philosophorum* (de *Walter Burley*) (ff. 143v-201). V. aussi Inventaire des mss. de Citeaux, où sous la cote 1093 il existait une autre copie du *Sertum florum* dans *Cat. gén. des mss. des Bibl. publ.* : Dijon, p. 444.

80. Ainsi la rubrique : *Mors* (ff. 78v-82r) comprend jusqu'à 19 *exempla*.

81. Une seule fois, le compilateur s'est mis en avant au cours du texte à propos de certaines paroles attribuées à Robert de Bourgogne, frère de Jeanne, épouse de Philippe le Long (1316-22). Voici le passage,

Nombre d'*exempla* et spécialement ceux qui sont empruntés à l'histoire naturelle (bestiaires, volucraires, lapidaires), sont suivis d'une moralisation. Celle-ci, reliée au texte par les formules : *sic, spiritualiter, moraliter,* affecte souvent la longueur même du texte et s'applique aux personnages et aux animaux mis en scène, aux actions desquels est attribuée une portée morale ou mystique. Et comme l'*exemplum* peut servir à plusieurs fins, il lui est ajouté souvent par manière de renvoi à d'autres rubriques la formule *hoc valet ad, de hoc supra... hoc valet ad vindictam, ad gulam ad ypocrisim... de hoc supra avaricia...*

Le compilateur, pour composer son recueil, semble avoir eu recours à de nombreuses sources, si l'on en juge par celles qui sont indiquées en tête des récits. Cependant, à regarder de près, on constate sans difficulté qu'il s'est servi du même procédé que d'autres compilateurs, et qu'il n'a fait qu'utiliser certains recueils, en y empruntant, conjointement avec les *exempla,* les sources qui y étaient signalées. Dans le cas présent, il semble en effet n'avoir fait ses emprunts que dans quelques traités, tels que ceux d'Etienne de Bourbon, cité sous le nom d'*actor libri de donis,* de Thomas de Cantimpré, de Barthélemy l'Anglais, de Gilles de Rome, de Walter Burley, qui se trouvaient sans doute dans la bibliothèque de son monastère [82].

f. 79r : « Audivi recitari quod Robertus comes tornidori frater domini Odonis burgundie et domine Johanne regine francie quicquid faceret et quicquid diceret semper recordabatur. Unde frequenter dicebat : nos comedemus, nos bibemus et erimus in bonis ediis et postea moriemur, nos equitabimus et torneabimus et ibimus ad tale festum et videbimus dominas et faciemus hoc et id et postea moriemur. »

82. Voici, pour mémoire, la longue liste des sources citées au cours du texte. Ce sont, pour l'antiquité profane : Aristote (*Philosophus, In libro de problematibus, In libro de mixtione elementorum*), Cicéron (*Tullius in prologo rethorice*), Valère Maxime, Tite-Live, Solinus, Sénèque (*Tragedia*), Vitruve (*De architectura*), Végèce (*De re militari*), Caton, Pline (*In historia naturali*), Apulée (*De vita et moribus Platonis*), Plutarque, Flavius (*In gestis Grecorum*), Dioscorides, Theobolus, *In historia Bragmanorum;* pour l'antiquité sacrée : Josèphe (*In libro antiquitatum*), Hégésippe, Justin, Eusèbe (*In chronicis*), saint Jean Chrysostome, saint Ambroise (*In exameron*), saint Jérôme (*In quibusdam cronicis, In libro de virginibus*), saint Augustin (*In*

Aussi, ce qui caractérise le *Sertum florum,* c'est l'absence presque complète d'originalité. Néanmoins, on y trouve une variété étonnante de récits et, par suite, la plupart des types d'*exempla,* parmi lesquels l'*exemplum* profane et l'*exemplum* moralité occupent une place prépondérante. Quant à son influence sur les prédicateurs et moralistes, il semble qu'elle se soit exclusivement limitée aux milieux cisterciens de France, où il a vu le jour, car nulle part ailleurs nous n'en avons trouvé trace.

8. La Summa Predicancium du dominicain Jean Bromyard (+ 1390) [83].

La *Summa Predicancium,* le dernier grand recueil à arrangement alphabétique du XIVe siècle, a pour auteur le frère prêcheur anglais Jean Bromyard. Elle comprend, dans

libro de symbolo, In libro de civitate Dei), Rufin (*Vitæ Patrum, Ad Valerium*), Théopompe, Fulgence, Cassiodore (*Hist. trip.*), Orose (*De cladibus Romanorum*) ; pour le Moyen Age : Isidore (*De etymologiis*), Grégoire de Tours (*In gestis Francorum*), saint Jean Damascène (*Barlaam et Josaphat*), Bède (*Calendarius, In gestis Anglorum*), Raban Maur (*In libro de natura rerum*), *In libello de visione Pauli,* saint Anselme (*In meditacionibus suis, In ymagine mundi ?, In libro de similitutinibus*), P. Damien, le Pseudo-Turpin (*In historia Karoli*), Hugues de Saint-Victor *In Cronicis Godfridi* (Godefroid de Viterbe), Conrad d'Eberbach (*In libello de iniciis ordinis cisterciensis*), Geoffrei de Monmouth (*In historia Britonum*), Pierre de Cluny (le Vénérable), Jean de Salisbury (*In libro de nugis curialium*), Gervais de Tilbury, Alexandre Nequam (*In libro de naturis rerum*), Hélinand, J. de Vitry (*In historia transmarina, Sermones*), Jacobus (Thomas de Cantimpré, *In libro de natura rerum*), Albert le Grand (*De animalibus*), Vincent de Beauvais (*In speculo historiali et naturali*), Jean d'Abbeville (*Magister Johannis de Albinis Sabin. episcopus, Sermones*), E. de Bourbon (*Actor libri de donis*), Barthelémy d'Anglais (*De proprietatibus rerum,* XVe livre : *De mappa mundi*), Martin le Polonais (*In gestis romanorum pontificum*), Gilles de Rome (*De regimine principum*), *In quibusdam croniciis, In historia Romanorum, Experimentator, In quadam glossa hebrea, quidam Jacobita,* les bestiaires (*Dicunt naturales*), Walter Burley (*In libro de vita philosophorum*), Averroès (*In tractatu suo de morte*), Avicenne (*In libro de animalibus*), Albumnasar, *In historia persarum,* Alegius (*In libro documentorum*).

83. V. Quétif et Echard, *op. cit.,* t. I, p. 701-702; Herbert, *op. cit.,* t. III, p. 450-452; *Dict. of Nat. Biog.,* t. VI, p. 405; pour le texte, le ms. Royal 7. E. iv ff. 1ra-638rb (XIVe s.) du *B. M.* et l'édit. Nuremberg 1485 (*B. N.,* Inv. Rés., D. 1313). Le dispositif du traité est le même dans le ms. que dans l'édit. incunable. C'est d'abord l'index alpha-

sa rédaction définitive, outre la triple table alphabétique des matières (*tabula vocalis, realis, vocalis*), un long prologue explicatif et le texte embrassant environ douze cents *exempla,* placés sous cent quatre-vingt-neuf rubriques alphabétiques d'après les vingt et une lettres de l'alphabet (*Abjectio-Xristus*).

Sa date de composition doit être placée dans la septième décade du XIVe siècle. En effet, au titre : *Mors,* Bromyard parle des derniers instants de vie du roi de Sicile et y décrit la façon dont celui-ci est dépouillé de tout par son entourage [84].

Or il s'agit du roi Louis, qui régna en Sicile de 1342 à 1355. En admettant que les *paucos annos* cités dans le texte, qui se sont écoulés entre la mort de ce roi et la rédaction du titre : *Mors,* représentent cinq années, on arrive à la date de 1360 (*terminus a quo*). D'autre part, il n'est fait aucune allusion dans le recueil à Jean Wiclef, dont l'activité réformatrice ne commençait à se manifester spécialement qu'à partir de 1368, année de la publication du traité *De dominio divino.* Notre dominicain, qui était le défenseur attitré de la doctrine traditionnelle, n'aurait pas manqué de combattre dans la *Summa* les théories du novateur ou du moins d'y faire allusion, si la rédaction n'en

bétique des matières (ff. 2v-9v), suivi du prologue avec ce titre : *Incipit summa predicancium fratris Johannis de Bromyard de ordine fratrum predicatorum,* et avec cet *incipit :* « Predicancium vita secundum beatum Gregorium super Ezechielem, parte prima, omilia tercia, sonat et ardet... » (f. 10rv). Puis suit le texte, qui commence par cette rubrique : *Abjectio :* « Abjecti et depressi sunt quidam in hoc mundo... », et qui se termine par celle de : *Xristus :* « Gracias ago Xristo qui hunc tractatum in suo nomine terminavit et quo duce hunc laborem perduxi usque ad Xristum ducem, Daniel 9 », et après une érasure, cet *explicit,* écrit d'une autre main : « Et in quo finitur. summa predicancium fratris Johannis de Bromyard de ordine fratrum predicatorum. Lectores orate pro collectore, gracia domini nostri Jhesu cum omnibus vobis, Apocal. ult[imo] amen » (ff. 11ra-638rb).

84. En voici le texte : *Mors,* art. XVII, 97 : « Relacione audivi fidedigna de rege Cecilie, qui ante paucos annos cum ad mortem traheret, loquela amissa, quilibet de illis qui circa illum erant aliquid accepit pro parte sua, quando de exstasi rediit et potum peciit, non inveniebatur ciphus in quo biberet circa eum nisi aliquis illorum ciphum de sinu scil. in quo illum absconderat, extrahere vellet, nec tamen premunitus esse voluit » (f. 345va).

avait pas été complètement achevée à cette date (*terminus ad quem*). C'est donc entre les années 1360 et 1368 qu'il y a lieu de placer la date de composition du recueil.

Comme ses prédécesseurs, Jean Bromyard a exposé dans le prologue ses idées sur la prédication en général et fourni des indications sur le plan du recueil, sur le mode d'emploi, le but et les sources des *exempla*.

Il commence par y énoncer les qualités d'une bonne prédication et surtout celles du bon prédicateur, à qui il incombe de faire fructifier l'héritage reçu des Pères. Pour confirmer ses dires, il s'en rapporte à l'autorité de Cicéron, de Sénèque, de Platon, de saint Paul et de Cassiodore.

Puis il fournit quelques éclaircissements sur la rédaction définitive, sur le dispositif alphabétique du texte et la manière de s'en servir [85].

Ensuite, il s'explique sur la raison d'être de l'*exemplum* et surtout sur ses sources, parmi lesquelles il met en avant celles de l'antiquité classique profane et l'histoire naturelle [86].

Enfin il invoque, en terminant, l'autorité et la pratique des Pères de l'Eglise en faveur des citations multiples qu'il

85. V. ms. cit. f. 1rb : « Istorum [philosophorum] ergo informatus exemplo, compilacionem a me prius collectam in isto libello ad meum et aliorum utilitatem emendavi et augmentavi ponendo certas materias sub determinatis litteris secundum ordinem alphabeti per propria capitula distinguendo. Et quia frequenter contingit mittere de una littera et de uno capitulo ad aliud propter similitudinem materie de qua agitur, in loco de quo agitur et mittitur, quotantur littera et capitulum ad quod mittitur et numerus in margine signatus sub quo, quod queritur, invenitur. »

86. V. ms. cit. f. 1va : « In hoc enim opusculo non videtur vanum dicta et exempla inserrere de diversis facultatibus... nam de fabularum gentilium moralitate forma quandoque erudicionis elicitur et phas est eciam ab hoste doceri et ditare hebreos de spoliis egyptiorum, sepius tamen per exempla ponuntur accepta de moribus hominum que de animalibus vel de aliis rebus ignotis utpote hominibus quibus loquendum et predicandum est magis nota et credibiliora persuasionis, per nociora enim debet ignotorum sciencia requiri, frequencius eciam exempla sunt applicata contra vicia particularia, quia generalia minus moventur et volant tamen ad aures quemadmodum amici generales qui tamen recipiuntur ad aulam, singularia vero volant ad cor sicut amici speciales qui recipiuntur ad cameram... »

fera des légistes et des auteurs profanes *gentiles et eorum opera in testimonium veritatis* au cours du texte.

Ce dernier embrasse, comme nous l'avons dit, cent quatre-vingt-neuf rubriques ou titres alphabétiques placés sous les vingt et une lettres de l'alphabet et empruntés, semble-t-il, à l'*Alphabetum Narracionum* et à la *Tabula Exemplorum*. Sous chaque lettre il y a un nombre variable de rubriques (de quatre à vingt-cinq). Chaque rubrique forme un sujet indépendant et de longueur variable selon son importance. Elle renferme en tête un bref énoncé des articles qui y sont traités. Chaque article forme à son tour des subdivisions numérotées, où se trouve exposée la partie doctrinale, étayée de citations de l'Ecriture, des Pères, des auteurs classiques, des écrivains du Moyen Age et du droit canonique et civil [87] ainsi que d'*exempla*.

Les exempla sont introduits à l'aide de formules qui indiquent la nature de leur provenance. S'ils proviennent de l'histoire naturelle, on a affaire aux formules suivantes : *In exemplo naturali, exempla in natura insensibili.* S'ils sont tirés de l'histoire, ils débutent par l'indication de la source historique ou du lieu où se passe la scène ou du nom du personnage qui en est le héros principal. Si le compilateur en est lui-même la source il se sert de formules telles que celles-ci : « Relacione audivi fidedigna, sicut a sancto viro mihi narranti didici, audivi enim de quodam, narrabo. » Ils sont placés dans les différents articles en manière de conclusion et de preuve pour appuyer une explication dogmatique ou morale. Parfois plusieurs se font immédiatement suite et alors ils sont reliés entre eux par cette formule uniforme : *Idem de eodem.* Dans certaines rubriques cependant ils font complètement défaut, dans les autres ils sont en nombre variable d'après l'importance même du sujet traité. Ainsi, dans la rubrique : *Mors,* ils s'élèvent à une centaine. Leur longueur varie de douze à quinze lignes. Le compilateur, du reste, se permet certaines libertés avec

87. Les citations du droit civil et canonique proviennent de son traité : *Tractatus juris civilis et canonici ad moralem materiam applicati secundum ordinem alphabeti,* écrit avant la *S. P.* (v. *B. M.*, ms. Royal, 10 C. x ff. 1-146 (fin XIVe s.).

ceux qui ont un caractère historique ou sont empruntés à des recueils antérieurs. Il ne craint pas de supprimer parfois le lieu où la scène se passe ou même les noms des personnages qui y figurent, quand ils ne concourrent pas au but qu'il a en vue. Quant à ceux qui sont de son propre cru ou qui lui ont été rapportés de vive voix, il les présente généralement sous une forme écourtée, mais neanmoins avec une variété de détails, qui leur donne une saveur particulière et les fait suivre assez souvent d'un proverbe anglais [88].

Il fait généralement suivre le récit d'une citation ou d'une réflexion personnelle ou même, d'une moralisation qui comporte tantôt quelques lignes, tantôt la longueur du récit lui-même et cela surtout s'il s'agit des fables, dont il n'y a pas moins de quatre-vingt, et qui sont généralement moralisées à la façon de celles d'Eudes de Chériton, à qui elles

88. Notre compilateur semble être le premier en date parmi les moralistes anglais, à donner une certaine importance aux proverbes anglais. Par ailleurs, il ne dédaigne pas non plus les proverbes français, dont il y en a un certain nombre dans le texte (v., p. ex., au titre : *Pietas*, c. x, art. II, n° 6, entre autres le suivant : « On ne doit avoir pitie de luy qui ne la daltruy ») et il intercale des expressions ou phrases françaises dans le récit, ce qui indique évidemment qu'à l'époque où il compilait le recueil (1360-1368), la langue française était encore en usage dans les îles britanniques. En voici deux *exempla* pris au hasard, où des expressions françaises sont mêlées au texte latin. V. la rubrique : *Nobilitas*, IV, 17 : « Ultimum casum et penam illorum cogitantes; in cordibus suis scriberent per jugem meditacionem, sicut scriptum fuit super ostium camere domini petri de la flote « pierre regna, pierre regne, pierre pendi et pierre pendera ». Fuerat enim quidam magnus in regno francie ante eum petrus vocatus delabrose qui finaliter suspendebatur. Voluit ergo illum secundum petrum qui magnus fuerat in regno post illum commemorare quod casum predecessoris sui formidaret. Si illi qui nunc magni sunt sic commemorarent vel cogitarent precedencium infortunia et fines malos tam temporales quam eternos, nimis essent excecati si sese non emendarent... » (Il s'agit de Pierre Flotte, chancelier de France, tué à la bataille de Cambrai en 1302 et de Pierre de la Brosse, pendu en 1278.) *Honor*. IV, 19 : « De illo namque honore dici potest quod dixit quidam civis parisiensis cuidam civi carnotensi. Carnotenses namque ferunt parisiensem ad se optime festinasse. Parisiensis vero carnotensem ad se venientem solummodo salutavit. De quo cum reprehenderetur, respondit gallice. « Mieulx vault ung bunvenant de paris que toute sa feste de chartreein ». Ita omnibus honoribus mundi minimus prevaleret honor Dei, cui est honor et gloria et imperium sempiternum amen. »

sont pour la plupart empruntées, et rattachés au texte par la formule : *spiritualiter* [89].

En ce qui concerne les sources mentionnées dans la *Summa,* Jean Bromyard a usé du même procédé que ses prédécesseurs et qui consistait à utiliser un certain nombre de recueils et à en citer les *exempla* avec les sources qui y étaient indiquées sans citer les recueils eux-mêmes. Néanmoins, d'après ce que nous avons pu constater, il a eu recours directement à des écrits tels que ceux de Giraud de Barri, d'Eudes de Chériton, de Césaire de Heisterbach, de Jacques de Vitry, de Géraud de Frachet, de Thomas de Cantimpré, de Vincent de Beauvais, de Jacques de Voragine, d'Etienne de Bourbon, de Humbert de Romans, de l'auteur anonyme du ms. Royal 7 D. I. (v. *ut supra*), de l'auteur anonyme du *Speculum Laicorum* et d'Arnold de Liège, ces derniers cependant sans en citer le recueil ou l'auteur [90].

A cela il faut ajouter sa propre expérience et ses souve-

89. V., p. ex., la rubrique : *Gratitudo,* VIII, 21 : « In quibusdam parabolis. »

90. Les sources citées au cours du recueil sont, pour l'antiquité profane : Esope, Aristote (*Liber de animalibus*), Cicéron, Horace, Valère Maxime, Solin, Sénèque (*De elemosina, De beneficiis, Epistolæ*), Macrobe (*In saturnalibus*), Aulu-Gèle, Végèce, Fronton, Julius Sextus (*Strategematon*), Trogue Pompée, *In historiis Romanorum;* pour l'antiquité sacrée : la Bible (*Livres historiques*), Josèphe, Eusèbe de Césarée, saint Jérôme, saint Ambroise, Rufin (*Vitæ Patrum*), Cassien (*Collationes Patrum*), Fulgence, saint Augustin, Orose (*Chronique*), Cassiodore, saint Grégoire le Grand (*Vie, Dialogues*) ; pour le Moyen Age : l'*Historia evangelica,* Boèce, Isidore de Séville, saint Jean Damascène (*In libro Barlaam ?*), Pierre de Ravenne (saint Pierre Chrysologue), Bède (*In gestis Anglorum*), le Pseudo-Turpin (*Ex gestis Karoli magni*), P. Alfonse, Pierre Damien, Pierre de Cluny (le Vénérable), Pierre le Mangeur (*Hist. scol.*), Alexandre Nequam (*De natura rerum*), Giraud de Barri (*Itinerarium Cambrie :* « Gerardus in itinerario suo per Galliam (*sic*) »), Isopet (*Fables*), les miracles de Notre-Dame, Hélinand (*Sermones*), Césaire de Heisterbach, Vincent de Beauvais (*Speculum historiale et naturale, De erudicione puerorum regalium*), J. de Vitry, Géraud de Frachet (*Liber de vita et perfectione FF. PP.*), Thomas de Cantimpré, Martin le Polonais (*Chronica Imperatorum Romanorum*), J. de Voragine (*Legenda sanctorum*), *Chronica;* pour l'utilisation faite par J. Bromyard des decueils d'*exempla* d'Et. de Bourbon, de Humbert de Romans, du ms. Royal 7. D. I, du *Speculum Laicorum,* de l'*A. N.* d'Arnold de Liège, v. notre édition du *Speculum Laicorum.*

nirs qui ont enrichi la compilation d'un nombre considérable de récits et de traits de mœurs originaux relatifs à l'Angleterre, au pays de Galles, à la France et à l'Italie [91] et qui achèvent de donner toute sa valeur à ce recueil, où tous les types d'*exempla* depuis les plus profanes jusqu'aux récits dévots, sont largement représentés.

Aussi l'influence de la *Summa Predicancium* sur les prédicateurs contemporains et postérieurs est-elle attestée par la survivance du texte dans plusieurs copies manuscrites [92] et par les éditions [93] qui se sont succédé aux XVe, XVIe et XVIIe siècle, preuve incontestable de la faveur dont elle a joui dans l'Occident chrétien jusqu'aux temps modernes.

91. Certains détails qu'il donne sur l'Italie laissent supposer que l'auteur a fait un séjour dans ce pays; v., p. ex., les rubriques : *Honor,* II, 5, les Guelfes et les Gibelins (v. *Hist. Litt.*, t. XXXVII, p. 294), les Orsini et les Colonna; *Judices,* III, 12, 14, le juge étranger en Italie, le plaideur à la curie romaine, etc.

92. Ce sont, en Angleterre : Londres : *B. M.*, le ms. Harley, 106 ff. 263-306, 313-314 (XVe s.) (frag.); le ms. Royal 7. D. IV, ff. 1ra-638rb (XIVe s.); Cambridge : Peterhouse Lib., ms. 24 ff. 1-239 (Ia pars), ms. 25 ff. 1-240 (IIa pars) (XIVe s.); Oxford : Oriel Coll. Lib., ms. 10 ff. 1-440 (XVe s.); — en France : Avignon : *B. V.*, ms. 305 ff. 1-192v (XIVe s.); — en Allemagne : Bamberg : Bibl. Royale, ms. 148. Q. IV. 10 ff. 1-215 (XVe s.). A cela on peut ajouter un recueil de sermons qui se trouve à Cambridge, Univ. Lib., ms. KK. IV. 24 ff. 1-116va (XVe s.) : *Sermones de tempore... expliciunt exhortaciones fratris Johannis Bromiardi,* suivis (ff. 123-304) d'une autre série de sermons probablement aussi de Bromyard, car on y trouve les mêmes *exempla* que dans la *S. P.*

93. A savoir, les éditions de Bâle, 1479; Nuremberg, 1485, 1518, 1575; Paris, 1518; Lyon, 1522; Venise, 1586; Anvers, 1614. — On trouve un certain nombre d'*exempla* extraits de la *S. P.* par Th. WRIGHT dans son édition des *Latin Stories* (London, 1843, Perry Society).

CHAPITRE III.

L'Exemplum dans les recueils d'Exempla moralisés.

La tendance chez certains prédicateurs à moraliser les *exempla*, c'est-à-dire à y ajouter une interprétation allégorique ou symbolique dans un sens religieux s'était déjà manifestée au XIIIe siècle [1].

Ce procédé littéraire était, du reste, conforme à l'enseignement traditionnel de l'Eglise. Il a son origine dans le *Physiologus*, sorte de petit manuel de théologie populaire, composé en grec à Alexandrie au IIe siècle, probablement avant 140 [2] et traduit en latin vers la fin du IVe siècle, que

1. La moralisation ou l'interprétation allégorique semble avoir passé par trois phases. Dans la première (de la période patristique au XIIe siècle), elle se limite aux *Proprietates rerum* empruntées à l'histoire naturelle, avec application au Christ, aux saints, à la vie religieuse et morale du chrétien et dans le but de soutenir l'attention des auditoires incapables de se complaire aux abstractions théologiques. Dans la seconde (milieu du XIIe et début du XIIIe siècle), elle s'étend aux contes d'animaux et aux fables d'abord timidement avec Honorius d'Autun (?) et ensuite ouvertement avec Eudes de Chériton. Dans la troisième (second tiers du XIIIe siècle à la fin du Moyen Age), elle envahit d'une façon isolée d'abord les autres types d'*exempla* (v. certains *exempla* de J. de Vitry et d'Et. de Bourbon, etc.) et finit par constituer finalement des recueils complets d'*exempla* moralisés au XIVe siècle. — On trouve, du reste, dès le troisième tiers du XIIIe siècle, une application curieuse de la moralisation aux conte et à la fable d'origine orientale dans deux petits raités de sagesse humaine, à savoir : dans le *Directorium humanæ vitæ*, une traduction de Kalilah et Dimnah faite de l'hébreu vers 1270 par Jean de Capoue, juif converti et dédiée au cardinal Mathieu de Rossi (+ 1278) (v. édit., s. l. ni d., *B. N.*, Inv. Rés., D. 1350, et pour la bibliogr., WARD, *op. cit.*, t. II, p. 149-181) et dans le *Libre de les besties*, basé sur Kalilah et Dimnah, écrit en catalan vers 1270 par Raymond de Lulle (+ 1315) et inséré par lui pour former le livre VII dans son *Libre de marvelles*, qui en a dix (vers 1286) (v. version française, *B. N.*, ms. fr. 189 ff. 1ra-288rb (XVe s.) et pour l'analyse et la bibliog. *Hist. Litt.*, t. XXIX, p. 354-360 et WARD, *op. cit.*, t. II, p. 181-189).

2. V. F. LAUCHERT, *Geschichte des Physiologus* (Strasbourg, 1889), p. 65.

les Pères de l'Eglise et, dans la suite, les écrivains ecclésiastiques ont largement exploité dans leurs commentaires sur la Bible, dans leurs traités théologiques et dans leurs sermons. Mais tandis que dans ce traité et chez les Pères il n'est somme toute appliqué qu'aux qualités d'animaux bibliques et autres, il s'élargira avec le temps et trouvera de larges applications dans les propriétés des « choses » du règne minéral et végétal, dans les phénomènes et éléments divers de la nature avec les écrivains du Moyen Age, tels que Isidore de Séville (+ 636) [3], Raban Maur (+ 858) [4], Marbode, évêque de Rennes (+ 1123) [5], Hugues de Saint-Victor (+ 1141) [6], qui l'érigeront en système dans des traités spéciaux.

A partir du XIIIe siècle il se généralisera même dans les grandes encyclopédies d'histoire naturelle, qui voient alors le jour, exercera par leur intermédiaire une influence considérable sur les prédicateurs, les moralistes et les compilateurs de recueils d'*exempla* et finira par envahir les autres types d'*exempla* d'une façon isolée d'abord et par constituer finalement des recueils complets d'*exempla* moralisés.

Aussi avant de passer à l'étude de ses sortes de recueils, nous allons préalablement donner une notice succincte sur les plus représentatives de ces encyclopédies partiellement moralisées, qui n'ont pas seulement été composées dans

3. Migne, P. L., t. LXXXIII, col. 964-1018 : *De natura rerum*, traité par endroits moralisé (col. 999, 1006, etc.).

4. Migne, P. L., t. CXI, col. 9-614 : *De universo libri XXII*, moralisé un peu partout, spécialement le livre VIII, col. 212-258, qui renferme un bestiaire; la moralisation y est indiquée par les formules « mystice, juxta allegoriam, allegorice ».

5. Migne, P. L., t. CLXXI, col. 1737-1778: *Liber de gemmis*, la partie moralisée (col. 1771-1776) est en prose; v. aussi la recommandation que fait en sa faveur le théoricien de la prédication de ce temps, Guibert de Nogent (+ 1124), Migne, P. L., t. CLVI, col. 29, *ut supra*.

6. Migne, P. L., t. CLXXVII, col. 15-164 : *De bestiis et aliis rebus libri IV*, et spécialement le livre II, qui comprend une rédaction du *Physiologus;* v., sur l'attribution de ce traité, B. Hauréau, les œuvres de Hugues de Saint-Victor (Paris, 1886[2]), p. 169. Pour les bestiaires en langue vulgaire, v. *Hist. Litt.*, t. XXXIV, p. 362-390 (art. de P. Meyer) et Ch.-V. Langlois, *La connaissance de la nature et du monde au Moyen Age* (Paris, 1912), Introd., p. I-XXIV, et le bestiaire de Philippe de Thaon, p. 1-48.

un but d'étude, mais encore dans un but d'édification et d'instruction religieuse et morale des fidèles et dont l'influence a été décisive sur le développement ultérieur de l'*exemplum* moralisé.

C'est d'abord, à partir du second tiers du XIIIe siècle, après le traité de *De natura rerum* d'Alexandre Nequam paru au début du même siècle, dont nous avons eu l'occasion de parler dans la première partie à propos de l'*exemplum* dans les traités d'instruction [7], l'encyclopédie *De proprietatibus rerum* compilée vers 1240 par le mineur Barthélémy l'Anglais [8], dans le but de faciliter non seulement l'intelligence des énigmes de l'Ecriture Sainte, « ad intelligenda enigmata Scripturarum, que sub symbolis et figuris proprietatum rerum naturalium et artificialium a Spiritu Sancto sunt tradite vel[re]velate » (v. préface, f. 1va), mais encore de faire servir les êtres et les phénomènes naturels à un enseignement religieux et mystique, en soumettant leurs propriétés ou leurs qualités à la moralisation « ut per similitudinem proprietatum corporalium intellectum spiritualem et mysticum facilius in divinis scripturis accipere valeamus » (v. prologue du livre VIII). La méthode du compilateur consiste à donner une courte description des êtres et des phénomènes naturels, artificiels et surnaturels et d'en déduire la moralisation qu'elle comporte en l'appuyant

7. V. *ut supra*, Première partie, Chapitre II. *L'exemplum dans le sermon et les traités d'édification d'instruction et de morale du XIIe siècle.*

8. V. *Hist. Litt.*, t. XXX, p. 353-365 (art. de L. Delisle) ; Ch.-V. Langlois, *op. cit.*, p. 114-179 (avec bibliographie), et pour le texte, conculté *B. N.*, ms. lat. 347 ff. 1ra-293vb (XIIIe siècle), l'édit. de Strasbourg, 1488 (*B. N.*, Inv. Rés., Z. 457). Cette encyclopédie, dans laquelle sont groupés, suivant un ordre assez arbitraire, la plupart des êtres et des phénomènes naturels, artificiels et surnaturels, traite, en 19 livres, de Dieu, des anges, de l'âme humaine, des éléments et des humeurs du corps humain, des parties du corps humain, des phases et des fonctions de la vie, des rapports de famille et de société, des maladies, du monde céleste, du mouvement et du temps, de l'air et des phénomènes atmosphériques, des ornements de l'air (oiseaux), de l'eau et des poissons, de la terre et des montagnes, des trois parties du monde, des minéraux, des végétaux qui figurent dans le texte ou les gloses de la Bible, des animaux cités dans les livres sacrés, des propriétés de différents objets matériels ou états des corps (couleur, odeur, saveur, solidité ou fluidité, poids, étendue, son, nombre).

pour la développer, de textes de l'Ecriture, des Pères et surtout des auteurs profanes et chrétiens, anciens et modernes, qui s'échelonnent d'Aristote à Michel Scot (+ 1234 ?) et à Robert Grossetête (+ 1253) [9].

Vient ensuite le *Liber de natura rerum*, écrit entre 1228 et 1240 par le dominicain Thomas de Cantimpré [10], dans le même but que le précédent, comme on peut le lire au début du prologue : « Cum labore nimio et sollicitudine non parva annis ferme XV operam dedi ut in scriptis diversorum philosophorum et auctorum scriptis ea que de naturis rerum creaturarum et earum proprietatibus memorabilia et congrua moribus invenirem in uno volumine et hoc in parvo brevissimo compilarem... » L'auteur l'y recommande en outre aux prédicateurs en ces termes : « Nunc ergo quantum hoc opus prosit et quantam utilitatem prestare possit his qui verbo predicacionis volunt insistere, ad plenum scire hominem estimo neminem, nisi qui in profundioribus divina sapiencia dederit intellectum... debemus considerare formas creaturarum et delectari in artifice qui fecit illas... » Lui aussi fait souvent suivre les descriptions de moralisations écourtées [11]. Quant à ses informations, il les a extraites d'écrits dispersés un peu partout, non seulement en France et en Allemagne, mais encore en Angleterre et en Orient [12] et il s'est

9. V. L. Delisle, *art. cit.*, p. 356-357.

10. V., au sujet de cet auteur, Deuxième partie, Section III, Chap. V, l'*Exemplum dans les traités d'instruction et de morale;* pour le texte: *B. N.*, ms. lat. 523 A. ff. 1-174rb (1276). Il en subsiste une traduction libre en allemand sous le nom de *Puch der Nature,* de Kunrat von Megenberg (+ 1374) et dont il y a deux copies à la *B. Univ.* de Strasbourg, à savoir : les mss. 2264 ff. 1-285 (1434) et 2810 ff. 1-44 (XVIe s., incomplet); pour l'analyse du traité, v. *Histt. Lit.*, t. XXX, art. cit. de L. Delisle, p. 365-384. Comme le *De proprietatibus rerum,* il est divisé en 19 livres où il est successivement traité du corps humain, de l'âme, des hommes prodigieux de l'Orient, des quadrupèdes, des oiseaux, des monstres marins, des poissons des rivières et de la mer, des serpents, des vers (grenouilles, sangsues, tortues), des arbres ordinaires, des arbres, des herbes, des cours d'eau, des pierres précieuses, des sept métaux, des sept régions de l'air, de la sphère et des sept planètes, des phénomènes météorologiques, des quatre éléments.

11. V. spécialement ms. cit., Liv. IV, f. 28r : *De aliquibus quadripedibus;* Liv. V, f. 76vb : *De avibus;* Liv. VII, f. 115va : *De piscibus,* etc.

12. V. ms. cit., f. 1ra : « In diversis auctorum scriptis late per or-

adressé non seulement aux auteurs anciens profanes et sacrés, mais encore aux modernes, tels que Platearius, Jean de Séville « Johannis Hispalensis » le traducteur en latin du traité *Secretum secretorum* (f. 16), Michel Scot (f. 67vb), Jacques de Vitry (+ 1240) « quondam aquonensem episcopum, nunc vero tusculanum presulem et romane curie cardinalem » (prologue), à des auteurs juifs et arabes [13], à des auteurs anonymes [14], sans négliger les « vulgi opiniones » et même sa propre expérience.

Enfin ce sont, pour la fin du même siècle, deux autres traités dignes d'être signalés, qui portent les titres de *Proprietates rerum moralisate* et de *Summa de exemplis et similitudinibus rerum.*

Le premier est une imitation amplifiée en sept livres des livres VIII, IV, XII, XIII, XVIII, XVII, XVI du *De proprietatibus rerum* de Barthélemy l'Anglais, compilée par quelque auteur anonyme en 1281 et 1292 d'après la même méthode que celui-ci, c'est-à-dire comportant tour à tour la description de la chose, l'indication des propriétés réelles ou imaginaires, la moralisation de ces propriétés et les textes des auteurs profanes et chrétiens qui peuvent servir de thèmes pour développer les moralisations [15].

bem sparsis... » (prologue); f. 174rb : « Nec mihi suffecit Gallia atque Germania que tamen in libris copiosiores sunt regionibus universis, immo in partibus transmarinis et in Anglia libros de naturis editos aggregavi et ex omnibus meliora et commodiora descripsi... » (épilogue).

13. V. ms. cit., f. 157ra. Techel le Juif, traité des pierres, etc.

14. *Ibid.*, f. 1ra, le *Liber* ou *Rerum libellus* « qui eciam de naturis rerum plurima comprehendit »; le *Liber quidam* « quem modernis temporibus compilatum audivi » et qu'il désigne par le mot d'*Experimentator;* le *Liber* « de moralitatibus corporum celestium elementorum avium arborum sive plantarum et lapidum preciosorum qui et que in scriptura divina vel alibi in libris autenticis continentur »; v. aussi, pour de plus amples renseignements sur les sources, les prologues respectifs qui se trouvent en tête de chaque livre.

15. V. *Hist. Litt.*, t. XXX, p. 334-353 (art. cit. de L. Delisle). — Les sept livres comprennent la description des corps célestes (34 chap.), des quatre éléments (4 chap.), des oiseaux divisés en 39 espèces, des poissons (91 chap.), d'animaux autres que les oiseaux et les poissons (82 chap.), les végétaux (181 chap.), les pierres précieuses (98 chap.).

Le second forme une petite encyclopédie des sciences naturelles en dix livres composée vers 1300 par le dominicain italien Jean de San-Geminiano [16], où il est traité tour à tour du ciel et des éléments, des métaux et des pierres, des végétaux et des plantes, des poissons et des volatiles, des animaux terrestres, de l'homme et de ses membres, des visions et des songes, de la législation canonique et civile, des artisans et des métiers, des astres et des mœurs de l'homme. D'après l'énoncé du prologue du premier livre, il était destiné de par son fond à servir non seulement de livre d'enseignement aux maîtres, mais encore de manuel de secours aux prédicateurs « opus perutile et validum predicatoribus in quo similitudines inter creaturarum proprietates et inter virtutes et vitia ceteraque, de quibus in sermonibus mentio fieri solet, pulcerrime declarantur ».

Cet énoncé est complété par les explications que fournit l'auteur au sujet des raisons qui l'ont déterminé à ne se servir au cours du traité que de l'*exemplum* moralité de préférence à d'autres types d'*exempla* [17] ainsi que de brèves indications sur le dispositif alphabétique qu'il a adopté, sur les sources et la division en dix livres.

Chaque livre est précédé à son tour d'un prologue explicatif et divisé en un certain nombre de rubriques alphabétiques [18] qui, à leur tour, sont subdivisées en paragraphes divers, où les qualités et les défauts, les actes religieux ou

16. V. Quétif et Echard, *op. cit.*, t. I, p. 525-526; Crane, *op. cit.*, Introd., p. xciv-v; pour le texte, l'édit. de Bâle, 1499 (Inc. n° 921 de la Bibl. Mazarine) ou l'édit de Venise, 1584 (*B. N.*, Inv. D. 5315). L'auteur est bien d'origine italienne comme cela ressort du texte du Liv. VI, c. 52 : « In terra originis mee scilicet in castello sancti Geminiani, quod est in partibus Tuscie XV miliaria distans a civitate Senorum. » Pour ce qui est de la date de l'achèvement de la composition de la *Summa*, il faut la placer vers 1300, le livre VI des *Decretales* de Boniface VIII paru en 1298 étant cité comme une source au prologue du livre VIII : « Postea Bonificacius addidit librum sextum. »

17. V. édit. cit., f. 1 : « Non autem visum est mihi de exemplis historialibus aliquid in hoc opere ponere eo quod tam de historia bibliorum quam etiam de vitis sanctorum et insuper de factis gentilium diversa per diversos opera facta sunt satis sufficienter. »

18. Ainsi, le Liv. I comprend 93 rubriques (*Abstinencia-Zelus*), le Liv. II 40, le Liv. III 86, le Liv. IV 98, le Liv. V 125, le Liv. VI 79, le Liv. VIII 78, le Liv. IX 91, le Liv. X 87.

autres de l'homme sont soumis par voie de comparaison à la moralisation (*similes sunt, assimilantur, item tales sunt*). Malgré leurs divisions poussées à l'extrême, ces *similitudines* ou moralisations, que l'auteur traite somme toute d'après les mêmes procédés que ses prédécesseurs, et où se reflètent assez souvent les mœurs du temps, ont assuré à la *Summa* une vogue qui s'est prolongée bien au delà du Moyen Age [19].

Au XIVe siècle, on continue de compiler d'après le même procédé des traités du même genre. Nous nous contentons d'en signaler les plus saillants, à savoir le *Lumen anime*, le *Liber similitudinum naturalium* et le *Reductorium morale*.

Le *Lumen anime* a pour auteur le dominicain Bérenger de Landorre, d'abord lecteur de physique ou des *Naturarum* à Brives (1290), puis XIIIe maître général de l'ordre (1312-1317) et finalement archevêque de Compostelle (1317-1330) [20].

19. Il en subsiste encore un certain nombre de copies manuscrites, principalement dans les pays de langue germanique, notamment à Munich : Bibl. Royale, les mss. lat. 9649 ff. 1-206 (XIVe s.), 12028 ff. 1-298 (1452), 14057 ff. 1-144 (XIVe s.), 16465 ff. 122-193 (XVe s.), 18247 ff. 213-224 (XVe s.), 23432 ff. 1-151 (1358); à Berlin : Bibl. Royale, les mss. 483 ff. 1-392 (1425), 484 ff. 1-236 (XVe s.); à Vienne : Hofbibl., ms. 1417 ff. 1-95v (XVe s.); à Zwettl : Stiftsbibl., ms. 290 ff. 1-120v (XVe s.). Il n'y a pas moins de sept éditions qui se sont succédé jusqu'en plein XVIIe siècle, à savoir : celles de Venise 1497, 1584, de Bâle 1499, de Lyon 1585, d'Anvers 1583, 1599, 1629.

20. V. Quétif et Echard, *op. cit.*, t. I, p. 514-517 (le *Lumen anime* n'est pas mentionné par eux parmi ses œuvres); Cruel, *op. cit.*, p. 460-463; Mortier, *op. cit.*, t. I, p. 475-528; *Hist. Litt.*, t. XXXVI.II (art. de M. P. Fournier); pour le texte, l'édit. d'Augsbourg 1479 (*B. N.*, Inv. Rés., D. 11575). L'éditeur Mathias Farinator de Wenna l'a fait précéder d'un avant-propos (« Quamvis Athenarum grecorumque multiplicata volumina... »), ainsi que de deux longues tables alphabétiques des matières, dont l'une se rapporte à l'histoire naturelle (« Prima pars naturalium ») et la seconde aux moralisations (« Secunda moralitatum ») et l'a intitulé : *Liber moralitatum elegantissimus magnarum rerum naturalium lumen anime dictus cum septem apparitionibus necnon sanctorum doctorum orthodoxe fidei professorum poetarum etiam ac oratorum auctoritatibus per modum pharetre secundum ordinem alphabeti collecti feliciter incipit.* Le traité lui-même est suivi d'un manuel d'autorités indépendant, comprenant 267 rubriques alphabétiques (*Abjectio-Xristus*).

Commencé à la fin du XIIIe siècle et achevé au début de la troisième décade du XIVe siècle [21], il comprend un prologue explicatif et le texte.

L'auteur commence par nous avertir dans le prologue que c'est grâce aux encouragements que lui a donnés le pape Jean XXII (1316-1334) « summi mihi pontificis favente gracia » et avec l'aide de trois traducteurs « qui libros quosdam de naturarum ordine de greco in latinum nondum translatos diligenter celeriterque transferrent », qu'il est venu à bout de son travail, qui lui a coûté vingt-neuf années d'efforts [22]. Puis il indique son but en affirmant qu'en écrivant ce traité il n'a eu en vue que l'utilité qu'il pourra avoir pour ses confrères engagés dans l'enseignement et pour l'édification des fidèles ainsi que pour ceux qui doivent porter la parole divine devant les foules [23]. Enfin, il signale certaines de ses sources qui lui ont paru particulièrement dignes d'être mises en avant en ajoutant que ses investigations au sujet des livres rares ou uniques, se sont portées jusqu'en Allemagne « de quodam monasterio Alemannie quidam mihi libri delati sunt », en Angleterre « in anglia regione », en Espagne, à Barcelone « in parsinona », à Cahors « quidam mihi retulit quosdam in cathurca latitare libros voluminaque ».

21. D'une part, en effet, Thomas d'Aquin, canonisé en 1323, est cité sans le qualificatif de « sanctus » au tit. XXXVII. T. : « Dicit enim Thomas in summa contra gentiles. » D'autre part, l'auteur dit, dans le prologue, que le traité lui a coûté vingt-neuf années d'efforts : « Triginta itaque annis minus uno. » C'est donc dans l'espace de temps de vingt-neuf ans qui précède l'année 1323, c'est-à-dire au sens large du terme, entre 1293 et 1323 que le traité a été composé.

22. V. édit. cit., prologue : « Triginta itaque annis minus uno sine intermissione die et nocte huic complendo insistens operi, studio inestimabili, jugi diligentia, multis variisque laboribus insudando, multa legens, multa audiens per me ipsum diversa audita quam digna expediens et discernens. »

23. *Ibid.* : « [Ego frater Berengarius quondam magister ordinis fratrum predicatorum nunc autem quamvis indignus Compostellis archiepiscopus hunc sic fundatus librum edidi ad utilitatem mei ordinis et ad edificationem hominibus universis... v. Marseille, *B. V.*, ms. 389 f. 82 *bis* (*Prohemium*) et Cruel, p. 460, d'après un ms. d'Augsbourg] necesse est predicatorem quandoque verbi Dei ac seminatorem boni operis, quod Christus parit in auribus auditoris, ut plantet et irradicet et instirpet cognitionem etiam luminis. »

Le texte lui-même forme une mosaïque de comparaisons et de traits se rapportant presque exclusivement aux propriétés des choses et placés sous soixante-quatorze rubriques à caractère dogmatique et moral (*De nativitate Christi* — *De septem virtutibus*) [24]. Chaque rubrique comprend un certain nombre de paragraphes divisés et subdivisés selon l'importance du sujet qui y est traité d'après les lettres majuscules et minuscules de l'alphabet A, B, C, D, E, F, Aa, Ab, Ac, Ad, Ae, Af, Ba, Bb, Bc, Bd, Be, Bf, etc. A la tête de chaque paragraphe se trouve indiquée la source [25] de la comparaison ou

24. Celles-ci sont suivies de deux sermons emblématiques, qui portent le titre de *De septem apparitionibus*, où les sept vices et les sept vertus sont comparés à différents animaux, p. ex. superbia (dromadarius), luxuria (ursus), avaritia (orix), ira (camelus), invidia (draco), accidia (leopardus), gula (catus), humilitas (panther), castitas (unicornu), largitas (cale), patientia (elephas), caritas (pelicanus), devotio (campolus), abstinentia (cervus), et qui, à tout prendre, rentrent avec leurs moralisations dans le cadre des rubriques précédentes.

25. L'auteur a eu soin d'indiquer dans le prologue quelques-unes de ses sources, que nous complétons par celles signalées au cours du texte et que voici : Hermes [Trismegistes] (*De corporibus transmutandis*), Algazel (*De quatuor transcendentibus, In tractatu de forma speculi, In perspectivis*), Palemon (*De signis naturarum*), Belinus (*De inventione artium*), Publius Celsus (*De mirabilibus nature*), Centobius (*De giro orbis*), Evax ? (Marbode) (*De sigillis lapidum*), Aristoteles (*De dimensionibus terre*), Nestorius (*De occiani circulo*), Archita Tharentinus, Constantinus (*De naturis liquidorum*), Evenus (*De contentibus urbis Rome*), Pandulphus (*De meatibus terre*), Isidorus (*In historia naturali*), Solinus (*De probleumatibus rerum*), Avicen (*In libro mineralium*), medicus Johannes Mesue, Philaretes (*De naturis febrium*), Plinius. (*In speculo naturali*), Theophrastes (*De parte sensitiva, De eventibus in natura, In breviario domini Aristotelis*), Fontinus (*In descriptionibus universi*), Alphora (*De differencia regionum*), Albertus (*De impressionibus aeris*), Commentator Averrois (*Librorum Aristotelis*), Palentius (*Summa Themistii*), Simplicius et Zenon (*Problemata*), Ypocras (*Liber epidemiarum*) cum Johannicio collega suo, Calcidius (*De natura quinte essentie*), [Plato] (*In thimeo*). Il a ajouté cependant, au cours du texte, encore bien d'autres, à savoir : Sextus Pythagoricus, Leucippes, Anaximander, Anaximenes, Anaxagoras, Parmenides, Empedocles, Ebernenus, Zenon, Loxus, Hermagenes, Amphites, Theremon, Demosthènes, Melissus, Ptolemeus Almagesti, Tullius (Cicéron), Horace, Ovide, Tibulle, Sénèque, Végèce, Apuleus, Apollonius, Eventius, Dionisus, Hegesippus, Antonius orator, Theophilus, Galenus, Silvestus, Bartholomeus (*In sua practica*); et, outre les Arabes et Juifs déjà cités : Alkabitius, Alkorah, rabbi Moses, Aaron, Avempice, Alpharabicus, Alphora, Avicebron : Ibn Gabirol (*Fons vite*); saint Jean Chrysostome, saint Ambroise, saint Augustin, Boèce, Cassiodore, saint Grégoire le Grand, saint Jean Damascène, Platearius,

du trait, qui fait immédiatement suite et qui est toujours moralisé et généralement d'une longueur égale à celle du texte.

Comme le traité précédent, le *Lumen anime,* à en juger par les copies manuscrites, les éditions incunables et la traduction qui en a été faite en allemand, a surtout obtenu un succès dans les pays de langue germanique [26].

Le *Liber similitudinum naturalium* a également pour auteur un dominicain dans la personne de Conrad de Halberstadt (+ 1342) [27].

Compilé entre 1321 et 1342 probablement à Magdebourg où celui-ci était professeur, il se présente comme l'alter ego abrégé de la *Summa de exemplis* de Jean de San-Geminiano et comprend un index alphabétique des matières, un prologue explicatif et le texte divisé en six livres [28]. Chaque

Hugues et Richard de Saint-Victor, Galterus (*In Alexandeide*), P. Lombardus, magister in sententiis, Jean Beleth, Durand, Robert Grossetête (*Lincolniensis*), Guido, Gilles de Rome (*In quodlibet, In sermone*), Manfred (*Commentator super libro de pomo*), Thomas d'Aquin (*Summa contra gentiles Tit. XXXVII, T.*), Jean Proxida (*Castigaciones Sedechie*), Henri de Gand (Tit. LV, Za, Tit. LXIII, B) et enfin l'auteur lui-même sous le titre de *Auctor.*

26. Il subsiste, à notre connaissance, dix-sept copies manuscrites, dont quinze pour l'Allemagne et deux pour la France, à savoir : Berlin : Bibl. Royale, mss. 297 ff. 298-321 (XVe s.), 484 ff. 125-142 (XVe s.) (abrégé), 761 ff. XIV-XV (extrait) (XVe s.) ; Brunswick : *B. V.*, ms. 164 ff. 46-84 (XVe s.) ; Erfurt-sur-Géra : *B. V.*, Coll. Ampl., mss. Q. 156 ff. 60-105 (1369), Q. 158 ff. 182-200 (1399) (abrégé) ; Wolfenbuttel : *B. D.*, mss. 2514 ff. 1-195 (XVe s.), 2765 ff. 1-96 (XVe s.), 2851 ff. 201-230 (XVe s.) (frag.), 3929 ff. 5-69 (XVe s.) (frag.) ; Erlangen : *B. Univ.*, ms. 628 ff. 1-30 (XVe s.) (frag.) ; Munich : B. Royale, mss. 5393 ff. 102-137 (1369), 12296 ff. 238-271 (1446), 23973 ff. 1-30 (XVe s.), 26694 ff. 58-91 (1460-62) ; — Colmar : *B. V.*, ms. 222 ff. 130-200 (abrégé) (XVe s.) ; Marseille : *B. V.*, ms. 389 ff. 82-133 (1407). Quant aux éditions, il y en a quatre, dont deux d'Augsbourg 1477, 1479, et deux sans indication de lieu de 1481, 1482, et une traduction en allemand de Lubeck de 1484.

27. V., sur ce personnage, Quétif et Echard, *op. cit.*, t. I, p. 610; Denifle-Chatelain, *Chartularium Universitatis Parisiensis,* t. I, pp. 137, 526; t. II, pp. 336, 377; pour le texte : Berlin, Bibl. Royale, ms. lat. 502 ff. 1-106 (XIVe s.).

28. V. ms. f. 1. Index (*Abdicacio-Ymago, Zelus,* f. 2 : « Incipit liber similitudinum naturalium fratris Conradi de Halberstadt ordinis predicatorum. Memor ero operum domini et que vidi annunciabo in sermonibus (prol.)... » ; ff. 2v-106r, le texte en 6 livres : « De corporibus simplicibus, de mineralibus, de vegetalibus, de animantibus,

livre est divisé en un certain nombre de rubriques alphabétiques se rapportant à des traits tirés de l'histoire naturelle [29] et dont le texte est généralement emprunté aux auteurs profanes et chrétiens [30] et les moralisations qui y font suite aux compilateurs contemporains et antérieurs d'histoires naturelles moralisées, comme ceux que nous venons de voir. Aussi, à considérer la seule copie manuscrite où il survit, il ne semble pas que le *Liber similitudinum naturalium* ait jamais eu le succès des compilations précédentes sinon mieux conçues, du moins à fond plus riche.

Le *Reductorium morale,* dont le titre complet est : *Reductorii moralis fratris Petri Borchorii libri quatuordecim perfectam officiorum atque morum racionem ac pene totam nature complectentes historiam* a pour auteur le bénédictin Pierre Bersuire (+ 1362) [31].

sive volatilibus sive natatilibus sive gressibilibus sive reptilibus, de homine et suis partibus et infirmitatibus, de diversis naturalibus. » Il se termine, f. 106r, par l'*explicit* suivant : *Ymago...* « Et ipse per illum a nobis cercius cognoscatur vide de ymagine plura supra speculum. Explicit liber similitudinum Conradi de Halbeastat ordinis predicatorum. »

29. Ainsi le Liv. I comprend 128 rubriques, le Liv. II 60, le Liv. III 89, le Liv. IV 133, le Liv. V 144, le Liv. VI 100.

30. Ces auteurs sont : Hermès Trismégiste, Aristote, Ptolemée, Tullius (Cicéron), Solin, Sénèque, Macrobe, Marcien, Végèce (*De re militari*), Vitruve, Dioscorides, Apulée (*In prologo de deo Socratis*), Pline (*In viatica*), Constantinus (*In libro graduum, In pantegni*), Gallien, Versificator, Auctor (*Libri de crepusculis*), Avicenne, Algazel (*In suis naturalibus*), Alkabicius, Albumnazar, Alfraganus, Isaac, Rasis, Alhacen, Isidore, Platearius, Alexandre [de Halès], Jean Peckam, Roger [Bacon].

31. V. *Bibl. de l'Ecole des Chartes,* t. XXX (1872), p. 325-362. *Notice biographique sur le bénédictin Pierre Bersuire, premier traducteur français de Tite-Live.* Malheureusement, son auteur, L. Pannier, n'a pas donné suite au plan annoncé au début de l'article sur les mss. et les écrits de P. B. Comme complément de biographie, v. *Romania,* t. XI (1882), p. 181-187; Mélanges de l'Ecole Française de Rome, t. IV (1884), p. 19-27; *Romania,* t. XL, p. 97-100; *ibid.,* t. XLIV, p. 338-339 (apport personnel de l'auteur au point de vue de l'histoire naturelle) (articles de M. Ant. Thomas). — V., pour le texte, l'édit. de Paris, 1521 (*B. N.*, Inv. Rés., D. 1226) et les mss. lat. 16785 ff. 1-292va (XVe s.) (Liv. I-IX), 16786 ff. 1ra-356va (XVe s.) (Liv. X-XIV), 16787 ff. 1-289va (XVe s.) (Liv. XV-XVI), avec cet *explicit :* « Explicit liber Reductorii moralis quod in Avinione fuit factum, Parisius vero correctum et tabulatum anno domini millesimo tricentesimo quadragesimo secundo. » Les deux derniers livres comprennent l'un les métamor-

Cette vaste compilation des sciences naturelles, dont les rédactions successives, s'échelonnent entre 1340 et 1350, comprend une épitre dédicatoire adressée au cardinal Pierre des Prés *Petrus de Pratis* (+ 1361), un long prologue explicatif et le texte embrassant quatorze ou seize livres selon qu'il est de la première ou des autres rédactions.

C'est dans l'épitre dédicatoire que l'auteur nous fait connaître sa qualité de religieux et sa patrie d'origine en ces termes: *Ordinis sancti Benedicti monachus de terra Francorum genitus, nacione gallus, patria pictavinus nomine Petrus cognomine Berchorius.* C'est dans le prologue qu'il expose son but et sa méthode et qu'il fournit quelques indications sur ses sources.

Il a donc écrit ce traité à l'usage des fidèles « ad utilitatem fidelium » et de ceux qui sont chargés de la parole de Dieu « ut sic quicumque de quocumque vocabulo predicare vel collationem facere decreverit et quocumque modo ipsum vocabulum volvere vel accipere voluerit totum paratum et ordinatum inveniat quid loquatur ». Sa méthode consiste

phoses d'Ovide paraphrasées et moralisées, et l'autre la Bible moralisée et forment le supplément aux 14 premiers livres, dont la première rédaction a été achevée en 1340. « Anno domini M°CCC°XL° ad beneplacitum paternitatis nostre et ad laudem et gloriam omnipotentis Dei » (v. ms. lat. 16785 f. 1va). Cependant, outre les rédactions de 1340 et 1342, il existait une troisième plus complète, d'après laquelle l'édition de Paris avait été faite et où sont relatés des faits qui se sont passés après 1342 et entre autres le suivant, f. 327r : « De muliere que sine quocumque cibo vel potu vixit plus quam XX annis, que eciam nunc anno domini M°CCC°XL°V° adhuc vivit in Britannia minori. » Le traité complet embrasse 16 livres, à savoir : 1 : De deo, angelis, spiritibus, sensibus, qualitatibus et humoribus; II : de corpore et membris; III : de diversis generibus personarum patre scil. filio, domino, servo et similibus, et de illis sex accidentibus que sanitatem conservant; IV : de infirmitate et morte; V : de natura celi et corporum celestium et temporum variacione; VI : de materia et forma, igni et acribus proprietatibus et impressionibus; VII : de volatilibus; VIII : de aquis et fluminibus; IX : de marinis monstris et piscibus; X : de animalibus vermibus et serpentibus; XI : de montibus metallis et lapidibus; XII : de herbis et arboribus seu de plantis et vegetabilibus; XIII : de quibusdam rerum accidentibus scil. de coloribus, saporibus et lignoribus, sonis, numeris, mensuris et ponderibus et sic finitur ordo libri de rerum proprietatibus; XIV : de nature mirabilibus; XV : de poetarum fabulis et enigmatibus; XVI : de figuris biblie et earum exposicionibus.

à appliquer les moralisations qu'il tire des traits et descriptions et même des récits qui composent presque exclusivement le texte des chapitres, aux vices et vertus de l'homme [32]. Ce qui lui importe, ce n'est pas tant le trait ou la description qui n'ont qu'un rôle secondaire, que la moralisation sous ses diverses formes qui y fait suite et au développement de laquelle il semble prendre un intérêt tout particulier. Quant aux sources, il a tout simplement démarqué celles du *De proprietatibus rerum* de Barthélemy l'Anglais, du moins pour les quatorze livres [33] en les complétant par d'autres qu'il a eu soin de signaler dans le prologue [34] et parmi lesquelles les métamorphoses moralisées d'Ovide [35] et la Bible moralisée pour le supplément qui

32. V. prologue, f. 2v : « Labores mei nihil aliud sunt quam quedam morales reductiones, quedamque proprietatum moralisationes et quedam exemplares applicationes, quibus scil. conditiones virtutum et viciorum possint ostendi et quibus exemplis et figuris mediantibus possint illa que ad fidem et mores pertinent manuduci. »

33. L'auteur, du reste, a suivi le même ordre dans la division de son sujet que Barthélemy l'Anglais, en réduisant parfois à un livre la matière de deux livres du *De proprietatibus rerum* qui en a 19. V. prologue, f. 1v : « Reductorium morale ordinem libri de proprietatibus rerum sequitur; verumtamen in tot particulas non distinguitur, quia quandoque due partes seu duo libri illius voluminis hic sub una particula continetur... »

34. A savoir : « Plinius de naturali mundi historia, Seneca de naturalibus questionibus, Solinus de mirabilibus mundi, Gervasius de ociis imperialibus necnon plura alia opera vel tractatus in quibus multa recitacione digna reperi, que in suis locis huic primo operi secundum suas materias et titulos aggregavi ultra librum de proprietatibus, tractatus de nature mirabilibus, de reductione fabularum et poetarum poematibus, de expositione et moralisacione figurarum et scripturarum enigmatibus... quoddam volumen quod intitulatur de moralisacione libri de proprietatibus rerum. » (Prologue.)

35. L'origine de la moralisation des légendes mythologiques remonte au Ve siècle. Le grammairien Fulgence (480-550) avait alors déjà soumis, dans un but apologétique à l'explication allégorique, l'ensemble de la mythologie grecque et l'Enéide de Virgile (*Mythologiarum libri III, Virgiliana continentia*), v. A. Ebert, *op. cit., Fulgentius,* p. 476-482. Dans la suite, l'une ou l'autre légende a été exploitée à cette même fin par les prédicateurs et les moralistes. Ce n'est cependant qu'au XIVe siècle que les légendes mythologiques, avec les récits historiques, ou légendaires envahissent, largement, à vrai dire, les traités de morale et la chaire. Au premier tiers de ce siècle, un franciscain anonyme, désigné à tort sous le nom de Chrétien le Gouais, comme l'a expliqué dès 1893 M. Ant. Thomas (*Romania,* t. XXII,

forme la quinzième et le seizième livre du *Reductorium*.

A celles-ci il faut ajouter la contribution fournie par le compilateur lui-même. Nombre d'anecdotes originales et de traits pris sur le vif proviennent de sa vaste expérience et sont par cela même d'une importance capitale pour l'étude des croyances et des mœurs de cette époque. Aussi le *Reductorium morale,* grâce à la variété immense des renseignements qu'il renferme, unie à la clarté de l'exposition et illustrée de nombreux *exempla,* où tous les types sont représentés, a-t-il eu, dès son apparition, un succès égal à celui d'autres encyclopédies du temps. Il s'est répandu assez vite en France et ailleurs et subsiste encore aujourd'hui en entier ou par fragments dans les différentes bibliothèques de l'Europe occidentale [36]. Les éditions incunables et impri-

p. 271-274), à la demande de Jeanne de Bourgogne (+ 1329), femme de Philippe V (1316-1322), paraphrasa et moralisa les métamorphoses d'Ovide en vers français (v. *B. N.*, ms. fr. 373 ff. 1ra-374va (XIVe s.) (72.000 vers) et *Hist. Litt.*, t. XXIX, p. 508-509; v. aussi *ibid.*, p. 505-506, la fausse attribution de l'Ovide moralisé à Philippe de Vitry, Nicolas Trivet, Robert Holcot et Thomas Walleis). Pierre Bersuire, à qui un exemplaire fut prêté lors de son retour d'Avignon à Paris par le maître Philippe de Vitry (devenu évêque de Meaux en 1351 + 1361), en fit une adaptation paraphrasée en latin (qu'il acheva en 1342) pour servir de supplément aux 14 livres du *Reductorium,* comme il ressort du texte du prologue mis en tête de cette adaptation : « Non moveat tamen aliquis quod fabule poetarum alias fuerunt moralisate et ad instanciam illustrissime domine Johanne condam regine Francie dudum in rimis gallicis sunt translate, quia revera opus illud non videram quousque tractatum istum penitus perfecissem, quia tamen postquam ab Avinione redivissem Parisius contigit quod magister Philippus de Vitriaco vir utique excellentis ingenii moralis philosophie hystoriarum ac eciam antiquitatum zelator precipuus et in cunctis mathematicis scienciis eruditus dictum gallicum librum mihi tradidit in quo procul dubio multas bonas exposiciones tam allegoricas quam morales inveni » (*B. N.*, ms. lat. 15145 ff. 6ra-204va (XVe s.), f. 7ra). A ajouter que l'Ovide moralisé a également servi, à son tour, de source d'inspiration aux poètes, entre autres à Guillaume de Machaut; v., à ce sujet, *Romania,* t. XLI (1912), p. 382-400 (art. de M. Ant. Thomas) et t. XLIII (1914), p. 335-352 (art. de M. C. de Boer).

36. Ainsi, à la *B. N.* de Paris seule, il y a les copies manuscrites suivantes : mss. lat. 8864 q. 1-217vb (XIVe s.) (Liv. I-X), 14276 ff. 1-340vb (XIVe s.) (Liv. I-IX), 14412 ff. 1ra-250ra (1437) (Liv. XII-XIII), outre celles *ut sup. cit.* Quant au *Repertorium morale* renfermé dans les mss. 14270-14275 (6 vol.) (1492), 16788-16790 (3 vol.) (1399), ce n'est qu'un dictionnaire latin alphabétique avec l'explication du sens des mots selon la méthode théologique du temps.

mées qui se sont succédé — nous n'avons pas compté moins d'une douzaine [37] — témoignent également amplement du crédit dont il a joui dans les milieux cultivés jusqu'aux temps modernes [38].

37. Les voici dans leur ordre chronologique : édit. Ulm, 1474; Strasbourg, 1474; Deventer, 1477; Cologne, 1477; Nuremberg, 1489, 1499; Bâle, 1515; Lyon, 1520; Paris, 1521 (2); Venise, 1575, 1583; Douai, 1609.

38. Nous nous permettons d'ajouter ici, par manière de complément, deux petites compilations, du domaine exégétique, portant le titre de *Postille morales,* où le procédé de la moralisation est largement appliqué.

La première, qui est du dominicain Jacques de Lausanne (+ 1321) (v. *Hist. Litt.,* t. XXXIII, p. 459-479), porte parfois aussi le titre de *Jacobi de Lausanna compendium moralitatum excerptum ex ejusdem postillis super libros biblicos,* avec cet *incipit : Abjectio :* « Abjicit mundus pauperes et honorat divites. Nota Augustinus dicit quod corvus est talis nature... », et cet *explicit: Ypocrita:* « Hoc non est nisi per carnem, quia pennas virtutum non habent » et forme un commentaire des livres de l'ancien et du nouveau testament et plus spécialement du pentateuque (v. *B. N.,* mss. lat. 14798 ff. 1-465v (XIVe s.), 14799 ff. 1-279v (XIVe s.). L'auteur y complète ses explications par des traits tirés des bestiaires suivis, en général, d'une moralisation ou même par des *exempla* empruntés aux recueils d'*exempla* ou à sa propre expérience. Lui-même en a fait un abrégé sous le titre de *Moralitates* ou de *Compendium moralitatum,* dont le succès est attesté par les nombreuses copies manuscrites qui subsistent et dont voici l'inventaire : France : Paris : *B. N.,* n. a. lat. 226 ff. 1-100 (XVe s.), 1474 ff. 2ra-123ra (XIVe s.), ms. lat. 16496 ff. 2-48va (XIVe s.) ; Mazarine, mss. lat. 888 ff. 52-84 (XVe s.), 1136 ff. 82-105 (XIVe s.) ; Troyes : *B. V.,* mss. 827, 1272 (non fol.) (XIVe s.). — Allemagne : Berlin : Bibl. Royale, mss. Theol. lat. 164 ff. 1-129 (XVe s.), 768 ff. 1-190 (XVe s.) ; Fonds Gœrrès, ms. 2 lat. Fol. 720 (non fol.) (XIVe s.) ; Munich : Bibl. Royale, mss. 3593 ff. 1-289 (1447), 8181 ff. 133-180 (XVe s.), 14449 ff. 237-257 (1406), 19111 ff. 1-98 (XIVe s.), 19604 ff. 1-176 (XIVe s.), 26946 ff. 1-202 (XVe s.). — Autriche: Vienne: Hofbibl., mss. 1288 ff. 30-110v (XVe s.), 3609 ff. 1-104 (XVe s.), 4872 ff. 88-151v (XVe s.), 15040 ff. 1-70 (XVe s.) ; Schottenkloster : Stiftsb., ms. 291 ff. 6-51 (XVe s.). — Angleterre : Worcester : Cath. Lib., ms. Q. 56 ff. 112-153v (XVe s.). — Belgique : Bruxelles : Bibl. Royale, ms. 2090 (5113-20) ff. 178-222 (XVe s.). — Hollande: Utrecht: *B. Univ.,* ms. 349 ff. 1-49 (XVe s.). — Italie : Pavie : *B. Univ.,* ms. 504 ff. 147-180 (XIVe s.). — Tchécoslovaquie : Prague : *B. Univ.,* mss. 46 ff. 246-274v (XIVe s.), 291 ff. 1-60 (XIVe s.), 831 ff. 182-205 (XIVe s.), 948 ff. 62-108 (1434). Il en existe même une édition imprimée à Limoges en 1528, sous le titre de *Opus moralitatum præclari fratris de Losanna cunctis verbi Dei concionatoribus pro declamandis sermonibus perquam maxime necessarium* (v. *B. N.,* Inv. Rés., D. 80022).

La seconde, connue aussi sous le titre de *Mystica sen moralis expo-*

Tels sont les principaux traités, où le procédé de l'allégorie ou de la moralisation a été mis en œuvre. Pour constater cependant son application systématique aux recueils d'*exempla,* il faut arriver au XIVe siècle. Dans ce siècle, d'engoûment général pour l'allégorie ou la moralisation, certains compilateurs se mettront à exploiter non seulement cette littérature didactique à caractère encyclopédique dont nous venons de parler, mais encore les recueils de contes, les traités de morale, de pédagogie et d'édification, les chroniques et surtout l'histoire ancienne et profane, dont ils extraient de nombreux récits vrais ou légendaires dans le but de faire servir leur contenu aux moralisations.

L'*exemplum* entre alors dans une phase nouvelle. Il devient dans l'intention des compilateurs une partie accessoire, tandis que la moralisation qui y fait suite, devient la partie principale. Il est, en outre, dominé par la note sérieuse à but exclusivement religieux ou moral, quoique le récit ou le trait sur lesquels il s'appuie soit la plupart du temps d'origine profane ou emprunté à l'histoire naturelle.

Nous allons donc étudier l'*exemplum* sous ce nouvel aspect et suivre son évolution dans les recueils qui nous ont

sitio sacri canonis Biblie, et compilée en 1339 : « In die s[t] Georgii anno domini M°CCC°XXXIX° », est du franciscain Nicolas de Lyre (+ 1340) (v. Biographie et œuvres dans les *Etudes Franciscaines,* t. XVI, pp. 101, 383; t. XVII, pp. 489, 593; t. XIX, pp. 41, 153, 368 et sq. (art. de M. H. Labrosse) et *Hist. Litt.,* t. XXXVI.II (art. de M. Ch.-V. Langlois) et, pour le texte, l'édit. de Cologne, 1479 (*B. N.,* Inv. Rés., H. 1958). Comme la compilation précédente, elle n'est que le résumé d'un vaste commentaire biblique moralisé des livres de l'ancien et du nouveau testament et était destinée, d'après les paroles du prologue, aux prédicateurs : « Confisus de Dei auxilio propono eam [scripturam sacram] iterum exponere secundum sensum mysticum... sed aliqua breviter ordinacione ad quam lectores biblie ac predicatores Dei recurrere poterunt prout et quando eis videbitur expedire... » Nicolas se plait à ajouter à ses explications mystiques ou allégoriques, un certain nombre d'*exempla* — une cinquantaine environ — empruntés à des sources diverses. C'est ainsi qu'on y rencontre certains récits tirés de la vie de saint François d'Assise (Génèse 15, Deut. 2, Josué 7, Livres des Rois I, 14), de saint Antoine de Padoue (Génèse 26, Liv. des Rois IV, 6), de saint Louis (Génèse 48, Liv. des Rois IV, 21). D'autres sont tirés des *Vitæ Patrum,* des dialogues de Grégoire le Grand, des chroniques. On y trouve même la fable de l'âne revêtu de la peau du lion (Génèse 12.).

paru à ce sujet les plus caractéristiques, notamment dans le *Solacium ludi schaccorum* de Jacques de Cessoles, dans les *Contes moralisés* de Nicole Bozon, dans le *Dialogus creaturarum* de Mayno de Mayneri, dans les traités d'*exempla* moralisés de Robert Holcot, dans les *Recueils* du ms. Royal 12. E. XXI et du ms. Harley 7322 du *B. M.* et dans les *Gesta Romanorum.*

1. Le Solaclum Ludi Schaccorum [38a].

Le traité qui sert d'intermédiaire entre les recueils d'*exempla* proprement dits et les compilations d'*exempla* moralisés est le *Solacium ludi schaccorum* du dominicain Jacques de Cessoles.

Compilé dans l'Italie du Nord [39] avant 1325 [40], il se compose d'un petit prologue explicatif [41] et du texte divisé en quatre sections avec vingt-quatre chapitres inégalement répartis [42].

38a. V. QUÉTIF et ECHARD, *op. cit.*, t. I, p. 471-472; t. II, p. 218; *Hist. Litt.*, t. XXV, p. 9-41; pour le texte : *B. N.*, ms. lat. 6705 ff. 1-34v (XIVe s.) et l'édit. de Milan, 1479 (*B. N.*, Inv. Rés., ms. V. 30).

39. L'auteur cite plusieurs traits de mœurs relatifs à cette région et localise certains récits en Lombardie (III, 3), à Pavie (III, 1) et à Parme (III, 6).

40. Il parle avec une certaine faveur des tournois (I, 2), ce qu'il n'aurait sans doute plus fait après leur prohibition par les *Extravagantes* de Jean XXII, publiées en 1325 (v. au titre : *De torneamentis*, c. IV).

41. Le voici, d'après le ms. lat. 6705 f. 1 : « Incipit prologus super ludo scachorum fratris Jacobi de Cessulis ordinis predicatorum. Multorum fratrum ordinis nostri et diversorum secularium precibus persuasus dudum munus requisitum negavi ut transcriberem solacii ludum scachorum videlicet regiminis morum ac belli humani generis documentum. Sane cum illum ad populum declamatorie predicassem multisque nobilibus placuisset materia honori eorum ac dignitati curavi ascribere monens eos ut si forte formas ipsorum menti impresserint bellum ipsum ac ludi virtutem corde poterunt facilius obtinere. Hunc autem libellum de moribus hominum et officiis nobilium et popularium si placet intitulari decrevi. Et ut ordinacius procedam in eo ante ipsum capitula proposui ut quod in eo sequitur plenius elucescat, tractatibus autem quatuor ipsum opus lector ipse noverit esse distinctum. » Dans l'édition incunable, le prologue est suivi de la division du traité en 24 chapitres.

42. La première section (*De causa invencionis ludi scachorum*) com-

Jacques de Cessoles, comme il le dit dans le prologue, avait pris comme sujet de ses sermons l'explication du jeu des échecs. Cette façon de prêcher avait beaucoup plu à son auditoire composé à la fois de nobles et de gens du peuple. Aussi, sur les instances de beaucoup de ses confrères et de divers gens du monde « multorum fratrum ordinis nostri et diversorum secularium precibus » il s'est donc mis à rédiger ses sermons et à les publier sous forme de traité de morale en y appliquant le procédé de la moralisation aux fonctions dévolues à chacun des personnages représentés par les pièces de l'échiquier.

Dans ce but, il a procédé à la répartition de son sujet de la manière suivante. Dans une première section, il a fait l'historique du jeu des échecs en traitant brièvement de l'époque de son invention, de l'inventeur et des motifs de son invention (3 chapitres). Dans une seconde section, il a décrit les échecs nobles ou pièces du premier rang, c'est-à-dire le roi, la reine, les aufins (juges), les alphins (les fous), les chevaliers (hommes de guerre) et les rochs (tours, les vicaires ou délégués du roi) (5 chapitres). Dans une troisième section il a décrit les échecs populaires placés sur le second rang, c'est-à-dire le laboureur, le forgeron, le tisserand et le notaire, le marchand et le changeur, le médecin et l'apothicaire, l'aubergiste et l'hôte, le gardien des portes de la ville et le fonctionnaire municipal, le ribaud, le prodigue, le joueur et le messager, etc. (8 chapitres). Et enfin, dans une quatrième section, il a expliqué la forme et la nature de l'échiquier en général, le mouvement du roi, de la reine, des aufins, des chevaliers, des rochs et des populaires, en terminant par un épilogue de considérations morales, qui en forme le huitième et dernier chapitre.

A l'occasion de la description d'une pièce de l'échiquier, de son nom, de sa forme, de sa position, de son mouvement, il en a fait des applications pratiques aux obligations mo-

prend 3 chapitres, la seconde (*De formis scachorum nobilium*) 5 chapitres, la troisième (*De formis et officiis scachorum popularium*) 8 chapitres, la quatrième (*De progressu et motu eorum*) également 8 chapitres.

rales ou devoirs d'état de personnages réels, en y joignant des réflexions, des citations d'auteurs généralement profanes et en y ajoutant par manière d'illustration des *exempla,* dont le nombre varie par chapitre selon l'importance du sujet. Cette manière de procéder lui a permis de faire entrer dans son cadre les diverses conditions sociales avec leurs représentants qualifiés [43] et d'exposer les obligations qui leur incombaient.

Les *exempla* — une centaine environ — qui agrémentent l'exposé, proviennent pour la plupart de la littérature profane, quelques-uns cependant de la littérature dévote et de l'expérience personnelle de l'auteur [44].

Malgré l'absence presque complète d'originalité, le *Solacium ludi schaccorum,* grâce à la façon curieuse dont les obligations morales des différentes conditions sociales sont exposées dans le cadre du jeu des échecs, a obtenu dès son apparition le plus vif succès. Les nombreux manuscrits qui en subsistent [45], les traductions qui en ont été faites dès

43. D'après J. de Cessoles, la société laïque se divise en deux classes, les nobles et les populaires; les premiers sont représentés tout au plus par quelques personnages (rex, regina, milites judices et vicarii regis); les seconds n'ont pas moins d'une vingtaine de représentants (agricola, faber : ad hunc reducuntur fabri ferrarii, artifices, monetas componentes et naucleri, lignorumque cesores, cementarii domos et turres edificantes, lanificius, mercator et campsor, medicus et pigmentarius, tabernarius et hospes, civitatum custodes, officiales communes, pedagarii, massarii, prodigi, ribaldi, lusores et cursores, v. *De formis et officiis scaccorum popularium*).

44. Les sources signalées en tête des récits — car l'auteur semble avoir directement tiré les récits de l'un ou de l'autre recueil d'*exempla* qui circulaient alors dans l'Italie du Nord — sont pour l'antiquité profane : Cicéron (*Tullius*), Virgile, Quinte Curce (*Vita Alexandri*), Varron, Valère Maxime, Sénèque, Suétone, Macrobe, Florus, Quintilien, Trogue Pompée, Aulu-Gèle, *Romana Historia;* pour l'antiquité sacrée et le Moyen Age : la Bible, les *Vitæ Patrum,* saint Augustin (*De civitate Dei*) (en plus des citations tirées de Tertullien, de saint Jérôme, de saint Ambroise, de Boèce, de Symmaque), Pierre Alfonse, Gautier de Chatillon, Guillaume de Conches, Jean de Salisbury (*De nugis philosophorum*), Josephus (Th. de Cantimpré) (*In libro de causis rerum naturalium*), l'auteur, qui est aussi pour quelques récits (v. L. III, c. IV, Osbertus Ganorus; c. VIII, Johannes Canassa), traits et allusions aux mœurs et institutions de l'époque.

45. Il faudrait au moins tripler le nombre de ceux qui sont indiqués dans l'*Hist. Litt.,* t. XXV, p. 22-29.

avant le milieu du XIVᵉ siècle en français [46], et dans la suite en anglais, allemand, italien, hollandais, les nombreuses éditions incunables et imprimées, qui se sont succédé, sont le témoignage incontestable de son immense popularité jusqu'en plein XVIIᵉ siècle.

2. Les Contes moralisés de Nicole Bozon [47].

Avec Nicole Bozon on fait un pas de plus dans l'application des moralisations aux *exempla*. Ce mineur anglais a mis en effet en pratique le nouveau procédé dans ses contes moralisés écrits en français aux environs de 1320. Prédicateur populaire ambulant et connaissant par conséquent à merveille les besoins religieux et moraux de ses auditoires, il a concentré ou plutôt rassemblé avec plus ou moins d'ordre dans les cent quarante-cinq chapitres de son recueil les résultats de son enseignement théologique « ad usum populi ». Comme son lointain prédécesseur, Eudes de Chériton, dont il semble être pour une large part l'imitateur, il s'est mis à la portée des frustes intelligences des gens du peuple anglais, qui parlait alors français, en revêtant son exposé doctrinal d'images réalistes empruntées aux règnes de la nature et propres à faire saisir aux auditeurs les simples notions théologiques qui se résumaient d'après le programme religieux franciscain dans le culte sacramentaire, dans diverses dévotions, dans la pratique des vertus ordinaires et dans la fuite des vices et avaient comme corollaire la lutte contre les puissants du jour [48].

46. Il subsiste deux traductions françaises, dont l'une faite par le dominicain Jean Ferron, de 1347, et l'autre par le frère hospitalier Jean de Vignai, faite entre 1332 et 1350 (v. P. PARIS, *Les manuscrits français*, t. V (1842), p. 17); *Romania*, t. XXV, p. 407.

47. V. P. MEYER, *Les contes moralisés de Nicole Bozon* (Londres, 1889); P. HERVIEUX, *Les Fabulistes latins*, t. IV (Paris, 1896); HERBERT, *op. cit.*, t. III, p. 100-105; MOSHER, *op. cit.*, p. 100-105; *Hist. Litt.*, t. XXXVI, 2ᵉ partie (art. de M. Ant. THOMAS); pour le texte, v. ms. 12 ff. 15-49 (XIVᵉ s.) de la Bibl. de Gray's Inn (Londres), et le ms. 8366 ff. 120-159 (XIVᵉ s.) de la Bibl. Philipps (Cheltenham), ainsi qu'une traduction en latin dans le ms. Harley 1288 ff: 91-105 (XVᵉ s.) du *B. M.*

48. V. édit., Introd., p. XXII-XXIX.

Dans ce but, il a surtout utilisé deux types d'*exempla,* à savoir l'*exemplum* moralité (bestiaires) et l'*exemplum* fable (dont il n'y en a pas moins de trente-sept). Tantôt il a pris comme développement de son sujet la propriété d'un animal (quadrupède ou volatile), d'une plante ou d'une pierre et en a tiré l'application morale qu'elle comporte, le tout accompagné de textes bibliques ou profanes et confirmé par la citation d'une fable (« fabula ad idem ») ou d'une anecdote quelconque (« narracio ad idem »). Tantôt il s'est servi de fables elles-mêmes pour les accompagner à leur tour de moralisations plus ou moins développées ou de textes bibliques. Bref, il a cherché à combiner à la fois dans son recueil, pour le faire servir à l'enseignement moral de l'homme, le procédé des auteurs des bestiaires ou des traités *De natura rerum* (moralisation appliquée aux propriétés des choses) et celui des fabulistes (moralisation appliquée aux fables), les autres types d'*exempla* (pieux, historique, personnel) n'étant ajoutés que par manière d'illustration.

Quels que soient les *exempla,* ils affectent dans leur développement des formes diverses. La plupart du temps, cependant, ils sont présentés sous une forme abrégée et précédés de la formule d'introduction : « Ici on peut conter. » D'autres fois, ils sont à peine indiqués comme s'ils devaient être oralement développés davantage. Parfois aussi ils ont un développement normal et ne manquent pas de charme et d'agrément.

Leurs sources sont, pour les fables, Marie de France (Isopet) et Eudes de Chériton ou quelque intermédiaire; pour l'*exemplum* moralité, le traité *De proprietatibus rerum* de Barthélemy l'Anglais, bien que d'autres noms soient souvent mis en avant [49]; pour l'*exemplum* pieux et historique, quelque recueil d'*exempla* [50], que le compilateur pouvait

49. A savoir : Aristote, Pline, Dioscoride, saint Basile, Isidore, Avicenne.

50. On voit, en effet, cités par son intermédiaire, les *Vitæ Patrum,* l'*Historia ecclesiastica* et les *Gesta Anglorum* du Vénér. Bède, le Roman de Barlaam et de Josaphat, la *Disciplina clericalis* de P. Alfonse.

avoir sous la main; pour l'*exemplum* personnel, les propres souvenirs de celui-ci [51].

Ces contes moralisés, où l'enseignement théologique et moral était exposé d'une façon si simpliste et si réaliste, n'ont pas dû manquer d'obtenir l'effet voulu devant les auditoires populaires et retenir l'attention des bonnes gens. Leur influence s'est faite également sentir dans les compilations ultérieures et notamment dans les *Gesta Romanorum*. Et le fait d'avoir été traduits en latin au moment de la disparition du français en Angleterre (début du XVe siècle), semble indiquer qu'ils jouissaient alors encore d'une grande vogue auprès des fidèles de ce temps [52].

51. V. Introd., p. XIV-XVI, et le texte, pp. 63, 85, 110, 137, 180, 181.

52. Il y a lieu de rapprocher ici des contes moralisés un poème français également moralisé sur la propriété des choses en l'honneur de la Sainte Vierge, renfermé dans le ms. fr. 12483 ff. 1ra-266vb (XIVe s.) de la *B. N.*, et composé par un dominicain de la région de Fère-en-Tardenois (Aisne) (f. 13rb : « A berrou et en tardenois »), dans le second quart du XIVe siècle (le dit du roi dédié par Watriquet de Couvin à Philippe VI de Valois, roi de France (1328-1350), y est inséré (ff. 55rb-57va) (v. l'étude magistrale de M. A. LÅNGFORS dans *Not. et Ext. des mss. de la B. N.*, t. XXXIX.I, p. 503-662).

Le poème est divisé en deux livres. Chaque livre contenait avant la mutilation du manuscrit, cinquante chapitres, d'après les indications fournies par la table des matières du second livre, qui a été conservée. Tous les chapitres sont composés d'après un plan à peu près uniforme. Chacun est précédé d'une rubrique et d'un numéro d'ordre. En tête se trouve la description d'une trentaine de vers en moyenne, d'un animal, d'une pierre, d'une plante, d'une « chose ». Ces faits plus ou moins exacts, empruntés à l'histoire naturelle, servent de fondement à un enseignement moral, car après avoir énoncé plus ou moins longuement les différentes propriétés d'une chose, l'auteur les reprend une à une pour les rapprocher des qualités similaires de la Vierge, dont les vertus se trouvent ainsi symbolisées autant de fois (v. pp. 504 et sq.).

Cette première partie est suivie, dans chaque chapitre, d'un ou plus rarement de deux contes dévots, consacrés le plus souvent à un miracle de la Vierge et dont la source est généralement indiquée. Puis vient, pour terminer le chapitre, soit une chanson, soit un lai, soit un dit, que l'auteur soude au reste de la narration par une transition de sa façon. Ces dernières pièces sont empruntées à des auteurs différents. Ce sont quelquefois des poésies pieuses, mais il y en a beaucoup qui sont profanes, souvent avec une tendance satirique ou morale (v. p. 504). Les sources des récits semblent être quelques recueils d'*exempla*, dont l'auteur s'est contenté d'extraire ceux qu'il a trouvés à sa convenance. Celles qui sont indiquées au cours du texte, sont : Pline, Solin, Isidore de Séville (pour l'histoire naturelle); les

3. Le Dialogus Creaturarum de Mayno de Mayneri [53].

Le *Dialogus Creaturarum,* appelé aussi *Contemptus sublimitatis,* forme une sorte de traité dialogué où le procédé de moralisation est appliqué aux mêmes types d'*exempla* que dans les contes moralisés. Il se compose d'une série de cent vingt-deux dialogues qui ont lieu entre les créatures, et par créatures il ne faut pas seulement entendre les hommes et les animaux, mais encore les pierres, les plantes, les phénomènes de la nature, les quatre éléments.

Th. Græsse, en s'appuyant sur l'*incipit* et l'*explicit* du ms. lat. 8512 de la *B. N.*, l'avait attribué à un certain Nicolas

Vitæ Patrum, l'évangile de l'enfance, Grégoire de Tours, Leoncius, Orderic Vital, Pierre Damien, Hugues Farsit, la vie de saint Edmond par saint Bernard, le grand Marial, Hélinand, Nicolas de Flavigny, Césaire de Heisterbach, l'Histoire transmarine de J. de Vitry, Vincent de Beauvais, Géraud de Frachet, le *Liber apum* de Th. de Cantimpré, le livre des dons d'Et. de Bourbon, frère Humbert de Romans (*De dono timoris*), la Légende dorée de J. de Voragine, Pierre de Morone (Célestin II, 1294-96), frère Arnous (f. 169vb), peut-être Arnold de Liège, un docteur de Gand, peut-être Henri de Gand, un frère de l'ordre, un frère prêcheur, un docteur « de grant affaire », un bon clerc, des anonymes « je ne scey qui le raconte », « bien ne scey qui le dist », une chronique (pour les *exempla* proprement dits). M. A. Långfors conclut, au sujet de ce poème, en ces termes, p. 513 : « C'est un livre de lectures pieuses, où les morceaux profanes ont le même but que les exemples des sermonnaires. Il était sans doute destiné à être lu devant une congrégation de moines ou peut-être de religieuses : les préceptes s'adressant particulièrement aux femmes sont nombreux. Mais il peut être considéré comme formé des éléments qui faisaient le fond des sermons prêchés au peuple par les prédicateurs auxquels appartenait le compilateur. »

53. V. Pio Rajna, *Intorno al cosiddetto dialogus creaturarum ed al suo autore* (Torino, 1888), p. 1-154 (Extrait du *Giornale storico della letteratura italiana,* t. III, IV, X, XI) ; pour le texte, Th. Græsse, *Die beiden ältesten Fabelbücher des Mittelalters des Bischofs Cyrillus Speculum Sapientiae und des Nicolaus Pergamus Dialogus Creaturarum,* dans *Litterarischer Verein,* Stuttgart, t. 148 (1880), pp. 125-284, 302-308, ainsi que les mss. lat. de la *B. N.*, 8512 ff. 1-119 (XVe s.) (« Incipit prologus in libro qui dicitur pergaminus... Expliciunt fabule magistri Nicole (*sic*), qui dicebatur pergaminus, qui fuit homo valde expertus in curiis magnatum ») ; 8507 ff. 1-40v (XVe s.) (« Incipit quidam liber seu volumen in quo multa pulcra exempla continentur et appelatur contemptus sublimitatis... », s'arrête f. 40v : « Bubo in dugo... Saladinus nobilissimus rex grecorum » : exemplum du linceul de Saladin, correspondant au n° 82 de l'édit. de Græsse).

Pergamus, mais, depuis, Pio Rajna semble avoir trouvé, à l'aide de documents nouveaux, le véritable auteur qui, d'après lui, n'est autre que le médecin milanais Mayno de Mayneri (né entre 1290 et 1295).

La date de composition du traité doit être placée postérieurement à 1326, d'après les emprunts faits par l'auteur d'un certain nombre de ses récits, traits et descriptions, à une sorte de petite encyclopédie compilée à cette date, à Bologne, par quelque dominicain anonyme [54].

Le texte, divisé en cent vingt-deux dialogues, est précédé d'un prologue et suivi d'une double table des matières (logique et alphabétique).

C'est dans le prologue que l'auteur expose brièvement la méthode de moralisation qu'il a appliquée au texte en ces termes : « Auctor libri istius hæc rite

54. Celle-ci porte le titre de *Libellus qui intitulatur multifarium et fuit extractus Bononie de diversis a. d. M° CCC° vicesimo sexto*, et occupe le ms. Gudianus 4504 (200) ff. 1-231 (XIVe s.) de la bibl. ducale de Wolfenbüttel. Elle se compose d'un certain nombre de traités concernant l'histoire naturelle, des recettes et de petits traités de médecine, des recueils divers à l'usage des prédicateurs, parmi lesquels deux portent également la date de 1326, à savoir : le traité *De proprietatibus avium in communi qui fuit collectus Bononie a. d. M° CCC°XXVI°* (ff. 27-40) et le *Libellus de vita philosophorum* (ff. 150-152), qui se termine par cet *explicit :* « Hoc opus exegi, Xriste memento mei sub annis d. M°CCC° XXVI° die Galli et Lulli. » Les emprunts du *Dialogus* sont surtout visibles dans le *Tractatus de diversis historiis Romanorum* (ff. 176-185), qui occupe l'avant-dernière place dans la série des traités du ms., la dernière étant occupée par un *Tractatus de diversis fabulis* (ff. 185-195) (v., pour la description détaillée du ms., le *Katalog der Gudischen Hds. Wolfenbüttel*, 1913). C'est en effet un petit recueil d'*exempla* comprenant 69 *exempla*, dont quelques-uns sont moralisés et qui proviennent tous de sources connues, à l'exception de celui du n° 59, qui a trait à l'amende pécuniaire imposée par Louis IX à un bourgeois de Paris pour avoir tué trois gentilshommes allemands et dont le montant a été distribué par lui entre les Frères-Prêcheurs, les Mineurs et les moines de Saint-Germain-des-Prés : « Divisit pecuniam in tres partes et predicatoribus dedit unam partem, de qua edificavimus dormitorium et refectorium et minoribus et monachis de sancto Germano alias duas partes, de quibus edificaverunt ecclesias. » Notre compilateur y a emprunté quatorze récits, à savoir : ceux des n°s 1-6, 8-15 (édit. Græsse), qui correspondent respectivement aux n°s 79, 89, 47, 109, 98, 4, 56, 68, 60, 109, 122, 23, 105, 122, du *Tractatus de diversis historiis Romanorum*, édité par S. Herzstein, dans les *Erlanger Beiträge*, XIV Heft (Erlangen, 1903).

considerans quosdam dialogos creaturarum ad sanam et moralem doctrinam applicavit confinxit et composuit, ut per creaturarum quasi nobis loquentium proprietates simul in moribus erudiamur et tædium audientium evitemus et ipsorum audientium memoriam adjuvemus, quod maxime per rerum similitudines procuratur. Salvator enim noster omnium prædicatorum perfecta forma fabulis palæstinorum more usus est, ut rerum similitudine ad viam veritatis homines perduceret. Auctor ergo libri præsentis jocundo modo morales doctrinas in exterminium vitiorum et virtutum promotionem introduxit... » C'est là aussi qu'il affirme l'utilité que présente le traité aux prédicateurs et autres personnes instruites pour rendre la doctrine chrétienne par manière de délassement agréable aux gens simples : « Utilis est ergo præsens liber prædicatoribus et aliis quibusdam intelligentibus contra fatigationem animalem ut per delectationem jocundæ materiæ aliqualiter intermissa intentione ad insistendum rationis studio simplicium animi ad altiora trahantur. »

Dans le texte, qui n'est à vrai dire que l'exposé sous forme de dialogues de la morale pratique, il procède, dans l'application de la méthode de moralisation à divers sujets, à peu près de la même façon que Nicole Bozon. Ainsi, dans la série des dialogues, il débute successivement par l'exposé des « propriétés » des créatures, animaux, pierres, plantes, astres, phénomènes de la nature, etc., qu'il fait suivre d'une petite moralisation et il accompagne cet exposé généralement d'une fable également moralisée ou d'un récit pieux ou profane empruntés à des recueils d'*exempla*, le tout confirmé par des citations bibliques ou autres.

Propriétés des choses, fables et récits ne présentent cependant aucune originalité. L'auteur s'est contenté de les extraire des traités *De natura rerum* ou *De proprietatibus avium*, des recueils des fables et de compilations comme celles d'Etienne de Bourbon et de Guillaume le Breton ou du traité *De diversis historiis romanorum* par l'intermédiaire desquels les sources de la plupart sont citées [55].

55. Les sources indiquées en tête des *exempla* sont cependant assez

Malgré cette absence d'originalité, la plupart des types d'*exempla* sont représentés parmi les deux cent soixante récits qui illustrent par manière de complément l'*exemplum* moralité et qui ajoutent un charme tout particulier au *Dialogus Creaturarum*. C'est donc à bon droit que ce dernier a joui d'une grande faveur auprès des moralistes religieux et autres, faveur qui, d'après le témoignage des copies manuscrites subsistant dans les différentes bibliothèques de l'Europe [56], des éditions incunables et imprimées, et des traductions faites en français, en anglais et en hollandais [57], a persisté bien au delà du Moyen Age.

3. **Les Traités d'Exempla moralisés de Robert Holcot** (+ 1349) [57a].

Tandis que l'*exemplum* moralisé n'a jusqu'ici trouvé sa faite expression que dans les fables, les contes d'animaux et les propriétés des choses et exceptionnellement dans cer-

nombreuses. Ce sont, pour l'antiquité profane : Platon, Esope (13 fois cité), Tullius (Cicéron), Ovide (*Métamorphoses : Phaeton*), Horace, Quinte Curce (*Historia Alexandri*), Trogue Pompée, Caton, Valère Maxime, Solin, Sénèque, Pline, Végèce, Martial, Galien, *Fabula poetarum, Historia, Gesta, Chronicæ Romanorum;* pour l'antiquité sacrée : Papias, Origène, le *Physiologus*, les *Vitæ Patrum*, les *Collationes Patrum*, Socrate (*Historia ecclesiastica*), les vies de saint Ambroise, de saint Hilaire, de saint Jean l'aumônier, de saint Augustin, de saint Grégoire le Grand; pour le Moyen Age : Boèce, Isidore, Macer Floridus, Pierre Alfonse, Jean de Salisbury (*Polycraticus*), Walter Map (*De nugis curialium*), Guillaume de Conches (*De morali dogmate philosophorum*), Hugucio, Pierre le Mangeur (*Historia scolastica*), Alain de Lille, J. de Vitry (*Historia transmarina, Sermones vulgares*, v. nos 29, 30, 54, 73, 75, 100), Hélinand (*In gestis Romanorum*), Et. de Bourbon (*Tractatus*, v. nos 31, 33, 39, 69, 71, 90, 99, 103), Martin le Polonais (*Chronica imperatorum*), J. de Voragine, Johannes de Balbis (*Catholicon*), saint Thomas d'Aquin (« doctor sanctus », IIa, 2e quest. CLXVIII, v. prologue), Guillaume le Breton (16 fois cité), le *Tractatus de diversis historiis Romanorum*, le *Tractatus de proprietatibus avium*.

56. V. Pio Rajna, *op. cit.*, p. 7-8.

57. V. Th. Græsse, *op. cit.*, p. 302-308.

57a. V. Quétif et Echard, *op. cit.*, t. I, p. 629-630; *Dict. of Nat. Biog.*, t. XXVII, p. 113-115 (vie et éditions); Crane, *op. cit.*, Introd., pp. lxxxiii-v, xcviii-c; Herbert, *op. cit.*, t. III, p. 106-155; Mosher, *op. cit.*, p. 80-81; pour le texte, v. pour le *Liber Sapiencie* et les *Moralitates*, édit. Bâle, 1586 (*B. N.*, Inv., A. 1087) et le *Convertimini* le

tains autres types d'*exempla,* il se systématisera désormais définitivement dans l'œuvre oratoire de Robert Holcot et embrassera les autres types au même titre que les premiers.

Cette œuvre comprend deux recueils de canevas de sermons : le *Liber Sapiencie* et le *Convertimini* et un petit recueil d'*exempla* moralisés intitulé: *Moralitates.* Elle s'échelonne probablement le long de la carrière de prédicateur de ce dominicain dont la vie est peu connue [58].

Aussi pour déterminer les dates successives de sa compo-

ms. Royal 7. C. I. ff. 93-121v (XIVe s.) du *B. M.* — Le *Liber Sapiencie* commence, tant dans les mss. que dans les éditions, par ces mots : Dominus petra mea et robur meum 2. Reg. 22. Artes et sciencie humanis studiis adinvente per occasionem quadruplicem materiam glorie sibi assumunt... », et se termine (Lectio CCXIII), sous forme d'épilogue : « Os justi meditabitur sapienciam... ad quos nos perducat, qui sine fine vivit et regnat amen. » — Le *Convertimini* commence, d'après le ms. Royal 7. C. I f. 93, par cet *incipit :* « Convertimini ad me in toto corde vestro. Nota quod quatuor requiruntur ad hoc quod peccator convertatur... », et se termine, f. 121v, par cet *explicit :* « Cor contritum et humiliatum Deus non despicies ete explicit » (Pour son attribution à Holcot, v. HERBERT, *op. cit.,* t. III, p. 116-118, et le ms. Sloane 1616 du *B. M.,* qui le renferme aussi avec ce colophon, f. 135v : « Explicit tractatus qui dicitur Convertimini, quem edidit doctor venerabilis Holcote, sacre theologie professor, ut quidam dicunt »). — Les *Moralitates,* exclusivement composées de récits (de 54, d'après le ms. Arundel 384 ff. 78-94 (XVe s.) du *B. M.,* de 47 d'après l'édit de Bâle de 1586), débutent ainsi qu'il suit d'après le ms. : « Moralitates fratris Roberti Holcote, de incarnacione verbi, moralitas prima. Theodosius recitat de vita Alexandri... », et se terminent par ces mots : « De quodam rege tres filios habente... ut saltem peccatum deserat metu et tremore inferni tormentorum. Expliciunt moralitates Holcote. »

58. Une seule fois, au cours du texte, il s'est permis de mentionner sa personne en donnant l'étymologie de son nom et prénom dans le *Liber Sapiencie* en ces termes : *Nomen meum Robertus in robore, ita Holkot cognomen intueor in foramine petre* (Lectio I). Mais, d'autre part, il nous y donne de curieux aperçus sur les mœurs de son temps et, entre autres, sur le système de l'enseignement du français et du latin pratiqué en Angleterre, en ces termes : « Narrant historie quod cum Wilhelmus duc Normanorum regnum Anglie conquisisset, deliberavit quomodo linguam saxonicam posset destruere et Angliam et Normanniam in idiomate concordare et ideo ordinavit quod nullus in curia regis placitaret nisi in gallico et iterum quod puer quilibet ponendus ad literas, addisceret gallicum et per gallicum latinum, que duo usque hodie observantur » (Lect. XI), v. aussi, à ce sujet, le *Polychronicon* de Ranulph HIGDEN, t. II, édit. Babington, p. 159, compilé vers 1350, qui tient à peu près le même langage.

sition, en est-on réduit à des évaluations approximatives. Ainsi le *Liber Sapiencie* n'a été composé qu'après 1323, Thomas d'Aquin canonisé à cette date y figurant à plusieurs reprises avec le qualificatif de « sanctus » [59].
Pour ce qui est du *Convertimini,* il semble bien qu'en raison de la place plus importante qui y est faite à la moralisation appliquée à plus de types d'*exempla* que dans le *Liber Sapiencie,* il n'ait pu être compilé qu'après celui-ci. Quant aux *Moralitates,* où le procédé de la moralisation atteint son point culminant, elles n'ont pu être écrites qu'après les deux autres. D'autre part, comme on le verra plus loin, elles ont fourni un certain nombre de récits aux *Gesta Romanorum,* dont le plus ancien manuscrit, celui d'Innsbrück est daté de 1342, ce qui suppose évidemment qu'elles ont été compilées quelques années auparavant, c'est-à-dire dans la première moitié de la quatrième décade du XIVe siècle. Donc, à tout prendre, c'est entre 1323 et 1335 que l'œuvre oratoire de Robert Holcot a été écrite.

Les deux premiers traités sont présentés sous forme de canevas de sermons traitant de toutes sortes de sujets, tels que les vices et les vertus, les sacremnts, le culte, les dévotions diverses. Le premier qui a pour thème les textes du livre de la sagesse comporte, en dix-huit chapitres, deux cent treize *Lectiones* ou exhortations, avec deux cent dix *exempla;* le second, qui a pour thème des textes bibliques quelconques, embrasse quarante-huit chapitres ou esquisses de sermons avec cent quarante-cinq *exempla.* C'est dans les différents points de ces esquisses d'exhortations ou de sermons que se trouvent insérés les *exempla* (récits, légendes, similitudes, comparaisons) tirés presque exclusivement des sources profanes du passé et de l'histoire naturelle, car à vrai dire, dans la plupart des cas, ce ne sont que des anecdotes de l'antiquité classique profane, des contes mythologiques, des fables, des traits empruntés aux *De proprietatibus rerum* ou aux *De natura rerum,* plus rarement à d'autres types d'*exempla.* L'auteur les introduit généralement en se servant de leur source comme formule d'introduction

59. V. Lect. CXIV, CLVII, CCXIII.

et les expose avec une certaine brièveté; il lui suffit d'énoncer l'indispensable pour les faire comprendre en vue de la moralisation qui y fait suite, soit que celle-ci s'applique à des personnages ou à leurs faits et gestes, soit à des descriptions de l'histoire naturelle. Cependant, comme pour l'*exemplum,* il se contente de donner à la moralisation une forme écourtée, voulant sans doute laisser le soin de son développement au prédicateur et de l'appuyer en terminant par une citation d'autorité profane.

Il faut arriver aux *Moralitates* pour vraiment voir la moralisation recevoir son ample développement. C'est dans ce petit recueil, en effet, comprenant une cinquantaine de récits se suivant au hasard et s'appliquant à des sujets moraux, que Robert Holcot nous a laissé de vrais *exempla* moralisés, dont il a pu trouver les modèles du genre soit dans des traités et les recueils d'*exempla,* où le type de l'*exemplum* moralisé se trouvait à l'état isolé, soit dans les *Declamaciones Senece reducte ad moralitates* de son compatriote Nicolas Trivet [60].

60. Ces *Declamaciones* ne sont autre chose que les sujets judiciaires des *Controversiarum libri X* de Sénèque le père (v. édit. Teubner, Leipzig, 1872, ou l'édit. Muller, 1887), dont il subsiste cinq livres, à savoir : Lib. I, II, VII, IX, X, les cinq autres ne nous sont connus que par des *excerpta.* Nicolas Trivet (1258-1328) (v. *Dict. of Nat. Biog.,* t. LVII, p. 234-36) les avait moralisées, tantôt en amplifiant, tantôt en abrégeant le texte de Sénèque et dédiées à Jean Lewisham, confesseur du roi Edouard II (1307-1327). Dans le ms. lat. 16229 ff. 39ra-150rb (XIVe s.) de la *B. N.,* elles sont précédées d'un prologue dédicatoire : « In Christo sibi dilecto fratri Johanni de Leulima (*sic*) illustris regis Anglie confessori frater Nicolaus de Trevet fratrum predicatorum minimus. Primum veritatem in eternitatis gloria contemplari. Exacto autem septenarii annorum natalium quadrato cum domorum Jovis et Saturni Phebus brunnili stacione signifero peragrato conffigeret... », et embrassent les dix livres entiers et fragmentaires de Sénèque. Elles débutent par cet *incipit,* f. 39ra : « Sicut docet Tullins Cicero in rhetorica sua eloquencia tribus modis adquiritur... » et se terminent par cet *explicit,* f. 150rb : « Et hic terminatur liber decimus declamacionum Senece ad honorem domini nostri Jesu Christi amen. Expliciunt exposiciones super decimum librum declamacionum Senece amen. Vinum scriptori debetur de meliori. » *Id.* Florence, Bibl. Laurenz., Plutus XXV, Sin cod. VI. ff. 1-133 (XIVe s.). Il en subsiste un abrégé portant le même titre et ne comprenant que 25 récits avec les moralisations introduites par la formule « spiritualiter ». Le lieu de la scène du récit est générale-

Ici, notamment, après avoir brièvement développé son récit, il reprend dans la moralisation une à une les qualités du ou des personnages et en fait des applications diverses à Dieu ou au Christ, que l'homme doit chercher à imiter. Il fait de même s'il s'agit des traits tirés de l'histoire naturelle (description, comparaison, image). Quel que soit l'*exemplum,* il ne joue plus qu'un rôle secondaire. C'est la moralisation sous ses diverses formes ou figures avec son long développement — elle affecte parfois jusqu'à trois fois la longueur du récit — qui en a définitivement pris la place pour être proposé comme aliment mystique à la piété des fidèles [61].

En ce qui concerne les sources, il faut avouer que Holcot s'est contenté, comme ses contemporains, de les citer pour la plupart de seconde main [62].

ment placé à Athènes. Dans le ms. lat. 13475 ff. 130-143v (XVe s.) de la *B. N.*, il commence par cet *incipit :* « Incipiunt declamaciones Senece reducte ad moralitatem. Antiquitus in civitate atheniensi fuit constituta talis lex... », et se termine par cet *explicit :* « Quia servus sciens voluntatem domini sui et non faciens plagis vapulabit multis. » V. *ibid.*, mss. lat. 16249 ff. 84-91v (XVe s.), 3580 ff. 113-123v (XVe s.), où les récits ne suivent pas le même ordre que dans le ms. lat. 13475.

61. L'éditeur, Jean Ryter, dans la préface des *Moralitates,* en a exprimé le but en ces termes : « Plurima ad pietatis morum mentisque informationem per varias tropologias parabolas paradigmata similitudines picturas ex quibusdam historiis fabulis apologie imaginibus aliisque rerum materiis necnon et visionibus desumptis proponi. »

62. En ce qui regarde le *Liber Sapiencie,* ce sont, pour l'antiquité sacrée : Hermès Trismégiste, Homère, Aristote (*In poetria*), Cicéron, Virgile (*Eneide, Georgigues*), Horace (*In poetria*), Tite Live (*In gestis Romanorum*), Ovide (*De arte amandi, Métamorphoses*), Varron (*In comedia*), Valère Maxime, Solin, Sénèque, Pline, Suétone (*In vita XII Cesarum*), Juvenal (*Satires*), Macrobe (*Songe de Scipion*), Martial (*Epigrammes*), Aulu-Gèle, Plutarque (*Strategemata*), Claudien, *Fabula, Greca historia;* pour l'antiquité sacrée : Josèphe, Lactance, saint Ambroise, saint Jérôme, saint Augustin (*De civitate Dei*), Eusèbe (*Historia ecclesiastica*), les *Vitæ Patrum,* Fulgence (*Mythologia*), Pierre de Ravenne (*Chrysologue*), Boèce, Cassiodore (*Historia tripartita*), saint Grégoire le Grand (*Dialogues*) ; pour le Moyen Age : saint Jean Damascène (*Barlaam et Josaphat*), Raban Maur, Marbode (*De natura lapidum*), saint Anselme, Bernard Silvestre (*In megacosmo*), le Pseudo-Turpin (*Historia Caroli magni*), Geoffrei de Monmouth (*In historia Britonum*); Hugues de Saint-Victor, Pierre le Mangeur (*Magister in historiis*), Alexandre Nequam (*De naturis rerum, In scintillario poetarum, In sermone quodam*), Alain de Lille, Giraud de Barri (*Specu-*

Ce n'est qu'exceptionnellement aussi qu'il fait appel à sa propre expérience, car parmi les quatre cents *exempla* que comprennent ses traités, il y a tout au plus l'un ou l'autre qui porte le cachet de sa personnalité.

Néanmoins, les *exempla* présentent une grande variété. La plupart des types y sont représentés et parmi eux surtout l'*exemplum* profane, historique et légendaire ainsi que l'*exemplum* moralité.

En élargissant le cadre de la moralisation, Holcot s'est fait le propagateur de la nouvelle méthode de prédication, qui correspondait admirablement aux besoins nouveaux

lum Ecclesiae, Topographia Hiberniae), Hélinand, Guibert de Tournai (*In quodam sermone*), Guillaume d'Evange (*In chronica sua*), Albert le Grand (*De vegetabilibus*), Vincent de Beauvais (*In Speculo historiali, naturali*), Géraud de Frachet (*In vitis FF. PP.*), Martin le Polonais (*Chronice*), Walter Burley (+ 1337) (*In vitis philosophorum*).

En ce qui concerne le *Convertimini*, ce sont, pour l'antiquité profane: Esope, Aristote (*Philosophus in libro de animalibus*), Tite Live (*In gestis Romanorum*), Ovide, Valère Maxime, Solin (*De mirabilibus mundi*), Sénèque père le rhéteur (*Declamationes*), Sénèque fils (*Epistolæ ad Lucillium, Tragediæ*), Pline, Quintilien, Suétone, Trogue Pompée, Aulu-Gèle, Macrobe (*In saturnalibus, Super sompnum Scipionis*), Eutrope (*In gestis Romanorum*), *In gestis Alexandri, Epistola Alexandri ad Aristotelem, In historia;* pour l'antiquité sacrée : Josèphe, Gamaliel (*In historia*), Denis l'Aréopagite (*In quadam epistola*), Eusèbe (*Historia ecclesiastica*), saint Ambroise, saint Jérôme (*Contra Jovinianum*), saint Basile, Valère (*Ad Rufum*), saint Grégoire (*Dialogues, In Registro*), Cassiodore (*Historia tripartita*); pour le Moyen Age : Isidore (*Etymologiæ*), Bède (*De gestis Anglorum, Historia Anglorum*), Raban Maur (*De naturis rerum*), Marbode (*In libro de natura lapidum, Liber de gemmis*), Pierre Alfonse, Pierre le Mangeur (*Historia scolastica*), Geoffrei de Monmouth (*In gestis Anglorum*), Henri de Huntington, *Vita S. Vulfrani*, Alexandre Nequam (*De natura rerum*), Hélinand, Vincent de Beauvais (*In speculo historiali*), Albert le Grand (*De mineralibus, De vegetabilibus*), Martin le Polonais (*In gestis Imperatorum*), J. de Voragine (*Legenda aurea*), Jean de Galles (*In quodam libello de virtutibus philosophorum*), Guillaume Durand, *In Cronicis, Gesta abbatum monasterii S. Albani ?*

En ce qui concerne les *Moralitates*, se sont, pour l'antiquité profane : Hermès Trismégiste (*Hermes Egyptius*), Cicéron (*Tullius in Academicis*), Ovide, Tite-Live, Valère Maxime, Solin, Quintilien, Pline, Sénèque père, *Commentator Juvenalis*, Avianus (*Fabulæ*), Romulus (*In annalibus Judeorum*), Remigius (*In annalibus Judeorum*), Theodosius (*De vita Alexandri*), *In historia Atheniensium, In historia Grecorum, In historiis Romanorum;* pour l'antiquité sacrée et le Moyen Age : saint Jérôme (*Contra Jovinianum*), saint Augustin (*De civitate Dei*), Boèce, saint Bernard (*Homélies*), *In chronicis.*

des auditoires avides d'images, de comparaisons et de similitudes de tout genre pour satisfaire aux exigences de leur vie religieuse et morale. Aussi son influence s'est-elle exercée dès son vivant sur d'autres compilations d'origine anglaise et notamment sur les *Gesta Romanorum*. Elle a même été considérable après sa mort sur le continent, où de nombreuses bibliothèques renferment encore des copies manuscrites du *Liber Sapiencie* et des *Moralitates* du XIVe et du XVe siècle, et s'est prolongée grâce aux éditions incunables et imprimées de ces traités jusqu'au XVIIe siècle[63].

63. Les copies manuscrites des traités de Holcot subsistent encore assez nombreuses aujourd'hui. Ce sont, pour le *Liber Sapiencie*, les suivantes : France : Paris : *B. N.*, ms. lat. 14576 ff. 1-116 (XIVe s.) ; Arsenal, ms. lat. 58 ff. 66-91 (XVe s.) ; Toulouse : *B. V.*, ms. 39 (non fol.) (1384). — Allemagne : Brunswick : Bibl. Ducale, ms. 161 ff. 16-37 (XVe s.) ; Munich : Bibl. Royale, ms. 401 ff. 160-150 (XVe s.) ; Wolfenbüttel : Bibl. Ducale, ms. 191 ff. 1-336 (1459). — Angleterre : Londres : *B. M.*, ms. Harley 106 (non fol.) (XIVe s.) ; Cambridge : Pembroke Coll. Lib., ms. 181 (non fol.) (XVe s.) ; Peterhouse Coll. Lib., mss. 99 ff. 1-225 (XVe s.), 127 ff. 1-188 (XVe s.) ; Trinity Coll. Lib., ms. 68 (non fol.) (XVe s.) ; Worcester Cathed. Lib., ms. F. 128 ff. 1-115 (XVe s.). — Autriche : Vienne : Hofbibl., mss. lat. 3744 ff. 1-321 (XVe s.), 3745 ff. 2-213 (XVe s.), 4062 ff. 96-176 (XIVe s.) ; Zwettl : Stiftsbibl., ms. 80 ff. 26-388 (XIVe s.). — Hollande : Gröningue : *B. Univ.*, ms. 16 ff. 1-12 (1466). — Italie : Rome : Vatic. Palat. Lat., ms. 118 ff. 1-490 (XVe s.). — Tchécoslovaquie : Prague : *B. Univ.*, mss. lat. 155 ff. 122-142 (XIVe s.), 262 ff. 239v-250 (XVe s.), 320 ff. 54-89 (XIVe s.), 1163 ff. 19-54 (1389).

Pour les *Moralitates :* France : Paris : *B. N.*, ms. lat. 590 ff. 73-99v (XIVe s.) ; Mazarine, ms. 986 ff. 1-15v (XVe s.) ; Douai : *B. V.*, ms. 436 (non fol.) (XIVe s.) ; Saint-Omer : *B. V.*, mss. 273 (non fol.) (XVe s.), 316 (non fol.) (XVe s.) ; Metz : *B. V.*, ms. 240 (non fol.) (XIVe s.) ; Semur : *B. V.*, ms. 27 ff. 92-110v (1382). — Allemagne : Brunswick : Bibl. Ducale, ms. 136 ff. 1-92 (XVe s.) ; Erfurt-s.-Géra : *B. V.*, ms. 391 ff. 33-44 (XIVe s.) ; Munich : Bibl. Royale, mss. 3587 (non fol.) (XVe s.), 3591 ff. 1-32 (XVe s.), 8444 ff. 174-197 (1416), 8947 ff. 206-210 (XVe s.), 8975 ff. 202-205 (XVe s.), 9569 ff. 173-215 (XVe s.), 12005 ff. 49-69 (XVe s.), 17650 ff. 55-59 (XVe s.) ; Trèves : *B. V.*, mss. 300 ff. 82-84 (XVe s.), 658 ff. 2-36 (XVe s.), 762a ff. 1-49 (XVe s.), 2250a ff. 1-18 (XVe s.) ; Munster : Bibl. Paul., ms. 453 ff. 181-225 (XVe s.). — Angleterre : Londres : *B. M.*, mss. Arundel, 384 ff. 78-94 (XVe s.), Addit. 21499 ff. 266v-289v (XVe s.), Royal 6. E. III ff. 218-228 (XVe s.), Egerton 2258 ff. 4-16 (XVe s.) ; (v. HERBERT, *op. cit.*, t. III, p. 106-116). — Autriche : Ossegg : Stiftsbibl., ms. 47 ff. 100-114 (XVe s.), Heiligenkreuz : Stiftsbibl., ms. 206 ff. 72-112v (XIVe s.) ; Vienne : Hofbibl., mss. 3027 ff. 1-52 (XVe s.), 3150 ff. 254-287 (XIVe s.), 4062 ff. 96-176 (XIVe s.). — Hollande : Utrecht : *B. Univ.*, mss. 317

4. Les Recueils anonymes du Ms. Royal 12. E. XXI et du Ms. Harley 7322 du B. M.

Les écrits de Holcot ont trouvé, dès leur apparition en Angleterre même, des imitateurs qui ont strictement appliqué la même méthode de moralisation dans de petits recueils, dont nous allons donner une notice abrégée avant de passer à l'étude des *Gesta Romanorum*, également d'origine anglaise.

Ce sont d'abord les deux recueils du ms. Royal 12. E. XXI du *B. M.* [64].

Le premier de ces recueils, intitulé *De Gestis*, se compose de trente-huit récits, dont chacun porte le titre de *gestum* et est suivi d'une moralisation écourtée (*adaptacio applicacio*) ou d'une « figura », avec un texte biblique additionnel. Ces récits, dont un certain nombre se trouvent également dans les traités de Holcot, ont tous un caractère profane et proviennent directement ou par l'intermédiaire d'écrivains chrétiens, des écrits des auteurs de l'antiquité profane [65].

ff. 119-149 (XIVe s.), 331 ff. 1-13 (XVe s.). — Italie : Toddi : *B. V.*, ms. 57 (non fol.) (XVe s.). — Suisse : Bâle : *B. Univ.*, ms. A. v. 33 ff. 275-292v (XVe s.). — Tchécoslovaquie : Prague : *B. Univ.*, mss. lat. 120 ff. 1-11, 257-262v (XVe s.) (« Exempla excerpta ex Holgot sec. ordinem alphabeti »), 829 ff. 1-288 (1398), 1285 ff. 1-457 (1462), 1506 ff. 1-318v (XVe s.), 1860 ff. 1-128v (XVe s.), 1886 ff. 1-199v (1403). — A ajouter que ces deux traités ont eu également une dizaine d'éditions, à savoir : Cologne 1480 ? Spire 1483, Bâle 1489, Reutlingen 1489, Haguenau 1494, Venise 1505, Paris 1507, 1510, 1513, Bâle 1586.

Pour le *Convertimini :* Angleterre : Londres : *B. M.*, mss. Royal 7. C. I ff. 93-121v (XIVe s.), Cott. Vit. C. XIV ff. 128-158v (XVe s.), addit. 16170 ff. 80v-162 (XVe s.), Harley 5369 ff. 169v-270v (XVe s.), 5396 ff. 143-207v (XVe s.), Arundel 384 ff. 28-77v (XVe s.), Sloane 1616 ff. 33-135v (XVe s.), Harley 206 ff. 105-107v (XVe s.) (v. HERBERT, *op. cit.*, p. 116-155) ; Cambridge : Jesus Coll. Lib., ms. 54 Q. G. 6 ff. 34-64 (XIVe s.).

64. V., pour la description du ms., le nouveau catalogue (*Cat. of Royal and King's* mss. London, 1921), t. II, p. 57-58, et l'analyse des deux recueils HERBERT, *op. cit.*, t. III, p. 155-166. Ils occupent respectivement les ff. 17-26v et 44-71 du ms. qui est de la première moitié du XIVe siècle.

65. Les sources citées sont, en effet : Valère Maxime, Trogue Pom-

Ils ont du reste inspiré l'auteur primitif des *Gesta Romanorum*, qui s'est approprié seize récits avec leurs moralisations [66].

Le second recueil, qui est séparé du premier par le *Breviloquium de virtutibus* de Jean de Galles (ff. 27-44) et également d'origine anglaise [67], forme une petite compilation de cent deux *exempla* moralisés. Chaque *exemplum* porte en marge les titres caractéristiques de *gestum, aptacio, applicacio, figura, declamacio, natura,* qui indiquent à la fois la qualité du récit et celle de la moralisation. Cependant, tandis que dans le premier traité le type de l'*exemplum* profane et légendaire prédomine, il est fait ici en outre également une large part à l'*exemplum* moralité, tiré des traités d'histoire naturelle. Le compilateur semble avoir eu recours, pour maint *exemplum,* aux traités de Robert Holcot et aux *Declamaciones Senece reducte ad moralitates* de Nicolas Trivet, dont il a aussi adopté le procédé de moralisation, car les sources citées en tête des *exempla* sont, à l'exception de l'une ou de l'autre, les mêmes que celles déjà utilisées par ces auteurs [68].

Puis il y a un troisième recueil, compilé probablement vers la fin de la première moitié du XIVe siècle et renfermé dans le ms. Harley 7322 de la même Bibliothèque [69].

pée, Ovide (*Métamorphoses*), Sénèque (*De beneficiis*), Sextus Julius, *In gestis Romanorum, In gestis Alexandri,* Suétone, Josèphe, Justin, Eusèbe (*In chronicis*), saint Jérôme, saint Augustin (*De civitate Dei*), Hugues de Fleury, Hélinand, saint Jean Damascène (*Refert Barlaam*).

66. V. Herbert, *op. cit.*, t. III, p. 156.

67. V. ff. 51, 58, 64v, 66, 72v, 73v des mots et expressions anglaises.

68. Ces sources sont, pour l'antiquité profane : Aristote (*Philosophus de animalibus, Liber de natura lapidum*), Cicéron (*Tullius in prima rethoricarum*), Valère Maxime, Trogue Pompée, Sénèque père (*Declamaciones*), Pline, Solin; pour l'antiquité sacrée et le Moyen Age : Justin, le *Physiologus,* saint Jérôme (*Hexaméron*), saint Augustin (*De moribus Manicheorum, Com. in psalmis*), les *Vitæ Patrum,* Boèce (*De consolacionibus*), Isidore, Raban Maur, Henri de Huntington, Alexandre Nequam, Vincent de Beauvais (*In speculo naturali*), Th. de Cantimpré (*De naturis rerum*), Albert le Grand (*De vegetabilibus*), Giraud de Barri (*Itinerarium Kambrie, Topographia Hibernie*).

69. V., pour la description du ms. et l'analyse du recueil, Herbert, *op. cit.*, t. III, p. 166-179. Le recueil n'est qu'une copie plus ou moins correcte de l'original et occupe les ff. 13-132, 152-163 — les ff. 132-152 étant occupés par des sermons — du ms. qui est de la seconde moitié du XIVe siècle.

Il se compose de deux parties, séparées l'une de l'autre par des sermons intercalés, et comprend cent cinquante-sept récits et traits moralisés suivis parfois de citations en anglais, en prose et en vers, tous encadrés dans des canevas de sermons et présentant les mêmes caractères que ceux des recueils précédents, qu'il s'agisse soit de leur structure, soit de leurs moralisations, soit de leurs sources. Le compilateur, du reste, s'est largement inspiré des traités de Holcot, auxquels il a emprunté nombre d'*exempla* et surtout les types de l'*exemplum* profane et de l'*exemplum* moralité, sans pourtant négliger de recourir à d'autres sources [70].

5. Les Gesta Romanorum [71].

C'est dans les *Gesta Romanorum* que les différents types de l'*exemplum* moralisé ont reçu leur dernier développement et par là aussi leur forme définitive.

70. Les sources signalées en tête des récits sont, pour la plupart, les mêmes que celles des traités de Holcot. Ce sont, pour l'antiquité profane : Hermès ou Mercure Trismégiste, Aristote (*Philosophus, Liber de proprietatibus elementorum*), Cicéron (*Tullius, De officiis, De natura deorum*), Tite-Live, Ovide (*Métamorphoses, De bello troiano*), Valère Maxime, Solin, Trogue Pompée, Sénèque le rhéteur (*Liber declamacionum*), Sénèque le philosophe (*De beneficiis*), Végèce (*De re militari*), Aulu-Gèle, Macrobe (*In Saturnalibus*), Theodosius (*Vita et epistola Alexandri*), Claudien, Flaccus (*Flaccianus, De gestis Alexandri, De gestis Grecorum*), Fulgence (*In gestis Romanorum*), Fronton, *Philosophus ad Maximum, In historia Romanorum;* pour l'antiquité sacrée et le Moyen Age : saint Augustin (*In civitate Dei*), saint Jérôme (*Epistola*), *Vita S. Johannis elemosinarii*, Orose, Cassiodore (*Historia tripartita*), Boèce (*Consol. philos.*), Isidore (*Etymologiæ*), saint Jean Damascène (*Barlaam et Josaphat*), Bède (*Liber de figuris, De ymagine mundi ?, De gestis Anglorum*), Remi d'Auxerre (*De nupciis Mercurii et Philologie*), Gildas (*In gestis Britonum*), *In vita b[i] Edwardi regis*, Guillaume de Malmesbury, la légende de Gui de Warwick, Alexandre Nequam (*De natura rerum*), Eudes de Chériton, Vincent de Beauvais (*In specula historiali*), Martin le Polonais (*Chronica*), le Pseudo-Boèce (*De disciplina scolarium*), *In quibusdam gestis, In chronicis, In libro de animalibus* et probablement aussi des recueils d'*exempla* comme celui du ms. Royal 7. D. I du *B. M.* et le *Speculum Laicorum*.

71. V. H. Oesterley, *Gesta Romanorum* (Berlin, 1872) (283 récits moralisés) ; W. Dick, *Die Gesta Romanorum nach der Innsbrucker Hs. vom Jahre 1342* (*Erlanger Beiträge zur Englischen Philologie*, 1890

L'étude du texte nous a amené à voir dans les *Gesta Romanorum* une compilation d'origine anglaise, augmentée dans la suite d'apports nouveaux extraits de sources communes et soumis au même procédé de moralisation.

Le compilateur primitif, en effet, qui d'après l'*explicit* du manuscrit d'Innsbrück (daté de 1342), est un membre de l'ordre de Saint-François [72], y a inséré par trois fois des vers et des mots anglais pour illustrer et expliquer les récits, ce qui évidemment dénote leur origine anglaise [73].

En outre, les sources directes des récits sont de préférence les écrits d'écrivains anglais des XIIe et XIIIe siècle qui se sont illustrés dans la littérature narrative et plus spécialement les recueils d'*exempla* et les traités de morale, qui circulaient alors en Angleterre, notamment le *Speculum Laicorum*, les écrits de Jean de Galles, les contes moralisés

(Heft. 7) de Varnhagen) (220 récits édités sans les moralisations); M. KREPINSKI, *Quelques remarques relatives à l'histoire des G. R.* dans le *Moyen Age*, 2e série, t. XV (1911), pp. 307-321, 346-367. Ce dernier conclut à la composition primitive du recueil vers 1326 dans les régions alpestres « situées autour du lac de Constance », HERBERT, *op. cit.*, t. III, p. 183-271; cet auteur conclut également, à la fin de son introduction, à la composition primitive des *G. R.* en Allemagne, « the Gesta was originally formed in Germany early in the fourteenth century » (p. 190). — Le titre de *Gesta Romanorum* n'était pas inconnu dès le XIIIe siècle aux compilateurs d'*exempla*. On comprenait alors sous ce nom des compilations d'histoire ancienne écrites d'abord en latin, puis en français (v., à ce sujet, P. MEYER, dans *Romania*, t. XIV, p. 1-81 : les faits des Romains (1223-1230), l'histoire ancienne jusqu'à César (milieu du XIIIe siècle) et surtout J. LOESCHE, *Die Abfassung der « Faits des Romains »* (Halle, 1907). Nous avons rencontré pour la première fois ce titre, en latin, dans la *Summa* d'Etienne de Tournai (+ 1203) compilée en 1159, v. édit. J. F. SCHULTE, *Die Summa des Stephanus Tornacensis über das Decretum Gratiani* (Giessen, 1891), p. 32, dist. XXI : « Legitur in gestis Romanorum, quia, cum Marcellinus papa thurificasset idolum... »

72. V. édit. Dick, p. 237 : « Expliciunt gesta imperatorum moralisata a quodam fratre de ordine Minorum. »

73. V. édit. Dick, p. 173-174, n° 182 : « De ancilla que cantum avium intellexit », où il y a six vers anglais; p. 29, n° 41 : « De rege et milite animalia destruente », où les noms des chiens du diable sont cités en anglais (v. Nicole Bozon); p. 65, n° 112 et Introd., p. XXIII : « De scacario », où les noms des pièces du jeu des échecs sont également traduits en anglais et complétés en français pour « fol » (ce qui s'explique aisément si l'on considère que la langue française était alors d'usage courant en Angleterre).

de Nicolas Bozon, les *Declamaciones Senece reducte ad moralitates* de Nicolas Trivet, les traités de Robert Holcot et les recueils du ms. Royal 12. E. XXI du *B. M.* (v. *ut supra*).

Pour ce qui est de la date de composition des *Gesta,* on est réduit à s'en tenir pour le *terminus a quo* à leurs sources d'inspiration les plus récentes, qui sont les traités de Holcot, achevés dans la première moitié de la quatrième décade du XIVe siècle (v. *ut supra*) et pour le *terminus ad quem* à la date de 1342 fournie par le texte amplifié du manuscrit d'Innsbrück. En admettant que le texte primitif ait existé un certain temps en Angleterre avant d'être transporté en Allemagne, soit par les moines mendiants, soit par les moines écossais, qui avaient alors plusieurs établissements dans l'Allemagne du Sud et en Autriche, on peut approximativement fixer la date de composition des *Gesta* dans la seconde moitié de la quatrième décade du XIVe siècle.

Le texte, dans son état actuel, ne renferme ni prologue ni épilogue explicatifs et ne semble pas être établi d'après un plan suivi. Il en résulte néanmoins que le rédacteur primitif a eu en vue en écrivant cette compilation, l'amélioration de la vie religieuse et morale du chrétien. En bon moraliste, il a en effet passé en revue, dans ses récits moralisés, les différents vices et vertus, les nombreuses obligations des fidèles de toute condition, comme d'autres compilateurs l'ont fait avant lui. Dans ce but, il a pris pour modèles les *Moralitates* de Holcot en élargissant le sujet par le recours fait à de nombreux récits profanes. Et en faisant cela, il n'a fait que s'adapter au courant de son temps et à l'engoûment général pour les *exempla* moralisés.

Le récit affecte tantôt une forme allongée, tantôt une forme abrégée, selon l'importance même donnée au sujet parole compilateur, qui en vue de la moralisation lui fait subir au cours de son développement les modifications appropriées. Il est introduit à l'aide des formules ordinaires ou de l'indication de sa source ou de sa localisation — c'est bien souvent Rome — ou du nom du personnage principal, qui est souvent un prince réel ou imaginaire de l'antiquité profane.

La moralisation qui y fait suite débute généralement par le terme de « carissimi », ce qui indique évidemment qu'au cours du sermon, après l'exposé du récit, c'est à elle surtout qu'il appartient d'obtenir l'effet visé par l'orateur auprès de l'auditoire, en attribuant à chaque action ou qualité des divers personnages du récit, un sens mystique ou allégorique, où la vie morale et religieuse du fidèle est passée en revue dans ce qu'elle a à imiter ou à éviter. Sa longueur varie selon l'importance du récit. Tantôt elle affecte la même longueur que ce dernier, tantôt, au contraire, elle est dilatée à l'excès et prend des proportions hors cadre, ce qui montre bien que c'est à elle que le rôle principal est dévolu et que le récit lui-même n'est plus qu'un accessoire, sur lequel il était permis de broder toutes sortes de formes allégoriques de la pensée et de la morale chrétiennes.

Pour réunir une si grande variété de récits, le compilateur semble s'être adressé à toutes sortes de sources [74], dont certaines sont indiquées en tête même des *exempla,* mais à vrai dire il n'a eu directement et exclusivement recours qu'à des écrits, chroniques, traités de morale et recueils

74. Ce sont, pour l'antiquité profane : Hérodote, Esope, Aristote (*Historia animalium*), Plutarque, Cicéron (*In Verrem, De oratore, De legibus, De officiis, De republica,* les *Tusculanes*), Virgile, Ovide (*De arte amandi, Métamorphoses*), Horace, Tite-Live, Valère Maxime, Solin, Phèdre, Sénèque le rhéteur (*Controv.* = *Declamat. red. ad moralitates* de Nicolas Trivet), Frontin (= Jules l'Africain) (*Stratagemata*), Suétone, Justin, Lucain, Pétrone, Aulu-Gèle, Macrobe, Dion Cassius, Claudien (*In Rufinum*), Theodosius (*Historia Alexandri*)*;* pour l'antiquité sacrée : la Bible, Josèphe (*De bello judaico, Antiquit. Jud.*), Lactance, les *Vitæ Patrum,* saint Ambroise, saint Augustin (*De civitate Dei*), Eusèbe (*Hist. eccles.*), Grégoire le Grand (*Vie*), Orose (*Chronique*) ; pour le Moyen Age : Isidore, saint Jean Damascène (*Barlaam et Josaphat*), Bède (*Libellus de septem mirabilibus mundi*), Paul Diacre (*Historia Lumbardorum*), Marbode (*De natura lapidum*), Pierre Alfonse, Godefroi de Viterbe, Guillaume de Malmesbury, Jean de Salisbury, Walter Map, Pierre le Mangeur, Gervais de Tilbury, *Historia Septem Sapientum,* Alexandre Nequam, Giraud de Barri, Eudes de Chériton, J. de Vitry, Isopet (*Fables*), Mathieu de Paris, Vincent de Beauvais, Et. de Bourbon, Martin le Polonais, Johannis Hispalensis (*Secretum Secretorum*), J. de Voragine, Jean de Galles, Jacques de Cessoles, Jean Gobi, Nicole Bozon (les chiens du diable, v. HERBERT, *op. cit.*, t. III, p. 236), Nicolas Trivet, Robert Holcot, des recueils anonymes comme la *Tabula Exemplorum,* le *Speculum Laicorum* et les recueils du ms. Royal 12. E. XXI du *B. M.*

d'*exempla* d'écrivains et compilateurs anglais, d'où il a extrait les *exempla* du passé et du présent, qui se prêtaient le mieux à la moralisation et au but qu'il poursuivait. Ces derniers, à l'exception de l'*exemplum* prosopopée et de l'*exemplum* personnel, sont représentés par tous les types. L'*exemplum* profane y voisine avec le conte pieux, la fable avec le trait d'histoire naturelle, l'*exemplum* historique et légendaire avec le conte profane. Il semble cependant que l'*exemplum* profane ait eu les préférences du compilateur, soit qu'il s'adaptât mieux aux moralisations, soit qu'il fût plus conforme au goût des auditoires — plus de cent récits sur deux cent quatre-vingt-trois (v. édit. Œsterley) proviennent, en effet, de sources exclusivement profanes.

Aussi, grâce à cette variété des récits, qui exprimaient si parfaitement les tendances de l'époque, les *Gesta Romanorum* ont-ils eu une grande vogue dès leur apparition auprès des prédicateurs et des moralistes. Les uns et les autres s'en sont largement inspirés, témoins les traces qu'on en trouve dans leurs œuvres et surtout les nombreuses copies manuscrites en latin et en langues vulgaires qui en subsistent, les éditions incunables et imprimées et les traductions qui en ont été faites [75]. Aucune production du Moyen Age, la

75. V. les 138 mss. indiqués au début de l'édit. Oesterley (p. 5-8). — Nous y ajoutons la liste supplémentaire suivante : France : Colmar : *B. V.*, ms. 288 ff. 192v-'28v (1462) ; Sélestadt : *B. V.*, ms. 1101 (H. 25) ff. 1-103 (1421), 1102 (H. 26) (non fol.) (1434). — Angleterre : Londres : *B. M.* (v. HERBERT, *op. cit.*, t. III, p. 183-271), mss. Egerton 2258 ff. 16-104 (XVe s.), Addit. 15109 ff. 144-150 (XVe s.), 21430 ff. 3-58 (XVe s.), 22160 ff. 74-109 (XVe s.), 33784 ff. 4-161 (XVe s.) ; Haigh Hall, ms. 70 ff. 1-70 (XVe s.) ; Cambridge : Jesus Coll. Lib., ms. 35. Q. B. 18 ff. 1-85 (XVe s.) ; Saint-John's Coll. Lib., ms. 36 ff. 33-118 (XVe s.) ; Trinity Coll. Lib., ms. 1388, D. 8. 13 ff. 1-198 (XVe s.) ; Oxford : Bodl. Lib., mss. Angl. 857 (2760) ff. 1-172 (XVe s.) ; Petworth House Lib. (Sussex), ms. 1 ff. 1-115 (XVe s.). — Irlande : Dublin : Trinity Coll. Lib., ms. 305 (non fol.) (XVe s.). — Danemark : Copenhague : *B. Univ.*, Ng. kgl. 123 ff. 154-194 (1454). — Hollande : Gröningue : *B. Univ.*, ms. 162 ff 1-136 (1463). — Hongrie : Budapest : *B. Univ.*, ms. 35 ff. 1-83 (1474). — Suisse : Bâle : *B. Univ.*, mss. A. VI. 24 ff. 314-337rb (XVe s.), A. VI. 31 ff. 13-64rb (XVe s.), A. VI. 118 ff. 167, 300, 332-355, 357 (XVe s.). — Tchécoslovaquie : Prague : *B. Univ.*, mss. 51 ff. 1-35v (1468), 679 ff. 1-50v (XVe s.), 867 ff. 67-114v (XVe s.), 949 ff. 100v-104 (XVe s.), 1426 ff. 139-174 (XVe s.), 1446 ff. 48-59 (XVe s.), 1483 ff. 1-23v (XVe s.), 2033 ff. 1-56v (XVe s.), 2125 ff. 43-73 (1410), 2610 ff. 90-117 (XVe s.).

Pour les nombreuses éditions incunables et imprimées en latin,

Légende dorée mise à part, n'a eu à enregistrer un pareil succès, preuve éclatante de la vogue immense dont jouissait parmi les fidèles la moralisation appliquée sous ses différentes formes, aux divers types d'*exempla.*

L'*exemplum,* comme il résulte de nos investigations, n'est donc vraiment arrivé à son plein épanouissement que dans les recueils d'*exempla* qui se sont succédé sans interruption, sous des formes diverses, pendant le XIIIe et le XIVe siècle dans l'Occident chrétien. Il y a suivi, somme toute, un développement parallèle à celui des traités de la littérature parénétique, morale et didactique de la même période, avec cette différence cependant qu'il a absorbé en lui toute la matière anecdotique du passé et du présent.

Avec l'apparition successive des recueils, ses sources, en effet, n'ont cessé de s'élargir pour compléter et parachever son domaine.

Outre les œuvres du passé chrétien et profane, les écrits du présent, les traditions, les souvenirs et les expériences du compilateur sont venus s'y ajouter avec des apports nouveaux sans cesse renouvelés. Il a été représenté au plus haut degré par tous les types dans le cadre spécial à chaque recueil avec prédominance cependant du type dévot au sens large du terme.

Son mode d'emploi a eu lieu selon les mêmes procédés à travers tous les recueils avec cette nuance néanmoins, c'est qu'à partir du XIVe siècle il a subi une certaine modification dans les recueils d'*exempla* moralisés par suite de la moralisation systématique des types comme ceux de l'*exemplum* moralité et de l'*exemplum* profane entre autres.

Son but a été, comme par le passé, de servir indistinctement d'illustration et de preuve à un enseignement religieux et moral.

Il semble pourtant qu'à mesure qu'on se rapproche du XVe siècle, l'originalité du récit fasse de plus en plus défaut.

français, anglais, allemand et hollandais, nous renvoyons respectivement à Th. Græsse, *Gesta Romanorum* (édit. Breslau, 1842), Oesterley et Herbert, et pour les éditions en langue slaves à Krepinsky (v. *ut supra,* art. cit.).

Les sources où il s'alimente sont, à tout prendre, celles des recueils antérieurs, auxquels elles sont presque toujours empruntées. Cette absence de sources nouvelles finira par donner un coup sensible à cette branche de littérature narrative et par hâter, au XVe siècle, comme nous allons le voir, son déclin irrémédiable dans la chaire chrétienne.

TROISIÈME PARTIE

Période de déclin de l'Exemplum dans la littérature religieuse, morale et didactique du XVe siècle.

Le XVe siècle marque définitivement la période de déclin de l'*exemplum* dans la littérature religieuse, didactique et morale. Ce déclin se fait sentir à la fois dans les recueils d'*exempla,* les sermonnaires et les traités d'instruction et de morale qui voient alors le jour. Autant les deux siècles précédents ont été riches en recueils curieux et variés, autant celui-ci en est dépourvu. L'*exemplum* y remplit, il est vrai, encore le même rôle dans le même cadre que par le passé, mais il est en train de s'épuiser faute d'aliments nouveaux. Les tentatives faites par les membres du clergé séculier et régulier pour lui infuser une vie nouvelle, n'ont qu'un médiocre succès. Les recueils ou fragments de recueils, qui subsistent de cette période, sont pour ainsi dire dépourvus d'originalité ou ne sont en grande partie que la reproduction de ceux du passé et c'est à peine si l'*exemplum* mérite d'être étudié dans quelques-uns d'entre eux. Il en est de même pour les sermonnaires et les traités d'instruction et de morale, dont il y a alors une abondante floraison. Là aussi l'*exemplum,* quoique utilisé dans une très large mesure, n'est la plupart du temps que la copie de celui du passé, encore que dans certaines productions didactiques il se dépouille parfois de son caractère religieux et moral pour passer à une destination séculière. Aussi pour mettre en relief ce déclin de l'*exemplum* dans la littérature parénétique, didactique et morale, avons-nous divisé notre sujet en deux sections spéciales, dont l'une sera consacrée à l'*exemplum* dans les recueils même d'*exempla* et l'autre à l'*exemplum* dans les sermonnaires, les traités d'instruction et de morale.

SECTION I

L'Exemplum dans les recueils d'exempla.

A considérer l'*exemplum* dans les recueils ou fragments de recueils du XVe siècle, qui subsistent encore nombreux dans les bibliothèques (v. inventaire dans l'appendice III), il ne semble pas, de prime abord, qu'il ait subi de modification qui le différencie d'avec celui des siècles précédents. Il y est en effet représenté par les mêmes types. Cependant, ce qui le caractérise dans toutes ces productions, c'est l'absence presque complète d'originalité, c'est le procédé mécanique substitué à l'inspiration personnelle du compilateur. Il survit pour ainsi dire presque exclusivement par l'*exemplum* du passé, qu'on voit sans cesse réapparaître sous les mêmes formes dans les mêmes cadres de recueils qui, comme leurs aînés, présentent un dispositif tantôt à ordre logique, tantôt à ordre alphabétique. Aussi c'est en adoptant, comme précédemment, cette division, que nous allons l'étudier dans certains recueils, qui ont attiré plus spécialement notre attention.

CHAPITRE PREMIER.

L'Exemplum dans les recueils d'exempla à ordre logique.

Parmi les nombreux recueils d'*exempla* à ordre logique, qui ont vu le jour au XVe siècle, il s'en trouve à peine quelques-uns où l'*exemplum* mérite une notice spéciale. Ce sont : le *recueil* du ms. additionnel 27336 du *B. M.*, le *recueil* du ms. 2240 (21950) de la Bibliothèque Royale de Bruxelles, le *Speculum Exemplorum*, le *Liber Miraculorum Sacri Mysterii* du ms. 346 (n. a. lat.) de la *B. N.*

1. Le Recueil du Ms. Additionnel 27336 du Musée Britannique [1].

Ce recueil, sans titre ni prologue, comprenant une série de trois cent soixante-quinze *exempla*, a pour compilateur un membre de l'ordre de Saint-François.

Nombre d'*exempla*, en effet, se rapportent à la vie privée et à l'activité apostolique des Mineurs au milieu des populations [2].

Le fondateur, saint François, y a notamment sa place, car par deux fois il y est fait mention de ses faits et gestes [3].

D'autres personnalités connues ou inconnues de l'ordre

1. V. Herbert, *op. cit.*, t. III, p. 647-673. Le recueil occupe, dans le ms., les ff. 2r-84. Il débute *ex abrupto*, f. 2r, par ce récit : « Quidam cum duceretur ad patibulum... », et se termine, f. 84, par un récit tiré de Sénèque : « Idem de liberalitate Alexandri, ait Seneca lib. II° de beneficiis... veni in Assiriam non ut acciperem id quod dedissetis, sed ut haberetis id », suivi de cet *explicit* : « Explicit liber amen. Finito libro referamus gracia[m] Christo. Laus tibi Christe, laus tibi semper. » Le nom du possesseur se trouve écrit un peu plus bas d'une encre différente : « Iste liber est mei [fratris] de Baldachinis », le mot « fratris » ayant été inséré plus tard par une autre main sur une érasure.

2. V. ms. ff. 4, 35v, 46, 48v, 49v, 50, 50v, 71, 76v, 79v.

3. V. ms. ff. 27, 30.

y sont également nommés, soit à l'occasion d'un récit, soit qu'ils en soient eux-mêmes les héros [4].

Les filles de Sainte-Claire du couvent de Bologne n'y sont pas non plus oubliées [5].

Le compilateur est d'origine italienne. Les expressions italiennes placées à la fin de certains *exempla* [6], la confusion constante des sifflantes s et x (p. ex. vis pour vix, vos pour vox, uxurarius pour usurarius, etc.), démontrent clairement qu'il était Italien, et probablement de l'Italie du Nord, où il a localisé quelques-uns de ses récits [7].

Pour ce qui est de la date de composition du recueil, aucun nom ou texte ne permet de la fixer d'une façon approximative. Les plus récents personnages cités, comme Pierre de Col di Mezzo, cardinal d'Albano (+ 1253) (f. 50), Ezzelino da Romano (+ 1259) (f. 73), saint Bonaventure (+ 1274) (f. 34v) sont de la seconde moitié du XIIIe siècle. On est donc réduit à s'en tenir pour le *terminus a quo* à la source la plus récente, dont le compilateur a extrait un certain nombre d'*exempla* et qui est le recueil

4. Ce sont : Saint Bonaventure (+ 1274) (f. 34), fr. Guillaume de Militona (f. 4), fr. Humbert (f. 33), fr. Eustache d'Arras (f. 45), fr. Pax (f. 57), fr. Gratien (f. 50), fr. Gilbert, maître de l'Université de Paris (f. 50, 3 fois cité), fr. Nicolas le teutonique (f. 50, f. 57), fr. Gilles (f. 63v), le ministre de la province d'Aquitaine (f. 48v), le ministre général des Frères-Mineurs (f. 49v, f. 62). — A ajouter que les Dominicains eux-mêmes, occupent une certaine place dans les *exempla,* à savoir : f. 7v (fr. Jean de Grandpont), f. 24 (fr. Dominique, récit où les Dominicains sont même appelés « fratres nostri predicatores »), f. 34v (Jourdain de Saxe), f. 45v, f. 64v (fr. Nicolas, prieur).

5. V. ms. f. 62v.

6. V. ms. ff. 17, 27v, 61, 72v.

7. *Ibid.*, f. 33 (Modène), f. 38 (Reggio), f. 62v (Bologne), f. 63v (Lodi, Vecchio), f. 71 (Val Camonica, province de Brescia), f. 32 (Cumana) (Côme). Des *exempla* sont également localisés dans d'autres parties de l'Italie, à savoir : dans la Terra di Lavoro (Naples) (f. 64v), dans la Marche d'Ancône (f. 16v), en Sicile (f. 77) et dans d'autres pays, comme en Espagne (f. 79 Burgos, f. 4v Lugo), en Angleterre (f. 64), en Allemagne (f. 8), en Belgique (f. 49 Liège), en Suisse (f. 78 Neuchâtel) et surtout en France, à savoir : à Paris (ff. 7v, 25v, 41v, 50, 77), à Montélimar (f. 2), à Montpellier (f. 39v), à Périgueux (f. 28), à Lusignan (f. 77v), à Arras (f. 45v), à Meaux (f. 46v), en Auvergne (f. 14), en Aquitaine (f. 48), ce qui fait supposer que le compilateur a fait un séjour en France ou, du moins, a été en relation avec des Mineurs de ce pays.

du ms. additionnel 11872 de la fin du XIVe siècle [7a] et pour le *terminus ad quem* à l'âge même du manuscrit qui est du début du XVe siècle.

Le texte est formé d'une série d'*exempla* qui se suivent dans un désordre apparent sans plan déterminé. Notre mineur a eu néanmoins en vue la vie religieuse et morale du fidèle c'est-à-dire ses obligations religieuses et la nécessité pour lui de pratiquer la vertu et de fuir le vice. C'est ainsi que, dans cette enfilade d'historiettes, il déroule successivement devant nos yeux le culte du Crucifié et de Notre-Dame, le culte sacramentaire et spécialement celui de la confession et de l'eucharistie, le culte des morts, les commandements de Dieu et de l'Eglise, les indulgences, la prière, la pratique des œuvres pies comme l'hospitalité et l'aumône, le respect dû aux parents, la fidélité conjugale, la nécessité du travail, les vices et les travers comme l'avarice, le vol, l'usure, l'adultère, le meurtre, la vaine gloire, etc., sans oublier les sanctions qui attendent le chrétien dans l'au-delà.

L'*exemplum* y est en général normalement développé, affectant la même forme que celle de la source d'où il est tiré. Il est parfois suivi d'une courte moralisation [8].

Ses sources sont les récits de l'antiquité profane et du Moyen Age [9] cités par l'intermédiaire de recueils, tels que ceux de J. de Vitry, d'Et. de Bourbon, de J. de Voragine,

7*a*. V. ms. 11872 (*ut supra*) où les *exempla* des ff. 56, 63, 82v, 83, 90v, 120v correspondent respectivement à ceux des ff. 40v, 39v, 40, 48v, 41v, 60 de notre recueil.

8. V. ms. ff. 15r, 15v, 20, 24v, 60r, 66r, etc.

9. Ce sont, pour l'antiquité profane : Cicéron, Sénèque, Pline, Trogue Pompée, Florus, Valère Maxime, Végèce, Tharentinus ?; pour l'antiquité sacrée : la Bible (*Livres des rois*), Josèphe, saint Jérôme (*Adv. Jovinianum*), saint Ambroise (*In libro de egressu anime*), saint Augustin (*De civitate Dei*), Rufin (*Vitæ Patrum*), Cassien, saint Grégoire (*Vie et dialogues*), l'évangile *De infancia Salvatoris;* pour le Moyen Age : saint Jean Damascène (*Barlaam et Josaphat*), Grégoire de Tours (*Historia Francorum*), les vies de saints (saint Barthélemy, saint Ambroise, saint Silvestre, saint Séverin, saint Thomas de Cantorbéry, saint Edmond de Cantorbéry), Sigebert de Gembloux (*Chronica*), P. Alfonse, Pierre de Cluny (le Vénérable), Pierre le Chantre, Gervais de Tilbury, Walter Map, les miracles de Notre-Dame, les bestiaires, la légende d'Amis et d'Amile et les recueils ci-dessus cités dans le texte.

du recueil de Tours-Berne, des *Gesta Romanorum* et exceptionnellement la propre expérience du compilateur à qui reviennent probablement certains récits (dont il nous a été impossible de retrouver l'origine dans des compilations antérieures et contemporaines).

Il réunit dans une variété remarquable tous les types, même la fable et l'apologue [10], parmi lesquels cependant le type dévot est représenté par le tiers des récits.

Néanmoins, malgré cette variété, le recueil ne semble pas avoir eu une large diffusion; s'il en a eu, elle a dû être toute locale. Par ailleurs nous n'en avons trouvé nulle trace dans les œuvres oratoires des confrères du compilateur, Bernardin de Sienne (+ 1444) et Barletta (+ 1470), venus peu de temps après lui.

2. **Le Recueil du Ms.** 2240 (21950) **de la Bibliothèque Royale de Bruxelles** [11].

Ce recueil qui comprend en tout cent soixante-dix *exempla* et traits divers a été compilé dans la seconde moitié du XVᵉ siècle [12] par quelque auteur anonyme qui semble avoir appartenu au clergé séculier belge [13].

10. V. ms. ff. 17v, 25, 27v, 41, 41v.

11. Le recueil occupe tout le manuscrit (ff. 2v-186). Il se compose d'une table alphabétique des matières (ff. 2v-6: *Adulterium-Voluptas*), suivie d'un intervalle de trois feuillets vides, d'un prologue (ff. 9-11v, avec cet *incipit :* « Beati qui ad cenam nupciarum agni vocati sunt, apoc. XIX. Unde notandum est quod beatus Johannes videns in spiritu... », et cet *explicit :* « Certa cognicione et sciencia nature et ex Dei facie ad faciem ut predictum est in secula seculorum amen »), et du texte (ff. 11v-186) qui commence par la rubrique : *Vita :* « Secundum Senecam,, quamdiu vivis, discendum est qualiter vivas... », et qui se termine par cette autre : « *De amore et passione Christi :* Legitur de innocente virgine Margareta... (f. 182v) ... nec habet ullum cum virtute commercium » (f. 186). Suit le nom des propriétaires du ms : « Liber regularissarum prope Maeseyk. » A ajouter qu'à partir du f. 179, l'écriture est différente de celle du texte précédent, de même celle des notes écrites en marge et en bas des feuillets, ce qui indique qu'on a affaire à deux copistes différents, qui ont transcrit le texte original ou intermédiaire.

12. L'auteur le plus récemment cité est Bernardin de Sienne (+ 1444) ; v ms. f. 122r : « Refert Bernardinus in quodam sermone... »

13. Au cours du texte il est fait allusion à la vie paroissiale belge et plusieurs récits et faits sont localisés en Belgique; v. ms. ff. 15, 94v, 143v, 172v, 274v.

Il est précédé d'une table alphabétique des matières et se compose d'un prologue et du texte.

Le prologue, contrairement à celui d'autres recueils, où le compilateur fournit quelques explications sur son but, son plan et ses sources, ne renferme que des généralités sur la dévotion et un parallèle entre le bonheur céleste et le bonheur terrestre par voie de comparaison entre la vie des grands personnages bibliques et celle d'hommes illustres païens [14].

Le texte est placé sous cent douze rubriques ou titres non alphabétiques (en marge), qui, tantôt ne renferment que des explications théologiques avec des citations d' « autorités », suivies parfois d'*exempla*, tantôt ne comprennent que des *exempla*. Ces rubriques ne sont pas établies d'après un plan suivi, mais elles ont néanmoins toutes trait à la vie religieuse et morale des fidèles, des clercs et des religieux [15].

L'*exemplum* est introduit dans le texte à l'aide de formules ordinaires et se rapporte strictement à la rubrique

14. Il y est dit en manière de conclusion (f. 11v) : « Minimus in regno celorum milies major est quam talis esse posset. Vile enim valde est aliqua gloria seu delectacione in carcere hujus mundi frui in comparacione fruendi et gaudendi ipso Deo et societate angelorum et justorum omnium et ex certa cognicione et sciencia nature et ex Dei facie ad faciem visione ut predictum est », texte qui rappelle celui de l'Imitation de Jésus Christ dont notre compilateur semble s'être inspiré.

15. En voici les plus saillantes, telles qu'elles se suivent au cours du texte : « Adulterium, humilitas, ambicio, de custodia oris, contra detractores, conversio non est procrastinanda, juventus, mundus, eucharistia, missa, de gloria celesti, religiosi, visio Dei in gloria, timor domini, mors, spes, misericordia Dei, confessio, contra desperacionem, bonitas Dei, infernus, patiencia, probacio, peccator, consolacio, tribulacio, infirmitatis utilitas, elemosina, purgatorium, cor, de liberalitate, monachus, cibus, caro, penitencia, predicacio, gula, judicium, pax, turbacio, ira, reconciliacio, odium, indulgencia, simplicitas, virginitas, virgo, quomodo conjuges vivere debent, de viduis, de fidelitate conjugum, de exemplaritate prelatorum, graciarum actio, conciliarius, de continencia virorum ecclesiasticorum, de incontinencia principum et prelatorum, de senibus, de sapiencia senum, de divitibus, paupertas, de avaris, contra pompas et divicias seculi, laudare Deum, de solitudine, de graciarum actione, de amore et passione Christi. » A ajouter qu'un certain nombre de rubriques sont répétées par deux ou trois fois.

sous laquelle il est placé. Il est en général brièvement développé, parfois même il se réduit à un simple trait. Il est représenté par la plupart des types, même par la fable, mais n'est jamais suivi d'une moralisation quelconque. Ce qui le caractérise avant tout, c'est l'absence complète d'originalité. Il semble que l'auteur, pour compiler son recueil, ait eu surtout recours à des recueils antérieurs, comme ceux de Jacques de Vitry, de Cés. de Heisterbach, de Vincent de Beauvais, de Géraud de Frachet, d'Etienne de Bourbon, de Thomas de Cantimpré, dont il a eu soin d'extraire les citations et les récits, qui lui convenaient le mieux avec l'indication des sources qui y étaient signalées, sans exclure pourtant des écrits plus modernes comme ceux de Pétrarque (+ 1374) et des sermons contemporains comme ceux de Bernardin de Sienne (+ 1444) [16].

16. Les sources, en effet, tant des citations que des *exempla,* que le compilateur a pris soin d'indiquer, sont très nombreuses pour un si petit recueil. Ce sont, pour l'antiquité profane : Platon, Aristote (*In libro de proprietatibus elementorum*), Cicéron (*De senectute*), Ovide (*Lib. de fastis*), Horace (*Poetria, In epistolis*), Valère Maxime, Varron, Solin, Sénèque le rhéteur (*In declamacionibus*), Sénèque le tragique (*Lib. de questionibus naturalibus*), Pline (*In hystoria naturali*), Martial, Macrobe, Aulu-Gèle, Symmaque; pour l'antiquité sacrée : la Bible, Origène, saint Cyprien (*In libro de XII abusionibus*), saint Jérôme (*In libro de virginitate, Contra Jovinianum, Epistolæ*), saint Ambroise (*In libro de exameron*), saint Jean Chrysostome, saint Augustin (*In libro de cura pro mortuis, In libro confessionum*), Rufin (*Vitæ Patrum*), Maxime Sévère (*In dialogo*), saint Léon pape, Boèce (*In consolacione*), saint Grégoire le Grand, Cassiodore (*In historia tripartita*) ; pour le Moyen Age : Isidore, Bède (*In gestis Anglorum*), saint Anselme (*In libro de similitudinibus*), Eudes de Cluny (*In miraculis*), Pierre Damien, Gautier de Chatillon (*In Alexandreyde*), Hugues de Fleury, Pierre de Blois (*Lettres*), Hugues de Saint-Victor, Jean de Salisbury (*In policratico*), Walter Map (*De nugis philosophorum*), Conrad d'Eberbach (*In libro de viris illustribus ordinis cisterciensis*), Innocent III, les Decretales, Hélinand, J. de Vitry, *In libro de naturis animalium, In hystoria Romanorum,* les vies de saints (sainte Cécile, saint Denis, sainte Anastasie, sainte Marguerite, sainte Monique, saint Jean l'aumônier, sainte Melchtilde (*In revelacionibus*), sainte Brigitte, sainte Ade, saint Hugues de Lincoln, saint Bernard, saint François, sainte Claire, saint Bonaventure, saint Thomas d'Aquin (f. 148v), sainte Marguerite d'Ypres (ff. 15v, 143v, 172v, 174v, v. *Acta SS.*, 20 juillet), Césaire de Heisterbach (*Dialogus*), Thomas de Cantimpré (*Lib. apum*), Guillaume de Paris, Vincent de Beauvais (*In speculo historiali*), Géraud de Frachet (*In vita FF. PP.*), Et de Bourbon (*Lib. de donis*), Jacques de Lausanne, Giles d'Assise (*In aureis*

Aussi l'influence du recueil, si toutefois il en a eu une, s'est tout au plus exercée en Belgique, car nulle part ailleurs nous n'en avons trouvé trace.

3 Le Speculum Exemplorum [17].

Ce recueil, le premier en date qui ait été imprimé, se compose d'une table alphabétique des matières, d'un prologue, du texte divisé en dix distinctions et englobant un total de douze cent trente-six *exempla,* le tout suivi d'un petit épilogue.

Le compilateur est un religieux et vraisemblablement un frère mineur flamand, et non pas le chartreux Gilles Goudsmid (Ægydius Aurifaber, + 1466), à qui on a généralement jusqu'ici attribué la paternité du recueil [18].

verbis) (v. *Hist. Litt.,* t. XXX, p. 549), Walter Burley (*In vita philosophorum*), François Pétrarque (ff. 21, 39v, 50v, 53v, 148v), Bernardin de Sienne (f. 132, *In quodam sermone*), *Auctor de spiritu et anima, In fabulis.*

17. V. Quétif et Echard, *op. cit.,* t. I, p. 907; Crane, *op. cit.,* Introd., p. lxxiv-lxxv; pour le texte, l'édit. Strasbourg 1490 (*B. V.,* Inv. Rés., D. 11587). Le traité y est précédé d'une table alphabétique des matières : *Tabula exemplorum.* « Incipit tabula exemplorum libri sequentis in qua illud est animadvertendum quod prior quidem numerus distinctionem, posterior vero singulorum exemplorum quotas indicat... » Suit l'inventaire complet de tous les *exempla* sous les vingt lettres de l'alphabet (*Abstinencia-Zodomica juvenis*). Le prologue, qui fait aussitôt suite, porte le titre suivant : *Incipit prologus in speculum exemplorum ex diversis libris in unum laboriose collectum.* « Impressoria arte jamdudum longe lateque per orbem diffusa... ego Christo magis quam hominibus placere contendens contemptis favoribus tam cito fugacibus ad laudem Dei animarumque profectus hoc ordine opus incipiam. Explicit prologus. » Le texte, enfin, porte le même titre : *Incipit speculum exemplorum ex diversis libris in unum laboriose collectum,* et continue en ces termes : « Et primo ex dyalogo Gregorii pape. Exemplum primum : Venatii quondam patricii in Samnii partibus... », pour se terminer à la *Distinctio X, exemplum 30,* par le récit suivant : « In civitate Dutborchensi partium gelrensium erat... laudabilis benedictus et gloriosus in secula amen. » Il est suivi d'un petit épilogue, où le compilateur dit, entre autres : « Hec exempla prout ea cognovi non tam verbis verba quam sensum sensui reddens conscripsi et plura his similia vel etiam potiora scriptis commendassem nisi me imprimentis et acceleratio et proprii corporis adversa valetudo vetuissent... »

18. V. Crane, *op. cit.,* Introd., p. lxxiv.

Dans un très grand nombre de récits, en effet, il fait ressortir la supériorité de la vie religieuse en mettant en avant celle des grands fondateurs et des saints des ordres monastiques. Mais par dessus tout il fait l'éloge du fondateur de l'ordre des Mineurs qu'il appelle « sanctus pater Franciscus » et relate de nombreux *exempla* — une quarantaine — ayant trait à la ferveur religieuse et à l'activité apostolique des premières générations franciscaines [19].

Il exalte, en outre, la pauvreté, vertu caractéristique chez les Mineurs et présente toujours ces derniers sous un jour très favorable, animés du plus pur zèle pour l'idéal primitif de l'ordre.

Il a dû exercer lui-même son activité religieuse dans la région du Rhin inférieur d'après ce qui ressort des récits de la Xe Distinction. C'est dans des villes de cette région qu'il place la scène d'un certain nombre des récits qui lui appartiennent en propre, à savoir à Zwolle (X, 7, 9, 10, 11), à Cologne (X, 16, 17), à Deventer (X, 26), à Duisbourg (X, 30) et exceptionnellement dans des villes un peu plus éloignées, comme à Mayence (X, 27), à Gripe s. Fulda (X, 2), à Utrecht (X, 3), à Lubec (X, 18).

En ce qui concerne la date de composition du *Speculum*, elle nous est fournie par le texte même du prologue et de l'épilogue. Le compilateur y parle de la longue et large diffusion de l'art de l'imprimerie, de son âge avancé et de son intention de confier à l'imprimerie les grands faits et exemples des saints, afin de les proposer en imitation aux chrétiens comme l'ont fait jadis les Juifs et les Romains en exaltant les exploits de leurs héros. Or, c'est à Deventer, chez Richard Paefroed, en 1481, qu'a été publiée la première édition du *Speculum*. C'est donc vers 1480 qu'il faut placer la date d'achèvement de ce vaste recueil, c'est-à-dire au moment où l'art de l'imprimerie se trouvait déjà très répandu [20].

19. V. Dist. VII, dist. IX.

20. Jean Major, l'éditeur du *Magnum Speculum Exemplorum* (v. *infra*, en note), dans ses *Præmonitiones*, place également la date de composition du recueil aux environs de 1480, *circa annum 1480*, en prenant comme base de son évaluation les écrivains les plus récemment

C'est dans le prologue aussi que le compilateur a exposé le but et la raison d'être de l'*exemplum* en même temps qu'il a fourni certaines indications sur son plan, ses sources et la manière de se servir des récits.

Il commence par exprimer son étonnement que personne n'ait encore confié à l'imprimerie ces exemples du passé, qui ont une si grande efficacité sur l'esprit humain, pour les proposer à son imitation [21]. C'est pourquoi aussi, pour que ces exemples, qui se trouvent dispersés dans dans les écrits patristiques et dans les recueils d'*exempla*, ne soient pas perdus, il les a réunis en un seul livre auquel il a donné le titre de *Speculum Exemplorum*, où il est donné à tout chrétien de voir comme dans un miroir très pur la beauté ou la laideur de ses actions [22].

Puis il se met à donner des conseils pratiques aux prédicateurs qui se serviront de son recueil et entre autres choses il leur dit qu'il leur est loisible d'utiliser jusqu'à trois *exempla* dans un sermon en s'inspirant en cela des homélies de Grégoire le Grand.

cités, Jacques du Paradis (+ 1466) et Robert de Licio (+ 1495) et le fait d'un miracle eucharistique qui a eu lieu sous le règne de Philippe de Bourgogne (+ 1467).

21. V. prologue : « Impressoria arte jamdudum longe lateque per orbem diffusa, multiplicatisque libris quarumque fere materiarumque frequenter ammiratus sum qua ex re factum sit, ut nullus unquam hac arte insignis librum in lucem protulerit qui ex pluribus diversorum auctorum opusculis in unum congesta exempla contineret presertim cum fere omne hominum amplissimum genus ad rerum gestarum cognitiones vehementius aspiret nihilque sit quod humanum animum abundancius efficaciusque ad imitacionem provocat quam gloriosa facta majorum... »

22. *Ibid.* : « Ne igitur christiana gens et totius humani generis illustrior portio hac tam fructuosa re sola careret, horum insignium vivorum tramites insequens, utile duxi ex diversis patrum historiis pariter et exemplorum libris unum quendam librum colligere, per quem legentium animi non solum rerum gestarum diversitate delectarentur et summi opificis in suis sanctis mirarentur effectus, sed eciam preclaris et gloria dignis operibus incitarentur ad probitatem. Et hunc librum non ab re ut arbitror Speculum exemplorum statui nominare eo quod facile quicumque in eo legere contenderit, tanquam in purissimo speculo aut decorem suum poterit aut deformitatem conspicere. Tunc certe cum se aut similem viderit patribus qui in hoc speculo ob virtutem insignia dignis laudibus extolluntur aut certe eorum se senserit viciis defedatum, quorum in eo ipso malefacta carpuntur... »

Ensuite, il indique l'utilité et le but des *exempla* à peu près dans les mêmes termes qu'un Jacques de Vitry, un Etienne de Bourbon ou un Arnold de Liège [23].

Enfin, il termine par des considérations sur son plan, sur l'inventaire alphabétique des *exempla* de la neuvième distinction et sur les *exempla* eux-mêmes, dont il dit encore une fois qu'il les a extraits d'auteurs communs, à l'exception de ceux de la dixième distinction « que non tam ex libris, quam veridica aliorum relatione didici ».

Le compilateur a donc disposé le texte en dix distinctions. En tête de chaque distinction, à l'exception de la neuvième et de la dixième, il a pris soin d'indiquer ses sources principales [24].

Quant à celles de la neuvième distinction *exempla ex diversorum auctorum scriptis collecta,* qui sont disposés alphabétiquement (*Adulterium-Ydolum*), elles sont indiquées tantôt au début, tantôt à la fin de chaque *exemplum* et se répartissent à la fois sur les écrits de l'antiquité profane et chrétienne ainsi que sur ceux du Moyen Âge, et dont les plus récents sont les sermons de Robert de Licio (+ 1495) [25].

23. *Ibid.* : « Exempla mentem efficacius movent, memorie firmius herent, intellectui facile lucent, delectant auditum, fovent affectum, removent tedium, vitam informant, mores instruunt et dum sua novitate sensum promulcent odiosam predicatori somnolentiam fugant. Tempus, me narrante, deficiet si voluero omnes exemplorum dicendorum utilitates retexere... »

24. A savoir : Dist. I : « Ex dialogo Gregorii pape » (112 *exempla*) ; Dist. II : « Ex primo libro patrum, quem b. Hieronymus presbyter dicitur conscripsisse [ex collationibus Patrum, ex institutis Patrum, de illustribus viris, ex climacho] » (250 *ex.*) ; Dist. III : « Ex ecclesiastica historia Bede presbiteri de gente Anglorum [et ex libello de illustribus viris ordinis cisterciensis] » (66 *ex.*) ; Dist. IV : « Ex prima parte speculi historialis [ex scriptis Helinandi, ex ecclesiastica et tripartita historia] » (82 *ex.*) ; Dist. V : « Ex libro de proprietatibus apum » [de Th. de Cantimpré] (136 *ex.*) ; Dist. VI : « Ex libro exemplorum Cesarii » (103 *ex.*) ; Dist. VII : « Ex vita et actibus S. Francisci, [ex vitis Fratrum Predicatorum], ex vitis Fratrum Heremitarum, ex vitis Sanctorum, ex vitis Patrum, ex dialogo Severi, ex vita S. Martini » (106 *ex.*;) Dist. VIII : « Ex vitis sanctorum » (saints anglais, belges et allemands : saint Dunstan, sainte Marie d'Oignies, saint Goar, etc. (163 *ex.*).

25. Cette distinction comprend 218 *exempla.* Ses sources sont, pour

Et pour ce qui est de celles de la dixième distinction, elles se réduisent au témoignage d'autrui, à des écrits allemands et à sa propre expérience « exempla que aut verissima relatione didici aut in libris theutonicis scripta inveni », et embrassent tout au plus une trentaine d'*exempla* divisés en cinq catégories.

Donc à l'exception des *exempla* de cette dernière distinction, qui ont en général pour théâtre les régions du Rhin inférieur, de la Westphalie et de la Thuringe et que le compilateur a consignés « non tam verbis verba quam sensum sensui reddens », comme il l'affirme dans l'épilogue, le *Speculum Exemplorum* n'est qu'une longue série de récits tirés d'écrits divers, antérieurs et contemporains et, par conséquent, dénués de toute originalité. L'élimination de certains types d'*exempla,* notamment de ceux qui ont leurs sources dans l'antiquité profane — ce n'est qu'exceptionnellement que Cicéron est cité — dans les légendes orientales, dans les traditions et contes populaires, et dans les moralités des traités d'histoire naturelle, au profit pour ainsi dire exclusif

l'antiquité profane : Cicéron (*In academicis questionibus*) ; pour l'antiquité sacrée : Rufin (*Vitæ Patrum*), Heraclides (*In paradiso*), Eusèbe (*In chronica sua*), saint Ambroise (*In libro de virginitate*), saint Jérôme (*In epistola ad Aletham, In prologo quodam*), saint Grégoire de Naziance (*In prologo apologetici*), saint Jean Chrysostome, saint Augustin (*Liber confessionum, In epistola ad Victorianum*), Orose, Grégoire le Grand (*Homeliæ, Dialogi*) ; pour le Moyen âge : Bède (*In historiis Anglorum*), Dietmar (*Itinerarium*), Grégoire de Tours, Pierre Alfonse, Pierre de Cluny (le Vénérable), Hugues de Saint-Victor, *Liber de ortu carthusiensi, Chronica priorum domus majoris carthusie, Liber exemplorum b^e^ Virginis,* Jean de Salisbury (*Polycraticus*), Gervais de Tilbury (*In libro de mirabilibus terrarum et imperialibus solaciis*), *Legenda s^t^ Hugonis lincolniensis, Vita s^t^ Francisci, Vita s^e^ Elisabeth, Chronica pontificum leodicusium,* Et. de Bourbon (*Liber de septem donis*), Vincent de Beauvais (*In speculo morali ?*), Humbert de Romans « magister ordinis predicatorum » (*Super regulam b^i^ Augustini, In libro exemplorum, De dono timoris*), Guillaume [Peraud], Guillaume de Paris (*In universo*), saint Bonaventure, Martin le Polonais (*In chronicis imperatorum, In gestis summorum pontificum*), J. Gobi (*Scala Celi,* 29 *exempla*), Ludolphe le Chartreux (*Speculum humane Salvationis, In vita Jesu*), Johannes Scoemhia (*In libro prioris Grunendal,* v. pour ses traités : Bibl. Royale de Berlin, mss. 539-540) (+ 1431), Jacobus carthusiensis (*De peccatis mentalibus*) (J. Juterbogh, + 1466), *Fasciculus morum,* Robert de Licio (*In quadragesimale*) (+ 1495) (v. édit. Venise 1490; B. Mazarine Inc., n° 574).

du récit pieux au sens large du terme, semble annoncer dans certains milieux religieux une nouvelle tendance, qui consistait à exclure définitivement le profane du sacré. C'est la tendance réformatrice avant la Réforme.

Aussi le succès de ce vaste recueil ne s'est-il pas fait attendre, du moins dans la vallée du Rhin, où sept éditions se sont succédé dans les quarante années qui ont suivi la première publication [26]. Il s'est même prolongé jusqu'au XVIIe siècle, où, sous le titre de *Magnum Speculum Exemplorum,* il a paru également en sept éditions successives [27].

26. Ce sont, outre l'édition de Deventer (1481), les éditions de Cologne (1485), de Strasbourg (1487, 1490, 1495, 1497) et de Haguenau (1512, 1519).

27. Le *Magnum Speculum Exemplorum,* édité et revu par le jésuite Jean Major, a eu en effet sept éditions, à savoir : celles de Douai (1605, 1611, 1638), d'Anvers (1607), de Cologne (1611, 1672) et une édition de 1718 signalée par CRANE, v. *op. cit.,* Introd., p. LXXV. L'édition de Douai (1605) (consulté au *B. M.*) comprend 137 *exempla* supplémentaires, dont plusieurs ne manquent pas d'intérêt. Celle de Douai également (1638) (v. *B. N.,* Inv., D. 8647) renferme outre les 137 *exempla* désignés par un *, 23 autres désignés par deux ** et extraits du *Catéchisme historial* ou *Fleurs des exemples* d'Antoine d'Averoult (v. édit. Lyon 1608, ou Rouen 1621 (*B. N.,* Inv., D. 24521, D. 24522), et dont le texte, traduit également en latin, porte le titre de *Flores exemplorum, in quo fides catholica pœne innumeris et exemplis sanctorum et virorum illustrium probatissimis confirmatur* (v. édit. Lyon 1619, Douai 1616, 1624, 1638, Cologne 1656, 1686 [*B. N.,* Inv., D. 31652] et pour le texte en langues vulgaires, v. CRANE, *op. cit.,* Introd., p. LXXVIII-IX). Jean Major a mis en tête de sa compilation un prologue explicatif (*Præmonitiones*). Il nous y renseigne d'abord sur l'auteur du *Speculum Exemplorum* qui, d'après lui, est originaire des Flandres: « Germanus videtur fuisse ex Belgio teutonico », et sur sa date de composition (v. *ut supra*), et expose les raisons qui l'ont déterminé à donner le titre de *Magnum Speculum Exemplorum* à son édition. Puis il donne de brèves indications sur son mode d'emploi : « Pandens concionator, catechiste vel narrator circumspecte seliget ex his exemplis quæ utilia et conveniencia indicabit personarum loci temporis et similibus bene consideratis circumstanciis, nam alia doctis, alia simplicibus, rursum alia hæreticis, denique alia secularibus, alia religiosis magis quadrabunt. Deinde si qua incredibilia vel fabulosa vel tantum ad risum efficta videntur, qualia paucissima sunt, solum in navigiis, vehiculis, mensis vel jucundis congressibus narranda serventur, nam etiam illa fructu non carent : valent enim ad aliquam moralem doctrinam eliciendam et ex narrationis scopo commoda aliqua applicatio colligi potest... » Ensuite il énumère les sources principales, à savoir les suivantes : *Vita s^t^ Hieronymi, Ecclesiastica historia Eusebii, Vitæ Patrum, De climacho, De Palladio, De P. Da-*

4. Le Liber Miraculorum Sacri Mysterii du Ms. Lat. 346 (n. a. lat.) de la B. N. de Paris [28].

Ce recueil qui ne renferme que le type de l'*exemplum* eucharistique, a été compilé par un moine de Cluny dans la seconde moitié du XVe siècle [29].

miano et ejus epistolis, De viris illustribus cisterciensibus, De vita et actibus s[1] Francisci, De vita Fratrum Prædicatorum, De libro de septem donis (attribué ici à tort à « Nicolas Dinkelspihel » (Dinkelspuhl) (XVe s.), dont il ne faut pas confondre le traité *De VII donis Spiritus Sancti* avec celui d'Et. de Bourbon, cité ici), *Ex gestis Fratrum D. Augustini de eremo, De scala celi et de exemplis quibus nulla citatio additur nisi hæc collector speculi exemplorum,* avec cette note additionnelle : « Authorum quorumdam horum exemplorum nomina novimus, sed opera eorum ad manus nostras non pervenerunt, ideo non potuimus numerum librorum vel capitum vel aliarum sectionum adscribere. Aliorum exemplorum quidem opusculorum vel tractatuum tituli ponuntur, sed authorum nomina non ponuntur, qualia sunt ex speculo exemplorum, ex Mariali, ex chronicis Imperatorum et quæ ex similibus excerpta sunt, in quibus etiam numerum librorum capitum vel similium adjicere non potuimus... Denique tertii generis sunt quædam exempla, quæ vivens aut verissima relatione didicit aut in libris teutonicis scripta invenit vel ipse facta cognovit, quemadmodum iisdem verbis declaravit cum in Xa distinctione prefatus est... » Enfin, il fait suivre les *Præmonitiones* de l'index des auteurs et ouvrages anonymes ainsi que de l'index alphabétique des 274 titres sous lesquels sont réunis les 1396 *exempla* et du texte, qui commence par la rubrique *Abstinencia* et se termine par celle de *Zodomia.* V., au sujet de Jean Major, *Bibliothèque des écrivains de la compagnie de Jésus* (nouv. édit., Sommervogel, Bruxelles, 1894), t. V, p. 379.

28. Le *Liber miraculorum* occupe les ff. 1-58v du ms. lat. 346 (n. a. lat.), qui est de la seconde moitié du XVe siècle. Il débute ainsi, f. 1 : « Incipit liber miraculorum sacri mysterii. Ad honorem et gloriam sacrosancti corporis domini nostri Jhesu Christi atque utilitatem et salutem legencium mirabilia ac eciam miracula ipsius sacramenti excerpta de diversis libris sequuntur feliciter. In hoc enim sacramento eucharistie consistit secretum fidei nostre et salus animarum nostrarum... (suit la liste de dix miracles eucharistiques). Nunc veniamus ad intentum scil. ad miracula. Et primo de miraculis que sanctus Gregorius ponit in quarto libro dyalogorum... », et se termine, f 58v, par l'hymne de saint Thomas d'Aquin : « Oracio dicenda quando corpus Christi in altari tractatur, quam sanctus Thomas de Aquino composuit : Adoro te devota latens deitas... Visus sim beatus tue glorie amen. »

29. Le ms. provient du *scriptorium* de la Bibliothèque de Cluny (v. L. Delisle, *Inventaire des mss. de la B. N. Fonds de Cluny* (Paris,

Il se compose de deux livres, dont chacun est précédé d'un petit prologue explicatif.

Le premier ne renferme que des *exempla* au nombre de cent deux (ff. 1v-33v). Le second forme un petit traité ayant trait au sacrement de l'Eucharistie, au ministre et au fidèle et illustré également par endroits d'*exempla* au nombre de trente-six (ff. 33v-58v) [30].

Le compilateur pour composer son recueil, a fait appel à la fois à des écrits antérieurs et contemporains où il a trouvé, comme il l'affirme au début du premier livre, les prodiges et les miracles « mirabilia ac eciam miracula ipsius sacramenti excerpta de diversis libris », car ce n'est qu'exceptionnellement qu'il prend les récits dans ses propres souvenirs [31].

1884), p. 207-209). Le compilateur, moine cluniste, cite au cours du texte un prodige qui a eu lieu à Cluny même, f. 20v : « Quidam cum nuper Cluniaci communicasset in pascate cum proposito recidivandi, ipsa nocte jacens in lectulo redire proponeret ad peccatum, apparuit ei catus magnus niger et horribilis per aera veniens, qui illum per guttur accipiens suffocabat. Cumque amissa jam loquela non posset penitus se juvare invocato in corde christo signo crucis se muniens intus ab eo penitus fuit liberatus. » Il a composé le recueil dans la seconde moitié du XVe siècle, car le personnage le plus récemment cité, à propos d'un miracle qui a eu lieu à Rome, est le pape Nicolas V (1447-55) f. 31 : « Tempore presulatus domini Nicholay pape quinti, fuit Rome quedam mulier... »

30. Il est précédé d'un petit prologue, qui en énonce brièvement le contenu : « Nunc autem expleto libro primo utcumque de collectione miraculorum ipsius sacri misterii... Videndum est et colligendum in hunc secundum librum ea que necessaria sunt scire michi et meis similibus quibus congruit ex officio presbiteri tantum tractare misterium, ut sciamus quales nos esse convenit et que agere et que evitare debeamus ne judicium dampnacionis quod absit comedamus et bibamus. Et ideo hic nos inserimus que deinde reperimus sive de miraculis et mirabilibus sive de temeratoribus sacri misterii secundum quod ponit sanctus Oddo cluniacensis sive eciam de institucione ipsius sacramenti, de scandalis vitandis et reparandis si contingant sicut ponit Oddo et Guillelmus pariensis et Bernardus necnon eciam aliqua decreta hoc in re faciencia cum narracione indulgenciarum. Et hec collecta sint cum venia. »

31. V. ms. f. 20v : ex. du communiant indigne et de l'apparition d'un chat noir à Cluny; f. 26r : ex. du châtiment d'un prêtre traitant indignement la sainte eucharistie (cancer au visage), « prope villam in qua natus sum » ; f. 44v : ex. d'un voleur tué par deux voyageurs qu'il voulait tuer lui-même et de sa damnation, « In ea via que a tiernensi monasterio ducit ad forum est ecclesia Sancti Petri que

Ses sources sont, en effet, les écrits qui s'échelonnent de l'époque patristique à travers le Moyen Age jusqu'à son temps — les derniers cités sont les *Facéties* du Pogge et le *Quadragesimale* de Robert de Licio — où il y a des miracles eucharistiques [32].

Aussi, à l'exception de trois ou quatre *exempla* qui sont personnels au compilateur, le recueil est-il complètement dénué d'originalité. Les récits ne sont dans leur ensemble que la copie plus ou moins fidèle de la source d'où ils ont été extraits. Sur les cent trente-huit récits, une quarantaine sont localisés pour la plupart en France, preuve incontestable de la diffusion considérable du culte eucharistique dans ce pays [33].

dicitur ad Scalas », manifestement, la route de Thiers (Puy-de-Dôme) à Feurs (Loire) ; f. 48v : ex. d'un prêtre chassant le dimanche et poussant ensuite des aboiements de chien à l'autel, « Testatus est mihi Bego canonicus Sancti Martini de quodam sacerdote ».

32. Ce sont : Eusèbe (Denis ?) (*In historia ecclesiastica*), saint Jérôme, Rufin (*Vitæ Patrum*), Grégoire le Grand (*Dialogues*), Pascase Radbert, Eudes de Cluny (*Collationum libri III*, titre : *Occupacionum libri*), Pierre de Cluny (*Lib. mirac.*), J. Beleth (*Summa*), vies de saints (saint Cyr, saint Basile), sainte Catherine de Sienne (+ 1380), Césaire de Heisterbach (*Dialogus*), J. de Vitry (*Sermons*), le *Mariale magnum*, Vincent de Beauvais (*Speculum historiale*), G. de Frachet (*Vita et perf. FF. PP.*), J. de Voragine (*Historia lumbardica*), Et. de Bourbon (*Liber de VII donis*), les miracles de N.-D., Martin le Polonais (*In chronicis SS. PP.*), J. Gobi (*Scala Celi*), *In quibusdam miraculis de corporis Christi*, Le Pogge (*In libro facetiarum*) (1380-1459) (f. 32), Robert de Licio (+ 1495) (*Quadragesimale*) (f. 15).

33. Les miracles eucharistiques sont en effet localisés à Orléans (f. 13), à Charolles, à Sorans (Sorana), à Vendôme, à Arras, dans le diocèse d'Angers (f. 14), dans l'église de Saint-Florentin d'Angers (f. 22), dans la province de Narbonne (f. 15), dans la province de Toulouse (f. 16v), à Paris (f. 18), à Paris-en-Grève « in gravia », « Septem miracula una die parisius facta... anno nativitatis domini M°CC°XC° in die sancte pasche in parochia sancti Johannis Baptiste regnante domino Philippo Francorum rege » (miracle des Billettes) (ff. 29v-31), à La Tour-du-Pin (f. 20), à Cluny (f. 20), au Puy (f. 21), « versus Podium, per quandam terram que dicitur quanandras ? », en Auvergne (f. 24), à Douai (f. 26), « prope villam qua natus fui » (f. 24), à Montbéliard (f. 29v), à Toul (f. 31), à Amiens (f. 32v), à Poitiers (f. 40v), « in monasterio tabenensi » (Tavernay près d'Autun) (f. 44), dans l'église de Sainte-Walburgis près de Cluny (f. 44), au monastère de Thiers (f. 44v) ; les quelques autres sont localisés ailleurs, à savoir : en Orient (f. 17), à Jérusalem (f. 21), en Italie à Rome (ff. 17, 31), dans l'église de Latran (f. 32), à Bologne (f. 19), à

Il ne semble cependant pas que le *Liber miraculorum* ait eu une grande vogue ailleurs que dans les monastères clunistes, si l'on en juge par l'unique copie qui en subsiste et qui provient de Cluny lui-même. Néanmoins, il témoigne nettement que le culte eucharistique illustré de récits curieux y était encore fortement en honneur dans la seconde moitié du XVe siècle.

Bolsène, « Sacerdos quidam veniens Bolsenam oppidum non longe distans ab Urbe Veteri [Orvieto], in qua civitate Urbanus IV cum curia residebat, inter verba consecrationis vidit hostiam in forma pietatis et sanguinem superfluere in calice... » (f. 28v) (origine de la Fête-Dieu), à Sienne (f. 31), en Allemagne (ff. 17, 19), à Cologne (f. 49), en Angleterre (f. 21).

CHAPITRE II.

L'Exemplum dans les recueils d'Exempla à ordre alphabétique.

Comme les siècles précédents, le XVe siècle a vu surgir des recueils d'*exempla* à ordre alphabétique. Ceux-ci se réduisent à quatre, à savoir : le recueil *El libro de los enxenplos,* le *Promptuarium exemplorum,* le *Manipulus exemplorum* et l'*Alfabetica narracio.*

1. Le Recueil El libro de los Enxenplos [1].

Ce recueil compilé en espagnol entre les années 1400 et 1420 par Climente Sanchez, archidiacre de Valderas (diocèse de Léon) [2] comprend un petit préambule et un ensemble de cinq cents récits environ [3].

C'est dans le préambule que le compilateur a fait connaître son nom et sa qualité et qu'il a brièvement énoncé le

1. Ce recueil est conservé dans deux manuscrits, en partie dans celui qui se trouve à la Bibliothèque Nationale de Madrid sous la cote n° 4, ff. 1-195 (XVe s.) et en entier dans celui qui se trouve à la *B. N.* de Paris dans le fonds espagnol sous la cote n° 432 ff. 1ra-150vb (XVe s.). Le premier, dont les *exempla* de la lettre A à la lettre C manquent, a été publié par Pascual de Gayangos dans la *Bibliotheca de Autores Españoles,* t. LI (1860), p. 443-542. Le second a été édité pour la partie manquante du premier (*Abbas-Confessio*) par Morel-Fatio dans la *Romania,* t. VII (1878), p. 481-526 (description du ms. et texte).

2. V., sur l'auteur et la date de composition, MOREL-FATIO, art. cit., p. 481-483.

3. A savoir, 71 + 1 (= CCXVIa) (latin) *exempla* (*Abbas-Confessio*) dans le texte de MOREL-FATIO, 395 *exempla* rubriques (*Confessio-Hypocrita*) dans celui de Pascual DE GAYANGOS, plus un certain nombre d'autres, exactement 26 placés exceptionnellement à la suite de l'*exemplum* de quelques rubriques, car les 467 rubriques ne comportent en général qu'un seul récit.

plan et le but du recueil ainsi que la raison qui l'a amené à adopter la langue espagnole pour les récits [4].

Il a eu recours pour encadrer ces derniers, au système à arrangement alphabétique et placé sous chaque lettre de l'alphabet un nombre variable de rubriques alphabétiques, suivant en cela un plan identique à celui de l'*Alphabetum Narracionum* auquel, du reste, il semble avoir emprunté de nombreuses rubriques.

Les rubriques prises dans leur ensemble se rapportent exclusivement aux obligations religieuses et morales du chrétien et annoncent par là que les *exempla* qui les illustrent tendent au même but.

Chaque rubrique, écrite en latin et en espagnol, ne forme avec l'unique *exemplum* qui y fait suite, qu'un tout en elle-même. L'*exemplum* est introduit à l'aide des formules usuelles (*leise, leyesse, dicen, dize, cuenta*) ou de l'indication de sa source ou même de sa localisation dans l'espace et le temps et n'est souvent que la simple traduction du texte latin des recueils d'*exempla* antérieurs d'où il est tiré, tels que ceux de Jacques de Vitry, d'Etienne de Bourbon, de Jacques de Voragine, d'Arnold de Liège, de Servasanctus, de Jacques de Cessoles, bien que le compilateur se permette parfois d'ajouter quelques détails de son propre cru et fasse état au cours du texte de nombreuses sources soi-disant consultées, qu'il ne connaît que par l'intermédiaire de ces collections mêmes [5].

4. En voici le texte d'après le ms. 432 du fonds esp. de la *B. N.*, f. 1 : « Muy amado fijo, Johan Alfonso de la Barbolla, canonigo de Çiguença yo Climente Sanches, arcediano de Valderas en la iglesia de Leon te inbio ssalud en aquel que por su preçioso sangre nos rredemio. Por quanto en el libro que yo compuse para tu enformaçion, que puse nonbre compendium censure, en fin del te escreui que proponią de copilar un libro de exenplos por a. b. c. despues rreduzirle en romançe, porque non solamente a ti mas ahun a los que no saben latin fueze solaz, por ende con ayuda de Dios comienço la obra que prometi : In nomine patris et filii et spiritus sancti amen. Exempla enim ponimus ectiam exemplis utimur in docendo et predicando ut facilius intelligatur quod dicitur. »

5. Les sources citées au cours du texte sont, pour l'antiquité profane : Platon (*Liber philosophorum ?*), Cicéron (*De natura deorum*), Ovide (*Métamorphoses*), Valère Maxime (27 *exempla*), Trogue Pompée, Sénèque (*De ira*), Pline, Solin, Végèce (*De re militari :* « las trufas

Parmi celles-ci, nous tenons à relever particulièrement le *De ludo scaccorum* de Jacques de Cessoles et l'*Antidotarius anime* du frère mineur Servasanctus [6] que nous trouvons pour la première fois largement exploité par un compilateur d'un recueil d'*exempla*.

Cependant, malgré l'absence complète d'originalité, le recueil *El libro de los exenplos*, grâce à la variété des récits représentés par la plupart des types, surtout par le type dévot, dont le compilateur s'est plu à l'illustrer, a dû jouir d'une certaine vogue parmi les prédicateurs populaires en Espagne, puisqu'il s'en trouve encore aujourd'hui deux copies manuscrites.

de los pleitos de Julio Cesar »), Macrobe (*Le songe de Scipion*), les *Gesta Alexandri Magni;* pour l'antiquité sacrée: Josèphe (*Antiq. Jud.*), saint Jérôme (*Contra Jovinianum*), Rufin (*Vitæ Patrum, 54 ex.*), saint Augustin (*Confessions, De civitate Dei*), Cassiodore, Fulgence, Orose, Boèce, Grégoire le Grand (*Dialogues, Vie, 40 ex.*); pour le Moyen Age: Isidore (*Etymol., De summo bono*), saint Jean Damascène (*Barlaam et Josaphat*), Bède (*In gestis Anglorum*), Raban Maur (*In libro de natura*), Pierre Alfonse (*De disciplina clericali*), Pierre de Cluny (*Lib. de miraculis*), Jean de Salisbury (*Polycraticus*), Pierre le Chantre, Herbert de Torrès (*De miraculis*), l'Histoire d'Antioche, les Vies de saints (saint Laumer, saint Bernard, saint François), les Miracles de Notre-Dame, les chroniques, Martin le Polonais (*Cronica*), Th. de Cantimpré (Josephus) (*De causis causarum*), Barthélemy l'Anglais (*De proprietatibus rerum*), J. de Voragine (*Historia lumbardica, Legenda aurea*), le *Liber de natura rerum*, le *Liber animalium*, le *Liber de spiritu et anima*, les fables, l'*Historia Romanorum*.

6. V. spécialement, pour le *De ludo scaccorum* entre autres, les récits « de Canassa et de clavibus in scrinio » (III, cap. 8), n° LV du « El libro, de mercatore Osberto Ganoro de Genna » (III, cap. 4), n° LXXXVIII, « de pena cujusdam latronis apud Parmam » (III, cap. 6), n° CLXXIII; et pour l'*Antidotarius* (édit. Louvain, 1485,), f. 74rb : « De quodam Florencie temporibus nostris ad mortem judicato et Ave Maria », n° 46 du « El libro »; f. 51rb : « Fuit enim in Romagnola magister quidam grammatice cremonensis nacione et Nicolaus nomine », n° 49; f. 75ra : « Fuit in Sardinia eciam homo qui confessus cuidam fratri », n° 47; f. 75rb : « In civitate Senensi vir quidam nobilis genere fuit », n° 55; f. 74va : « In comitatu bononiensi temporibus Frederici imperatoris quidam nobilis homo fuit », CCIX; f. 75v : « In Apulia vir quidam fuit Deo et b^e Virgini valde odiosus », CCLVIII, etc.; v. également *ut supra*, la *Summa de exemplis contra curiosos* du même auteur.

2. Le Promptuarium Exemplorum de Jean Herolt (+ 1468) [7].

Le *Promptuarium exemplorum* a pour auteur le dominicain Jean Herolt.

Sa date de composition peut être approximativement fixée aux environs de l'année 1440. D'une part, en effet, le traité le plus récent qui y est cité, est le *Gnotosolitus* d'Arnold de Geilhoven (+ 1442), composé pendant la troisième décade du XVe siècle (v. *infra*). D'autre part, les manuscrits les plus anciens (de Munich et de Bamberg), qui le renferment, sont de la fin de la première moitié de ce même siècle, ce qui donne entre ces deux termes extrêmes la date approximative ci-dessus indiquée [8].

Il se compose d'un prologue, du texte et d'un index alphabétique des titres des *exempla* et est généralement suivi d'un recueil des miracles de Notre-Dame, au nombre de cent quatre-vingt-huit, tous tirés du *Speculum historiale* (*Mariale magnum*) de Vincent de Beauvais, du *Dialogus* de Césaire de Heisterbach et du *Liber apum* de Thomas de Cantimpré.

C'est dans le prologue que le compilateur a exposé ses

7. V. Quétif et Echard, *op. cit.*, t. I, p. 762; Cruel, *op. cit.*, p. 480-486; Crane, *op. cit.*, Introd., p. lvi-lviii; Ward, *op. cit.*, t. II, p. 679-689; Herbert, *op. cit.*, t. III, p. 452-453; et, pour le texte, édit. Ulm 1480 (*B. V.*, Inv. Rés., D. 1782_{1-4}) et l'édit. Rouen-Caen 1518 (*B. N.*, Inv., D. 80268). Ce dernier débute aussitôt après le prologue par cet *incipit :* « Sequitur capitulum de A. *De abstinencia.* Legitur in vitas Patrum quod quidam frater qui abstinuit de cibo usque ad tertiam, usque ad sextam, usque ad nonam... », et se termine à la rubrique *Ypocrita* par cet *explicit :* « Item inclusa que ex quadam ypocrisi dixit se esse pessimam, sed de aliis hominibus noluit hoc audire. Ibid. sermo c. I. Explicit liber promptuarium exemplorum. » Il est immédiatement suivi du *Promptuarium discipuli de miraculis b. Virginis* (avec prologue et table des matières). Ces deux recueils sont généralement précédés, dans les éditions incunables et imprimées, des *Sermones discipuli de tempore et de sanctis* et d'un *Quadragesimale,* dont l'auteur dit, en manière d'*explicit :* « Finiunt sermones collecti ex diversis sanctorum dictis et ex pluribus libris, qui intitulantur sermones discipuli quod in istis sermonibus non subtilia per modum magistri, sed simplicia per modum discipuli conscripsi et collegi. »

8. V. aussi Cruel, *op. cit.*, p. 480; Crane, *op. cit.*, Introd., p. lxxvi.

idées sur le but et l'utilité de l'emploi de l'*exemplum* en répétant brièvement à leur sujet ce qu'un Etienne de Bourbon ou un Arnold de Liège avaient longuement exposé dans leurs prologues respectifs. A cela, il a ajouté la raison qui l'a déterminé à recourir au système à arrangement alphabétique, et qui consistait exclusivement à faciliter par là la tâche du prédicateur [9].

Le texte est disposé alphabétiquement. Il comprend (d'après l'édition d'Ulm), quatre-vingt-dix-neuf rubriques classées sous les dix-neuf lettres de l'alphabet (*A. Abstinentia — Y. Ypocrita*) et embrassant huit cent soixante-sept *exempla* [10].

Sous chaque lettre il y a un nombre variable de rubriques et sous chaque rubrique un nombre variable d'*exempla* numérotés [11].

Cependant, pour connaître le procédé qui sert au compi-

9. En voici le texte *in extenso*, f. 1 : « Utile et expediens est viros predicatores seu predicacionis officio deditos proximorum salutem per terram discurrentes querentes exemplo abundare. Nam exempla facilius intellectu capiuntur et firmius memorie imprimuntur et a multis libencius audiuntur. Legimus enim patrem Dominicum ordinis predicatorum fundatorem hoc fecisse, de eo siquidem scribitur quod ubicumque conversabatur, edificacionis effluebat sermonibus, abundabat exemplis quibus ad amorem Christi seculive contemptum audiencium animas, provocabat. Ideo intendo divina gracia assistente mihi in hoc volumine quod promptuarium exemplorum discipuli intitulatur multa exempla ex diversis libris colligere et illa exempla ponere secundum ordinem alphabeti ut quis facilius invenire poterit exemplum ad quamcumque materiam quam predicare intendit ad utilitatem populi et ad omnipotentis Dei laudem et honorem qui est benedictus in secula seculorum amen. »

10. Parmi les 867 *exempla*, 643 sont complètement développés et 224 sont avec le titre seul dans le texte, mais avec renvoi aux sermons. Voici la liste complète par lettre ; le chiffre entre parenthèse (+) indique le nombre des *exempla* pour lesquels le compilateur renvoie aux sermons, à savoir : A. 19 (+ 4), B. 8 (+ 5), C. 43 (+ 1), D. 12 (+ 1), E. 43 (+ 2), F. 18 (+ 6), G. 27 (+ 7), H. 9 (+ 3), J. 56 (+ 10), L. 47 (+ 7), M. 70 (+ 32), N. 4 (+ 1), O. 31 (+ 4), P. 138 (+ 76), R. 19 (+ 8), S. 21 (+ 24), T. 25 (+ 13), U. 48 (+ 20), Y. 5 (+ 1).

11. Ainsi, sous la lettre A. il y a 5 rubriques avec 23 *exempla*, dont 19 développés et 4 avec indication du titre seul et avec renvoi aux sermons sous cette forme : « Hoc quere in discipulo de tempore sermo LXXII, A. », n° et § du sermon, etc.; v. la référence précédente.

lateur d'introduction de l'*exemplum* dans le texte et l'application pratique qu'il en fait, il faut se reférer aux sermons qui précèdent le *Promptuarium* [12].

En général, il place l'*exemplum* dans les différentes parties du sermon et en fait varier le nombre de un à quatre. Il se sert pour l'introduire de formules usuelles, telles que *exemplum habemus de hoc, unde legitur, nota exemplum, exempla scribit Valerius,* etc., et lui donne le même développement qu'il avait dans la source où il l'a puisé. Parfois aussi il se permet d'y ajouter une moralisation et cela est surtout le cas pour l'*exemplum* tiré de l'histoire naturelle (v. *Sermo VII, R.*), mais ici aussi il ne fait que reproduire celle qui faisait suite à l'*exemplum* emprunté à des compilations antérieures.

Par ailleurs, c'est en vain qu'on chercherait dans tout le recueil un seul récit original. Jean Herolt n'y a nulle part fait appel à sa propre expérience. Tous les récits, il les a empruntés, comme il dit dans le prologue « *ex diversis libris* », une vingtaine environ dont le titre est souvent indiqué à la fin même de l'*exemplum* [13].

Néanmoins, en dépit de cette absence d'originalité, il y a une grande variété de récits dans le *Promptuarium*. A l'exception de l'*exemplum* personnel, tous les types y sont représentés, depuis le récit dévot qui y est pour la moitié

12. Ces sermons comprennent 164 *Sermones de tempore* avec 283 *exempla,* 47 *Sermones in quadragesima* avec 52 *exempla* et 48 *Sermones de sanctis* avec 52 *exempla.* — V. aussi, pour la méthode d'Herolt, Cruel, *op. cit.*, p. 482-4.

13. Ce sont : les *Vitæ Patrum* (*Vividarium*), Grégoire le Grand (*Dialogues, Vie*), Isidore (*In libro de creaturis ?*), Grégoire de Tours, Bède (*Gesta Anglorum, Historia ecclesiastica*), saint Jean Damascène (*Barlaam et Josaphat*), P. Alfonse (*Disciplina clericalis*), Geoffrei de Monmouth (*In historia Britonum*), Hugues de Saint-Victor, Pierre de Cluny, Conrad d'Eberbach (*Libellus de initio ordinis cisterciensis*), J. de Vitry, Césaire de Heisterbach (*In dialogo,* 34 fois cité), Vincent de Beauvais (*Speculum Historiale*), Et. de Bourbon (*Liber de donis*), Guillaume Peraud, Thomas de Cantimpré (Wilhelmus) (*sic*) (*In libro de apibus,* 17 fois cité), Humbert de Romans (*In dono timoris*), Petrus de amore ?, Arnold de Liège (*In narratorio,* 11 fois cité), Holcot (*In libro Sapiencie*), Arnold de Geilhoven (*Gnotosolitus sive Speculum consciencie*).

jusqu'au conte le plus profane [14]. Il est fort probable que cette variété des récits jointe à la commodité qu'offrait le dispositif du recueil pour la consultation rapide à tout prédicateur, ait contribué plus que le fond doctrinal à son succès prolongé, dont témoignent la survivance des copies manuscrites et les éditions incunables et imprimées qui se sont succédé jusqu'au XVIIIe siècle, ainsi que les emprunts que lui ont faits des compilateurs, tels que celui de *la Fleur des commandements de Dieu* (v. *infra*) et certains prédicateurs [15].

3 **Le Manipulus Exemplorum** [16].

Le *Manipulus exemplorum,* qui par son ampleur rappelle la compilation d'Etienne de Bourbon, est comme le *Promptuarium,* un recueil disposé alphabétiquement. Sa date de

14. C'est ce qui a fait porter à Quétif et Echard, *op. cit.,* t. I, p. 762, le jugement sévère suivant sur Herolt : « Saepe ad historiolas digreditur ineptas et insulsas ut risum seu stomachum potius excitent, quam moveant ad pietatem. »

15. Le *Promptuarium* se trouve dans les manuscrits suivants : Allemagne : Bamberg : Bibl. Royale, mss. 15 Q. II 12 ff. 153-305va (XVe s.), 17 Q. II 11 ff. 171-349 (1470) ; Berlin : Bibl. Royale, Fonds Gœrrès 123, Lat. Q. 705 ff. 1-197 (1465) ; Cues-sur-Moselle : Bibl. Hôpital, ms. 128 ff. 167-182, 183-264v (XVe s.) ; Giessen : *B. Univ.,* ms. 758 ff. 1-304 (XVe s.). Munich : Bibl. Royale, ms. 8132 ff. 1-220v (XVe s.). — Angleterre : Londres : *B. M.,* ms. Addit. 19909 ff. 163-238v (XVe s.) (v. Ward-Herbert) ; Cambridge : Univ. Library, ms. 1147 Ff. I. 14 ff. 185-207 (XVe s.). — Autriche : Melk : Stiftsbibl., ms. 207 ff. 1-85 (XVe s.) ; Vienne : Hofbibl., ms. lat. 1535 ff. 1-103va (XVe s.). — Belgique : Bruxelles : Bibl. Royale, ms. 2488 (5076-81) ff. 3-173, 173v-227 (XVe s.). — Suisse : Bâle : *B. Univ.,* ms. A. VI. 31 ff. 69-182vb (XVe s.) ; Einsiedln : Stiftsbibl., ms. 48 ff. 181-394, 408-445 (XVe s.). Il en subsiste également une dizaine d'éditions incunables et imprimées que voici : Ulm 1480, Nuremberg 1483, 1494, Strasbourg 1484, 1488, 1492, 1499, Cologne 1474, 1504, Rouen-Caen 1518, Venise 1604, Augsbourg 1728 sous le titre de *Discipulus redivivus* en 2 vol. par Bonaventure Elers *Ord. Prædicatorum.*

16. Ce recueil se trouve à la Bibliothèque de l'Université de Liège sous la cote 391 [54] et y occupe les ff. 124ra-321vb en partie en vélin, en partie en papier (milieu du XVe siècle). Il débute par un prologue : « Quoniam ut ait Gregorius lib. Io cap. primo, sunt nonnulli quos ad amorem patrie... », se poursuit par le texte : *Absolucio:* « In aurea legenda sub titulo de sancto Gregorio quidam abbas qui preerat monasterio beati Gregorii... », et se termine par cet *explicit: Xristus :* « Die dominica passionis videntes philosophi qui Athenis

composition, d'après l'écriture du manuscrit, dont il ne subsiste qu'une copie, est du milieu du XVe siècle. L'auteur qui a gardé l'anonymat, est sans doute un membre d'un ordre religieux adonné à la prédication, probablement de l'ordre de Sainte-Croix de Huy, en Belgique, d'après l'explicit inscrit à la fin du manuscrit : « Liber conventus fratrum S^e^ Crucis huyensis leodiensis dioceseos » [17].

Le prologue ne comprend qu'un bref exposé de l'efficacité de l'*exemplum* sur les *auditeurs*, à peu près dans les mêmes termes que celui de l'*Alphabetum Narracionum* ainsi que de l'utilité et de la commodité d'un recueil à dispositif alphabétique pour tous ceux qui se livrent à la prédication [18].

Le texte se compose de cinq cent soixante-seize rubriques classées sous les vingt lettres de l'alphabet (*Absolucio, Abstinencia — Xristophorus, Xristus*) et embrasse environ deux mille *exempla*.

Sous chaque lettre il y a un nombre variable de rubriques et sous chaque rubrique un nombre plus ou moins considérable d'*exempla* numérotés d'après les lettres de

erant, tenebras factas... hunc deum ignotum annunciabat eis Paulus. In hystoria scolastica parte octava capitulo 91°. Item ubi Augustinus b, Cruxifixus a, Dyabolus e, Helena a, Humilitas c, Jhesus ymago a, Liber a, Petrus apostolus b, Plato f », suivi de ce colophon : « Explicit manipulus exemplorum. Liber conventus fratrum sancte crucis huyensis leodiensis dyoceseos. »

17. L'ordre des Frères de Sainte-Croix a été fondé à Huy, en 1211, par le chanoine Théodore de Celles (+ 1236). V. Helyot, *Histoire des ordres monastiques, religieux et militaires* (Paris, 1714), t. II, p. 227-234; Heimbucher (M.), *Die Orden u. Kongregationen der Kath. Kirche* (Paderborn, 1896-7), t. I, p. 406-408.

18. En voici la teneur, f. 124ra : « Quoniam, ut ait Gregorius libro I° cap. primo, sunt nonnulli quos ad amorem patrie celestis plus exempla quam predicamenta succendunt facilius quippe capiuntur intellectu, memorie firmius imprimuntur et a multis libencius audiuntur, quapropter ut ab hiis quorum interest in predicacionibus et doctrinis alios ad virtutes inducere et a malo retrahere absque tediosa librorum multitudine ut magis pre manibus habeatur de libris infra nominatis in quibus quam plurime antiquorum vite referuntur et actus, notabiliora prout michi videbatur exempla residendo collegi et in unum redegi manipulum. Vocabula sub quibus exempla pretacta locavi ponens in marginibus secundum ordinem alphabeti videlicet de dyalogo Gregorii et de multis aliis libris sanctorum patrum et ecclesie sacrosancte. »

l'alphabet a, b, c, d, e, f, etc... Les rubriques se rapportent non seulement au dogme et à la morale, mais encore à des personnages ecclésiastiques et laïques, aux faits et aux objets les plus divers [19]. Il en est, par conséquent, de même des *exempla*. Ces derniers sont toujours précédés de l'indication de leur source et suivis à la fin d'un renvoi à d'autres rubriques sous lesquelles ils peuvent également trouver place. Aussi c'est en vain qu'on y chercherait l'originalité, bien que le compilateur ait pris soin d'ajouter parfois à la fin du récit: *Hoc ego autor audivi, narravi, hec compilator audivi.* Celui-ci s'est tout simplement contenté d'extraire ses *exempla* de recueils et traités antérieurs, comme il le dit dans le prologue « In libris infra nominatis, in quibus quam plurime antiquorum vite referuntur et actus, notabiliora prout mihi videbatur exempla residendo collegi » et de les encadrer sous des rubriques, dont il avait préalablement tracé le cadre sans rien modifier à la substance même des récits. Ces recueils d'*exempla* et traités n'offrent, du reste, rien de nouveau. Ils ont été tous signalés ou étudiés au cours du travail. Certains d'entre eux ont été exploités plus que d'autres, tels que les *Vitæ Patrum*, les dialogues de Grégoire, le *Polycraticus* de Jean de Salisbury, le *De dono timoris* de Humbert de Romans, les divers traités de Jean de Galles et l'*Alphabetum Narracionum* d'Arnold de Liège, dont notre compilateur, par une singulière méprise attribue la paternité à Césaire de Heisterbach, probablement parce que le nom de cet auteur y est signalé comme la source de nombreux *exempla* [20].

19. Ainsi, pour ne prendre que la lettre L, on y rencontre les rubriques suivantes : « Labor, Laurencius, Laus, Laus Dei, Lectio, Leo, Leonardus, Lepra, Leticia, Lex, Liber, Liberalitas, Libertas, Lingua, Linus, Lis, Longinus, Longobardi, Loqui, Lucrecia, Lucrum, Ludus, Lupus, Luxuria. »

20. Voici, pour mémoire, les sources indiquées au cours du texte. Ce sont, pour l'antiquité profane : Esope, Cicéron (Tullius) (*De amicicia, De senectute,* les *Tusculanes*), Quinte Curce, Valère Maxime, Sénèque le rhéteur (*Lib. declamacionum*), Sénèque le tragique (*Tragedia, De beneficiis, In naturalibus questionibus, Epistola ad Lucillium*), Suétone, Solinus (*De mirabilibus mundi*), Pline (*In naturali historia*), Végèce (*De re militari*), Aulu-Gèle, Theodoricus (*In gesta Alexandri*), Palladius (*In historia Bragmanorum*), *In gestis philosophi*

A en juger par la variété des sources citées et exploitées au cours du texte, il est permis de conclure à la variété des *exempla* du *Manipulus exemplorum*, représentés par presque tous les types et plus spécialement par l'*exemplum* dévot et l'*exemplum* historique. Ce recueil cependant n'a eu qu'un succès relatif puisqu'il ne subsiste plus que dans une seule copie manuscrite et ce succès a dû se limiter à la Belgique, où les Frères-Croisiers avaient alors leur principal champ d'apostolat.

4. L'Alfabetica Narracio du Ms. 138 (225) de la Bibl. Royale Paulinienne de Munster en Westphalie [21].

L'*Alfabetica Narracio* est un recueil à dispositif alphabétique, compilé d'après l'écriture même du manuscrit vers le milieu du XVe siècle par quelque auteur anonyme à l'usage des prédicateurs populaires.

Secundi, Priodicéarque (*In libro antiquitatum*), Théophraste (*In libro de nupciis ?*); pour l'antiquité sacrée : la Bible, Josèphe (*Historia*), saint Jérôme (*Contra Jovinianum, In vita S. Hilarionis, Epistola ad Athletam*), saint Athanase (*In vita S. Antonii*), Eusèbe (*In ecclesiastica historia*), Rufin (*Vitæ Patrum*), Heraclides (*In libro paradisus*). Cassien (*Collationes, De constitutione monachorum*), saint Augustin (*De civitate Dei, Lettres*), Sulpice Sévère (*In dialogo*), Gennadius (*In libro de viris illustribus*), Boèce (*De consolacione*), Sozomène, Orose, Cassiodore (*Historia tripartita*), Grégoire le Grand (*Dialogues, Homélies*); pour le Moyen Age : Isidore (*De etymologiis*), P. Damien, Sigebert de Gembloux, Hugues de Fleury, Calixte II (*In libro de miraculis s[i] Jacobi*), P. Alfonse, Guillaume d'Auxerre (*In Summa*), Hugues de Saint-Victor, saint Bernard (*In libro de libero arbitrio*), P. le Mangeur (*In historia scolastica*), Pierre de Cluny (*In libro miraculorum*), Pierre de Blois (*Lettres*), *In gestis ordinis cluniacensis, In gestis Francorum*, vies de saints (s[i] Bernardi, s[i] Petri Claravallensis, s[i] Edmundi), Jean Beleth, Innocent III (*De vilitate conditionis humane*), Alexandre Nequam (*De natura rerum*), Hélinand (*In chronicis*), J. de Vitry, Guillaume Peraud (*In summa de viciis et virtutibus*), Th. de Cantimpré (*In libro de apibus*), Martin le Polonais (*In chronica, In libro Pontificum*), Jean de Galles (*Communiloquium, Liber de IV virtutibus, Compendium de vita et dictis philosophorum*), Jacques (Guillaume) de Lausanne (*In sermone*), Humbert de Romans (*Humbertus in libro de dono timoris*, f. 131v, 146, 150v, 151, 165, etc.), J. de Voragine (*Legenda aurea*), Arnold de Liège (Cesarius) (*Alphabetum Narracionum*), Jean de Salisbury (*Polycraticus*).

21. Tous les renseignements relatifs à ce recueil nous ont été obligeamment communiqués par M. Florenz Landmann, auteur d'une

Il se compose d'un prologue et du texte.

Le prologue traite brièvement en des termes à peu près identiques à ceux des prologues d'Etienne de Bourbon et d'Arnold de Liège du but et de la raison d'être de l'*exemplum* dans la prédication en même temps qu'il fournit quelques éclaircissements sur le dispositif alphabétique. Le texte comprend exclusivement des *exempla* au nombre de quatre cent soixante-dix-sept, placés non pas comme dans les recueils précédents sous des rubriques alphabétiques, mais directement en nombre variable sous dix-neuf lettres de l'alphabet [22].

Les *exempla* en général du type dévot, au sens large du terme, se suivent au gré du hasard. Et s'ils sont indépendants les uns par rapport aux autres, ils se rapportent néanmoins tous aux obligations morales et religieuses du chrétien. Ils ne présentent aucune originalité. Le compilateur s'est tout simplement contenté, en indiquant dans de nombreux cas la source, de les extraire littéralement des recueils antérieurs, tels que les *Vitæ Patrum*, les dialogues de Grégoire le Grand, le *Dialogus* de Césaire de Heisterbach, les miracles de Notre-Dame, les compilations de Jacques de Vitry et d'Etienne de Bourbon. Aussi, si l'*Alfabetica Narracio* a eu quelque succès, celui-ci a dû être restreint et limité à la Westphalie, où il subsiste dans une seule copie manuscrite.

histoire de la prédication en Westphalie : *Das Predigtwesen in Westphalen in der letzten Zeit des Mittelalters* (Münster i. W., 1900). L'*Alfabetica Narracio* occupe, dans le ms., les ff. 26v-80v. Il débute par un petit prologue : « Utile igitur et expediens nimis est viros predicacionis officio deditos proximorum salutem per terram discurrendo... », et se termine par cet *explicit :* « O regina poli scriptorem languere noli. » Il est suivi d'une table des matières (f. 81rv) et d'une autre petite compilation, ff. 82r-94v : *Narraciuncule varie de rebus diversis,* qui commence par le récit suivant : « De magistro toletano nomine Melchita vasallo demonum. Audivi a quodam Gobellino lectore in theologia quod cum apud Toletum Hyspanie esset quidam magnus nigromanticus... », et se termine par des *exempla* exclusivement tirés du *Dialogus* de Césaire de Heisterbach.

22. Les *exempla* se répartissent de la façon suivante, à savoir : A (79), B (13), C (70), D (32), E (31), F (9), G (8), H (16), J (40), K (3), L (16), M (57), N (10), O (16), P (38), Q (2), R (8), S (24), T (5). Il y a en plus un certain nombre d'*exempla* écrits en marge, d'une main postérieure à celle du compilateur.

Ainsi donc, d'après l'étude des recueils d'*exempla,* soit à ordre logique soit à ordre alphabétique, qui ont vu le jour pendant le siècle qui précède la Réforme, l'*exemplum* en tant que représentant le genre narratif religieux, est en plein déclin. Malgré la variété des types, par lesquels il est encore représenté dans les mêmes cadres que ceux du passé, il n'est la plupart du temps que la copie de celui des recueils antérieurs, sauf dans ceux des Mineurs où, exceptionnellement, l'expérience personnelle du compilateur semble parfois lui donner un certain renouveau. Faute de sources nouvelles, où il aurait eu de quoi s'alimenter, il est en train de s'épuiser. Néanmoins, il cherche à se maintenir dans les sermonnaires et les traités d'instruction et de morale, où prédicateurs et moralistes s'efforcent de lui insuffler une vie nouvelle comme nous le verrons dans la section suivante.

SECTION II

L'Exemplum dans la littérature parénétique, didactique et morale du XVe siècle.

En examinant le rôle joué par l'*exemplum* dans les productions de la littérature religieuse et didactique du XVe siècle, on semble assister à un curieux renouveau. Dans tout l'Occident chrétien on voit, en effet, surgir une abondante floraison de sermonnaires, de traités de morale et d'instruction, comme si le Moyen Age finissant voulait encore jeter un dernier éclat sur son œuvre en donnant le jour à un nombre considérable de prédicateurs et de moralistes de marque. Il ne faut cependant pas s'y méprendre. Ces derniers ne sont presque toujours que les imitateurs et les plagiaires de leurs aînés du XIIIe et du XIVe siècle, car, à vrai dire, ils n'ajoutent pas grand chose à ce que nous savons par ceux du passé; ils procèdent d'après les mêmes méthodes de composition, utilisent les mêmes sources et se proposent le même but. Et pour ce qui est de l'*exemplum,* dont ils font grand usage, ils lui attribuent le même rôle que celui qu'il avait dans le passé, auquel ils l'empruntent du reste presque toujours. C'est tout au plus si quelques-uns y ajoutent parfois l'*exemplum* provenant de leur expérience personnelle. Aussi, comme précédemment pour l'objet de notre étude, nous n'avons choisi tant parmi les sermonnaires que parmi les traités d'instruction de dévotion et de morale, que ceux qui pouvaient nous offrir quelque intérêt et nous permettre de faire ressortir le déclin irrémédiable de l'*exemplum.*

CHAPITRE PREMIER.

L'Exemplum dans les sermonnaires du XVe siècle.

Au XVe siècle, la prédication semble avoir pris un nouvel essor dans les différents pays de l'Occident chrétien, notamment en France, en Angleterre, en Italie et en Allemagne. Considérable est, en effet, l'activité que déploient alors les orateurs de la chaire, principalement ceux des ordres mendiants, dans leur mission apostolique auprès des foules, si l'on en juge par le nombre des sermonnaires qui, sous forme de manuscrits ou d'incunables, nous sont parvenus.

Ces sermonnaires qui se succèdent au cours du siècle, ne diffèrent pas sensiblement pour le fond et la forme de ceux de la période précédente. Ils sont développés selon la même méthode que leurs aînés. L'*exemplum,* avec ses différents types, y tient encore une large place, mais il n'est la plupart du temps pour ainsi dire que la copie de celui du passé, comme nous le montrera l'étude des plus importants d'entre eux.

A commencer par les sermonnaires de France, on constate que les orateurs y suivent dans le développement des idées oratoires la méthode traditionnelle en les nuançant de certains types d'*exempla,* de moralisations et d'allégories, selon la qualité même des auditoires auxquels ils s'adressaient.

Ainsi Gerson (+ 1429) [1], dans les soixante-quatre sermons français adressés vers la fin du XIVe et au début du XVe siècle à des auditoires de composition diverse, s'en

1. V. Bourret (E.), *Essai historique et critique sur les sermons français de Gerson* (Paris, 1858); v. spécialement chap. II, p. 47-67, pour les mss. des sermons français, qui comprennent des sermons dominicaux, de la passion, des panégyriques de saints et des sermons sur les sept péchés capitaux. Consulté *B. N.*, mss. fr. 936 ff. 1-168v (XVe s.), 970 ff. 174-195 (XVe s.), 974 ff. 1-194rb (XVe s.), 977 ff. 1-76r (XVe s.), 1920 ff. 1-133v (XVe s.).

tient à la mode du temps, qui était alors celle de l'allégorie et fait une certaine part à l'*exemplum.*

Outre, en effet, qu'il y pousse l'allégorie parfois jusqu'à l'excès, il fait non seulement entrer dans ses développements le récit pieux sous une forme ou sous une autre, mais il recourt encore surtout aux *exempla* et traits tirés de la mythologie et de l'histoire grecque et romaine avec un luxe de citations des poètes, des philosophes et des jurisconsultes, qui reflètent bien les enseignements d'école et les tendances de son temps [2].

Par contre, vers le même temps, le dominicain Vincent Ferrier (+ 1419) [3] dont la carrière de prédicateur s'est en grande partie passée en France, délaissant pour ainsi dire complètement l'*exemplum* profane tiré des auteurs anciens, met surtout à contribution, dans ses sermons adressés aux masses populaires, l'histoire, l'hagiographie, les sciences naturelles, les fables, les coutumes locales et même les faits d'actualité. Il utilise, en effet, dans ses *Sermones de tempore et de sanctis,* différents types d'*exempla* comme les récits bibliques et dévots, l'*exemplum* historique, *l'exemplum* moralité, la fable et même l'*exemplum* personnel [4]. Il leur

2. V. édit. cit., p. 128-9, où Bourret dit à leur sujet : « Les preuves extrinsèques sont tirées de l'Ecriture, des maximes des Pères, des exemples des saints et des écrits des auteurs profanes... [Gerson] connaît à fond la Bible, la légende, la fable et les livres des anciens. Souvent il en fait un heureux usage, mais souvent aussi, il faut le dire, son érudition manque de goût et de critique. Ses exemples ne sont pas toujours bien choisis; il mêle avec trop de facilité les faits certains aux récits controuvés, la légende à l'histoire, les passages des écrivains sacrés avec des citations des poètes, des philosophes et des jurisconsultes... Nonobstant une certaine réserve, Jupiter, Minerve et Mercure marchent trop fréquemment encore à côté de Moïse, du Christ et de sa mère. Aristote, Cicéron, Stace, Juvenal viennent mal à propos prêter leurs lumières à saint Augustin et aux autres Pères; le Digeste est appelé trop souvent à corroborer les décisions des conciles... »

3. V., sur la vie de ce célèbre prédicateur, né en 1355, à Valence, en Espagne, et mort à Vannes en 1419, l'introduction de Fages dans son édition des œuvres de saint Vincent Ferrier (Paris, 1909, 2 vol.) ; *ibid.*, sa méthode oratoire et l'énumération sommaire des mss. incunables et imprimés, t. I, p. 1-33; pour le texte, v. *Sermones de tempore* (*hyemales et estivales,* édit. Lyon 1539 (*B. V.*, Inv., D. 15453-15454), *Sermones de sanctis*, édit. Strasbourg 1494 ou l'édition Fages.

4. V. spécialement *Sermones de tempore.*

donne généralement une forme écourtée et les place par manière de preuve ou d'illustration dans les différentes parties du sermon et exceptionnellement dans une seule partie, les uns à la suite des autres. A certains *exempla* aussi il se complaît à ajouter une moralisation plus ou moins développée [5].

Dans la seconde moitié du XVe siècle, le mineur Olivier Maillard (+ 1507) [6] dans ses *Sermones dominicales,* aime également à compléter ses développements oratoires par « un *exemple,* une parabole ou une simple similitude, dans laquelle il se propose de toucher ou simplement d'instruire l'auditeur ». Ces *exempla* proviennent en général de recueils tels que ceux de Jacques de Vitry et d'Etienne de Bourbon, par l'intermédiaire de sermonnaires et de traités divers qu'il a directement consultés et exploités. Ils sont représentés par la plupart des types depuis le récit dévot jusqu'au conte profane et plaisant et dont M. Samouillan, le

5. V., comme spécimens d'*exempla,* un extrait de 40 récits faits par Fages, des sermons en catalan de l'auteur, t. I, p. 35-77. Voici, à titre d'illustration du procédé de l'auteur pour développer l'*exemplum,* trois récits tirés de ses *Sermones de tempore : Serm. hyemales feria secunda post dominicam Reminiscere sermo I,* f. 145ra : Après avoir parlé de deux imposteurs que les Juifs avaient successivement regardés comme le Messie, Vincent Ferrier cite, à ce sujet, les deux *exempla* suivants : « In terram, ubi Judei habitabant, venit quidam dicens se esse Messiam et pro signo dixit quod ipse divideret mare per medium et hoc posset facere diabolus si Deus non resisteret et divisit mare et quando tenuit illos omnes submersi [sunt]. Item in castello quidam nigromanticus dixit se Messiam esse, et dixit eis quod omnes venirent ad talem montem et in nube portaret eos omnes ad terram promissionis et ad finem destruxit eos... » *Dominica IIIa quadrag. serm. II,* f. 162va : Sur le danger qu'il y a à être baptisé par une femme : « Nota exemplum de quodam magistro in theologia qui, cum predicasset et descendisset de cathedra, venit quedam mulier ad eum et accepit manus illius et osculando dicebat : Benedicta dies in qua baptizavi vos in nomine sancte Trinitatis et beate Marie et omnium angelorum. O ! dixit ille magister, ego non sum baptizatus et fecit se baptizari. » V., *ibid., sub fine,* à la table alphabétique des matières, le mot : *Exemplum.*

6. V. A. Samouillan, *Olivier Maillard, sa prédication et son temps* (Paris, 1891), et en ce qui concerne spécialement l'*exemplum,* pp. 70, 126-127; pour le texte, v. *Divini eloquii preconis celeberrimi fratris Oliverii Maillardi ordinis minorum professoris sermones dominicales una cum aliquibus sermonibus valde utilibus* (édit. Paris, 1515) (*B. N.,* Inv. Rés., D. 80036).

biographe d'Olivier Maillard dit : « Il y en a d'amusants et de piquants destinés à dérider l'auditoire, il y en a de touchants, il y en a enfin d'effrayants et de terribles concernant la mort, le jugement, l'enfer et le diable. » Ils occupent, dans les sermons, une place égale à celle des arguments d'autorité et de raison et sont parfois suivis de moralisations provenant de la même source que les récits eux-mêmes.

Son confrère, Michel Menot (+ 1518), dans ses *Sermones quadragesimales* [7], suit le même procédé et illustre ses développements de nombreux *exempla* empruntés également à l'antiquité profane et au Moyen Age. Parmi les différents types qu'il utilise, il y a lieu de mettre en avant l'*exemplum* moralité et l'*exemplum* personnel qu'il adapte sous une forme écourtée à son argumentation pour fulminer contre les vices et défauts de son temps [8].

7. V. *Fratris Michaelis Menoti zelatissimi predicatoris ac sacre theologie professoris ordinis minorum sermones quadragesimales una cum nonnullis aliis tractatibus hic colentis* (édit. Paris, 1517) (*B. N.*, Inv. Rés., D. 44153) ; Joseph Nève, *Sermons choisis de Michel Menot* (1508-1518) (nouvelle édit., Paris, 1924). V. aussi l'art. de M. Et. Gilson, dans *Revue d'histoire franciscaine,* t. II (1925), p. 301-360 : « Michel Menot et la technique du sermon médiéval ».

8. En voici quelques échantillons : *Feria VIa post eineres,* f. 13 : « Sed nunc domini justitiarii sunt ut cattus, qui ponitur ad custodiendum caseum ne illum rodant mures. Sed si cattus apponat semel dentes, plus nocebit unico morsu quam mures in XX. Sic domini officiarii regis positi sunt ad tuendum populum communem pauperem et tamen plus nocent uni pauperi homines super conductione unius processus sex alborum quam omnes tallie, omnes impositiones et gabelli et armigeri qui possunt ei venire in uno anno... » *Feria IIa 3ia dominic. in XL°*, f. 65v : « Dic hystoriam de episcopo illo cui petenti tertium episcopatum cum jam V abbacias haberet, Lodowicus XII respondit tot dabo tibi quod diabolus portabit omnia. Qui episcopus non diu gavisus est eis quia parum postea obiit... » *Feria VIa Sabbati post cineres* (opus aureum 2e carême), f. 7 : « Dic hystoriam illius capellani qui tam bene tractabat archiepiscopum Rigaldum minoritarum; curatus autem III habens beneficia peribat fame et [cum] quereret archiepiscopus utrum haberet beneficia et quot respondit quod habebat tria. Et quomodo dicit archiepiscopus tu fame peris et habes tanta bona. Respondit curatus : « Certe verum est, sed unum beneficium comedit alterum. »

On peut ajouter à ces prédicateurs trois autres également connus, à savoir : Nicolas Denyse, Jean Raulin et Guillaume Pepin, qui ont aussi suivi la méthode traditionnelle dans l'application de l'*exem-*

En passant en Angleterre, on voit que là aussi l'emploi de l'*exemplum* reste en vigueur dans le sermon comme par le passé. Sans vouloir revenir sur Mirk, dont le *Festial,* avec ses curieux *exempla* aux développements parfois excessifs, a eu surtout une vogue considérable au XVe siècle [9], qu'il nous suffise de mentionner, à ce sujet, les sermonnaires de Jean Felton, curé de l'église Sainte-Madeleine à Oxford et du mineur Nicolas Philippe.

Le premier, dans ses *Sermones dominicales* [10], écrits

plum. — Nicolas Denyse (+ 1509), dans sa *Gemma Prædicantium* (v. édit. Paris ?) (*B. N.*, Inv. Rés., D. 80150) ou (édit. Caen ?) (*B. N.*, Inv. Rés., D. 80267), sorte de manuel de secours à l'usage des prédicateurs, traite tous les sujets de théologie dogmatique, morale et canonique (*edificatorium, spirituale, destructorium, reparatorium*) et étaie ses esquisses d'*exempla* tirés de la Bible, d'Eusèbe (*Hist. eccles.*), des *Vitæ Patrum,* des dialogues de Grégoire, de saint Bernard, de Césaire de Heisterbach, de Guillaume Peraud, du *Liber de natura animalium,* etc. — Jean Raulin (+ 1514), dans son *Itinerarium paradisi... complectens* [40] *sermones de penitentia* [12] *de matrimonio ac* [4] *de viduitate* (v. édit. Paris, 1524) (*B. N.*, Inv. Rés., D. 5204), recourt à toutes sortes de sources pour les différents types d'*exempla* qu'il utilise tour à tour (v., p. ex., entre autres, *Sermo XIV B. :* la fable des animaux malades de la peste). — Guillaume Pepin (+ 1533), dans son *Rosarium aureum mysticum,* comprenant 55 *Ser. dominicales* et 7 *Ser. de ba Virgine* (v. édit. Paris, 1513) (*B. N.*, Inv. Rés., D. 15439), accorde à la fois une large place au récit dévot (Bible, *Vitæ Patrum, Vitæ Sanctorum*) et à l'*exemplum* profane (Valère Maxime) sans pourtant exclure complètement d'autres types d'*exempla.*

9. V. *ut supra.*

10. Ces sermons sont généralement précédés, dans les mss., d'un petit prologue, dont voici le texte : « Penuria studencium in materia morali paupertasque juvenum, qui copia privantur librorum ac importuna sociorum meorum instancia, non temeritatis audacia, induxerunt me ut de singulis evangeliis dominicalibus que per anni circulum leguntur aliquam facerem compilacionem sermonum. Hinc est quod de micis, quas collegi, que cadebant de mensa dominorum meorum scil. Januensis, Parisiensis, Lugdunensis, Odonis et ceterorum quorum nomina scribuntur in margine libri, unum opusculum compilavi ad laudem Dei et gloriose Virginis Marie et sancte Marie Magdalene omniumque sanctorum et ad legencium utilitatem et mihi ad juvamentum amen. » Le prologue est aussitôt suivi du texte qui débute par cet *incipit :* « Dicite filie Syon... » et qui se termine par cet *explicit :* « Ad illa gaudia eterna perducat nos Jesus Christus amen » et dans certains mss. (v. Oxford, Bodl. ms. Laud. misc. 732 f. 173vb; University Lib., ms. LXX f. 138) de ce colophon : « Expliciunt sermones dominicales compilati per dominum Johannem Felton vicarium beate M. Magdalene in Oxonia. » Outre ces deux mss., il y

en 1431, à l'usage du clergé pauvre, comme il est dit dans le prologue, s'est contenté de copier les sermonnaires du passé comme ceux d'Eudes de Chériton, de Guillaume Péraud, de Guillaume d'Auvergne, de Jacques de Voragine et d'autres encore et pour ce qui est des *exempla,* de les extraire sous une forme abrégée des sources communes et de recueils tels que le *Speculum Laicorum* et l'*Alphabetum Narracionum* [11].

Le second, dans les sermons prêchés entre 1431 et 1436, dans différentes localités d'Angleterre [12], suit en tout point

a encore les suivants : Londres : *B. M.,* mss. addit. 20727, 22572, mss. Harley 238, 868 ; Cambridge : Corpus Christi Coll. Lib., ms. CCCLXX;Oxford : Oriel Coll. Lib., ms. x; Nov. Coll. Lib., ms. 305; Magd. Coll. Lib., ms. 11; S. J. B. Coll. Lib., ms. 43; Wadh., ms. 12; Worcester : Cathedral Lib., ms. Q. 45. — Sur l'auteur, v. *Dict. of Nat. Biog.,* t. XVIII, p. 305-306.

11. Quatre vingt-deux titres d'*exempla* sont indiqués au mot : *Narracio* à la table alphabétique des matières qui se trouve à la fin de certains mss.; v., p. ex., *B. M.,* ms. addit. 22572 f. 300; quant à ceux extraits du *Speculum Laicorum,* v. notre édition, n°s 18, 36, 124, 136, 142, 154, 195, 257, 269a, 314.I, 388, 393, 474, 579, dont spécialement n° 136 : *Sermo 20. 4 :* « Item de muliere londini cui Xristus monstravit cor suum et fecit eam illud tangere, cujus manus cum vigilaverit erat plena sanguine »; pour l'*Alphabetum Narracionum,* v. *Sermo 20. B. :* « Narratur in quodam alphabeto narracionum quod juxta civitatem nepocianum... »

12. V. Oxford. Bodl. Summary Catalogue, ms. 29746 ff. 1-182 (1431-1436). Le nom de l'auteur, celui de son couvent et de sa custodie, sont clairement indiqués, f. 90r : « Liber fratris Nicholai Philip de custodia Cantebrigie et conventus Lennie. » Il est suivi de quelques lignes mnémoniques donnant la liste des custodies d'Angleterre, à savoir :

« Cordo pro definitionibus provincialis capituli.
Cas Wy Bristolli Oxon Lon Can Eboraci
Ordo cursorum londoniarum notate
Oxon Wy London Can Bris. Lond Ebor, Novi London
Circulus custodiarum pro capitulo provinciali
Bristoll, Canta Wygor Oxonia London Eborac. »

A ajouter qu'on trouve également le nom de l'auteur écrit sur d'autres feuillets, sans l'indication de son couvent et de sa custodie, notamment aux ff. 38v, 43v, 44r, 118v, 135v, 164v, 175; mais, par contre, parfois avec celle de la date et du lieu où il a prêché.

Le texte comprend une soixantaine de sermons se rapportant aux dimanches et fêtes (v. table des *Themata,* f. 178rv) et à des sujets particuliers, tels que f. 83v : « In synodo »; ff. 99v, 101v, 103 : « In visitacione fratrum »; f. 151v : « De professione novicii »; f. 161 :

la méthode traditionnelle des fils de saint François. Prédicateur ambulant dans les régions qui s'étendent d'Oxford à Newcastle et, par conséquent, ayant affaire souvent au menu peuple comme semblent l'indiquer les violentes diatribes qu'il lance dans plusieurs de ses sermons, contre la tyrannie des puissants du jour, il recourt volontiers à l'*exemplum* moralité, aux comparaisons tirées de l'histoire naturelle [13], à la fable [14], sans pourtant négliger d'autres types comme l'*exemplum* biblique et dévot, l'*exemplum* historique, le conte, dont il nous fournit de curieux échantillons [15] empruntés à des écrits antérieurs [16].

En Italie, les prédicateurs, qui appartiennent généralement aux ordres mendiants, ne procèdent pas autrement dans l'emploi de l'*exemplum*, encore que chez eux un certain renouveau semble se manifester. Nous ne citerons parmi eux que les plus marquants : Bernardin de Sienne, Gabriel Barletta, Jérôme Savonarole [17].

Bernardin de Sienne (+ 1444), franciscain, dans son

« De conversione peccatorum », etc. Il semble bien, d'après les tables des *Themata Dominicalia et Sanctorum* des ff. 43v-44r, 44v-45v), qu'il a dû embrasser encore bien d'autres sermons, qui ne se trouvent plus dans le manuscrit qui par endroits est défectueux.

Un certain nombre de sermons datés et localisés nous permettent de déterminer l'espace de temps pendant lequel ils ont été composés et les régions ou villes, où notre mineur a exercé son activité apostolique. La première date est celle de 1431 (f. 164v) et la dernière celle de 1436 (ff. 90, 113, 142). Quant aux localités, où ces sermons ont été prêchés, ce sont: Lynn (f. 5 : apud monasterium super Lynne, f. 43 : quaternus fratris Nich. Philippi 1432 scriptus Leinne) ; Oxford (f. 30v : sermo quem predicavit Oxonie, f. 51 : Oxonie 1432, f. 57 : Oxonie 1432, Newcastle f. 38v : quod Phelippus Nowicastri 1433, f. 78 : Philippus 1435, Nowicastri f. 122 : apud Novicastrum 1432, f. 126 : apud Novicastrum 1433) ; Lichfield (f. 90 : scripsit Lichefield 1436) ; f. 113 : sermo bonus apud Lichefeld 1436; f. 153 : Lichefeldie 1436.

13. V. f. 75 : « Philosophus in libro de animalibus » ; f. 153v : « Alex. Nequam de naturis rerum. »

14. V. f. 128 : « Nota de vulpe et gallo. »

15. V. ff. 132v, 135, 177.

16. P. ex. : la Bible, les *Vitæ Patrum*, Isidore, les vies de saints, Alexandre Nequam, Thomas Walleys, Nicolas de Lyre.

17. V., pour l'histoire de la prédication en Italie, Luigi Marenco, l'*Oratoria sacra italiana nel medio evo* (Savone, 1900) ; pour l'*exemplum*, *ibid.*, p. 115 et sq.

Quadragesimale [18], recourt non seulement aux *exempla* moraux empruntés aux sources communes, mais encore aux contes proprement dits tirés des grands conteurs italiens Boccace et Le Pogge et des traditions populaires ainsi qu'à l'*exemplum* personnel. Il est vrai que, dans certains sermons, du moins dans ceux qui sont imprimés, il semble se contenter de l'exposé dogmatique et moral de la doctrine chrétienne avec des divisions et des subdivisions un peu exagérées, tandis que dans d'autres il utilise jusqu'à quatre *exempla,* qui se suivent parfois directement les uns les autres [19]. Il sait imprimer à tous ses récits empruntés au passé son cachet personnel dans la façon de les exposer et de les adapter au but qu'il leur assignait. Et d'où aussi le succès immense qu'il a obtenu dans ses tournées de prédication.

Gabriel Barletta (+ 1470), frère prêcheur, dans ses *Sermones quadragesimales et de Sanctis* [20], fait également une certaine part au conte tiré des écrits des conteurs italiens contemporains et antérieurs, mais il semble surtout donner ses préférences à l'*exemplum* profane classique, à l'*exemplum* historique, au récit dévot, sans négliger celui qu'il emprunte à l'observation personnelle [21]. Il place l'*exemplum* dans les différentes parties du sermon et le multiplie parfois à l'excès en en faisant varier le nombre de trois à

18. V. *Le prediche vulgari di san Bernardino da Siena,* édit. Luciano Bauché (Sienne, 1880, 3 vol.) ; v. traduction avec le titre d'*Enseignements et apologues,* par M. Benedict (Fr.) (Paris, 1923) ; *Novelette, esempi morali et apologhi de san Bernardino de Siena,* publicato da Francesco Zambrini (Bologne, 1868) (*B. N.,* Inv. Rés. 3623 (97) (38 historiettes en italien, extraites de ses *Sermones vulgares*) ; pour le *Quadragesimale,* prêché en 1427 (trad. latine), v. édit. s. l. ni d. (*B. N.,* Inv. Rés., D. 1232).

19. V. spécialement *Serm. XLII, dominica in passione infra diem : de alearum ludo.*

20. A savoir : 52 *Sermones dominicales,* 28 *De sanctis,* 3 *Extravagantes,* 4 *De adventu* (v. édit. Brescia, 1497) (*B. N.,* Inv. Rés., D. 6448).

21. Les sources les plus souvent citées sont, en effet, Valère Maxime, Tite Live, Eusèbe, les *Vitæ Patrum,* les dialogues de Grégoire le Grand, Bède, l'*Historia scolastica* de Pierre le Mangeur, la Légende dorée, Gilles de Rome (*In libro de regimine principum*), la chronique de l'ordre, Pétrarque (*De remediis utriusque fortune*), etc.

huit par sermon, ce qui ne devait pas déplaire aux foules de toute condition auxquelles il s'adressait [22].

Par contre, Jérôme Savonarole (+ 1498), également frère prêcheur, dans les sermons prêchés à Florence à la suite du carême de 1496 [23], fait surtout usage, comme plus conformes à son tempérament de moraliste austère, de l'*exemplum* prosopopée et de l'*exemplum* prophétique, nouveau type procédant directement des livres de l'ancien testament et de l'apocalypse, pour pénétrer ses auditoires des grandes vérités chrétiennes et les ramener à une vie morale meilleure.

En Allemagne, les prédicateurs, dont il y a alors une abondante floraison, ont peut-être une tendance encore plus prononcée que leurs prédécesseurs du XIVe siècle à illustrer leurs sermons de récits variés. Parmi eux, trois ont plus particulièrement attiré notre attention à ce sujet, à savoir : Meffreth, Jean Gritsch et Gottschalk Hollen [24].

Meffreth (+ 1447) fait une très large part à l'*exemplum* dans son *Hortulus Reginæ,* dont la *Pars de Sanctis* a été achevée en 1443 et la *Pars hiemalis* et la *Pars estivalis* en 1447 [25]. Profondément convaincu de l'efficacité de son

22. V. édti. cit., *Sermo. Hebdomate IVa feria IVa : de pena purgatorii* entre autres.

23. V. *Prediche fatte in Firenze l'anno 1496 nelle feste dopo la quaresima* (édit. Giuseppe Baccini, Firenze, 1889) ; *Scelta di prediche e scritti,* édit. P. Villari et E. Casanova (Firenze, 1898) ; MARENCO (L.), *op. cit.*, p. 160.

24. V., sur la prédication en Allemagne au XVe siècle, CRUEL, *op. cit.*, p. 451-594. Cet auteur cite, à côté de ceux là, encore d'autres prédicateurs connus et anonymes qui ont fait usage de l'*exemplum,* comme Pierre de Breslau (+ 1445) (p. 522-523), Bechtold Filinger (p. 525), Hugues d'Ebenheim (p. 528), Henri Krämer (p. 537), Jacques Juterbogh (+ 1465) (p. 501-505), P. Wann (+ 1490) (p. 572), Geiler de Kaisersberg (+ 1510) (p. 539, p. 553 v. pour ce dernier aussi L. DACHEUX, *Jean Geiler, un réformateur catholique au XVe siècle* (Paris, 1896), p. 542), des anonymes (pp. 530, 531, 532), un « plenaria cum glossa », où l'on lit dans le prologue : « Und auf ein jegliches sonntägliches Evangelium ein schönes Gloss oder Postill mit feinen Exempeln, gar ordentlich und fleissiglich gepredigt durch einem geistlichen Ordensmann. »

25. V. *Hortulus Reginæ, Pars de sanctis,* édit. s. l. ni d. (*B. N.*, Inv. Rés., D. 11585) et *Pars hiemalis et estivalis,* édit. Nuremberg, 1496; CRUEL, *op. cit.*, p. 486-493.

emploi dans le sermon, il s'exprime à son sujet dans le prologue qui précède les *Sermones de sanctis,* à peu près dans les mêmes termes qu'un Etienne de Bourbon ou un Humbert de Romans dans leurs prologues respectifs [26]. Il en fait donc un emploi et une application multiples dans ses sermons. Il n'est pas rare de trouver jusqu'à cinq *exempla* dans le même sermon, même jusque dans l'exorde et cela sans doute pour tenir éveillée l'attention des auditeurs dès le début sur le sujet énoncé [27]. Il est vrai qu'il ne faut pas chercher l'originalité dans ces récits représentés par la plupart des types. Meffreth se contente de les puiser dans les écrits du passé classique et dans ceux du Moyen Age par l'intermédiaire des recueils d'*exempla* et des sermonnaires qu'il avait sous la main. Ses préférences, cependant, vont à l'*exemplum* profane (Valère Maxime) et à l'*exemplum* moralité (*Gesta Romanorum*) [28] dans les *Sermones*

26. V. édit. cit. : « In his hujus operis sermonibus exempla aliqua inserui legendarum que ab auditoribus audiantur et magis memorie commendentur, quod secundum Augustinum Lib. III. de doctrina christiana : plus exempla quam verba subtilia, sicut hoc probat venerabilis Beda in historiis anglorum dicens : quidam episcopus litteratus et subtilis valde missus de stara ad conversationem et conversionem Anglorum, hic subtilitate utens in predicacionibus nihil profecit. Missus est autem alius minoris litterature, sed cautior et utens exemplis et parabolis in suis sermonibus et hic quasi totam Angliam convertit. Quare et ego hoc perpendens exemplis hinc inde repertis hanc materiam pro profectu pauperum studentium exornavi subtilia evitando... »

27. V., p. ex., *Pars de sanctis, Sermo 3 de nativitate,* où sur cinq *exempla* il y en a deux qui occupent l'exorde, à savoir la légende du chevalier au cygne et celle d'Alexandre le Grand voulant voler jusqu'au ciel. Aussi Cruel dit avec raison à ce sujet, p. 491 : « Um die Aufmerksamkeit der Zuhörer zu spannen, liebten es die gebildeten Geistlichen solche (Anekdoten der klassischen Welt) und oft sehr fern liegende Stoffe für das Exordium heranzuziehen und das thut auch Meffreth. Er erzählt darin Geschichten, Anekdoten Fabeln und Märchen, deren geistliche Deutung er dann zu dem vorliegenden Text hinüberleitet. »

28. On rencontre à côté des citations tirées d'Ovide, d'Horace, de Lucrèce, de Cicéron, de Lucain, d'Avien, de Macrobe, de Claudien, de Théodule, de Sedulius, d'Alain de Lille, de Petrus de Crescentiis, etc., un certain nombre de sources citées en tête des récits, comme Salluste (*In Jurgurtino*), Valère Maxime, Lactance, Césaire d'Arles, Fortunat (*In sermone*), Orose, *Historia Alexandri magni,* Isidore, saint Jean Damascène, P. Alfonse, saint Anselme, Pierre le Mangeur, Innocent III,

de tempore, et au récit dévot dans les *Sermones de Sanctis,* extrait généralement du *Speculum historiale* et de la Légende dorée. Il conserve à l'*exemplum* la forme qu'il avait dans la source d'où il l'a extrait. Il fait de même pour la moralisation, dont il aime à orner les récits proprement dits et les comparaisons tirées de l'histoire naturelle.

Il faut croire que le *Hortulus Reginæ,* grâce à son fond doctrinal alimenté de récits les plus variés et les plus appropriés, a dû plaire au clergé pauvre pour lequel il a été écrit et lui rendre de grands services, puisqu'il n'a pas eu moins de dix éditions incunables au XVe siècle même, sans compter celles qui se sont succédé au XVIe et au XVIIe siècle [29].

Le mineur Jean Gritsch (+ 1449 ?) fait également tenir une place assez importante à l'*exemplum* dans son *Quadragesimale,* composé vers 1440 [30]. Comme le prédicateur précédent, il place les récits dans les différentes parties du sermon, même dans l'exorde et cela probablement en vue du même résultat à obtenir de la part des auditeurs [31]. Il recourt, pour illustrer son exposé et pour compléter ses preuves, à divers types d'*exempla,* parmi lesquels il semble particulièrement affectionner l'*exemplum* moralité, la fable et l'*exemplum* profane [32], car parmi les cent cinquante

Gui de Cambrai (*Scribit Guido cameracensis episcopus : légende de Lohengrin*), Vincent de Beauvais (*Speculum historiale*), J. de Voragine, Gilles de Rome (*De regimine principum*), Albert le Grand (*In libro de rerum natura*), Guillaume Durand (*In rationale divinorum officiorum*), Arnold de Liège (*In narratorio*), Holcot, les *Gesta Romanorum,* Jordan de Quedlinbourg, Miliez de Bohème, le *Physiologus,* les miracles de Notre-Dame, etc.

29. V. Cruel, *op. cit.,* p. 487 ; Crane, *op. cit.,* Introd., p. lix-lx et Hain-Coppinger, n°s 10999-11008, 3960-3961.

30. V. *Quadragesimale una cum registro sermonum de tempore et de sanctis per circulum anni* (édit. Lyon, 1497) (*B. N.,* Inv. Rés., D. 5190). L'auteur est un franciscain, comme cela ressort du *Sermo post oculi XXV,* où l'on lit : « Unde dum pater noster Franciscus ordinem fratrum minorum dubitaret ordinare in statu solito vel sociali... », et c'est aux environs de 1440 qu'il y a lieu de placer la date de composition du *Quadragésimale* d'après celle de *MCCCCXL* fournie par le *Sermo VI;* v. aussi Cruel, *op. cit.,* p. 558-561.

31. V., p. ex., *Dominica Lætare, Sermo XXVI,* où sur cinq *exempla,* il y en a un qui occupe l'exorde : « De quodam milite anglicano luxurioso in Beda... »

32. A côté des rares sources communes comme les *Vitæ Patrum,*

exempla dont le texte est parsemé, un grand nombre provient des écrits des auteurs profanes de l'antiquité classique et des compilations plus récentes comme les métamorphoses moralisées d'Ovide de P. Bersuire (texte latin), les traités de Holcot et les *Gesta Romanorum,* où ces mêmes types étaient déjà fortement en vigueur et que Gritsch s'est tout simplement contenté de démarquer en les copiant avec leurs moralisations (*spiritualiter, moraliter*).

Comme pour le *Hortulus Reginæ,* le succès ne s'est pas fait attendre pour le *Quadragesimale.* Les vingt-six éditions qu'il a eues pendant le XVe siècle témoignent en effet largement de la vogue immense dont il a joui parmi ceux qui se livraient alors à la prédication populaire [33].

Cependant, encore plus que Meffreth et Gritsch, le moine augustinien Gottschalk Hollen (+ 1481) attribue une importance considérable à l'emploi de l'*exemplum* dans le sermon. Son *Sermonum opus,* une compilation de sermons dominicaux, achevée vers la fin de la septième décade du XVe siècle, ne comprend pas moins d'un millier d'*exempla* [34].

les dialogues de Grégoire le Grand, la chronique d'Eusèbe, l'*Historia tripartita* de Cassiodore, l'*Historia scolastica* de P. le Mangeur, le *Dialogus* de Césaire de Heisterbach, etc., on voit surtout indiquées en tête des récits celles de l'antiquité profane comme Cicéron (*De natura deorum*), Sénèque (*De beneficiis*), Végèce (*De re militari*), Valère Maxime (*Memorabilia*), Philarète (*De natura liquidorum Ser. 49*), ou encore celles où l'*exemplum* profane et l'*exemplum* moralité et la fable dominent, comme dans Walter Burley (*De vita et moribus philosophorum*), P. Bersuire, Holcot, les *Gesta Romanorum* et les traités *De natura rerum* et les recueils de fables (pour ces dernières, v. *Serm. 2 :* fable du chêne et du roseau; *Serm. 9 :* fable du meunier, du fils et de l'âne; *Serm. 50:* fable du loup, du renard et du lion, etc.).

33. V. Cruel, *op. cit.,* p. 558, et Hain, n°s 8057-8082.

34. Il comporte, d'après l'édit. Haguenau 1517 (*B. N.,* Inv. Rés., D. 1802), 74 *Sermones hyemales* et 107 *Sermones estivales,* suivis de 16 *Sermones de dedicatione,* et porte le long titre suivant : *Sermonum opus exquisitissimum, ob sui devotionem et raritatem gloriam splendorem eo preciosius quo dulcius audientium demulcet aures dulci historiarum insitione doctorumque tum theologorum tum jurisconsultorum auctoritatibus munitum dissertissimi lectoris patris Gotschalci Eremitarum divi Augustini professi, pro tempore hyemali super epistolas dominicarum per anni circulum tabulis ac directoriis materiarum eorundem sermonum adjectis.* La division des sermons est indiquée par l'*explicit* final : Opus sermonum dominicalium per anni

Ces derniers s'échelonnent dans leur ensemble entre deux (*Sermo I, 59*) et onze (*Serm. I, 53*) et ne s'élèvent qu'exceptionnellement à douze (*Serm. I, 68; II, 20*) ou à seize (*Serm. II, 16*) par sermon, selon l'importance du sujet traité. Ils sont la plupart du temps normalement développés, parfois aussi à peine esquissés et suivis dans certains cas d'une moralisation appropriée. Ils se distinguent surtout par une étonnante variété. Tous les types, même l'*exemplum* personnel, y sont représentés. Parmi les plus employés, il faut mettre en avant l'*exemplum* profane, le récit historique et le conte dévot. Il est fort probable que la plupart des *exempla*, avec l'indication de leurs sources, ne sont cités que de seconde main par l'intermédiaire de recueils d'*exempla*, de traités et de sermonnaires. Un certain nombre, cependant, proviennent de sources directement consultées [35]. D'autres, enfin, proviennent de la vaste expé-

circulum in duas partitum » partes scil. hiemalem et estivalem una cum sermonibus de dedicatione collectum et predicatum in conventu Osnaburgensi per eximium sacre theologie lectorem Gotschalcum Holen ordinis fratrum eremitarum divi Augustini, etc. » Sa date d'achèvement doit être placée vers la fin de la septième décade du XVe siècle, d'après celle de 1466 la plus récemment citée, qui marque une session de synode tenue à Osnabrück « in synodo osnaburgensi » (*Serm. I, 45*). — Hollen a encore composé un répertoire de textes et d'autorités, qui rappelle les *Auctoritates sanctorum* d'Arnold de Liège, dont il semble s'être inspiré, sous le titre de : *Preceptorium novum et perutile cum suo registro clero et vulgo desserviens studiosissime collectum per reverendum patrem utique magistrum in omni facultate peritum fratrem Goschalcum Holen, ordinis sancti Augustini sacri eloquii preconis celeberrimi incipit feliciter.* V., pour la biographie et les œuvres, Cruel., *op. cit.*, p. 505-513; Landmann, *op. cit.*, p. 31 et sq.

35. Voici la liste des auteurs ou écrits cités comme sources au cours du sermonnaire. Ce sont, pour l'antiquité profane : Aristote, Esope, Cicéron, Horace, Virgile, Tite Live (*In gestis Romanorum*), Ovide (*Métamorphoses*), Valère Maxime, Sénèque, Suétone, Végèce, Julius Sextus (*Stratagemata*), Lucain, Macrobe, Flavius (*In gestis Grecorum*), Aulu-Gèle, Théodoric (*Vita Alexandri*), Ptolemée, Mercure Trismégiste; pour l'antiquité sacrée : la Bible (Livres historiques), Josèphe, Eusèbe (*Hist. eccles., Chronica*), saint Jérôme (*Contra Jovinianum*), saint Ambroise (*Hexameron*), saint Augustin (*De civitate Dei, Vita*), Rufin (*Vitæ Patrum*), Orose (*Chronica*), Cassiodore (*Hist. tripartita*), Pierre de Ravenne (Chrysologue), Grégoire le Grand (*Homélies, Dialogues, Vie*), Boèce; pour le Moyen Age : Isidore, saint Jean Damascène (Barlaam et Josaphat), Bède (*In gestis Anglorum*), Paul Diacre (*Chronica*), P. Damien, P. Alfonse, le Pseudo-Turpin, Guil-

rience de l'auteur lui-même, se rapportant à des faits qui se sont passés en Italie, où il a fait un séjour prolongé et complétés par de nombreux détails instructifs sur l'état moral et religieux de son temps, particulièrement sur les usages et coutumes en Westphalie [36].

Aussi n'est-il pas étonnant que le *Sermonum opus,* illustré d'une pareille richesse de récits et de faits, ait obtenu le succès qu'il méritait. Les nombreuses copies manuscrites qui en subsistent et les éditions qui se sont succédé du vivant et surtout après la mort de l'auteur, nous donnent une idée de la vogue dont il jouissait auprès des prédicateurs au moment même où la Réforme allait bouleverser les conceptions religieuses traditionnelles de l'Allemagne [37].

Il nous serait facile d'étendre nos investigations sur l'*exemplum* à d'autres sermonnaires de moindre envergure, où il y aurait maint renseignement à glaner. Ceux du moins que nous avons étudiés nous montrent abondamment que

laume de Conches (*De dictis philosophorum*), saint Bernard, P. de Cluny, P. le Mangeur (*Hist. scol.*), Jean de Salisbury (*Polycraticus*), Conrad d'Eberbach (*Exordium magnum ord. cist.*), le *Physiologus,* les vies de saints (saint Hilaire, saint Silvestre, saint Thomas de Cantorbéry, sainte Brigitte, saint Louis), le Pseudo-Boèce (XIIIe s.) (*De disciplina scolarium*), Hélinand, Alain de Lille, Innocent III (*De miseria humanæ conditionis*), Beleth (*Rationale divinorum officiorum*), Césaire de Heisterbach, J. de Vitry, Thomas de Cantimpré (*Liber apum*), Vincent de Beauvais (*Speculum historiale*), Guillaume de Paris (*De universo*), Et. de Bourbon, Humbert de Romans (*De dono timoris*), G. de Frachet (*De vita FF. PP.*), Martin le Polonais (*Chronica Imperatorum*), Albert le Grand, Henri de Gand, Gaufridus (*In poetria*), Durand (*Rationale divinorum officiorum*), de Mandeville (*De descriptione terre*), Hermannus (*Chronica*), Walter Burley (*In libro de gestis philosophorum, In vitis philosophorum*), Michel de Massa (*De quatuor virtutibus cardinalibus*), Henri de Herford, Gobelinus (*In chronica sua*), Jourdain de Quedlinbourg (*Vitas Fratrum ?*), *Chronica Brutini, Gesta Salium,* Nicolas de Lyre, Holcot, *Speculum Saxonum, Gesta Romanorum,* F. Petrarque (*De remediis utriusque fortune*), Boccace (*De preclaris mulieribus*), Jean Cleincock (*Comment, sup. Bibl.*), Johannes Zacharias (*Comment. sup. apacalyso*), *In chronicis episcoporum osnaburgensis ecclesie.*

36. V. *Sermo II, 16 :* « Vidi ego in Italia » ; *Serm. II, 62 :* « Recolo me audivisse a patribus perusinis de quodam homine » ; *Serm. I, 2 :* « Recitavit mihi venerabilis lector Merschweyre », etc.

37. V. Landmann, *op. cit.,* p. 31 (pour les mss.) ; v. aussi *ibid., sub fine,* les édit. de 1477, 1481, 1497, 1500, 1503, 1506, 1517, 1520, 1521.

l'*exemplum* y est encore fortement en honneur et s'y présente sous les mêmes aspects avec le même rôle et le même but qu'aux siècles précédents. Cependant, à l'exception de quelques-uns, où l'*exemplum* personnel ajoute parfois du nouveau, ils ne présentent dans leur partie narrative aucune originalité. Le récit qui sous ses formes multiples les alimente, n'est à tout prendre que celui du passé, avec prédominance pourtant souvent caractéristique de l'élément profane sur l'élément religieux. Il est fort probable que ce manque d'originalité et l'emploi abusif de l'élément profane dans nombre de sermonnaires ait fini par lui porter un coup fatal, dont il ne se relèvera plus.

CHAPITRE II.

L'Exempla dans les traités de morale, de dévotion et d'instruction du XVe siècle.

Comme les orateurs de la chaire, les moralistes et les maîtres de tout enseignement ont déployé une grande activité au XVe siècle. Ils font dignement suite à leurs aînés des siècles précédents. Les traités qu'ils nous ont transmis dénotent les mêmes procédés de composition pour le fond et la forme que ceux du passé. Et pour ce qui est de l'*exemplum,* il y occupe comme précédemment, avec ses différents types, une place marquée, puisé qu'il est aux sources les plus variées et destiné à jouer le même rôle que dans les traités antérieurs. Mais, comme nous le verrons dans l'étude successive des traités les plus saillants qui ont vu le jour au cours du XVe siècle, il est caractérisé encore plus que celui des sermonnaires par l'absence d'originalité. Et tandis que dans les traités d'instruction religieuse et morale il prédomine par le type de l'*exemplum* pieux, dans les traités didactiques et autres il l'emporte par celui de l'*exemplum* profane et historique et tend même à se séculariser, c'est-à-dire à devenir un récit à but exclusivement profane ou même un conte plaisant.

Dans le domaine moral, le premier traité qui se présente chronologiquement à notre étude, est la *Summa que viciorum destructorium vocatur,* sorte de petite somme de morale, compilée dans sa forme définitive, vers 1429, par un certain Alexandre l'Anglais, fils de charpentier, comme on peut le lire dans l'*explicit* final : « A cujusdam fabri lignarii filio maximam ad ecclesie utilitatem anno M°CCCC°XXIX° collecta » [1].

1. V. édit. Cologne 1485 (*B. N.*, Inv. Rés., D. 1044) ; v. au sujet de l'auteur, qui est appelé aussi Alexander Fabricius, BALE (J.), *Scripto-*

Il se compose d'une table alphabétique détaillée des matières (*Abraham-Yronia*), d'un prologue et du texte.

Ce dernier est, d'après l'énoncé même du prologue, divisé en huit parties inégalement réparties [2]. L'auteur y traite, à la façon de Guillaume Peraud dans sa *Summa de viciis,* dont il s'est du reste inspiré, du péché en général et des sept péchés capitaux en particulier. Et à cette occasion il touche à tous les vices, défauts et travers de son temps et spécialement de l'Angleterre. Sa méthode consiste à définir d'abord le sujet, puis à le développer d'après la doctrine chrétienne traditionnelle, ensuite à en décrire les effets et enfin à proposer les remèdes. Comme tout bon moraliste, il appuie ses affirmations de preuves de raison, de nombreuses citations d'auteurs sacrés et profanes et les illustre pour diminuer leur aridité, de curieuses remarques personnelles et surtout d'*exempla* divers. Ceux-ci, il faut l'avouer, sont sans aucune originalité. Ils sont empruntés en partie par l'intermédiaire d'autres traités aux écrits de l'antiquité profane et chrétienne et du Moyen Age, en partie directement à des écrits d'écrivains anglais, même récents, auxquels l'auteur semble donner la préférence [3]. Ils sont en

rum illustrium majoris Britanniæ... catalogus (édit. Bâle, 1559), p. 566, où il est dit : « Claruit anno servatoris nostri 1429, in quo prædictum opus complevit sub Henrico sexto » ; pour ce qui est du *terminus a quo* de la date de composition du traité, il doit être placé avant 1424, date de composition du *Speculum Consciencie* d'Arnold de Geilhoven, où le *Viciorum destructorium* est cité ; v. *ibid.* au chapitre : *De superbia* (Ia pars).

2. V. édit. cit. : « Iste liber qui destructorium viciorum nuncupatur octo partes continet principales. In quarum prima tractatur de peccato communi et de peccato originali. In secunda parte tractatur de peccato gule. In tercia parte tractatur de luxuria. In quarta parte tractatur de peccato avaricie. In quinta parte tractatur de peccato accidie. In sexta parte tractatur de peccato superbie. In septima parte tractatur de peccato invidie. In octava parte tractatur de peccato ire. » Chaque partie comprend un certain nombre de chapitres ; la Ia : 7, la IIa : 9, la IIIa : 10, la IVa : 68, la Va : 22, la VIa : 80, la VIIa : 12, la VIIIa : 15 chapitres.

3. Ce sont, pour l'antiquité profane : Virgile, Valère Maxime, Solin, Sénèque, Pline, Macrobe (*In saturnalibus*), Julius Sextus (*Strategemata*), Végèce (*De re militari*) ; pour l'antiquité sacrée : la Bible, saint Ambroise (*Hexameron*), saint Jérôme, saint Augustin, Rufin (*Vitæ Patrum*), Grégoire le Grand (*Dialogues*) ; pour le Moyen Age : Isidore, Bède (*De gestis Anglorum*), saint Anselme (*De similitudine*),

général presque littéralement reproduits et présentent une certaine variété de types, parmi lesquels prédomine l'*exemplum dévot*. Un certain nombre d'entre eux sont suivis d'une courte moralisation (*spiritualiter, moraliter, allegorice*) et encore celle-ci est-elle substantiellement la même que celle de la source à laquelle elle a été empruntée [4].

Cette somme semble avoir obtenu un certain succès non seulement en Angleterre, mais encore sur le Continent, puisqu'elle subsiste encore dans des copies manuscrites et dans plusieurs éditions incunables [5].

Puis vient, dans le domaine de l'édification, le célèbre petit traité qui porte tantôt le titre de *Cordiale*, tantôt celui de *Quatuor novissima cum multis exemplis pulcherrimis*, composé par le mystique Gérard de Vliederhoven (+ 143 ?) dans la première partie de la quatrième décade du XVe siècle [6].

P. Alfonse, Guillaume de Malmesbury, Pierre le Mangeur, Alexandre Nequam (*De naturis rerum, In scintillario*), Hélinand, J. de Vitry, Eudes de Chériton, Parisius (Guillaume Peraud et non Guillaume d'Auvergne), Robert Grossetête (: *Lincolniensis, De venenis, Super evangelio, De mandatis, De oculo morali ?*), Barthélemy l'Anglais (*In flora IV*, 17, *VI*, 27), Jean d'Abbeville, Prosper (: Humbert de Romans, *De dono timoris*), Martin le Polonais (*Chronica*), *In chronicis*, J. Jannensis (*In suo catholicon*), J. de Voragine (*Legenda aurea*), Jean de Galles (*In summa collationum*), Nicolas de Lyre (IV, 4), R. Holcot (*Lib. Sapiencie*), Johannes de Bargo (: Pagula, *De pupilla oculi*, III, 7), J. Bromyard (*In libro suo de jure canonico et civili*), Wynkelegh (*De descriptione et origine viciorum* (VI, 51; VIII, 1), Repington (*Super evangelia*, V, 36), Waldeby (+ 1397) (*Super symbolum*, IV, 2, 26), Notyngham (VI, 2), Richillius de Aquilla (IV, 27), Richardus archidiaconus (*In sermone*, IV, 48), Alexander Audomenie ? (*In postillis*, IV, 67).

4. V. l'ex. d'Argus aux cent yeux (IV, 22; V, 10) (d'après Holcot *in Lectura*), l'ex. du père et des deux filles à marier (III, 2), etc.

5. V., pour les mss., Cambridge : Peterhouse Lib., ms. 41 ff. 1-183 (XVe s.); Bruxelles : Bibl. Royale, ms. 2247 (3011-13) ff. 1-227 (XVe s.) et pour les éditions celles de Cologne 1480, 1485; de Nuremberg 1496, et de Paris 1497.

6. V. édit. Deventer, 1491 (*B. N.*, Inv. Rés., D. 9450) ou édit. Paris, s. d. (*B. N.*, Inv. Rés., D. 9444). Le *Cordiale* commence par l'*incipit* suivant : « Memorare novissima tua et in eternum non peccabis... » et se termine par l'*explicit* suivant : « Nullum tempus longum videri debet quo eternitatis gloria acquiritur. » Il est en outre suivi, dans certaines éditions, d'*Exempla de gaudiis regni celorum*, tirés « ex libro apum, ex dialogo Gregorii, ex vita s[t] Francisci, ex Cesario »,

C'est en effet un petit manuel de dévotion, écrit primitivement à l'usage des âmes pieuses, comme cela ressort du prologue, mais qui est devenu dans la suite, en raison même de son fond doctrinal, un répertoire de textes et *d'exempla* à l'usage des prédicateurs[7].

Il traite, d'après l'indication même du titre, du jugement dernier.

Il est divisé en quatre parties inégalement réparties et développées à l'aide de définitions, de descriptions, de citations d'autorités et d'*exempla,* « dictis auctoritatibus et exemplis », à la façon du *De dono timoris* de Humbert de Romans, que notre auteur semble avoir largement démarqué. Les citations sont tirées tant des auteurs anciens, profanes et chrétiens, que de ceux du Moyen Age. Quant aux *exempla,* au nombre d'une cinquantaine, ils sont conformément au sujet traité surtout représentés par le récit dévot et le récit d'apparitions et empruntés en grande partie à la compilation d'Etienne de Bourbon et à ce même *De dono timoris* de Humbert de Romans et par conséquent n'ajoutent rien à ce que nous savons déjà par ceux-ci[8].

ainsi que d'un récit de visions d'un étudiant de Lyon en 1404. V. aussi sur l'auteur, Quétif et Echard, *op. cit.*, t. I, p. 907. Pour ce qui est de la date de composition du traité, on peut la déterminer approximativement. D'une part, en effet, l'écrit le plus récemment cité est le traité *De peccatis mentalibus et criminalibus* du chartreux Jacques de Juterbogh (1381-1465-6), composé vers 1430. D'autre part, le ms. le plus ancien qui le renferme est le ms. A. VIII. 8 ff. 103-138 de la *B. Univ.* de Bâle, où il est placé entre deux traités de la même écriture, dont l'un porte la date de 1431 et l'autre celle de 1435. C'est donc entre 1430 et 1435 qu'il y a lieu de placer sa date de composition.

7. Le titre de l'édit. de Paris, s. d., l'indique du reste expressément en ces termes : *Quattuor novissimorum liber de morte videlicet penis inferni judicio et celesti gloria, quem plerique cordiale compellant cuique predicanti perutilis atque summopere necessarius auctoritatibus sacrarum literarum exemplis et poetarum carminibus passim refulgens feliciter incipit.*

8. L'auteur a néanmoins indiqué, en tête de ses citations et de ses *exempla,* un certain nombre de sources. Les voici pour mémoire. Ce sont : Platon (*In thimotheo : Timée*), Aristote, Cicéron, Virgile, Ovide, Sénèque, l'empereur Adrien, Gallien; la Bible, Hégésippe (*De cladibus Judeorum*), saint Jérôme (*In epistola ad Cyprianum*), saint Jean Chrysostome (*In libro de reparatione lapsi*), Rufin (*Vitæ Patrum*), Léon I (*In sermone*), Grégoire le Grand (*Dialogues*), Isidore, saint Jean Damascène (*Barlaam et Josaphat*), Bède (*In gestis Anglo-*

Ce petit traité, dont le contenu s'adressait à l'émotion de l'âme et s'adaptait admirablement à la mentalité religieuse de l'époque, s'est rapidement répandu dans différents pays, où, d'après les nombreux manuscrits qui en subsistent et les éditions et traductions qui en ont été faites, il a dû alimenter la dévotion des fidèles sous forme de manuel de piété ou de manuel de secours pour les prédicateurs [9].

rum), saint Anselme (*In libro de similitudinibus*), Gautier de Chatillon (*In libro metrico de vita et gestis ipsius Alexandri*), Pierre Damien (*Ad Blancam comitissam*), Pierre de Cluny, Conrad d'Eberbach (*In libro de ortu cisterciensium* (texte : *carthusiensium*), *Exordium magnum de illustribus viris ord. cist.*), Et. de Bourbon et Humbert de Romans (non cités), Jacques de Juterbogh ou du Paradis (*In libro de peccatis mentalibus et criminalibus*).

9. Il en subsiste une cinquantaine de mss., dont voici la liste. France : Paris : *B. N.*, n. a. lat., 1170 ff. 1-29v (XV s.), mss. lat. 13602 ff. 57-154 (XVe s.), 13606 ff. 1-88v (XVe s.), 15913 ff. 90-103va (XVe s.); Sainte-Geneviève, ms. 254 ff. 1-33 (1464); Douai : *B. V.*, ms. 457 (non fol.) (XVe s.); Saint-Omer: *B. V.*, ms. 244 (non fol.) (XVe s.); Charleville: *B. V.*, ms. 57 (non fol.) (XVe s.); Strasbourg : *B. Univ.*, ms. 110 ff. 38-61v (XVe s.); Tours : *B. V.*, ms. 405 ff. 101-141 (XVe s.); Troyes : *B. V.*, ms. 1267 (non fol.) (XVe s.); Valenciennes : *B. V.*, ms. 193 ff. 1-53 (XVe s.). — Allemagne : Bamberg. Bibl. Royale, mss. 38. Q. III. 34 ff. 300-329 (XVe s.), 92. Q. 11. 16 ff. 251-266 (XVe s.), 104. Q. VI. 55 ff. 61-91 (XVe s.), 105. Q. III. 20 ff. 180-200 (XVe s.), 106. Q. III. 31a ff. 236-259 (XVe s.), 123. B. VI. 17 ff. 37-64 (XVe s.), 124. Q. III. 14 ff. 126-155 (XVe s.), 127. Q. IV. 18 ff. 257-272 (XVe s.); Berlin : Bibl. Royale, mss. 420 ff. 159-195 (XVe s.), 540 ff. 127-147 (XVe s.), Cues-sur-Moselle: Bibl. Hôpital, ms. 64 ff. 69-163 (XVe s.); Erfurt-sur-Géra : *B. V.*, Coll. Ampl. O. 38 ff. 1-82 (XVe s.); Munich : Bibl. Royale, mss. 8826 ff. 433-453 (XVe s.), 12706 ff. 198-231 (1477), 15180 ff. 1-37 (XVe s.), 16168 ff. 131-156 (XVe s.), 18409 ff. 145-192 (XVe s.) (attribué ici à Henri de Hesse, + 1427), 19884 ff. 1-133 (XVe s.); Munster : Bibl. Royale Paulin., ms. 540 ff. 92-188 (XVe s.); Trèves : *B. V.*, ms. 286 ff. 255-305 (XVe s.). — Angleterre : Cambridge : Caius-Gonville Coll. Lib., ms. 770 (813) ff. 61-102v (XVe s.); Edinbourg : *B. Univ.*, ms. 113 ff. 265-304 (1445). — Autriche : Vienne : Hofbibl., mss. lat. 2926 ff. 1-84v, 3598 ff. 88-147 (XVe s.), 12880 ff. 61-130 (XVe s.), 13822 ff. 1-58 (1443), 15230 ff. 1-33 (XVe s.). — Belgique : Bruges : *B. V.*, ms. 547 ff. 1-28 (XVe s.); Bruxelles : Bibl. Royale, mss. 1617 (2620-34) ff. 2-47v (1444), 2650 (1662-73) ff. 91-118 (XVe s.), 2079 (2434-52) ff. 12-51 (XVe s.), 2245 (2845) ff. 1-70 (XVe s.); Gand : *B. Univ.*, ms. 579 (non fol.) (XVe s.). — Danemark : Copenhague : *B. Univ.*, ms. Gl. Kyl. 1368 ff. 25-66 (XVe s.). — Italie : Rome : Vaticane, ms. Palat. Lat. 444 ff. 1-44 (XVe s.). — Suisse : Bâle : *B. Univ.*, ms. A. VIII. 8 ff. 103-138 (1431-35); Engelberg : Stiftsb., mss. 258 ff. 265-287 (XVe s.), 308 ff. 56-112 (XVe s.). — Il y a, en outre, une vingtaine d'éditions, à savoir celles de Cologne, Zwolle, Spire, Paris, Lyon (sans date), de

On peut ajouter encore, pour le même domaine, un autre traité de haute spiritualité mitigé de morale pratique, à savoir : le *Speculum Spiritualium* du chartreux Henri de Balnea [10].

Il porte, dans l'édition de Paris, la seule que nous connaissions, le long titre suivant, qui en résume le contenu : *Speculum Spiritualium, in quo non solum de vita activa et contemplativa, verum eciam de viciis quibus humana mens inquinatur ac virtutibus quibus in Deum ascenditur; perpulchre tractatur cum variis exemplis ad utramque vitam conducentibus; omnibus pie vivere cupientibus utile; religiosis tamen summa necessarium, tum quia omnia ad eorum officia pertinentia patenter declarat, tum etiam quia fugienda ac prosequenda sunt potissimum demonstrat.*

Cologne 1477, 1492, de Deventer 1486, 1489, 1491, 1494, 1496, 1502, de Leipzig 1497, celle de 1478 (s. l. ni d.), celles de Paris et de Lyon (s. d.) en français, de Cologne 1487 en allemand, de Harlem 1484 en hollandais. V. PELLECHET, n°s 5069-5113.

10. V., au sujet de ce personnage, *Dict. of Nat. Biog.*, t. I, p. 1014; pour le texte, l'édition de Paris 1510 (*B. N.*, Inv. Rés., D. 5434). Ce dernier subsiste partiellement dans 4 mss., à savoir : *B. M.*, ms. Royal 7. B. XIV ff. 1-195 (XVe s.) (4 parties); Oxford : Bod. Cat. mss. Angliæ, ms. 2398 (450) ff. 1-200rb (XVe s.) (4 parties); Dublin : Trinity Coll. Lib., ms. 271 (735-595) (non fol.) (XVe s.) (5 parties); Cambridge : University Lib., ms. 229 Dd. IV. 54 ff. 64-98v (2e partie) ff. 100-152 (1re partie) (XVe s.), où l'on lit (d'une main postérieure), f. 64 : « Hic est liber secundus Speculi Spiritualium Henrici de Balnea carthusiensis », et f. 100 : « Hic est liber primus Sp. Sp. Henrici de Balnea carthusiensis. » Quant à sa date de composition, nous n'avons aucune donnée pour la fixer d'une façon précise. L'auteur le plus récemment cité est Walter Hilton, chanoine de saint Augustin de Thurgarten, mort en 1395 d'après l'*explicit* du ms. de Cambridge, Trinity Coll. Lib. 354 (B. 15. 18. 374) qui renferme, ff. 1-114, son célèbre traité, la *Scala perfectionis* (2 liv.), et où l'on lit en manière d'*explicit* (d'une main du XVe siècle) : « Et sic finitur ven. Walteri Hylton summi contemplativi cujus ffœlicissimus obitus fuit in vigilia assumpcionis intermerate virginis Dei genitricis Marie a. d. M.CCCLXXXXV. » Pour les autres mss., v. Worcester Cath. Lib., ms. F. 172 ff. 72-116 (XVe s.) et Bruxelles, Bibl. Royale, ms. 2478 (2544-55) ff. 1-113 (XVIIe s.) (en anglais). D'autre part, Jean Major, le compilateur du *Magnum Speculum Exemplorum,* en place la date, dans sa nomenclature des auteurs cités « nomina et etas authorum, ex quibus adjectitia exempla deprompta sunt », à 1430 (v. édit. Douai 1605). Jusqu'à plus ample information nous nous en tenons à cette dernière date.

Il est précédé d'une table alphabétique détaillée des matières et se compose d'un prologue et du texte.

Le prologue fournit quelques indications sur les sources, la destination et la division du traité [11].

Le texte est divisé en sept parties, dont six comprennent une série d'exposés sur l'orgueil, la contemplation, la pénitence, l'obéissance, l'art de mourir, la vie active et contemplative, développés d'après les écrits de Grégoire le Grand, de saint Bernard, de Richard et Hugues de Saint-Victor, d'Innocent III et des prédécesseurs de l'auteur, à savoir : Richard Hampole (f. 52rb, f. 162rb), Jean Bemble (f. 186), Walter Hilton (f. 16^{v}, f. 162vb) et agrémentés çà et là d'*exempla* tirés des *Vitæ Patrum*, et dont la septième embrasse exclusivement des *exempla* [12].

Ces derniers, compilés selon un dispositif alphabétique et ajoutés au texte par manière de complément pour l'édification des fidèles, comme il est dit dans le petit préambule qui les précède, « pro lectoris edificatione proposui huic opusculo secundum ordinem alphabeti nonnulla edificacionis subjungere exempla », sont textuellement extraits, pour la plupart ainsi que pour les rubriques (*Abstinencia-Usurarius*), du *Speculum Laicorum* [13]. Sur les trois cent trois *exempla*, deux cent trente-trois proviennent de ce recueil [14].

Il est à croire que le *Speculum Spiritualium*, où sont

11. V. édit : « Quidam cujus nomen diversis ex causis in hoc opusculo reticetur compilavit quemquidem librum ex multis voluminibus tractatibus et epistolis... non solum pro sui ipsius utilitate et solatio, sed etiam aliorum rudium et similium sibi simplicium vite videlicet contemplative vacantium quatenus hii qui propter penuriam non possunt sufficientiam habere librorum in hoc uno volumine pene omnia que sibi magis necessaria sunt, valeant reperire. »

12. Les sept parties sont ainsi réparties : I. de superbia (41 capitula) ; II. de contemplacione (16 cap.) ; III. de penitencia (27 cap.) ; IV. de obediencia (36 cap.) ; V. de sciencia moriendi (25 cap.) ; VI. de vita activa et contemplativa (28 cap.) ; VII. de exemplis.

13. V. notre édit. (Paris, 1914).

14. Quant aux 70 *exempla* restants (les n°s 125-128, 143, 154-155, 177, 180, 184-187, 195, 215-230, 238, 250-259, 264-268, 270-279, 281-293, 296-303), ils sont tirés des *Vitæ Patrum*, des écrits de P. Damien, de la vie de saint Bernard, de J. de Vitry, de Césaire de Heisterbach, de Th. de Cantimpré (*Lib. apum*), de Humbert de Romans (*De dono timoris*), d'Arnold de Liège (*Alph. Narrac.*) et de Jean Bemble.

exposés différents aspects de la vie chrétienne, agrémentés en manière de complément de plusieurs types d'*exempla*, a eu une certaine vogue en Angleterre et en Irlande, puisqu'il y subsiste encore dans quatre copies manuscrites. Et le fait d'avoir été imprimé à Paris semble indiquer aussi que cette vogue ne s'est pas limitée aux Iles britanniques.

Un traité non moins instructif que le précédent et écrit dans un but analogue, est celui qui porte le titre de *Jacob's Well* [15]. Compilé en anglais pendant la cinquième décade du XVe siècle, par quelque prédicateur populaire, il forme un exposé en quatre-vingt-quinze chapitres ou, plus exactement, canevas de sermons dans un cadre fait de divisions et de subdivisions qui rappelle celui de la *Somme* de Frère Lorens, traitant de l'excommunication (I-IX), de la confession et des sept péchés capitaux (X-XXII), des sept vertus principales (XXIII-XXXVI), des sept dons du Saint-Esprit (XXXVII-LXV), des articles de foi, des dix commandements, des sacrements, des œuvres de charité (LXVI-LXXXIV), de la salutation angélique et de l'oraison dominicale avec la récapitulation du tout (LXXXV-XCV), prêchés aux classes populaires comme aux paysans, aux marchands et aux artisans.

A la fin de chaque chapitre, un ou deux *exempla* — il y en a quatre-vingt dans le texte édité, ce qui ferait cent soixante pour tout le texte — viennent à point appuyer le développement des grandes vérités dogmatiques et morales. Ils sont généralement tirés des sources communes, comme les *Vitæ Patrum*, le *Dialogus* de Césaire de Heisterbach, les sermons de Jacques de Vitry, la Légende dorée, les miracles de Notre-Dame et traduits librement. L'auteur semble s'en tenir de préférence au récit dévot et au récit d'apparitions, mais ne dédaigne pas d'utiliser, à côté de nombreuses allégories empruntées aux *De proprietatibus rerum* de son compatriote Barthélemy l'Anglais, certains *exempla* d'un réalisme frappant, ce qui indique clairement que le fond

15. V. édit. Arthur BRANDEIS, *E. E. T. S.* (London, 1890), n° 115, d'après le ms. 103 (174) de la Cathed. Lib. de Salisbury, écrit entre 1440 et 1450 (v. préface, p. XIII). Le texte édité s'arrête au chapitre 50 inclusivement.

du traité était destiné comme ceux de Robert de Brunne et de Nicole Bozon, à être exposé ou prêché aux gens du peuple.

Parallèlement à ces traités de morale ou d'édification, il en est d'autres du même genre dans lesquels a survécu le double procédé de moralisation de certains traités des siècles précédents, dont l'un consistait à moraliser l'*exemplum* lui-même et l'autre à moraliser la propriété (qualité ou description) d'une chose et à la faire suivre en manière d'illustration d'un *exemplum* proprement dit.

Nous avons un spécimen curieux du premier procédé dans le recueil intitulé *Speculum Sapiencie*, écrit par quelque théologien anonyme au début du XVe siècle [16].

Ce recueil, précédé d'un prologue, comprend quatre livres, où l'enseignement moral, sous forme de fables ou de dialogues entre êtres vivants et propriétés des choses, a comme objet l'imprudence, l'orgueil, l'avarice et la luxure, vices opposés aux quatres vertus cardinales.

Le prologue n'est qu'un court exposé des avantages de l'emploi des fables et des propriétés des choses moralisées dans l'enseignement de la jeunesse, suivi de la division adoptée par l'auteur pour son sujet [17].

16. V. édit. s. l. ni d., avec ce titre de l'*explicit* final : *Speculum Sapiencie beati Cirilli, alias quadripartitus apologeticus vocatus, in cujus quidem proverbiis omnis et totius sapiencie speculum claret, finit feliciter* (*B. N.*, Inv. Rés., C. 238) ; Th. Græsse, *Die beiden ältesten lateinischen Fabelbücher des Mittelalters des Bischofs Cyrillus Speculum Sapientiæ und des Nicolaus Pergamus dialogus creaturarum, Litter. Verein in Stuttgart* (Tubingen, 1880), t. 148, p. 1-124 (texte), p. 285-302 (mss., éditions et attribution du traité à différents auteurs, entre autres à saint Cyrille d'Alexandrie (+ 444) et au poète napolitain Cyrille de Quidemon (XIIIe s.). L'auteur semble être quelque théologien anonyme de la première moitié du XVe siècle. Les plus anciens mss. du recueil datent de ce temps — celui de la Bibl. Royale de Berlin, ms. lat. 936 (ff. 1-40) (*Quadripartitus Cirilli* « Guidrinus ») porte la date de 1403 et l'auteur, d'après le Catalogue, p. 1152, est signalé comme étant « d'origine slave de la région du Danube » — et de plus il n'est jamais fait aucune allusion au *Speculum Sapiencie* avant cette période dans aucun autre traité.

17. V. édit., s. l. ni d. : « Secundum Aristotelis sentenciam in problematibus suis, quanquam in exemplis in [disc]endo gaudeant omnes, in disciplinis moralibus hoc tamen amplius placet, quoniam structura morum [ceu] ymagine picta rerum similitudinibus paulatim virtutis

Le texte embrasse quatre-vingt-quinze fables et dialogues, inégalement réparties en quatre livres [18]. Chaque fable ou dialogue forme un entretien moral indépendant. Cet entretien a lieu la plupart du temps entre les diverses espèces d'animaux, plus rarement entre animaux, hommes et choses [19], ou entre propriétés des choses [20]. Et ce n'est qu'exceptionnellement que l'homme y figure [21]. Il rappelle du reste d'assez près certains contes d'animaux du *De natura rerum* d'Alexandre Nequam et les dialogues entre propriétés des choses du *Dialogus creaturarum* de Mayno de Mayneri, dont notre auteur semble s'être inspiré et pour le fond et pour la forme.

Il est en général relativement peu développé par rapport aux longues moralisations, qui en forment le complément essentiel et où les actions et qualités des animaux et les propriétés des choses sont mises en évidence et moralisées

ostenditur, eo quod ex [rebus] naturalibus animalibus moralibus et proprietatibus rerum quasi de vivis imaginibus humane vite qualitas exemplatur. Totus etenim mundus visibilis est schola et racionibus sapiencie plena sunt omnia. Propter hoc, fili carissime, informativa juventutis tue documenta moralia non de nostra paupertate stillancia sed de vena magistrorum tibi nunc scribere cupientes cum adjutorio gracie Dei ea trademus, ut intelligas clarius addiscas facilius gustes suavius reminiscaris tenacius per fabulas figurarum. Sed quoniam principalibus quatuor virtutibus scilicet prudencia magnanimitate justicia et modestia edificium recte vite precluditur et fundatur... quadripartito ergo opere procedemus : primo agentes contra imprudenciam, secundo adversus superbiam, deinde contra avariciam, finaliter contra intemperanciam, ut sic petra domini nostri Jesu Christi viciorum regnum quadruplex in eadem statua Nabuchodonosor visa per somnia feriamus. » (Les mots entre [ ] proviennent de l'édit. impr.)

18. A savoir, pour le Liv. I, 26 chap.; Liv. II, 30 chap.; Liv. III, 27 chap.; Liv. IV, 11 chap.

19. V., p. ex., Lib. III, 12 : de symia et histrione; I, 2 : de aquila et sole; II, 30 : de columba et luto; III, 1 : de talpa contra naturam.

20. I, 21 : de grano frumenti et lapide; I, 25 : de aure, natura, oculo; I, 26 : Gelosia, asbeston, sinoclites; I, 27 : de lauro, oliva, palma; II, 1 : de aere et aqua; II, 2 : de anima et corpore; II, 12 : de nube et terra; II, 23 : de spina et ficu; II, 24 : de firmamento et saturno; III, 13 : de cucurbita et palma; III, 21 : de terra et primo mobili; III, 22 : de die ac nocte; III, 23 : de Danubio et equore; III, 24 : de sole et caligine; IV, 6 : de aqua, oleo et flamma; IV, 9 : de rosa et lilio.

21. III, 4 : de homine et fortuna; III, 10 : de adolescente qui ivit ad aureos montes.

en détail. Les moralisations sont à leur tour suivies parfois de récits explicatifs, tirés d'ordinaire des écrits de l'antiquité classique [22].

Il est fort probable que cette manière d'exposer la morale des quatre vertus cardinales par les vices opposés sous la forme originale de contes d'animaux ou de dialogues moralisés entre des êtres vivants ou autres, ait contribué à assurer le succès du *Speculum Sapiencie* dès son apparition, du moins dans les pays de langue germanique, où il subsiste encore dans un certain nombre de manuscrits [23], et dans la suite par les éditions et les traductions en allemand, en tchèque, en espagnol, qui se sont succédé au XVIe et au XVIIe siècle [24].

Le second procédé a trouvé son application dans le *Formicarius* du dominicain Jean Nieder (1380-1438) [25].

Ce traité, que l'auteur a écrit, comme il le dit dans le prologue, pour répondre aux objections d'hommes d'une foi affaiblie mettant en doute l'existence des miracles et des révélations, comprend une série de développements en cinq parties ou livres, où il est successivement démontré que les miracles et les révélations du temps présent, qu'il ne faut pas confondre avec les fausses visions et les maléfices, ne le cèdent en rien à celles du temps passé [26].

La forme choisie par l'auteur pour développer ses idées, est celle du dialogue moralisé, qui a lieu entre le *Theologus* et le *Piger,* c'est-à-dire entre le maître et le disciple [27]. Le maître prend comme base de son argumentation et des

22. V. Lib. III, 4, 10, 26; IV, 10, etc.
23. V. GRÆSSE, édit. cit., p. 285-286.
24. *Ibid.*, p. 292-302.
25. V. édit. Paris 1519 (*B. N.*, Inv. Rés., D. 4933); pour l'activité littéraire de cet auteur, v. QUÉTIF et ECHARD, *op. cit.*, t. I, p. 792-794; SCHIELER (K.), *Magister Johannes Nider aus dem Orden der Prediger Brüder* (Mainz, 1885).
26. La division adoptée est la suivante, à savoir : I° de verisimilibus; II° de raris bonorum hominum exemplis et operationibus; III° de falsis et illusoribus visionibus; IV° de virtuosis perfectorum operationibus; V° de malificiis et eorum decepcionibus.
27. V. prologue : « Presens opus quod formicarius appellatur moralisatur, in quo piger disciplui et theologus preceptoris habet officium. »

objections que lui pose le disciple, les soixante propriétés des fourmis — douze pour chaque livre — qu'il moralise longuement selon la méthode pratiquée deux siècles auparavant par son confrère Thomas de Cantimpré dans le *Liber apum,* à l'aide de textes tirés de la Bible, des Pères et des écrivains ecclésiastiques et qu'il complète ensuite en manière de preuve et d'illustration par des traits de mœurs de son temps et par de nombreux *exempla* historiques et personnels longuement développés [28].

Ce sont surtout ces traits de mœurs et ces *exempla* personnels qui font l'intérêt captivant du traité, car ils sont exclusivement le fruit des expériences religieuses faites par l'auteur au cours de la vie d'apostolat dans les pays de langue germanique et exceptionnellement ailleurs [29].

Il n'est pas jusqu'aux manuels d'enseignement proprement dit, religieux, canonique, historique ou même pédagogique, où l'*exemplum* ne se soit maintenu comme par le passé.

Qu'il nous suffise de mentionner, pour commercer par ceux qui ont trait à l'enseignement religieux, le *Myroure of Our Ladye,* la *Fleur des commandemens de Dieu,* le *Psautier ou Rosaire du Christ et de Marie.*

Le premier, écrit en anglais dans la première moitié du

28. Il dit à leur sujet, dans le prologue : « Compescere conabor in sequentibus per plura que prope et circa nostra tempora, immo nobis dum datum est vivere in humanis mira a Deo vel miraculis ostensa sunt divinitus cum revelacionibus variis et sanctorum hominum virtutibus que constant aut visus mei vel auditus propria experiencia aut fidedignorum revelacionibus et ut reor satis exinde facta sunt credibilia. »

29. A savoir, à Nuremberg (f. 3ra), à Bamberg (f. 7vb), en Franconie (f. 9vb), à Wurtzbourg (f. 17vb, f. 20va), à Constance (f. 7ra, 10va, 70vb, tempore concilii constanciensis), à Bâle (f. 21vb, 26ra), à Strasbourg (f. 24va, 34rb), à Cologne (f. 49vb, 52rb), à Vienne (f. 48va), à Assise (f. 14va), en Vénétie (f. 13vb), à Salzbourg (f. 37ra), à Mayence (f. 38rb). — Les sources des autres types de récits sont relativement peu nombreuses. Ce sont : la Bible, les *Vitæ Patrum,* saint Jérôme (*Contra Jovinianum*), S. Sévère (*Dialogue*), Cassien, Solin, les bestiaires, Thomas de Cantimpré, Alain de Lille (*De planctu nature*) Albert le Grand, Vincent de Beauvais (*Spec. Hist.*), Pierre de Lune. Pour les éditions, v. Hain, 11830-11833.

XVe siècle [30], est attribué à un certain Thomas Gascogne, professeur à Merton College à Oxford, forme un exposé de l'office divin en général, de celui des heures de chaque jour, ainsi que de celui des fêtes et des messes de l'année liturgique, adressé à une communauté de sœurs de Sion près d'Isleworth sur la Tamise. Il renferme dans la première partie, qui n'est qu'une suite d'exhortations relatives à l'office divin et aux manquements auxquels on y est sujet, un certain nombre d'*exempla* du type dévot extraits de Grégoire le Grand et de Césaire de Heisterbach, en manière d'illustration de certains points doctrinaux traités.

Le second, écrit en français par quelque auteur anonyme, dans la seconde moitié du XVe siècle, forme un exposé des commandements de Dieu et de l'Eglise [31].

Il se compose de deux parties. La première (ff. I-L), précédé de bouts rimés sur les *Commandemens de la loy et de saincte eglise,* d'un petit prologue explicatif où les lecteurs sont invités à lire ce livre basé sur la Sainte Ecriture et les *autorités,* ainsi que d'une double table des matières et des *exempla,* embrasse en quarante-neuf chapitres (« de aymer Dieu et son prochain — de punition éternelle »), toute la théologie populaire, tant dogmatique que morale. Un certain nombre de chapitres débutent également par des bouts rimés (4 vers). On y rencontre ça et là des *exempla,* parfois longuement développés [32], d'autrefois à peine indiqués et avec renvoi à la seconde partie [33].

Cette seconde partie (ff. L^{v}-CXXVIII^{vb}), vrai recueil d'*exempla,* se compose à son tour d'un prologue et d'une série de quatre cent quatre-vingt-onze récits, placés sous soixante-quinze rubriques (*Obediencia-Virtus*) dans le cadre des dix commandements de Dieu. Chaque commandement renferme un nombre variable de rubriques et chaque rubri-

30. V. édit. J.-H. Blunt, *E. E. T. S.* (London, 1873), Extra Sér., n° 19; Mosher, *op. cit.,* p. 128-129.

31. V. édit. Paris, 1548 (*B. N.,* Inv. Rés., D. 1614); Crane, *op. cit.,* Introd., p. CXIII-CXIV.

32. V. édit., p. XIXvb, XXra, etc.

33. V. *Ibid.,* p. XXIVa : autre exemple que « une nonnain servoit et faisoit choses humbles et fuyoit vaine gloire quere LXVI C... ».

que un nombre variable d'*exempla* [34]. Ceux-ci sont, en général, normalement développés, parfois même dilatés à l'excès et suivis dans certains cas d'une petite moralisation (quatre à neuf lignes). Ils proviennent tous de sources latines, sont représentés par la plupart des types, surtout par le récit dévot (biblique, hagiographique) et le récit d'apparitions et traduits assez librement en français à l'usage des simples gens qui ignorent le latin, comme il est énoncé dans le prologue « lesquels exemples ont este extraictz et cueilliz en plusieurs livres ainsi que porte chascune exemple et ont este transmuez de latin en françoys affin que les simples gens qui point latin ne congnoissent les puissent entendre. » L'auteur fournit bien quelques indications dans ce même prologue sur ses sources, telles que la Bible, les visions ou miracles « quaucunes personnes croyables ont veu realement et cogneu par experiuice », le livre du disciple (le *Promptuarium* d'Herolt) « pource que ce fut ung grand clerc qui trouva les dictz exemples es livres esquels nous navons pas etudiez ». Cependant, à en juger par celles signalées en tête des *exempla*, il semble bien qu'il a eu recours à d'autres sources par l'intermédiaire de quelques recueils d'*exempla*, qu'il a directement consultés [35].

34. V., p. ex., édit. f. 75r : 5e commandement : Homicidium injustum (13 *exempla*), Homicidium dubium (4 *ex.*), Odium (4 *ex.*) ; f. 97r: 8e commandement : Testimonium (3 *ex.*). Perjurium (8 *ex.*), Mendacium (1 *ex.*), Detractio (6 *ex.*), Loqui (16 *ex.*), etc.

35. Voici la liste complète des sources citées en tête des *exempla*. Ce sont : la Bible (50 fois citée), les Vies des Pères (56 f. c.), l'Hist. ecclésiastique d'Eusèbe, les dialogues de Grégoire (27 f. c.), les visions de saint Patrice et de Dundale, les « légendes des trespasses », le vénérable Bède, les vies de saints (saint André, saint Jean, saint Pierre, saint Mathieu, saint Hippolyte, saint Maurice, saint Vital, sainte Justine, sainte Agathe, sainte Barbe, sainte Maure, sainte Béatrice, saint Silvestre, saint Basile, saint Nicolas, saint Augustin, saint Jérôme, saint Cyrille, saint Taurin, saint Martin, saint Germain, saint Eloy, saint Thibauld, saint Bernard) (30 f. c.), les miracles de Notre-Dame (10 f. c.), P. Alfonse, P. Damien, les « miracles de Clervaulx », Isopet, le « dialogues » de Césaire, maistre Jaques de Vitre, le *Rationale* de Beleth, le *Speculum historiale* de Vincent de Beauvais, le « livre des mousches à miel » de Th. de Cantimpré, le livre des dons d'Et. de Bourbon, le livre de crainte de Humbert de Romans, le livre des exemples, un sermon, la somme de pénitence, « aucuns livres » (18 f. c.), le livre d'Arnold de Liège (f. 93rb, f. 116vb), Jean

Malgré l'absence de toute originalité, la *Fleur des commandemens de Dieu* a eu une certaine vogue en France et en Angleterre au XVIe siècle. Il n'y a pas moins de quatre éditions qui se sont succédé à Paris dans l'espace de cinquante ans [36]. Une traduction en anglais faite par un certain André Chertsey, et qui a eu deux éditions, témoigne également de son succès dans les Iles britanniques [37].

Le troisième écrit par le dominicain Alain de la Roche (1428-75) [38] forme un traité disparate divisé en cinq parties [39], où l'on rencontre divers sujets tels qu'une apologie historique et doctrinale du rosaire en réponse aux questions ou objections posées à lui par Ferri, évêque de Tournai (cardinal 1480 + 1483), des révélations et des visions, des sermons supposés de saint Dominique, des sermons ou traités de l'auteur lui-même et enfin des *exempla*, au nombre de soixante et onze. Ces derniers, en général, longuement développés et se rapportant aux deux sexes, se réduisent exclusivement à des faits miraculeux concernant le rosaire et sont tirés en partie des miracles de Notre-Dame, de recueils antérieurs, ou empruntés en partie aux faits contemporains.

De même dans les traités de droit canonique qui, à vrai dire, forment autant de traités de morale où les vices et les

Herolt (le disciple récite en ses sermons) (70 f. c.), le disciple récite en son promptuaire (170 f. c.), l'évêque Cyrille (épitres) (f. 101va).

36. V. édit. de Paris 1499, 1510, 1536, 1548.

37. Crane, *op. cit.*, Introd., p. cxiv, signale la traduction faite à Londres en 1510 et le *Dict. of Nat. Biog.*, t. X, p. 191-192, à propos d'Andrew Chertsey (ff. 1508-1532), signale une autre édition de la même traduction également faite à Londres en 1521 8 oct., et où l'on lit dans le prologue de l'exemplaire f. 207vb . « And had be transmuted and channged fyrst from latyn into Frensshe and from Frensshe nowe lately in to Englysshe tongue. »

38. V. *B. Alanus de Rupe redivivus de psalterio seu rosario Christi ac Marie ejusdemque fraternitate rosaria* (édit. Coppenstein, Cologne, 1624) ; sur l'activité littéraire de cet auteur, v. Quétif et Echard, *op. cit.*, t. I, p. 849-52.

39. A savoir : I. Apologia seu responsio ad Ferrium episcopum Tornacensem super pluribus questionibus ab ipso factis de rosario (24 chap.) ; II. de revelationibus et visionibus (17 chap.) ; III. de sermonibus S. P. N. Dominici (6 chap.) ; IV. de sermonibus seu tractatibus B. Alani (10 chap.) ; V. de exemplis sexus virilis (1-58) et feminei (59-71).

vertus ainsi que les obligations religieuses du fidèle, sont exposés en fonction de la législation ecclésiastique, l'*exemplum* a conservé sa place comme par le passé.

Ainsi dans la compilation juridique intitulée *Gnotosolitos* (déformation du grec γνῶθι σεαυτὸν) sive *Speculum Conscienciе* d'Arnold de Geilhoven (+ 1442) [40], achevée dans sa rédaction définitive en 1424 [41], il est fait état de nombreux *exempla,* à la façon de ceux qui illustrent le *Verbum Abbreviatum* d'un Pierre le Chantre ou la *Summa* de Guillaume Peraud. Ecrite sous forme d'un vaste examen de conscience, dans le but de faire progresser le fidèle dans la voie de la perfection, comme il est énoncé dans le prologue [42], elle embrasse en deux livres toutes les questions et solutions qui touchent à la vie religieuse et morale du chrétien, à savoir à la foi, aux commandements de Dieu, aux moyens de salut (I. Livre) et aux censures ecclésiastiques (II. Livre) [43].

40. V. édit. Bruxelles 1476, 2 vol. (*B. N.,* Inv. Rés., D. 1653), et sur l'auteur, SCHULTE (F.), *Die Geschichte der Quellen und Litteratur des canonischen Rechts* (Stuttgart, 1875-80, 3 vol.), t. I, p. 438.

41. V. ms. lat. 372 de Cambrai, où l'on lit, en manière d'*explicit,* f. 221r : « Et sic est finis, Deo gracias, anno Domini millesimo quadringentesimo et XXIIII, ipso die Servacii, tongrensis episcopi, in monasterio Viridis vallis per me fratrem Arnoldum, doctorem decretorum minimum, scriptum et compilatum, ad exemplar vero ejusdem a magistro Nycholao de Vlaesenbeke materia hac pergamenica ex caritate comparata per Balduynum Dieries presbyterum, sic copiatum atque rescriptum anno MCCCCXXVI, in profesto visitacionis Virginis, gloriose et Elisabeth gratia Deo completum... » A la fin du livre I, on lit la note suivante : « Explicit prima pars Gnotosolitos, composita et completa per fratrem Arnoldum, in Viridi valle professum, canonicorum regularium ordinis Sancti Augustini, Cameracensis diocesis, in silva Zonie prope Bruxellam, anno Domini MCCCCXXIII, XXIII die julii... »

42. V. édit. cit. : « In isto libro probemus ac nostras interrogemus consciencias perscrutantes et hiis quibus maculatos nos et culpabiles sentiamus erubescentes peniteamus vitamque et mores corrigamus vicia reprimentes quamdiu divina gracia vitam ducimus in humanis, ne subito preoccupati die mortis queramus penitencie spacium et invenire non possimus. »

43. Le premier livre (divisé en rubriques, les rubriques en chapitres et les chapitres en questions) comprend 16 rubriques que voici : « De VII peccatis mortalibus, de X preceptis, de XII consiliis evangelicis et XII preceptis evangelicis, de V sensibus, de symbolo fidei, de VII sacramentis, de VII donis Spiritus Sancti, de XII fructibus Spiritus Sancti, de VII operibus misericordie corporalibus, de VII ope-

L'auteur a soin d'agrémenter l'aridité du sujet de nombreux *exempla* qu'il ajoute en manière de preuve ou d'illustration aux solutions de cas de conscience, aux développements ou explications théologico-canoniques et aux citations des philosophes, penseurs, théologiens et canonistes de l'antiquité profane et chrétienne et du Moyen Age. Ces *exempla,* au nombre de plus de deux cents, sont représentés par la plupart des types, surtout par le récit dévot et l'*exemplum* moralité — pour ce dernier, il n'y a pas moins d'une quarantaine d'animaux cités, dont les propriétés sont moralisées —. Dépourvus d'originalité, ils sont cités textuellement par l'intermédiaire de recueils et traités, tels que ceux de Césaire de Heisterbach, de Jacques de Vitry, de Vincent de Beauvais, d'Etienne de Bourbon, de Humbert de Romans, de Géraud de Frachet, de Jacques de Voragine, de Jean Gobi, etc..., et ne méritent pas une mention spéciale [44].

Par contre, les allusions faites aux mœurs du temps au milieu des citations, des distinctions et des raisonnements de toute sorte, donnent encore aujourd'hui une certaine valeur au *Speculum Consciencie.* Du reste, les copies manuscrites qui en subsistent et les éditions incunables qui en ont été faites, témoignent suffisamment de la vogue

ribus misericordie spiritualibus, de tribus virtutibus theologicis, de IV virtutibus cardinalibus, de IX peccatis alienis, de peccatis in seipsum, de peccatis clamantibus ad Deum. » Le deuxième livre également divisé en rubriques, en comprend 15, subdivisées à leur tour en questions, à savoir : « De excommunicacionibus [et eorum speriebus] (I-VI), de suspensionibus (VII), de interdictis (VIII), de effectibus excommunicacionis (IX), de irregularitatibus (X), de dispensacionibus [et earum speciebus] (XI-XV). »

44. Voici les sources relevées au cours du texte : Cicéron (*In academicis*), Valère Maxime, Tite Live, Virgile (*Enéide,* L. I, rub. 2, c. 5), Solinus (*De mirabilibus mundi*), saint Jérôme (*Contra Jovinianum*), Eusèbe (*Historia ecclesiastica*), Rufin (*Vitæ Patrum*), Heraclides (*Paradisus*), Grégoire de Naziance (*In prologo apologetici*), Grégoire le Grand (*Dialogues*), vie de saint Patrice, Césaire de Heisterbach, Hélinand, Jacques de Vitry, Geoffroi de Viterbe (*Pantheon*), Vincent de Beauvais (*Spec. Histr.*), Et. de Bourbon (*In libro de VII donis*), Humbert de Romans (*De dono timoris*), Pierre de Limoges (*De oculo morali*), J. de Voragine (*Legenda aurea*), Th. de Cantimpré (*In apibus*), Jean Gobi (*In Scala Celi*), Géraud de Frachet (*De vitis FF. PP.*), Pétrarque, *In libro exemplorum* (= *Tabula exemplorum*), les bestiaires, Alexandre l'Anglais, Henri de Urimaria.

dont ce traité a joui dans la seconde moitié du XVe siècle [45].

Il n'en est pas autrement de l'*exemplum* dans le traité similaire, intitulé « *Speculum Juratorum* », du prémontré Thomas Wygnale (+ 1470) [46].

Dans ce traité, en effet, qui, comme il est énoncé dans le prologue, forme en soixante-quinze chapitres une petite somme des vices et des vertus en fonction des commandements de Dieu et de l'Eglise, il est fait usage comme dans le traité précédent, en manière de preuve ou d'illustration de la doctrine exposée, d'une centaine d'*exempla*. Ceux-ci cependant ne présentent aucune originalité, extraits qu'ils sont des sources communes et plus spécialement des écrits des écrivains anglais [47]. Ils se réduisent, dans leur ensem-

45. V., pour les mss., Paris : Mazarine, ms. 933 ff. 1-288 (XVe s.); Cambrai : *B. V.*, ms. 372 ff. 1-221 (1488) ; Berlin : Bibl. Royale, ms. 550 ff. 1-355 (XVe s.); Trèves : *B. V.*, ms. 714 (non fol.) (XVe s.); Wolfenbuttel : Bibl. Ducale, ms. 192 ff. 1-298 (1481); Vienne : Hofb., ms. lat. 4880 ff. 1-317 (XVe s.), et pour les édit., v. Bruxelles 1476, 1479, 1490 (HAIN, nos 7514-7515 et PELLECHET, nos 5007-5007 A).

46. V., sur ce personnage, BALE, *op. cit.*, édit. Bâle, 1657-1659, p. 617, et pour le texte le ms. Harley 148 ff. 1-116v (XVe s.) du *B. M.* Le texte débute par ces mots : « Hic incipit Speculum juratorum. In nomine Se Trinitatis... in qua sunt pater et filius et spiritus sanctus et hii tres unum sunt... », et il se termine par cet *explicit:* « Ad quam civitatem ubi sine fine est gloria beata, nos omnes perducat Trinitas increata amen. Explicit Speculum juratorum. » Il est très défectueux à travers tout le ms., et la division en chapitres s'arrête déjà au f. 35v (chap. XXIII), ce qui dénote une copie éloignée de l'original en même temps qu'un copiste inexpérimenté. Le nom et la qualité de l'auteur nous sont connus par la note mise en marge du f. 2r, où l'on lit : Ego frater Thomas Wygnale canonicus monasterii be Marie de Westdereham ordinis premonstratensis Norwicensis dioceseos perpetuus vicarius ecclesie sancte Trinitatis in Cantabrigia elicensis dioceseos inter bacchalaureos in decretis minimus et tamen indignus. » Le même auteur a également composé un *Speculum hereticorum* dont il subsiste des extraits sous forme d'*exempla* dans le ms. 262. B. 11. 23 ff. 104-143 (XVe s.), de Trinity Coll. Lib. de Cambridge, comme cela résulte de la note écrite en haut du recto du f. 104 : « Sequentes narraciones extrahuntur a tractatu qui vocatur Speculum hereticorum, quem Thomas Wygendale canonicus B. M. de West-Derham ord. premonst. norwicensis... compilavit. » Au sujet de l'auteur, on lit au recto du fol. 3 (d'une main postérieure) : « Vixit A. D. 1470 sub Edwardo IVo nugarum et figmentorum sedulus collector. »

47. Les sources indiquées en tête des récits sont, outre les citations empruntées à saint Augustin, à Cassiodore, à saint Thomas d'Aquin,

ble, aux types de l'*exemplum* profane, au récit dévot et à l'*exemplum* moralité et se trouvent parfois moralisés.

L'*exemplum* s'est également maintenu dans les chroniques abrégées qui, sous forme de manuels, étaient destinés à alimenter de leur contenu les divers enseignements des écoles et de la chaire. Nous avons un spécimen curieux de ce genre de chroniques dans la *Nova Chronica* du maître Théodoric Engelhus (+ 1440) [48].

C'est un abrégé de l'histoire du monde depuis les origines jusqu'au temps de l'auteur, où la suite des événements, placés dans un cadre spécial, est illustrée de très nombreux récits tirés des sources profanes et chrétiennes les plus variées et, par conséquent, représentés par la plupart des types d'*exempla*. Il a été compilé, comme il est dit dans le prologue, non seulement en vue de notre instruction dans la foi et dans les mœurs, de notre progression dans la dévotion et dans la compréhension des Ecritures, mais aussi en vue de l'enseignement donné, soit par l'école, soit par la chaire afin de permettre à tous d'y trouver des arguments favorables à leur exposé [49].

à Nicolas de Lyre : Valère Maxime, Cicéron, Ovide (*Métamorphoses moralisées*), Solin, Pline, Justin, *In gestis Alexandri,* saint Ambroise, Rufin (*Vitæ Patrum*), saint Augustin (*De civitate Dei*), saint Grégoire (*Dialogues*), Bède (*De gestis Anglorum*), Pierre Alfonse, Hugues de Saint-Victor, P. le Mangeur (*In historia scolastica*), Giraud de Barri (f. 34v, *In Cosmographia ?*), Césaire de Heisterbach, Vincent de Beauvais (*Speculum historiale*), Albert le Grand (*De natura rerum*), Alexandre Nequam (*De naturis rerum*), Barthélemy l'Anglais (*De proprietatibus rerum*), Walter Burley (*In libello de virtutibus philosophorum*), Holcot (f. 97v, *In sermone*), saint Jean de Beverley (*Vie*), Arnold de Liège (*Alph. Narracionum*, f. 53), *In annalibus librorum Grecorum, In Cronicis.*

48. V. édit. LEIBNIZ (G. G.), dans les *SS. rer. brunswic.* (Hanovre, 1710). Il en existe deux éditions, l'une abrégée qui est de 1423, et l'autre complète qui est de 1426, ainsi qu'une compilation faite en allemand et basée sur l'édition abrégée de 1423 (v. *Neues Archiv.*, t. XIII (1888), p. 173-187 : *Ueber die deutsche Chronik und andere historische Schriften des magisters Dietrich Engelhus,* art. HEINEMANN), et au sujet de laquelle l'auteur conclut en ces termes : « Die deutsche Chronik des Engelhus ist also keine Uebersetzung der Chronica nova, sondern eine auf denselben Quellen beruhende Bearbeitung der Weltgeschichte in deutscher Sprache mit Beibehaltung derselben Ordnung im Grossen wie in der Chronica Nova, aber doch unter mancher Veränderung im Einzelnen » (p. 177).

49. V. édit., p. 978 : « Mihi visum est quosdam flores ex omnibus,

Si nous passons aux traités de pédagogie, spécialement à ceux qui traitent de l'instruction et de l'éducation des princes, nous constatons que là aussi l'*exemplum* joue le même rôle que par le passé et n'est, somme toute, que la reproduction avec ses différents types de celui de traités similaires d'un Vincent de Beauvais, d'un Guibert de Tournai et d'un Gilles de Rome. Qu'il nous suffise de mentionner à ce sujet le *Regement of Princes* de Thomas Hoccleve et le *Gouveraunce of Prynces* de James Young.

Le premier [50] écrit en vers anglais, en 1412, et basé sur les traités des trois auteurs que nous venons de citer ainsi que sur le *Secreta Secretorum* et sur le *De ludo scaccorum* [51] comprend deux parties. L'une affecte la forme d'un dialogue, qui a lieu entre Hoccleve et un mendiant et où est décrit l'état social de l'Angleterre contemporaine. L'autre, au contraire, n'est qu'une longue dissertation sur les quinze qualités nécessaires à un prince et, dans l'espèce, au futur roi Henri V (1413-1422). Si l'une ne renferme qu'une demie douzaine d'*exempla,* l'autre en contient, par contre, une quarantaine extraits principalement de l'histoire ancienne profane et exceptionnellement de la Bible, de l'histoire locale et des recueils des récits dévots. Ceux-ci sont dans leur ensemble brièvement relatés et se rapportent comme une conclusion naturelle aux sujets traités.

Le second [52], écrit en prose anglaise vers 1420 à l'adresse du duc d'Ormond, gouverneur d'Irlande et basé aussi sur le *Secreta Secretorum,* rentre dans la même catégorie que le

quos legere potui sive catholicorum sive philosophorum sive poetarum et historicorum in unum volumen summatim redigere ex his precipue quæ pertinere videntur ad fidei nostræ astructionem vel morum instructionem seu caritatis excitandam devotionem aut etiam divinarum scripturarum declarationem. Valet autem id opus tam ad legendum, disputandum et solvendum, quam etiam ad prædicandum... » V. *ibid., sub fine,* un inventaire détaillé des sources consultées, ainsi que Heinemann, art, cit., p. 177, pour celui de la chronique allemande.

50. V. édit. F. G. Furnivall, *E. E. T. S.* (London, 1897), Ext. Sér., n° 72; Mosher, *op. cit.,* p. 131-132.

51. V., pour la liste des sources, Furnivall, Introd., p. xv-xvi.

52. V. édit. R. Steele, *E. E. T. S.* (London, 1898), Ext. Sér., n° 74.

précédent et traite pour ainsi dire des mêmes sujets, notamment des « foure cardynale vertues and dyvers othyr good maturis and olde ensamplis and new », comme dit l'auteur dans la dédicace. Les *exempla* cependant au lieu d'être placés isolément après chaque développement, y sont au contraire ajoutés par groupe de quatre ou de six, comme s'ils devaient donner par là plus de poids à l'exposé précédent, comme semblent l'énoncer les formules d'introduction des récits [53].

Ils sont tirés, à l'exception de quelques rares récits bibliques, des *Facta memorabilia* de Valère Maxime, des *Gesta Romanorum* et des chroniques ou empruntés aux événements contemporains de l'Irlande, ce qui semble dénoter que dans ce genre de traités d'instruction à l'usage de gens d'un rang élevé, on faisait plutôt appel au type de l'*exemplum* profane qu'à celui du récit dévot.

Cependant il faut arriver aux traités de courtoisie, de bonnes manières et de bon maintien pour voir l'*exemplum* assumer un caractère profane plus accentué. Ici, en effet, il se dépouille largement de son caractère religieux et moral pour devenir un conte amusant ou un trait plaisant, bref il se sécularise.

Le traité où cette sécularisation se manifeste nettement est la *Mensa philosophica* [54], compilé par un dominicain allemand dans la seconde moitié du XVe siècle [55].

53. V. édit., p 128, 149 : « Here folwyth ensamplis of olde stories to prow the forsayde lasson sothe. » « Now here begynnyth olde stories to prowe the forsayde techynge of prudencia trowthe. »

54. V. édit., s. l. ni d. (*B. N.*, Inv. Rés., R. 1174) ; au sujet de l'auteur supposé, v. Albert Wesselski, *Mönchlatein* (Leipzig, 1909), Introd., p. I-LI, où la paternité du traité est attribuée à Michel Scot (1175-1234 ?), théologien anglais (*Dict. of Nat. Biog.*, t. LI, p. 59-62) et Frenken (G.), *op. cit.*, Introd., p. 73-80, où celui-ci a rectifié partiellement les inexactitudes de Wesselski et donné certains renseignements sur Th. Anguilbertus Hibernus, l'éditeur de la *Mensa philosophica* (édit. 1475).

55. L'auteur est, selon toute apparence, un dominicain allemand. Ses préférences, en effet, vont généralement aux Frères-Prêcheurs, qui ont toujours un beau rôle dans les *exempla*. Parmi les personnages qu'il met en scène, il se plaît à mentionner des maîtres illustres de cet ordre comme Albert le Grand (IV, de nobilibus, de canonicis), Jourdain de Saxe, Thomas de Cantimpré (Julius de apibus), Nicolas

La *Mensa philosophica* a pour objet des entretiens de table et se compose, d'après l'énoncé fait dans le prologue, d'une série de préceptes culinaires en même temps que de traits d'esprit et de délassement honnêtes entremêlés de questions philosophiques à l'usage des convives[56].

Dans ce but, elle a été divisée en quatre parties. La première et la troisième parties comprennent la description des mets et des boissons avec leurs propriétés médicinales, telles qu'on les connaissait alors et la discussion à l'aide de textes des philosophes, des naturalistes et des médecins grecs, arabes et latins, de toutes les questions qui y touchaient de près ou de loin. La troisième et la quatrième parties n'embrassent que des *exempla* et traits divers au nombre de trois cent cinquante, destinés à appuyer et à

de Bronsbarch « antiquus et reverendus magister ordinis » (IV, de predicatoribus), Humbert de Romans (IV, de noviciis). De plus, ses sources d'information sont en grande partie dominicaines. Enfin, son origine allemande est clairement indiquée par l'emploi de termes allemands, v., p. ex., Kervele (IV de juvenculis), lynhose (IV de sompniis), par la localisation de certains récits en Allemagne comme à Cologne (IV de militibus, de monialibus, de noviciis, de canonicis), à Utrecht (IV de cecis), à Verda juxta Renum (IV de sompniis), à Brunswick (IV de minoribus), à Mersebourg (IV de judeis), en Westphalie (IV de obsessis), à Ratisbonne (IV de sompniis), et par la citation de personnages allemands comme Frédéric [Barberousse] et Frédéric II (IV de imperatoribus, de histrionibus, de fatuis), le comte Blankenborch (IV de noviciis), Gerhardus de Griffone (IV de sompniis), Mardwinus (IV de conversis), Jean de Durren (IV de sompniis), Conradus Rufus, Heleburgis (IV de monialibus), Melchildis (IV de beguinis). Il est vrai que quelques récits sont également localisés en France, comme à Rouen (IV de archiepiscopis), à Chartres (IV de episcopis), à Toulouse et à Châlons (IV de predicatoribus), à Lyon (IV de noviciis), mais ces derniers sont extraits des *Vitæ FF. PP.* de G. de Frachet et de la *Compilacio singularis* de Tours-Berne.

Quant à la date de composition de la *Mensa philosophica*, il y a lieu de la placer aux environs de 1470. D'une part, en effet, le personnage le plus récemment cité est le frère mineur Jean de Durren (IV de sompniis), mort en 1468 et, d'autre part, l'édition la plus ancienne est celle de 1475. C'est donc vraisemblablement entre ces deux dates que ce traité a été composé, c'est-à-dire vers 1270.

56. V. édit. cit., prologue : « Videtur omnino expediens ut sermo mensalis vel fit de natura rerum quibus vescimur et potamur vel de questionibus mensalibus quibus in mensa excitamur vel de hiis et illorum moribus et condicionibus quibus in mensa sociamur vel de hiis jocis et solaciis honestis quibus in mensa recreamur et exhileramur. »

agrémenter l'exposé de la première et de la troisième parties [57].

Les *exempla* et traits sont placés sous des rubriques représentant les diverses conditions sociales [58]. Ils sont empruntés directement, soit au *Communiloquium* de Jean de Galles (2e partie), soit à la *Compilacio singularis* et aux traités d'Albert le Grand, de Thomas de Cantimpré, de Géraud de Frachet, d'Et. de Bourbon et de Humbert de Romans ainsi que parfois à l'expérience personnelle du compilateur (2e et 4e parties) [59]. Dans leur ensemble, ils

57. V. édit. cit., prologue : « Presens opusculum mensam philosophicam intitulare decrevi et in quatuor tractatus parciales distinxi. Primus erat de harum rerum natura quas per modum cibi vel potus in mensa sumimus. Secundus erit de natura et moribus eorum cum quibus in mensa sumus ut in verbis mense eorum moribus honeste et utiliter conformemur. Tercius de questionibus mensalibus, quibus in mensa philosophica exercitamur. Quartus de honestis jocis et solaciis quibus in mensa hilariter jucundamur. »

58. V. *ut supra.* Les rubriques se suivent au nombre de 31 pour la seconde partie, à savoir : « De imperatoribus, de regibus, de principibus, de pontificibus, de nobilibus, de militibus, de armigeris, de bellatoribus, de philosophis et oratoribus, de medicis, de juvenibus, de senibus, de civibus, de mercatoribus, de agricolis, de manuartificibus, de divitibus, de pauperibus, de religiosis, de peregrinis, de venatoribus, de judicibus, de advocatis judiciorum, de advocatis et ballivis dominorum, de amicis, de consanguineis, de mulieribus bonis, de mulieribus malis, de viduis bonis, de virginibus » ; elles sont au nombre de 37 (36) pour la quatrième partie, à savoir : « De imperatoribus, de regibus, de principibus, de comitibus, de militibus, de armigeris, de advocatis, de mercatoribus, de usurariis, de rusticis, de judeis, de latronibus, de histrionibus, de mulieribus, de juvenculis, de pueris, de cecis, de fatuis, de obsessis, de summis pontificibus, de cardinalibus, de archiepiscopis, de episcopis, de archidiaconis, de canonicis, de claudis et contractis, de clericis, de advocatis, de abbatibus, de prioribus, de monachis, de predicatoribus, de minoribus, de noviciis, de conversis, de sompniis, de medicis, de diversis artificibus. »

59. C'est par l'intermédiaire de ces traités que sont citées les « autorités » d'auteurs anciens et modernes tels qu'Aristote, Théophraste, Xénophon, Hippocrate, Pline, Lucain, Galien, Plutarque, Juvenal, Octavien, Constantin l'Africain, Rasis, Isaac, Avicenne, Platearius, ainsi que les sources mentionnées souvent en tête des *exempla* et dont voici, pour mémoire, la liste : Cicéron (Tullius), Salluste, Solin, Archi[ta] Terentinus (*De oratoribus*), Vitruve (Vitrabius, Eustracius, *In architectura*), Suétone, Quinte Curce, Végèce, Frontin, Justin, Marcien, Aulu-Gèle, Macrobe, Sénèque, Papias, Emilius Probus, Hermès Trismégiste, Josèphe (*Lib. Antiq.*), Hégésippe, Eusèbe (*In chronicis*),

sont traités à peu près de la même façon que ceux de la *Compilacio singularis,* c'est-à-dire introduits d'après le même procédé, développés brièvement, inégalement répartis sous les différentes rubriques et existant indépendamment les uns par rapport aux autres. Ils sont représentés par les mêmes types avec prédominance cependant de la note profane et plaisante, adressés qu'ils étaient à un auditoire différent de celui de la chaire et marquant par conséquent la transition entre l'esprit religieux et moral du passé et l'esprit sceptique et amoral du présent, qui est définitivement à l'ordre du jour dans les écrits des conteurs italiens, français et allemands [60]. C'est vraisemblablement à cette nouvelle manière de concevoir et de traiter l'*exemplum* autant qu'au fond du sujet et à son exposé original qu'il faut attribuer la vogue dont a joui pendant longtemps dans les différents pays la *Mensa philosophica* [61].

Ainsi donc, d'après ce qui précède, l'*exemplum* a trouvé sous ses différentes formes un emploi varié dans les divers traités de morale, de dévotion, d'instruction, qui se sont succédé pendant le XVe siècle. Il y a revêtu les mêmes for-

saint Jérôme (*Contra Jovinianum*), Rufin (*Vitæ Patrum*), Cassien (*Collationes Patrum*), Abbreviator Trogi Pompei, Orose, Isidore, Pierre le Mangeur, le Pseudo-Boèce (*De disciplina scolarium*), Hélinand (*De institucione principum*), Cés. de Heisterbach (*Homélies*), Jean de Salisbury (*De nugis philosophorum,* traité attribué ici par erreur, comme dans le *Communiloquium* de Jean de Galles (v. édit. Venise, 1496, f. 53r), à Cæcilius Balbus, 56 a. J.-C.), *In gestis Romanorum, In Cronicis.*

60. A savoir, chez Le Pogge, Jovianus Pontanus, Laurentius Abstemius, Antoine de la Salle, Philippe de Vigneules, Steinhœwel, Augustin Tünger, Sébastien Brand; v., à ce sujet, Konrad Vollert, *Zur Geschichte der lateinischen Facetiensammlungen des XV. und XVI. Jahrhunderts* (Berlin, 1912), et Ernst Schulz, *Die englischen Schwankbücher bis herab zu « Dobson's Drie Bobs »* (1607) (Berlin, 1912).

61. Le traité subsiste à notre connaissance dans trois copies manuscrites défectueuses, à savoir : à Paris : *B. N.*, ms. lat. 8759 ff. 1-124 (XVIe s.), à Munich: Bibl. Royale, ms. lat. 9092 ff. 481-508 (1679), et à Dublin: Trinity Coll. Lib., ms. 417 (non fol.) (XVIIe s.). Il a eu également plusieurs éditions. Outre celle déjà citée, ce sont les éditions de 1475, de Cologne 1480, de Louvain 1485, de Heidelberg 1489, de Paris 1500, de Colmar (s. d.), plus deux autres s. l. ni d., v. Hain, n°s 11075-11081. Il a même été traduit en anglais sous le nom de *The schoolemaster or Teacher of Table Philosophie,* 1576 ? et est devenu à son tour une source d'inspiration pour les conteurs postérieurs.

mes, constitué les mêmes types que dans ceux du passe. Ce qui le distingue cependant encore plus que celui de la littérature parénétique, c'est l'absence marquée d'originalité. Ce sont presque toujours les mêmes récits provenant des mêmes sources qui illustrent l'exposé religieux, moral et didactique. Tandis que le type dévot l'emporte dans les traités d'édification et d'instruction religieuse, le type profane (classique et historique) prédomine dans les traités didactiques et autres. Il semble qu'une double tendance s'y soit fait jour, dont l'une cherchait à maintenir l'*exemplum*, tel que le passé l'avait constitué et dont l'autre s'efforçait de le détourner de sa destination primitive et de le vider de son contenu moral et religieux pour en faire un conte profane ou plaisant, une facétie ou un récit gai, dont celui de la *Mensa philosophica* marque la transition et celui des nombreux recueils de contes du XVe siècle la parfaite expression.

Il résulte donc de l'étude de l'*exemplum*, soit dans les recueils d'*exempla* proprement dits, soit dans les productions de la littérature parénétique, religieuse, morale et didactique qui ont vu le jour au cours du XVe siècle, que celui-ci, tout en y remplissant le même rôle que par le passé, est en voie de déclin et d'épuisement, faute de sources nouvelles où il aurait eu de quoi s'alimenter. Dans l'une et l'autre catégorie d'écrits, il n'est la plupart du temps que la reproduction de celui du passé malgré des tentatives faites dans certains sermonnaires et traités pour lui infuser une vie nouvelle par le recours à l'expérience personnelle ou aux écrits profanes anciens et modernes. Et si l'on ajoute à cela l'emploi abusif de l'*exemplum* profane et la tendance qui se fait jour de dépouiller l'*exemplum* pris dans son ensemble de sa signification religieuse et morale sous l'influence des conteurs laïcs, on a à peu près épuisé les raisons qui ont contribué à son déclin, sinon à sa disparition complète de la littérature religieuse et didactique [62].

62. Il y a lieu d'ajouter à ces raisons, l'opposition faite à l'emploi de l'*exemplum* en chaire, par les humanistes et les prescriptions conciliaires. Cette opposition remonte même au XIVe siècle. Dante, au début de ce siècle, dans la divine comédie (*Paradiso*, canto XXIX, 11)

et J. Wiclef en 1381, dans ses traités *Of the Leaven of Pharisees* et *Of the Prelates* (v. MOSHER, *op. cit.*, p. 17), s'étaient insurgés contre son emploi abusif comme contraire à la piété. Dans la seconde moitié du XVe siècle et après, les humanistes comme Le Pogge, Aurelio Brandolini, Henri Etienne et Erasme (v. L. MARENCO, *op. cit.*, p. 194 et sq.; MOSHER, *op. cit.*, p. 17-18) raillent agréablement les diseurs d'historiettes en chaire. Erasme dit spécialement à leur sujet, dans son *Concionator* (édit. Louvain, 1532), p. 529 : « Ab exemplis fabulosis quamquam et his ratione quadam utuntur oratores in totum abstinendum censeo, duntaxat apud promiscuam multitudinem. Video quidem fuisse morem nostra memoria, ut concionatores narrationibus quibusdam uterentur sub rationis finem, quæ videri poterant studio confictæ ad terrorem incutiendum rudibus et obduratis, aut ut rem alioqui frugiferam persuaderent... », et dans le *Mariæ encomium* ou *Stultitiæ laus* (édit. Utrecht, 1648), p. 268 : « Hic mihi stultam aliquam et indoctam fabulam, ex Speculo opinor historiali, aut Gestis Romanorum, in medium adferunt et eandem interpretantur allegorice, trologice et anagogice... »

Au XVIe siècle, les conciles interviennent activement pour mettre fin aux excès de certains prédicateurs devenus conteurs d'historiettes ou de traits amusants. Ainsi le 5e concile général de Latran de 1516 (v. MANSI, *Concilia*, t. XXXII, Sess. XI, col. 946) établit pour les prédicateurs une nouvelle réglementation, qui abroge toutes les dispositions antérieures, en ces termes : « Sacro approbante concilio, statuimus et ordinamus ut nullus tam clericus sæcularis quam cujusque etiam mendicantium ordinis regularis aut quivis alius ad quem facultas prædicandi tam de jure quam de consuetudine vel privilegio aut alias pertinet, ad hujusmodi officium exercendum admittatur nisi prius per superiorem suum respective diligenter examinatur... ad illud aptus et idoneus reperiatur... », et cela pour mettre un frein aux exagérations de langage de certains prédicateurs qui « plerumque etiam vana quædam et inania et alia hujus modi populis ingerere... audent. » Le concile de Sens de 1529 (v. MANSI, *Concilia*, t. XXXII, col. 1199) exige qu'on suspende de leur fonction de prédicateurs, les conteurs d'historiettes : « [Prædicatores]... si populum more scurrarum vilissimorum dum ridiculas et aniles fabulas recitant, ad risus cachinnationesque excitaverint... nos volumus tales tam ineptos et perniciosos concinatores ab officio prædicationis suspendi... » Le concile de Milan de 1565 (v. MANSI, *Concilia*, t. XXXIV, col. 9) fait les recommandations suivantes aux prédicateurs: « Ne historias ex apocryphis scriptoribus populo narrent, neve miracula quæ probati scriptoris fide non commendentur. Si quæ tamen auditoribus salutaria judicarint, ita commemorent, ut a certa eorum confirmatione abstineant. Ne ineptas et ridiculas fabulas recenseant neve supervanea et parum fructuosa. » Au début du XVIIe siècle (1624), le concile de Bordeaux (v. MANSI, *Concilia*, t. XXXIV, col. 1579) (et non celui de Burgos, comme l'affirment CRANE, *op. cit.*, Introd., p. LXX et MOSHER, *op. cit.*, p. 18) donne, en spécifiant davantage, les mêmes conseils aux prédicateurs : « Quæ autem concinatori sunt fugienda multa esse norunt omnes, sed hæc duntaxat prescribamus, ne igitur certum tempus Antechristi extremi judicii, apocrypha, falsa miracula, fabulas, profana, ambigua, obscura, dubia, difficilia ac supra plebis captum afferat concionator. »

Cependant, malgré le discrédit où était peu à peu tombé l'*exemplum*, à la suite des attaques des humanistes, malgré les prohibitions conciliaires, on a continué, quoique d'une façon restreinte, de compiler des recueils d'*exempla* et d'utiliser l'*exemplum* dans les traités de dévotion ainsi que dans les sermonnaires. Qu'il nous suffise de mentionner les compilations suivantes, à savoir, pour le XVIe siècle : le recueil intitulé *Schimpf und Ernst*, compilé en allemand, vers 1519, par le franciscain Jean Pauli, de Thann (Alsace), comprenant d'après l'édition de Strasbourg de 1622, 693 *exempla* (plus 39 *exempla* supplémentaires dans les éditions postérieures), tirés des écrits des prédicateurs moralistes et conteurs de la période précédente et contemporaine, tels que Pétrarque (*De remediis utriusque fortunæ*), Alexandre l'Anglais, Arnold de Geilhoven (v. *ut supra*), Félix Hermerlin (*De nobilitate et rusticitate*), J. Gritsch, G. Barletta, Robert de Licio, Giraud de Piscariis, Gott. Hollen, Geiler de Kaisersberg (*Sermons*), l'auteur anonyme de la *Mensa philosophica*, ainsi que de l'expérience du compilateur (v. n°s 23, 69, 225, 230, 325, 520-521, 564-565, etc.). Ce dernier, en vrai disciple de saint François, y a surtout en vue les obligations religieuses et morales du chrétien, les vices et les travers des diverses conditions sociales et dans ce but a recours à tous les types d'*exempla* depuis le récit dévot jusqu'au conte le plus réaliste, bien qu'il se défende dans le prologue des « schampern und unzüchtigen exemplen » (v. édit. H. Oesterley, *Schimpf und Ernst von Johann Pauli* (Stuttgart, 1866), *Litt. Verein*, t. 85; pour le texte, les éditions et l'influence du recueil). — La vaste compilation intitulée : *Exempla virtutum et vitiorum atque etiam aliarum rerum maxime memorabilium futura lectori supra modum magnus thesaurus* de Jean Hérold (+ 1555), dédiée à Richard, palatin du Rhin et duc de Bavière et divisée en 11 parties, dont les sources sont respectivement : Nicolas de Hanapes : *Virtutum et vitiorum exempla;* Valerii Maximi : *Factorum et dictorum memorabilium libri X, Æliani variæ historiæ libri XIIII;* Marc Antoine Sabellico (1436-1506) : *Exemplorum libri X;* Aristote : *Œconomicarum dispensationum exempla ;* Baptiste Fregoso (+ 1483) : *Exempla dictorum factorumque memorabilium libri IX;* Parthenii Nicensis : *De amatoriis affectionibus liber, Jano Cornario Zuiccaviensi interprete;* Guy de Fontenay (poète de Bourges, + 1500) : *Liber de rebus humanis variorum exemplorum;* M. Marullo de Spolato (+ 1524) : *De vita religiosa per exempla instituenda libri VI;* Heraclides (vers 140 av. J.-C.) : *De politiis Atheniensium;* Sextus Julius Frontinus : *Exemplorum militaris solertiæ libri IV* (v. dit. Bâle, 1555, *B. N.*, Inv., R. 887). — Le *Promptuarium illustrium exemplorum* du pasteur luthérien André Hondorff (+ 1572), sorte de traité des dix commandements de Dieu (v. prologue), où une quantité considérable d'anecdotes historiques empruntées non seulement au passé, mais encore au présent, viennent appuyer à point les explications théologiques (v. édit. Leipzig, 1598, *B. N.*, Inv., Z. 18023). — Quelques recueils anonymes, dont il subsiste une copie manuscrite, à savoir, à Londres : *B. M.*, ms. Harley 3938, à Cambridge : Trinity Coll. Lib., ms. 1400; à Bruxelles : Bibl. Royale, ms. 3570; à Munich : Bibl. Royale, ms. 10895; à Vienne : Hofb., ms. 9702; à Utrecht :

B. Univ., ms. 182a (v. *infra*, app. III, Inventaire des mss.). — Pour le XVIIe siècle : le *Catéchisme historial* ou *Fleur des exemples* d'Antoine d'Averoult (1554-1614) où de très nombreux *exempla* illustrent l'exposé en dix chapitres de la doctrine et de la morale chrétienne (v. prologue, édit. Lyon, 1608, *B. N.*, Inv., D. 24521 et Crane, *op. cit.*, Introd., p. lxxvii-lxxix) ; les différentes éditions du *Magnum Speculum exemplorum* de Jean Major (v. *ut supra*), ainsi que le petit recueil intitulé : *Exempla virtutum et vitiorum* du prêtre italien Giovanni Vittorio Rossi (Jani Nicii Erithræi) (1577-1647). Les 177 *exempla* qui le composent appartiennent, en général, au type dévot et proviennent de l'expérience personnelle de l'auteur, comme celui-ci l'annonce dans le prologue dédié sous forme de lettre à Fabio Chisio, évêque de Nériton : « Ne librum hunc contemnas, nihil in eum intuli, nisi quod ipsemet vidi, vel ab iis, qui ipsi vidissent, accepi, sed non quod quisque vidisset, continuo illud fide ac memoria dignum duxi, sed habui rerum delectum ac personarum in primis rationem, etenim iis tantum fidem esse habendam censui qui auctoritate aliqua vel morum ac vitæ dignitate præstarent... » (v. édit. Cologne, 1644, *B. N.*, Inv., R. 55098) ; le *Mare magnum exemplorum SS. Rosarii*, comprenant 510 miracles de Notre-Dame, du frère-prêcheur Dominique Riera (v. édit. Majorque, 1699) ; en outre, deux recueils anonymes, dont l'un à Paris, *B. N.*, ms. lat. 13706 et l'autre à Vienne, Hofb., ms. lat. 11362 (v. *infra*, Inventaire). — Pour le XVIIIe siècle, la nouvelle édition du *Promptuarium exemplorum* de Jean Herolt, sous le titre de *Discipulus redivivus* (v. édit. Augsbourg, 1728, 2 vol.) et quelques recueils anonymes, à savoir, celui de Paris, *B. N.*, ms. lat. 9713, et ceux de Saint-Gall, Stiftsb., mss. 1357-1362, 1427 (v. *infra*, Inventaire).

De même, dans certains traités de dévotion et sermonnaires, l'*exemplum* s'est maintenu, notamment dans l'*Introduction à la vie dévote* (1608) de saint François de Sales (+ 1622), qui se distingue surtout par l'emploi de l'*exemplum moralité* (v. édit. Paris, 1857), la *Pratique de la perfection chrétienne* (1614) d'Alphonse Rodriguez (+ 1616), où le récit dévot des *Vitæ Patrum*, est principalement utilisé (v. édit. Séville, 1616), les *Sermons* d'Abraham de Santa Clara (+ 1709), où des récits pris sur le vif sont mêlés à ceux tirés de recueils d'*exempla* et de sermonnaires antérieurs (v. édit. Passau-Lindau, 1853-74) et pour l'Eglise anglicane, les *Sermons* de Jeremy Taylor (+ 1667) (v. édit. London, 1883, 10 vol.), où l'on rencontre à la fois l'*exemplum profane* de l'antiquité grecque et latine, l'*exemplum biblique*, le récit dévot des *Vitæ Patrum* et même l'*exemplum moralité* des *De proprietatibus rerum* ou *De natura rerum* du Moyen Age. Encore de notre temps, l'*exemplum* trouve un certain emploi dans les sermons adressés par les prédicateurs au peuple pendant les missions ou retraites populaires.

CONCLUSION

Ainsi donc d'après nos recherches faites dans les productions de la littérature religieuse et didactique qui se sont succédé pendant tout le Moyen Age dans l'Occident chrétien, l'*exemplum,* comme genre narratif spécial, a eu, à l'égal des autres genres littéraires, sa période d'origine et de développement, d'épanouissement et de déclin.

D'origine à la fois orientale et gréco-latine, il a définitivement trouvé son entrée avec la plupart de ses types constitutifs dans les homiliaires et les traités d'instruction, de polémique et de morale de la période patristique et dont les *Vitæ Patrum,* les homélies et les dialogues de Grégoire le Grand constituent les modèles.

Dans la période qui s'étend du VIIe au XIIe siècle, il s'est maintenu d'abord avec l'un ou l'autre type, d'une façon restreinte il est vrai et malgré toutes sortes de vicissitudes, dans les homiliaires qui voient alors le jour, mais il a fini par étendre avec le temps son domaine dans les sermonnaires et les traités d'enseignement et de dévotion où, tour à tour, le récit hagiographique et historique, l'*exemplum* moralité, la fable, le récit d'apparitions et même l'*exemplum* personnel sont représentés.

A la suite de la réforme cluniste et grégorienne, il lui est donné de prendre un nouvel essor qui concorde harmonieusement avec le vaste mouvement théologique, dont le XIIe siècle offre un spectacle unique dans l'histoire de la littérature chrétienne médiévale. Désormais, il occupera non seulement une place plus importance dans les sermonnaires, mais il envahira encore, outre les chroniques et la poésie, l'enseignement des maîtres fameux et des pieux mystiques qui semblent de plus en plus portés à s'en servir par manière d'illustration pour leur exposé doctrinal dans les écoles ou pour leurs exhortations dévotes dans les communautés religieuses. Il sera prêt à constituer sous peu son domaine définitif.

Avec le XIIIe siècle, il entre dans une phase nouvelle. Ses théoriciens font alors leur apparition et lui assignent un rôle tout nouveau. Les prédicateurs, cisterciens et bénédictins, membres des ordres mendiants ou du clergé séculier, à la suite de la transformation de la méthode de prédication, lui donnent une importance toute nouvelle dans l'instruction religieuse et morale du peuple chrétien. Dans le sermon ils lui assignent une place spéciale et en font même une partie intégrante. Peu à peu, ils l'encadrent même dans des recueils spéciaux et en fixent définitivement les différents types en recevant dans son domaine déjà très accru, tout ce qui constitue un fond narratif quelconque. Dans ce but, ils puisent leurs récits dans l'antiquité sacrée et profane, dans les écrits antérieurs et contemporains, dans les traditions universelles et locales, dans la vie quotidienne de la société cléricale et laïque, voire même dans leur expérience personnelle. C'est alors qu'on voit apparaître et se succéder dans l'Occident chrétien ces recueils d'*exempla* qui, pendant deux siècles, embrasseront par leur fond divers et leur forme variée, concurremment avec les récits des sermonnaires et des traités didactiques et moraux qui voient alors le jour en quantité considérable, tout le fond narratif religieux ou profane, encadré d'après un dispositif à ordre logique ou à ordre alphabétique, avec ou sans la moralisation de l'*exemplum*.

Peu à peu cependant des signes de décadence se font jour dans ce domaine. C'est, d'une part, l'absence de sources nouvelles qui se traduit surtout par l'élimination progressive de l'*exemplum* personnel. C'est, d'autre part, la répétition de l'*exemplum* du passé principalement de l'*exemplum* profane et, par suite, la substitution fréquente du fond narratif au fond doctrinal dans l'exposé de la doctrine chrétienne dans les sermonnaires, les traités d'instruction et de morale. Les recueils d'*exempla* qui paraissent au XVe siècle ne sont à tout prendre que la copie terne de leurs aînés, encore que dans les sermonnaires et les traités religieux, moraux ou didactiques l'*exemplum* provenant d'apports parfois nouveaux semble se maintenir. C'est manifestement l'épuisement du genre qui se fait sentir. Si l'on ajoute à cela la vogue de plus en plus grande des conteurs laïcs, la tendance à donner à l'*exemplum* une signification amorale, l'opposition faite par les humanistes au prédicateur conteur d'historiettes et à partir du XVIe siècle, les prescriptions conciliaires et la transformation de la mentalité chrétienne par la Réforme, on a, semble-t-il, épuisé les raisons qui ont contribué à accélérer le déclin de l'*exemplum,* sinon à en supprimer l'usage. On a continué, il est vrai, à l'utiliser dans quelques rares sermonnaires et traités de dévotion, voire même à compiler des recueils d'*exempla* au XVIe et au XVIIe siècle ou à en rééditer d'anciens jusqu'à une époque voisine de la nôtre. Mais malgré tous les efforts faits pour le maintenir et lui conserver une certaine vigueur du passé, on est parvenu tout au plus à y intéresser encore certains auditoires dans la prédication populaire.

APPENDICE I

Sermons de Jacques de Vitry (Sermones vulgares).

Sermo [*LX*] *ad agricolas et vinitores et alios operarios.*
[*B. N.*, ms. lat. 17509 ff. 122rb-124vb (XIIIe s.)].

Thema. s. ex Zacharia c. XIII : « Homo agricola sum, quoniam Adam miraculum meum ab adolescencia mea. » « Mane semina semen tuum et vespere non cesset manus tua, quia nescis quod magis oriatur hoc vel illud. » Hiis verbis exemplo agricolarum, ammonet nos Ecclesiastes ad instanciam et diligenciam [va] predicandi verbum Dei, plerumque enim multa oportet dicere in multitudine et non esse pigrum, quia si unum non movet, aliud movet et si unus non movetur, alius movetur et aliqui in principio sermonis non convertuntur, qui in fine convertuntur. Et ideo dicit Ecclesiastes quod mane et vespere debet homo seminare, sic enim cito dives fiet et habundabit. Unde in Ecclesiastico: Qui operatur terram suam, inaltabit acervum frugum et qui operatur justiciam, ipse exaltabitur. Et in Parabolis ait Salomon : Qui operatur terram suam, saciabitur panibus, excolendo scilicet terram proprii corporis, macerando et castigando, excolendo terram ecclesie i. subditos docendo et instruendo, excolendo propriam animam in virtutibus et bonis operibus illam exercendo. Mane ergo seminare debemus semen spirituale in cordibus auditorum et vespere non debemus cessare, sed a principio usque ad finem bonis operibus insistere, unde apostolus ad Galathas, II: Bonum autem facientes, non deficiamus, tempore enim suo metemus non deficientes. Sicut enim bonus agricola propter pluviam vel frigus non cessat a labore, ita vir sapiens propter aliquam adversitatem non cessat a bono opere et sicut agricola in principio laboris Deum in auxilium suum invocat et signo crucis premisso, laborem inchoat, ita in principio sermonis debemus aves infernales abigere signo crucis ne fructum verbi Dei de agro cordis nostri rapiant et Dominum invocare ut rorem lacrimarum et solem gracie sue, semini verbi sui inmittat et illud cordibus vestris hodie fructificare faciat.

Homo agricola ego sum etc. Ad litteram agricultura et labor manuum valde commendatur in Sacra Scriptura, sine qua non posset consistere res publica. Unde post peccatum Ade et filiis suis injuncta est penitencia, dicente Domino : In sudore vultus tui vesceris pane tuo. Qui igitur hac intencione laborant, ut penitenciam a summo sacerdote sibi injunctam faciant, plerumque non minus merentur quam qui in ecclesia tota die cantant vel de nocte ad matutinas vigilant. Multos enim pauperes agricolas vidimus, qui de labore manuum uxorem et filios sustentabant et plus laborabant quam monachi in claustris vel clerici in ecclesiis et si intencione faciendi penitenciam a Deo sibi injunctam, illud in caritate faciunt, vitam eternam promerentur et insuper temporale sustentamentum sibi acquirunt. Si vero tanquam bruta animalia, aliam non habent intencionem nisi ut habeant quidquid manducant aut bibunt, meritum suum accipiunt in hac vita et aliud laborando non merentur. Unde valde fatui et vecordes qui penam in penitenciam convertere possent [vb] et non convertunt, nec oculum habent nisi ut temporalia sibi acquirant, quia non minus laborant quam alii qui occulum ad Deum habent.

In eodem quidem agro unus laborare potest messem colligendo, ut penitenciam agat, alius tantum ut pecuniam lucretur, tercius ut manipulos furetur. Ecce isti eque laborant exterius, sed unus meretur vitam eternam, alius temporalem pecuniam, tercius eternam dampnacionem. Pari modo mulier sapiens, [nendo (*B. N.*, ms. lat. 3284 f. 164va)] secundum intencionem suam agere potest penitenciam et nichilominus acquirit fusatam, alia vero non minus laborat et non nisi fusatam acquirit, quia nichil aliud intendit. Ut ergo hujusmodi labor et pena primis parentibus a Domino inflicta, in penitenciam convertatur, dicit Amos propheta : Vocabunt agricolam ad luctum et ad planctum, eos qui sciunt plangere. De laboribus manuum suarum multi comedunt, qui tamen boni non sunt, sicut de Caiyn legimus; multi autem multum laborant, sed laboris fructum non secuntur, quia a peccato mortali absorbentur. Unde in Genesi dicitur : Posuit dominus hominem in paradiso ut operaretur et custodiret illum. Operari ergo oportet et custodire, aliter non prodest laborare; operando autem custodire et custodiendo operari debemus. Ociosi enim qui nolunt operari, non solum bona omittunt, sed habita amittunt. Nisi enim operemur ea que habemus custodire non valemus. Operando autem perficimur, sicut in Ecclesiastico dicitur : Qui operatur terram suam inaltabit acervum suum. Et iterum ait : Ne oderis laboriosa opera et rusticacionem ab altissimo creatam. Et in Ecclesiastico Salomon ait : Hoc itaque visum est mihi bonum, ut comedat quis et bibat et fruatur leticia ex labore suo quo laboravit ipse sub sole. Ad literam comendare videtur vitam laborancium quoque de labore suo vivencium, sicut apostolus ait : Qui furabatur, jam non furetur, magis autem laboret manibus, ut habeat unde tribuat necessitatem pacienti. Duas siquidem manus habere debemus, unam ad laborandum, aliam ad dandum; qui altera caret, mancus reputatur. Unde propter honestatem hujus ministerium conceditur clericis et regularibus personis terras excolere et propriis manibus laborare ita quod propter hoc ecclesiasticum servicium ad quod tenantur, non omittant; negociacio autem eis interdicitur, quia autem Salomon ait : Ut comedat quis et bibat et fruatur leticia ex labore suo; dicit contra avaros, qui semper sunt in tristicia et solicitudine et in acquirendi et congregandi anxietate : Qui sibi invidet, nichil illo est nequïcius, hic est avarus qui sibi necessaria subtrahit, unde subditur et hoc est reddicio malicie illius, angustia scilicet quam sustinet propter nequiciam suam. Ideo Ambrosius ait avaro : Quid mali optes nisi quod vivat diu. Et Augustinus : Quid avarius illo cui Deus sufficere non potuit. Et in Parabolis dicitur : Conturbat domum suam, qui sectatur avariciam quia mentem suam flatibus et suggestionibus demonum exponit. Conturbat [f. 123ra] eciam domum suam. i. familiam, restringendo necessaria et dicendo : Nimis comedis nimis bibis. Et in Ecclesiastico : Cuncti dies ejus laboribus et erumpnis pleni sunt, nec per noctem requiescit. Et iterum ait : Divicie conservate in malum domini sui, pereunt in afflictione pessima. Et paulo post : Cunctis diebus vite sue comedit in tenebris et in curis multis et in erumpna atque tristicia. Et iterum de avaro ait : Vir cui Deus dedit divicias et substanciam et honorem, nec tribuit ei potestatem Deus ut comedat ex eo, sed homo extraneus vorabit illud. Et in Ecclesiastico : Non saciabitur pane indigens et in tristicia erit super mensam suam. Et iterum Ecclesiasticus : Contra avaros est qui locupletatur agendo. i. retinendo avare et hec pars mercedis illius, in eo quod dicit : Inveni requiem michi et nunc manducabo de bonis meis solus et nescit quod tempus pretereat illum et mors appropinquet et derelinquat aliis omnia et moriatur. Hoc est quod dives avarus qui volebat horrea sua ampliare et usque ad multos annos congregare dicebat : Anima mea, habes multa bona reposita in annos plurimos. Cui dictum est : Stulte hac nocte repetent animam tuam et corpus... Et Ecclesiasticus ait : Noli attendere ad possessiones iniquas et ne dixeris : Est mihi sufficiens vita, nichil enim proderit tibi in tempore vindicte et obductionis id est mortis. Sicut alii qui semper sunt in angustia acquirendi et tamen nunquam habundant, sed semper sunt inopes et miseri, de quibus in Ecclesiastico : Est homo laborans et festinans et dolens impius et tanto magis non habundabit. Dyabolus enim ostendit divicias, ut concupiscant et subtrahit ut magis angustientur. *Sicut pueri ligant filum in denario perforato et ut transeuntibus illudant, retrahunt, dum inclinati capere concupiscant.* Pharao quidem. i. diabolus subtrahit eis paleas diviciarum et nichilominus exigit ab eis eumdem numerum laterum, licet enim pauperes sint, nichilomnus avari sunt et multa habere cupiunt. Dyabolus enim illos qui in angustia paupertatis constituti sunt, de facile capit more venatoris, qui in angusto transitu, feras sagittat et vulnerat. Tyrus enim. i. angustia filia est Sydonis. i. venacionis. Sicut autem nimia sitis quandoque compellit hominem bibere aquam lutosam, ita avaricia que radix est omnium malorum, agricolas et laboratores ad multa iniqua compellit adeo quod quandoque pro modica terra animas suas perdunt, dum carricas suas in terras vicinas mittunt ut saltem unum sulcum sibi furtive acquirant vel metas et terminos terrarum transferunt, de quibus Osee ait : Arastis impietatem. i. terram impie acquisitam, impietatem messuistis. i. iniquam messem collegistis; comedistis frugem mendacii per mendacium. s. acquisitam dicendo terram [rb] alienam esse meam. Et iterum Osee ait : Facti sunt principes Juda quasi assumentes terminum. i. transferentes metas agrorum. Et in Parabolis dicitur : Ne transgrediaris terminos antiquos quos posuerunt patres tui, quod eciam spiritualiter contra hereticos dicitur, qui terminos catholice fidei pretereunt, quos a inicio posuerunt doctores. In Deuteronomio dicitur : Non assumes nec transferres terminos proximi tui, quos priores posuerunt in possessione tua.

Alii autem in periculum animarum suarum avare decimas retinentes debitas non solum fures, sed insuper sacrilegi judicantur. Decime enim et ministris ecclesie consecrate sunt et appropriate. Unde in Levitico dicitur in fine : Omnes decime terre sint de frugibus sive de pomis arborum Domini et illi consecrantur. Et Yeronimus: Amico rapere quicquid furtum est, Ecclesiam fraudare sacrilegium est. Non solum autem in veteri testamento, sed in novo decime precipiuntur reddi. Unde Dominus in Matheo : Ve vobis scribe et pharisei, qui decimatis mentam et anetum et cymium et reliquistis que graviora sunt legis, judicium, misericordiam et fidem et hec oportuit facere et illa non omittere. Propterea Augustinus ait : Redde decimas, alioquin deduceris ad decimam. i. ad partem angelorum decimam que de celo corruit in infernum. Decima enim est census, quem pro hereditate eterna debemus. Qui autem non dat censum perdit agrum vel domum, unde in Ecclesiastico : Qui subtrahit aliquid a patre suo et a matre sua et dicit : Hoc non est peccatum, particeps homicide est. Et ita patet quantum sit peccatum subtrahere jura sua patri spirituali. i. sacerdoti et matri Ecclesie, quod homicidio comparatur. *De cygonia autem dicitur quod dat decimum pullum et inimica est serpentibus.* Et illi qui juste reddunt decimas, hostes sunt dyaboli et amici Dei. Equaliter qui male decimant, inimici sunt Dei. Unde Dominus per Malachiam : Si affligit homo Deum, quia vos me configistis et dixistis, in quo configimus te, in decimis et in primiciis et in pecunia vos maledicti estis. Ecce quantum est peccatum decimas retinere, propter quod Deus se configi et crucifigi conqueritur et subdicitur in Malachia : Inserte omnem decimam in horreum meum ut sit cibus in domo mea et probate me super hoc dicit Dominus si non aperuero vobis cataractas celi et effundero vobis benedictionem usque ad habundanciam. Ex quo patet quod Deus propter detencionem decimarum immittit sterilitatem et penuriam et eis qui bene reddunt immittit habundanciam juxta illud : Date et dabitur vobis. Unde autem in Exodo dicitur : Decimas tuas et primicias non tardabis offerre. Dicit Augustinus : Si tardaveris decimas dare, peccatum est, quanto magis pejus peccatum est non [va] dedisse. Et iterum ait : Si decimas dederis, non solum habundanciam fructuum recipies, sed eciam sanitatem corporis consequeris. Cum ergo Ecclesia compellere vos valeat per censuram ecclesiasticam ad solucionem decimarum ex omnibus que singulis annis tam in fructibus terrarum quam in fetibus animalium renovantur, vos non ex coactione, sed cum gaudio in bona voluntate jus suum Domino reddere debetis. i. decimas quas Deus a nobis exigit pro stipendiis ministrorum suorum et in signum universalis dominii. Unde Ecclesiasticus XXXV : In omni dato hylarem fac vultum tuum et in exultacione sanctifica decimas tuas. Quidam autem laici non solum decimas de bonis suis reddere contradicunt, sed insuper decimas recipiunt, quas ministris ecclesiarum et hiis qui sacramenta ministrant, Dominus assignavit. Dignus est enim operarius mercede sua. Si ergo laici sacramenta non ministrent nec missas celebrent, qua fronte clericorum stipendia et jura spiritualia sibi usurpant et quasi jure hereditario in periculum animarum suarum sibi vendicare presumunt. Alii autem non solum decimam partem sed vix vicesimam aut quadragesimam reddunt et si de quibusdam reddant decimam, deteriora Deo persolvunt et sibi retinent meliora, unde et rem et meritum perdunt. Sicut dicitur de Cayn quod spicas juxta viam a bestiis corrosas Domino offerebat et ideo ad Cayn et ad munera ejus Dominus non respexit. Sumere enim debemus de optimis terre frugibus et ferre viro munera. i. Christo. Unde in Numeris XVIII : Omnia que oppertis in decimis et in donaria Domini separabitis, optima et electa erunt. Et Malachias ait : Si offeratis cecum ad immolandum, nonne malum est ? Offer illud duci tuo, si placuerit ei, quasi dicat non placebit illi. Et iterum ait : Maledictus ergo dolosus qui habuit in grege suo masculum et votum faciens immolat debile Domino. Patet ergo quod legitimas decimas et de melioribus et precipuis bonis nostris debemus Domino persolvere in recognicionem universalem dominii ejus et quia servi illius censuales sumus qui nobis novem partes reliquit et decimam sibi et ministris suis retinere voluit. Quinimo cum nondum essent ecclesiarum ministri vel qui eas nomine Domini reciperet voluit tamen de bonis suis partem sibi reddi et ad ejus honorem igne cremari ut patet in oblacione Abel, sicut in alia translacione dicitur : Inflammavit Deus super Abel et munera ejus. Non solum autem decimas, sed eciam primicias jussit Dominus offerri. Unde in Parabolis : Honora Dominum de tua substancia et de primiciis frugum tuarum da pauperibus. Unde loco primiciarum quidam primam partem panis dant pauperibus. Similiter antequam [vb] comedant de carnibus aut de piscibus semper aliquam partem ad opus pauperum separant et primam scutellam de pulmento. Eodem modo de area et torculari. *Audivi eciam quod quedam devote et prudentes matrone de tela sua quam fecerant, antequam in usus suos converterent, primam partem pauperibus largiebantur et ita in locis illis ubi hodie non redduntur primicie ecclesiarum ministris, loco primiciarum erogande sunt hujus modi elemosine.* Quidam autem tanta avaricia contrahuntur quod nec primas partes nec ultimas pauperibus erogant, sed totum consumunt et devorant, de quibus in Job dicitur quia nichil remansit de cibis ejus. Hii sunt qui pauperum. i. reliquias ciborum canibus suis vel gallinis comedendas prebent vel usque ad putredinem reservant. *Sicut audivi de quodam divite* avaro qui pastillum unum tantum *fecit reservare, quod dum coram ipso et hospitibus qui secum comedebant aperiretur in mensa, mures exierunt. Eadem autem avaricia ducti quidam necessaria vestimenta que pauperibus dare debuerunt, tantum reservant quod nulli usui sunt apta et ita debita parte pauperes defraudant, cum tamen Dominus noster Jesus Christus vestimentum corporis sui eo tempore quo melius fuit pro nobis tradidit, quando. s. triginta trium annorum fuit. Unde de quodam avaro milite audivi quod cum manducasset in curia cujusdam nobilis et post prandium repeteret capam suam, quam ejus serviens inter alia vestimenta reposuerat cito invenire non poterat, cepit eum vituperare coram omnibus et dicere, fili meretricis, affer cito capam meam, numquid agnoscis eam. Ille offensus et indignatus, cunctis audientibus, respondit: Bene cognosco eam, domine, jam sunt VII. anni, sed eam non potui invenire. Quod audientes milites ceperunt ridere et militem avarum valde confusum irridere.* Alii vestimenta vetera que jure sunt pauperum, vendi faciunt vel servientibus suis rasoribus scil. vel illis qui pannos eorum abluunt pro precio tradunt. De quibusdam eciam audivi quod de capa veteri faciunt pallium et postquam diu tulerunt pallium capulare inde faciunt et tandem de capulari caligas et in fine de caligis calceos faciunt et ita totum pauperibus auferunt. Magis autem calefaciunt mures vestibus suis quas putrescere sinunt in perticis quam pauperes. Pulcherrima autem pertica divitis est corpus pauperis, ubi vestimenta secure reservantur ut nec a tinea corrumpantur, nec a furibus auferantur. *Vidi enim quosdam divites avaros et adeo maledictos qui annonam in granariis suis et vinum in cellariis dum carum tempus expectarent tamdiu servarunt* quod bladum [f. 124ra] *nulli usui aptum et vinum corruptum et fetidum projiciebant, quia nec animalia, nec pauperes ex hiis uti volebant.* Isti non solum fures vel raptores reputantur, de quibus Ysaias : Rapina pauperum in domo vestra, sed insuper inter homicidas dampnabuntur, qui pauperibus qui fame moriuntur, subvenire non curant. sed quantum in ipsis est, dum carum tempus expectant, mortem pauperum desiderant. *Audivi de muliere quadam, cui maritus ejus claves et custodiam omnium bonorum tradiderat ac illa adeo absque pauperum compassione cuncta reservabat quod nihil pro Deo indigentibus erogabat et cum longam vitam sibi promitteret, accidit quod mortua est. Cum autem rogarent ejus maritum ut pro anima uxoris aliquas faceret elemosinas, ille magis cogitans de secundis nupciis quam de anima uxoris defuncte, gallicum proverbium respondebat : Berta omnia bona mea in potestate habuit, totum habeat quod pro anima sua fecit, Berte fu ale mait se elle dona si en ait.* Alii autem adeo visceribus pietatis carent, quod pauperes post messores spicas remanentes colligere non permittunt, sed porculis suis reservant. Similiter in vindemia uvas modicas que manus vindemiatorum fugiunt, a pauperibus colligi non permittunt nec eciam culmum ad opus pauperum relinquere volunt. Contra bonos mores et honestatem, immo contra precepta Domini et legem divinam, in Levitico enim dicitur : Postquam messueritis segetem terre vestre, nec segabitis eam usque ad solum, nec remanentes spicas colligetis, sed pauperibus et peregrinis dimittetis eas. Et iterum in Levitico dicitur : Cum messueritis segetes terre tue non tondes usque ad solum superficiei terre, nec remanentes spicas colligebis, nec in vinea tua racemos et grana tua decidencia non congregabis, sed pauperibus et peregrinis carpenda dimittes. Et in Deuter. dicitur : Quando messieris segetem in agro tuo et oblitum manipulum relinqueris, non reverteris ut tollas eum sed advenam et pupillum et viduam auferre pacieris, ut benedicat tibi Dominus Deus tuus in omni opere manuum tuarum. Si fruges collegeris olivarum, quicquid remanserit in arboribus, non reverteris ut colligas, sed relinques advene pupillo ac vidue. Si vindemiaveris vineam tuam, non colliges remanentes racemos, sed cedent in usus advene et pupilli et vidue. Ecce quomodo Dominus omnem occasionem et sordes avaricie resegat a servis suis quos vult esse clementes, largos, curiales seu liberales. Prima peregrinis obscena pecunia mortem intulit et turpi fregerunt secula luxu divicie molles. Contra illos autem qui ex avaricia vel ex negligencia permittunt ire animalia sua in agros alienos et bona aliorum vastant dicitur in Exodo : Si leserit quispiam agrum vel vineam et dimiserit jumentum ut depascatur aliena, quicquid [rb] optimum habuerit in agro suo vel vinea pro dampni estimacione restituet. De hiis vero qui operarios suos male tractant et precium laboris retinent vel reddere tardant dicitur in Deuter : Non negabis mercedem indigentis et pauperis fratris tui sive advene, qui tecum moratur in terra tua et intra portas tuas, sed eodem die reddes ei precium laboris sui ante solis occasum. Qui pauper est ex eo sustentat animam suam. Et in Levitico Dominus ait : Non morabitur opus mercenarii tui apud te usque mane. Et Thobias ad filium ait : Quicumque tibi aliquid operatus fuerit, statim ei mercedem restitue et merces mercenarii tui apud te omnino non maneat. Teste autem Ecclesiastico : Panis egencium vita pauperis, qui defraudat eum homo sanguinis est et iterum : Qui effundit sanguinem et qui fraudem facit mercenario fures sunt. Et Job ait : Si animas agricolarum afflixi, oriatur mihi pro grano tribulus. Et Jacobus ait : Ecce merces operariorum qui messuerunt regiones vestras, que fraudata est a vobis, clamat et clamor eorum in aures Domini sabaoth intravit. Similiter fraudulenti operarii, quando supervenit dominus festinant et nituntur operari fortiter, quando autem non videntur, segnes sunt et ociosi, non attendentes quod qui XII denarios recipit pro opere diurno et ficte laborando non facit opus quod valeat sex denarios, totum restituere tenetur quod amplius accepit et in quo dominum dampnificavit. Unde ad Colosenses. : Servi, obedite per omnia dominis carnalibus, non ad oculum servientes, quasi hominibus placentes, sed in simplicitate cordis timentes Deum. Quodcumque facitis ex animo operamini sicut Domino et non hominibus, scientes quod a Domino accipietis retribucionem.

Caveant autem agricole et alii operarii ne cupiditate ducti diebus dominicis et aliis sollempnitatibus, que precipiuntur feriari operentur. Sicut enim Dominus in lege districte precepit servare diem sabbati et in multis locis per prophetas sanctos conqueritur de violacione sabbati juxta illud Ezechielis: Sabbata mea prophanaverunt. Ita precipit observari diem dominicum a vespere precedente et alias festivitates, que loco sabbati successerunt. Sancti eciam de hiis conqueruntur quod festa sua observare negligunt, secundum quod in Ecclesia observari jubentur. Vix enim successus bonos habere possunt que in talibus diebus labore acquiruntur. Si enim lapidari precipitur in lege, qui colligebat ligna in sabbato, quod nunquam fiebat nisi pro mortali peccato, multo forcius qui sollempnitates debitas in tempore gracie non observant, lapidabuntur in inferno. Non ergo in hujusmodi sanctis et venerabilibus diebus debemus opera servilia facere, sed spiritualibus et saluti anime intendere. Non [va] emere vel vendere nisi forte ea que ad diem sunt necessaria. Tucius tamen esset emendo victualia diem festum prevenire. Non ergo fiat mercatum publicum hiis diebus, nec placita seu cause litigiose exerceantur, in quibus debent christiani oracioni vacare et ymnis et psalmis et canticis spiritualibus. Quiescere autem jubentur non solum homines sed eciam animalia, ut cum summariis vel quadrigis non portemus onera. Unde Yeremias : Nolite efferre onera de domibus vestris in die sabbati nec inferatis onera per portas et Dominus in Exodo : VI diebus operaberis in septima die cessabis, ut requiescat bos tuus et asinus et refrigeretur filius ancille tue et advena. Si tamen urgeat necessitas arare vel fructus colligere propter periculum hostium qui aliis diebus caperent vel occiderent operarios quia necessitas non habet legem, tunc de mandato Ecclesie possent hujusmodi operaciones exercere et tunc largiores solito elemosinas pauperibus erogare. Debent ergo agricole et alii operarii diebus dominicis ad ecclesiam venire ut audiant a sacerdotibus quando et cujusmodi festa debeant observare. Quidam autem ita negligentes sunt et rudes atque agrestes et maxime qui in agris et nemoribus commorantur, quia raro ecclesiam intrant, nesciunt quando sit festum nisi quando non vident carrucas in agris vel quando non audiunt scindi arbores. *Audivi diu quod in quadam villa erat quidam rusticus senex qui longo usu didicerat dies festos et semper in illis diebus qui in partibus illis feriari solebant, caligas suas rubeas calciabat. Quod videntes vicini sui dicebant familie sue : Hodie oportet nos feriare, nam dominus Gocelinus caligas rubeas portat.* Quidam autem non solum festis diebus laborant, sed quando homines ad ecclesiam vadunt, insidiantur eis et bona eorum furto asportant, vel quia hiis diebus homines in agris et vineis non inveniuntur sicut in aliis diebus, tunc maledicti segetas furantur vel fructus in ortis aut uvas in vineis et maleficiis suis omnibus odiosis se reddunt et tandem ad finem malum deveniunt. *Similes leoni qui quamdiu potens fuit nemini parcebat, quando autem factus est senex, ut jam defendere se non posset, ledebatur ab hiis quos leserat. Aper dente ipsum vulnerabat, taurus cornibus ventilabat, asinus calce percuciebat, vulpes supra eum mingebat. Multi eciam propter ejus maliciam, eum ledebant, qui tamen nunquam ab eo lesi fuerant.* Bonum est ergo benivolum et amabilem se exhibere. *Audivi enim de aliquibus qui non solum ab agris* [vb] [*et segetibus amicorum animalia ejiciebant, sed eciam ab agris* (ibid., f. 163va)] *inimicorum suorum sepes dissipatas reparabant et si asinum odiencium se videbant, sub onere sublevabant cum hits qui oderunt eos. Qui enim multis servit aliquem inveniet remuneratorem. Sicut dicitur de leone, qui cum haberet spinam in pede necessitate coactus pastori pedem porrexit, qui spinam a pede leonis extraxit. Accidit autem post dies multos quod leo captus imperatori presentatus est vivus et cum aliis bestiis ipsum imperator servari faciebat. Et postea pastor ille tale quid commisit quod captus et imperatori presentatus datus est bestiis ad devorandum. Quem leo recognoscens non solum illi pepercit, sed ab aliis bestiis ne lederetur defendit. Quod cum relatum esset imperatori, valde ammiratus pastorem sibi presentari fecit. Et cum didicisset veritatem, non solum pastorem, sed eciam leonem abire liberum permisit.*

Non ergo agrestes sitis aut rustici, sed liberales et benivoli. Ordo enim agricolarum et aliorum operatorum, si bene observetur, valde meritorius est et acceptabilis Domino nostro Jesu Christo, qui vivit et regnat per omnia secula seculorum amen.

APPENDICE II

Sermons d'Eudes de Chériton (Parabolæ).

Dominica IVa [post natalem] secundum Matheum VIII. cap.
[*B. N.*, ms. lat. 16506 ff. 144rb-145vb (XIIIe s.)].

Cum descendisset Jesus de monte secute sunt eum turbe multe. Et ecce leprosus venit etc. Notandum quod turbe secute sunt eum. Alii propter caritatem ut apostoli, alii propter doctrinam depravandam vel audiendam ut scribe et pharisei, alii propter admiracionem ut curiosi, alii propter curacionem ut infirmi. Mistice Dominus descendit de monte quando de celo veniens carnem assumpsit. Leprosus qui ei occurrit est humanum genus, lepra peccati in corpore et anima respersum, qualiter genus humanum factum est leprosum et postea curatum. *Rex potentissimus ortum deliciarum semel fecit lignis pomiferis herbis et fluminibus decenter ornavit. Cuidam juveni pulcherrimo et uxori ejus ortum comendavit, prohibuit quod si leprosus eum intraret, osculum ei non darent nec persuasioni ejus acquiescerent, quod si facerent leprosi cum leproso efficerentur. Contigit paulo post quod leprosus intravit et quedam custodibus persuasit, osculum porrexit, custodes ei adquiescentes facti sunt leprosi. Veniens autem predictus rex increpans custodes eo quod ex culpa sui jam facti sunt leprosi, ejecit eos de orto deliciarum in valle lacrimarum. At illi genuerunt filios et filias leprosos* [va]. *Rex est omnipotens qui paradisum creavit et decenter ornavit, Adam et Eva in pulcritudinem innocencie plasmavit et paradisi custodes constituit, prohibens ne de ligno sciencie boni et mali comederent. Propterea diabolus lepra peccati plenus lignum vetitum in specie serpentis ascondit et ut de fructu ligni come-*

deret Eve persuasit. Mulier comedit et marito suo comedendum exibuit, uterque enim persuasionem leprosi adimplens, osculum seductionis replevit et lepra peccati perfusus est. Veniens autem Deus propter hanc lepram, ipsos de loco voluptatis in hanc terram afflictionis ejecit. Omnes vero filii Adam propter lepram originalis culpe non solum infecti sunt, sed interfecti sunt. [Propter] quam cum omnes nascerentur filii ire per culpam, diabolus per mortem traxit eos in gehennam. Quotquot enim erant ante adventum Christi, straverunt lectum sum in tenebris. Antiqui patres hanc lepram totum humanum genus esse infectum intelligentes ad summum medicum diversimodo clamantes, medelam postulaverunt. Quidam ait : Veni ad liberandum nos etc. Item utinam disrumperes celos et descenderes quasi [dicitur] nil (texte : non) reputavi, si celum rumperetur dummodo venires. Item sana me Domine et sanabor, ait Eccle. Osculetur me osculo oris sui quasi dicitur diabolus osculatus est me ore sordido, saliva sua intoxicavit me, spiraculum mortis misit in me, sed o tu Christe osculo salutifero osculeris me, mel et lac quod est sub lingua tua fundas in me, spiraculum vite mittas in me et merito dico, osculo oris tui non Moysi, quum filius vidue non per nuncium, sed per osculum viri Helysei resuscitatus est. Nil mihi rescribas, attamen ipse veni. Et hujusmodi clamores multiplicati ad aures Dei Patris efficaciter pervenerunt; verumtamen Deus Pater respondit. i. quibusdam patribus inspiravit quod hoc modo potuit humanum genus sanari si filium suum unigenitum sine macula et lepra in terram mitteret, qui sine culpa carnem assumeret, in quadam aqua baptizaretur, os ejus usque ad mortem assaretur et sanguis ejus effunderetur et populus post ipsum in eodem balneo baptizaretur, carnem ejus comederet et sanguis ejus biberet, quum non fuit modus nostre salutis excellencioris. Crescente ergo lepra peccati et adgravato jugo pharaonis. i. diaboli super filios Israel fortiter clamaverunt justi, ut Deus Pater filium suum mitteret in terram, unde de Simeone sene legitur cum suspiriis dixisse putasne videbo, putasne durabo, putasne veniat illa nativitas. Talibus suspiriis Pater commotus dixit ad filium : Surgas, fili karissime, ne creatura tua pereat, preparavi tibi per Spiritum Sanctum mundissimam virginem de qua carnem accipias immaculatam et fies homo et omnia quecumque facies prosperabuntur. Et respondit filius : Propter miseriam inopum. i. gentilium et gemitum pauperum. i. judeorum, nunc exurgam dicit Dominus et propter verba labiorum tuorum ego custodiam vias duras. i. opprobria et tormenta. Misit ergo Deus nobis salvatorem factum ex muliere quantum ad carnem qui a Johanne in flumine baptizatus est. Et quicumque in eodem balneo. i. in aquis baptismatis lavatur, ab omni lepra peccati mundatur. Verumtamen postquam sacerdos hanc aquam in nos mitteret pactum cum Deo fecimus quod nunquam voluntatem primi leprosi adimplebimus. Unde sacerdos ait : Abrenuncias sathane et omnibus pompis ejus. Respondit : Abrenuncio. *Item in signum istius incantacionis, Naam sirus in flumine Jordanis se lavit et mundatus est, Constantinus imperator in aqua baptismati*[*s*] *a lepra curatus est.* Verumtamen quia multociens de ligno vetito gustamus et pactum transgredimur, Deus permisit carnem suam assari, de qua assatura ait Ysay[as] : Excoquite quasi argentum per ignem transiens puriorem recepit claritatem ita Deus per ignem passionis transiens in die resurrectionis accepit immortalitatem, hanc carnem post penitenciam oportet nos sumere si volumus a spirituali infirmitate curari perfecte. Dominus ergo tetigit leprosum et sanavit, quando per baptismum et sacramentum corporis et sanguinis ejus humanum genus liberavit. Sequitur : Extendit manum. i. tetigit eum dicens volo mundare, ut distinctio sit inter volo et mundare. Mundare est secunde persone imperativi passivi et est sensus mundare esto mundus in hoc quod tetigit, vocatur humilitas in hoc quod dicit volo, pietas in hoc quod dicit mundare majestatis potestas.

Vulnera non virtutes sunt propalanda.

Vide nemini dixeris. Hoc tamen Marchus ubique hoc miraculum predicasse dicitur, verumtamen ipsum in hoc peccasse credendum est, sed in hoc dat exemplum fidelibus, ut in bonis que faciunt humanum favorem non querant quia ut dicit Calixtus : Melior est in malis factis humilis confessio quam in bonis superba gloriacio. In hoc nos instruit Deus quod bona nostra non debemus publicare, sed mala confiteri in occulto. Cicius enim eger a medico exauditur, si infirmitatem suam confitetur, quam non est opus medicus sanis, sed male habentibus. Si peregrinus in via vulneratus [vestitus, spoliatus vulnera cooperiat, raro sibi (*B. N.*, ms. lat. 698 f. 24va)] aliquis subveniet sed cum nuditatem et vulnera demonstrat, hominem ad succurrendum sibi provocat. Omnes igitur sumus peregrini a demonibus vulnerati, a virtutibus spoliati, cicius misericordiam Dei provocamus, si miseriam nostram et anime vulnera Domino coram sacerdote propalamus. Sequitur: Vade et ostende te sacerdotibus. Luchas dicit principi sacerdotum, quum sufficit sacerdoti uni confiteri et offerre munus quod precepit Moyses in testimonium illius. Misit ad sacerdotes, ut non legis virtute, sed gracia Dei super legem curatum esse intelligant. Sequitur : Cum autem intrasset Capharnaum accessit ad eum centurio, rogans etc. Centurio est qui habet curam supra centum milites, sicut decurio qui habet supra decem et ait illi Jesus : Ego veniam et curabo eum etc. Ibi dicit ad filium reguli ire noluit, ne divicias honorare videretur, hic servilem condicionem ne spernere videatur, mox ire consensit. Et respondens centurio ait : Domine non sum dignus ut intres sub tectum meum. Zacheus autem Dominum gaudens recepit, in quibus diversitas intencionum notatur.

Contraria bono fine possunt fieri.

Quidam enim ob reverenciam corporis Christi, Domine, Domine non sum dignus etc, unde frequenter ab eucaristie assumpcione se abstinent, alii vero honorando frequenter cum gaudio recipiunt, propter hoc dicit Augustinus, cotidie accepisse corpus Christi, nec laudo nec vitupero, quum aliquis honorando non audet ulla die pretermittere. Ecce quod contraria bona intencione possunt agi. *Unde in vitas patrum duo fratres relinquentes heremum duxerunt uxores. Postea penitentes dixerunt : Quare dimisimus angelicam vitam ? Reversi sunt et peccata sua quibusdam senibus confitentes, clausi sunt anno integro et datus est eis panis ad pensum cum aqua. Post penitenciam ejecti sunt foras et viderunt unum nimis tristem et alium ylarem et querebatur quare unus tristis et alter ylaris. Alter respondit : Ego semper flevi pro peccato meo. Alter dixit : Ego semper gratulatus sum, quia Dominus subtraxit me a peccato. Quo audito dixerunt senes : Equalis est eorum penitencia.* Sequitur : Sed tantum dic verbo et. sanabitur puer meus et hic probat quod ille qui super omnes est angelos sibi famulantes ministerio eorum sine corporis presencia potest dicere infirmitati ut recedat, sanitati ut veniat. Nam et ego homo sum sub potestate constitutus habens sub me milites et dico huic vade et vadit etc. Audiens hoc Jesus miratus est et sequentibus se dixit : Amen dico vobis, non inveni tantam fidem in Israel. i. in populo Israel presentis temporis, inveni tantam in antiquis, s. patriarchis, prophetis, excipiuntur beata Virgo et discipuli Domini. Sequitur : Dico autem vobis quod multi ab oriente et occidente veniunt, s. gentiles quorum figuram gerit centurio ad fidem catholicam et recumbunt cum Abraam, Ysaach in regno celesti, filii autem regni id est mundi, in quibus autem regni, i. in quibus regnavit Dominus, ejicientur in tenebras exteriores, ibi erit fletus et stridor dencium. Fletus pro ardore, ardor pro frigore, de penis et premiis infra. Sequitur : Dicit Dominus centurioni :

Vade et sicut credisti fiat tibi, quum secundum mensuram fidei unicuique datur quod sibi postulat fieri et sanatus est puer in illa hora. Mistice centurio vallatus militibus significat prelatum vel quemlibet justum, qui virtutibus tanquam militibus debet esse munitus, ut pro loco et tempore dicat uni, vade et vadit, alii veni et venit, quum debet gaudere cum gaudentibus et flere cum flentibus, gaudere cum gaudentibus, quandoque transire ad exercicium corporale per actionem, quandoque ad studium mentale per contemplacionem equanimiter hanc tolorando indigenciam, temperanciam ne corrumpatur per habundanciam [*Debemus conformari cum illis quibus vivimus.*] ut dicat : Scio habundare, scio penuriam pati, hanc caritatem, ne alterius injuste scandalizet conscienciam, secundum illud nemini dantes ullam offensionem. Unde ad Cori[ntios] : Factus sum infirmus ut infirmos lucrifaciam et ad Ro[manos]. Non manducans manducantem non spernat.

Exemplum de singularitate. Unde quidam senex venit ad quandam festivitatem. Cui cum vinum porrigeretur ait : Tollite a me mortem istam. Quod viderunt alii, adhuc alia vice oblatum est ei et noluit recipere. Sed cum videret alium recipere, contempsit eum et fugit in criptam que cecidit super cum. Et cum audirent sonitum, occurrerunt et invenerunt semivivum et objurgando dixerunt : Fecit Deus vindictam in te pro vana gloria. Abbas vero dixit : Benefecit Deus quia per istum multi corrigentur et jussit quod non rehedificaretur cripta, ut sciant homines quod propter calicem vini cecidit. Ecce quod singularitas reprobatur. Ideo enim Christus habitu inventus est ut homo, ut communi tunica inter homines communiter posset conversari. Quid ergo de illis qui vestitu vel victu singularitatem sectantur, ut ab hominibus videantur. Ubi angulus, ibi fumus, ubi tenebre, ibi aranearum tele. Alii in comessacionibus, ut spendide comedant, singulares in cameris faciunt comessaciones, de quibus Osee : Particeps ydolorum Effraim dimitte eos, separatum est convivium illorum. Verumtamen solitudo mentis in meditacione et ventris in comessacione est necessaria. Ut cum omnia cum aliis gustaveris extra mensuram singulariter resistas ut tanquam comedas semper tamen esuriens. Ad Hebreos : Egentes angustiati afflicti quibus dignus non erat mundus in sollicitudinibus errantes. Servus justi est caro, de qua in Ecclesiastico : Servo mali volo tortura et compedes, mitte eum in operacionem ne vaccet, multas enim malicias docuit ociositas et quam felix est qui hunc servum sibi subjugat, ut in hiis que juste percipiuntur obediat. Cum enim dicitur carni jejuna et jejunat, vigila et vigilat et sic de aliis, tunc servo suo dicit vir spiritualis fac hoc et facit, sed hunc servum capud nostrum et dominum facimus, quociens concupiscencie carnis illicite consentimus et tunc caro spiritui imperans dicit : Requiesce, comede, epulare cum mulieribus, luxuriam adimple, quicumque in talibus carni obedit, tunc caro dicit servo : Fac hoc et facit, hec est Eva que Adam decepit, hec est Dalila que Sampsonem Philisteis tradidit, ita caro si ei consentimus, nos demonibus mancipabit, unde in Ecclesiastico : Si dederis anime tue concupiscencias suas, faciet te in gaudium inimicis tuis; nec tantum peccator se carni subjicit, sed quot genera peccatorum committit, tot demoniorum servum se facit. *Maledicti sint tot domini ait bufo ad murilegum.* Item justus magnam vidit contradictionem in civitate mundi, in civitate cujuslibet justi. Si fugias extra ecclesiam invenies monstrum infidelitatis, si intra abhominacionem fraudis et superne simulacionis, si in domum corporis invenies familiam murmurantem et variis modis clamantem : affer, affer, stomachus, renes, tactus visus et ceteri sensus, nisi illicitis reficiantur, animam infestant; clamat stomachus affer mihi cibum, para potum, sed respondeas certe non comedas ante horam nec in hora, nisi ad mensuram. Tactui dicas non tanges nisi licitum et sic de singulis. Si intres in thalamum cordis, invenies pueros illudentes et sese ad invicem interficientes i. illusiones cogitacionum que sunt musce morientes. Si in lectum consciencie, invenies mulierem rixantem i. pravitatem consciencie stimulantem. Ecce gens contra gentem, regnum contra regnum, caro adversus animam, set justus hiis omnibus imperat et gracia assistente, pacifice disponit, ut fit arca Noe in qua inmicia cum mitibus pacifice quiescunt, racio est firmamentum in medio aquarum, aque superiores desideria celestium, inferiores desideria terrenorum, sed cum superiores transeunt ad inferiores vel equaliter firmamentum rumpitur, si intellectum et memoriam collocas circa adquirenda terrena, tunc aque superiores descendunt ad inferiores. Optimum castrum servat, qui se ipsum custodit. Puer centurionis est parochianus pastoris qui paralisi male torquetur, quando viciis et deliciis resolutus violenter a diabolo retinetur. Prelatus ergo qui virtutibus vallatus fuerit servum suum, i. carnem viriliter domaverit, sanitatem puero exemplo centurionis impetrabit.

Exemplum de resuscitato propter lacrimas sacerdotis. Sicut quidam sacerdos laborans in vinea vocatus est ad quendam egrotum ut penitenciam ejus reciperet. Qui ait nuncio quod statim veniret, quia modicum opus restabat ad perficiendum. Nuncius rediens invenit jam morientem et paulo post venit sacerdos et nuncius venit obvius dicens quod non oporteret ipsum laborare, quoniam egrotus expiravit. Sacerdos supra modum dolens, totum se in lacrimas dedit eo quod pro culpa sua animam periculum sustinere credidit. Anima vero corpori redditur et quesitus quomodo revixit, ait quod spiritus nigri animam [de] duxerunt. Et venerunt angeli pulcherrimi et dixerunt nigris quod animam corpori restituerent quoniam Dominus gemitus et lacrimas sacerdotis prospexit. Sic, si nostri sacerdotes virtutibus vallati essent, multas animas a via inferni liberarent.

De societate Christi. Quicumque tales milites sibi multiplicat, licet a consorcio hominum separatus fuerit, licet in deserto vel cellula solus, non tamen solus quia angelica turba cum tali versabitur, tot socii erunt quot sancti, legat evangelium, fabulabitur cum eo Christus sine quo dicitur in Ecclesiastico : Ve soli quia si ceciderit, non habet sublevantem, si dormierunt duo, mutuo fovebuntur hoc est si vir justus et Christus manserint simul uterque in consorcio alterius reficietur. Dicit enim vera sapiencia de bonitate Christi : Delicie mee sunt esse cum filiis hominum, ad Tessalonisenses : Sive vigilemus, sive dormiamus, simul cum Christo vivamus. De tali socio dicit Augustinus : Aliud specta, aliud desidera, si melius, si majus, si suavius inveneris. Ipse enim est bonus, melior, optimus, bonus in creacione, melior apparuit in recreacione, optimus in glorificacione, magnus est celum et terram implendo, major apparet omnia gubernando, maximus quando erit omnia in omnibus. Suavis in peccatorum remissione, suavius in vite promissione, suavissimus in glorie collocacione. Tunc enim guttur ejus erit suavissimum quando dicet : Venite benedicti patris mei in regnum quod vobis paratum est ab origine mundi et ideo totus desiderabilis, s. in exilio, in inferno, in judicio, in throno, in exilio peccatoribus, in inferno justis expectantibus in judicio diligentibus, in regno exultantibus ubi visione Dei perfruantur. Primi pro desiderio dicunt: Veni Domine, noli tardare. Secundi: Veni ad liberandos nos. De terciis Paulus : Reposita est mihi corona justicie, quam reddit mihi Dominus in illa die justus judex, non solum autem mihi sed hiis qui diligunt adventum ejus. De quartis ipse enim quem angeli desiderant prospicere, iste est socius sine quo nunquam bene, cum quo nunquam male. Studeamus ergo tales milites nobis associari ut que nobis Dominus voluerit expedire valeamus efficiter impetrare, prestante humani generis redemptore, qui cum patre et spiritu sancto etc.

APPENDICE III

Inventaire des manuscrits renfermant des recueils ou des fragments de recueils d'Exempla.

A côté des recueils, dont nous avons entrepris l'étude au cours de notre travail, il existe une quantité d'autres, qui ont été généralement conservés à l'état fragmentaire dans les manuscrits des diverses bibliothèques de l'Europe occidentale. Dépourvus dans leur ensemble de toute originalité — car ce n'est qu'exceptionnellement qu'on y rencontre ça et là un récit original — ils méritent tout au plus d'être signalés dans un inventaire spécial. A cet effet, nous les avons divisés en deux catégories : ceux écrits en langue latine et ceux écrits en langues vulgaires et dont voici la liste :

A. — RECUEILS D'*EXEMPLA* LATINS.

FRANCE :

Paris : *B. N.*, nouv. acq. lat., mss. 233 ff. 143va-151vb. (XIIIe s.)
» » » » 235 ff. 196-202, 225-230. (XIe s.)
» » » » 264 ff. 160-175. (XIIIe s.)
» » » » 346 ff. 1-51 (« miracula et exempla »). (XIVe s.)
» » » » 697 ff. 134-156v (visions). (XIIe s.)
» » » » 862 ff. 2v-42, 42v-45v. (XIVe s.)
» » » » 1107 ff. 24-47, 48-63. « Incipiunt exempla narraciones et fabule poetarum quorundam et plurima gesta romanorum magis sermocinantibus utilia pro instructione morum et virtutum et ad correctionem viciorum ex diversis collecta... Le texte s'arrête après les fabule poetarum. » (XVe s.)

Paris : *B. N.*, nouv. acq. lat., mss.	1718 ff. 8-16va (vision de Tundal, contes d'animaux et contes pieux). Le recueil a l'*explicit* suivant, f. 16va : « Frater Johannes monachus sancti Arnulphi episcopi metensis. Filius bertranni dicti facon cognominatus de sancta cruce fecit fieri et scribi istum librum. Et fuit finitus anno domini M°CCC°XXII° in vigilia sancti vincencii levite et martiris. Finito libro sit laus et gloria christo amen. »
» » » »	1777 ff. 26-47. (Exempla profanes.) (XIVe s.)
» » » »	1779 ff. 1-193vb (Compendium de Jérôme de Montenon) (1475).
» » » »	1785 ff. 72-102. (XVe s.)
Paris : *B. N.*, mss. lat.	1805 ff. 59^{v}-61^{v} (vision d'une jeune fille au sujet de son père sauvé et de sa mère damnée). (Xe s.)
» » »	1970 f. 50^{v} (homme cruel envers veuve, noyé). (XIe s.)
» » »	2268 ff. 1-41rb (récits pieux des *Dialogues* et d'ailleurs) (XIe s.)
» » »	2568 ff. 48-49^{v}. (XIVe s.)
» » »	2827 ff. 145^{v}-149 (vision de Charlemagne et récit du petit juif jeté dans le feu). (Xe s.)
» » »	2843 ff. 64-79 (récits tirés de l'histoire naturelle) (1208).
» » »	2860 ff. 22-23, 37, 56va-58vb (« allegorie et historie varie, miracula eucharistica, visiones »). (XIIIe s.)
» » »	3309 ff. 118vb-122vb. (XIVe s.)
» » »	3338 ff. 3-155va. (XIVe s.)
» » »	3529 A. ff. 117vb-123va. (XIVe s.)
» » »	3580 ff. 94^{v}-110, 113-137^{v}. (XVe s.)
» » »	3702 ff. 162-168 (« exempla ex historia animalium »). (XIVe s.)
» » »	8701 ff. 63, 142-147. (XIVe s.)
» » »	8953 ff. 49-53, 118-138. (XVe s.)
» » »	9713 ff. 1-542. (XVIIIe s.)
» » »	10770 ff. 200-228^{v}. (XIVe s.)
» » »	10843 ff. 212-221. (XIVe s.)
» » »	13468 ff. 38-56^{v}. (XIVe s.)

aris : *B. N.*, mss. lat .... 13472 ff. 1-32v. (XIVe s.)
» » » 13587 ff. 181-195. (XIIIe s.)
» » » 13706 ff. 1-100. (XVIIe s.)
» » » 14463 ff. 1-75. (XIVe s.)
» » » 14464 ff. 144vb-156vb. (XIIIe s.)
» » » 14657 ff. 1-118vb. (XIIIe s.)
» » » 14703 ff. 178-209. (XIVe s.)
» » » 14929 ff. 1-240v (v. Introduction de notre édition de la *Tabula exemplorum*). (XIIIe s.)
» » » 14955 ff. 29v-33v. (XIIIe s.)
» » » 14958 ff. 7-15v, 157-166v. (XIVe s.)
» » » 14961 ff. 12-46v (« excerpta de libro *De donis* »). (XIVe s.)
» » » 15661 ff. 129-162vb. (XIIIe s.)
» » » 15972 ff. 13-21, 22-24 (ad calcem). (XIIIe s.)
» » » 16499 ff. 346-350. (XIIIe s.)
» » » 16515 ff. 144-173, 173-216, 216-232v. (XIVe s.)
» » » 16522 ff. 5v-30. (XVe s.)
» » » 17656 ff. 110-112. (XIVe s.)
» » » 17716 ff. 25-33. (XIIe s.)
» » » 18134 ff. 173-175. (XIIIe s.)
» » » 18416 ff. 134-136vb. (XIVe s.)
» » » 18600 ff. 1-45. (XIIIe s.)
ıris : Arsenal, mss. lat......... 937 ff. 120-132. (XIIIe s.)
» » » 1100 ff. 65-68 (« exempla quedam ex libris P. Alfonsi »). (XVe s.)
» » » 2111 ff. 46v-48. (XIIIe s.)
ıris : Sainte-Geneviève, mss. lat. 207 ff. 68-104. (XIIIe s.)
» » » 341 ff. 365-366. (XIIIe s.)
» » » 546 ff. 1-75v. (XIVe s.)
» » » 564 ff. 1-42v. (XIVe s.)
» » » 1249 ff. 79-80. (XIIIe s.)
» » » 1445 f. 188. (XIIIe s.)
» » » 2785 ff. 119-191. (XIIIe s.)
ris : Mazarine, mss. lat........ 742 ff. 120-168. (XIVe s.)
» » » 987 ff. 31-41. (XIVe s.)
» » » 993 ff. 44-48 (« exempla eucharistica »). (XIVe s.)
gers : Bibl. ville, ms. lat..... 326 ff. 96-124. (XVe s.)
ras : Bibl. ville, mss. lat....... 425 ff. 192-196. (XVe s.)

Arras : Bibl. ville, mss. lat.......	842 ff. 1-77 (recueil incomplet à arrangement alphabétique portant le titre de « Manipulus exemplorum »; v. *Hist. Litt.*, t. XXXI, p. 62-65, pour sa relation avec les mss. lat. 2074 ff. 1-160vb, 2075, ff. 1-102, 113-161vb (XIVe s.) de la *B. N.*, qui forment également des recueils d'*exempla* à dispositif alphabétique extraits de la cité de Dieu de saint Augustin). (XIVe s.)
Avignon : Bibl. ville, ms. lat.....	1021 ff. 1-254 (« Liber exemplorum naturalium »). (XVe s.)
Bayeux : Bibl. ville, ms. lat.....	2 ff. 69-129, 134-172. (XIIIe s.)
Bordeaux : Bibl. ville, ms. lat....	285 ff. 192-196^{v}. (XVe s.)
Clermont-Ferrand : B. v., mss. lat.	44 ff. 169-215. (XVe s.)
» » »	47 ff. 32-46. (XVe s.)
Colmar : Bibl. ville, ms. lat....	48 ff. 121-146^{v} (Tractatus narracionum exemplarium.) (XVe s.)
Dijon : Bibl. ville, ms. lat......	38 ff. 69-74. (XIIIe s.)
Douai : Bibl. ville. ms. lat.......	533 ff. 160-161, 163-164. (XIIIe s.)
» » »	865 ff. 76. (XIIe s.)
Evreux : Bibl. ville, ms. lat.....	36 ff. 46-51. (XIVe s.)
Laon : Bibl. ville, ms. lat.......	193 (non folioté). (XIIIe s.)
Lille : Bibl. ville, ms. lat.......	446 ff. 248-249. (XVe s.)
Le Mans : Bibl. ville, ms. lat....	120 ff. 88-97. (XIIe s.)
Metz : Bibl. ville, mss. lat.......	620 (non folioté). (XIVe s.)
» » »	651 — (XIIIe s.)
Saint-Omer : Bibl. ville, ms. lat..	710 — (XIIIe s.)
Reims : Bibl. ville, mss. lat......	588 ff. 88-191. (XIIIe s.)
» » »	1275 ff. 1-15. (XIVe s.)
» » »	1401 ff. 2-43^{v}. (XIIIe s.)
Rouen : Bibl. ville, mss. lat......	533 f. 83. (XIIIe s.)
» » »	563 ff. 49-50, 216-218 (« exempla eucharistica »). (XIIIe s.)
» » »	644 ff. 264-274. (XIIIe s.)
Strasbourg : Bibl. Univ., mss. lat.	18 ff. 50-119. (XVe s.)
» » »	32 f. 200. (XVe s.)
» » »	3705 f. 224. (XVe s.)
Semur : Bibl. ville, ms. lat......	25 ff. 1-78, 79-80. (XVe s.)
Toulouse : Bibl. ville, ms. lat....	190 ff. 35-39 (« exempla eucharistica »). (XVe s.)
Tours : Bibl. ville, mss. lat......	470 ff. 1-76. (XIVe s.)
» » »	471 ff. 84-105. (XIVe s.)

Troyes : Bibl. ville, mss. lat.	1032 (n° 15, non folioté). (XIVe s.)
» » »	1529 ff. 66v-69v. (XIVe s.)
» » »	1877 ff. 76-91v. (XIVe s.)
Valenciennes: Bibl. ville, mss. lat.	234 ff. 121-129. (XIVe s.)
» » »	516 f. 109. (XIIIe s.)
» » »	521 ff. 1-28. (Xe s.)

ALLEMAGNE :

Bamberg : Bibl. Royale, mss. lat.	235 Q. V. 5 ff. 51-52, 68-110. (XVe s.)
» » »	236 B. V. 2 ff. 232-242. (XIIIe-XIVe s.)
» » »	143 E. III. 7 ff. 1-124 (« Speculum exemplorum »). (XIVe s.)
» » »	144 E. III, 6 ff. 1-32, 168-230. (XIVe-XVe s.)
» » »	58 Q. V. 33, ff. 343-373. (XVe s.)
» » »	95 Q. II. 15, ff. 132-192. (XVe s.)
» » »	235 Q. V. 53, ff. 51-110. (XVe s.)
» » »	237 Q. VI. 2, ff. 232-242. (XIVe-XVe s.)
» » »	241 Q. VI. 26, ff. 128-132. (XVe s.)
» » »	111 Q. IV. 38, f. XII. (XIIIe s.)
Berlin : Bibl. Royale, mss. lat. ...	36 f. 103. (XVe s.)
» » »	103 ff. 344-402. (XVe s.)
» » »	403 ff. 344-409. (XVe s.)
» » »	420 ff. 307-309. (XVe s.)
» » »	477 ff. 70-71. (XVe s.)
» » »	501 ff. 1-134. (XVe s.)
» » »	763 ff. 308-321. (XVe s.)
» » »	782 ff. 80-82 (v. M. G. SS., t. XXIII, 771-2, M. P. L., t. CXLV, col. 145, 570, 581-3). (XIIe s.)
» » »	784 ff. 128-136. (XIVe s.)
» » »	785 ff. 1-249. (XVe s.)
» » »	786 ff. 245, 260-291 (Udo de Magdebourg). (XVe s.)
» » »	947 ff. 144-149. (XVe s.)
Berlin: Bibl. Royale, Fonds Gœrrès	92 Theol. lat. oct. 114, ff. 129. (XIVe s.)
» » »	128 Theol. lat. oct. 768, ff. 1-14. (XVe s.)
» » »	26 Theol. lat. fol. 734, f. 1. XIIIe s.)

Berlin : Bibl. Royale, Fonds Gœrrès	133 Theol. lat. quart. 705, ff. 998-209vb. (1465).
» » »	149 Theol. lat. quart. 708, ff. 397-398. (1471.)
Carlsruhe : B. duc., F. Reichenau.	Fr. 84 ff. 114-125. (XIVe s.)
» » »	Fr. 86 ff. 1-125. (XIVe s.)
» » »	Fr. 97 f. 206. (XVe s.)
» » »	Fr. 164 ff. 2-37 (« Speculum Exemplorum »). (XIVe s.)
Breslau : Bibl. Corpus Christi Kirche et Dominikaner, v. Klapper (J.), *Exempla aus Hds. des Mittelalters* (Heidelberg, 1911).	
Cues-s.-Moselle : Bibl. de l'Hôpital, mss. lat.	128 ff. 139-141v. (XVe s.)
Erfurt-s.-Géra : Bibl. ville, mss. lat.	O. 60 ff. 56-60. (XIV s.)
» » »	O. 51 f. 120. (XIVe s.)
» » »	Q. 124 f. 176. (XIVe s.)
» » »	Q. 133 ff. 270-73 (ex. eucharistica de 1191). (XVe s.)
» » »	Q. 156 ff. 159-164. (1364.)
» » »	Q. 391 ff. 1-24, 75. (XIVe s.)
Erlangen : Bibl. Univ., mss. lat. . .	234 ff. 1-87 (« narraciuncule » en 2 livres). (XIVe s.)
» » »	281 (non folioté) (« Liber exemplorum »). (XVe s.)
» » »	628 ff. 81-89 (« historie collecte »). (XVe s.)
Göttingue : Bibl. Univ., mss. lat.	Cod. theol. 140, ff. 217-239. (XVe s.)
» » »	Cod. theol. 156a, ff. 1-27v. (XIVe-XVe s.)
Hildesheim : Bibl. Paulin, mss. lat.	Cod. theol. 6, ff. 1-19. (XVe s.)
Munich : Bibl. Royale, mss. lat. . .	447 ff. 126-148v. (XVe s.)
» » »	477 ff. 84-135v (« part. ex gestis Romanorum »). (XVe s.)
» » »	629 ff. 24-28. (XIIIe s.)
» » »	2607 ff. 16-130 (visiones). (XIIIe s.)
» » »	2710 ff. 168-177. (XIVe s.)
» » »	2814 ff. 60rv, 83-85v. (XVe s.)
» » »	3238 f. 211vv. (XVe s.)
» » »	3250 ff. 169-181vb. (XVe s.)
» » »	3261 ff. 150-161vb. (XVe s.)
» » »	3556 ff. 214-280v (« exempla moralia »). (XVe s.)
» » »	3558 ff. 58-163. (XVe s.)
» » »	3580 ff. 246-303v. (XVe s.)

Munich : Bibl. Royale, mss. lat... 3593 ff. 171-283 (« exempla moralia »). (1447.)
» » » 4350 ff. 1-28, 82v. (1327.)
» » » 4654 ff. 43-76 (« exempla eucharistica »). (XIIe s.)
» » » 4776 ff. 118-140. (XVe s.)
» » » 4781 ff. 182-188. (XVe s.)
» » » 5633 ff. 1-34vb (« exempla ex Biblia et chronicis »). (XVe s.)
» » » 5849 ff. 185-191. (XVe s.)
» » » 7001 ff. 104vb-108vb (fables moralisées). (XVe s.)
» » » 7703 ff. 1-96v. (XVe s.)
» » » 7783 ff. 1-50v. (XIIIe s.)
» » » 7995 ff. 1-118. (XIVe s.)
» » » 8132 ff. 220-222v, 241-246vb, 305-306vb. (XVe s.)
» » » 8384 ff. 66-76v. (XVe s.)
» » » 8394 ff. 1-15vb. (XVe s.)
» » » 8825 ff. 162-225. (XVe s.)
» » » 8940 ff. 137-139v, 146-148. (XVe s.)
» » » 8947 ff. 215-226 (« exempla moralia »). (XVe s.)
» » » 8953 ff. 49-54, 255-261, 118-138. (XVe s.)
» » » 8968 ff. 193-220v. (XVe s.)
» » » 9590 ff. 1-216va. (XIVe s.)
» » » 9593 ff. ff. 2-168vb. (XIVe s.)
» » » 9598 ff. 63-74 (« exempla sec. ordinem alphabeti »). (XIVe s.)
» » » 9806 ff. 66va-71vb. (XVe s.)
» » » 10895 ff. 142-166vb, 167-182 (« ex libro qui dicitur vitas fratrum predicatorum, exempla ex libris Cassiani et Elymaci). (XIVe s.)
» » » 11345 ff. 66.
» » » 11726 ff. 95v-122v. (XVe s.)
» » » 11730 ff. 72-73, 82. (XVe s.)
» » » 11940 ff. 215v-226 (ex conformitatibus FF. [Minorum]. (XVe s.)
» » » 12028 ff. 128-131. (XVe s.)
» » » 12522 ff. 113-124v. (XVe s.)
» » » 12665 ff. 133-144. (XIVe s.)
» » » 13573 ff. 117-148 (exempla ex collationibus Alani [de Rupe]. 1486

Munich : Bibl. Royale, mss. lat... 13585 ff. 104 - 111vb, 281 - 282va. (XIVe s.)
» » » 14642 ff. 84-85v. (XVe s.)
» » » 14218 ff. 124-131. (XVe s.)
» » » 14715 ff. 79-84v. (XIVe s.)
» » » 14727 ff. 46-52vb. (XIVe s.)
» » » 14736 ff. 24-44. (XIVe s.)
» » » 14750 ff. 125-132v. (XIVe s.)
» » » 14881 ff. 61-70v. (XIVe s.)
» » » 14922 ff. 188-227v. (XIVe s.)
» » » 15177 ff. 38-56, 136v-140. (XIVe s.)
» » » 15180 ff. 49-57v, 107-116, 121-122. (XIVe s.)
» » » 15609 ff. 165-166. (XVe s.)
» » » 16122 ff. 1-158v. (XIVe s.)
» » » 16232 ff. 140-145. (XIVe s.)
» » » 16403 ff. 1-158 (Liber de exemplis scripture sacre). (XIVe s.)
» » » 16509 ff. 165-167v. (XVe s.)
» » » 16510 ff. 49-247v. (XVe s.)
» » » 16515 ff. 1-321. (XVe s.)
» » » 17285 ff. 1-79v. (Ext. de la Summa de exemplis et similitudinibus de S. Geminiano.) (XVe s.)
» » » 17294 ff. 96-157. (XVe s.)
» » » 17620 ff. 119-124v. (XVe s.)
» » » 18210 ff. 228-229. (XVe s.)
» » » 18230 ff. 222-223vb. (XVe s.)
» » » 18361 f. 54. (XVe s.)
» » » 18414 ff. 240-244vb. (XVe s.)
» » » 18638 ff. 85-92v. (XVe s.)
» » » 18881 ff. 145-169v (cf. avec 17285). (XVe s.)
» » » 18921 ff. 126-127. (XVe s.)
» » » 18938 ff. 192-226. (XIVe s.)
» » » 19111 ff. 1-98 (« Liber figurarum cum exemplis naturalibus »). (XIVe s.)
» » » 19118 ff. 91-96. (XIVe s.)
» » » 19119 ff. 155-156. (XIVe s.)
» » » 19120 ff. 258-259. (XIVe s.)
» » » 19121 ff. 133v-134. (XIVe s.)
» » » 19166 ff. 33-110v. (XIVe s.)
» » » 19826 ff. 89-96. (XVe s.)
» » » 21053 ff. 109-110. (XVe s.)

Munich : Bibl. Royale, mss. lat...	21077 f. 129. (1444.)
» » »	21725 ff. 82-99v. (XVe s.)
» » »	22277 ff. 127-151vb. (XIIIe s.)
» » »	23374 ff. 19-23v. (XIVe s.)
» » »	23435 ff. 16-33v. (XIIIe s.)
» » »	23442 ff.39-48v. (XIIIe s.)
» » »	23971 ff. 21-24va. (XVe siècle.)
» » »	24839 ff. 21-45v. (XVe s.)
» » »	26040 f. 14. (XVIe s.)
» » »	26137 ff. 168-215v. (XVe s.)
» » »	26602 ff. 169v-180. (XIVe s.)
» » »	26808 ff. 100-123v. (XIVe s.)
» » »	26810 ff. 226-334. (Exempla extraits en partie des sources communes, en partie des Gesta Romanorum). (XVe s.)
» » »	26877 ff. 52-103vb (Incipiunt nobilia pulchra exempla). (XVe s.)
» » »	26937 ff. 1-32. (XVe s.)
Munster: B. Roy. Paulin, mss. lat.	519 (423) ff. 96-123v, 124-179. (XVe s.)
» » »	336 (399) ff. 30-35. (XIVe s.)
Soest : Archives ville, ms. lat...	36 (non folioté.) (XIVe s.)
Trèves : Bibl. ville, mss. lat.....	182 ff. 133-135. (1459.)
» » »	213 ff. 110-129. (XVe s.)
» » »	228 ff. 235-237. (XVe s.)
» » »	300 ff. 350-351. (XVe s.)
» » »	306 f. 54. (XVe s.)
» » »	308 ff. 128-129. (XVe s.)
» » »	547 ff. 65-69 (« *exempla* moralizata »). (XIVe s.)
» » »	550 ff. 190-225. (XIVe s.)
» » »	576 ff. 10-11. (XIVe s.)
» » »	687 f. 219. (XVe s.)
» » »	689 ff. 237-238. (XVe s.)
» » »	696 ff. 199-206 (ex. d'Udo de Magdebourg). (XVe s.)
» » »	726 ff. 93-144. (XVe s.)
» » »	1996 ff. 234-235. (XVe s.)
Wolfenbuttel: Bibl. duc., mss. lat.	233 ff. 64-120. (XIVe-XVe s.)
» » »	408 ff. 144-155. (XVe s.)
» » »	480 ff. 69-72. (XVe s.)
» » »	666 ff. 102-234. (XIII s.)
» » »	763 ff. 42-45. (XVe s.)

Wolfenbuttel: Bibl. duc., mss. lat. 1172 ff. 25-27. (XVe s.)
» » » 1215 ff. 23, 36-38, 52-54. (XIVe s.)
» » » 1271 ff. 209-248, 279-317. (XVe s.)
» » » 1469 f. 131. (XIVe s.)
» » » 2745 ff. 199-217. (1435.)
» » » 2750 ff. 180-199. (XVe s.)
» » » 3203 ff. 72-74. (XVe s.)
» » » 3694 ff. 83-84. (XIIIe s.)
» » » 3971 ff. 141-144. (XVIe s.)
» » » 4045 ff. 19-32. (XVe s.)
» » » 4504 (200 Gud.) ff. 187-195. (XIVe s.)

ANGLETERRE :

Londres : *B. M.* (v., pour l'inventaire et la description des mss., HERBERT, *op. cit.*, t. III).

Londres : *B. M.*, mss. Royal..... 5 A. VIII. ff. 144-152. (XIIIe s.)
» » » 15 A. XX. ff. 140v-143, 163-164v (v. *English Historical Review*, t. XXXVIII (1922), p. 413). (XIIIe s.)
» » » 6 B. X. ff. 35v-41v. (XIIIe s.)
» » » 6 B. XIV. ff. 2-99. (1200.)
» » » 8 B. IV. ff. 86-91v. (XIVe s.)
» » » 8 C. IV. ff. 16-23. (XIIIe s.)
» » » 12 E. I. ff. 145-170v. (XIVe s.)
» » » 8 F. VI. ff. 1-23, 24v-25. (XVe s.)

Londres : *B. M.*, ms. Cott. Vespas. D. II. ff. 40v-66. (XIIIe s.)
Londres : *B. M.*, mss. Cott. Cleop. D. VIII. ff. 109-125. (XIVe s.)
» » » C. X. ff. 101-144v. (XIIIe s.)
Londres : *B. M.*, mss. Harley..... 106 f. 365. (XIVe s.)
» » » 206 ff. 10-11v, 97-101, 102v-104, 109-112v. (XVe s.)
» » » 268 ff. 3-44. (XIVe s.)
» » » 495 ff. 58-98. (XIVe s.)
» » » 1022 ff. 1-15v. (XIVe s.)
» » » 1288 ff. 34-60, 88-90. (XVe s.)
» » » 2316 ff. 1-15, 54-58v, 61-64v. (XIVe s.)
» » » 2346 ff. 12-33v. (XVe s.)
» » » 2385 ff. 38-70v. (XIVe s.)
» » » 2391 ff. 231-235v. (1500.)
» » » 3244 ff. 72-86. (XIIIe s.)
» » » 3938 ff. 109-v-147v. (XVIe s.)

Londres : *B. M.*, mss. Arundel....	52 ff. 112-114. (XIVe s.)
» » »	346 ff. 60-73. (1200.)
» » »	406 ff. 27-27. (XIIIe s.)
» » »	407 ff. 1-3. (XIVe s.)
» » »	506 ff. 1v-29v, 40-57v. (XIVe s.)
Londres : *B. M.*, mss. Burney....	351 ff. 39-40. (XIIIe s.)
» » »	361 ff. 146v-148v, 149-156v. (XIVe siècle.)
Londres : *B. M.*, mss. Sloane....	2478 ff. 2-42v, 45-47. (XIVe s.)
» » »	4029 ff. 184-259. (1456.)
Londres : *B. M.*, mss. Addition...	6158 ff. 141v-149vb. (XIVe s.)
» » »	6716 ff. 1-58, 60-60v, 96v-97, 140v-146v. (XVe s.)
» » »	11579 ff. 4-12v, 29, 87-90v, 94v-95, 117-122, 140v-141. (XIVe s.)
» » »	15723 ff. 64v-69v, 70-72. (XIIIe s.)
» » »	16167 ff. 83-108. (XVe s.)
» » »	16589 ff. 82-95v. (XIIIe s.)
» » »	18344 ff. 132-138v. (XIVe s.)
» » »	18346 ff. 74v-83v. (XIVe s.)
» » »	18347 ff. 115-118v, 119-131. (XIVe s.)
» » »	18349 ff. 62-66v. (XIVe s.)
» » »	18364 ff. 1-88. (XIVe s.)
» » »	18929 ff. 79-86v. (XIIIe s.)
» » »	21147 ff. 1-172v, 314-361v. (XVe s.)
» » »	24641 ff. 210-211. (XVe s.)
» » »	29909 ff. B. ff. 1-8. (XIIIe s.)
» » »	32248 ff. 1-7v. (XIIIe s.)
Cambridge : Univers. Libr., mss.	201 Dd. IV. 26 ff. 183-187. (XVe s.)
» » »	1365 Ff. VI. 27 ff. 1-224. (XVe s.)
» » »	1786 Ii. III. 22 ff. 57v, 59, etc. (XIVe s.)
» » »	1880 Ii. VI. 1 ff. 1-45. (XVe s.)
» » »	2444 Ll. I. 15 ff. 17vb-31vb. (XIVe s.)
» » »	2463 Mm. VI. 4 ff. 119-122v, 166-177, 200-228. (XIVe s.)
» » »	2474 Mm. VI. 15 ff. 76-86. (XIVe s.)
» » »	Addit. 3568 ff. 1-156, 157-192v, 193-276v. (XVe s.)
Cambridge : Corpus Christi Coll. Lib., mss.	111 ff. 46-56. (XVe s.)
» »	137 ff. 115-118. (XIIIe s.)
» »	138 ff. 177, 185. (XVe s.)
» »	177 ff. 53, 76v. (XVe s.)

Cambridge : Corpus Christi Coll. Lib., mss.	179 f. 29. (XIIIe s.)
» »	288 ff. 84^v-88. (XIIIe s.)
» »	385 ff. 239-246. (XIIIe s.)
» »	441 ff. 521-528, 578. (XIVe s.)
Cambridge: Emm. Coll. Lib., mss.	27 ff. 10-34vb, 57. (XIIIe s.)
» » »	142 f. 79. (XVe s.)
» » »	243 ff. 155-173^v. (XVe s.)
Cambridge: Gonville & Cains Coll. Lib., mss.	91 (173) ff. 1, 221. (XIVe s.)
» »	215 (230) ff. 1-40. (XVe s.)
» »	234 (120) f. 267. (XIIIe s.)
» »	408 (414) ff. 150, 256-290 (XIIIe s.)
» »	409 (628) ff. 258^v-260. (XIVe s.)
Cambridge: Jesus Coll. Lib., mss.	13 Q. A. 13 ff. 1-210. (XIIIe s.)
» » »	34 Q. B. 17 ff. 48-63 (excerpta moralia). (XIIIe s.)
» » »	65 Q. G. 17 ff. 1-71. (XIIIe s.)
Cambridge: St-John's Col. L., mss.	62 ff. 69, 123^v, 143^v. (XIIIe s.)
» » »	168 f. 162. (XIIIe s.)
» » »	181 ff. 1-2. (XVe s.)
» » »	95 f. 198. (XIVe s.)
Cambridge : Pembroke Coll. Lib., mss.	85 ff. 106-107^v. (XIVe s.)
» »	103 ff. 62^v-65^v. (XIIIe s.)
» »	118 ff. 53-63vb. (XIIIe s.)
» »	206 ff. 120-142. (1458.)
» »	238 ff. 144va-147. (XIVe s.)
» »	258 ff. 53va-55va. (XIVe s.)
Cambridge: Peterhouse Lib., mss.	23 (non folioté). (XVe s.)
» » »	119 f. 7. (XIIIe s.)
» » »	127 f. 188. (XIVe s.)
» » »	211 f. 1. (XIIIe s.)
» » »	217 ff. 109-111. (XIIIe s.)
» » »	236 ff. 43, 47. (XIVe s.)
» » »	255 ff. 69-70. (XIIIe s.)
Cambridge : Sidney Sussex Coll. Lib., mss.	34 D. 2, 12 ff. 5-244. (XIVe s.)
» »	95 D. 5, 10 ff. 1-226. (XVe s.)
Cambridge: Trinity Coll. Lib., mss.	8 B. 1, 9 ff. 79-182vb. (XIIIe s.)
» » »	48 B. 2, 5 ff. 1-42. (XIVe s.)
» » »	1344 O. 7, 16 ff. 51-53. (XVe s.)
» » »	1396 O. 8, 21 ff. 1-20. (XVe s.)
» » »	1400 O. 8, 36 f. 49. (XIIIe s.)

Cambridge: Trinity Coll. Lib., mss.	1450 O. 9, 38 ff. 83^{v}-85. (XVe s.)
» » »	628 R. 3, 56 ff. 35, 42, 44 (XIVe s.)
» » »	724 R. 5, 33 ff. 140-141. (XIVe s.)
» » »	725 R. 5, 34 ff. 257-265vb. (XVe s.)
Cheltenham : Philip. Lib., ms...	448 n° 6 (non folioté). (XIIIe s.)
Durham : Cathedral. Lib., ms...	A. IV. 17 (non folioté). (XIVe s.)
Hereford : Cathedral. Lib., mss..	O. 3, 5, n° 3 (non folioté). (XVe s.)
» » »	P. 1, 13, n° 14 (non folioté). (XIIIe s.)
Lincoln : Cathedral. Lib., mss..	A. 2, 3 (non folioté). (XIVe s.)
» » »	A. 3, 12 (non folioté). (XIVe s.)
Oxford : Bodleian Lib., mss. Angliæ...............	1963 (110) ff. 178-181^{v}. (XIVe s.)
» »	1979 (117) ff. 21^{v}-81^{v}. (XVe s.)
» »	1986 (123) ff. 86^{v}-102^{v}. (XVe s.)
» »	2291 (648) ff. 60-82^{v}, 124-125^{v}. XVe siècle.)
» »	2501 (501) ff. 174-175. (XIVe s.)
» »	2508 (692) f. 151. (XVe s.)
» »	2004 (57) f. 69. (XIIIe s.)
Oxford : Bodl. Lib., mss. Ashmol.	751 ff. 45^{v}-47^{v}. (XIVe s.)
» » »	1280 ff. 106-107^{v}. (XIIIe s.)
Oxford : Bodl. Lib., mss. Canon. misc...............	149 (S. C. 19625) ff. 1-115^{v}. (XIIIe siècle.)
» »	528 (S. C. 20004) ff. 47-65. (XVe s.)
» »	532 (S. C. 20008) ff. 98-129. (XVe siècle.)
Oxford: Bodleian Lib., mss. Digby.	11 ff. 133-142, 146. (XIVe s.)
» » »	66 ff. 45-52^{v}. (XVe s.)
» » »	142 f. 165. (XVe s.)
» » »	172 ff. 151-155. (XIVe s.)
» » »	174 f. 74. (XIIIe s.)
» » »	196 f. 54. (XIIIe s.)
Oxford : Bodleian Lib., ms. Douce.	137 (S. C. 21711) f. 1. (XIIIe s.)
Oxford : Bodl. Lib., ms. Hatton.	88 (non folioté) (exempla de corpore Christi). (XIVe s.)
Oxford : Bodl. Lib., mss. Laud. misc...............	5 ff. 2-4. (XIIIe s.)
» »	18 ff. 74-120^{v}. (XIVe s.)
» »	83 ff. 157-182. (XIe s.)
» »	112 ff. 434va-442vb, 134-135. (XIIIe siècle.)
» »	241 ff. 86-88. (XIIIe s.)

Oxford : Bodl. Lib., mss. Laud. misc.	315 ff. 82vb-83vb, 88-93, 103-116, 117-134vb, 139vb-145vb, 152vb-154, 184-187vb. (XIIIe s.)
» »	389 f. 190vb. (XIVe s.)
» »	471 ff. 40-47, 92vb. (XIVe s.)
» »	497 ff. 155-171v. (XVe s.)
» »	524 f. 10v. (XVe s.)
» »	668 ff. 62-78. (XVe s.)
» »	732 ff. 326-341v. (XVe s.)
Oxford: Bodl. Lib., mss. Rawlingson.	A. 420 f. 19. (XIIIe s.)
» »	A. 429 (S. C. 11306) f. 31 (XIVe s.)
» »	C. 241 (S. C. 12102) f. 141 (XIIIe s.)
» »	C. 288 (S. C. 12146) ff. 103-108 (XVe s.)
» »	C. 317 (S. C. 12173) ff. 8-11v. (XIIIe s.)
Oxford : Balliol Coll. Lib., ms. .	228 ff. 278-322vb. (XIIIe s.)
Oxford : Corpus Christi Coll. Lib., mss.	32 ff. 93-100v. On lit en manière d'*explicit,* f. 100v : « Nomina eorum e quorum relatu collecta sunt anecdota supra memorata scil. Ricardus de Buleia, Egidius episcopus herefordensis, Walterus Mapes, Walterus de Londonia, Stephanus archiepiscopus cantuariensis, Henricus Calvus, William de Verdun archidiaconus glocestrensis. » (XIIIe s.)
» »	241 ff. 127v-223v.
» »	42 ff. 1-31, 32-139vb, 150-161vb 162-189v. (XIVe s.)
» »	130 f. 77. (XVe s.)
Oxford : Christ Church Lib., ms. .	99 ff. 257-260. (XIVe s.)
Oxford : B. M., Magdal. Coll. Lib., mss.	60 ff. 215-222v, 237v-238, 255 262. (XVe s.)
» »	93 ff. 203-211. (XVe s.)
Oxford : Merton Coll. Lib., ms. .	248 ff. 57-62. (XIVe s.)
Oxford : New College Lib., ms. .	98 f. 123. (XIVe s.)
Oxford : Trinity Coll. Lib., ms. :	7 ff. 48-49, 122-143v, 165-176v (XVe s.)
Oxford : Univers. Coll. Lib., ms. .	67 ff. 122-129. (XIVe s.)
Salisbury : Cathedral Lib., mss. . .	56 ff. 1-269. (XVe s.)

Salisbury : Cathedral Lib., mss...	62 ff. 1-105. (XIIIe s.)
» » »	97 ff. 1-117. (XIIIe s.)
» » »	165 ff. 176-177. (XIIIe s.)
Worcester : Cathedral Lib., mss..	F. 71 ff. 224-233vb. (XIIIe s.)
» » »	F. 115 ff. 129-144va. (XIVe s.)
» » »	F. 154 ff. 94va-96vb, 121-123vb, 124-144vb, 155-160vb, 162-168vb, 275-281vb. (XIVe s.)
» » »	F. 172 ff. 46-47v (exempla écrits en partie en anglais). (XVe s.)
» » »	Q. 56 ff. 153v-160. (XVe s.)
» » »	Q. 65 f. 253 (avec ce titre : *Libellus exemplorum secundum ordinem alphabeti*). (XIVe s.)
Ecosse. — Edinbourg : University Lib., ms.............	107 ff. 71-90. (XIIIe s.)
Irlande. — Dublin : Trinity Coll. Lib., mss.	207 (471, 331) n°. 10 (non folioté). (XVe s.)
» » »	281 (sub fine). (XVe s.)
» » »	423 (non folioté) (narraciuncule ordine alphabetico). (XVe s.)
» » »	435 (non folioté). (XVe s.)

AUTRICHE :

Heiligenkreuz : Stiftsbibliothek, mss.	41 ff. 194-277. (XIVe s.)
» »	170 ff. 1-185vb (Sermonnaire avec exempla). (XIIIe s.)
Hohenfurt : Stiftsbibliothek, mss.	LXXXIX ff. 1-118va (*exempla* ext. de J. de Vitry et d'Et. de Bourbon). (XIVe s.)
» » »	28 ff. 98v, 105-125, 205. (XVe s.)
» » »	31 ff. 51-52 (« exempla miraculosa »). (XIVe s.)
» » »	882 (non folioté). (XVIIe s.)
» » »	985 (non folioté) (XVIIIe s.)
Innsbrück : Bibl. Université, ms.	306 (6) ff. 33va-48vb (exempla extraits d'Et. de Bourbon). (XIVe s.)
Lilienfeld : Stiftsbibliothek, mss.	137 ff. 71-119v, 25-71. (XIVe s.)
» » »	73 f. 120. (XVe s.)
Ossegg : Stiftsbibliothek, mss....	3 ff. 140-172v. (XIVe s.)
» » »	15 ff. 88-90. (XIVe s.)
» » »	35 ff. 111-142. (XIVe s.)

Reun : Stiftsbibliothek, mss......	22 ff. 55-88 (« Manipulus exemplorum »). (XIVe s.)
» » »	25 ff. 225-231v. (XVe s.)
» » »	69 ff. 41-52v (édité par A. Schönbach dans les *Sitzungsberichte der Wiener Akad. der Wissenschaften,* t. CXXXIX, p. 43-75). (XIIIe s.)
Schottenkloster (Vienne) : Stiftsbibliothek, mss...	51 ff. 258-259v. (XVe s.)
» »	258 ff. 289-291, 361-363. (XVe s.)
» »	265 ff. 171-180. (XVe s.)
» »	283 ff. 171-182. (XVe s.)
» »	309 ff. 94-96, 100-101. (XVe s.)
» »	341 ff. 437-441. (XVe s.)
» »	369 ff. 94-96. (XVe s.)
» »	405 ff. 94. (XVe s.)
Seitenstetten : Stiftsbiblioth., mss.	142 (non folioté). (XVe s.)
» » »	178 (non folioté). (XVe s.)
Stams : Stiftsbibliothek, ms.....	19 ff. 1-118. (XIIIe s.)
Vienne : Hofbibliothek, mss.....	313 ff. 127-132. (XIVe s.)
» » »	407 ff. 148-164. (XIVe s.)
» » »	480 f. 48 (danseurs de Saxe). (XIIIe s.)
» » »	488 f. 47. (XIIIe s.)
» » »	535 ff. 1-18 (« miracula et exempla »). (XIIIe s.)
» » »	579 ff. 28-34v. (XIIIe s.)
» » »	818 ff. 96-106 (« exempla e vitis patrum desumpta »). (XVe s.)
» » »	896 ff. 40v-63. (XIIIe s.)
» » »	898 ff. 100-124v. (XVe s.)
» » »	1118 ff. 36, 82. (XIVe s.)
» » »	1345 ff. 86v-96v. (XIVe s.)
» » »	1354 ff. 40-45 (« exempla virtutum et viciorum »). (XVe s.)
» » »	1583 ff. 86-88 (« exempla eucharistica »). (XIVe s.)
» » »	1554 f. 218. (XVe s.)
» » »	1648 ff. 42-43 (« exempla eucharistica »). (XIVe s.)
» » »	1658 ff. 1-290 (sermonnaire avec exempla). (XIVe s.)
» » »	1760 ff. 109-155v (exempla de vita antiquorum patrum). (XVe s.)

Vienne : Hofbibliothek, mss.....	2951 ff. 304-309v (« narraciuncule in usum predicatorum »). (XVe s.)
» » »	3244 f. 67v. (XVe s.)
» » »	3412 ff. 276-309vb (« exempla cum moralizatione »). (XVe s.)
» » »	3419 ff. 96-126. (XVe s.)
» » »	3564 ff. 460v-467v. (XVe s.)
» » »	3593 ff. 42-57, 73-78v. (XVe s.)
» » »	3634 ff. 161-165v. (XVe s.)
» » »	3859 ff. 159-173v. (XVe s.)
» » »	3904 ff. 303-305. (XVe s.)
» » »	3916 ff. 1-2. (XVe s.)
» » »	4117 f. 181. (XVIe s.)
» » »	4119 ff. 156-157v. (XVIe s.)
» » »	4218 ff. 54-56 (« exempla de corpore Christi »). (XVe s.)
» » »	4346 ff. 1-41, 42-57, 145-156, 163-173v. (XVe s.)
» » »	4471 f. 197 (« exempla de corpore Christi »). (XVe s.)
» » »	4696 ff. 224-225. (XVe s.)
» » »	4739 ff. 190-224. (XVe s.)
» » »	4789 ff. 241-254. (XVe s.)
» » »	4893 ff. 133-177. (XIVe s.)
» » »	5099 ff. 195-197v. (XVe s.)
» » »	5410 ff. 248-266. (XVe s.)
» » »	9702 ff. 1-344 (« Farrago exemplorum »). (XIVe s.)
» » »	12912 ff. 62-64 (de Udone). (XVe s.)
» » »	13538 f. 4. (XVe s.)
» » »	13584 ff. 84-85v. (XVe s.)
» » »	14426 ff. 231-242v, 243-248. (XVe s.)
» » »	14576 ff. 71-87v. (XIVe s.)
» » »	15228 f. 30. (XVe s.)
» » »	15262 ff. 61-144v (« Farrago exemplorum »). (XVe s.)
Wiener - Neustadt : Neukloster : Stiftsb., mss.	138 ff. 1-97va. (XIVe s.)
» »	333 ff. 220-243v. (XIIIe s.)
» »	290 ff. 213-226v, 239-240v, 261-263v. (XIVe s.)
Wilhering : Stiftsb., ms..........	83 ff. 16-165 (« Liber exemplorum »). (XVe s.)

Zwettl : Stiftsb., mss.	138 ff. 1-97vb. (XIVe s.)
» » »	290 ff. 164-213, 213-216, 261v-263v, 239-240. (XIVe s.)
» » »	333 ff. 220-243va. (XIIIe s.)

BELGIQUE :

Bruges : Bibl. ville, mss.	99 (non folioté) (« de exemplis b[1] Gregorii »). (XIIIe s.)
» » »	130 (non folioté) (« de exemplis b[1] Eugenii »). (XIIIe s.)
» » »	268 (non folioté) (fragments de recueils). (XIIIe s.)
Bruxelles : Bibl. Royale, mss. . . .	1623 (1291-1311) ff. 182-184v (de Udone). (XVe s.)
» » »	1616 (20931) ff. 70-73v. (XVe s.)
» » »	1962 (14665-69) ff. 154-161. (XVe s.)
» » »	2181 (2670-82) ff. 150-175. (1459.)
» » »	2190 (14069-88) ff. 3-21. (XVe s.)
» » »	2238 (20899) ff. 1-237v. (XVIe s.)
» » »	2245 (II. 2095) ff. 49-144. (XVe s.)
» » »	2246 (II. 2294) ff. 1-182. (XVe s.)
» » »	2292 (9106) f. 230. (1475.)
» » »	2412 (II. 756) ff. 73-74. (XVe s.)
» » »	3156 (695-719) ff. 10-11, 19, 20v, 21-22. (1388.)
» » »	3192 (8033-34) ff. 117-126vb. (XIVe s.)
» » »	3570 (3640) ff. 1-260 (alphabétique); presque tous les ff. vides). (XVIe s.)

DANEMARCK :

Copenhague : B. Univ., mss.	3577 (14030-32) ff. 35-41vb, 42, 53, 55v, 85v, 90-112v (XVe s.).
» » »	593 ff. 1-98v. (XVe s.)
» » »	Gl. Kgl. 1360 ff. 89-93v, 94-105 (XVe s.)
» » »	Ny Kgl. 123 ff. 194-224. (1454.)
» » »	Thot. ms. 288 ff. 1-29. (XVe s.)

ESPAGNE :

Escurial : Bibl. du Palais, ms. . . .	N. III. 15 f. 137 et sq. (XIVe s.)
Madrid : Bibl. Royale, ms.	2 N. 4 (non folioté). (XIIIe s.)
Madrid : Bibl. Nationale, ms.	Ec. 103 ff. 1-184. (XIIIe s.)

Valladolid : Bibl. ville, ms......	143 (non folioté). (XIVe s.)
Valladolid : Bibl. du monastère Saint-François, ms......	543 (non folioté). Ces deux recueils (nos 143, 543) portent en tête le titre : « Item exemplorum ad omnem materiam. » Peut-être faudrait-il les identifier avec le *De dono timoris.*

ETAT LIBRE DE DANTZIG :

Dantzig : Bibl. ville, mss........	1961 ff. 139-141v. (XVe s.)
» » »	2022 ff. 2-4. (XVe s.)
» » »	2049 ff. 83-214, 218-307. (XVe s.)

HOLLANDE :

Gröningue: Bibl. Univers., mss..	16 ff. 1-12. (XIVe s.)
» » »	20 ff. 319-328. (XVe s.)
» » »	21 ff. 165-202 (« excerpta ex libro de illustribus viris »). (XVe s.)
Utrecht : Bibl. Université, mss..	126 f. 141rv. (XVe s.)
» » »	159 ff. 138-141. (XVe s.)
» » »	167 f. 141. (XVe s.)
» » »	173 ff. 163v-165, 202-230v. (XVe s.)
» » »	173a ff. 224-228v. (XV s.)
» » »	182a ff. 1-20. (XIVe s.)
» » »	317 ff. 119-149. (XIVe s.)
» » »	331 ff. 1-13v. (XVe s.)
» » »	350 ff. 1-108 (alphabétique). XVe siècle.)
» » »	701 ff. 1-51. (XIIIe s.)

HONGRIE :

Budapest : Bibl. Université, ms..	65 ff. 116-162 (« ex apiario »). (1448.)

ITALIE :

Florence : Bibl. Nazionale, mss..	C. 2. 1555 ff. 1-240v. (XIVe s.)
Pavie : Bibl. Université, ms.....	461 ff. 89-99. (XVe s.)
Rome : Vaticane, Palat.-Lat., mss	157 f. 2. (XIVe s.)
» » »	300 f. 22rv. (XIIIe s.)
» » »	338 ff. 95-102. (XIVe s.)
» » »	445 ff. 79-163. (XVe s.)

Rome : Vaticane, Palat.-Lat., mss.	460 ff. 1-2. (XIVe s.)
» » »	471 ff. 60-71. (XVe s.)
» » »	556 ff. 38-47. (XVe s.)
» » »	619 ff. 58-77 (« exempla moralia et miracula »). (XIVe s.)
» » »	866 ff. 100-115. (XIIIe s.)
» » »	886 ff. 114-119. (XVe s.)
» » »	1444 (non folioté) (« Item quidam liber miraculorum »). (XIVe s.)
» » »	49 (non folioté) (« parabole seu exempla sanctorum ») (XIVe s.)
Venise : Bibl. Saint-Marc, mss...	(I). 144 ff. 1-165. (XIVe s.)
» » »	(II). 63 ff. 99-161 (« thesaurus pauperum clericorum »). (XIVe siècle.)
» » »	(VII). ff. 1-120 (« miracula et exempla ») (XVe s.)
» » »	(VII). 35 ff. 19-62. (XVe s.)
» » »	(X). 63 f. 13. (XIIIe s.)

SUISSE :

Bâle : Bibl. Université, mss......	A. II. 20 ff. 131-135vb. (XVe s.)
» » »	A. IV 14 ff. 170-180v. (XVe s.)
» » »	A. V. 23 ff. 69-76. (1416.)
» » »	A. VI. 16 ff. 5-8. (XVe s.)
» » »	A. VI. 30 ff. 115-120. (XVe s.)
» » »	A. VI. 36 ff. 32-34. (XIVe s.)
» » »	A. X. 118 ff. 332-360. (1441.)
» » »	A. X. 120 ff. 143-147v. (1398.)
» » »	A. X. 125 ff. 201-202v. (XVe s.)
» » »	A. X. 129 ff. 109-112v, 137-221, 245-255. (XVe s.)
» » »	A. X. 130 ff. 193v-195v. (XVe s.)
» » »	A. X. 135 ff. 192-194, 216-217. (XVe s.)
» » »	A. X. 139 ff. 54v-76v, 95-98 (XVe s.)
» » »	A. XI. 55 ff. 156-158. (1441.)
» » »	A. XI. 67 ff. 113-116v. (XVe s.)
» » »	B. X. 25 ff. 61-70v. (1400.)
Engelberg : Stiftsbibliothek, mss.	226 ff. 1-21. (XIVe s.)
» » »	319 ff. 1-55. (XVe s.)
Saint-Gall : Stiftsbibliothek, mss.	36, p. 437-475. (XVe s.)
» » »	714, p. 223-225. (XVe s.)
» » »	776, p. 96-110. (XIVe s.)

Saint-Gall : Stiftsbibliothek, mss. 788, p. 67-72, 115-144. (XIVe s.)
» » » 927, p. 627-699 (« miracula quesita »). (XVe s.)
» » » 1012, p. 297-327. (XIVe s.)
» » » 1030, p. 116-169. (XIVe s.)
» » » 1032, p. 267-665. (XIIIe s.)
» » » 1038, p. 1-142. (XVe s.)
» » » 1357 (T. I, II), 1358 (T. III, IV), 1359 (T. V, VI), 1360 (T. VII, VIII), 1361 (T. IX, X), 1362 (T. XI, XII) avec le titre de « Libri exemplorum ». (XVIIIe siècle.)
» » » 1427, p. 1-753 (avec le titre de « domestica majorum nostrum exempla », à dispositif alphabétique allant de Abbas à Zelus). (XVIIIe s.)

TCHÉCOSLOVAQUIE :

Prague : Bibl. Université, mss... 221 ff. 225-232^v, 292-296, 302-355. (XVe s.)
» » » 602 ff. 84^v-94. (XVe s.)
» » » 922 ff. 93-97. (XVe s.)
» » » 1135 ff. 1-146. (XVe s.)
» » » 1295 ff. 1-3 (exemplum de Udone). (XVe s.)
» » » 1297 ff. 196-206^v. (XVe s.)
» » » 1406 ff. 131-132 (ex. de Udone). (XIVe s.)
» » » 1433 ff. 295^v-307^v. (XVe s.)
» » » 1624 ff. 1-45^v. (XIVe s.)
» » » 1690 ff. 208-209. (XIVe s.)
» » » 1918 ff. 1-52^v. (XVe s.)
» » » 1936 ff. 27^v-30^v (ex. de Udone). (XVe s.)
» » » 2000 ff. 210-248^v. (XIVe s.)
» » » 2031 ff. 237-241^v. (XVe s.)
» » » 2088 ff. 4-8, 96-105. (1366-67.)
» » » 2107 ff. 135^v-137. (XIVe s.)
» » » 2237 ff. 34-42. (XVe s.)
» » » 2514 ff. 156-158 (ex. de Udone). (XVe s.)
» » » 2625 ff. 196-207^v (exempla eucharistica). (XIVe s.)
» » » 2789 ff. 5-6 (ex. de Udone). (XVe s.)
» » » 2370 ff. 61-64 (« narraciuncule »). (1489.)

B. — RECUEILS D'*EXEMPLA* EN LANGUES VULGAIRES.

I. — *Recueils en vers français.*

FRANCE :

Paris : *B. N.*, ms. français....... 1546 ff. 1-153vb (« la vie des anciens pères). (XIIIe s.)

Pour l'inventaire des mss. renfermant la vie des anciens pères, v. *Not. et Ext. des mss.*, t. XXXIII, I, p. 66-70, t. XXXIV, I, p. 156-159; HERBERT, *op. cit.*, t. III, p. 336-339; *Romania*, t. XIII, p. 233-239, t. XIV, p. 130-131, t. XLVII, p. 381-382 où M. Morawski en attribue la paternité à un certain frère Ernoul de Loigny. (« Il ne s'agit ici que du 2e recueil. »)

ANGLETERRE :

Londres : *B. M.*, ms. addit....... 32678 ff. 1-131vb (v. HERBERT, *op. cit.*, t. III, p. 336-346). (XIIe s.)

Oxford : Bibl. Bodl., ms. Douce. 150 (S. C. 21724) ff. 1-124 (XIIIe s.)

» » » 154 (S. C. 21728) ff. 1-124 (XIIIe s.)

II. — *Recueils en vers anglais.*

ANGLETERRE :

Londres : *B. M.*, ms. Cot. Tib.... E. VII. ff. 101v-281v (v. HERBERT, *op. cit.*, t. III, p. 331-332.)

Londres : *B. M.*, mss. Harley.... 2391 ff. 156v-230v (v. *ibid.*, p. 333-336). (1500.)

» » » 4196 ff. 1-205v (v. *ibid.*, p. 327-330). (XVe s.)

Londres : *B. M.*, mss. Addit...... 22283 ff. 1-30v (v. *ibid.*, p. 322-326). (XVe s.)

» » » 30358 ff. 1-13v (v. *ibid.*, p. 320-322). (XVe s.)

» » » 38010 ff. 1-174v (v. *ibid.*, p. 714-718). (XVe s.)

Oxford : Bibl. Bodl., ms. Digby.. 185 f. 145, f. 157. (XVe s.)

III. — *Recueils en prose.*

En Français :

FRANCE :

Paris : *B. N.*, mss. français......	423 ff. 1-100vb (vies des saints en français et en provençal). (XIVe s.)
» » »	739 ff. 1-25. (XVe s.)
» » »	957 ff. 64-88. (XVe s.)
» » »	1007 ff. 1-89vb. (XIVe s.)
» » »	1008 ff. 1-121. (XVIe s.)
» » »	1885 ff. 1-22 (incomplet). (XVIe s.) Ces trois dernières copies portent le titre de *Doctrinal des simples gens*. Le texte original de ce traité, composé en 1388, est attribué à Guye de Roye, archevêque de Reims (+ 1409). Un moine bénédictin y a inséré en 1389, une centaine d'*exempla* sans originalité (v. *Not. et Ext des mss.*, t. V, p. 517-522).
» » »	1865 ff. 77-94. (XVe s.)
» » »	1879 ff. 175-223. (XVe s.)
Paris : Sainte-Geneviève, ms. fr..	20 f. 58. (XIVe s.)
Caen : Bibl. ville, ms. français...	262 ff. 1-26. (XIVe s.)
Dijon : Bibl. ville, ms. français..	213 ff. 1-33 (fragment du *Doctrinal des simples gens*). (XVe s.)
Arras : Bibl. ville, ms. français..	236 ff. 1-93 (*Doctrinal des simples gens* par « Guy de Roye »). (1442.)
Besançon: Bibl. ville, ms. français.	254 ff. 1-121. (XVe s.) (*Doctrinal de Sapience* de Guy de Roye, avec indication des dates 1388 et 1389.)

ANGLETERRE :

Londres : *B. M.*, ms. Egerton....	1166 ff. 74-79, 177v-195. (XVe s.)
Londres : *B. M.*, ms. Harley......	4403 ff. 1-303 (v. Herbert, *op. cit.*, t. III, p. 718-720). (XVe s.) C'est un traité d'instruction religieuse et morale, renfermant de très nombreux *exempla* placés sous environ 700 rubriques dont chacune commence par « cy nous dist » et exceptionnellement « cy commence ».

Il subsiste à notre connaissance dans 22 mss. dont 10 ont été signalés d'abord par P. Meyer (v. *Romania* XVI, p. 567-569), puis 10 autres par M. C. V. Langlois dans l'*Hist. Litt.*, t. XXXVI. I. p. 237-238, le 21e par M. Herbert (*ut supra*) et enfin le 22e, que nous avons trouvé à Oxford, Bod. ms. Rawlingson D. 659 (S. C. 13431), ff. 1-54. (XVe s.) V. pour l'analyse sommaire, les sources, les extraits et la date de composition. M. C. V. Langlois, *art. cit.*

BELGIQUE :

Bruxelles : Bibl. Royale......... 3354 I. (9225) ff. 1-233, II. (9229-30) ff. 1-190. (XIVe s.)

EN ANGLAIS :

ANGLETERRE :

Londres : *B. M.*, mss. Harley.... 1022 f. 1v-15v (v. HERBERT, *op. cit.*, t. III, p. 637-638). (XIV[e] s.)

» » » 1288 ff. 80-90 (v. *ibid.*, p. 681-688). (XVe s.)

» » » 2316 ff. 9v-54 (v. *ibid.*, p. 573-581). (XIVe s.)

» » » 7222 ff. 13-132v, 152-163v (v. *ibid.*, p. 166-179). (XIVe s.)

EN ITALIEN :

ANGLETERRE :

Londres : *B. M.*, ms. Addit...... 22557 ff. 23-47v. (XIVe s.) (v. *Romania*, t. XIII, p. 27-59 où les 56 exempla du recueil ont été imprimés ; HERBERT, *op. cit.*, t. III, p. 179-183; *Monteverdi, art. supra cit.*, p. 79).

ITALIE :

Florence: Bib. Leop. Laurent, mss. Plut. XLIII. Cod. XXVII, ff. 61-89. (80 exempla). (XVe s.)

» » » Plut. XLIV. Cod. XXXIX ff. 31-118 (75 exempla). (XVe s.)

» » » Suppl. II 185. Cod. Gaddian. CXCIII ff. 9-21v (32 exempla). (XVe s.)

Florence : Bibl. Riccardiana, mss. 1405 ff. 127-139 (32 exempla). (XVe s.)

» » » 1700 ff. 1-70. (XVe s.)

» » » 2894 f. 115. (1460.)

(Crane, *op. cit.* Introd. p. CVIII, signale encore des *exempla* siciliens du XIVe siècle dans *Propugnator* (X, p. 197 et quelques autres dans *di Giovanni Filologia e Letteratura siciliana,* Palermo, 1871, t. I, p. 120, t. III, p. 54).

En Portugais :

PORTUGAL :

Lisbonne : Bibl. Nat., mss....... 36, 37, 244, 291 (non folioté). (XVe s.)

La Torre do Tombo, ms........ 266 ff. 137-171. (XIVe s.)

(v. *Romania,* t. X, p. 334, t. XI, p. 381-390).

En Allemand :

FRANCE :

Besançon : Bibl. ville, mss...... 424 ff. 1-120 (« exempla moralia a Johanne Antonio d'Achay in linguam theutonicam translata »). (XVIe s.)

Strasbourg : Bibl. Univ., ms..... 2267 ff. 16 et sq. (« exempla moralia a Johanne Antonio d'Achay in linguam theutonicam translata »). (XVIe s.)

ALLEMAGNE :

Munich : Bibl. Royale, mss...... 521 ff. 97-115, 124-137. (1420).

» » » 626 ff. 1-325 (« Der Magnet U. L. F. ») (1493).

» » » 702 ff. 108-166. (1447).

» » » 750 ff. 79-99. (1454-68).

» » » 782 ff. 383-385. (XVe s.).

» » » 843 ff. 62-68. (XVe s.).

» » » 848 ff. 243-249 (1494).

» » » 861 ff. 60-76 (1504).

Stuttgart : Bibl. privée, ms...... X. ff. 169-300. (XVe s.).

(Ce recueil, intitulé *Bredigen Merlein,* et écrit dans un couvent de Strasbourg, a été publié par F. Pfeiffer dans *Germania,* t. III (Suttgart, 1858.)

AUTRICHE :

Vienne : Hofbibl., ms........... 2878 ff. 139-188. (XVe s.)

SUISSE :

Saint-Gall : Stiftsbibl., ms....... 970 ff. 70-114. (XVe s.)

EN FLAMAND :

FRANCE :

Paris : Arsenal, ms............. 8211 ff. 311-324. (XVe s.)

AUTRICHE :

Vienne : Hofbibl., ms........... 13655 ff. 90. (XVe s.)

BELGIQUE :

Bruxelles : Bibl. Royale, mss.... 2100 (3045-49) ff. 87-94v (XVe s.)
» » » 2011 (11146-48) ff. 148-153v. (XV siècle).
» » » 2411 (II. 755) ff. 1-9v. (XVe s.)

BIBLIOGRAPHIE

I. — Documents imprimés.

ABÉLARD. — *Sermons,* M. P. L., t. CLXXVIII.

ABRAHAM DE SANTA CLARA. — *Œuvres,* édit. Passau-Lindau, 1853-74.

ABSALON, ABBÉ DE SPRINGKIRSBACH. — *Sermons,* M. P. L., t. CCXI.

ACTA SANCTORUM (J. BOLLAND). — Anvers, 1643, t. I et sq., in-fol.

AELFRIC. — *Homelies of the anglo-saxon church,* édit. Thorpe, Aefric Soc. Pub., 2 vol., London, 1844-46.

ALFRIC, ABBÉ DE RIÉVAUX. — *Sermones,* M. P. L., t. CXCV.

AIMON, MOINE DE FLEURY. — *Homélies,* M. P. L., t. CXXXIX.

ALAIN DE LA ROCHE. — *Redivivus de psalterio seu rosario Christi ac Mariæ ejusdemque fraternitate rosaria,* édit. Coppenstein, Cologne, 1624.

ALAIN DE LILLE. — *Summa de arte prædicatoria,* de planctu naturæ ad Deum, M. P. L., t. CCX.

ALBE (E.). — *Les miracles de Notre-Dame de Rocamadour,* Paris, 1902, in-8°.

ALDHELME DE MALMESBURY. — *De laudibus virginitatis,* M. P. L., t. LXXXIX.

ALEXANDRE L'ANGLAIS (Fabricius). — *Summa que viciorum destructorium vocatur,* édit. Cologne, 1485.

ALEXANDRE NEQUAM. — *De naturis rerum,* édit. Th. Wright (R. S.), London, 1863, in-8°.

ALPHONSE RODRIGUEZ. — *La pratique de la perfection chrétienne,* édit. orig., Séville, 1616, in-4°.

AMBROISE (saint). — *Hexameron libri VI, Exhortatio virginitatis, De virginibus ad Marcellinam sororem suam libri III, De officiis libri III, Sermones,* M. P. L., t. XIV, XVI, XVII.

ARNAUD DE SERANO. — *Chronica XXIV generalium ordinis Minorum,* édit. Quaracchi, 1897, in-8°.

ANTOINE D'AVEROULT. — *Catéchisme historial ou fleur des exemples,* édit. Lyon 1608, édit. Rouen 1621.

ARNOLD DE GEILHOVEN. — *Gnotosolitos sive speculum conscienscie,* édit. Bruxelles, 1475.

AUGUSTIN (saint). — *Sermones, De civitate Dei,* M. P. L., t. XXXIX-XLI.

AVIT DE VIENNE (saint). — *Homélies,* M. P. L., t. LIX.

BARTHÉLEMY L'ANGLAIS. — *De proprietatibus rerum,* édit. Strasbourg, 1488.

BASILE (saint). — *Sermons, Discours,* M. P. G., t. XXIX, XXXI.

BEAUMANOIR (de). — *Coutumes du Beauvaisis,* édit. Salmon (A.), paris, 1899, in-8°.

BÈDE LE VÉNÉRABLE. — *Homélies,* M. P. L., t. XCIV.

BENOIT D'ANIANE (saint). — *Concordia regularium,* M. P. L., t. CIII.

BERENGER DE LANDORRE (?). — *Lumen anime,* édit. Augsbourg, 1479.

BERNARD (saint). — *Sermones,* M. P. L., t. CLXXXIII.

BERNARD DE BESSE. — *Liber de laudibus, Analecta Franciscana,* t. VII, Quaracchi, 1897, in-4°.

BERNARDIN DE SIENNE (saint). — *Quadragesimale,* édit. s. l. ni d.; *Prediche volgari,* édit. Luciano Bianchi, Sienne, 1880, 3 vol. in-16; *Novelette, esempi morali et apologhi,* édit. F. Zambrini, Bologne, 1868, in-16.

BERSUIRE (P.). — *Reductorium morale,* édit. Paris, 1521.

BIBLE. — Edit. vulgate.

BLICKLING HOMELIES. — Edit. Morris E. E. Text. Soc. London, 1874-80, n°s 58-63, 73.

BOÈCE. — *Consolatio Philosophiæ,* M. P. L., t. LXIII.

BONAVENTURE (saint). — *Opera omnia,* édit. Quaracchi, 1898 et sq.

BONIFACE VIII. — *Registres de,* édit. Digard, Paris, 1884 in-8°.

BOUQUET (Dom). — *Rec. des Historiens des Gaules et de la France*, Paris, 1738, t. I et sq. in-fol.

BROMYARD (J.). — *Summa Prædicantium,* édit. Nuremberg, 1485.

BRUNET LATIN. — *Li livres dou tresor*, édit. P. Chabaille, Paris, 1863 in-4°.

BRUYANT (J.) ?. — *Le ménagier de Paris,* édit. M. Pichon, Paris, 1848, 2 vol. in-8°.

CAPITULARIA. — M. P. L., t. XCVII.

CASSIEN (J.), — *Collationes,* M. P. L., t. XLIV.

CATALOGUE OF PAPAL REGISTERS, PAPAL LETTERS. — Edit. W. H. Bliss, London, II. 1895.

CAVALCA (D.). — *Lo specchio di croce,* édit. Milan 1855, *Il pungilingua,* édit. Milan, 1837, *Lo specchio di peccati,* édit. Milan, 1838.

CÉSAIRE D'ARLES (saint). — *Homélies,* M. P. L., t. LXVII.

CÉSAIRE DE HEISTERBACH. — *Dialogues miraculorum,* édit. Strange, Cologne, 1851, 2 vol. in-12; *Fasciculus moralitatis,* Cologne, 1615, 1 vol. in-8°; *Fragmenta Lib. VIII. Mirac.,* édit. A. Meister (Röm. Quartalschrift, Suppl. 13), Rome, 1901.

CHRONOGRAPHIA REGUM FRANCORUM. — Edit. H. Moranvillé (Soc. de l'Hist. de Fr.), Paris, 1897, 3 vol. in-8°.

CHRYSOSTOME (saint JEAN). — *Homélies,* M. P. G., t. XLIX-LII.

CONRAD D'EBERBACH. — *Exordium magnum ordinis cisterciensis,* M. P. L., t. CLXXXV.

CURSOR MUNDI. — Edit. Morris, E. E. Text. Soc. London, 1874-93, n°ˢ 57, 59, 62, 68, 69.

DAN MICHEL DE NORTHAGE. — *Agenbite of Inwyt,* édit. R. Morris, E. E. Text-Soc. London, 1866, n° 23.

DENIFLE-CHATELAIN. — *Chartularium Universitatis Parisiensis,* Paris, 1889 et sq.

ECBERT DE SCHÖNGAU. — *Sermones,* M. P. L., t. CLXXXIV, CXCV.

EGBERT. — *Pœnitentiale,* M. P. L., t. LXXXIX.

ERASME. — *Concionator,* édit. Louvain, 1532; *Mariæ encomium* vel stultitiæ laus, édit. Utrecht, 1648.

ETIENNE DE BOURBON. — *Anecdotes historiques,* édit. Lecoy de la Marche (Soc. de l'Hist. de Fr.) Paris, 1877. Nos références sont indiquées d'après le numérotage suppl. des 2857 anecdotes du ms. lat. 15970 de la B. N. de Paris.

Eudes de Chériton. — Edit. L. Hervieux, *Les Fabulistes latins*, Paris, 1896, t. IV, in-8°.

Fiore di vertu. — Edit. Venise, 1475.

Flaminius (Ant.). — *De viris illustribus ordinis prædicatorum*, Bologne, 1517.

Fleur des commandements de Dieu. — Edit. Paris, 1548.

Filipo da Siena (Fra). — *Li assempri*, édit. Carpellini, Sienne, 1864.

François d'Assise (saint). — *La légende des trois compagnons* (Misc. franc. Foligno (Ombrie), t. VII (1898); le *Speculum perfectionis*, édit. P. Sabatier, Paris 1898, in-8°; *les Fioretti s. Francisci*, édit. P. Sabatier, Paris 1902; *Opuscula S*[i] *Patris Francisci*. Quaracchi, 1904; *Vita prima, vita secunda de* Thomas de Celano, édit. Ed. d'Alençon, Rome, 1908, in-8°.

François de Sales (saint). — *Introduction à la vie dévote*, édit. Paris, 1857, in-12.

Fulbert de Chartres. — *Sermones*, M. P. L., t. CXLI.

Gabriel Barletta. — *Sermones quadragesimales et de sanctis*, édit., Brescia, 1497.

Gallia christiana novissima. — Edit. Albanés - U. Chevalier, Montbéliard, 1895 et sq.

Galvano Fiamma. — *Chronica ordinis Predicatorum*, édit. Reichert, Rome, 1897, in-8°.

Gascogne (Thomas). — *Myroure of our Ladye*, édit. J. B. Blunt, E. E. Text-Soc. London, 1873, Ext. Ser. n° 19.

Gautier de Coincy. — *Miracles de la Sainte Vierge*, édit. Poquet, Paris 1857.

Gayangos (Pascal de). — *El libro de los enxenplos*, édit. dans la Bibl. de autores espanoles, t. LX, Madrid, 1860.

Gennade de Marseille. — *De viris illustribus*, M. P. L., t. LVIII.

Geoffrei de Monmouth. — *Historia Britonum*, édit. Giles (Caxton Soc.), London, 1844, in-4°.

Godefroi de Viterbe. — *Pantheon*, M. P. L., t. CXCVIII; M. G. H. SS., t. XXIII.

Gérard de Vliderhoven. — *Cordiale*, édit. Deventer, 1491.

Géraud de Frachet. — *Vitæ Fratrum Ordinis Prædicatorum* (édit. Reichert), Rome, 1897, in-4°.

GEROULD (G. H.). — *The North English Homily Collection,* London, 1902, in-8°.

GERVAIS DE TILBURY. — *Otia imperialia,* ext. édit. Félix Liebrecht, Hanovre, 1866, in-8°.

GESTA ROMANORUM. — Edit. Græsse, Breslau 1842 in-8°, 1872 in-8°; édit. Oesterley, Berlin 1872, 2 vol. in-8°; édit. W. Dick nach der Innsbrucker Hd. vom Iahre 1342, Erlangen, 1890, in-8°.

GILLES DE ROME. — *De regimine principum,* édit. Venise, s. d.

GIRAUD DE BARRI. — *Opera,* édit. Brewer Dimock Warner (Roll. Ser.), 8 vol., London, 1861-71.

GODEFROI D'ADMONT. — *Homeliæ dominicales,* M. P. L., t. CLXXIV.

GOTTSCHALK HOLLEN. — *Sermonum opus.,* édit. Haguenau, 1518.

GOWER (J.). — *Works,* édit. Macaulay, 4 vol. Oxford, 1899-1902.

GRÉGOIRE LE GRAND (saint). — *Homeliæ in evangelia, Dialogi,* M. P. L., t. LXXVI-LXXVII.

GRITSCH (J.). — *Quadragesimale,* édit. Lyon, 1497.

GUERRIC, ABBÉ D'IGNY. — *Sermones,* M. P. L., t. CLXXV.

GUIBERT DE NOGENT. — *Liber quo ordine sermo fieri debet,* M. P. L., t. CLVI.

GUIBERT DE TOURNAI. — *Eruditio regum et principum,* édit. A. de Poorter, Louvain, 1914, in-4°.

GUILLAUME D'AUVERGNE. — *Operum summa,* Paris, 1516, in-fol.

GUILLAUME DE CONCHES. — *Liber moralium dogmatis philosophorum,* M. P. L., t. CXXI.

GUILLAUME DE MALMESBURY. — *De gestis regum anglorum* lib. V, M. P. L., t. CLXXXIX; édit. Stubs (Roll. Ser.), London, 1887-89.

GUILLAUME DE NANGIS. — *Chronique latine,* édit. H. Gérard (Soc. de l'Hist. de Fr.), Paris, 1844, in-8°.

GUILLAUME PEPIN. — *Rosarium aureum mysticum,* édit. Paris, 1513.

GUILLAUME PERAUD. — *Summa de vitiis et virtutibus,* édit. Cologne 1479, 2 vol.

GUILLAUME DE TYR. — *Historia rerum in partibus transmarinis gestarum,* dans le Recueil des Historiens de la Croisade, Paris, 1844, P. I.

GÜLDNER HIMMELS SCHLÜSSEL. — Edit. Einsidlen, 1748, in-12.

HAURÉAU (J.). — *Notices et Ext. de quelques mss. de la B. N.* Paris 1890-93, 6 vol. in-8°.

HAYMON, ÉVÊQUE DE HALBERSTADT. — *Sermones*, M. P. L., t. CXVIII.

HÉLINAND. — *Chronicon, Sermones,* M. P. L., t. CCXII.

HENRI DE BALNEA. — *Speculum spiritualium,* édit. Paris, 1510.

HENRI DE HERFORD. — *Liber de rebus memorabilibus,* édit. A. Potthast, Gœttingue, 1859, in-4°.

HERBERT DE TORRÈS. — *De miraculis libri tres,* M. P. L., t. CLXXXV.

HERZSTEIN (S.). — *Tractatus de diversis historiis Romanorum,* édit. Erlangen, 1903, in-8°.

HILDEBERT DU MANS. — *Sermones,* M. P. L., t. CLXXI.

HINCMAR. — *Capitularia ad presbyteros,* M. P. L., t. CXXV.

HOCCLEVE (Thomas). — *Regements of princes,* édit. F. G. Furnival, E. E. Text-Soc., London, 1873, Ext. Ser. n° 72.

HOLCOT (Robert). — *Liber sapientiæ et moralitates,* édit. Bâle, 1588.

HONORIUS D'AUTUN. — *Speculum Ecclesiæ,* M. P. L., t. CLXXII.

HONDORFF (André). — *Promptuarium illustrium exemplorum,* édit. Leipzig, 1598.

HORSTMANN (C.). — *Richard Roll of Hampole and his followers,* London, 1895-96, 2 vol. in-8°.

HUMBERT DE ROMANS. — *De dono timoris,* édit. s. l. ni d.; *Expositiones Umberti generalis magistri ordinis PP. super regulam beati Augustini Episcopi* dans Maxima Bibliotheca veterum Patrum, Lyon, 1677, 23 vol. in-fol.

INNOCENT III. — *De contemptu mundi,* M. P. L., t. CCXVII.

ISIDORE DE SÉVILLE. — *Etymologiarum libri XX,* M. P. L., t. LXXXIX; *De viris illustribus,* M. P. L., t. LXXXIII.

JACOB'S WELL. — Edit. Arthur Brandeis E. E. Text. Soc., London, 1890, n° 115.

JACOPO PASSAVANTI (FR.). — *Lo specchio di vera penitenza,* édit. Florence, 1862.

JACQUES DE CESSOLES. — *Solatium ludi schaccorum,* édit. Milan, 1479.

JACQUES DE VITRY. — *The Exempla of,* édit. Crane (F.), London, 1890, in-8°; *die Exempla von Jacob von Vitry,* édit. G. Frenken, Munich, 1914, in-8°.

JACQUES DE VORAGINE. — *Legenda aurea,* édit. Strasbourg, 1487; édit. Græsse, Breslau, 1890.

JAMES YOUNG. — *The gouvernaunce of Prynces,* édit. Steele, E. E. Text. Soc., London, 1898, Ext. ser., n° 74.

JEAN DE CAPOUE. — *Directorium humanæ vitæ,* édit. s. l. ni d.

JEAN DE GALLES. — *Opera,* édit. Venise, 1496.

JEAN DE PROCIDA. — *Dicta seu castigationes Sedechie,* édit. Salvatore di Renzi dans Collectio Salermitana III (1854).

JEAN DE SALISBURY. — *Polycraticus,* M. P. L., t. CXCIX.

JEAN DE SAN GEMINIANO. — *Summa de exemplis et similitudinibus rerum,* édit. Venise, 1484, édit. Bâle, 1499.

JEAN DE WERDEN. — *Dormi secure,* édit. s. l. ni d.

JEAN GOBI LE JEUNE. — *Scala Celi,* édit. Lubeck 1476, édit. Ulm. 1480.

JEAN HEROLT. — *Sermones, Promptuarium exemplorum,* édit. Ulm., 1480, édit. Caen, 1518, édit. Augsbourg, 1728, 2 vol. in-fol. sous le titre « *Discipulus redivivus* ».

JEAN HEROLT. — *Exempla virtutum et vitiorum atque etiam aliarum rerum maxime memorabilium,* édit. Bâle, 1555.

JEAN MAJOR. — *Magnum speculum exemplorum,* édit. Douai, 1605.

JEAN MIRK. — *Festial,* édit. Erbe, E. E. Text Soc. London, 1905, Ext. Ser., n° 96.

JEAN NIEDER. — *Formicarius,* édit. Paris, 1519.

JEAN PAULI. — Schimpf und Ernst, édit. Strasbourg, 1622; édit. Oesterley, Stuttgart, 1866, in-8°.

JEAN RAULIN. — *Itinerarium paradisi,* Paris, 1524.

JÉRÔME (saint). — *Contra Jovinianum,* M. P. L., t. XXIII.

JONAS, ÉVÊQUE D'ORLÉANS. — *De institutione regia,* M. P. L., t. CVI.

KLAPPER (J.). — *Exempla aus Hss. des Mittelalters,* Heidelberg, 1911, in-8°.

LABBE ET GOSSARD. — *Sacrosancta Concilia,* Paris, 1671-72, 18 vol. in-fol.

La Tour-Landry. — *Le livre du chevalier de,* édit. A. de Montaiglon, Paris, 1854; trad. anglaise, édit. Th. Wright, E. E. Text. Soc., London, 1868, n° 33.

Leibniz (G. G.). — *Scriptores rerum brunsvicensium,* Hanovre, 1707-11, 3 vol. in-fol.

Le Nain de Tillemont. — *Vie de saint Louis,* édit. J. de Gaule (Soc. de l'Hist. de Fr.), Paris, 1849.

Léon I (saint), pape. — *Sermones,* M. P. L., t. LIV.

Léon IV, pape. — *Homeliæ,* M. P. L., t. CXV.

Little (A. G.). — *Liber exemplorum ad usum prædicantium,* Aberdeen, 1908, in-8°.

Ludolphe le Chartreux. — *Speculum humanæ salvationis,* édit. s. l. ni d.

Maillard (Olivier). — *Sermones dominicales,* édit. Paris, 1515.

Malachie. — *Libellus septem peccatorum mortalium venena eorumque remedia describens, qui dicitur venenum Malachiæ,* édit. Paris, 1518.

Mansi. — *Sacrorum Conciliorum nova et amplissima Collectio,* Venise, 1759-98, 31 vol. in-fol.

Martin de Legio. — *Sermones,* M. P. L., t. CCVIII-IX.

Martin le Polonais. — *Chronica* SS. PP. et II., édit. Rome, 1476; *Sermones de tempore et de sanctis cum promptuario exemplorum,* édit. Strasbourg, 1484.

Mathieu de Paris. — *Historia Anglorum,* édit. Madden (Roll. Ser.), London, 1866-69, 3 vol.; *Chronica majora,* édit. H. R. Luard, (Roll. Ser.), London, 1872-85.

Maurice de Sully. — *Sermons,* Romania, t. XXXIII.

Meffreth. — *Hortulus Reginæ; pars de sanctis* s. l. ni d.; *pars hiemalis et estivalis,* édit. Nuremberg, 1496.

Mensa philosophica. — Edit. s. l. ni d.

Michel Menot. — *Sermones quadragesimales,* édit. Paris 1597.

Migne. — *Patrologiae Cursus,* series graeca, Paris, 1857-66, 161 vol.

Migne. — *Patrologiae Cursus,* series latina, Paris, 1844-79, 221 vol.

Monumenta Franciscana. — Edit. Brewer (J. B.), (Roll. Ser.), London, 1858.

MONUMENTA GERMANIÆ HISTORICA. — Hanovre-Berlin, 1826 et sq.; I. Scriptores Pertz (G. H.), t. I-XXIV in-fol. — II. Scriptores rerum merovingiarum, vol. I, in-4° et sq.

MAYNO DE MAYNERI. — *Dialogus Creaturarum seu Contemptus Sublimitatis,* v. *B. N.,* mss. lat. 8512, 8507 et édit. Th. Græsse, v. *infra.*

MAXIMA BIBLIOTHECA PATRUM LUGDUNENSIUM. — Edit. Lyon, 1677.

MURATORI. — *Rerum Italicarum Scriptores,* Mediolani, 1723-51, 25 T.

NÈVE (Joseph). — *Sermons choisis de Michel Menot* (1508-1518), nouv. édit. Paris, 1924.

NICOLAS IV (Registres de). — Edit. E. Langlois, Paris, 1886-93, in-4°.

NICOLAS DENYSE. — *Gemma Prædicantium,* édit. Paris, édit. Caen, s. d.

NICOLE BOZON. — *Les contes moralisés,* édit. L. T. Smith et P. Meyer, Paris, 1889, in-8°.

NOTKER, MOINE DE SAINT-GALL. — *De gestis Karoli magni,* M. P. L., t. XCLVIII.

ODILON DE CLUNY. — *Sermones,* M. P. L., t. CXLII.

ORDONNANCES DES ROIS DE FRANCE. — Edit. Paris, t. I et sq., 1723, in-fol.

PALLADIUS. — *Historia Lausiaca,* M. P. G., t. XXXIV; P. L., t. LXXIV.

PAUL DIACRE. — *Homélies,* M. P. L., t. XCV.

PEREGRINUS (FRATER). — *Sermones notabiles de tempore et de sanctis,* édit. s. l. 1481.

PIERRE ALFONSE. — *Disciplina clericalis,* édit. Hilka-Werner, Heidelberg, 1911, in-8°.

PIERRE DAMIEN (saint). — *Sermones, Traités,* M. P. L., t. CXLIV-CXLV.

PIERRE DE BLOIS. — *Sermones,* M. P. L., t. CCVII.

PIERRE DE CELLES. — *Sermones,* M. P. L., t. CCI.

PIERRE LE CHANTRE. — *Verbum abbreviatum,* M. P. L., t. CCV.

PIERRE L'ERMITE ET URBAIN II. — *Sermones,* M. P. L., t. CLI.

PIERRE LE MANGEUR. — *Historia scolastica,* M. P. L., t. CXCVIII.

PIERRE LE VÉNÉRABLE. — *De miraculis libri duo,* M. P. L., t. CLXXXIX.

PHILIPPE DE BERGAME. — *Lectura seu compilatio supra librum Cathonis,* édit. s. l. ni d., édit. s. l. 1575.

PITRA (cardinal). — *Analecta novissima Spicilegii solesmensis altera continuatio,* Paris, 1888, in-4°.

PRUDENCE, ÉVÊQUE DE TROYES. — *Homeliæ,* M. P. L., t. CXV.

PSEUDO-TURPIN. — *Historia Karoli et Rotholandi,* édit. F. Castets, Montpellier, 1888, in-8°.

QUÉTIF et ECHARD. — *Scriptores ordinis Prædicatorum,* Paris, 1719, 2 vol. in-fol.

RABAN MAUR. — *Homeliæ, De universo,* M. P. L., t. CX-CXII.

RAMULPHE HIGDEN. — *Polychronicon,* édit. Babington (Roll. Ser.) 2 vol. London, 1885, et édit. Lumby (Roll. Ser.), 7 vol. London 1865-86.

RATHIER DE VÉRONE. — *Sermones,* M. P. L., t. CXXXVI.

RECULL DE EXIMPLIS. — Edit. A. Verdaguer, Barcelone 1881-88.

RÉMI D'AUXERRE. — *Homeliæ,* M. P. L., t. CXXXI.

RICHARD LE POORE. — *Ancren Riwle,* édit. Morton. Camden Society, London, 1853.

RICHARD ROLLE DE HAMPOLE. — *Pricke of conscience,* édit. R. Morris, Berlin, 1863, in-8°; C. HORSTMANN, *Rich. Roll of Hampole and his followers,* London, 1895-96, 2 vol. in-8°.

RIERA (Dominique). — *Mare magnum exemplorum SS. Rosarii,* édit. Majorque, 1699.

ROBERT DE BRUNNE. — *Handlyng Synne,* édit. J. F. Furnivall, Roxburghe Club, 1862 réédité par Furnivall E. E. Text-Soc. London, 1901, n°s 119-123.

ROBERT DE SORBON. — *Honorabile conjugium,* édit. B. Hauréau dans Not. et Ext.; *De tribus dietis, De consciencia, De confessione,* édit. F. Chambon, Paris, 1903, in-8°.

RUFIN. — *Vitæ Patrum,* M. P. L., t. LXXIII.

SALIMBENE (Fr.). — *Chronica,* édit. Holder-Egger, Hanovre, 1905-1913, in-4°.

SAVONAROLE. — *Prediche fatte in Firenze l'anno 1496 nelle feste dopo la quaresima,* édit. Giuseppe Baccini, Firenze, 1889 VILLARI (P.), *e Casanova* (E.), *Scelta di prediche e scritti,* Firenze, 1898.

SÉNÈQUE LE RHÉTEUR.— *Controversiarum libri X,* édit. Teubner, Leipzig, 1872, 1887.

SERMONES PARATI DE TEMPORE ET DE SANCTIS. — Edit. Strasbourg, 1487.

SIGEBERT DE GEMBLOUX. — *Chronicon,* M. P. L., t. CLX.

SMARAGDE DE SAINT-MIHIEL. — *Sermones, Collectiones, Diadema monachorum,* M. P. L., t. CII.

SPECULUM EXEMPLORUM. — Edit. Strasbourg, 1490.

SPECULUM LAICORUM. — Edit. J.-Th. Welter, Paris, 1914, in-8°.

SPECULUM SAPIENTIÆ. — Edit. s. l. ni d.

STOLFI (P. C.). — *Corona di monaci,* édit., Prato, 1862, in-8°.

SULPICE SÉVÈRE. — *Vita sancti Martini,* duo dialogi, édit. Paris, 1693, in-16.

THOMAS DE CANTIMPRÉ. — *Bonum universale de apibus,* édit. Deventer, 1478; édit. Douai, 1605, 1627.

THOMAS DE PAVIE. — *Dialogus de gestis sanctorum fratrum Minorum,* édit. F. M. Delorme, Bibl. francisc. ascet. medievi Quaracchi, 1923, in-16.

THOMASIN VON ZERCLÄRE. — *Der welsche Gast,* édit. Rückert, Quedlinburg, 1852.

VINCENT DE BEAUVAIS. — *Speculum historiale,* édit. Nuremberg, 1483; *de puerorum nobilium eruditione,* édit. Bâle, 1481.

VINCENT FERRIER. — *Sermones de tempore hyemales et estivales* édit. Lyon, 1539; *Sermones de sanctis,* édit. Strasbourg, 1494; FAGES, *Œuvres de Vincent Ferrier,* Paris, 1909, 2 vol. in-8°.

VIOLLET (P.). — *Etablissements de Saint-Louis* (Soc. de l'Hist. de Fr.), Paris, 1881.

VITTORIO ROSSI (G.). — *Exempla virtutum et vitiorum,* édit Cologne, 1614, in-12.

WAILLY (NATALIS DE). — *Les récits d'un menestrel de Reims,* édit. (Soc. de l'Hist. de Fr.), Paris, 1876.

WALTER BURLEY. — *Liber de vita et moribus philosophorum,* édit. Venise, 1488; édit. H. Knust, Stuttgart, 1885, in-8°.

WALTER MAP. — *De nugis curialium,* édit. Th Wright, Camden Society, London, 1850, in-8°.

WERNER DE SAINT-BLAISE. — *Deflorationes,* M. P. L., t. CLVII.

WESSELSKI (Albert). — *Mönchlatein,* Leipzig, 1909, in-8°.

WADINGTON (Wilham de). — *Manuel des pechiez,* édit. J. F. Furnivall, Roxburghe Club 1862 et réédit. par Furnivall dans E. E. Text. Soc. London, 1901, nos 119-123.

WRIGHT (Th.). — *Latin Stories,* édit. Percy Society, London, 1843, n° 8.

II. — Principaux ouvrages consultés.

AUBERTIN (CH.). — *Histoire de la langue et de la littérature française au moyen âge,* Paris, 1878-83, 2 vol. in-8°.

BALE (J.). — *Scriptorum illustrium majoris Britanniæ... Summarium,* Bâle, 1559.

BACHMANN (J.). — *Das Leben und die Sentenzen des Philosophen Secundus,* Halle, 1887, in-8°.

BARDENHEWER (O.). — *Geschichte der altkirchlichen Litteratur,* Fribourg en Brisgau, 1902 et sq.

BEDIER (J.). — *Les Fabliaux, étude de littérature populaire et d'histoire littéraire du moyen âge,* Paris, 1895², in-8°.

BERGER (E.). — *Th. Cantipratensis Bonum universale de apibus quid illustrandis seculi decimi tertii moribus conferat,* Paris, 1895, in-8°.

BOURGAIN (L.). — *La chaire française au XIIIe siècle,* Paris, 1879, in-8°.

BOURRET (E.). — *Essai historique et critique sur les sermons français de Gerson,* Paris, 1858, in-8°.

BUTLER (Cuth.). — *The lausiac History of Palladius,* Cambridge, 1898-1904.

CHRIST (W.). — *Geschichte der griechischen Litteratur,* Munich, 1893, in-8°.

CRUEL (R.). — *Geschichte der deutschen Predigt im Mittelalter, Detmold,* 1879, in-8°.

DELISLE (L.). — *Cabinet historique,* Paris, 1855 et sq.; *Cabinet des manuscrits,* Paris, 1868-1881; *Inventaire des manuscrits du fonds de Cluny,* Paris, 1884, in-8°; *Recherches sur la librairie de Charles V,* Paris (1907, 2 vol.).

DESROCHES (Abbé). — *Histoire du Mont Saint-Michel,* Caen, 1838, 2 vol. in-8°.

DICTIONARY OF NATIONAL BIOGRAPHY. — Edit. Stephen and Lec., 62 vol., New-York and London, 1885-1900, suivi d'un supplément.

DOUAI (MGR). — *Mémoire sur une Summa auctoritatum*, Toulouse, 1896, in-4°.

EBERT (A.). — *Allgemeine Geschichte der Litteratur des Mittelalters im Abendlande*, Leipzig, 1874.

FRANZ (A.). — *Drei deutsche Minoritenprediger aus dem XIII. und XIV. Jahrhundert*, Friburg im Breisgau, 1907, in-8°

FUNCK (P.). — *Jakob von Vitry*, Heft 3 Beiträge zur Kulturgeschichte des Mittelalters de W. Gœtz, Leipzig, 1900, in-8°.

GOLDBERG (M. O.). — *Die cathonischen Distichen während des Mittelalters*, Leipzig, 1883, in-8°.

GRÆSSE (Th.). — *Die beiden ältesten Fabelbücher des Mittelalters des Bischofs Cyrillus Speculum Sapientiæ und des Nicolaus Pergamus Dialogus Creaturarum*, Stuttgart, 1880, in-8°.

HEIMBURGER (M.). — *Die Orden u. Kongregationem der Kath. Kirche*, Paderborn, 1896-97.

HELYOT. — *Histoire des ordres monastiques religieux et militaires*, Paris, 1714, in-4°.

HISTOIRE LITTÉRAIRE DE LA FRANCE. — Paris, 1733, t. I-XXXVI (1re partie, 1924).

KAUFMANN (A.). — *Cæsarius von Heisterbach*, Cologne, 1862, in-8°.

LABRIOLLE (P. DE). — *Histoire de la littérature latine chrétienne*, Paris, 1920, in-8°.

LANGLOIS (Ch.-V.). — *La vie en France au moyen âge*, Paris, 1908, in-12; *La connaissance de la nature et du monde au moyen âge*, Paris, 1912, in-12.

LANGLOIS (E.). — *Origine et sources du Roman de la Rose*, Paris, 1890, in-8°.

LAUCHERT (F.). — *Geschichte des Physiologus*, Strasbourg, 1889, in-8°.

LANDMANN (FL.). — *Das Predigtwesen in Westphalen*, Munster, 1900, in-8°.

LINSENMAYER (A.) — *Geschichte der Predigt in Deutschland*, München, 1886, in-8°.

LEANDRE (Albert). — *De viribus illustribus ordinis predicatorum*, Bologna, 1517.

LECOY DE LA MARCHE. — *La chaire francaise au moyen âge*, Paris, 1886[2], in-8°.

LOESCHE (J.). — *Die Abfassung des « faits des Romains »*, Halle, 1907, in-8°.

MANITIUS. — *Geschichte der lateinischen Literatur des Mittelalters*, München, 1911 et sq.

MARENCO (L.). — *Oratoria sacra italiana nel medioevo*, Savone, 1900, in-8°.

MASSERON (Alex.). — *Les exemples d'un ermite siennois*, Paris 1924, in-12.

MOLINIER (A.). — *Les sources de l'Histoire de France*, Paris, 1900 et sq.

MORTIER (D. A.). — *Histoire des maîtres généraux de l'ordre des Frères-Prêcheurs*, Paris, 1903 et sq.

MOSHER (J. A.). — *The exemplum in the early religious and didactic Literature of England*, New York, 1911, in-8°.

QUENTIN (H.). — *Les martyrologes historiques du moyen âge*, Paris, 1908, in-8°.

PARIS (G.). — *La littérature francaise au moyen âge*, Paris, 1914[5], in-12.

PERDRIZET (P.). — *Le Speculum humanæ Salvationis*, Paris, Paris, 1908, in-8°.

PETIT DE JULLEVILLE. — *Histoire de la langue et de la littérature française des origines à 1900*, 8 vol., Paris, 1896-99.

PIRENNE (A.). — *Histoire de Belgique*, Bruxelles, 1909, t. I et sq.

RAJNA (PIO). — *Intorno alcosideto dialogus creaturarum ed al suo autore*, Torino, 1888, in-8°.

SACKUR (E.). — *Die Cluniacenser in ihrer kirchlichen and allgemeingeschichtlichen Wirksamkeit*, Halle, 1892, 2 vol. in-8°.

SAMOUILLAN (A.). — *Olivier Maillard, sa prédication et son temps*, Paris, 1891, in-8°.

SBARALEA (J. H.). — *Scriptores ordinis minorum, Suppl.*, Rome, 1806, in-fol.

SCHANZ (M.). — *Geschichte der römischen Literatur*, München, 1807, t. I et sq.

SCHIELER (K.). — *Magister Johannes Nider aus dem Orden der Prediger Brüder*, Mainz, 1885, in-8°.

Schulte (J. F.). — *Die Quellen Geschichte der Quellen und Litteratur des canonischen Rechts, Stuttgart,* 1874-80, 3 vol. in-8°; *Die Summa des Stephanus Tornacensis über das Decretum Gratiani,* Giessen, 1891, in-8°.

Schulz (E.). — *Die englischen Schwankbücher bis herab zu Dobson's Drie Bobs* (1607), Berlin, 1912, in-8°.

Sudre (L.). — *Les sources du roman du Renard,* Paris, 1893, in-8°.

Sundby (Th.). — *Della vita e delle opere di Brunetto Latini,* Florence, 1884, in-8°.

Teuffel (W.). — *Histoire de la Littérature romaine,* Paris, 1883, 3 vol. in-8° (trad.).

Trithème (J.). — *Catalogus scriptorum ecclesiasticorum,* Cologne, 1531.

Vollert (H.). — *Zur Geschichte der lateinischen Facetien Sammlungen des XV*[e] *und XVI. Jhrds.,* Berlin, 1912, in-8°.

Walter (Joh. von). — *Die ersten Wanderprediger Frankreichs,* Leipzig, 1903-06, in-8°.

Winter (F.). — *Die Cisterzienser des nördlichen Deutschlands bis zum Auftreten der Bettlerorden,* Gotha, 1868-71, 3 vol. in-8°.

Wüstenfeld (F.). — *Die Uebersetzungen arabischer Werke,* Göttingen, 1897, in-8°.

III. — **Divers : Catalogues, revues.**

Analecta Bollandiana, Bruxelles, 1882 et sq.

Archiv für Litteratur und Kirchengeschichte der Mittelalters, Berlin, 1885, t. I et sq.

Archivum franciscanum historicum, Quaracchi, 1908, t. I et sq.

Bibliothèque de l'Ecole des Chartes, Paris, 1839 t. I et sq.

Catalogue général des manuscrits des Bibliothèques publiques de France, Paris, 1886 et sq.

Catalogues des manuscrits des Bibliothèques publiques et privées des divers pays de l'Europe.

Catalogue of Romances, t. I. II (Ward), t. III (Herbert), London, 1883, 1893, 1910 in-4°.

Etudes Franciscaines, Paris,. 1898, t. I et sq.

Franciskanische Studien, Munster i. W., 1912 et sq.

Giornale storico della Letteratura italiana, Torino, 1883 t. I et sq.

Hain (L.). — *Repertorium Bibliographicum,* Stuttgart, 1826-38, 4 vol. in-8°; *Supplément. W. A. Coppinger,* London, 1895, 1898.

Le Moyen Age, Paris, 1988, t. I et sq.

Narducci. — *Catalogo di manoscritti ora posseduti da D. Baldassare Boncompagni,* Roma, 1862, in-8°; nouv. édit., 1892, in-8°.

Neues Archiv, Hanovre, 1876 t. I et sq.

Notices et Extraits des Mss. de la Bibl. Nat. Paris, 1787 t. 1 et sq., in-4°.

Pellechet (M.). — *Catalogue général des incunables des Bibl. publ. de France,* 3 vol., Paris, 1897 et sq.

Positions des mémoires pour le diplôme d'études supérieures d'histoire, Paris, 1905-1906, in-8°.

Proceedings of the Royal Irish Academy, Dublin, 1879-88.

Revue des Questions historiques, Paris, 1866 t. I et sq.

Revue d'Histoire franciscaine, Paris, 1925 t. I et sq.

Romania, Paris, 1872, t. I et sq., in-8°.

Romanische Forschungen, Erlangen, 1883 t. I et sq.

Sitzungsberichte der K. K. Akademie der Wissenschaften in Wien, Philo. Hist. Klasse, 1848 t. I et sq.

Zeitschrift für französische Sprache u. Litteratur, Oppeln, 1889 t. I et sq.

INDEX ALPHABÉTIQUE

DES NOMS ET DES MATIÈRES

(*Les noms en italique indiquent les auteurs modernes et les chiffres les pages.*)

B

F

G

I

J

K

L

M

N

O

P

Q

R

S

T

U

V

W

X

Y

Z

ADDITIONS ET CORRECTIONS

P. 1, note 1, ligne 19. Au lieu de : *meanings, our,* lire : meanings, first, our.

P. 3, ligne 12. Au lieu de : *Wesseleski,* lire : Wesselsky.

P. 10, note 2, ligne 7. Au lieu de : *de Barlaam et de Josaphat,* lire : de Barlaam et Josaphat.

P. 12, note 4, ligne 4. Au lieu de : *Syrènes,* lire : Sirènes.

P. 13, ligne 1. — A propos de saint Ambroise, ajouter ce qui suit : Vers le même temps dans l'Eglise orientale (syrienne et palestinienne), l'emploi de l'exemplum était d'usage courant dans le sermon ou l'homélie, comme l'affirme saint Jérôme († 420) dans *Lib. III. Com. in cap. 18 Math.* (Migne, P. L., t. XXVI, col. 132) : « Familiare est Syris et maxime Palestinis ad omnem sermonem suum parabolas jungere, ut quod per simplex præceptum teneri ab auditoribus non potest, per similitudinem exemplaque teneatur. »

Note 6, ligne 1. — Au sujet des 396 sermons authentiques (Migne, P. L., t. XXXVIII, col. 23-1413; t. XXXIX, col. 1493-1718) et des 317 sermons douteux au apocryphes (Migne, P. L., t. XXXIX, col. 1735-2354) v. Labriolle (P. de), *op. cit.,* p. 561, note 5.

P. 17, note. — A la suite de la note 11, ajouter ce qui suit : Saint Eloi, évêque de Noyon et de Tournai (646-659) († 659), dont il subsiste 16 homélies et un sermon (Migne, P. L., t. LXXXVII, col. 593-658), utilise les Homélies de saint Grégoire le Grand « beatus Gregorius Romanæ urbis pontifex » et en cite des récits (v. col. 641 : Referam vobis hoc quod beatus Gregorius in quadam homilia sua narrat de quodam = Migne, P. L., t. LXXVI, col. 1158, Hom. XIX : de quodam fratre draconi ad devorandum dato). De même aussi il recourt aux récits des *Vitæ Patrum* (v. col. 596 : Narraverunt senes de quodam hortulano aliquantam pecuniam colligente et pede ab angelo sanato = Migne, P. L., t. LXXIII, col. 892). Il semble même qu'il se soit adressé au peuple en *roman* et non pas en *latin,* d'après ce qui ressort du texte de l'Hom. XI : *In cœna Domini,* col. 630 : « Boni homines, quia vestram fraternitatem aliter necesse est alloqui quam consacerdotes et cooperatores nostros, quibus datum est nosse mysteria regni cœlorum, ideo ad vos *simplici et rusticano utentes eloquio convertamur,* ut tantæ solemnitatis sacramentum juxta parvitatem nostri sensus exponamus vobis *rusticitate verborum.* »

P. 17, note 11, ligne 14. Au lieu de : *parobolis,* lire : parabolis.

P. 17, note 11, ligne 31. Au lieu de : *publicaverimus,* lire : publicavimus.

P. 18, note 13, ligne 4. Au lieu de : *Gossard,* lire : Cossard.

P. 19, note 20, ligne 2. Au lieu de : *campaniae,* lire : Campaniae.

P. 19, note 20, ligne 6. Au lieu de : *tyrannem,* lire : tyrannum.

P. 23, note 34, ligne 8. Au lieu de : *d'Arbissel,* lire : d'Arbrissel. En revoyant les *Sermones de tempore, de Sanctis et in Epist. et Evang. dominicis* de Raoul Ardent, nous avons cependant relevé les *exempla* suivants, tirés soit des Dialogues de saint Grégoire le Grand, soit des V. PP., soit des Acta SS. (v. col. 1485, 1545, 1551, 1553 (trois placés bout à bout), 1615, 1856, 1968, 2006 (évangile des Nazaréens).

P. 23, note 36, ligne 7. Au lieu de : *Meuschen,* lire : Menschen.

P. 24, ligne 20. Au lieu de : *D. Laërte,* lire : D. Laërce.

P. 25, ligne 18. — Il circulait en Occident deux versions en latin de l'*Historia lausiaca* durant le Moyen Age. L'une, intitulée *Paradisus Heraclidis,* n'est autre que la version latine faite sur le texte grec par le diacre Paschasius au Ve siècle et mise sous le nom d'Heraclide, évêque de Cappadoce (Migne, P. L., t. LXXIV, col. 243-342). L'autre avec le titre de *Palladii historia lausiaca* faite sur un texte grec altéré par un anonyme, date du VIIe siècle (Migne, P. L., t. LXXIV, col. 343-1382). Butler (C.) conclut à leur sujet, *op. cit.*, t. I, p. 69 : « The Latin Version I, in its primitive state must rank among the earliest and most important of the authorities for the text.

« The Latin Version II, although we are not able to arrive at equally definite conclusions regarding it, it is of considerable antiquity and value.

« Both Versions represent lost greeck mss., which contained types of the text at once early and in some respects unique. »

P. 27, ligne 10. Au lieu de : *Adhelme,* lire : Aldhelme.

P. 28, note 45*a*, ligne 15. Au lieu de : *Frategli mici,* lire : Frategli miei.

P. 28, note 45*a*, ligne 15. Au lieu de : *amendio,* lire : amen dio.

P. 29, note 46, ligne 23. Au lieu de : *exteriorem,* lire : exteriorum.

P. 29, note 46, ligne 32. Au lieu de : *vaccare,* lire : vacare.

P. 31, ligne 12. Au lieu de : *Huebertus,* lire : Hucbertus.

P. 32, note 51, ligne 7. Au lieu de : *Jornandès,* lire : Jordanès.

P. 33, ligne 7. Au lieu de : *homilitique,* lire : homilétique.

P. 37, ligne 10. Martin de Legio = Martin de Léon.

P. 38, ligne 1. Springkirsbach = Springhiersbach.

P. 39, note 20, ligne 13. Au lieu de : *pendere,* lire : pondere.

P. 41, ligne 3. Au lieu de : *moralisés,* lire : moralisées.

P. 41, note 23, ligne 1. Au lieu de : *montera,* lire : montre.

P. 45, ligne 8. Au lieu de : *publié,* lire : paru.

P. 45, ligne 9. Supprimer : par l'auteur.

P. 45, ligne 13. Au lieu de : *châtiés,* lire : châtiées.

P. 46, ligne 6. Au lieu de : *la légende d'Evilmerodach,* lire : la légende du père d'Evilmerodach.

P. 46, ligne 7. Au lieu de : *enfermé,* lire : enferme... les tribus Gog et Magog.

P. 46, note 31, ligne 16. — Au sujet de la traduction du Pseudo-Turpin faite en français en 1206 par un anonyme pour Renault de Boulogne et les mss. qui en subsistent, v. Hist. Litt., t. XXXIV, p. 385-386.

P. 48, ligne 14. Au lieu de : *comme la,* lire : comme dans la.

P. 49, ligne 20. Au lieu de : *1282-1289,* lire : 1182-1189.

P. 50, note 34, ligne 2. — V. *Dissuasio Valerii ad Rufinum,* dans les œuvres de saint Jérôme (Migne, P. L., t. XXX, col. 254-261).

P. 53, ligne 16. Au lieu de : *intitulé,* lire : intitulée.

P. 54, ligne 3. Au lieu de : *proeminum,* lire : proemium.

P. 57, ligne 15. Au lieu de : *Juvenal,* lire : Juvénal.

P. 58, ligne 13. Au lieu de : († *13 ?*), lire : († 12 ?).

P. 58, note 43, ligne 21. Au lieu de : *Jean d'Acre,* lire : Saint-Jean d'Acre.

P. 70, note 9, ligne 5. Au lieu de : *humliacionem,* lire: humiliacionem.

P. 71, ligne 18. Au lieu de : *Haec,* lire : Hac.

P. 77, ligne 12. — Pour d'autres traités *de arte predicandi,* v. *B. N.*, ms. lat. 16530 ff. 1-5 (XIIIe s.) ; Bibl. Mazarine, ms. lat. 982, ff. 36-37 (XIVe s.) (Olivier de Went) ; *id.* à Saint-Omer, B. V., ms. 317 et à Munster, Bibl. Paul, ms. 7; Troyes, B. V., ms. 1922, ff. 87-95rb (XIVe s.) ; Cambridge, Corp. Ch. Coll. Lib., ms. 441, ff. 13-29 (XIVe s.) (Richard de Theford) ; Angers, B. V., ms. 324, ff. 128-147 (XVe s.) et Troyes, B. V., ms. 1392, ff. 1-16 (XVe s.) (de Jean de Chalon, abbé de Pontigny (en 1372) (v. Hist. Litt., t. XXXIV, p. 219), etc.

P. 79, ligne 22. Au lieu de : *celle,* lire : cette.

P. 81, ligne 37. Il resterait à compléter ce paragraphe par la vie de l'*exemplum,* c'est-à-dire par les différentes formes qu'il a prises au cours de son existence non seulement dans la littérature religieuse et didactique, mais encore dans le théâtre et dans les arts du Moyen Age et même jusque dans la littérature moderne. V. à ce sujet le travail remarquable sur *Le thème de l'aveugle et du paralitique,* dans la *Littérature française,* de M. G. Cohen, dans les *Mélanges offerts* à M. Emile Picot, membre de l'Institut, Paris, 1913.

P. 85, ligne 5. — V. *Biblia pauperum,* édit. s. l., 1491 (*B. N.*, Inv. Rés., D. 6595), attribuée à saint Bonaventure : Exempla Sacre scripture ordinata secundum ordinem alphabeti, ut possint que sunt necessaria in materiis sermonum et prædicacionum facilius a predicatoribus inveniri » (De accidia. — De zelo indiscreto, 139 rubriques).

P. 85, ligne 6. — Au sujet des apocryphes, v. Hugues de Saint-Victor; *Eruditionis didascalicae libri VII,* Lib. IV, cap XI: quae sint apocryphae Scripturae (Migne, P. L., t. CLXXVI, col. 787-788 et pour le texte : Migne, Dictionnaire des apocryphes, 2 vol., Paris, 1856-1858.

P. 86, ligne 5. — A ajouter le traité : *Exhortatio virginitatis lib. I,* v. *supra,* P. 23, note 25.

P. 86, ligne 10. Au lieu de : (*début du IVe siècle*), lire : (au cours du Ve siècle), v. *supra :* Addit. et correct., P. 25, ligne 18.

P. 87, ligne 3. Au lieu de : *De bestis,* lire : De bestiis.

P. 87, ligne 24. — V. l'édition : *Albertani Brixiensis liber consolatio-*

nis et concilii, ex quo hausta est fabula gallica de Melibeo et Prudencia, par Thor Sundby, London, 1873. Ce traité, qui n'est pas sans analogie avec la *Consol. Philos.* de Boèce, affecte dans ses 51 chapitres la forme d'un récit dialogué, en partie allégorisé, entre Mélibée et Prudence. D'après cet éditeur (v. Introd., p. XVIII), c'est Jean de Meung qui a fait l'adaptation en français de Mélibée et de Prudence. Pour l'autre traité d'Albertano de Brescia, intitulé : *Tractatus de arte loquendi et tacendi,* relatif à l'éloquence, v. édit. Anvers, 1495 (*B. N.*, Inv. Rés., R. 1095).

P. 87, ligne 26. Au lieu de : *Chateauroux,* lire : Châteauroux.

P. 87, ligne 32. Au lieu de : *memoralibus,* lire : memorabilibus.

P. 88, ligne 6. — V. au sujet de Gilles d'Assise († 1262), Hist. Litt., t. XXX, p. 549, et de ses *Aurea verba* Mazarine, ms. 991, ff. 173v-177, XVe s. (extraits), Oxford, Univ. Coll. Lib., ms. 42, ff. 159-186 (XVe s.) et l'édit. s. l. ni date (*B. N.*, Inv. Rés., D. 5005).

P. 88, ligne 7. Au lieu de : *Zacharia,* lire : Johannes Zacharias.

P. 88, ligne 10. Au lieu de : *attribuée,* lire : attribué.

P. 88, ligne 10. — V. Opera, édit. Hartel, t. III, p. 173-220, de même pour le *De XII abusionibus seculi, ibib.*, p. 150-173.

P. 88, ligne 12. — Le *Liber de spiritu et anima,* attribué par erreur à saint Augustin (Migne, P. L., t. XL, col. 779-852), est en réalité du moine Alcher de Clairvaux († 1169), contemporain et ami de saint Bernard (v. A. Schönbach, Sitzb., t. CXLIV, p. 67).

P. 89, ligne 15. Au lieu de : *Aefric,* lire : Aelfric.

P. 92, ligne 23. — A ajouter : *Visionum libri sex* de sainte Elisabeth de Schöngau († 1165), par le moine Ecbert (Migne, P. L., t. CXCV, col. 1129-1194).

P. 95, ligne 10. Au lieu de : *Xenophon,* lire : Xénophon.

P. 96, ligne 21. — V. pour le texte latin du *Secretum Secretorum, B. N.*, ms. lat. 1119, ff. 1-60 (XIIIe s.) ou l'édit. Cologne 1480 (*B. N.*, Inv. Rés., R. 790), et pour une étude d'ensemble, Förster (R.), *De Aristotelis, quae feruntur secretis secretorum commentatio,* Kiel, 1888.

P. 96, ligne 26. Au lieu de : *Antithène,* lire : Antisthène.

P. 96, ligne 27. Supprimer : Appollonius.

P. 97, ligne 2. — L'*Historia troiana* comprend une double relation apocryphe de la guerre de Troie : l'une, l'histoire du siège de Troie, est supposée avoir été écrite par le Phrygien Darès, enfermé dans la ville et avoir été traduite en latin par Cornélius Népos; l'autre, l'histoire de la guerre de Troie, est attribuée au Crétois Dictys, compagnon d'Idomenée, un des assiégeants. Il en subsiste de nombreuses copies manuscrites, v. Cat. des mss. lat. de la *B. N.;* Cat. of. Rom. I, p. 9 et sq. et l'édit. imprimée de Dictys Cretensis dans la Coll. Teubner, Leipzig, 1872. Quant à son influence sur le Roman de Troie, de Benoît de Sainte-More (v. 1160), v. G. Paris, *op. cit.*, p. 81-82.

P. 97, ligne 2. — Au sujet de *Pamphile et Galatée,* par Jehan Bras-de-fer de Dammartin, poème français inédit du XIVe siècle,

v. l'édition critique précédée de recherches sur le Pamphilus latin, par J. de Morawsky, Paris, 1917.

P. 97, ligne 7. Mesne' = Mesue, Alkorah = Alcoran, Alagazel = Algazel.

P. 98, ligne 26. Au lieu de : *comme celles de*, lire : comme les légendes de.

P. 99, ligne 28. Au lieu de : *distingues,* lire : distiques.

P. 100, note 67. Au lieu de : *1814,* lire : 1914.

P. 101, ligne 26. Pour les mss. de la *Cosmographia* d'Ethicus v. Milan: Ambrosienne, ms. A. 48 sup. (XIIe s.) et ms. C. 246 inf. (XIIe s.).

P. 101, ligne 26. Au lieu de : *Imperalia,* lire : Imperialia.

P. 102, note 70, ligne 21. Au lieu de : *Gossard,* lire : Cossard.

P. 103, ligne 7. Au lieu de : *fabléaux,* lire : fableaux ou fabliaux.

P. 107, ligne 4. Au lieu de : *dse,* lire : des.

P. 113, ligne 12. Au lieu de : *homilitique,* lire : homilétique.

P. 113, note 4, ligne 6. Au lieu de : *corripiendi et predicandi,* lire : in corripiendo et predicando.

P. 113, note 5, ligne 3. Au lieu de : *moralitasis,* lire : moralitatis.

P. 117, ligne 16. Au lieu de : *homilitique,* lire : homilétique.

P. 127, ligne 16. Au lieu de : *homilitique,* lire : homilétique.

P. 129, ligne 23. Au lieu de : *recueillis,* lire : recueillies.

P. 135, note 39, ligne 11. Au lieu de : *erueuert,* lire : erneuert.

P. 137, ligne 3. Au lieu de : *conrerne,* lire : concerne.

P. 141, ligne 3. Au lieu de : *particularites,* lire : particularités.

P. 159, note 30, ligne 1. — A ajouter : *B. N.*, ms. lat. 10843, ff. 1-224v (XIVe s.) ; la date la plus récemment citée d'après le ms. d'Auxerre 124, est 1225, ff. 80v-81 : anno domini MCCXXV in comitatu nivernensi...

P. 160, ligne 16. Au lieu de : *J. de Voraggio,* lire : J. de Varaggio.

P. 160, note 32, ligne 4. Au lieu de : *J. de Veragine,* lire : J. de Voragine.

P. 161, ligne 7. Au lieu de : *abbrevitate,* lire : abbreviate.

P. 161, ligne 12. Au lieu de : *Chartres,* lire : Châtres.

P. 163, ligne 18. Au lieu de : *1266,* lire : 1263.

P. 169, note 64, ligne 14. Ajouter : Chantilly : Musée Condé de Chantilly, ms. fr. 135 ff. 1-220 (XVe s.).

P. 171, ligne 25. — A ajouter le traité similaire intitulé : *Exposicio decem preceptorum ou Preceptorium,* de Henri de Frimar (de Urimaria) († 1349) compilé après la canonisation de saint Thomas d'Aquin (1323) (v. f. 11, sanctus Thomas) et renfermant environ 80 exempla tirés de recueils existants et de l'expérience personnelle de l'auteur. Cons. l'édit. s. l. ni d. *Preceptorium egregii professoris sacre theologie ordinis beati Augustini magistri Henrici de Urimaria* (*B. N.*, Inv. Rés., D. 845). Pour les mss. voir Allemagne : Soest., B. V., ms. 20 (non fol.) (XVe s.), Munster : Bibl. Royale Paul., ms. 71 (non fol.) (XVe s.).

P. 173, note 75, ligne 10. Au lieu de : († *1322*), lire : († 1422).

P. 176, ligne 25. Au lieu de : *la récit,* lire : le récit.

P. 177, note 82, ligne 1. Ajouter, SPETTMANN, O. M., Das Schriftchen : DE OCULO MORALI UND SEIN VERFASSER, *Archivum franciscanum historicum,* 1923, XVI, p. 309-322.

P. 177, ligne 7. Au lieu de : *Chatillon*, lire : Châtillon.

P. 180, note 86, ligne 7. Au lieu de : *salomone*, lire : Salomone.

P. 180, note 86, ligne 13. Au lieu de : *corde*, lire : Cordi.

P. 180, note 86, ligne 16. Au lieu de : *parisius*, lire : parisiis.

P. 184, note 93. Au lieu de : *Aulu-Gèle*, lire : Aulu-Gelle.

P. 186, note 99, ligne 13. Ajouter à cette liste : Milan : Ambrosienne : ms. P. 26 sup. ff. 140-279 (XIVe s.) (incomplet à la fin) avec ce titre : *Joh. Gallensis contra curiosos.*

P. 189, note 101, ligne 7. Au lieu de : *crudicione*, lire : erudicione.

P. 189, note 101, ligne 10. Au lieu de : *ms. lat. 15431*, lire : ms. lat. 15451 ff. 85va-143vb (XIVe s.).

P. 191, ligne 12. — A ajouter après le traité de Gilles de Rome, le *Liber de informatione principum* d'un anonyme (c. entre 1297-1314), dans *B. N.*, ms. lat. 16622, ff. 1-126 (XVe s.). Il comprend quatre parties et renferme les mêmes types d'exempla que le traité précédent. V. Hist. Litt., t. XXXI, p. 35-37, les mss. qui en subsistent, p. 38, les deux traductions françaises qui en ont été faites, et p. 43 et sq., son influence sur le *Speculum dominarum* de Durand de Champagne.

P. 194, ligne 18. Au lieu de : *Suprum*, lire : Super.

P. 196, note 116, ligne 3. Ajouter : J. Nève, *Cathonis disticha*, Liège, 1926, in-4°.

P. 197, note 119, ligne 14. — A ajouter : Hugues de Saint-Victor, *De luminaribus Ecclesiæ, sive de Scriptoribus ecclesiasticis libelli quatuor*, Migne, P. L., t. CLXXI, col. 197-234 (extraits de saint Jérôme, de Gennade, d'Isidore, etc.).

P. 199, ligne 17. Au lieu de : *Porrus*, lire : Porus.

P. 199, note 122, ligne 15. Au lieu de : *moraulx... fransezoizs*, lire : moraulx... franczoys.

P. 199, note 122, ligne 19. Au lieu de : *celuy... auteffoiz*, lire : celluy... autreffoiz.

P. 203, ligne 6. V. pour le *Mare historiarum*, *B. N.*, mss. lat. 4914 ff. 1-319vb (1381), 4915 ff. 1-414vb (XVe s.) (avec une miniature en tête de chaque chapitre).

P. 206, ligne 1. Au lieu de : *dont il y en a six*, lire : dont il n'y en a que six dans notre texte.

P. 206, ligne 13. Au lieu de : *le*, lire : la.

P. 206, note 141, ligne 6. L'histoire de Grisélidis (Grisel) est plutôt tirée de la 10e nouvelle du 10e jour du *Décameron* de Boccace.

P. 206, note 141, ligne 7. Au lieu de : *Loubans*, lire : Louhans.

P. 206, note 141, ligne 11. Au lieu de : *Tailboent*, lire : Taillevent (1326-1395).

P. 206, note 141, ligne 12. Supprimer : et du livre fort excellent de cuisine.

P. 206, note 142. Au lieu de : *du chien Maquaire*, lire : du chien de Maquaire.

P. 207, ligne 5. Au lieu de : *d'un genre plutôt spécial*, lire : d'un genre particulier.

P. 208, note 149, ligne 3. — Au sujet de Gui de Colonna, traducteur en latin du *Roman de Troie*, de Benoît de Sainte-More, v. G. Paris, *op. cit.*, p. 81.

P. 209, ligne 6. Au lieu de : *et morale*, lire : et de morale.

P. 215, note 2, ligne 5. Au lieu de : *Hauréauj,* lire : Hauréau.
P. 216, ligne 4. Au lieu de : *repartir,* lire : répartir.
P. 217, note 9, ligne 4. Au lieu de : *adopte,* lire : adapte.
P. 220, note 10, ligne 7. Au lieu de : *magici,* lire : magice.
P. 221, ligne 22. Au lieu de : *son,* lire : sont.
P. 224, note 15. Au lieu de : *son Mélange,* lire : ses MÉLANGES.
P. 231, ligne 4. Au lieu de : *Malebranca,* lire : Malabranca.
P. 232, ligne 7. Au lieu de : *contemptorum,* lire : contentorum.
P. 233, note 23, ligne 6. Au lieu de : *securam,* lire : securum.
P. 239, ligne 11. Au lieu de : *De pugibilus,* lire : De pugilibus.
P. 240, ligne 3. Au lieu de : *composé,* lire : composée.
P. 243, note 43, ligne 7. Au lieu de : *Gatinais,* lire : Gâtinais.
P. 244, ligne 23. Au lieu de : *cents,* lire : cent.
P. 249, note 67, ligne 4. Au lieu de : *Roune* (près de Nîmes), lire : Roveria (canton de Valleraugue, Gard).
P. 249, note 67, ligne 9. Au lieu de : *Montferrier,* lire : Montfermier, commune de Lastours (Aude).
P. 249, note 67, ligne 10. Au lieu de : *Clermont-Ferrand,* lire : Mont-Ferrand.
P. 250, ligne 27. Au lieu de : *Il s'est surtout attaché,* lire : Il s'est attaché.
P. 251, note 68. Au lieu de : *les apocryphes,* lire : les apocryphes (testament des douze patriarches).
P. 252, ligne 14. Au lieu de : *le,* lire : la.
P. 255, ligne 18. Au lieu de : *survenu,* lire : survécu.
P. 260, note 98, ligne 2. Au lieu de : *Ludowiro,* lire : Ludowico.
P. 262, note 100. Au lieu de : *Tarentaciensis,* lire : Tarentasiensis.
P. 269, ligne 27. Au lieu de : *quatre-vingt,* lire : quatre-vingts.
P. 273, note 121, ligne 3. Au lieu de : *si apparens,* lire : ei apparens.
P. 280, note 139, ligne 9. Au lieu de : *seperaveris,* lire : separaveris.
P. 283, note 144, ligne 8. Au lieu de : *composite,* lire : compositis.
P. 287, ligne 4. Au lieu de : *Français,* lire : François.
P. 287, ligne 8. Au lieu de : *a faire,* lire : affaire.
P. 287, note 152, ligne 2. Au lieu de : *12872,* lire : 11872.
P. 288, note 157, ligne 9. Saint Cerbo = saint Cerbon.
P. 289, ligne 7. Au lieu de : *n'ait pas,* lire : n'a pas.
P. 295, ligne 20. Au lieu de : *du duel,* lire : au duel.
P. 297, ligne 16. Au lieu de : *la Promptuarium,* lire : le Promptuarium.
P. 299, ligne 1. Au lieu de : *alphabeli,* lire : alphabeti.
P. 300, ligne 24. Au lieu de : *faite,* lire : fait.
P. 301, note 38, ligne 2. Au lieu de : *t. XXII,* lire : t. XXIII.
P. 301, note 41, ligne 1. Au lieu de : *Iibid.,* lire : Ibid.
P. 301, note 41, ligne 3. Au lieu de : *quidem,* lire : quidam.
P. 302, note 42, ligne 2. Au lieu de : *trocarius,* lire : trotarius.
P. 304, ligne 14. Au lieu de : *obtenus,* lire : obtenu.
P. 310, note 61, ligne 9. Au lieu de : *Avertendum,* lire : Advertendum.
P. 313, ligne 2. Au lieu de : *illustrées,* lire : illustrés.
P. 314, ligne 40. Italie : Sienne : Bibl. Communale, ms. G. VII. 8 ff. 1-153rb (XIVe s.).
P. 314, ligne 44. Russie : Leningrad : B. Publique, ms. lat. Q. vel. I. 30 ff. 1-97 + 11 (XIVe s.).
P. 315, note 67, ligne 27. Chantilly : Musée de Condé, ms. fr. 730 ff. 8-292 (XVe s.) (t. I).

P. 316, note 68, ligne 9. Au lieu de : *A. Pirenne,* lire : H. Pirenne; *id.*, p. 539.
P. 322, ligne 26. Au lieu de : *pour,* lire : par.
P. 323, ligne 19. Au lieu de : *formule de,* lire : formule : loquendo.
P. 328, note 82, ligne 24. Albumnasar = Albumasar.
P. 332, ligne 15. Au lieu de : *quatre-vingt,* lire : quatre-vingts.
P. 333, ligne 1. Au lieu de : *rattachés,* lire : rattachées.
P. 333, note 90, ligne 22. Au lieu de : *decueils,* lire : recueils.
P. 334, note 91, ligne 3. Au lieu de : *Hist. Litt., t. XXXVII,* lire : Hist. Litt., t. XXXVI.I.
P. 335, note 1, ligne 1. — V. pour l'emploi de l'allégorie et du symbole dans l'enseignement exégétique, parénétique et didactique de l'Eglise jusqu'au début du XIIIe siècle, Migne, P. L., t. CCXIX, col. 123-274 : *Indices de allegoriis vet. et nov. testamenti* (123-260), *indices figurarum vet, et nov. testamenti* (259-264), *indices parabolarum novi testamenti* (263-274).
P. 340, ligne 19. Au lieu de : *que de brèves,* lire : que par de brèves.
P. 340, note 16, ligne 7. Au lieu de : *Senorum,* lire Senarum.
P. 341, note 20, ligne 3. L'article de M. P. Fournier se trouve dans les Mélanges offerts à M. Ant. Thomas (Paris, 1927), p. 173-8.
P. 345, ligne 12. Au lieu de : *Borchorii,* lire : Berchorii.
P. 345, note 28, ligne 6. Au lieu de : *Halbenstat,* lire : Halberstat.
P. 345, note 30, ligne 4. Au lieu de : *viatica,* lire : viatico. A noter que le Viaticum est du médecin de Salerne Constantin et non de Pline.
P. 345, note 30, ligne 6. Albumnasar = Albumazar.
P. 346, note 31, ligne 4. Au lieu de : *nostre,* lire : vestre.
P. 349, note 38, ligne 41. Au lieu de : *sen,* lire : seu.
P. 356, ligne 7. Au lieu de : *faite,* lire : fait.
P. 357, note 52, ligne 8. Au lieu de : *Célestin II,* lire : Célestin I.
P. 360, ligne 14. Au lieu de : *faite,* lire : parfaite.
P. 361, note 58, ligne 8. Au lieu de : *duc,* lire : dux.
P. 362, ligne 35. Au lieu de : *rarement à d'autres,* lire : rarement d'autres.
P. 363, note 60, ligne 16. Au lieu de : *Tullins,* lire : Tullius.
P. 366, note 63, ligne 14. Au lieu de : *Gröningue,* lire : Groningue.
P. 369, note 70, ligne 20. Au lieu de : *In specula,* lire : In speculo.
P. 385, note 16, ligne 31. Au lieu de : *Giles,* lire : Gilles.
P. 373, note 75, ligne 4. Au lieu de : *28,* lire : 228v.
P. 387, ligne 21. Supprimer : Utrecht.
P. 390, note 25, ligne 14. Au lieu de : *leodicusium,* lire : leodiensium.
P. 395, ligne 2. Au lieu de : *clunistes,* lire : clunisiens.
P. 395, ligne 4. Au lieu de : *de Cluny lui-même,* lire : de Cluny même.
P. 397, note 18. ligne 7. Au lieu de : *exenplos,* lire : enxenplos.
P. 403, note 17, ligne 4. Au lieu de : *Heimbucher,* lire : Heimburger.
P. 413, note 8, ligne 1. Au lieu de : *eineres,* lire : cineres.
P. 417, note 18, ligne 2. Au lieu de : *Bauché,* lire : Bianchi.
P. 422, note 34, ligne 13. Au lieu de : *Goschalcum,* lire : Gotschalcum.
P. 427, note 3, ligne 8. Au lieu de : *Iannensis,* lire : Ianuensis.
P. 436, ligne 19. Au lieu de : *commercer,* lire : commencer.
P. 437, ligne 1. Au lieu de : *est attribué,* lire : et attribué.
P. 441, note 44, ligne 7. Au lieu de : *Geoffroi,* lire : Godefroi.

P. 445, ligne 24. Au lieu de : *compilé,* lire : compilée.

P. 450, ligne 14. Au lieu de : *Mariae,* lire : Moriae.

P. 450, ligne 18. Au lieu de : *trologice,* lire : tropologice.

P. 453, ligne 27. Au lieu de : *importance,* lire : importante.

P. 457, ligne 4. A ajouter à ce manuscrit, le ms. lat. 3284 ff. 160ra-163rb de la *B. N.* (XIVe s.) et l'édition du cardinal Pitra, faite d'après le ms. 9352 de la Vaticane, dont nous nous sommes également servi pour l'établissement du texte.

P. 464, ligne 6. Au lieu de : *ale,* lire : ala.

P. 469, ligne 4. A ajouter à ce manuscrit, les mss. lat. 2459 ff. 52ra-53ra (XIVe s.), 2593 ff. 32va-34ra (XIVe s.), 698 ff. 23vb-24va (XIIIe s.) de la *B. N.,* qui nous ont également servi pour l'établissement du texte.

P. 481, 482 et 483. Le titre de : Bibliothèque Royale est à present celui de : Staatsbibliotek.

P. 496, ligne 12. Rome : Vaticane : Ms. Ottobonianus 522 ff. 142-294, ff. 305-306v (XIIIe-XIV s.), ff. 315-317v (Index alphabeticus) (XIVe-XVe s.) (recueil franciscain, édité en partie dans le périodique : ANTONIANUM, Rome, 2e année (1927), p. 203-276).

P. 496, ligne 19. Ajouter : Milan : Ambrosienne, ms. I. 125 inf. c. 2 ff. 105-145 (XIIIe s.). — Sienne : Bibl. Communale, ms. G. VII. 24 ff. 194-266v (XIVe s.).

P. 497, ligne 15. Au lieu de : *nostrum,* lire : nostrorum.

P. 501, ligne 13. Sienne : B. ville : mss. I, v. 1 ff. 1-2 (esempio d'una donna di Siena e del diavolo), ff. 148-154 (26 esempi delle Vitæ Patrum (XIVe s.) ; I, II. 6 ff. 70v-76 (Leggienda di tre monaci al paradiso (1502) ; I, II. 26 ff. 113-118 (6 es. delle Vitæ Patrum) (XVe s.) ; I, II. 36 ff. 163-189 (15 es. delle Vitæ Patrum) (XVe s.) ; E, II, 8 ff. 102-138 (mirac. de N.-D.) (XVe s.) ; F. VI. 31 ff. 7-13 (mirac. de N.-D.) (XVe s.).

P. 505, ligne 16. Au lieu de : *Dialogues,* lire : Dialogus.

P. 505, ligne 28. Au lieu de : *Northage,* lire : Northgate.

P. 506, ligne 30. Au lieu de : *enxemplos,* lire : enxenplos.

P. 508. Ajouter après Jacques de Cessoles : Jacques de Lausanne, *Sermones dominicales,* édit. Paris, 1530 ; *Opus moralitatum,* édit. Limoges, 1528.

P. 509, ligne 36. Au lieu de : *Gossard,* lire : Cossard.

P. 524, 1re col., ligne 23. Cisterciens, ajouter : 93, 258, 326.

P. 526, 1re col., ligne 51. Ajouter : Erasme, 450.

P. 528, 2e col., ligne 20. François (saint), ajouter : 163.

P. 528, 2e col., ligne 25. Ajouter : Fable, 351, 357, 420, 433.

P. 532, 2^e^ col., ligne 36. Jacques de Cessoles, au lieu de : *141,* lire : 147.

P. 536, 1re col., ligne 38. Marguerite, reine de Navarre, sœur de François Ier, supprimer : 242.

P. 536, 1re col., ligne 38. Marguerite de Provence, femme de Louis IX, ajouter : 242.

P. 538, 2^e^ col. ligne 8. Ajouter : Ordres mendiants, 69, 109, 128. 212.

P. 538, 2^e^ col., ligne 29. Ajouter : Otia imperialia, 101.

P. 544, 2^e^ col., ligne 17. Au lieu de : *Tailboent,* lire : Taillevent.

P. 544, 2^e^ col., ligne 58. Tournai, ajouter : 135.

TABLE DES MATIÈRES

TROISIÈME PARTIE

Lib.-Imp. MARQUESTE, E.-H GUITARD, direct^r, 7, rue Ozenne, Toulouse.